LES

DEUX ORPHELINES

TOME Ier

ADOLPHE D'ENNERY

LES
DEUX ORPHELINES

GRAND ROMAN

D'après le Drame de MM. Adolphe D'ENNERY et Eugène CORMON

TOME Ier

PARIS
JULES ROUFF ET Cie, ÉDITEURS
14, CLOITRE SAINT-HONORÉ, 14

Tous droits réservés

LES DEUX ORPHELINES
Par ADOLPHE D'ENNERY

Jules ROUFF & Cie, éditeurs, 14, Cloître Saint-Honoré, Paris
(Reproduction et traduction interdites)

LES
DEUX ORPHELINES

GRAND ROMAN

PAR

ADOLPHE D'ENNERY

PREMIÈRE PARTIE

Vers la fin du règne de Louis XV, à l'époque où le successeur de Louis le Grand en était à se défendre, et à se mal défendre, d'autoriser le pacte de famine en se faisant lui-même accapareur de grains, une grande misère désolait la France.

L'hiver vint l'augmenter encore, un hiver d'une violence rare dans nos climats, mais qui, malheureusement, devait se reproduire quelques années plus tard et amener les plus terribles désastres.

Bien qu'on fût déjà au milieu de février, les provinces du Nord et du Centre étaient, depuis deux mois, ensevelies sous un linceul blanc; les rivières étaient gelées, les routes impraticables.

Les hautes meules, gardiennes des récoltes de l'été et de l'automne, avaient vu leurs richesses aux trois quarts détruites par la persistance des neiges.

Les moulins envahis par les glaces ne pouvaient plus fournir la farine nécessaire à l'alimentation, et la famine faisait chaque jour de terribles progrès, surtout dans les campagnes, où l'on comptait déjà de nombreuses victimes.

Les villes avaient résisté plus longtemps, grâce aux approvisionnements des greniers publics; mais, peu à peu, les ressources s'étaient épuisées et la cherté des vivres avait pris des proportions désastreuses.

L'inquiétude, disons mieux, une sorte de terreur régnait partout.

Paris lui-même, ce Paris, d'ordinaire si animé, si vivant; ce centre de l'activité, du travail et des plaisirs sous toutes les formes les plus brillantes, Paris avait pris un aspect lamentable.

La circulation des voitures de place et des riches carrosses était complètement interrompue, seules quelques chaises à porteurs se risquaient encore au milieu des neiges dont il était impossible de débarrasser la voie publique.

Les ateliers, les fabriques avaient suspendu leurs travaux; la moitié des boutiques restaient fermées, faute d'acheteurs; on rencontrait à chaque pas dans les rues des ouvriers sans ouvrage, des femmes, des enfants couverts de haillons et demandant l'aumône.

La nuit venue, toutes les lumières s'éteignaient, il se faisait un silence lugubre. Paris semblait une ville morte:

— C'est vraiment bien triste, disait un jeune seigneur à de belles dames de Versailles, réunies dans un des riches salons où la nouvelle comtesse du Barry étalait ses toilettes et ses bijoux en chauffant ses petits pieds devant un bon feu.

— Qu'est-ce qui est triste, chevalier, le parc et ses beaux arbres couverts de givre?

— Je trouve cela tout à fait poétique, répondit une jeune et charmante marquise en écartant les flots de dentelles qui emprisonnaient sa gracieuse poitrine et qui, disait-elle, l'étouffaient de chaleur.

— Il n'est pas question de parc, Madame, je parle de Paris.

— Ah! vous y êtes allé?... Mais c'est de la folie! Et vous en êtes revenu?

— Dieu merci, à cheval, avec deux ou trois fous comme moi, au risque de nous casser les jambes et la tête. Nous voulions voir.

— Et vous avez vu, quoi?

— Un spectacle bien triste, je le répète, surtout par le froid qu'il fait : un peuple qui manque de pain.

— Eh bien! s'il n'a pas de pain, qu'il mange de la brioche!

La réponse fut trouvée adorable et elle valut, ce soir-là, un succès colossal à la jolie femme qui l'avait trouvée. Elle aurait rougi de cette réponse, qui était destinée à devenir historique; elle aurait eu honte d'elle-même, si elle avait pu jeter un regard dans la misérable mansarde où nous allons conduire le lecteur.

Elle aurait compris, *la riche et belle marquise,* tout ce que renferment d'horribles souffrance ces deux mots : misère et famine.

Dans une vieille maison de la rue de la Mortellerie, qui était alors une des plus sombres et des plus anciennes rues du vieux Paris, au sixième étage, sous les toits, vivait un jeune ménage d'ouvriers, bien heureux d'avoir trouvé à se loger pour 30 écus par an ; les loyers étaient déjà si chers !

Certes l'installation n'était pas somptueuse ; une toute petite mansarde, des murs blanchis à la chaux, un plafond que l'on touchait facilement de la main, pas de cheminée et, comme fenêtre, une espèce de lucarne si étroite que pour respirer un peu d'air frais, ou profiter d'un rayon de soleil, il fallait, si l'on était deux, se prendre par la taille et se serrer l'un contre l'autre.

Les deux jeunes époux qui habitaient cette mansarde ne voyaient aucun inconvénient à cela, pas plus qu'ils ne se plaignaient, en quittant la rue pour rentrer chez eux, d'avoir à parcourir, bras dessus, bras dessous, une allée basse, humide, et de grimper un sombre escalier tournant, à peine éclairé à chaque étage par un œil-de-bœuf qui donnait sur la cour, si l'on peut appeler ainsi une espèce de puits empoisonné par les eaux ménagères que l'on y jetait du matin au soir.

Le mobilier était, en tout point, digne du logement. Un lit en bois blanc, pas trop large, avec une paillasse et un matelas, sur lesquels on devait se trouver à l'aise, toujours en se serrant un peu ; deux chaises, une table, une sorte d'armoire basse qui servait de buffet, de lingerie, et sur laquelle on avait placé une grande cuvette avec son pot de faïence, une carafe, deux verres, deux chandeliers et une paire de mouchettes.

Sur les murs quatre ou cinq patères où l'on accrochait les vêtements, et enfin, près de la fenêtre, un fourneau avec une grande marmite pour faire la soupe.

Voilà tout ce que nos jeunes époux, en réunissant leurs économies, avaient pu se donner pour entrer en ménage.

Il ne leur en fallait pas davantage pour se trouver heureux. Ils avaient la jeunesse, l'amour du travail ; et ils s'adoraient !

Le mari, Michel Gérard, était né à Évreux, et ses parents avaient fait de lui un bon et honnête ouvrier.

Malheureusement il comptait à peine vingt ans lorsqu'une épidémie violente, qui avait fait beaucoup de victimes dans le pays, lui enleva, en quelques jours, son père et sa mère.

Il ne pouvait donc plus compter que sur lui-même et sur son travail.

Le pauvre garçon passa deux ou trois années dans une tristesse profonde, économisant le plus possible afin de se faire un petit magot, qui lui permit de réaliser le rêve qu'il caressait depuis longtemps : voir Paris.

Ses amis faisaient tout leur possible pour l'en dissuader. On lui représentait Paris comme un gouffre où la vie était hors de prix, où il y avait des milliers de malheureux condamnés à la misère faute d'ouvrage. Mais Michel ne se laissait pas convaincre et, un matin, après avoir fait un paquet de ses hardes et de ses outils, il sauta gaîment sur l'impériale de la diligence en disant adieu à ses camarades, qui l'avaient accompagné et qui lui criaient : bonne chance et au revoir!

Deux jours après, — car il fallait deux jours dans ce temps-là pour faire trente lieues, — Michel Gérard voyait enfin Paris.

C'était la seule joie qu'il eût ressentie depuis longtemps.

Dès le lendemain il se présenta chez un maître ébéniste, pour lequel son patron d'Évreux lui avait donné une lettre de recommandation et qui l'admit aussitôt dans son atelier.....

. . . .

Deux ans plus tard, Michel devenait amoureux d'une charmante et honnête fille qui, comme lui, était sans parents et vivait de son travail.

Le patron de la fabrique où il était employé eut beau lui représenter que c'était folie de se marier si jeune, et qu'il ferait bien mieux d'attendre de s'être fait une position, Michel, cette fois encore, n'en fit qu'à sa tête. Il épousa Thérèse.

Et ils s'aimaient si bien qu'avant la fin de la première année, en regardant la taille très arrondie de sa femme, Michel lui fit observer qu'un meuble nouveau et de haute nécessité allait bientôt leur devenir indispensable.

— Ah! tu t'en aperçois, répondit-elle, tu y as mis le temps; moi j'y avais pensé dès le premier jour à ton meuble et, je t'en avertis, je veux tout ce qu'il y a de mieux, un superbe berceau-lit, pour les deux premiers âges, en beau bois de fantaisie, monté sur des pieds en acajou; tu connais ça, toi, monsieur l'ébéniste.

— Pardine, j'en ai assez fait de ces beaux lits de petites duchesses! Sois tranquille, notre enfant dormira dans un berceau de prince.

Et tous les dimanches nos deux époux restaient chez eux et se mettaient bravement à la besogne. Michel travaillait au berceau, un véritable objet d'art, tandis que, de son côté, Thérèse achevait de préparer les rideaux de cotonnade, ourlait des langes, des brassières, confectionnait des petits bonnets en fine percale, des petits bas en laine blanche, enfin tout ce dont pourrait avoir besoin le grand personnage dont la prochaine arrivée les comblait de joie.

— Pourvu que ce soit une fille ! disaient-ils tous deux en se regardant, le sourire aux lèvres.

Les pressentiments de Michel et de Thérèse ne les avaient pas trompés, c'était bien une fille que le Ciel devait leur donner.

Une fille blanche et rose, qui fut baptisée sous le nom d'Henriette.

Et lorsque sa journée était achevée, Michel faisait, chaque soir, deux ou trois heures de travail en plus, sans se soucier de la fatigue.

C'était pour sa fille qu'il travaillait.

Tout marchait donc au mieux pour le jeune ménage.

Mais, hélas ! ce bonheur des premiers temps devait être de courte durée.

Les grondements sourds et persistants d'une crise sociale à la veille d'éclater avaient eu pour première conséquence de jeter un trouble considérable dans les affaires financières et industrielles.

La gêne augmentant de jour en jour, les patrons, après avoir diminué les salaires, se virent bientôt dans la nécessité de suspendre les travaux et de congédier leurs ouvriers.

Puis l'hiver arrivait à grands pas, les farines devenaient de plus en plus rares, et pour les familles si nombreuses qui n'avaient pour tout moyen d'existence que le rude labeur de la semaine, c'était la misère et la faim.

Notre jeune ménage en était là. Les faibles économies du mari s'en étaient allées peu à peu, en attendant que l'ouvrage revînt ; mais l'ouvrage ne revenait pas et l'on s'était vu forcé de diminuer de moitié les repas de chaque jour si insuffisants déjà.

— Tu ne peux cependant pas t'imposer de trop grandes privations, disait Michel à sa femme ; souviens-toi que tu es à la fois mère et nourrice. ...Songe à ce que deviendrait notre enfant si ton lait venait à lui manquer !

Ces mots furent pour Thérèse comme un coup de poignard.

— Tais-toi, s'écria-t-elle en portant la main à son cœur, tais-toi, au nom du Ciel, c'est bien assez de souffrir ce que je souffre depuis six semaines, sans que tu viennes encore raviver mes terreurs au sujet de ma fille.

— Pardonne-moi, femme, pardonne-moi, dit Michel, je ne sais plus ce que je dis !... Je suis à moitié fou, oui, fou, de douleur et de colère, quand je pense qu'un homme jeune et fort comme je le suis se trouve condamné à rester les bras croisés comme un fainéant, comme un lâche !

— Oh ! ce n'est pas toi que l'on peut accuser de cela, Michel. Depuis que ton patron a été forcé de remercier tous ses ouvriers, tu t'es donné assez de mal pour trouver de l'ouvrage. — Tout travail te paraissait bon : du bois à scier, des commissions à faire, de lourds fardeaux à porter... et tu étais heureux quand tu rentrais à la maison avec quelques sous péniblement gagnés et qui devaient rendre plus douce la vie de notre chère petite qui dort là, d'un sommeil paisible.... Mais regarde-la donc.

Thérèse, à ces mots, s'appuyait souriante sur l'épaule de son mari.

En contemplant ce petit visage si calme et si rose, ils oubliaient tout : le froid qu'ils subissaient, les privations qu'ils s'imposaient chaque jour, celles qui les menaçaient encore, et de douces larmes coulaient de leurs yeux : des larmes de tendresse et presque de bonheur.

A ce moment, des pas se firent entendre sur le palier, et l'on frappa rudement à la porte.

Michel et sa femme n'étaient pas de bons bourgeois habitués à recevoir des visites; ils avaient bien quelques amis, des ouvriers comme eux, mais ils ne se souvenaient pas que jamais personne se fût donné la peine de monter leurs six étages : on se voyait à l'atelier, on se rencontrait dans la rue; bonjour, bonsoir, et voilà; mais des visites jamais.

Ce fut donc avec une sorte d'inquiétude que Michel entendit les trois ou quatre coups secs qui venaient d'être frappés à la porte. Thérèse ne semblait pas non plus très rassurée.

— Qui diable peut venir nous relancer jusqu'ici? lui dit Michel à voix basse.

— Ça me fait peur! répondit-elle... Va donc voir.

Michel se dirigeait lentement vers la porte; tout à coup on frappa de nouveau et, cette fois, plus violemment.

Michel ouvrit et recula effrayé, en voyant dans l'ombre du carré deux individus vêtus de noir; l'un grand, maigre et marchant le premier, l'autre petit, gros, tenant un tas de paperasses à la main.

— M. Michel Gérard, demanda le grand maigre d'un ton peu aimable, et en pénétrant dans la chambre sans ôter son chapeau.

— C'est moi, répondit Michel d'une voix tremblante, qu'y a-t-il pour votre service, et qui êtes-vous, messieurs?

— Maître Vermillon, notaire!

— Maître Lombard, huissier, ajouta le gros homme en s'avançant.

A ce mot d'huissier, Thérèse et Michel se regardèrent avec épouvante, pendant que, de leur côté, les deux hommes inspectaient d'un air méprisant la mansarde et son mobilier.

Tout ça ne vaut pas grand'chose, murmura l'huissier à l'oreille du notaire.

LES DEUX ORPHELINES

Une fille blanche et rose qui fut baptisée sous le nom d'Henriette. (Page 7.)

— La femme est ce qu'il y a de mieux, répondit celui-ci en regardant Thérèse du coin de l'œil... Dites au mari ce qui nous amène.

L'huissier prit dans sa serviette un papier qu'il déplia; puis, se tournant vers Michel, il lui dit avec beaucoup de gravité :

— Môsieur, vous devez deux termes au sieur Madelineau, votre propriétaire...

— Deux termes, c'est vrai ! répondit Michel en baissant la tête.

LIV. 2. — A. D'ENNERY. — LES DEUX ORPHELINES. — J. ROUFF ET Cⁱᵉ, ÉDIT. — TOUS DROITS RÉSERVÉS. — LIV. 2.

— Plus deux sommations et un jugement qui vous condamne à payer dans les 24 heures...

— C'est vrai, mes bons messieurs! Mais, vu la rigueur de la saison et le manque d'ouvrage, notre propriétaire, qui est un bien brave homme, nous a promis de patienter un peu.

— C'est possible, continua l'huissier; mais il y a de cela cinq semaines. Votre propriétaire, qui a la goutte, est parti à la recherche d'un climat plus doux, en chargeant M° Vermillon de veiller à ses intérêts et de toucher ses revenus. Vos voisins, à qui nous venons de rendre visite, se sont exécutés, faites comme eux, voici la quittance, loyer et frais, total quatorze écus, quatre sous, six deniers.

Michel était foudroyé. Thérèse, tremblante, s'appuyait sur le dossier d'une chaise.

— Dépêchons! s'écria M° Vermillon. Il est onze heures, j'ai un rendez-vous, à midi, dans mon étude, et il faut encore que je déjeune. Payez-vous?... oui ou non?...

— Non!.. balbutia Michel en essuyant son front baigné de sueur.

— A votre aise, sieur Michel! Et vous, maître Lombard, remettez la quittance dans votre poche. Ces gens-là sont tous les mêmes, ils ne cèdent jamais qu'à la violence. Le commissaire-priseur est-il en bas?

— Oui, Monsieur le notaire, par précaution je lui ai recommandé de nous attendre avec ses commis.

— Faites-les monter; qu'ils enlèvent toutes ces défroques et qu'elles soient immédiatement vendues à la porte.

Lombard alla sur le carré donner un coup de sifflet.

— Ah! Monsieur, qu'est-ce que vous venez de dire? vendre nos meubles!

— A la criée, oui, mon brave! L'heure est bonne, le temps est favorable; espérons pour vous qu'on en trouvera plus que vous ne devez.

Thérèse intervint brusquement en s'adressant au notaire.

— Mais, Monsieur, et nous? qu'est-ce que nous allons devenir? où coucherons-nous, ce soir?

— Ça ne me regarde pas.

— Et l'enfant, Monsieur, l'enfant que vous voyez là..., pauvre petite, elle mourra de froid. Oh! vous ne ferez pas cela, car ce serait horrible, odieux, ce serait....

Henriette que le bruit venait de réveiller se mit à crier, et Thérèse ne fit qu'un bond vers le berceau.

Elle prit sa fille dans ses bras et, la présentant au notaire : « Quand vous nous aurez chassés de cette pauvre chambre, dit-elle, le froid et la faim la tueront.

— Voici nos gens, dit l'huissier en montrant le commissaire-priseur et ses hommes qui venaient de paraître sur le carré.

— Eh bien, ne perdons pas de temps, on gèle dans cette mansarde. Enlevez! dit le notaire.

— Enlevez! répéta l'huissier de sa voix la plus sonore. Et dépêchons!

Un accès de rage furieuse s'empara de Michel en voyant les commis qui entraient dans la chambre.

— Arrêtez!... cria-t-il en leur montrant le poing, le premier qui me tombe sous la main... je l'étrangle!

— Tais-toi! lui dit Thérèse effrayée en courant se placer devant lui avec la petite dans ses bras. Tais-toi, dit-elle, et paie!

— Que je paie! dit Michel absourdi, que je paie! et avec quoi? Avec mon sang? je suis prêt à le faire si ces hommes acceptent le marché

— Ouvre le bahut, dit Thérèse, et prends l'argent qui s'y trouve.

— L'argent? quel argent? répondit Michel.

— Celui que j'ai économisé sou à sou depuis notre mariage sur la dépense de chaque jour.

Il y a vingt écus.

— Vingt écus!...

— Ils sont là sous les langes de notre Henriette.... Hélas! je les gardais précieusement en prévision du malheur dont tu me parlais tout à l'heure : Si ton lait venait à manquer à notre enfant, disais-tu!... Allons, paie, le Ciel décidera du reste!

— Combien vous dois-je, Monsieur? dit brusquement Michel.

— Quatorze écus, quatre sous, six deniers, répondit Lombard sur le même ton.

— Voilà votre affaire.

— Et voilà la vôtre, répondit l'huissier en lui présentant la quittance.

Et les deux hommes de loi s'éloignèrent.

. . . .

L'espace et le temps sont sans limites; on pourrait, parfois, en dire autant du malheur.

Quelques jours après la scène que nous venons de raconter, il y avait près de vingt-quatre heures que Thérèse et Michel s'étaient partagé leur dernière croûte de pain.

Un homme vigoureux pouvait encore attendre; mais pour une femme, pour une mère nourrice déjà si éprouvée par le chagrin et les privations, c'était impossible!

Et le froid sévissait plus âpre, plus violent que jamais. — Et les ateliers ne devaient pas rouvrir de sitôt leurs portes aux nombreux ouvriers qui n'avaient que leur travail pour vivre et qui attendaient, en proie à d'horribles souffrances.

Les deux époux en étaient venus à regretter de s'être dépouillés du peu qu'ils possédaient.

Il est vrai que si leurs meubles avaient été saisis et vendus, ils auraient été, le soir même, jetés tous les trois dans la rue.

— « Peut-être, hélas! serons-nous prochainement réduits à cette extrémité; mais tâchons, du moins, de l'éloigner le plus possible, » se disait Michel en lui-même « Aux grands maux, les grands remèdes. Quand on n'a plus rien à mettre sur la table, ce n'est pas la peine d'en avoir une. »

Là-dessus il boutonna sa veste jusqu'au menton et, tandis que sa femme était occupée à arranger la couverture d'Henriette, il sortit sur la pointe des pieds en emportant la table et sans dire un mot de l'idée qui lui était venue, ni de ce qu'il espérait en retirer. Mais Thérèse avait tout vu, tout compris, et dès que Michel eut disparu, elle s'agenouilla devant une petite croix en ébène accrochée au-dessus du berceau et fit sa prière habituelle.

Arrivée à ces paroles : « Donnez-nous aujourd'hui notre pain de chaque jour, » sa voix devint tremblante, et ce fut en pleurant à chaudes larmes qu'elle acheva son oraison.

Le faible soulagement que devait procurer la vente de la table ne fut pas de longue durée. Il fallut se résigner à recourir à de nouveaux expédients. En sorte que bientôt il ne resta plus dans la mansarde que le berceau d'Henriette et la paillasse sur laquelle le père et la mère avaient déjà passé plusieurs nuits.

Thérèse, épuisée par tant de douleurs physiques et morales, n'était plus que l'ombre d'elle-même. La vue de son mari au désespoir, les longues journées et les nuits, plus longues encore, passées ensemble dans les larmes, lui avaient enlevé, peu à peu, la force et la résignation dont elle avait donné, jusque-là, des preuves si touchantes.

Elle se sentait minée par une fièvre lente et surtout par l'affreux pressentiment du malheur prochain, inévitable, dont elle était menacée, et qui, pouvait être en peu d'heures la perte, la mort de son enfant.

Michel devinait tout ce qu'il y avait d'angoisse et de torture dans l'âme de sa femme; mais, ainsi qu'elle, il n'osait pas en parler.

Leurs cœurs se comprenaient, leurs lèvres demeuraient muettes!

Ce fut Thérèse qui, la première, se décida à rompre ce pénible silence.

— Vois-tu, dit-elle en montrant Henriette à son père, vois-tu comme elle change !

— Oh ! oui, je le vois, hélas ! soupira Michel.

— Elle n'a plus ses couleurs roses, ses belles joues fraîches !... Elle maigrit à vue d'œil !

— Depuis deux jours surtout, c'est effrayant !

— Elle souffre ! Elle a faim.... comme nous...

Je vois bien que mon lait n'est plus ce qu'il était... Et puis... je n'en ai plus autant qu'autrefois !... Si ça continue.... notre chère enfant finira par nous être enlevée. Comprends-tu ça, toi ?

— Oui... oui... je...

Les sanglots étouffaient ce malheureux père.

— Je ne le comprends que trop... hélas ! soupira-t-il.

— Alors, répliqua Thérèse se laissant aller à un accès de colère dont elle ne se rendait pas compte : alors trouve donc quelque chose à faire, au lieu de rester là à pleurer toute la sainte journée ! A quoi ça nous avance-t-il ? à rien !... Cherche, invente n'importe quoi pour nous tirer de cette affreuse misère ; pour que ton enfant vive ! C'est ton affaire à toi, le mari, le père !

— Tu as raison, femme, seulement, ce n'est pas ma faute si nous avons tant à souffrir. Moi, ça m'est bien égal !... Je donnerais mon sang, ma vie pour vous deux, tu le sais bien, Thérèse !

— C'est vrai, dit-elle en lui prenant la main, j'ai eu tort de parler comme je viens de le faire, oublie ce que je t'ai dit dans... mon emportement !... j'ai la fièvre... vois-tu, Michel, et je me sens si faible !

Gérard la prit dans ses bras.

— Laisse-moi, fit-elle en se dégageant, la voilà qui s'éveille ; il ne faut pas attendre qu'elle pleure !

Elle se pencha sur le berceau pour prendre l'enfant et lui donner le sein ; mais au bout de quelques secondes la pauvre petite fille renversa la tête en criant. Thérèse porta la main à sa gorge qu'elle pressa rudement, sans se soucier du mal qu'elle pouvait se faire.

Michel la regardait anxieux, sans oser l'interroger.

— Rien ! plus rien ! lui dit-elle d'une voix sourde. Plus de lait, pas une goutte ! Prends ta fille, je n'ai plus la force de la tenir... mais prends-la donc, te dis-je... Et que Dieu me fasse au moins la grâce de mourir avant elle !

La malheureuse se laissa tomber sur la paillasse. Elle avait perdu connaissance.

Et Michel restait immobile, les yeux hagards, avec son enfant sur les bras, tandis que sa femme évanouie gisait devant lui sur le grabat.

Mais le sentiment du devoir tira bien vite Michel de la stupeur dans laquelle il était plongé.

— Non! je ne te laisserai pas mourir, s'écria-t-il en replaçant sa fille sur son lit. Je ne veux pas que tu meures! Mais songeons à la mère d'abord. Si j'avais seulement un peu de vinaigre. Ah! je me souviens... la petite bouteille!... la voilà.

Il se hâta de verser quelques gouttes sur son mouchoir; puis, se jetant à genoux du côté de Thérèse, il se mit à lui frotter le front, les joues et les lèvres. Thérèse fit un mouvement. Il lui releva la tête et l'appuya sur sa poitrine.

— Thérèse, ma chérie, reviens à toi! murmurait-il.

— La petite, où est la petite?... dit la mère en rouvrant les yeux.

— Dans son lit, ne t'inquiète pas, elle dort.

— Je voudrais bien dormir aussi!... je tombe de sommeil,... ça me ferait peut-être du bien...

— Dors, ma Thérèse, dors... je suis là... je veillerai sur vous deux!...

Il lui replaça doucement la tête sur le traversin. Dès qu'il fut certain qu'elle sommeillait, il se releva brusquement.

La douleur qu'il s'était efforcé de refouler, pour ne pas en donner le spectacle à sa malheureuse femme, éclata avec violence.

A la vue du petit être qui souffrait, et que la faim faisait crier lamentablement, il lui vint une de ces idées que, seul, le désespoir peut faire naître dans les cerveaux affolés.

— Non, murmura-t-il au milieu de ses sanglots, non, tu ne mourras pas!.. Il est impossible que Dieu permette qu'une pauvre innocente comme toi souffre et périsse!... Ses regards voilés de larmes allaient, alternativement, du visage pâli et contracté de Thérèse, à celui de l'enfant qui s'agitait fiévreusement dans son berceau... Il y avait chez cet homme si troublé une lutte violente, un combat terrible où son amour paternel était mis à une douloureuse épreuve.

Que fallait-il faire? Où était son devoir?

Tout à coup il s'élança vers le berceau, comme s'il y eût été poussé par une force irrésistible. Et là, penché sur l'enfant qui vagissait, il essaya de le calmer, en lui prodiguant des caresses, en le couvrant de baisers...

Et le malheureux sentait bien que l'attendrissement le gagnait, que s'il hésitait encore il ne pourrait plus accomplir jusqu'au bout le sacrifice qu'il imposait à son cœur.

Chaque seconde qui s'écoulait le laissait plus irrésolu.

— Mon Dieu! s'écria-t-il en levant les yeux au ciel, si cette idée m'est venue, n'est-ce pas vous qui me l'avez inspirée!

Puis, s'animant à la pensée que l'enfant ne souffrirait plus, que Thérèse serait sauvée, Michel se leva pour aller vers le fourneau qui, maintenant qu'on n'y faisait plus de feu, servait de table et sur lequel traînaient quelques chiffons.

Au moment de quitter cette mansarde où la malheureuse mère devait, à son réveil, éprouver la plus horrible douleur, Gérard voulut du moins laisser à Thérèse quelques lignes qui lui expliqueraient par quel acte désespéré il allait tenter de sauver leur enfant de la faim et de la mort!

Agenouillé devant le fourneau, et ses larmes tombant sur le feuillet de papier qu'il avait trouvé parmi les chiffons, il écrivit rapidement...

Puis, le dernier mot tracé d'une main tremblante, Michel se leva fiévreusement et, saisissant sa fille dans ses bras :

— Viens, pauvre enfant, dit-il, puisqu'il n'y a plus, ici, un morceau de pain pour ta mère épuisée par la souffrance et la faim,... plus une goutte de lait pour toi, cher ange,... il ne sera pas dit que je n'aurai pas tout essayé... tout!... pour t'arracher à la mort!... Et si Dieu permet qu'il en soit ainsi,... lorsque tu seras à l'âge où l'on comprend, tu ne maudiras pas le pauvre père qui t'aura abandonnée à la charité publique!...

Lorsqu'il parlait de la sorte, des larmes inondaient son visage... Les sanglots étouffaient sa voix.

Il déposa un dernier baiser sur le visage glacé d'Henriette et, fou de douleur, il sortit, détournant ses regards pour ne pas voir cette mère qu'il allait séparer, à tout jamais, de son enfant...

Une fois dans la rue, il s'arrêta, effrayé par la neige et le verglas qui couvraient le pavé. S'il allait glisser, faire une chute avec ce cher fardeau sur les bras! Bravement il ôta ses souliers et se mit à marcher pieds nus.

Il avançait à grands pas, car la nuit n'allait pas tarder à venir et les cloches de Notre-Dame sonnaient pour l'office du soir. Après avoir traversé le pont qui conduit à la Cité, il s'engagea dans une espèce de ruelle sombre qui abrégeait le chemin, et dans laquelle il était à peu près sûr de ne rencontrer personne. Il lui semblait qu'il allait commettre un crime et il avait peur d'être vu.

Au tournant de la ruelle, Michel arriva devant l'église dont les marches étaient envahies par la neige qu'une bise glaciale poussait jusque sous le porche.

Et c'était là qu'il allait déposer sa fille!

Le courage commençait à lui manquer, et ses yeux s'emplissaient de larmes au moment d'accomplir ce cruel sacrifice. Enfin, il fit un effort sur lui-même et se dirigea en chancelant vers l'une des portes basses.

— Est-ce que je vais avoir la force de l'abandonner là! s'écria-t-il.

Et comme il se baissait pour déposer sa pauvre petite Henriette, un cri plaintif se fit entendre à quelques pas de lui.

. . . .

Le sommeil des malheureux est rarement de longue durée: mais il a cela de bon qu'en leur rendant un peu de calme, il leur rend aussi un peu de force.

C'est ce qui était arrivé pour Thérèse. En rouvrant les yeux elle se sentit un peu moins faible; la nuit était si noire qu'elle ne distinguait rien autour d'elle et, loin de s'en effrayer, l'obscurité, le silence qui régnaient dans la chambre lui semblaient d'un bon augure. Les êtres qu'elle adorait reposaient là, près d'elle, et puis... le rêve qu'elle avait fait pourrait bien se réaliser.

Elle avait entendu dire que, bien souvent, un peu de repos de l'âme et du corps suffisait pour rendre à une mère le lait dont elle s'était vue privée par une émotion trop vive. Et elle avait rêvé que le sien était revenu. Quel bonheur, si cela était vrai! Il lui était bien facile de s'en assurer, et pourtant elle hésitait; une déception serait si cruelle! Attendons, disait-elle. Mais cet état d'incertitude lui devenant insupportable, elle porta la main à sa poitrine et la retira presque aussitôt en poussant une exclamation de joie.

— Michel, éveille-toi!... Apporte notre fille!... Notre Henriette est sauvée!... sauvée!...

Elle s'était levée, trouvant une force inespérée dans l'excès même de sa joie. Et elle fit un pas dans la direction du berceau, en disant :

— Mais, réponds-moi donc, Michel!... Es-tu si profondément endormi?...

Rien!... Pas un mot, pas un souffle!

Thérèse sentit un frisson lui glisser jusqu'au cœur. Pendant une seconde elle crut à une terrible catastrophe. Ce silence n'était-il pas la preuve qu'Henriette était morte, et que devant le cadavre de l'enfant l'infortuné père s'était livré à quelque acte de désespoir!

Mais cette idée s'évanouit aussitôt.

— Il est sorti, murmura Thérèse. Il aura voulu, le pauvre cher homme, tenter un dernier effort pour nous sauver...! Qui sait? il réussira peut-être à attendrir les voisins... Mais alors, pourquoi l'enfant ne bouge-t-il pas?... Les enfants ne dorment pas lorsqu'ils ont faim!

Tourmentée par cette idée, Thérèse, marchant dans l'obscurité, arriva

LES DEUX ORPHELINES

Je m'en revins d'un pas ferme avec ces deux enfants dans mes bras. (P. 21.)

tout près du berceau, et tâta avec précaution, pour ne pas réveiller en sursaut le pauvre petit être qu'elle croyait endormi...

Mais soudain elle poussa un cri terrible.

Le berceau était vide!

— Où est Henriette? Michel l'aurait-il emportée?... Pourquoi?...

— Non, je me serai trompée, dit-elle, et surmontant son trouble, Thérèse s'est dirigée vers le fourneau. En tâtonnant elle a fini par trouver le briquet. Ils n'étaient pas commodes les briquets de ce temps-là, et ce ne fut pas sans peine qu'elle parvint à allumer un bout de chandelle planté dans le goulot d'une bouteille fêlée.

Elle retourna au berceau en ayant soin de placer sa main devant la flamme de la chandelle, comme si elle eût craint que la lumière trop vive éveillât l'enfant...

Cette fois il n'y avait plus à en douter : le berceau était réellement vide ! Michel avait emporté sa fille !

Mais alors Thérèse éprouva une réaction réconfortante.

— Pauvre ami, fit-elle, il aura abjuré tout sentiment d'amour propre; il sera allé supplier, implorer les passants! En voyant la petite, peut-être auront-ils eu pitié d'elle ! Tendre la main ! lui si fier !... Pauvre Michel ! répétait-elle avec un soupir...

Puis, l'impatience s'emparant d'elle, la malheureuse femme, qui s'accrochait ainsi à de vagues espérances, entr'ouvrit la porte et, s'avançant jusqu'à l'escalier, elle écouta longuement...

Rien ! Aucun bruit de pas qui fît craquer le bois vermoulu des marches. Michel ne revenait pas !

Chaque minute qui s'écoule augmente son impatience, qui fait bientôt place à l'angoisse... Elle s'agite et marche fiévreusement d'un bout à l'autre de la chambre...

Cent fois elle a ouvert la porte pour écouter. Puis elle est retournée au berceau et s'y cramponne des deux mains...

Ses regards vont fouiller les recoins de la mansarde, comme si elle eût espéré voir Michel apparaître tout à coup et lui présenter Henriette !...

C'est déjà l'hallucination pour ce pauvre cerveau affaibli... Tout à coup la malheureuse aperçoit, à la lueur de la chandelle fumeuse, le bout de papier que Michel a placé sur le fourneau...

Ce papier fixe son attention... Elle se traîne jusque là et le saisit.

C'est l'écriture de Michel...

En parcourant rapidement les premières lignes, Thérèse a poussé un cri sourd, et son cœur s'est serré comme si elle allait mourir.

Dans cette lettre, le père désespéré lui annonce en ces termes la foudroyante nouvelle.

« Pauvre amie !... Lorsqu'en te réveillant tu trouveras le berceau
» vide, je t'en supplie, Thérèse, pardonne-moi de t'avoir séparée de ta
» fille bien aimée.

» Je ne veux pas voir mourir, à la fois, ma femme et mon enfant! Je
» vais confier la pauvre petite créature à la charité publique.

» Je la déposerai à la porte de l'église et, lorsque je l'aurai re-
» cueillie par quelque âme charitable, je reviendrai auprès de toi, ma Thé-
» rèse, et si Dieu reste toujours sans pitié pour notre souffrance, nous
» mourrons ensemble en pensant que, du moins, notre fille est sauvée. »

C'était comme un coup de foudre qui venait de frapper Thérèse. Folle de douleur et de désespoir, elle poussait des cris sourds, apppelant :

— Henriette !... Henriette !... ma fille !...

Et, comme si Michel eût pu l'entendre :

— Rends-moi ma fille, malheureux ! s'écriait-elle.

Elle se cramponnait au mur pour ne pas tomber !... Ses jambes refusaient de la soutenir ! Puis la colère survint : violente, terrible !...

Sans se rendre compte du désespoir qui avait poussé l'infortuné Michel à abandonner l'enfant qu'il chérissait, elle ne voyait qu'une chose, c'est qu'on lui avait enlevé sa fille et qu'elle ne la verrait plus,... plus jamais... Jamais !...

Et, dans sa rage impuissante, elle murmurait entre ses dents serrées par la colère :

— Michel ! C'est lâche !... Malheureux !... Malheureux !

Puis prise subitement d'exaltation, les yeux hagards, les lèvres crispées, elle s'élança vers la porte en criant :

— Michel !... Rends-moi mon Henriette !... Rends-moi mon enfant !...

Elle se tordait les bras et, chancelante, elle s'affaissait contre le mur, en répétant au milieu des sanglots qui l'étouffaient :

— Henriette !... Henriette !...

Soudain la voix expira sur ses lèvres...

Michel venait d'apparaître au haut de l'escalier...

Oui, c'était lui, bien lui.

Il était là, devant elle, tenant deux enfants dans ses bras !!! !...

II

— Femme ! s'écria Gérard, nous n'avions qu'une fille, et il faut croire que ce n'était pas assez pour que le ciel eût pitié de nous !... Mais nous voilà, maintenant, bien plus dignes de sa compassion : nous avons... deux enfants au lieu d'un !...

— Que dis-tu, Michel ? s'exclama Thérèse folle de joie d'avoir retrouvé sa fille.

La pauvre femme avait enlevé Henriette des mains de son père. Et, se souvenant qu'elle avait eu l'espoir, après un sommeil réparateur, de voir revenir son lait, elle présenta le sein à la petite affamée...

— Te voilà deux fois mère, répondit Michel, car nous ne pouvons pas abandonner cette petite inconnue que Dieu a placée sur mon chemin, au moment même où...

— Tu allais abandonner ta propre fille ! interrompit Thérèse.

— Et sans doute pour m'empêcher d'accomplir...

— Un crime, Michel !

— Oh ! ne me condamne pas, femme ; ne m'accable pas !... J'étais fou !... J'avais perdu tout espoir... Et je m'étais dit que, s'il n'y avait même qu'une chance entre mille de sauver notre enfant, je ne devais pas hésiter...

Et s'animant :

— Oui !... Je voulais abandonner notre cher ange sur les marches du parvis Notre-Dame... Mais comme je me baissais, cherchant la place sans neige où je déposerais mon enfant, j'entendis des vagissements qui semblaient venir d'un point noir que je voyais à deux pas de moi... Je m'approchai et j'aperçus cette pelisse à moitié ensevelie sous la neige. Une petite créature était là, depuis quelque temps sans doute, car je vis son petit visage bleui par le froid...

« — Un enfant ! m'écriai-je, un enfant abandonné comme va l'être le mien !... Il est déjà tout glacé... Il va mourir ici, et... le même sort serait réservé à ma pauvre fille ! »

— En ce moment, continua Gérard, un bruit de serrure frappa mon oreille. J'écoutai. On fermait la porte de l'église... Je m'étais donc trompé !... Le bruit des cloches que j'avais entendu, c'était donc la fin de l'office et non le commencement !... Et pas une figure humaine sur la place !... Tous ceux qui avaient prié dans la maison du Seigneur étaient partis !... Je sentis alors que ma tête se perdait !... J'implorai Dieu !... Je le suppliai d'envoyer quelqu'un qui pût recueillir ces deux petits êtres désormais unis dans le même sort ; car je savais bien, hélas ! que s'ils passaient la nuit sur ces marches, dans cette neige, c'était la mort pour tous deux !...

Thérèse poussa un gémissement étouffé, et serra sa fille contre sa poitrine.

Michel, lui, ému au souvenir de son désespoir, poursuivit :

— Non !... pensai-je, je n'abandonnerai pas là mon enfant ; je ne les abandonnerai ni l'un ni l'autre.

— Ah ! c'est bien, mon homme, ce que tu as fait là, s'écria Thérèse.

— Je repris le chemin de notre mansarde... Quelque chose me disait, qu'il fallait agir ainsi !... Et moi qui étais venu là, en portant ma petite Henriette comme un fardeau trop lourd... je m'en revins d'un pas ferme avec ces deux enfants dans mes bras !...

Thérèse avait écouté, les larmes aux yeux. Se levant dans un élan, elle alla présenter son front aux baisers de son mari.

— C'est Dieu qui t'a inspiré cette bonne action, mon ami, dit-elle d'une voix calme et forte... Et c'est lui qui, déjà, t'en récompense... Regarde !

Elle lui montrait Henriette qui venait de prendre avidement le sein que sa mère lui donnait.

— Mais c'est un miracle ! disait Michel.

— L'autre en aura sa part, répondit la généreuse mère.

— La pauvre petite n'a fait qu'un cri tout le long du chemin.

— Peut-être qu'on l'aura trop serrée dans ses langes et que ça lui fait mal.

— J'y avais pensé, mais je ne pouvais pas, dans la rue et par ce froid terrible...

— Mets-la sur mes genoux et, vite, enlève les épingles.

— Michel se hâta d'obéir, et dès qu'il eut détaché les langes, il s'en échappa quelque chose qui roula sur le carreau de la chambre.

— Qu'est-ce donc qui tombe là ? demanda Thérèse étonnée.

— C'est un rouleau... deux rouleaux, s'écria Michel qui s'était penché pour regarder, des rouleaux d'or !

— De l'or ! dans les langes d'un enfant qu'on abandonne ! Ce n'est pas possible, tu te trompes.

— Regarde toi-même, répondit Michel qui avait ramassé les rouleaux et qui était en train de les ouvrir. Des louis, des vrais louis d'or !

— Et ce papier, qu'est-ce que c'est que ce papier que tu tiens à la main ?

— C'était par terre avec les rouleaux.

— Il y a de l'écriture dessus. « A la personne charitable qui m'aura recueillie. »

— Eh bien !... c'est toi, la personne charitable.

— Il n'y a pas autre chose ?

— Si fait..., seulement on dirait qu'on a pleuré dessus... il y a : « *Je m'appelle Louise, aimez-moi.* »

— Si nous l'aimerons, Michel, le cher petit ange qui nous apporte la fin de nos souffrances. Car nous voilà riches... il y a là au moins...

— Il y a cent louis !... s'écria Michel, qui venait d'en faire le compte, deux mille quatre cents livres que nous apporte ce cher petit ange !

Elle sera notre seconde fille, la sœur bien-aimée d'Henriette !

— Maintenant, femme, je vais courir aux provisions.

— Oui, va, mon homme, répondit Thérèse en souriant de bonheur. Cours et fais bien les choses, puisque nous avons du monde à souper.

— Fie-toi à moi... Et demain...

Thérèse l'interrompit. Et, en lui prenant la main, elle acheva la phrase :

— Demain, mon bon Michel, nous quitterons Paris où règnent la misère, la désolation.

— Oui, nous irons dans ma ville natale, nous partirons pour Evreux... tous les quatre !

. . . .

Tandis que Michel Gérard descendait, tout joyeux, l'escalier pour aller acheter de quoi restaurer sa femme et les deux enfants, Thérèse avait mis, côte à côte, les petites filles dans le berceau.

— Il y a place pour deux, mes mignonnes, murmura-t-elle en souriant... Et vous aurez ainsi bien plus chaud.

Puis contemplant leurs petits visages d'un même regard maternel :

— Je serai votre mère à toutes deux, fit-elle avec un soupir. Oui ! puisque le hasard vous a réunies, vous ne serez plus séparées dans mon affection, chères créatures !...

Et, avec une tendresse infinie, la pauvre femme se pencha sur le berceau, pour embrasser, chacune son tour, les deux enfants.

Mais aussitôt ses yeux se remplirent de larmes. Elle se disait, en regardant Louise, que, sans doute, ce petit être avait été enlevé à sa mère.., qu'en ce moment, peut-être, la malheureuse, affolée, courait les rues à la recherche de l'abandonnée... comme elle eût fait elle-même, si Michel ne lui avait pas ramené son Henriette !

En rentrant, Gérard la trouva ainsi penchée sur le berceau.

Il revenait joyeux, Michel Gérard ; et il étalait déjà les provisions achetées. Mais il s'arrêta bientôt devant le regard attristé de Thérèse.

— Qu'as-tu donc, femme ? demanda-t-il avec anxiété. Est-ce que toutes nos cruelles épreuves ne sont pas finies, et nos chagrins ne doivent-ils pas s'évanouir devant la bonne fortune qui nous arrive ?

Hélas ! soupira Thérèse, je pensais à la mère de cette petite... Je me disais qu'il y a sans doute, dans l'abandon de cette mignonne, quelque drame terrible !..... C'est que vois-tu, Michel, on n'abandonne d'ordinaire son enfant que lorsque la misère vous y a poussés, et...

— Et quand c'est pour le sauver de la mort,... d'une mort certaine ! ajouta Gérard en baissant la voix.

— Mais, reprit Thérèse, lorsque l'on met des rouleaux d'or dans les langes de l'abandonnée, c'est qu'on est riche, mon ami... Aussi, je te le répète, il y a là quelque terrible mystère...

— Nous chercherons à le découvrir... plus tard, conclut Gérard... Mais, pour le moment, contentons-nous de remercier le ciel qui nous a sauvés !...

III

Le jour même où les habitants de la rue de la Mortellerie avaient à subir dans leur mansarde de si douloureuses épreuves, une fête allait être donnée dans un hôtel du quartier le plus riche et le plus aristocratique de Paris.

Le faubourg Saint-Germain n'était pas, à cette époque, envahi comme il l'a été depuis par des maisons bourgeoises à cinq ou six étages ; la partie qui se rapproche des Invalides était surtout et presque entièrement occupée par de vieux hôtels avec des jardins plantés d'arbres magnifiques, et par quelques établissements religieux dont les jardins ressemblaient à des parcs.

Point de boutiques, point d'usines, ni de fabriques, ni d'entrepôts de marchandises ; rien du mouvement des quartiers populeux ni de leur bruit assourdissant ; des rues où l'on ne rencontrait jamais que de rares équipages, aux heures des offices ou de la promenade, enfin un calme, une tranquillité parfaite et, à quelques minutes, la plaine de Grenelle avec ses champs de blé. C'était presque la campagne.

L'hôtel du marquis de Vaudrey, situé à l'extrémité du faubourg, était séparé de la rue par une grande cour ayant deux entrées : l'une, petite et basse, taillée dans le mur, était exclusivement réservée aux domestiques et aux fournisseurs ; l'autre consistait en une superbe grille surmontée par un énorme écusson aux armes de la famille.

Le suisse en grande livrée avait seul le droit d'en ouvrir les deux battants pour laisser circuler les carosses de ses maîtres ou ceux des nobles personnages qui venaient leur rendre visite.

En face de cette entrée princière, sous un auvent d'une simplicité des plus élégantes, cinq ou six marches en marbre conduisaient à un immense vestibule où deux laquais se tenaient debout sans qu'il leur fût permis de se parler autrement qu'à voix basse, ni de s'asseoir sur les banquettes en velours placées contre les murs. De ce vestibule, on pénétrait dans les appartements, salle à manger, grands et petits salons, boudoir, bibliothèque, et même dans la chapelle Louis XIII où l'on célébrait toutes les cérémonies religieuses de la famille, naissances, communions et mariages.

Dans le salon d'honneur resplendissaient de magnifiques tapisseries des Gobelins, des lustres en cristal de Venise, des panneaux en vieux chêne sculpté qui servaient de cadres aux portraits en pied des illustres ancêtres de la maison.

Toute la gloire des de Vaudrey était là, représentée par des armures de connétables, des robes de magistrats et de riches costumes de chambellans du roi. Trois grandes portes-fenêtres donnaient accès sur une large terrasse dont la balustrade en porphyre était ornée de vases et de bustes antiques, et d'où l'on descendait dans un magnifique jardin dont les allées gracieusement dessinées serpentaient, pendant l'été, sous d'épais ombrages et conduisaient à un petit kiosque, charmante retraite à l'abri des regards indiscrets et qui servait de salon de lecture ou de travail ; devant la maison, des pelouses du vert le plus tendre, bordées de massifs de roses et de plantes exotiques, un bassin entouré de saules pleureurs et sur lequel glissaient majestueusement des cygnes d'une blancheur éblouissante. Des bosquets garnis de tables et de sièges en bois des îles, et enfin une serre qui servait aussi de volière, complétaient cet Éden, séjour d'une adorable créature : Mademoiselle Diane de Vaudrey.

C'était en son honneur qu'allait être donnée la fête dont on faisait les apprêts ; c'était pour elle que l'on couvrait de draperies blanches et de fleurs d'oranger les murs de la chapelle.

A trois heures sonnant, Mlle de Vaudrey et M. le comte de Linières recevraient la bénédiction nuptiale.

Et, comme il fait encore grand jour et que les invités ne doivent arriver qu'à la nuit tombante, nous allons en profiter pour faire connaître au lecteur les principaux personnages de cette journée solennelle et les événements qui l'avaient précédé.

. . . .

Le marquis de Vaudrey était le type exagéré de ces anciens grands seigneurs dont la race a presque entièrement disparu. Pour lui, il n'y avait au monde qu'une seule chose réellement enviable et respectable, la noblesse du nom. Le nom des de Vaudrey !.. C'était un diamant de la plus belle eau, et malheur à quiconque en altérerait la pureté !

Le marquis avait en horreur profonde messieurs les philosophes, gens de rien qui s'avisaient, depuis quelques années, de parler d'égalité. Comme s'il était possible que lui, par exemple, le dernier rejeton de l'il-

Le comte se jeta dans les bras de son futur beau-père. (P. 32.)

lustre famille des Vaudrey, il fût pétri de la même pâte que son valet de chambre ou son notaire.

Un jeune officier des gardes ayant eu l'audace, dans un petit souper, de proclamer hommes de génie les écrivains propagateurs des idées nouvelles.

— Ce sont des drôles ! s'écria le marquis, en renversant, d'un coup de poing, sa tasse de café.

La réplique était rude, elle valut au marquis un coup d'épée qui le mit sur le flanc pendant six semaines. Mais la supériorité de la race avait été maintenue, l'honneur était sauf, le diamant restait pur.

Un tel excès d'orgueil n'est pas fait pour adoucir le caractère, et si, dans le monde qu'il aimait beaucoup, le marquis s'efforçait de paraître gai, aimable et même assez bon quand on fesait appel à son cœur et à sa bourse, une fois rentré chez lui, le naturel revenait au galop, il n'y avait plus qu'un maître, un tyran qui n'admettait pas qu'on pût avoir d'autres idées que les siennes. Toute résistance était impitoyablement brisée.

Le marquis approchait de la cinquantaine lorsqu'il perdit sa femme et, avec elle, l'espoir encore caressé d'avoir un fils qui hériterait en ligne directe de tous ses titres, biens et domaines. Il se consolait en pensant que son neveu portait le même nom et qu'en le mariant à l'aînée de ses deux filles, la maison de Vaudrey ne s'éteindrait pas. Le cousin était riche, il possédait, dans la vallée de Chevreuse, un vieux castel entouré de chasses magnifiques et il semblait fort épris de Mlle Mathilde qui, de son côté, le regardait d'un assez bon œil ; mais ceci importait peu ; chez les de Vaudrey, de temps immémorial, quand une fille avait atteint l'âge d'être mariée, c'était le père seul qui devait s'occuper de lui choisir un mari et, le choix une fois arrêté par lui, sa fille n'avait plus qu'à se soumettre et à l'accepter.

Ce fut dans ces conditions que Mlle Mathilde épousa son cousin ; sitôt le mariage conclu, elle suivit son mari à Chevreuse où il passait la plus grande partie de l'année, et le marquis resta seul à Paris avec sa seconde fille, Diane de Vaudrey, qui n'avait encore que quatorze ans et qui était déjà une adorable personne.

Encore deux ou trois années, et le marquis n'aurait pas grand'peine à lui trouver un mari. Il lui suffirait pour cela de continuer ses relations dans le grand monde ; rien ne lui était plus facile et plus agréable, car il avait horreur de la solitude et du calme d'une vie bourgeoise. Il lui fallait le mouvement, les fêtes, les bals de Versailles ou du noble faubourg pendant l'hiver ; les voyages, les eaux, la mer pendant la belle saison, et les grandes chasses à l'automne.

Diane devenait, de jour en jour, plus jolie, plus séduisante ; elle était très bonne musicienne, elle dansait à ravir et montait à cheval comme une amazone. Aussi, que de succès ! que d'adorateurs ! Elle avait à peine dix-sept ans et, déjà, l'heureux père était accablé des plus flatteuses demandes. Il n'en repoussait aucune, mais sans en rien laisser voir, même à sa fille, il avait fait son choix.

Le comte de Linières était un fort bel homme, d'une trentaine d'années, très distingué, très bien en cour, et Diane, sans lui avoir fait la moindre avance, sans même qu'elle s'en doutât, lui avait inspiré une véritable passion.

Le marquis n'avait pas tardé à s'en apercevoir, et cette découverte le mettait au comble de la joie. M. de Linières avait devant lui le plus bel avenir ; au premier jour il serait nommé ambassadeur et, plus tard, qui sait s'il n'arriverait pas à être ministre ?

C'était donc un parti superbe, une occasion qu'il fallait saisir au vol. Malheureusement le comte ne se déclarait pas. Il était auprès de Diane d'une timidité tout à fait enfantine ; il la dévorait des yeux sans trouver une parole à lui dire. Evidemment il doutait de lui-même.

Une circonstance tout à fait imprévue vint encore compliquer la situation. L'hiver, qui touchait à sa fin, avait été des plus brillants ; les bals s'étaient succédé presque sans interruption et Diane, qui était d'une nature délicate, avait peut-être abusé de ses forces. Enfin, pour cette raison ou pour une autre, elle perdait peu à peu ses jolies couleurs et ne se plaisait plus que dans la solitude. Elle passait des journées entières étendue sur sa causeuse et plongée dans une rêverie que l'on ne s'expliquait pas, mais qui était fort inquiétante.

Elle qui s'était toujours montrée si vivante et si bonne, rien ne l'intéressait plus, ni ses travaux de jeune fille, ni son jardin, ni ses oiseaux qu'elle aimait tant ; un vieux recueil de prières qu'elle avait toujours dans sa poche faisait maintenant sa seule lecture et aussi une petite gazette que son père laissait souvent traîner sur les meubles ; mais, avant de se risquer à la prendre et à la lire, elle avait bien soin de s'assurer que personne ne pouvait la voir.

Un jour, quelques amis étant venus prendre des nouvelles de sa santé, elle s'était décidée à passer au salon et, pour la distraire, on se mit à parler de toute sorte de choses, de toilette, de musique et, enfin, d'un combat très sérieux que nos troupes avaient livré aux environs de Verdun ; la victoire nous était restée, mais elle avait coûté cher, et plus d'une famille allait être cruellement frappée en lisant les noms de ces malheureuses victimes du devoir ! Diane n'avait pas ouvert la bouche ; mais dès que les visiteurs eurent pris congé et qu'elle se vit seule, elle se jeta sur la gazette qu'elle avait aperçue dans un coin et se mit à la parcourir anxieusement. Arrivée à ces mots : Liste des blessés et des morts, elle s'arrêta un instant, porta la main à son cœur, puis, faisant un effort sur elle-même, reporta les yeux sur la liste fatale ; tout à coup elle poussa un cri déchirant et tomba à terre sans connaissance. Quelques minutes après, le marquis entra ; c'était l'heure du dîner et il venait chercher sa fille.

— Ah ! mon Dieu ! s'écria-t-il en la voyant à terre, évanouie, Diane !.. mon enfant !.. à moi !... du secours !

Il courait à la fenêtre qu'il ouvrait toute grande, au timbre d'acier qui était sur la cheminée, puis il revenait vers sa fille et, pendant qu'on l'aidait à la secourir, il se demandait ce qui avait pu provoquer cet évanouissement. Peut-être la chaleur, le manque d'air... Elle est devenue si délicate, si impressionnable !... Pourvu que ce ne soit pas le début de quelque grave maladie !

Heureusement la pauvre Diane avait repris connaissance ; mais il fallut la transporter dans sa chambre et la mettre au lit ; elle était en proie aux agitations d'une fièvre brûlante. Le marquis se hâta de faire appeler le médecin de la famille et d'expédier un courrier à Chevreuse avec un billet qu'il venait d'écrire à sa fille ainée. Ce fut un coup terrible pour cette bonne dame déjà si éprouvée.

Après un an de mariage, elle venait de donner naissance à un garçon lorsque son mari lui fut enlevé en quelques jours par une maladie aiguë. Le marquis lui offrit alors de revenir à Paris ; rien ne put l'y décider, même les supplications de sa sœur qu'elle adorait. Mais au reçu de la lettre de M. de Vaudrey elle envoya immédiatement quérir des chevaux de poste et, malgré la distance et le mauvais temps, elle se mit en route, impatiente de revoir sa chère Diane et persuadée que personne ne pourrait la soigner mieux qu'elle.

En effet, au bout de quelques jours et autant de nuits passées au chevet de la malade, elle eut la joie de constater que la fièvre avait presqu'entièrement disparu.

Mais un terrible mystère lui fut alors secrètement révélé par le médecin : Dans quelques mois, *mademoiselle* Diane de Vaudrey allait devenir mère !...

Alors, et par suite d'une entente secrète, le docteur déclara qu'il fallait conduire la malade loin de Paris ; un changement d'air et un repos prolongé étaient absolument nécessaires si l'on voulait, disait-il, obtenir une guérison complète.

Mathilde de son côté proposa d'emmener sa sœur à Chevreuse dans son vieux castel qui ressemblait à un cloître bâti au milieu des bois. La malade trouverait là tout ce qui lui était ordonné, un air pur et fortifiant, pas de visites énervantes, une solitude complète et dès que Diane aurait retrouvé la santé, on la ramènerait à son père.

— Partez donc, s'écria celui-ci en embrassant ses deux filles.

Et le soir même, Mathilde, enchantée d'avoir enlevé sa sœur, s'empressait de l'installer dans une chambre du château à laquelle attenait un grand cabinet où l'on mettrait un lit afin que la malade eût toujours auprès d'elle Marion, une grosse Bretonne qui l'avait vue naître, ne l'avait jamais quittée et qui éprouvait pour sa jeune maîtresse une profonde adoration.

— Ma Diane ! disait-elle dans son vieux patois, tous les êtres de la terre n'm'étions rin,... pour mé, nia qu'elle au monde ! Et l'bon Dieu ensuite.

Il est vrai que, dans ses prières quotidiennes, la dévote Bretonne retournait sa phrase habituelle et s'écriait :

— Seigneur, vous d'abord, et ma Diane ensuite.

Une heure après, Diane, silencieuse et pâle, en proie aux plus douloureuses pensées, était étendue sur le lit qu'on avait préparé pour elle. Brisée de fatigue, elle balbutia quelques paroles de remerciements, tendit son front à ses deux garde-malades, et s'assoupit en pleurant.

Alors, sans proférer une parole, la dame du château et l'humble servante se prirent la main, elles regardaient leur chère Diane et, à leur tour, elles pleurèrent silencieusement...

. . . .
. . . .

Près de quatre mois s'étaient écoulés depuis cette scène. Le marquis, d'abord très inquiet pour sa fille, n'avait pourtant pas jugé à propos de l'accompagner. Il la savait en bonnes mains, et puis il n'aimait pas à changer ses habitudes journalières. D'ailleurs il fut bientôt complètement rassuré par les nouvelles qu'il recevait chaque semaine de Chevreuse. Diane reprenait des forces, elle se trouvait de mieux en mieux de son séjour à la campagne, dans les grands bois et, pour se conformer aux ordres du docteur, elle ne reviendrait pas à Paris avant la fin de la belle saison, ce qui enchantait le marquis. Comme la plupart des personnes douées d'une santé vigoureuse, le voisinage des personnes faibles ou maladives ne lui était pas agréable ; aussi, dans toutes les lettres que cet excellent père écrivait à sa fille, avait-il soin de l'encourager à prendre le temps nécessaire pour obtenir une guérison complète et à ne lui revenir que forte et joyeuse ainsi qu'une demoiselle de son âge et de sa race devait l'être pour faire bonne et grande figure dans le monde. Il serait temps, alors, de donner suite aux projets d'alliance qu'il avait caressés en secret et qu'il était loin d'abandonner.

Le départ de Diane avait très vivement impressionné le comte de Linières, mais bien qu'il se renfermât toujours dans un silence absolu, ses sentiments ne changeaient pas. Il venait prendre des nouvelles de Mlle de Vaudrey avec une régularité, un intérêt qui ne pouvaient laisser aucun doute, et le jour où il apprit enfin que la guérison était maintenant certaine, il s'abandonna à une si grande joie que le marquis tendait déjà l'oreille pour écouter l'aveu que ce cher comte avait sur les lèvres ; mais la timidité lui coupait toujours la parole.

Cependant, un matin, honteux de ses hésitations, il sonna son valet de chambre et donna l'ordre d'atteler. Le marquis venait, dans un petit billet très aimable, de l'engager à souper; mais avant d'accepter, il voulait, à tout prix, sortir de la cruelle incertitude qui ne lui laissait plus un instant de repos.

— A l'hôtel de Vaudrey, cria-t-il au cocher en sautant dans sa voiture. Un quart d'heure après il entrait, plein de courage, dans le fameux vestibule où les deux laquais étaient toujours de planton.

— Le marquis est-il visible?

— M. le marquis déjeune.

— N'importe, annoncez-moi : le comte de Linières.

— Oh! nous savons le nom de Monsieur, mais je prierai Monsieur le comte de vouloir bien me donner sa carte.

— La voilà, dit le comte. Et, après l'avoir posée sur le plateau d'argent qu'on lui présentait, il entra d'un pas ferme dans le salon dont le second laquais lui avait ouvert la porte.

Quand elle fut refermée, il demeura un instant immobile, regardant autour de lui comme quelqu'un qui cherche à rappeler ses souvenirs. Ses yeux s'arrêtèrent sur une causeuse en tapisserie, ouvrage de Mlle Diane. C'est là, se disait-il, qu'elle était gracieusement couchée la dernière fois que je l'ai vue. Sa pâleur, son air triste et souffrant me déchiraient l'âme. « Au revoir, me dit-elle avec un doux sourire, au revoir! » Ces deux mots sortant de sa bouche avaient pénétré dans mon cœur comme un rayon d'espoir. Ils m'ont aidé à supporter cette longue séparation. Et maintenant qu'il n'y a plus à trembler pour elle; maintenant qu'au premier jour elle va nous être rendue, c'est pour moi que je tremble! Ah! c'est trop souffrir et je ne sortirai pas d'ici sans savoir ce que je dois craindre ou espérer.

Sur ces derniers mots, le marquis entra brusquement et, s'avançant vers le comte, il lui dit de l'air le plus affable :

— Vous avez reçu mon invitation pour ce soir?

Oui, Monsieur le marquis, et je vous en remercie, mais je ne suis pas pas certain de pouvoir en profiter.

— Et pour quelles raisons, je vous prie?

— Mes fonctions d'attaché d'ambassade...

— Bah! une sinécure, un échelon pour arriver beaucoup plus haut.

— Soit, mais enfin, de temps à autre, je suis tenu de faire acte de présence; le ministre me l'a rappelé hier, fort courtoisement d'ailleurs, et je comptais partir demain, ou même ce soir.

— Demain si vous voulez; mais ce soir vous m'appartenez et je vous garde, j'ai une surprise à vous faire.

— Une surprise, à moi?

— Oui, à vous et aux amis qui seront de la partie... voyons... vous ne devinez pas? Vous, un diplomate?

— J'ai beau chercher...

— Eh bien' venez par ici... un peu plus tôt ou un peu plus tard, peu importe.

Et, tout en parlant, il entraînait le comte du côté de la terrasse.

— Regardez, là-bas, sous le grand bosquet.

— Ah! mon Dieu! s'écria le comte.

Mademoiselle Diane!

— Elle-même, oui mon cher, je commençais à trouver le temps long et la maison vide; hier j'ai envoyé à ma fille l'ordre de revenir immédiatement, et la voilà!

— Ah! Monsieur le marquis!... que je suis heureux de cette surprise!

— Hein!... que dites-vous de notre jeune campagnarde? Quel air de radieuse santé!

— Jamais je ne l'avais vue aussi belle.

Le marquis souriait d'un air fin en regardant le comte qui restait en extase devant la fenêtre.

— Alors c'est convenu, vous ne partez pas ce soir?

— Oh! non, certes!

— J'en étais sûr.

— A moins que...

— Que... quoi? Mais parlez donc... vous avez l'air si troublé, si ému...

— On le serait à moins, car j'ai une demande à vous adresser, Monsieur le marquis, et si votre réponse devait être contraire à toutes mes espérances, je partirais à l'instant pour ne jamais revenir.

— Oh! oh! fit le marquis en affectant un air sérieux, c'est donc bien grave?

— Tout ce qu'il y a de plus grave. J'adore Mlle Diane.

— Eh! corbleu! que ne l'avez-vous dit plus tôt, mon cher! Au moins, s'il faut que vous partiez, vous ne partiriez pas seul.

— Est-il possible! Ai-je bien entendu!... Mais, alors, vous consentiriez donc!

— Eh! voilà un siècle que vous jouez à l'amoureux transi. Que diable! Ce n'était pas à moi de rompre la glace.

— Oui, c'est vrai; il y a longtemps que j'aurais dû vous ouvrir mon cœur. Ce qui me faisait hésiter, ce qui me fermait la bouche, c'était la crainte que j'éprouve encore...

— La crainte de quoi?

— D'aimer, hélas ! sans avoir su me faire aimer...

— Allons donc !... Mlle de Vaudrey a des yeux, de l'esprit et du cœur, et elle n'est pas fille à rester indifférente aux sentiments nobles et respectueux d'un homme tel que vous.

— Puissiez-vous dire vrai !

— Rassurez-vous donc et touchez-là ! ajouta le marquis en lui tendant la main. Dès à présent vous avez ma parole de père et de gentilhomme.

— Ah ! Monsieur le marquis, je vous devrai le bonheur de ma vie ! Pourvu que Mlle Diane consente....

— Ma fille hésiterait à accepter un époux de mon choix !.. Allons donc !... Vous ne connaissez pas les de Vaudrey, mon cher ; pareille chose ne se serait jamais vue ! A ce soir, et pour Dieu, ajouta-t-il gaiement en frappant sur l'épaule du comte, tâchons d'animer la statue et de lui délier la langue.

— Mlle Diane m'inspire un si grand respect !... Enfin je ferai de mon mieux. Seulement, je vous en conjure, ne lui dites pas un mot de tout ceci. Je ne saurais plus quelle contenance tenir devant elle. Je partirai demain et pendant mon absence... vous m'écrirez, n'est-ce pas ? Vous me direz...

— Tout ce qu'elle me confiera, mon gendre !

— Le comte, ému jusqu'aux larmes, se jeta dans les bras de son futur beau-père et se hâta de sortir.

Le marquis avait atteint son but.

IV

La réunion du soir fut des plus animées. Après la longue absence de Diane, qui laissait un si grand vide dans le cercle des habitués de l'hôtel, chacun était heureux de fêter son retour et de la revoir en aussi bonne santé. Diane, très émue, très touchée des témoignages d'affection dont elle se voyait entourée, en exprimait sa reconnaissance avec une grâce charmante. Le marquis se montrait fier du succès de sa fille et le comte, appuyé contre la cheminée, semblait absorbé dans une contemplation muette. Le marquis, impatienté, passait et repassait devant lui en l'encourageant du regard à mêler ses compliments à ceux dont sa fille était accablée ; mais le pauvre amoureux ne trouvait pas une parole à dire.

Heureusement le maître d'hôtel mit fin à la situation en ouvrant les deux battants de la grande porte.

Je ne lirai pas cette lettre; je la déchire et je la brûle. (P. 38.)

« Monsieur le marquis est servi. »

A ces mots, tous les admirateurs de Diane s'avancèrent vers elle le bras tendu, mais le marquis s'empara vivement de celui de sa fille.

— Pardon, Messieurs, c'est à moi qu'elle appartient ce soir.

Et, en passant près du comte, il lui glissa à l'oreille :

— Tant pis pour vous, mon cher !

Mais il avait eu soin de lui garder, à table, la droite de Mlle de Vaudrey.

Le souper fut plus joyeux encore que la soirée ; les conversations s'étaient engagées de voisins à voisines sur le ton de la plus exquise galanterie, et le champagne avait provoqué chez tous les convives une gaité qui enchantait le marquis. Diane, placée en face de lui, devait naturellement faire les honneurs de la table et elle s'en acquittait avec la grâce la plus charmante. Cependant, un observateur habile n'aurait pas eu grand'peine à voir passer sur ce front si pur quelques petites ombres, indices certains des efforts que la pauvre fille s'imposait pour cacher à ses amis, et surtout à son père, les cruelles souffrances de son âme.

L'heure avançait, le souper tirait à sa fin lorsque, brusquement, le marquis se leva de table. Tous les convives allaient faire comme lui, mais il les arrêta du geste et, prenant un ton solennel :

— Mes chers amis, dit-il, je ne veux pas que nous nous séparions sans que je vous aie annoncé une grande nouvelle : Je marie ma fille.

Une exclamation de surprise courut dans toute la salle. Diane avait redressé la tête.

— J'ai l'honneur de vous présenter mon gendre, M. le baron de Linières.

Diane allait parler ; le marquis de son regard autoritaire lui imposa silence, puis saisissant son verre :

— Allons, s'écria-t-il, buvons à la santé des futurs époux.

Tous les verres furent remplis et vidés au milieu d'un tumulte général.

On était sorti de table. Le marquis avait rejoint sa fille, et c'était à qui viendrait maintenant féliciter les fiancés.

Le comte s'efforçait de répondre et de sourire ; debout, à côté de Diane, il osait à peine lever les yeux sur elle. Quelques instants après un laquais annonça :

— Les voitures de ces dames !

C'était le signal du départ, et pendant que la sortie s'effectuait au milieu du brouhaha des félicitations, des commentaires et des poignées de mains, le marquis s'approcha de Diane dont la pâleur ne lui semblait pas de bon augure :

— Diane, lui dit-il sèchement, à quoi pensez-vous donc ?

— Mon père...

Il ne lui laissa pas le temps d'en dire plus long.

— Rentrez dans votre appartement, il est tard. Mais, avant, dites adieu à M. le comte... à votre mari.

Diane, toute frémissante, inclina la tête. Le comte sortit enfin de son immobilité et, saisissant de ses mains brûlantes la main glacée de Diane, il l'effleura de ses lèvres.

— Oh ! Mademoiselle, fit-il tout haletant, si vous saviez... si je pouvais vous exprimer... toute ma joie, tout mon bonheur !...

Mais Diane, qui s'était vivement dégagée, avait déjà gagné la porte où elle fut heureuse de rencontrer Marion pour s'appuyer sur son bras et sortir.

Le marquis et le comte l'avaient suivie des yeux.

— L'émotion, mon cher, la surprise, doux préludes de l'amour.

— Ah ! marquis... répliqua le comte, vous m'aviez si bien promis d'attendre, c'est mal... très mal !...

— Remerciez-moi donc, au contraire... Maintenant tous les obstacles sont levés ; demain, libre de tout souci, de toute crainte, vous ferez votre cour à la dame de vos pensées, et dans huit jours le mariage, heureux mortel !.. Là-dessus, bonsoir, je tombe de sommeil.

. . . .

La grande nouvelle s'était répandue dans toute la maison avec la rapidité d'un éclair, et Marion était accourue bien à temps, car sans elle Diane, à bout de force, n'aurait pu regagner sa chambre ; en y entrant elle tomba anéantie sur un fauteuil. Marion, aussi tremblante qu'elle et aussi pâle, resta un moment à la regarder, puis elle alla fermer la porte et pousser le verrou ; Diane alors se leva brusquement et vint s'asseoir devant un petit bureau placé près de la cheminée.

— Donne-moi de la lumière, Marion, il faut que j'écrive.

— A pareille heure !... Et fatiguée comme vous l'êtes !... Y a pas de bon sens. C'est-y à vot' sœur que vous écrivez ?

— Non, c'est à mon père.

— A vout' père !.. Et c'est pour y dire que nous n'voulons point de son épouseu ?..

— C'est pour lui dire la vérité, Marion, entends-tu ? toute la vérité.

— Oh ! misère !.. Non... non... C'est pas Dieu possible... Tu n'feras point ça, ma chère Diane.

— Je le veux ! et Diane se mit à écrire.

Marion était hors d'elle-même.

— La vérité !.. qu'est-ce qu'il en adviendra avec un homme de fer, comm' le marquis !... Mais j'y sommes ben aussi pour quéque chose dans c'te vérité-là !.. Et j'ons ben l'droit d'parler... Et j'disons, mé... qu'ça serait une folie...

— Tais-toi, prends ton chapelet, prie-Dieu pour qu'il m'inspire, et plus un mot !

Et la Marion, baissant la tête devant sa jeune maîtresse, s'était assise sur un tabouret ; elle avait pris à sa ceinture le chapelet dont elle faisait passer machinalement tous les grains dans ses doigts et, au mouvement de ses lèvres, on aurait pu croire qu'elle récitait une prière ; mais sa pensée et ses regards étaient ailleurs, elle suivait la plume qu'une main fiévreuse faisait courir sur le papier. Quand Diane eut achevé sa lettre, avant de la plier, elle la tendit à Marion en lui disant :

— Tiens, lis.

Marion hésitait.

— Lis, té dis-je.

Marion se décida à prendre la lettre et elle lut à voix basse ce qui suit :

« Mon père, il y a deux mois, une brave femme parcourait d'un pas
« rapide la route qui conduit de Chevreuse à Meudon à travers les bois. La
« distance est grande et la nuit était venue, une nuit noire et orageuse.
« Après avoir quitté la route pour prendre un sentier qui gagnait la plaine,
« Marion, car c'était-elle, s'arrêta devant une chaumière isolée. C'était là
« qu'habitait un de ses parents, un brave homme qui n'avait pour vivre,
« lui, sa femme et l'enfant qu'elle venait de lui donner, d'autres ressources
« que le terrain qu'il cultivait et dont il allait, chaque semaine, vendre
« les produits à Paris. Marion, épuisée de fatigue, frappa à la porte qui
« s'ouvrit aussitôt ; on était prévenu de son arrivée, on l'attendait et elle
« n'était pas seule ; elle portait dans ses bras un pauvre petit être qu'elle
« venait confier à des mains étrangères, car cet enfant, né de la veille,
« n'avait déjà plus de famille ; son père était mort l'épée à la main au ser-
« vice du roi, et sa mère, qu'il était condamné à ne jamais voir, dont il devait
« ignorer l'existence et le nom et qui venait, en le quittant, de lui donner
« le seul baiser qu'il dût recevoir d'elle ! sa mère s'appelait Diane de
« Vaudrey !

« Pardonnez-moi, mon père, l'affreuse douleur que vous allez res-
« sentir et dont je suis la cause. Mais rassurez-vous, l'honneur de votre nom
« restera sans tache. J'ai pu, dans l'égarement de la jeunesse et de la passion,
« commettre une grande faute ; mais puisque, hélas ! elle est maintenant
« irréparable, du moins personne au monde n'en apprendra le secret. Vous-
« même, vous n'auriez jamais rien connu de mes souffrances ni de ma
« honte, sans la nouvelle et rude épreuve qu'à votre insu vous venez de
« m'imposer. Elle m'a fait un devoir de ne vous rien cacher. Répondez,
« maintenant, ô mon père ! Puis-je donner ma main à l'homme d'honneur
« qui m'offre la sienne ?....

— Ah ! s'écria Marion que l'émotion et les larmes étouffaient, je savions bien que t'étais une honnête fille.

Et elle prenait dans ses deux mains la tête de Diane, qu'elle couvrait de baisers.

— Écoute, il me semble avoir entendu marcher. Qui donc peut venir ainsi au milieu de la nuit ? On frappe....

— Ouvrez, dit le marquis d'une voix rude.

— Mon père ! s'écria Diane toute tremblante.

Le marquis, en rentrant chez lui, avait renvoyé son valet de chambre. Il voulait être seul ; il se sentait agité, nerveux et, n'ayant plus aucune envie de dormir, il avait pris un livre dans sa bibliothèque, puis il s'était étendu dans un grand fauteuil, essayant vainement de lire afin de se distraire. Mais il se releva bientôt et se mit à marcher avec agitation, cherchant à s'expliquer la douloureuse expression du visage de sa fille, à l'annonce de son prochain mariage avec le comte. Tout en se parlant à lui-même, il s'était approché de la fenêtre pour fermer les rideaux, et il fut très surpris en voyant qu'une lumière brillait encore dans la chambre de Diane. De la lumière... à deux heures du matin !... Et Diane n'était pas seule,... on voyait l'ombre d'une autre femme.

Une minute après il se présentait chez sa fille.

— D'où vient, dit-il en entrant, que vous ne soyez pas couchée, à deux heures du matin ?

Diane, qui avait eu le courage de lui écrire, n'avait pas la force de lui répondre... Une terreur profonde cadenassait ses lèvres ; elle demeurait interdite et la tête basse.

— Voyons, lui dit le marquis en cherchant à adoucir sa voix, dites-moi ce que vous éprouvez, ma chère enfant ? Dites-moi d'où vient que vous avez accueilli d'une si étrange façon la surprise que je vous avais ménagée ?

Au moment où il achevait de prononcer ces paroles, les yeux du marquis s'étaient portés vers le petit bureau, sur lequel se trouvaient encore la bougie, le papier et les plumes.

— Ah ! dit-il en les montrant du doigt, vous écriviez.... Et à qui donc, je vous prie ?

— A vous, mon père !

— A moi ?... Et qu'aviez-vous à me dire... par correspondance ?

— Cette lettre vous l'apprendra.

— Ah ! bon Dieu !... elle la lui donne !... murmura tout bas Marion épouvantée, en se signant.

Le marquis étonné regardait la lettre sans la déplier.

— Ah ! je commence à comprendre, fit-il.

Et sa voix redevenait dure, son regard menaçant.

— Oui, reprit-il après un silence, cette lettre doit renfermer quelque confidence que vous n'osiez pas me faire de vive voix. Le secret de votre conduite est là sans doute ?

Il avait ouvert la lettre...

— Oh ! pas devant moi, s'écria Diane suppliante et les mains jointes, pas devant moi... quand vous serez seul... Souffrez que je me retire... je reviendrai dès que vous m'appellerez.

— C'est inutile... restez !... Je ne lirai pas cette lettre... Je la déchire et je la brûle ! Je ne veux rien savoir de ce que vous aviez à me dire, vous l'entendez, rien !.. Mais, retenez bien mes paroles, votre mariage aura lieu, parce que telle est ma volonté.... Et, s'il y a de votre part le moindre obstacle, quel qu'il soit, je le briserai !

Après avoir prononcé ces mots d'une voix irritée, le marquis sortit aussitôt de la chambre.

Diane consternée s'était affaissée sur une chaise.

— C'est tout d'même heureux qu'il ait brûlé c'te lettre sans la lire !... dit Marion en s'approchant de sa jeune maîtresse.

— Ma pauvre petite fille ! murmurait Diane, pauvre cher ange !.. quel sort nous est réservé à toutes les deux !...

— Si vout' père savait seulement qu'elle existe !.. Il s'rait capable de la tuer..

A ces mots, Diane se releva fière et forte.

— Eh bien !.. Il ne le saura jamais ! dit-elle... ni lui ni personne ! Puisque mon père l'ordonne, je serai comtesse de Linières, et ma fille vivra loin de tout danger... Il le faut !.. Et tu m'y aideras, Marion !

— A la bonne heure ! répondit la Bretonne, v'là qui s'appelle bien parler !

— Et si plus tard, continua Diane, Dieu permet qu'une fois encore je puisse la revoir et l'embrasser, je n'aurai plus rien à désirer sur terre ! Je mourrai heureuse et la conscience tranquille !

V

M. de Linières avait retardé son départ, heureux de penser que son voyage politique allait être transformé en un délicieux voyage de noces. Le marquis avait hâté les préparatifs et multiplié les invitations. Enfin, au bout de huit jours, tout était prêt ; le contrat avait été signé la veille et le mariage religieux allait être célébré à trois heures dans la chapelle dont on n'avait plus qu'à allumer les cierges.

Pendant la semaine qui venait de s'écouler, Diane avait montré à son père la soumission la plus complète. Pas un mot de la lettre brûlée, ni de ce qu'elle devait lui apprendre, n'avait été prononcé entre eux. Le marquis ne voulait rien savoir, et du moment que sa fille obéissait, tout était bien, il n'en demandait pas davantage. De son côté, Diane évitait, avec le plus grand soin, toute allusion à la scène qui avait eu lieu dans sa chambre, elle courbait la tête devant une volonté inflexible, elle se sacrifiait complètement ; mais elle sauvait sa fille de tous les dangers dont elle la sentait menacée, et cela seul suffisait pour lui donner du calme et de la force. On aurait pu la croire heureuse. Hélas ! la pauvre enfant !.. A toutes les douleurs secrètes dont son cœur était déchiré, une souffrance nouvelle devait s'ajouter encore : elle allait tromper un honnête homme.

La pendule venait de sonner deux heures. Marion et les filles de service achevaient de préparer la toilette de la mariée et d'activer le feu, car la journée était sombre et la neige couvrait les arbres du jardin. Diane avait abandonné sa tête à la coiffeuse, une autre servante lui mettait des souliers de satin blanc, garnis de dentelle et de rubans. Assise et silencieuse, elle regardait tout et ne voyait rien, ou plutôt elle se demandait si vraiment c'était pour elle que l'on faisait tous ces riches apprêts. Julie, sa femme de chambre, vint lui en donner la preuve.

— Mademoiselle, voilà le bouquet de la mariée. On vient de l'apporter de la part de M. le comte de Linières. Diane, rendue à la réalité, prit le bouquet et le posa à côté d'elle, sans même le regarder.

— Quand Mademoiselle voudra passer sa robe, nous attendons ses ordres.

— C'est bien, fit Diane, dans un instant. Allez, Mesdemoiselles, je vous sonnerai.

Les servantes s'éloignèrent, assez surprises du peu d'empressement de leur maîtresse.

Marion seule était restée, elle comprenait qu'on avait quelque chose à lui dire en particulier. Diane, en effet, s'empressa d'ouvrir un des tiroirs du petit bureau ; elle y prit trois ou quatre rouleaux d'or, et, revenant vers Marion :

— Tiens, lui dit-elle, voilà toutes mes économies.

— Mais.... j'en ons pas besoin d'vos économies. Je ne manquons de rien ici, répondit la Bretonne un peu froissée.

— Ce n'est pas pour toi,... c'est... c'est pour elle !

Et elle ajouta avec un soupir :

— Ce soir, j'aurai quitté cette maison, je ne m'appartiendrai plus et on aura sans cesse les yeux sur moi. S'il arrivait que la pauvre abandonnée eût besoin de quelque chose, au moins tu serais là pour le lui donner. Prends, te dis-je, et je partirai moins malheureuse.

— Donnez donc! fit Marion en acceptant les rouleaux d'or, qu'elle fit aussitôt disparaître dans une des poches de son tablier.

Quelques instants après, la toilette de la mariée était achevée.

Le marquis ouvrit brusquement la porte.

— Êtes-vous prête, dit-il?

— Je suis à vos ordres, mon père.

— Prenez mon bras, on nous attend.

Sans rien ajouter, Mlle de Vaudrey sortit avec le marquis, et Marion vint s'appuyer contre la porte, envoyant un dernier adieu à sa Diane bien-aimée.

La Marion comprenait combien était grand le sacrifice que s'imposait sa jeune maîtresse.

N'avait-elle pas été, avec la sœur de Diane, la confidente de la naissance de la petite Louise?

Ne s'était-elle pas, ainsi que Mlle de Vaudrey l'écrivait dans la lettre à son père, chargée d'emmener l'enfant chez son cousin à elle, le jardinier de Meudon!

Cet honnête homme était lui-même père d'une petite fille; sa brave femme, la cousine Jeanne, avait promis à Marion de prendre bien soin de l'enfant, et de l'élever comme le sien propre. La petite somme qu'on donnerait pour la pension de Louise serait certainement bien venue dans le pauvre ménage du jardinier, car il fallait travailler dur et toute l'année pour joindre les deux bouts.

Aussi depuis le jour où elle avait accepté de soigner l'enfant qu'on lui confiait, la cousine Jeanne n'avait jamais failli à sa promesse.

Une fois par mois le jardinier faisait le voyage de Paris pour apporter à Marion des nouvelles de la petite, et cela à jour fixe.

Il était convenu avec Marion d'un signal: un coup de sifflet modulé d'une façon spéciale.

Ce signal, la Bretonne le connaissait bien, et elle aussi attendait avec impatience le jour fixé. N'avait-elle pas, en effet, reporté sur l'enfant une partie de l'affection qu'elle avait pour la mère!

Aussi, lorsque Diane lui eut confié les rouleaux d'or, après la première hésitation, les avait-elle acceptés. « Ce sera pour aider la cousine Jeanne, s'était-elle dit, car la pauvre femme n'est pas très forte, et elle s'épuise, chaque jour, un peu plus à la besogne. »

Dans la pensée de la Bretonne, cet argent économisé avec soin allait,

LES DEUX ORPHELINES

Ce jour-là, il y avait foule autour d'un superbe reposoir, placé à l'extrémité de la ville, presque dans la campagne. (P. 47.)

pour longtemps, apporter du bien-être dans l'humble demeure de ces braves gens.

Et elle faisait déjà des projets :

« — Avec une partie de la somme, se disait-elle, le cousin pourra ajouter quelques arpents de terre à son potager. »

Il y avait précisément du terrain attenant, à louer à long bail. Marion se chargerait de la négociation et en ferait la surprise au brave jardinier.

« — Puis, ajoutait-elle mentalement, avec une autre somme j'habillerai la petite fille de Jeanne, cette pauvre enfant qui envie, — je le vois bien, — les chiffons et les rubans qu'elle voit aux autres, dont les parents sont plus fortunés. »

Peu à peu la Bretonne s'était plongée dans ses réflexions, évoquant le souvenir des tristesses qu'elle avait éprouvées lors de la douloureuse aventure de Mlle de Vaudrey. Que de transes pendant les premiers mois ! Que de précautions à prendre pour cacher la vérité ! Que de fois, en se trouvant en présence du marquis, n'avait-elle pas senti le rouge lui monter au visage, à l'idée qu'elle aidait à tromper ce maître pour lequel elle avait un dévouement si grand !

Et ce mensonge qui lui pesait tant, il ne se serait pas passé un seul jour sans que, dans ses prières, elle en eût demandé pardon à Dieu.

« — C'est pour ma Diane, confessait-elle, que j'ai commis ce péché !... Pardonnez-moi, Seigneur, comme vous avez déjà sans doute pardonné à la pauvre coupable ! »

Tout à coup Marion tressaillit. Il lui avait semblé entendre un bruit bien connu...

— Le signal ! s'écria-t-elle.

Puis, tout émue, elle prêta l'oreille.

Un second coup de sifflet retentit dans la rue.

Marion se leva d'un bond, et courut à la croisée.

Elle avait écarté les rideaux, et son regard fouillait les environs, lorsqu'un troisième coup de sifflet se fit entendre, beaucoup plus rapproché de l'hôtel.

— Ah ! c'te fois, je me trompons point, fit Marion. Ce sifflet... là-bas... c'est le sien... et pourtant c'est pas son jour... Qu'est-ce qui peut l'amener ?... Courons vite,... en passant par la terrasse et par la serre... je n'risquons pas d'être vue.

En effet, tous les gens de la maison étaient occupés au service et personne ne se serait risqué dans le jardin par ce temps de neige. Marion arriva donc bientôt à la petite porte. A peine l'eut-elle ouverte, qu'un homme se précipita dans le jardin; il était affreusement pâle, et tenait dans ses bras la petite Louise.

— Marion, dit-il, voilà l'enfant que je vous rapporte.

— Seigneur!.. Qu'est-ce que j'entends? y a donc un malheur d'arrivé?...

— Ma femme est morte!

— Morte!...

— Oui, ma Jeanne que j'adorais!

— Ah! c'est affreux.... c'est horrible! répétait Marion pendant que son malheureux cousin lui mettait Louise dans les bras. Et cette pauvre enfant!... Qu'est-ce que je vas en faire?

— Et la mienne donc!... Qu'est-ce qu'elle va devenir?... Elle qui est seule à c't'heure... et qui se lamente, pauvrette, qui prie seule à côté du cadavre de sa mère!

... J'ai fait trois lieues pour vous ramener cet enfant,... j'en ai autant à faire encore pour revoir l'autre... et j'y cours... Adieu, Marion, si je restais une minute de plus, je deviendrais fou. Adieu!

Marion fit bien un mouvement pour le retenir, mais il était déjà loin. Alors, sans trop savoir ce qu'elle faisait, elle referma la porte du jardin, puis elle entra dans le kiosque et se laissa tomber sur une chaise en pressant l'enfant dans ses bras.

Elle resta ainsi pendant quelques minutes, immobile et comme paralysée.

En ce moment l'orgue de la chapelle se fit entendre.

— C'est la messe qui finit, s'écria Marion toute frémissante. C'est le mariage de ta mère, pauvre petite!... Et te v'là sans asile, sans nourrice!... Que faire? Dans un instant, tout le monde sera de retour. Et si Monsieur le marquis te trouve ici, qu'est-ce que je vas lui dire?.... Quel éclat et quel scandale!.. C'est le déshonneur d'ta mère et ta perte, pauvre enfant! Non, non, je n'le veux pas... je n'le veux pas!

Et, dans son trouble, elle froissait dans sa poche les rouleaux d'or que Diane lui avait remis...

« — Que faire? s'écriait-elle, à qui confier cette petite, maintenant? »

Les cloches de la chapelle se mirent à sonner. Et Marion pensa qu'on allait venir. Elle se leva, marchant fiévreusement dans cette chambre, comme si elle y eût cherché un endroit où cacher la petite Louise.

En ce moment où son esprit s'égarait, elle se représentait le marquis, son maître, entrant à l'improviste, et la surprenant ainsi.

Cette pensée l'affola. Elle courut de nouveau à la croisée. Au dehors, la nuit était venue. Si elle sortait!... A tout prix elle devait emporter l'enfant, n'importe où, pourvu qu'on ne puisse la voir dans l'hôtel de Varennes.

Marion en était arrivée à ce degré où l'affolement peut dicter les plus violentes résolutions.

« —Non, murmura-t-elle haletante, le nom de mes maîtres ne sera pas déshonoré! »

Elle tenait toujours les rouleaux d'or dans sa main crispée.

« —Avec cette somme, pensa-t-elle, je trouverais bien...quelqu'un...»

Puis, subitement, il lui vint une pensée terrible qu'elle accepta cependant sans frémir,

« — Oui! reprit-elle, quelqu'un la trouvera, la recueillera... »

« ... Il le faut! »

La Bretonne venait de disposer du sort de l'enfant de Diane.

Cette fois rien ne l'arrêterait dans l'accomplissement de son projet. Ne s'agissait-il pas, pour elle, de sauver du scandale et du déshonneur le nom de Vaudrey !

La Bretonne, on le sait, poussait le dévouement à l'honneur de ses maîtres jusqu'aux plus extrêmes limites.

Une fois décidée à agir, elle oublia et Diane à qui elle devait compte du sort de son enfant, et la pauvre innocente créature qu'elle allait abandonner impitoyablement.

C'est avec une précipitation fiévreuse qu'elle glissa les rouleaux d'or dans les langes de l'enfant.

Puis, au moment de sortir, elle s'arrêta devant le petit secrétaire en bois de rose. Ne devait-elle pas recommander l'enfant de Diane à la personne charitable qui voudrait bien la recueillir ?

Et de sa grosse écriture tremblée, la Bretonne traça ces mots sur un bout de papier :

« JE ME NOMME LOUISE. AIMEZ-MOI ! »

Le petit feuillet plié, elle le glissa également dans les langes.

C'en était fait ! Elle prit l'enfant dans ses bras, et, la tête perdue, elle s'enfuit de la chambre furtivement, et gagna le kiosque, par un escalier de service.

Là elle enveloppa la petite Louise dans la pelisse qui avait servi au jardinier à l'envelopper, pour l'amener, par ce froid, de Meudon à Paris.

Une fois dehors, Marion prit rapidement la direction du parvis Notre-Dame.

. . . .

Or, pendant que la Bretonne disparaissait ainsi, perdue dans le brouillard, la noce de Diane sortait processionnellement de la chapelle de l'hôtel de Varennes.

Le marquis triomphait. Toutes ses espérances venaient de se réaliser. Mademoiselle de Vaudrey était maintenant comtesse de Linières...

Et, à l'heure même où de joyeux vivats accueillaient le retour des nouveaux époux dans le salon d'honneur de l'hôtel, Marion déposait, sur les marches du parvis Notre-Dame, l'enfant de la jeune mariée.

C'est ainsi, qu'au moment d'abandonner son propre enfant, Michel Gérard avait recueilli et emporté, avec sa propre fille, la fille de la jeune comtesse de Linières...

. . . .

Après avoir abandonné Louise, Marion s'était embusquée à l'entrée d'une ruelle pour s'assurer que quelqu'un se chargerait de la petite... Elle vit Michel Gérard soulever l'enfant et l'emporter. Alors le cœur de la Bretonne se serra, comme si Dieu, en ce moment, lui eût envoyé un remords...

Mais elle ne fit point un pas, elle ne poussa pas un cri!... Seulement lorsque l'homme qui emmenait Louise eut traversé la place, Marion le suivit de loin.

Elle put ainsi le voir disparaître rue de la Mortellerie, dans le corridor d'une maison dont elle grava le numéro dans sa mémoire...

VI

Tout change avec le temps, tout se modifie et se transforme, les habitudes, les opinions et les croyances. Le progrès le veut ainsi.

Or, il y a environ un siècle, bien des choses qui sont aujourd'hui attaquées et combattues étaient alors considérées comme choses saintes auxquelles il ne fallait pas toucher; les cérémonies religieuses étaient de ce nombre.

A Paris, comme en province; mais en province surtout, on célébrait les fêtes de l'Église catholique avec une régularité, une pompe des plus imposantes. Elles étaient attendues par les habitants des villes et des campagnes, non seulement comme une occasion de faire preuve de bon catholicisme, mais aussi de se réunir entre parents et amis.

Une entre autres était considérée comme la plus grande et la plus sainte: la Fête-Dieu.

C'était le jour des grandes processions, et partout, dans les villes, dans les villages, les maisons, même les plus humbles, étaient tapissées de draps blancs, ornées de bouquets et de couronnes; les jardins étaient mis au pillage pour remplir les corbeilles des jeunes filles chargées de jeter des fleurs sur le passage du Saint-Sacrement et sur les marches des reposoirs.

C'était le jour des premières communions, les filles tout en blanc et la tête voilée, les garçons avec de grands cols rabattus sur les épaules, portant un cierge dans la main droite et un paroissien dans la main gauche. Enfin c'était le jour où les grands parents occupaient le haut bout de la table et récitaient le Bénédicité après avoir demandé à Dieu de veiller sur leurs enfants et sur leurs récoltes.

Après le repas de famille commençaient les longues promenades dans les champs, dans les bois et, quand la nuit approchait, garçons et filles se prenaient par la main et se mettaient à danser sur les routes, sur les places, en chantant les joyeux refrains du pays.

C'était la Fête-Dieu.

Au premier coup de midi toutes les cloches de la ville d'Évreux se mirent en branle.

Toutes les fenêtres se garnissaient de curieux aux figures souriantes; ceux des habitants qui n'avaient pas assisté à la messe ou qui n'avaient pu pénétrer dans les églises se bousculaient, à qui mieux mieux, afin d'être bien placés pour voir passer la procession de leur paroisse, laquelle, naturellement, devait être la plus belle de la journée.

Dès que le suisse en grande livrée parut sous le porche, dont il frappait les dalles avec sa hallebarde pour annoncer la sortie de l'église, un silence profond se fit sur toute la ligne; les voix des chantres et des enfants de chœur se faisaient seules entendre, accompagnées par les grognements plus ou moins harmonieux des serpents; puis venaient les bannières, les représentants des congrégations du diocèse, les autorités, les communiants, les communiantes, le bedeau, les vicaires, les porteurs d'encensoirs, et enfin, sous un dais garni de fleurs et de franges dorées, le curé portant le Saint-Sacrement et marchant d'un pas solennel au milieu de la foule silencieuse et agenouillée.

Ce jour-là il y avait foule autour d'un superbe reposoir placé à l'extrémité de la ville, presque dans la campagne, et adossé à la Sainte-Enfance. On appelait ainsi une maison habitée par des religieuses qui avaient fondé une école gratuite pour les jeunes filles du quartier. Ces pieuses femmes donnaient à leurs élèves toute l'instruction qu'elles avaient reçue elles-mêmes.

Elles s'appliquaient surtout à en faire d'habiles ouvrières capables de gagner leur vie honnêtement, et de faire plus tard de bonnes épouses, de bonnes mères.

La supérieure, qui était encore jeune et, disait-on, de haute naissance, possédait une instruction remarquable et, de plus, elle était excellente musicienne. Elle avait pris à tâche d'inspirer le goût du chant à ses chères fillettes.

Voilà pourquoi l'affluence était si grande devant le reposoir de la Sainte-Enfance, et quand, à l'arrivée de la procession, les jeunes filles en blanc entonnèrent l'hymne sacrée, un frémissement de plaisir courut parmi les assistants ; on se sentait ému, attendri par la douceur virginale de ce jeunes voix et surtout par celle de la petite artiste chargée de chanter les soli.

— Je n'ai jamais rien entendu de plus charmant, disait une vieille dame à son voisin ; est-ce que vous connaissez cette jeune fille ?

— Oh ! oui. Et tout le faubourg la connaît aussi. C'est une des demoiselles Gérard.

— Ah ! elle a une sœur ?

— La grande qui porte la bannière. Deux enfants qui sont adorées de tout le quartier.

— Leur famille doit en être bien fière.

— Leur famille ! Tenez, regardez cette brave femme qui est là-bas, debout, appuyée contre un arbre, et qui semble les dévorer des yeux, c'est leur mère, c'est toute leur famille.

Michel en effet avait longtemps souhaité que ses deux petites filles fussent élevées chez les sœurs de la Sainte-Enfance.

« — Ah ! disait-il souvent à Thérèse, quand je verrai autour de leur taille la belle ceinture blanche que portent les jeunes élèves des bonnes sœurs, je serai bien heureux. Et lorsque le pauvre homme disait cela, il ne se doutait pas que le jour où cette blanche ceinture serait enfin donnée à son Henriette et à sa Louise, leur mère porterait sur sa tête le voile de crêpe noir des veuves ! »

Thérèse n'aurait pas survécu à l'être chéri qui venait de lui être enlevé si l'instinct de la maternité n'avait éveillé en elle le besoin, la volonté absolue de vivre.

« — Le courage et la force se noient dans les larmes, se disait-elle. Essuie donc les tiennes, la source n'en sera pas tarie, et quand tu auras rempli tes devoirs de mère, tu les laisseras couler jusqu'à ce que Dieu te rappelle et te dise : Viens, pauvre femme, celui que tu pleures est près de moi, il t'attend ! »

Pendant les années qui suivirent la mort de son mari, elle n'eut pas une

Où sont-elles les marguerites? Je ne les vois pas! (P. 55.)

minute de défaillance et jamais une plainte ne s'échappa de ses lèvres. Pour elle nul travail n'était trop rude, nulle privation trop grande, pourvu que ses enfants ne manquassent de rien.

Elle s'appliquait à leur donner le goût du travail et à leur apprendre un métier qui pût les faire vivre honnêtement, sans avoir besoin de personne. Elle n'eut pas pour cela grand'peine à se donner; les jeunes filles avaient compris, de bonne heure, qu'elles devaient aider leur mère et lui épargner, autant que possible, ces longues journées passées devant son métier à dentelle, car il était facile de s'apercevoir que les forces commençaient à lui faire défaut.

En dix ans, elle avait vieilli de vingt années; ses belles couleurs d'autrefois étaient passées et, le dimanche, quand Louise ou Henriette, pour la faire belle, passaient le peigne dans ses longs cheveux, elles se regardaient en soupirant, et la mère, qui devinait jusqu'à leur moindre pensée, ne manquait pas de dire : « Je me fais vieille, mes enfants. »

— Non, mère, tu es toujours la même, toujours aussi belle.

— Ah ! il fut un temps où j'aimais à me l'entendre dire ; mais, maintenant, je ne tiens plus à plaire. C'est à vous, mes chéries, d'être belles et, pourvu que votre tendresse me reste, que m'importe un cheveu blanc ou noir ! Vous êtes ma beauté, ma richesse !

Et il pleuvait des baisers !

Henriette et Louise éprouvaient pour leur mère une tendresse profonde, elles se ressemblaient en cela d'une façon parfaite.

Mais là s'arrêtait la ressemblance.

Il était aisé de comprendre qu'elles n'étaient sœurs que de nom. A quatorze ans, Henriette avait déjà la taille élevée de sa mère, ses yeux et ses cheveux noirs. Ses traits, comme ceux de Thérèse, avaient cela de remarquable, qu'ils exprimaient à la fois une nature douce, pensive, mais résolue et forte.

Louise, plus jeune que sa sœur de trois ou quatre mois, ne différait pas moins d'Henriette par les traits et l'expression de la physionomie que par ses goûts et par son caractère. Ses cheveux d'une teinte dorée, ses yeux, sa bouche, la ravissante symétrie des jolies dents qu'elle laissait apercevoir dans un gracieux sourire, la fraîcheur de son teint dont un coloris délicat relevait la blancheur, sa taille souple et frêle, ses petits pieds, ses mains mignonnes, tout enfin semblait révéler la noblesse de son origine. Elle était d'une nature expansive, dont l'enjouement se mêlait aux occupations de chaque jour, qu'elle égayait en chantant de sa voix claire et douce, tantôt des hymnes religieuses, tantôt des chansons du pays, une entre autres.

> O ma tendre musette,
> Console ma douleur !
> Parle-moi de Lisette,
> Ce nom fait mon bonheur.
> Je la revois plus belle,
> Plus belle tous les jours....
> Je me plains toujours d'elle
> Et je l'aime toujours !

Elle la répétait souvent cette chanson légère, qu'elle devait, à quelque temps de là, redire d'une voix brisée, au milieu des sanglots et des larmes, et succombant sous le poids des plus déchirantes souffrances.

Louise était devenue une si habile ouvrière en dentelle que les marchands de la ville l'accablaient de commandes.

Rien n'était plus charmant que de voir les petites mains blanches de la jeune fille courir sur son métier, dont elle faisait passer les aiguilles entre ses petits doigts aux ongles roses avec une telle vitesse qu'on avait peine à comprendre qu'il pût en résulter un ouvrage aussi régulier, aussi délicat.

Enfin tout allait pour le mieux dans la famille Gérard, et nos deux sœurs étaient maintenant de grandes et charmantes jeunes filles.

Mais le beau temps hélas ! n'est pas de longue durée!

Vers la fin de l'automne, Thérèse, par un soleil superbe, emmena ses enfants faire une promenade.

L'air était d'une douceur exceptionnelle pour la saison, l'été de la St-Martin ; les grandes prairies fauchées en septembre avaient repris leur teinte verte et les dernières fleurs de l'année brillaient de leur dernier éclat.

Henriette avait cueilli un gros bouquet de marguerites, dont elle offrit la moitié à sa sœur.

— Tiens, prends, lui disait-elle.

— Où sont-elles, tes marguerites? Je ne les vois pas.

— Là, devant toi,... répondit Henriette étonnée...

Louise, debout, regardait autour d'elle et ne bougeait pas.

Thérèse s'était rapprochée.

— Eh bien ! qu'attends-tu? disait-elle.

Louise semblait chercher avec les mains; elle était pâle et tremblante.

— Qu'est-ce que tu as? lui dit sa mère.

— Rien, se hâta-t-elle de répondre, ce n'est rien,... un éblouissement... le grand air... le soleil peut-être...

— C'est bien possible, reprit Thérèse, il est si chaud, ce bon soleil ! Tiens, mets cela sur ta tête.

Elle lui donna une voilette qu'elle portait sur son bras.

Louise avait mis la voilette et marchait à côté de sa mère.

Elle était silencieuse et pâle.

On avait, depuis un instant, quitté la grande route pour prendre un chemin bordé de pommiers chargés de fruits et qui conduisait à une source, où l'on comptait se rafraîchir et se reposer un peu.

Soudain Louise poussa un grand cri.

— Qu'est-ce qu'il y a encore? dit Thérèse.

— Oh! peu de chose... je me suis cognée à une branche que je n'avais pas vue.

— Où donc avais-tu les yeux, étourdie ?

— Je... je ne sais pas,... c'était... comme tout à l'heure... un vertige qui m'a pris...

Henriette était accourue et, jetant ses fleurs à terre :

— Voyez... elle a le front tout en sang, ma pauvre sœur ! disait-elle en la faisant asseoir sur l'herbe...

— Elle aurait pu se tuer ! ajoutait Thérèse, qui était toute tremblante. Rentrons, assez de promenade pour aujourd'hui.

Le coup que Louise s'était donné, bien qu'il n'eût rien de grave, avait dû lui causer une douleur assez vive ; mais cette douleur n'était pas la seule cause du cri jeté par la pauvre fille, comme on le verra plus tard.

Depuis ce jour, elle n'eut plus qu'une idée, rassurer sa mère et sa sœur en s'efforçant de se calmer elle-même et de reprendre sa gaîté habituelle...

Assise devant son métier à dentelle, la courageuse enfant recommença le jeu de ses petites mains et des aiguilles comme si rien n'était arrivé.

Mais la gaîté fiévreuse qu'elle affectait disparut bientôt tout à fait.

En quelques jours, il s'était fait dans son caractère, dans sa physionomie, un changement étrange.

Le sourire avait abandonné ses lèvres ; ses yeux si vifs et si doux, si pleins de vie et de santé, étaient devenus sombres et tristes.

Plus de chansons, plus de ces bons éclats de rire qui répandaient autour d'elle la joie et le bonheur ; travaillant sans cesse, ses mains couraient sur son métier, mais sa pensée était ailleurs ; et, quand sa mère ou sa sœur, toutes deux inquiètes d'un changement si subit, lui adressaient la parole, un frisson lui passait dans le cœur et semblait la rappeler à la réalité. Elle faisait alors tout son possible pour redevenir la Louise d'autrefois, mais elle n'y réussissait guère.

Un soir, la mère et les deux sœurs travaillaient à la lueur d'une lampe. Thérèse tricotait et Henriette, debout devant la table, achevait une robe d'hiver, elle regardait Louise bien plus que son ouvrage, et, de la main, elle la montrait à sa mère qui, elle aussi, ne perdait pas de vue la jeune fille, dont les traits altérés, dont le visage pâli et les paupières rougies par les larmes décelaient une profonde douleur.

Après un long silence, Thérèse se leva et, prenant un bougeoir sur la cheminée :

— Mes enfants, dit-elle, assez de travail pour aujourd'hui, il est temps de remonter dans votre chambre. Entends-tu ce que je dis, Louise ?

— Oui, mère, je n'en ai plus que pour un quart d'heure.

— Oh! je les connais tes quarts d'heure, ils durent jusqu'à minuit.

— Allons, en voilà assez, et, en disant ces mots, Thérèse avait éteint la lampe.

— Oh! mère, qu'est-ce que tu fais?

— Je te force à m'obéir, vilaine enfant.

— Eh bien! je finirai sans ma lampe, à présent je travaille très bien les yeux fermés.

— Les yeux fermés?

— Oui, oui, je m'y suis faite depuis quelque temps, on dit que ça ménage la vue. Voyez, vous avez éteint ma lampe, mes doigts n'arrêtent pas de marcher.

— C'est pourtant vrai, dit Thérèse en se penchant vers le métier.

— C'est une affaire d'habitude, voilà tout; c'est convenu, mère, tu me donnes mon quart d'heure, et nous irons t'embrasser en montant.

Dès que Thérèse fut partie, Louise laissa tomber ses bras, elle paraissait anéantie.

Henriette, qui ne l'avait pas quittée du regard, s'approcha rapidement et lui prenant la main :

— Louise, dit-elle, tu souffres?

— Non, non, ce n'est rien.

— Ah! voilà trois semaines que tu me fais la même réponse, quand je te demande la cause du changement qui s'est opéré en toi depuis notre dernière promenade, depuis le coup que tu t'es donné à cette maudite branche...

— Oh! ne parle pas de ça, je t'en supplie, je n'y pense que trop souvent!... ne m'en parle jamais!...

Elle avait jeté ses bras au cou d'Henriette et elle pleurait sur son épaule.

—Et quand je te dis que tu souffres, tu me réponds : ce n'est rien!... Et cette pâleur, cette tristesse qui ne font qu'augmenter chaque jour?... ces longues heures que tu passes auprès de nous sans nous adresser une parole?... Cette fièvre qui te brûle les mains... et ces larmes que tu verses!... Tout cela n'est rien!... Eh bien! moi, je te dis que tu nous caches quelque chose, une souffrance, un chagrin que je veux connaître. Je comprends que tu t'efforces de n'en rien laisser voir à notre mère, qui a besoin de si grands ménagements et, à ta place, peut-être ferais-je de même; mais que tu hésites à m'ouvrir ton cœur, voilà ce que je ne puis admettre, ou bien c'est que je n'ai plus ta confiance, c'est que tu ne m'aimes plus.

— Oh! mon Henriette..., je t'aime... comme j'aime notre mère, plus que tout au monde, plus que la vie.

— Alors, qu'attends-tu, méchante sœur?... parle, dis-moi ce qui te fait souffrir, dis-le moi, je le veux, je l'exige!

— Eh bien! apprends-le donc ce secret qui remplit mon âme de désespoir et de terreur... Henriette!... je sens que je deviens aveugle!

— Aveugle! s'écria Henriette d'une voix déchirante!

— Aveugle!... répéta d'une voix brisée la malheureuse Thérèse, qui venait de pousser la porte et qui restait sur le seuil pâle et défaillante.

— Elle nous écoutait, dit Henriette!

— Elle m'a entendue, s'écria Louise retombant sur sa chaise et cachant sa tête dans ses mains.

— Aveugle!... répétait Thérèse qui s'avançait soutenue par Henriette. Oh! non... non... ce n'est pas possible!... Louise!... mon enfant... dis-moi que je rêve, que j'ai mal entendu!... Dis-moi que tu ne l'as pas prononcé ce mot affreux qui me glace le cœur!... aveugle!... aveugle!...

Louise s'était jetée à ses genoux et lui baisait les mains.

— Mère... pardonne-moi le mal que je t'ai fait!...

— Te pardonner!... mais s'il y a une coupable ici, c'est moi... moi seule... Est-ce qu'une mère ne devrait pas tout prévoir... tout deviner... tout craindre quand il s'agit de ses enfants?... Est-ce que je n'aurais pas dû t'empêcher de travailler comme tu l'as fait?... C'est ça qui t'a perdu la vue, ma pauvre chère Louise?... Et tu me demandes pardon!...

— Calme-toi, mère, je t'en conjure! Le mal n'est peut-être pas aussi grand que tu le crois et que je l'ai cru moi-même. Je te vois encore, mère, je vous vois toutes les deux! Et, si j'étais aveugle, mes yeux ne verraient pas dans les vôtres ces bonnes et chères larmes dont je suis la cause.

— Louise a raison, mère, ce qu'elle éprouve, ce qui l'a si fort inquiétée, depuis quelque temps, n'est sans doute qu'un mal passager, dont elle guérira avec du repos et des soins qui ne lui manqueront pas... Embrasse-nous et calme-toi.

— Mais comment cela est-il arrivé, qu'est-ce que tu ressens?... Et quand cet affreux mal a-t-il commencé?

— Je ne le saurais dire au juste. Depuis longtemps déjà, au moment où je m'y attendais le moins, ma vue se troublait comme si un nuage m'eût passé devant les yeux; alors je distinguais à peine les objets, les personnes qui étaient près de moi; mais cela durait peu, quelques minutes à peine et puis ma vue redevenait ce qu'elle était auparavant. Un jour pourtant, il fesait un soleil magnifique, nous étions dans les champs en train de cueillir des marguerites ; tout à coup je m'arrêtai,... il me semblait que la nuit était venue.

— Oui... oui... Je me souviens,... ce vertige...

— Il avait peu duré, mais il m'avait fait peur et devait bientôt revenir, car, un instant après, en marchant derrière vous et à quelques pas seulement, je ne voyais plus que des ombres, si bien qu'en passant près d'un arbre...

— Ah! je comprends ce cri que tu as jeté...

— Je m'étais fait bien mal au front,... mais je souffrais plus encore du coup que j'avais reçu dans le cœur : aveugle, me disais-je, je deviens aveugle !

— Et tu ne nous en disais rien ! Et tu nous as laissées pendant trois semaines dans cet état d'inquiétude et d'anxiété... ne sachant comment expliquer ce qui te rendait silencieuse et triste.

— Je n'osais pas vous en parler ; je craignais de vous causer trop de chagrin! Et puis j'espérais, chère mère, et j'espère encore que je ne suis pas condamnée à ne plus vous voir.

— Et nous aussi nous l'espérons, ma Louise, ma fille bien-aimée! Mais il doit y avoir quelque chose à faire, un traitement à suivre... et, dès demain, à la première heure, je te conduirai chez le médecin. Quoi qu'il dise, quoi qu'il ordonne, je ne veux plus que tu travailles.

Le lendemain, Mme Gérard conduisit Louise chez un praticien renommé. Lorsque Thérèse pénétra dans le cabinet du médecin, celui-ci était précisément plongé dans la lecture d'un ouvrage de d'Alembert où il était question des aveugles.

Après avoir regardé attentivement les yeux de la jeune fille, le docteur hocha tristement la tête. Mme Gérard surprit le mouvement, quelque imperceptible qu'il eût été, et en éprouva une douloureuse émotion.

— Eh bien ! Monsieur? dit-elle à voix basse...

— Eh bien ! Madame, cette jeune personne n'est pas complètement..., *complètement* (il appuya sur le mot) aveugle!... Mais, je vous le déclare, il n'y a pas de temps à perdre pour le traitement...

Thérèse, toute tremblante d'émotion contenue, ne put que balbutier :

— Lui rendrez-vous la vue, Monsieur?

— Peut-être !... soupira le médecin.

Et s'apercevant de la tristesse qui se peignait sur le visage de son interlocutrice, il ajouta en manière de correctif :

— Probablement !...

Et pour changer de conversation il fit subir à Louise un petit interrogatoire :

— Vous travaillez, n'est-ce pas, mon enfant? demanda-t-il, bien que vous soyez privée de la vue... par moments...

— Oh! Monsieur le médecin, interrompit Thérèse, la chère amie travaille absolument comme si elle y voyait... bien clair. Elle fait tout ce qu'elle veut de ses mains, Monsieur, c'est même extraordinaire!...

— Mais pas le moins du monde, Madame, répondit le praticien, je savais cela. Tenez, ajouta-t-il, en indiquant le volume qu'il avait posé sur la table pour recevoir sa jeune cliente, dans cet ouvrage que je lisais tout à l'heure, d'Alembert, un illustre savant, Madame, parle des aveugles qu'il a beaucoup observés...

Mme Gérard écoutait attentivement, espérant apprendre quelque chose qui la rassurerait un peu sur l'état de sa chère Louise.

Le médecin continua :

— D'Alembert dit « Il est évident que le sens de la vue étant fort
» propre à nous distraire par la quantité d'objets qu'il nous présente à la
» fois, ceux qui sont privés de ce sens doivent naturellement faire plus
» d'attention aux objets qui tombent sous les autres sens... C'est princi-
» palement à cette cause que l'on doit attribuer la finesse du toucher et
» de l'ouïe qu'on observe chez certains aveugles... »

Et reposant le livre :

— Voilà pourquoi, Madame, cette jeune personne est si adroite de ses mains... La nature a voulu la dédommager de la privation de la vue...

— Mais ce ne sera pas pour toujours, n'est-ce pas, Monsieur, cette cécité? fit Mme Gérard, en adressant au médecin un regard où se lisait l'angoisse.

— Nous ferons notre possible, Madame; nous épuiserons toutes les ressources de la science... Et Dieu nous aidera sans doute.

Puis revenant à l'interrogatoire interrompu :

— Je gagerais, mon enfant, fit-il en prenant doucement une des mains de Louise, je gagerais que, sans y voir, vous vous guidez admirablement.

— Oh! oui, Monsieur, s'empressa de répondre Mme Gérard, et mieux que ça,... elle reconnaît les personnes, — celles qu'elle n'a pas l'habitude d'entendre parler souvent, — au son de la voix... Et elle vous dira, rien qu'au toucher, si les objets qu'on lui présente sont de bonne ou de mauvaise qualité...

— Je savais tout cela, chère Madame, dit le docteur... Je trouve toutes ces observations consignées dans cet admirable ouvrage de d'Alembert.

Tout en parlant il avait ouvert le livre à une page marquée d'avance, et il se mit à lire, à haute voix, le passage suivant : «... L'aveugle a la
» mémoire des sens à un degré surprenant; la diversité des voix le frappe

Les deux sœurs étaient maintenant deux orphelines. (P. 59.)

» autant que celle que nous observons dans les visages; en sorte que,
» même dans une assemblée tumultueuse, il suffit qu'une personne lui dise
» bonjour pour qu'il la reconnaisse...

« ... Il apprécie à merveille par le toucher la nature, la beauté, le
« poli des objets; et ses doigts acquièrent une telle habileté qu'il n'est pas
« rare de le voir exécuter, soit au tour, soit à l'aiguille, des travaux d'une
« finesse et d'une régularité vraiment extraordinaires... »

— Oh ! comme c'est vrai, Monsieur ! s'exclama Mᵐᵉ Gérard. Ma Louise est une véritable fée...

La consultation terminée, Thérèse se retira le cœur plus satisfait. Elle avait maintenant l'espoir que sa chère fille d'adoption recouvrerait la vue un jour, bientôt peut-être...

Malheureusement les soins du médecin spécialiste demeurèrent inefficaces. Rien ne put rendre la vue aux beaux yeux de l'orpheline !... Au bout de quelques semaines, il fallut bien, hélas ! se rendre à l'évidence. Louise était complètement aveugle !

Les natures fines et délicates ne sont pas assurément les moins courageuses; et notre jeune amie en donna une preuve vraiment touchante. Bien loin de se laisser abattre, elle accepta le fait accompli avec une résignation, un calme, qui surprenaient tout le monde.

— Je ne suis pas malheureuse, disait-elle, rien n'est changé; ma vie est la même; je suis avec ma mère, ma sœur... Et si je ne les vois plus avec mes yeux, je les vois avec mon cœur, où leur image est gravée et ne s'effacera jamais !

Et vraiment, quand on la voyait aller et venir dans la maison, s'occuper d'une foule de détails avec tant d'adresse et de grâce ; quand on la regardait assise devant son métier qu'elle avait absolument voulu reprendre ; quand on l'entendait causer, rire et même chanter comme autrefois, on se demandait si elle n'avait pas raison de dire que rien n'était changé?

Rien ! pour elle peut-être ! mais pour les autres ?

Henriette était profondément affligée du malheur de sa Louise, elle comprenait qu'il était de son devoir de le lui adoucir à force de soins et d'affection ; mais, hélas ! elle avait aussi une autre tâche à remplir et plus pénible encore, elle devait soigner leur mère. Les secousses réitérées qu'elle venait de subir avaient ébranlé l'équilibre de son âme et de son corps ; les crises du cœur dont elle avait toujours souffert, mais à de grands intervalles, étaient maintenant d'une fréquence et d'une force qui effrayaient le docteur lui-même ; il prévoyait une issue fatale et prochaine. Devait-il prévenir les enfants ?

N'était-ce pas les condamner à une souffrance anticipée dont la mère ne manquerait pas de s'apercevoir, ce qui rendrait la situation plus douloureuse encore ?

Ne sachant trop à quel parti s'arrêter, le docteur se décida à en causer avec la mère Martin, la vieille amie de la famille.

Un matin, donc, il entra chez elle et il lui avait à peine expliqué le motif de sa visite, lorsque tout à coup on entendit frapper à la porte et, une minute après, Louise effarée pénétrait dans la maison en appelant de toutes ses forces :

— Madame Martin ! madame Martin !

— Me voilà, ma petite Louise, qu'y a-t-il donc ?...

— Ah ! venez vite !... venez vite, maman est au plus mal !

Une crise affreuse, elle est tombée sans connaissance : hâtez-vous, moi je cours chez le docteur.

— Inutile, mon enfant, je suis là prêt à vous suivre, répondit celui-ci, ne perdons pas de temps, prenez ma main et venez.

— Ah ! vous la sauverez, n'est-ce pas, Monsieur ? Dites-moi que vous la sauverez !

En entrant dans la chambre, le docteur comprit, tout de suite, que ses prévisions allaient être réalisées.

Thérèse était mourante.

La supérieure de la Sainte-Enfance lui tenait une main, Henriette agenouillée couvrait l'autre de baisers et de larmes. En voyant Louise rentrer et accourir auprès d'elle, la pauvre femme eut comme un éclair de joie et faisant un effort suprême :

— Henriette, dit-elle, je te la confie !

Puis elle étendit ses deux mains sur la tête de ses enfants, leva les yeux au ciel, et un nom s'échappa de ses lèvres dans un sourire... Michel ! Michel !

Ce furent ses dernières paroles et son dernier sourire.

. . . .
. . . .

Henriette et Louise venaient de perdre ce qu'elles avaient de plus précieux et de plus cher, ce trésor inépuisable de tendresse, d'abnégation et de dévouement qu'on appelle une mère !

Les deux sœurs étaient maintenant deux orphelines !

VII

Pendant que le malheur s'abattait ainsi sur la famille Gérard, et que les deux enfants, que Thérèse laissait orphelines, se trouvaient abandonnées à tous les hasards de la vie, une autre personne subissait, elle aussi et depuis de longues années, un profond désespoir. Et cependant, à la voir choyée, fêtée, enviée même, on eût été loin de soupçonner ce qui se passait dans son cœur ulcéré.

Dans un boudoir meublé avec le luxe raffiné de l'époque, une dame, très simplement vêtue, venait d'entrer suivie par une jeune fille qui l'aidait à se débarrasser de sa mantille et de son chapeau dont le voile de mousseline cachait une figure fort belle encore, mais qui portait l'empreinte de souffrances morales que le temps n'avait pu effacer.

— Madame paraît fatiguée. Elle sera restée trop longtemps à l'église.

— C'est possible, répondit la comtesse de Linières, ouvrez la fenêtre et levez le store, on étouffe ici...

C'est bien ! allez maintenant, s'il vient quelque visite, vous direz que je suis souffrante et que je ne puis recevoir. Monsieur le comte est-il chez lui ?

— Madame venait de sortir quand Monsieur le comte a reçu une dépêche ; il a fait atteler et il est parti.

— Il n'a rien laissé pour moi ?

Si fait, Madame, Monsieur le comte a laissé une lettre qu'il m'avait commandé de mettre sur le guéridon de Madame. La voilà.

La comtesse prit la lettre.

— Je vous sonnerai si j'ai besoin de vous.

— Madame n'est pas dans ses bons jours, disait la camériste en sortant.

Après avoir jeté un regard distrait sur la lettre, la comtesse se décida à l'ouvrir ; elle ne contenait que ces quelques mots écrits à la hâte :

« Le Roi me fait demander. Je rentrerai fort tard sans doute ; ne vous inquiétez pas. »

Elle laissa retomber la lettre sur le guéridon, puis elle se dirigea lentement vers la fenêtre qui donnait sur des jardins et laissait le soleil pénétrer dans la chambre.

Elle demeura longtemps immobile, les bras pendants et les mains jointes, absorbée dans une contemplation muette.

Tout à coup l'horloge de Saint-Sulpice se mit à sonner.

— Deux heures ! s'écria la comtesse en portant la main à son cœur pour en comprimer les battements.

— Deux heures !... et il y a 17 ans, à pareille heure, à pareil jour, le ciel était pur et bleu comme en ce moment ; le soleil de mai brillait de tout son éclat... comme aujourd'hui !... et j'étais mère !...

Sur ce dernier mot elle repoussa la fenêtre pour s'arracher à un spectacle qui ravivait toutes ses douleurs et haletante, brisée, elle se jeta sur un fauteuil, couvrant de ses mains glacées son beau visage inondé de larmes.

Elle resta ainsi de longues heures, sans prononcer une parole, plongée dans les souvenirs qui depuis tant d'années avaient torturé son âme.

Elle se rappelait l'enfant déposé sur les marches du parvis Notre-Dame.

Marion, blottie dans un coin de la place, était restée en observation, afin de savoir quelles mains charitables allaient recueillir la pauvre petite abandonnée.

Lorsque Michel Gérard, avec deux enfants sur les bras, reprit le chemin de la mansarde, il ne se doutait pas qu'il fût suivi par une ombre se glissant le long des murs pour éviter d'être aperçue. En le voyant entrer dans l'allée noire d'une grande maison d'assez pauvre apparence, Marion s'était dit : c'est là qu'il habite.

Et elle reprit à grands pas le chemin de l'hôtel de Vaudrey, où, grâce à la petite clé du jardin, elle rentra sans qu'on se fût aperçu de son absence.

Au sortir de la chapelle, les nouveaux mariés étaient partis en chaise de poste et leur voyage de noce devait durer une huitaine de jours. D'ici là, Marion aurait le temps d'aller aux informations, de voir les braves gens qui avaient recueilli l'enfant et, sans nommer personne, de leur bien faire comprendre que les soins donnés à la fillette seraient largement récompensés.

Marion retourna donc à la maison de Michel Gérard. Elle frappa à la porte.

Pas de réponse.

Elle frappa une seconde fois, puis une troisième.

Même silence.

« Ils sont peut-être sortis ; » mais en disant cela elle s'aperçut que la clé était dans la serrure et, cédant à un mouvement subit d'inquiétude, elle ouvrit la porte et entra dans la chambre.

Personne et rien que les quatre murs !

Elle resta toute ébahie, croyant d'abord s'être trompée d'étage ou de maison.

— Mais non, c'est bien ici qu'elle était venue...

Elle eut beau interroger les voisins et après eux les petits marchands du quartier, partout on lui fit la même réponse :

— Les Gérard?... ils ont disparu depuis trois jours et l'on n'en a plus entendu parler.

« — Que faire? que devenir?... murmure-t-elle...

« ... Et la mère !... La mère, quand elle saura la vérité !... Ça sera le coup de la mort ! »

La douleur ne tue pas toujours. Et pour survivre à la sienne, Diane sentit s'éveiller dans son cœur cet instinct merveilleux, ce sentiment divin que les mères seules peuvent comprendre et qui se résume en un seul mot : l'enfant !

Diane ne pouvait pas croire que le sien lui fût enlevé pour jamais, ni qu'elle fût condamnée, elle, à se voir entourée du luxe et de toutes les jouissances de la vie, pendant que sa fille serait peut-être plongée dans une affreuse misère.

— Non !... non ! disait-elle, cela ne peut pas être... cela ne sera pas. Nous la chercherons, nous la chercherons ensemble ! Et nous la trouverons !

Et pendant des semaines, des mois, des années, dès que la comtesse pouvait, sous un prétexte ou sous un autre, s'échapper de son riche hôtel, c'était pour aller explorer les quartiers les plus pauvres de Paris, attendre à la porte des fabriques la sortie des ouvriers, arrêter à leur passage les mères qui portaient des enfants dans leur bras.

Elle partait le cœur plein d'espoir !... Elle revenait les yeux mouillés de larmes !... De larmes dont il lui fallait cacher les traces.

Un jour vint, hélas ! où la pauvre femme comprit enfin que ses recherches étaient inutiles, ses espérances anéanties. Alors elle se réfugia dans la prière. A qui donc pourrait-elle confier son désespoir, parler de cette chère petite créature qu'elle n'avait vue que pour lui donner un baiser d'adieu, si ce n'est à Celui qui a dit :

« Bienheureux sont ceux qui pleurent, car ils seront consolés. »

Elle avait foi dans ces paroles sublimes, elle y puisait la force dont elle avait si grand besoin pour que personne autour d'elle ne souffrît de la faute qu'elle avait commise et dont elle seule devait porter la peine.

Telles étaient les tristes pensées, les souvenirs déchirants dans lesquels Diane de Linières était plongée lorsque le bruit d'une voiture entrant dans la cour la rendit brusquement à elle-même et à la réalité.

« — C'est lui ! s'écria-t-elle, c'est le comte !... Oh ! qu'il ne me voie pas ainsi ! »

Et soulevant une draperie, elle disparut dans un petit cabinet de toilette attenant à son boudoir.

Au même instant le comte frappait à la porte.

— C'est moi, comtesse, puis-je vous voir ?

— Oui, sans doute, répondit-elle, je suis à vous dans une minute.

En entrant le comte avait un air radieux, et voyant sa lettre qui était restée sur le guéridon :

— Ma chère Diane, dit-il, vous avez dû être bien surprise d'apprendre que le Roi me faisait appeler ?

— Le Roi... le Roi vous a fait appeler ?...

— Vous n'avez donc pas lu ma lettre ?

— Je l'ai lue, seulement j'étais rentrée très souffrante... la migraine... vous savez ?...

— Oui... oui... je sais, toujours ces affreuses migraines...

— Mais, maintenant, c'est fini... tout à fait fini...

Le comte, qui jetait autour de lui un regard inquiet, aperçut le mouchoir de la comtesse qu'elle avait laissé tomber. Il se hâta de le ramasser et, après l'avoir gardé un instant dans la main, il le remit sur le fauteuil, se disant à lui-même d'une voix tout émue :

« — Elle a encore pleuré. »

La draperie brusquement relevée, Diane reparaissait le sourire sur les lèvres.

— Eh bien ! Monsieur le comte, disait-elle en lui tendant la main, dites-moi donc vite le mot de cette énigme : le Roi m'a fait appeler.

— Ce mot, chère Diane, a été pour moi une grande surprise, une grande joie, et j'espère qu'il en sera de même pour vous.

— Mais alors, parlez, ne me faites pas languir.

— Madame la comtesse, vous voyez devant vous le Lieutenant général de Police.

— Est-il possible !

— C'est plus que possible, c'est un fait accompli. Le Roi, qui était venu passer quelques heures à son château de la Muette, a voulu m'annoncer lui-même cette nomination, qui met le comble à la haute faveur dont Sa Majesté nous honore.

— Oui, une très haute faveur en effet. Vous voilà Lieutenant de Police, bientôt sans doute ambassadeur, ministre.

— Le Roi me l'a fait espérer.

— Et vous en êtes heureux?

— On ne peut plus heureux, comtesse.

— Ainsi, vous qui depuis dix années aviez renoncé à la diplomatie pour vous retirer dans votre vieux château du Dauphiné, vous dont la vie s'écoulait paisible et douce loin de l'agitation des villes et des intrigues de la Cour, vous avez été repris, tout à coup, du besoin de rentrer dans la sphère dévorante des grandeurs et du pouvoir ; vous voilà devenu ambitieux !

— Très ambitieux, je l'avoue.

— Non ! Monsieur le comte, non, je ne vous crois pas.

— Comment ! que voulez-vous dire ?

— Je dis que c'est pour moi que vous avez accepté ces fonctions élevées.

Et elle ajouta en fixant sur le comte un regard plein d'émotion et de reconnaissance :

— C'est pour moi seule, avouez-le.

— Allons, répondit-il, vous avez une fois encore lu dans mon cœur.

Puis, la faisant asseoir sur une causeuse, il prit place à côté d'elle; ils demeurèrent ainsi quelques instants, Diane, les yeux baissés, le comte pressant sa main dans les siennes.

Ce fut la comtesse qui, la première, rompit le silence en répétant d'une voix tremblante :

— Pour moi !... C'était pour moi !...

— Et je n'ai fait en cela que mon devoir, répondit vivement le comte. N'êtes-vous pas ce que j'ai de plus cher au monde ?

... Souvenez-vous de la terrible maladie qui mit si longtemps vos jours en danger.

... Fallait-il, pour continuer ma carrière de diplomate qui m'appelait sans cesse à l'étranger, fallait-il me séparer de vous ? Et quand les princes de la science déclarèrent qu'un changement de climat et d'existence, qu'un air vif et pur pourraient seuls rétablir une santé si précieuse, devais-je hésiter à quitter Paris pour la montagne, pour ce vieux castel où vous attendait ma famille heureuse de vous ouvrir ses bras et son cœur ?

— Oh ! je le sais !... Je n'ai rien oublié...

— Mais comme il n'y a pas de si bon remède qui, à la longue, ne devienne insupportable à ceux mêmes qu'il a sauvés, j'ai fini par comprendre que la vue perpétuelle de nos vallées silencieuses commençait à vous fatiguer et qu'il était temps de vous rendre à vos habitudes, à votre monde d'amis et de parents, à votre neveu, ce jeune et beau chevalier que vous aviez comblé de soins, de gâteries, alors qu'il n'était qu'un enfant, et qui vous adore aujourd'hui comme il adorait sa mère.

— Ah ! chère sœur, s'écria la comtesse en levant les yeux au ciel, je te devais bien de reporter sur ton enfant toute la tendresse que j'avais pour toi !

Et prenant à son tour la main de son époux :

— Merci, Monsieur le comte, lui dit-elle, merci de cette affection si dévouée, si délicate qui, depuis tant d'années, ne s'est jamais démentie et dont vous venez encore de me donner une preuve.

— Eh ! bien, ma chère Diane, puisque vous avez deviné ma pensée, il faut que vous la connaissiez tout entière.

Diane le regardait avec une sorte de crainte.

Monsieur le chevalier de Vaudrey.

— Oui, lorsque je vous ai ramenée à Paris, il y aura bientôt deux ans, j'espérais que la vie active dans laquelle je comptais rentrer serait pour vous une source d'heureuses distractions, que les soirées officielles, les fêtes, les bals, dont la comtesse de Linières ferait les honneurs, en donnant à votre âme une impulsion nouvelle, triompheraient enfin de cette sombre tristesse qui m'afflige, me désespère, que j'ai si longtemps combattue et que rien n'avait pu vaincre... C'est une passion grande et noble que l'ambition ! Et c'est vous qui me l'aurez inspirée. C'est un précieux privilège que la puissance, quand on sait la bien employer. Consoler ceux qui pleurent, relever ceux qui souffrent, secourir la misère, non plus de vos modestes épargnes, mais en puisant à pleines mains dans les coffres de l'État, et pouvoir dire à chaque infortuné : Prenez et ne pleurez plus ! Diane, est-ce que cela ne dit rien à votre âme ?

— C'est vrai, je n'avais pas songé à cela ! répondit la comtesse d'une voix tremblante d'émotion. Oui ! oui... c'est un pouvoir presque sans limites que le vôtre, un pouvoir devant lequel s'ouvriraient toutes les demeures, qui pourrait interroger, chercher et fouiller partout, jusque dans les bas-fonds où se cachent la misère et le crime... un pouvoir qui accomplirait peut-être ce qui serait impossible à tout autre et qui saurait trouver enfin...

— Trouver ? répéta avec étonnement le comte, achevez, Madame, trouver... qui donc ?

— Mais vous l'avez dit, Monsieur, ceux qui souffrent et qui pleurent.

Entraînée par l'émotion, par les pensées qui venaient de surgir dans son âme et de réveiller tout à coup des espérances qu'elle croyait à jamais perdues, la comtesse avait été bien près de se trahir. Heureusement les dernières paroles du comte lui rendirent tout son sang-froid. Elle restait maîtresse du secret qu'elle avait juré de garder jusqu'à la mort.

Mais, de son côté, le comte, lui aussi, avait juré que, tôt ou tard, il arriverait à le connaître, ce secret qui avait pesé sur toute sa vie, et il espérait que, grâce à sa nouvelle position, il ne tarderait pas à s'en rendre maître.

La porte du boudoir venait de s'ouvrir et un laquais en grande livrée annonçait :

— Monsieur le chevalier de Vaudrey.

Un éclair de joie passa dans les yeux de la comtesse en voyant entrer son neveu Roger.

C'était un grand et beau garçon qui paraissait avoir vingt-quatre ou vingt-cinq ans au plus. Le front découvert, l'œil ardent, l'air franc et décidé, l'attitude fière et même un peu hautaine, tout révélait en lui une nature noble et distinguée, un cœur excellent et ferme.

— Cher enfant, sois le bienvenu ! dit la comtesse en lui tendant ses deux mains qu'il s'empressa de porter à ses lèvres.

— Vous ne pouviez arriver plus à propos, ajouta le comte, car nous avons une surprise à vous faire.

— Je la connais, Monsieur le comte, et j'avais hâte d'apporter mes compliments à Monsieur le lieutenant général.

— Et comment avez-vous pu savoir ?

— Rien de plus simple. J'étais au café Procope en train de faire une partie d'échecs et ne me doutant de rien, quand un jeune officier des gardes qui arrivait de la Muette est venu nous apprendre la grande nouvelle qui, maintenant, doit courir tout Paris.

— Oui, chevalier, me voilà parmi les hauts fonctionnaires de l'État, et la tâche qui m'incombe ne sera pas, je le crains, des plus faciles à remplir.

Nous vivons à une époque agitée, fiévreuse; les bonnes traditions du vieux temps disparaissent, les classes inférieures se démoralisent, et comme les classes élevées doivent donner l'exemple, le Roi m'a donné à ce sujet les ordres les plus formels, les plus sévères.

Il ne veut pas que les scandales du règne précédent se renouvellent, et si je dois surveiller les tripots, les cabarets du peuple, je dois aussi avoir l'œil sur vos cafés, sur vos coulisses et vos petites maisons, messieurs de la jeunesse dorée. Ce n'est pas pour vous que je dis cela, chevalier.

— Oh ! ne vous gênez pas, la vérité n'offense que les sots.

— Je sais, ajouta le comte, qu'il faut faire la part de l'âge, de l'entraînement et qu'il est bon de fermer les yeux sur certains petits écarts; mais enfin, puisque nous sommes sur ce chapitre, je suis d'avis, mon cher Roger, que parmi vos nombreux compagnons de plaisir, il en est quelques-uns avec lesquels vous devriez rompre, le marquis de Presles, par exemple.

— Un si charmant garçon ! Il est jeune, il s'amuse....

— Il compromet un des plus beaux noms de France, il se ruine.

— Il est en train de s'enrichir.

— Et comment, je vous prie ?

— Il est confiné, depuis un mois, au fond de la Beauce, chez une vieille parente archi-millionnaire et qui lui a légué toute sa fortune.

— Alors qu'il tranche dans le vif, et pour mettre fin à cette vie de désordres, qu'il se marie ! Ne riez pas, car c'est aussi ce que je rêve pour vous.

— Pour moi ?....

— Et je vous le dis devant votre tante, parce que je suis certain que c'est aussi sa pensée et parce qu'elle vous aime comme elle aurait aimé notre enfant, si le ciel nous eût donné cette joie ! N'est-il pas vrai, comtesse ?

— Oh ! oui !... oui !... répondait-elle les yeux fixés sur Roger qui se tordait de rire.

— Me marier !... moi !... Ah ! par exemple, voilà une surprise à laquelle j'étais loin de m'attendre. Me marier, et avec qui, bon Dieu !

— Je n'en sais rien encore, mais certainement avec quelque noble et riche héritière que nous nous chargerons de découvrir.

— Et dont je ferai la connaissance et la conquête en signant notre acte de mariage !

— Cela se voit tous les jours, mon cher, et bien souvent on ne s'en aime que mieux après.

— C'est possible, mais à ce compte-là, mon cher oncle, votre neveu finira vieux garçon.

— Nous en reparlerons en temps et lieu.

Le laquais venait d'entrer tenant un plateau d'argent qu'il présentait au comte.

— Eh ! quoi ! déjà des cartes !

— Le salon d'attente est rempli de messieurs et de dames qui demandent si Monsieur le lieutenant général veut bien les recevoir.

— Eh ! bien, comtesse, vous le voyez, voilà les visites et les réceptions officielles qui commencent. Allez, Germain, faites monter dans le salon d'honneur. Vous, chevalier, qui êtes de la famille, offrez votre bras à la comtesse et hâtons-nous.

Roger s'était empressé d'obéir et, tout en suivant le comte, il disait à sa tante, mais à voix basse :

— Vous êtes bien pâle aujourd'hui, chère tante?

— Qu'importe ? Dis-moi la vérité, Roger, tu es amoureux, n'est-ce pas ?

— Amoureux ?... pas le moins du monde.

— Alors, c'est le mariage qui te fait peur ?

— Encore moins, chère tante ; seulement, je vous le jure, je n'épouserai jamais ni un nom ni une dot. J'épouserai, qu'elle soit riche ou pauvre, la femme que j'aimerai, et dont je serai sûr d'être aimé.

— Ah ! je le savais bien, répondit la comtesse en lui serrant la main. Roger, tu es un noble cœur !

Et ils entrèrent dans le grand salon où la belle comtesse de Linières prit place à côté de M. le lieutenant général de police.

VIII

Le même jour, presque à la même heure, une berline attelée de deux superbes chevaux de poste sortait de Rambouillet se dirigeant au grand trot du côté de Paris. Le postillon faisait claquer son fouet comme un gaillard qui flaire un bon pour boire. Derrière la voiture, un domestique assis sur les bagages fumait sa pipe tranquillement, bien entendu avec la permission de son maître, le marquis de Presles, qui, mollement étendu sur des coussins, paraissait s'ennuyer beaucoup. Il avait pourtant de quoi se distraire ; un temps magnifique, la route ombragée par de grands arbres traversait une riche vallée, dont les coteaux boisés répandaient une fraîcheur délicieuse. Ici de braves paysans coupaient les premiers foins, dont les jeunes filles, les jambes et les bras nus, fesaient de grosses meules en chantant à pleine voix les joyeux refrains du pays. Plus loin c'étaient des bergers couchés sous les arbres et laissant à leurs chiens la garde des moutons éparpillés dans les prairies, puis des laitières en train de traire leurs vaches et s'arrêtant pour regarder la riche voiture, ou bien encore des enfants qui la suivaient à la course en jetant des fleurs au monsieur pour avoir un petit sou.

Mais le monsieur restait indifférent, il regardait sans voir, il bâillait sans pouvoir s'endormir.

« — Quel voyage insipide ! se disait-il. Et quel métier que celui de légataire universel, quand il faut rester la bouche ouverte pour attendre la caille rôtie qui n'y tombe jamais. Comme si deux ou trois millions qui m'arriveront, Dieu sait quand, valaient toute la peine que je me donne ! Ah ! mon cher Paris !... mon beau pavillon du Bel-Air, quand j'aurai revu tes bosquets embaumés et les nymphes qui m'y attendent, le diable m'emporte si je te quitte encore ! »

Puis, cédant à un mouvement d'impatience, le marquis se redressa en appelant son domestique.

— Lafleur, as-tu ma boîte à parfums ?

— Oui, Monsieur, elle est dans votre sac de nuit.

— Ouvre-la et passe-moi vite un flacon de musc. Cette odeur de foin me porte sur les nerfs. Et cette route qui n'en finit pas !... Holà ! Eh !... postillon !... Est-ce que vos chevaux s'endorment ?

— Oh ! Monsieur veut rire, nous marchons un train d'enfer. C'est pas comme le coche qui est là-bas, devant nous.

— Quoi ? quel coche ?

— Celui qui vient d'Évreux.

Le marquis s'était penché pour regarder.

— Ah ! quelle affreuse voiture !

— La voiture, c'est rien, reprit le postillon ; mais les bêtes... en v'là des rosses !

— Eh ! bien, pressez le pas et passons devant. Est-il possible que l'on voyage dans des guimbardes pareilles !

En ce moment une voyageuse avait mis la tête à la portière du coupé, sans doute pour regarder l'équipage dont les grelots et les claquements de fouet faisaient si grand bruit sur la route.

— Eh! mais, dit le marquis, dont la berline n'était plus qu'à quelques pas, quelle est cette apparition? Une tête de femme!

Les voitures allaient se croiser.

— Et de très jolie femme, sur ma foi! Une figure charmante, des cheveux superbes et des yeux...

La berline avait pris le devant, et notre beau voyageur s'était bien vite penché en arrière pour continuer son examen, mais la tête avait disparu.

« — Vive Dieu! ma belle, si vous avez un compagnon de route, le gaillard n'est pas à plaindre, et je voudrais bien être à sa place. »

En disant cela, le marquis se renversait sur les coussins de soie et il se disait en bâillant à outrance :

« — Est-on bête de voyager seul, au moins si je pouvais m'endormir... je reverrais peut-être ma jolie apparition... Essayons! »

Quelques minutes après, un mouvement brusque de la voiture lui fit rouvrir les yeux.

— Eh! bien, qu'est-ce qu'il y a? Pourquoi vous arrêtez-vous, postillon?

— Ah! dam'... nous v'là au bas d'une côte qui est fièrement rude, avec ça que la route est à moitié défoncée... faut ménager nos bêtes; elles n'en iront que plus vite après.

— Soit! mais laissez-moi descendre. J'ai envie de marcher un peu pour me défatiguer.

Et passant derrière la voiture, il appela de nouveau : Lafleur! Lafleur!

— Eh! faquin!... Je crois qu'il dort... Ah! tu daignes te réveiller, c'est heureux. Passe-moi ma canne à ombrelle.

— La voilà, Monsieur n'a pas besoin d'autre chose?

— Non.

Et, en se retournant, le marquis s'aperçut que le coche venait aussi de s'arrêter.

Le conducteur, selon l'usage, ouvrait les portières en invitant les voyageurs à descendre.

« — Quelle chance! s'écria le marquis, je vais la revoir. »

En effet, la jeune femme reparut et, s'appuyant sur la portière, elle s'apprêtait à sortir du coupé. Une petite voix de notre connaissance lui disait :

— Ne reste pas trop longtemps, sœur.

— Rien qu'une petite promenade, ma Louise.

— Et fais bien attention, ne va pas te faire mal.

— Je vais descendre en arrière, c'est plus facile, ce marche-pied est si haut...

Et comme elle baissait la jambe pour atteindre la première marche, le marquis se précipita pour lui offrir la main.

— Appuyez-vous sur moi, Mademoiselle, et ne craignez rien, je réponds de vous.

Henriette, qui croyait avoir affaire à l'un des voyageurs qu'elle avait eu l'occasion de voir déjà aux relais ou dans les auberges, accepta volontiers l'aide qu'on lui offrait si à propos ; mais quelle fut sa surprise de se trouver en présence d'un jeune et beau monsieur, le même qu'elle avait aperçu tout à l'heure dans sa riche berline.

— Pardon, dit-elle, un peu confuse, pardon, Monsieur, et merci de la peine que vous avez prise.

— C'est à moi de vous remercier, Mademoiselle, car je suis trop heureux d'avoir pu garder un instant dans la mienne une main si charmante.

Henriette fit un salut de tête fort poli et s'éloigna, laissant derrière elle le coche qui s'était remis en marche cahin-caha.

« — Eh bien ! voilà tout ? se disait le marquis un peu désappointé. Comment !... Je n'aurais retrouvé cette jeune fille que pour échanger quatre paroles et en rester là !... C'est qu'elle est jolie à croquer... Un petit bas de jambe d'une finesse... Et des yeux !... des yeux à mettre le feu aux poudres !... Allons, allons, l'occasion est trop belle, ne la laissons pas échapper ! Je trouverai bien un prétexte pour renouer la conversation... Eh ! voilà justement mon affaire. »

Il avait, en effet, aperçu un mouchoir accroché au marchepied de la diligence. Il se hâta de le prendre et de rejoindre Henriette.

— Mademoiselle !... mademoiselle, pardon, je crois que vous avez laissé tomber votre mouchoir.

— Mon mouchoir ? dit-elle en fouillant dans sa poche.

— Et je m'empresse de vous le rapporter.

— Encore une fois, merci, Monsieur.

— Ces vieilles voitures sont si peu commodes, continua-t-il, c'est toute une affaire pour en sortir et, quand on est dedans, on doit s'y trouver bien mal à l'aise.

— Mais non, je vous assure, nous y sommes très bien, ma sœur et moi.

— Ah ! à la rigueur, quand on n'est que deux dans un coupé... mais un troisième serait bien gênant.

— Nous n'en avons pas heureusement.

— « Bravo, » se dit tout bas le marquis.

Et reprenant vite l'entretien :

— C'est égal, le voyage doit paraître bien long de Dreux à Paris. Je dis Paris... vous n'y allez peut-être pas?

— Si, Monsieur, c'est à Paris que nous allons.

— Vous y avez, sans doute, des parents, des amis.

— Des amis de notre famille, une vieille dame et son mari chez qui nous allons habiter.

— A la bonne heure, car deux jeunes personnes seules, dans cette ville immense... Mais je m'aperçois que nous marchons en plein soleil. Voulez-vous me permettre de vous offrir mon ombrelle ?

— Oh ! je ne crains pas le soleil, Monsieur.

— Vous devriez au moins profiter de l'ombre de ces vieux arbres.

— C'est vrai, répondit-elle, je n'y songeais pas.

Et elle gagna le bord de la route, espérant mettre fin à cette causerie qui l'embarrassait beaucoup. Mais notre voyageur n'entendait pas s'en tenir là.

— Convenez, Mademoiselle, dit-il en se rapprochant, que nous traversons un pays magnifique.

— Très beau ! répondit sèchement Henriette.

— Ces coteaux verdoyants, ces bouquets de bois et ces prairies émaillées de fleurs... aimez-vous les fleurs?

— Beaucoup.

— Ici, on n'aurait qu'à choisir; mais ce n'est pas toujours dans les champs que l'on rencontre les plus jolies, les plus séduisantes, et j'en connais une...

Henriette ne lui laissa pas le temps d'achever son madrigal. Toute simple et naïve qu'elle fût encore, elle avait compris, mais elle ne voulait pas en avoir l'air et, sans rien répondre, elle se baissa pour cueillir des primevères et des marguerites sur le bord d'un ruisseau.

Immobile, l'œil en feu, le marquis la regardait faire sa cueillette.

« — Elle est adorable, se disait-il, et je crois, parole d'honneur, que j'en suis amoureux !

« ... Une taille de fée, des pieds, des mains de duchesse... et quelle grâce dans tous ses mouvements! Avec ça, rusée comme une vraie Normande ! Car j'ai bien vu, à la rougeur de ses joues, qu'elle devinait où je voulais en arriver. Eh bien ! morbleu ! j'y arriverai !... Mais comment? Par quels moyens?... Une fois à Paris, elle va m'échapper !... Oh! une inspiration !... »

Je n'ai donc plus qu'à vous souhaiter un heureux séjour dans notre belle capitale. (P. 74.)

Henriette venait de se redresser et de se remettre en marche, tenant à la main une grosse botte de fleurs dont elle faisait un bouquet sans paraître s'apercevoir que le marquis marchait à côté d'elle.

— Mademoiselle, s'écria-t-il tout à coup, il me vient une idée ! On ne rencontre pas des personnes aussi distinguées que vous et mademoiselle votre sœur, sans s'y intéresser un peu... J'oserai même dire beaucoup. Je pensais donc à votre arrivée à Paris et je me demandais si vous n'alliez pas vous trouver fort embarrassées au milieu de tout ce bruit, de toute cette foule, n'ayant personne pour vous venir en aide.

Henriette, froide, silencieuse avançait toujours, les yeux fixés sur ses fleurs ; mais le marquis sans se décourager, et d'une voix qu'il s'efforçait de rendre à la fois respectueuse et tendre :

— C'est alors, dit-il, que l'idée m'est venue de vous offrir... non mes propres services... je ne l'oserais pas, mais de vous envoyer quelqu'un... une personne de confiance, mon valet de chambre, par exemple, un très honnête garçon qui vous épargnerait tous les ennuis des bagages, d'une voiture à trouver et qui, au besoin, pourrait vous accompagner jusque chez vos amis.

Henriette comprenait qu'il était impossible de ne pas répondre ; et puis c'était un moyen d'en finir.

— Je suis très reconnaissante, Monsieur, de vos bonnes intentions, mais nous n'aurons, ma sœur et moi, aucun des ennuis que vous redoutez... Le mari de la dame qui nous donne l'hospitalité a offert lui-même de se trouver à l'arrivée de la diligence pour nous recevoir et nous conduire chez lui.

— Fort bien, Mademoiselle, du moment que vous serez attendue par une personne respectable... par ce... vieil ami, me voilà complètement rassuré. Je n'ai donc plus qu'à vous souhaiter un heureux séjour dans notre belle capitale, et à moi le plaisir de vous y rencontrer encore.

On était arrivé au sommet de la côte et le conducteur criait de toutes ses forces :

— En voiture, messieurs les voyageurs, en voiture !

— Vous m'avez donné la main pour descendre, dit aussitôt le marquis, et j'espère, Mademoiselle, que vous ne me la refuserez pas pour remonter.

Mais Henriette retira brusquement la main qu'il avait prise et qu'il allait porter à ses lèvres ; puis, sans ajouter une parole, elle s'élança dans le coupé dont elle se hâta de fermer la portière et de tirer le rideau.

« — Très-bien, se disait le marquis, dérobez-vous à mes regards, belle sauvage ! Je connais maintenant le moyen de vous apprivoiser ! Et j'aurai raison de votre pruderie, ou je ne serais plus le marquis de Presles !..... »

Sur ce, il regagna lentement sa voiture en ordonnant à Lafleur d'y monter avec lui.

— J'ai à te parler, lui dit-il. Et vous, postillon, ne flânez pas, je vous paierai bien.

Cinq minutes après, le coche d'Évreux trottinait paisiblement selon son habitude.

Et la berline, brûlant le pavé, disparaissait bientôt dans un nuage de poussière.

. . . .

Lorsque Lafleur avait entendu son maître lui dire de monter dans la berline, et de prendre place à côté de lui, le valet avait eu une seconde d'hésitation.

Mais, sur un regard du marquis, il s'était enfoncé dans un coin de la voiture, en se faisant le plus petit possible.

M. de Presles ne perdit pas de temps à jouir de la singulière mine que faisait son domestique.

— Lafleur, commença-t-il, si je t'ai appelé auprès de moi...

— Monsieur le marquis est bien bon...

— Silence, maraud !.. Si tu es là, c'est que, pour dix minutes, je t'élève au rôle de confident...

Lafleur s'inclina jusqu'aux genoux de son maître.

— Tu m'as vu... tout-à-l'heure?... continua M. de Presles.

— J'ai eu cet honneur, Monsieur le marquis.

— Tu as également aperçu la personne avec laquelle je m'entretenais?..

— J'ai eu cette indiscrétion, Monsieur le marquis.

— Alors, au besoin, tu te rappellerais ses traits ?

— Oh ! parfaitement, Monsieur le marquis... Elle est brune, avec de grands yeux veloutés, le teint pur, la taille bien prise, et des mains... des mains !..

— Tu l'as donc bien regardée, drôle ?

— Par dévouement pour Monsieur le marquis...

— Tu te doutes donc...

Lafleur ébaucha sournoisement un fin sourire.

— Alors tu me retrouverais cette jeune beauté, faquin ?

— Entre dix mille, si Monsieur le marquis l'ordonnait.

— Eh bien, Lafleur, je te l'ordonne !

Le valet fit un bond aussitôt réprimé.

— Eh bien, maraud, ricana M. de Presles, te voilà pris...
Tu vois que tu te vantais...

Lafleur réédita son sourire sournois.

— Du moment que mon maître ordonne, dit-il, j'obéirai !.. seulement Monsieur le marquis me permettra de lui demander, au moins, le nom de...

— Mais je l'ignore.

— Pas de nom ! soupira le domestique... Mais alors Monsieur le marquis sait au moins où va cette jeune personne ?..

— A Paris !.. voilà tous les renseignements que je puis te donner...

Mais ce qu'il faut que tu saches, Lafleur, c'est que j'aime à la folie cette jeune provinciale, c'est que je veux qu'elle soit...

— A Monsieur le marquis?

— D'abord, et tant qu'elle saura me plaire... Après quoi mes amis se la disputeront s'ils le veulent ! Ce sera l'affaire de Maillé, de d'Estrées, voire même de Roger de Vaudrey... Au fait, fit M. de Presles en s'interrompant, as-tu pensé à faire parvenir mon invitation au comte de Vaudrey?

— Oui, Monsieur le marquis ; je l'ai remise moi-même à Picard, le valet de chambre de M. le comte Roger.

— Alors tout est pour le mieux, car je tiens essentiellement à stupéfier ce cher ami par mon aventure originale, et dont on parlera dans les gazettes...

— Oh ! certainement, Monsieur le marquis.

— Donc, faquin, tu te charges du gibier... je t'ai mis sur la piste, c'est à toi d'avoir du nez et, une fois l'oiseau dans tes pattes, de le rapporter fidèlement à ton maître...

Puis se renversant au fond de la voiture :

— Maintenant, tu peux aller reprendre ta place de laquais, ton rôle de confident est terminé.

A la grande surprise de son maître, Lafleur ne bougea pas.

— Ah ! ça, maraud, s'exclama le marquis, refuserais-tu par hasard d'obéir?

— Je suis tout dévoué à Monsieur le marquis... seulement...

— Ah oui ! la récompense, n'est-ce pas?.. Eh bien, si tu réussis, cette bourse ira dans ta poche !.. Et si tu échoues, je te casserai les reins avec mon jonc de Chine à pomme émaillée... Tu vois que je ferai bien de l'honneur à ton échine.

— J'en suis d'avance très reconnaissant à Monsieur le marquis.

Puis changeant de conversation :

— Monsieur le marquis a causé longtemps avec son idole nouvelle. Monsieur le marquis a peut-être interrogé cette adorable déesse de province?

— Non, j'ai seulement quelque peu marivaudé avec la belle ; elle s'est montrée cruelle et je suis piqué au jeu !.. D'ailleurs, peu m'importe qui elle est, je la veux parce qu'elle est jeune et belle !... Tu désires des renseignements, en voilà !... Ah ! au fait, reprit le marquis, je puis te dire qu'elle sera attendue, à la descente du coche...

— Par qui ? demanda vivement Lafleur.

— Par un ami de sa famille; quelque vieil imbécile... naturellement !...

— Ça me suffit ! dit le valet... au moins comme renseignements !

— Ah !... Et qu'est-ce qui te manque donc, Lafleur ?
— Ce qu'il faut pour prendre les oiseaux... la glu !

Le marquis de Presles sourit. Et, jetant sa bourse à Lafleur :

— En voici, drôle ! dit-il.

— Merci, Monsieur le marquis... Avec cette glu-ci, j'apporterai sûrement le joli chardonneret dans la cage où Monsieur le marquis apprivoise si bien les demoiselles de l'Opéra.

— A mon pavillon du Bel-Air !... fit joyeusement M. de Presles ; ce soir-là, je veux que de Maillé, d'Estrées et les autres en meurent de jalousie...

Lafleur était radieux.

— Monsieur le marquis, dit-il, veut-il me permettre de donner, de sa part, l'ordre au postillon de pousser ses bêtes ?... C'est urgent.

— Qu'il les crève alors !

Le valet se pencha à la portière, et aussitôt la berline roula avec une rapidité vertigineuse.

— Pourquoi ce train d'enfer ? demanda M. de Presles.

— Parce que le coche de Normandie que nous avons laissé loin derrière nous s'arrête, à Paris, sur le quai des Augustins, presque à la descente du Pont-Neuf, au coin de la rue Dauphine.

— Eh bien ?

— C'est là, continua le valet, que descendra la belle inconnue qui a eu l'honneur d'être remarquée par Monsieur le marquis.

— Alors ?...

— Et Monsieur le marquis voudra bien me permettre d'arriver le plus tôt possible au Pont-Neuf, afin que je puisse prendre, d'avance, toutes mes dispositions en vue de l'enlèvement...

— Soit !..

— Maintenant, Monsieur le marquis peut compter sur moi. Il faut plus de deux heures pour que le coche d'Evreux arrive à destination. Donc, dans trois heures, j'aurai l'honneur de rapporter à mon maître le gibier que j'aurai pris.

Sur un signe du marquis, Lafleur ouvrit la portière et, avec une agilité de singe, alla reprendre sa place derrière la voiture...

Une fois seul, ce valet si bien stylé se prit à monologuer mentalement.

« — Il s'agit, m'a dit M. de Presles, de gagner une seconde bourse, remplie comme celle-ci, de belles petites pièces jaunes à l'effigie du *Bien-Aimé*, ou bien de sentir mes pauvres os craquer sous le jonc de Chine à pomme émaillée de mon maître, qui déshonore, chaque jour un peu plus, ses illustres ancêtres... »

On voit par cette réflexion que, lorsqu'il se parlait à soi-même, Lafleur se rattrapait largement du respect affecté qu'il témoignait à son maître lorsqu'il se trouvait en présence de celui-ci.

Il ne ménageait, — toujours mentalement, — ni les critiques sévères, ni les expressions malsonnantes à ce marquis débauché, qu'il méprisait, mais qu'il servait fidèlement. Il se faisait ce raisonnement bizarre : « M. le marquis est une franche canaille, c'est vrai !... S'il y a une justice au ciel, ce gredin de Presles aura quelques démêlés sérieux avec le vénérable saint Pierre, lorsqu'il se présentera devant les portes du Paradis... Mais comme je suis son domestique, qu'il me paie pour le servir, je n'ai pas le droit de lui refuser obéissance. Je m'en lave les mains comme défunt Ponce-Pilate, je me confesse régulièrement au curé de ma paroisse et je dors tranquille, c'est ce criminel de marquis qui portera la peine des péchés qu'il fait commettre à raison de quatre cents écus par an, sans compter les gratifications et les coups de jonc de Chine à pomme émaillée... »

« — Assurément, pensait Lafleur, c'est une infamie que de chercher à introduire cette jolie petite demoiselle, qui revient si naïvement de sa province, dans ce pavillon du Bel-Air, où l'on marche littéralement sur des filles d'Opéra, après boire, avec les amis de M. le marquis, de vrais gentilshommes qui se saoûlent comme des kaiserlics, et s'encanaillent avec des drôlesses... Pouah ! ça me soulève le cœur. Mais, comme domestique gagé et payé régulièrement, je fais consciencieusement tout ce que m'ordonne ma canaille de maître... »

En se faisant ces réflexions bizarres, Lafleur était absolument sincère. C'était une de ces natures qui manquent tout à fait de sens moral ; mélange de sensibilité native et de perversité inconsciente, le tout additionné d'une forte dose de cupidité.

Le valet de M. de Presles, gredin fieffé, nourrissait un amour pur pour une payse, une cousine dont il faisait très consciencieusement surveiller la conduite, et pour laquelle il économisait l'argent gagné au service du marquis, en vue d'un mariage qui devait combler tous ses vœux.

Or, du moment qu'il avait promis au marquis de Presles de lui rapporter ce qu'il appelait « le gibier », rien ne pouvait le détourner de cette honteuse besogne.

Au surplus, c'était dans les cas difficiles que l'intelligence de Lafleur se distinguait par sa fécondité de ressources.

Donc, tout en accablant, — mentalement, — son maître d'injures, Lafleur récapitulait :

« — La demoiselle sera attendue par un monsieur, *bon ami* (il souligna le mot) de sa famille ; c'est parfait ! Il s'agit d'abord de reconnaître cet homme que je n'ai jamais vu ; c'est parfait ! Puis, après avoir accompli ce tour de force, je dois faire en sorte que le *bon ami* de la famille ne se trouve pas à l'arrivée du coche ; c'est parfait ! Après m'être habilement débarrassé de mon homme, je dois, en son lieu et place, me présenter à la demoiselle ; c'est parfait ! Enfin, si la toute belle du marquis résiste et évente mon procédé, je dois faire taire mon bon cœur, le fermer à toute pitié, et, au besoin, je dois, bien qu'il m'en coûtera, employer les moyens spéciaux ; c'est parfait !.. »

En pensant à ce qu'il appelait les « moyens spéciaux », Lafleur retirait d'une des poches de sa livrée un petit flacon de cristal et, regardant au travers :

— Peste, murmura-t-il, c'est à peine s'il y en a pour trois caprices de cet inassouvissable marquis... Il faudra que je renouvelle ma provision !

En ce moment le postillon commença à faire claquer son fouet. La berline allait traverser la porte de Paris.

Vingt-cinq minutes plus tard le jeune marquis de Presles faisait déposer son valet de chambre au coin de la rue Dauphine, et la berline filait, à fond de train, vers le pavillon du Bel-Air.

IX

Quand il se retrouva seul à l'endroit où il allait livrer sa bataille, l'habile Lafleur alla, tout d'abord, s'asseoir sur le parapet du Pont-Neuf, afin de prendre ses dernières dispositions. Il commença par retirer de sa poche la bourse que lui avait donnée le marquis, en manière de glu.

Il l'ouvrit délicatement et y prit trois pièces d'or.

— Ça, c'est pour mes chenapans, dit-il en introduisant les pièces dans le gousset de son gilet de livrée... Il ne faut pas en laisser voir davantage, je les connais, mes gaillards, ils se montreraient difficiles !.. Maintenant, continua-t-il, il s'agit de les trouver... Pourvu qu'ils n'aient pas déjà été roués vifs depuis notre dernière « affaire ».

Lafleur avait quitté son poste d'observation, et, tout en se dirigeant vers le cabaret qui fesait l'encoignure du quai Conti, il pensait :

« — Si mes gaillards sont encore vivants, ils sont assurément ou en prison ou dans ce cabaret. »

L'établissement dont il s'agit était une de ces maisons borgnes où les jeunes débauchés ne dédaignaient pas de venir manger des huîtres en les arrosant de bon petit vin blanc d'Auxerre.

Pour les besoins de cette clientèle de luxe, le cabaretier avait fait placer des tables sous les arbres séculaires épargnés lors des démolitions nécessitées par la construction du quai Conti.

Par exemple, dans le cabaret proprement dit, la clientèle se contentait d'une pièce enfumée, de tables massives et de tabourets enchaînés auxdites tables, par mesure de précaution, parce qu'après boire, les têtes s'échauffant, on s'y lançait tout ce qui tombait sous la main, et principalement les tabourets de l'établissement.

Lafleur s'arrêta sur le seuil, parcourut l'intérieur de la salle d'un regard circulaire, et, ayant reconnu ceux qu'il cherchait, il alla s'attabler avec eux dans un coin, tout au fond du cabaret.

La conversation fut courte du reste. On s'entendait toujours vite avec des particuliers de cette espèce. Moins de dix minutes plus tard, Lafleur quittait ses « aides » comme il les appelait, et cela après leur avoir donné toutes les indications nécessaires

« — Voilà qui marche comme sur des roulettes, se dit-il en se frottant les mains, ces deux gibiers de potence m'attendront, comme c'est convenu, auprès du carrosse... Ah! mais... et le carrosse, il faut m'assurer qu'il n'est pas... « en travail. »

Ce diable de Lafleur avait des expressions à lui.

Le loueur habitait à quelques cents mètres, aux environs des Halles.

Lafleur consulta le coucou du cabaret.

« — J'ai encore une bonne heure, dit-il, c'est plus qu'il n'en faut. »

Et, allongeant le pas, il s'élança sur le Pont-Neuf, marchant comme un homme affairé, bousculant les passants, sans s'inquiéter des injures qu'on lui décochait.

En quelques minutes, il arrivait chez le loueur.

— Ah! ah! lui dit l'homme, nous avons un petit voyage d'agrément à faire?... C'est à merveille. Je ne sais plus ce que pensent ces messieurs de la noblesse, voilà déjà près de trois jours que mes chevaux n'ont pas travaillé... On n'enlève donc plus de jeunesses, alors?

— Patience!... patience! répondit Lafleur en glissant deux pièces d'or dans la main du loueur... Voici déjà un petit commencement...

— Pour quelle heure l'affaire?

— Dans une demi-heure !...

— Où ça?...

— Au coin de la rue Dauphine.

— Et du quai?

— Oui, presque en face du *Cœur-Volant.*

LES DEUX ORPHELINES

— Allez au diable!
— Que le bon Dieu vous le rende, mon doux seigneur! (P. 85.)

— Entendu !... Ah !... y aura-t-il de la casse ? C'est que la dernière fois on m'a brisé une vitre.

— Aujourd'hui, mon bonhomme, on ne se débattra pas ;... je m'en charge.

Et Lafleur se retira en disant :

— Maintenant, ce n'est pas tout, il faut changer de costume.

Il longea la rue des Halles et arriva à l'entrée du marché, juste devant la boutique d'un fripier qui avait pris pour enseigne : « A la pelisse polonaise. »

Lafleur était si avantageusement connu du marchand de friperies, que celui-ci l'accueillit avec force salutations.

— Nous allons dans le monde ce soir? demanda-t-il en faisant la bouche en cœur.

— Non !... Il me faut une défroque de bourgeois.

— Riche?

— Heu ! heu ! aisé simplement. Voyons ce que vous avez de passable.

Le fripier fit asseoir son client et lui présenta différents costumes

On tomba bientôt d'accord.

Lafleur était passé dans l'arrière-boutique. Il en ressortit complètement déguisé et, se plaçant devant une glace, il fit, en pantomime, la répétition de la scène qu'il se proposait de jouer.

Certes, si Henriette l'avait remarqué, par hasard, au moment de la halte à la montée, il lui serait, pensait-il, bien difficile de le reconnaître.

Satisfait de sa transformation, Lafleur quitta la boutique. Mais il n'avait pas fait cent pas qu'il accourut tout haletant chez le fripier.

— Vous avez donc oublié quelque chose? lui demanda le marchand.

— Oui... la glu, répondit le domestique avec un gros rire.

En effet, Lafleur venait de s'apercevoir qu'il avait oublié dans la poche de son gilet le petit flacon de cristal et la bourse du marquis.

Cette fois, il se dirigea rapidement vers le Pont-Neuf.

. . . .

Placé au centre de la ville, le Pont-Neuf a toujours été la grande voie de communication entre les deux rives de la Seine; mais, vers la fin du siècle dernier, il était aussi, et depuis fort longtemps, un but de promenade et de plaisir pour tous les Parisiens, même des quartiers éloignés. C'était le rendez-vous des joueurs de gobelets, des charlatans, des diseuses de bonne aventure, des marchands d'oiseaux et des tondeurs de chiens.

C'était au Pont-Neuf qu'il fallait aller manger la vraie matelotte arrosée de petit blanc d'Auxerre ou de cidre de Normandie et, surtout, pour faire connaissance avec ce mets délicieux : la pomme de terre frite, qui venait de faire son apparition et de révolutionner la cuisine bourgeoise.

Enfin c'était autour de la statue d'Henri IV que les ménétriers en vogue, tels que le fameux Savoyard, chantaient et vendaient ces refrains grivois et populaires qui, de là, gagnaient les ateliers, les cabarets et les barrières, en passant par plus d'un salon, et que l'on avait baptisés : Ponts-neufs.

A de certaines heures, et surtout les dimanches et jours de fêtes, l'affluence était telle que la circulation devenait presque impossible. Les coureurs de guinguettes et de tripots, les ouvriers avec leurs femmes et leurs enfants, les grisettes et les étudiants, les grenadiers et les dames de la halle coudoyaient les bourgeois et les bourgeoises des quartiers riches, et jusqu'aux beaux messieurs de la Cour qui ne dédaignaient pas de se mêler à cette foule joyeuse où tout était permis. Inutile d'ajouter que, dans ce tohu-bohu, les mendiants et les filous trouvaient une besogne facile et que la police laissait tout faire, ne pouvant rien empêcher.

C'était vraiment un spectacle des plus curieux, mais qui ne durait que quelques heures.

Dès que le jour commençait à baisser la masse des promeneurs se dispersait rapidement, chacun rentrait chez soi pour se mettre à table.

Et ce beau Pont-Neuf si animé, si bruyant, devenait tout à coup silencieux et presque désert. Les marchands fermaient boutique, les charlatans et les chanteurs pliaient bagage ; on ne voyait plus que des passants affairés qui se croisaient sans mot dire, des ivrognes titubant sur les trottoirs, des fiacres, quelques voitures bourgeoises, des charrettes portant leurs provisions aux halles ou au marché à la volaille et, de temps en temps, des diligences emmenant leurs voyageurs hors de Paris, ou les y amenant comme allait le faire le coche d'Évreux dont les bureaux étaient installés à l'angle du quai et de la rue Dauphine. Mais avant d'assister à son arrivée, voyons un peu ce qui se passait aux alentours.

C'était un samedi et, ce jour-là, on attendait généralement un grand nombre de provinciaux. Aussi les cochers de fiacre se hâtaient-il de prendre place sur le quai, les commissionnaires et les décrotteurs s'installaient le plus près possible de la porte du bureau. Des querelles s'élevaient alors dont la fin était toujours la même, des calottes d'abord et, ensuite, un demi-setier chez le cabaretier du coin.

Quant aux mendiants... et Dieu sait quel en était le nombre ! les uns, assis sur les bornes ou couchés par terre, faisaient un somme en attendant la pratique ; les autres continuaient à poursuivre leur monde et, parmi ceux-là, se trouvait une vieille femme qui n'arrêtait pas de tendre la main. Quelques sous attrapés lui semblaient toujours bons à glisser dans sa poche.

— En v'là une chançarde ! disait un vieux bossu en la montrant du doigt à une autre mendiante assise à côté de lui ; si elle met de côté tout ce qui tombe dans ses vieilles pattes, elle doit avoir un fier bas dans sa paillasse.

— Elle ! plus souvent !... Et le cabaret ? Et l'eau-de-vie ?... Et son grand bandit de fils ?... Un noceur de la pire espèce, qui ruinerait un fermier général.

— Elle s'entend joliment au commerce. Et qu'elle est bien nommée, la sorcière !

Le fait est qu'elle en avait toutes les allures. Une face maigre et ridée, un front plat et bas à moitié couvert par une épaisse chevelure grise que le peigne n'avait jamais démêlée, des yeux petits et méchants, un nez pointu, aux narines noircies par le tabac, et des lèvres repoussées en avant par cinq ou six dents déracinées, voilà pour la tête. Un dos voûté, des bras décharnés, des mains longues, osseuses, dont les doigts difformes ressemblaient à des griffes de singe, des pieds larges qui traînaient dans d'affreuses chaussures éculées, et pour recouvrir cet ensemble misérable, des hardes aussi sales que déguenillées, voilà, sans la moindre exagération, le portrait de la mendiante qui, depuis des années, exploitait le quartier du Pont-Neuf. Quand les autres mendiants lui reprochaient sa chance, elle leur riait au nez pour toute réponse et, tournant les talons, elle se disait à elle-même :

— Y en a pas comme toi, ma vieille Frochard, pour attendrir ces brigands de bourgeois.

Un vieux monsieur venait justement de sortir du bureau ; elle s'empressa de lui tendre la main et, prenant sa voix pleurarde :

— Mon bon Monsieur, lui dit-elle, n'oubliez pas une malheureuse infirme qu'a sept enfants à nourrir.

— Allez au diable !

— Que le bon Dieu vous le rende, mon doux seigneur !

Et elle s'éloigna en faisant la grimace et en montrant le poing au « doux seigneur » qui avait tiré sa montre pour voir l'heure et qui regardait à droite, à gauche, comme quelqu'un à qui l'on a donné rendez-vous et qui se fait attendre. Enfin, il fit un geste et poussa un ah !... qui voulait dire évidemment :

« Voilà mon homme ! »

Et d'un pas précipité il s'avança vers un jeune élégant qui descendait du Pont-Neuf.

— Tout va bien ! lui dit-il en l'abordant.

— Lafleur ! s'écria le marquis de Presles. Du diable, si je t'aurais reconnu ! Où as-tu pêché cet accoutrement de patriarche ?

— Je l'ai loué chez un fripier des halles. Et regardez-moi cette tournure et cette perruque. Ai-je assez l'air d'un parfait honnête homme ?

— Déguisement complet !

— Si avec ça je ne gagne pas la confiance de nos petites demoiselles...

— Eh bien ! qu'as-tu fait? où en es-tu?

— Ah! je ne me suis pas amusé en chemin! Pendant que mon noble maître rentrait tranquillement chez lui pour quitter ses habits de voyage, j'ai fait de la besogne. Et, comme je viens de le dire à Monsieur le marquis, tout va bien. J'ai loué une voiture qui va venir attendre mes ordres à quatre pas d'ici, deux bons chevaux et un cocher rompu à ces sortes d'aventures. Il a déjà travaillé pour Monsieur le marquis.

— Très bien, Lafleur, mais si je suis venu ici, c'est que je ne pouvais plus contenir mon impatience... Et si, par malheur, nos voyageuses se méfiaient de toi ?... Si elles refusaient de te suivre ?

— Eh bien! j'ai là, sur le quai, deux ou trois de mes amis, d'excellents garçons qui se mettraient au feu pour moi, et je n'aurais qu'un signe à faire.

— A merveille !... Seulement je me demande ce que nous allons faire du monsieur qui doit se trouver là, à l'arrivée du coche, ce monsieur que nous ne connaissons ni l'un ni l'autre. Tu n'as encore vu personne qui lui ressemble ?

— Non, mais il ne tardera pas, sans doute, et je me charge de lui boucher les yeux. Encore une fois toutes mes précautions sont prises, c'est bataille gagnée d'avance. Et maintenant que Monsieur le marquis s'en est assuré par lui-même, si j'osais me permettre de lui donner un conseil...

— Parle, voyons...

— Je lui dirais de rentrer chez lui et de me laisser faire.

— A quelle heure le coche doit-il arriver?

— Vers huit heures. La nuit sera proche ; ce qui nous aidera beaucoup.

— Ah! que le temps va me sembler long!

— Ça se comprend... une si jolie fille !

— J'en suis fou! Et s'il me fallait renoncer à elle...

— Renoncer !... Allons donc! ce serait déshonorant pour vous et pour moi... Mais, plus un mot...

Et il montrait au marquis un vieux monsieur d'une mise tout à fait bourgeoise et qui, depuis un instant, se promenait, son parapluie sous le bras, à l'entrée de la cour où la diligence devait s'arrêter.

— Crois-tu que ce soit lui? dit le marquis.

— Il en a bien la tournure. Voyez, il regarde l'horloge, il consulte sa montre... C'est lui, Monsieur, c'est lui! de grâce, partez vite et fiez-vous à moi... En restant ici, vous pourriez peut-être compromettre le succès de notre affaire. La belle vous reconnaîtrait assurément.

— Allons, soit... je pars... je renonce à la voir et je vais t'attendre au pavillon du Bel-Air. Mais si tu ne reviens pas avec elle... je te chasse !

— Et si je vous la ramène ?

— Tout ce que tu voudras, je te l'accorde !

Et sur cette promesse qui fit sourire le bon Lafleur, notre marquis s'éloigna, le cœur rempli des plus douces espérances.

Lafleur ne s'était pas trompé, le nouveau venu était bien l'homme qu'il avait intérêt à découvrir. C'était à lui que la dame Martin d'Évreux avait adressé et recommandé nos orphelines et, fidèle à sa promesse, il venait les attendre pour les conduire chez lui. Elles y seraient parfaitement en sûreté et d'autant mieux accueillies que leur présence allait être pour les époux Martin une source charmante de distractions quotidiennes. Elle mettrait fin à ce tête à tête conjugal dans lequel ils s'endormaient l'un et l'autre depuis si longtemps, car il en était pour eux comme pour la plupart des petits commerçants retirés, qui se sont tués de travail pendant des années afin d'amasser de quoi abandonner leur boutique, et qui se meurent d'ennui dès qu'ils l'ont quittée.

Pour les époux Martin les journées passaient encore assez vite. Madame s'occupait de son ménage, elle allait aux provisions, elle raccommodait son linge; Monsieur se promenait sur les quais, aux Tuileries, il allait faire de la politique à la petite Provence et se moquer des tendances nouvelles ; mais la nuit venue, que faire ?

Ah ! s'ils avaient eu des enfants ! Une fille, rien qu'une fille ! Elle eût été la joie de la maison !

Et voilà qu'il leur en arrivait deux ! ne fût-ce que pour quelques mois, quelques semaines, ce serait toujours ça de gagné.

C'est donc dans cette disposition d'esprit que M. Martin était venu au devant du coche et, comme il se trouvait de beaucoup en avance, il se promenait de long en large devant la porte pour passer le temps.

Lafleur qui ne le perdait pas de vue se mit à faire de même et, après qu'ils se furent croisés deux ou trois fois, il se décida à entamer la conversation.

— Monsieur attend sans doute, comme moi, l'arrivée du coche d'Évreux ?

— Oui, Monsieur.

— Eh bien, je pense que nous avons une bonne faction à faire, car il n'arrivera pas avant neuf heures.

— Vous croyez ?

— Je viens de m'en assurer au bureau, à l'instant même. Un gentilhomme qui est arrivé en poste a bien voulu prévenir qu'un essieu de la voiture s'est brisé aux environs de Rambouillet et qu'un retard, de deux heures au moins, sera la conséquence de cet accident.

— Un essieu cassé !... Ah ! mes pauvres petites Normandes ! Quelle frayeur elles ont dû avoir !

— Ah ! ce sont des jeunes filles que vous attendez ?

— Oui, Monsieur, deux orphelines qui doivent avoir dans les dix-sept ou dix-huit ans et que l'on dit fort jolies.

— Vous ne les connaissez donc pas ?

— Nous ne nous sommes jamais vus.

Parfait ! se disait tout bas Lafleur.

— Mais elles nous ont été recommandées par une cousine de ma femme, et c'est chez nous qu'elles vont habiter.

— Ce sera une grande sécurité pour ces jeunes personnes.

— Et une grande distraction pour nous... pour moi principalement. Quand on vit de ses petites rentes dans un troisième de la rue Guénégaud...

— Ce n'est pas gai.

— Seul, toujours seul, vis à vis de sa femme...

— C'est triste !

— Satané coche ! reprenait le vieux Martin en frappant du pied. Deux heures de retard ! qu'est-ce que je vais faire pendant ce temps-là ?

— C'est ce que je me demande aussi ! disait Lafleur d'un air navré.

— Rentrer chez moi ?

— C'est peut-être ce que nous aurions de mieux à faire, l'un et l'autre, cher Monsieur.

— C'est possible pour vous, Monsieur ; mais pour moi !... il me faudrait subir les jérémiades de madame Martin ! Et j'en ai assez de cette chanson-là !... Je vais tout bonnement flâner sur le quai, regarder les images... Je me paierai une tasse de moka... ou un petit madère.

— Tiens, c'est une idée ! s'écria Lafleur. Et ça m'en fait pousser une autre. Monsieur, aimez-vous le piquet ?

— Je l'idolâtre, Monsieur, mais ma femme ne peut pas le souffrir. De plus, j'ai horreur du tric-trac ; mais, comme ma femme l'adore, j'ai, à l'heure qu'il est, vingt-cinq ans et demi de tric-trac.

— Eh bien ! Monsieur, si nous entrions là, dans le café en face ? Il y a un petit jardin avec de jolis bosquets...

— Je les connais.

— Nous en prendrions un, bien abrité..., parce qu'à nos âges, il ne faut pas plaisanter avec les courants d'air...

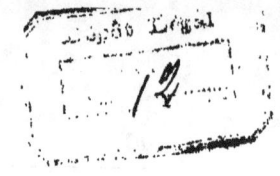

Vous êtes blessé fit-elle. (P. 95.)

— Oh ! mais non !
— Et nous ferions un cent ou deux pour jouer notre madère.

Cette proposition était assez agréable au sieur Martin, cependant il hésitait.

— Ça y est-il ?
— Mon Dieu, Monsieur, j'accepterais avec le plus grand plaisir, mais je craindrais en m'éloignant...

— Soyez donc tranquille. Une piécette au garçon, et il nous préviendra de l'arrivée de la voiture.

— Oh! oui... c'est essentiel, car pour rien au monde je ne voudrais...

— Fiez-vous à moi. Je n'ai pas envie non plus de manquer le coche.

Cette aimable plaisanterie avait fait éclater de rire le bon monsieur Martin et triomphait de ses hésitations.

— Vous êtes gai, Monsieur! disait-il à Lafleur qui lui avait pris le bras et l'entraînait.

Vous êtes très gai; j'aime ça!... Ce n'est pas comme ma femme qui est si...

— Vraiment?

— Excellente personne; mais quelquefois bien agaçante...

— Il y en a donc comme ça?

M. Martin était, comme on le voit, un de ces types de bourgeois naïfs, confiants à l'excès et qui ne manquent jamais l'occasion de bavarder.

Du premier coup d'œil Lafleur avait jugé son homme.

Et le gredin s'était dit :

— « Va toujours, mon bonhomme, dégoise tout ce que tu voudras sur le compte de cette excellente madame Martin qui adore le tric-trac, tout à l'heure je vais te jouer une partie de ma façon que je te défie bien de gagner. »

Et le valet du marquis de Presles souriait à part soi, de l'air d'un homme qui se sent certain de réussir.

Sans plus de façon, il avait pris le bras de son compagnon.

M. Martin allait peut-être s'étonner de cette familiarité. Mais Lafleur ne lui laissa pas le temps de se reconnaître.

Il l'avait — tout en causant — entraîné, ainsi que nous l'avons dit, jusque devant la porte du cabaret.

Mais au moment d'y pénétrer, le bourgeois manifesta quelque hésitation.

Il ébaucha même ce jeu de physionomie de l'écolier qui, sur le point de commettre une frasque, s'assure que personne ne peut le surprendre.

— Eh bien, ricana Lafleur, qu'est-ce que vous avez donc? Est-ce que vous craignez qu'il ait pris à Mme Martin la fantaisie...

— De me suivre ?... Oh !... Mme Martin attend mon retour, j'ose le dire, avec la plus grande impatience. Et cela pour deux motifs...

— D'abord, insinua Lafleur, pour faire sa partie de tric-trac...

— C'est vrai. Mais aussi pour embrasser ces deux jeunes filles qui nous arrivent d'Évreux.

— Ah ! Madame votre épouse...

— Adore les enfants !.. Oui, Monsieur, c'est comme j'ai l'honneur de vous le dire ; elle ne s'est, je crois, passionnée pour le jeu de tric-trac que par désœuvrement ! Ah ! si elle avait pu être mère, j'aurais évité bien des parties de ce jeu qui fait mon désespoir de chaque jour...

— Eh bien, venez bien vite vous dédommager en faisant quelques bonnes parties de ce piquet que vous aimez tant.

Mais cette fois encore Lafleur fut trompé dans son espoir d'entraîner enfin ce récalcitrant bourgeois.

La Frochard, revenant à la charge pour harceler les passants, s'était avancée en murmurant de cette voix traînante et pleurarde qu'elle savait prendre pour toucher le cœur des passants :

— Mes bons messieurs, n'oubliez pas...

Le valet fit un geste pour repousser la mendiante. Et brutalement il lui dit :

— Ah ça,... c'est encore vous ?

— Mais vous ne m'avez encore rien donné, mon bon monsieur.

— Je ne donne jamais rien aux vieilles.

Cette épithète de vieille qu'on venait de lui lancer au visage avait, pour ainsi dire, médusé la mendiante. Elle adressa sournoisement un regard haineux à l'homme qui l'avait repoussée.

Mais reprenant, tout aussitôt, son air patelin, elle tourna les yeux vers M. Martin, avec cette expression cafarde et ce sourire faux qui réussissent si bien auprès des gens faciles à apitoyer.

M. Martin tira sa bourse dont il fit glisser les deux anneaux, pour y prendre un sou qu'il tendit à la vieille femme.

Lafleur haussa imperceptiblement les épaules.

Et par ce geste il manifestait l'impatience qui commençait à le gagner.

C'est qu'il avait promis à son maître de réussir, et il se demandait si le hasard n'allait pas se mettre contre lui dans la partie engagée.

— Voyons, dit-il en reprenant le bras du gros homme dont il s'était improvisé l'ami, est-ce que nous n'en avons pas fini avec nos œuvres de charité ?... Si vous désirez faire quelques cents de piquet, il n'y a plus beaucoup de temps à perdre... Entrons !

— Entrons ! répéta M. Martin.

Pour plus de sûreté Lafleur fit passer son compagnon le premier, et s'adressant à la Frochard :

— Allons !.. au large, la vieille, lui dit-il de nouveau.

— La vieille ! grommela celle-ci... Quand on prend de l'âge, adieu l'commerce !.. Adieu l'gagne-pain !..

Puis réfléchissant :

— C'est tout de même vrai que si j'avais une petite jeunesse à produire, ça me ferait de fameuses recettes par ici ; ... car dans ce cabaret du *Cœur-Volant* il vient des gens de la haute !... Mais, soupira la mégère j'ai pas d'fille !... Ah !.. il aurait mieux valu, pour moi, d'en avoir une à la place de cet imbécile de Pierre.... Ne v'là-t-il pas que ça se mêle d'être honnête?.. Honnête !... voyez-vous ce môssieu !

Et, tout en haussant les épaules, la Frochard, après avoir jeté un coup d'œil sur la place, s'en alla en disant :

— N'y a plus un chat !... Je reviendrai pour le coche de Normandie.

En ce moment, en effet, les passants devenaient rares.

Seule, une femme vêtue comme le sont les ouvrières se montrait dans les environs.

Mais la Frochard n'avait pas jugé qu'il y eût une aumône à récolter de ce côté.

La personne dont il s'agit semblait en proie à quelque violente émotion.

Elle s'avançait sur le Pont-Neuf, d'un air inquiet, comme si elle eût craint d'être suivie, tournant la tête à chaque instant, puis reprenant sa marche d'un pas hésitant.

Elle s'était approchée du parapet, et se mit à contempler l'eau qui s'engouffrait avec un bruit sinistre entre les arches du pont.

Elle hésita de nouveau.

Puis, au bout de quelques secondes, elle se rejeta vivement en arrière.

Un bateau glissait sur la Seine, et des mariniers étaient occupés à décharger un chaland sur la rive.

L'inconnue se remit en marche, mais en rebroussant chemin vers le quai.

Elle se tordait les bras comme si elle eût été sous le coup d'une violente torture de l'âme.

C'était une grande et belle fille, un de ces types de parisienne des faubourgs, dont la stature vigoureuse n'exclut pas la grâce.

On sentait, en la voyant, qu'une profonde douleur avait envahi son âme.

Il y avait dans ses yeux une expression sauvage, où l'effarement se mêlait à de rapides éclairs de violence, où se décelaient le désespoir et le remords.

Que venait faire cette femme sur le Pont-Neuf, à l'heure où naissait le crépuscule?

Pourquoi cette contemplation fiévreuse de l'eau qui donne le vertige aux désespérés ?

Pourquoi cette hésitation qui la ramenait sur le quai, devant ce cabaret d'où s'envolaient, par la croisée ouverte, des chants d'ivrognes, des éclats de rire, des vociférations d'abrutis ; et, dominant tout ce tapage d'énergumènes, la voix de Jacques Frochard, le fils aîné de la mendiante, entonnant, d'une voix avinée, quelque chanson populaire?

Pour s'en rendre bien compte, il faut connaître l'histoire de cette jeune femme aux allures si étranges.

Il faut savoir que cette malheureuse, résolue à en finir avec une existence de honte et de remords, n'est venue là que pour se précipiter dans le fleuve.

Et que si elle a retardé l'exécution de son sinistre projet, c'est qu'il fait jour, et que, la voyant se jeter à l'eau, quelque passant pourrait voler à son secours.

Or elle ne veut pas qu'on la sauve.

Et la pauvre désespérée se laisse tomber sur un banc, pour y attendre la venue complète de la nuit.

Cette malheureuse jeune femme se nommait Marianne Vauthier.

Elle ne se souvenait guère des premières années de son enfance.

Elevée par une tante, elle avait été placée par celle-ci, dès l'âge de douze ans, en apprentissage chez une couturière.

Elle y était devenue une bonne ouvrière, connaissant parfaitement son métier.

Aussi ne manquait-elle jamais d'ouvrage, et veillait-elle souvent, chez elle, pour augmenter ses économies.

Marianne était ce que l'on peut appeler une brave fille, dans toute l'acception du mot.

Très rieuse de sa nature, elle savait si bien mettre en train ses camarades, qu'on l'adorait à l'atelier, où chacune aurait voulu l'avoir pour amie intime.

En outre, tout le monde l'estimait, parce qu'on la savait très honnête, très obligeante, et de bon conseil.

D'aucunes, parmi les plus hardies, — il y en a toujours dans les ateliers, — essayaient bien de la taquiner un peu sur son obstination à repousser les amoureux.

On la traitait alors de « petite Jeanne-d'Arc ».

— C'est mon affaire à moi, disait-elle en riant, si je veux coiffer sainte Catherine !

Mais tout cela ne dépassait jamais les bornes de la plaisanterie inoffensive.

Marianne avait, comme on dit vulgairement, le cœur sur la main.

Elle en donna la preuve, lorsqu'une des ouvrières de l'atelier, Madeleine Bachelin mourut subitement, laissant un petit enfant sans soutien.

Bien qu'elle ne fût pas particulièrement liée avec la défunte, plus âgée qu'elle, Marianne Vauthier se joignit à celles qui proposèrent de venir au secours de l'orphelin.

Ces demoiselles accueillirent favorablement la pensée de se charger du pauvre petit être, et de l'élever comme l'enfant de l'atelier.

On avait pour cela tenu conseil. Et lorsque tout fut convenu, arrêté, on alla en masse faire part de cette grande détermination à la patronne de l'atelier, Mme Poidevin.

Celle-ci voulut, elle aussi, apporter son obole à cette bonne œuvre.

Puis elle se chargea de réglementer, comme elle devait l'être, cette charitable combinaison.

Il fut décidé que les ouvrières prélèveraient une petite part de leur paie de chaque semaine, et que cet argent serait placé dans une tire-lire, où ces demoiselles viendraient verser leur offrande.

La plus ancienne parmi les ouvrières, — la nièce de la patronne, — fut désignée, à l'unanimité, comme « trésorière ».

Celle-ci tenait les comptes.

On ne prélevait sur la masse que la somme nécessaire à l'entretien de l'enfant.

Le reste devait, plus tard, former un petit capital destiné à subvenir aux frais de son éducation.

Marianne avait applaudi lorsque ses camarades avaient décidé qu'elles adopteraient, comme leur enfant à elles toutes, le fils de la pauvre Madeleine.

Elle ne manqua jamais, chaque semaine, d'aller verser son offrande dans la tire-lire.

Voilà pour ce qui concernait le cœur de l'ouvrière.

Quant à sa sagesse, c'était bien autre chose encore.

Marianne, à vingt ans, avait eu déjà à repousser bien des soupirants.

Rieuse avec ses camarades d'atelier, elle prenait l'air sérieux et froid, lorsqu'un galant se présentait.

Quand on la regardait trop en face, elle avait une façon de toiser son monde, qui décourageait les plus entreprenants.

Et si, malgré tout, quelque audacieux s'enhardissait trop, Marianne avait la main leste et assez forte pour enlever à l'audacieux l'envie de recommencer.

Un jour qu'elle avait évincé assez brusquement un amoureux, celui-ci lui adressa cette prédiction : « Patience, la belle !... vous ne serez pas toujours aussi sauvage !... Vous trouverez un jour votre maître ! »

Cette prédiction ne devait malheureusement pas tarder à se réaliser.

Marianne était, depuis quelque temps, en butte aux persécutions de galants qu'elle avait assez lestement éconduits.

Ces garnements s'entendirent pour lui faire payer cher ses dédains.

Un soir qu'elle se sentit suivie, elle hâtait le pas, lorsque tout à coup, au détour d'une rue, elle se trouva prise, sans savoir comment, au milieu d'une bande de vauriens.

Il n'y avait pas à essayer de s'esquiver; il n'était plus temps.

Le cercle s'était refermé autour d'elle.

Pour éviter d'être entraînée de force, elle n'avait que la ressource d'appeler au secours.

Elle poussa des cris de détresse.

Ces cris furent entendus par un jeune homme qui venait, paraît-il, au même moment rejoindre les vauriens qui entouraient la jeune fille, car il s'écria en voyant Marianne :

— Mais j' la connais cette demoiselle... C'est la belle Marianne !...

En entendant prononcer son nom par un inconnu, la jeune fille sentit naître en elle — après une terreur folle — l'espérance qu'elle allait être sauvée.

Et son cœur éprouva pour cet inconnu qui venait à son secours un sentiment de gratitude, lorsqu'elle l'entendit ajouter :

— A bas les pattes, vous autres !.. Et le premier qui touche à un cheveu de mademoiselle, je lui fais son affaire!

A cette déclaration, il y eut une sourde révolte parmi les vauriens qui tenaient toujours leur victime par les bras.

— Ah! ça, s'exclama l'un d'eux en toisant le défenseur improvisé, est-ce qu'elle n'est pas à nous comme à toi?

— C'est ce que nous allons voir ! cria l'inconnu en levant le bâton qu'il tenait à la main.

Et, sans ajouter une menace, il se mit à faire manœuvrer sa canne, frappant à coups redoublés un peu partout autour de lui. Si bien qu'il mit bientôt toute la bande en déroute.

Alors se tournant vers Marianne, l'inconnu lui dit :

— Vous êtes libre, Mademoiselle !

Et comme il s'essuyait le front, Marianne vit que la main du courageux jeune homme était couverte de sang.

— Vous êtes blessé ! fit-elle.

— Oh! ce n'est rien qu'une égratignure;... on en a vu bien d'autres dans ma famille.

Et il ajouta en saluant de la tête :

— Maintenant, filez bien vite chez vous ;... et soyez tranquille, je marche derrière.

Marianne se remit en route, très émotionnée. Et, tout en marchant, elle cherchait, dans son esprit, une formule pour remercier celui qui avait si courageusement pris sa défense.

Arrivée à la porte de la maison qu'elle habitait, elle se tourna vers le jeune homme, et lui dit :

— Vous m'avez rendu un bien grand service, Monsieur, et je ne sais comment reconnaître...

Il ne répondit pas, mais son regard avait cherché celui de la jeune fille, et celle-ci sentit quelque chose d'étrange se passer en elle.

Elle voulut baisser les yeux, mais ils restaient comme rivés sur ceux de l'inconnu.

Une rougeur subite envahit les joues de Marianne. Elle demeurait là, muette, devant son sauveur, sans penser qu'elle était à la porte de son domicile, qu'il était tard, et qu'il serait convenable de remercier tout de suite, et de se retirer...

Involontairement elle restait en présence du jeune homme. Et pour avoir un prétexte d'agir ainsi, elle dit avec vivacité :

— Je vois bien que vous êtes blessé plus gravement que vous ne le disiez...

— Eh! bien, Mademoiselle, ça me rappellera plus longtemps que j'ai eu le bonheur de venir à votre secours.

Cette fois, Marianne était interdite. Les paroles de l'inconnu avaient eu un écho dans son cœur.

— Votre conduite, fit-elle avec un léger tremblement dans la voix, est de celles qui...

Elle hésitait.

— N'allez-vous pas m'offrir une récompense honnête ? interrompit en souriant le jeune homme.

Et son regard plongea de nouveau dans celui de Marianne...

La jeune fille demeura les yeux attachés sur son sauveur jusqu'à ce qu'il eût disparu au détour de la rue...

Lorsqu'elle ne put plus l'apercevoir, elle resta encore là, comme absorbée dans une profonde méditation...

Que lui était-il arrivé ?

Quel changement venait de s'opérer en elle ?

Pourquoi cette mélancolie subite ?

Pourquoi vint-il à Marianne l'idée que l'inconnu s'était caché dans l'encoignure de la rue, et qu'il allait revenir sur ses pas ?

— Voleuse!... Voleuse!... Voleuse!... (P. 104.)

Pourquoi éprouva-t-elle comme un désappointement de s'être trompée ?
Et, le lendemain au sortir de l'atelier, pourquoi marcha-t-elle lentement comme si elle eût espéré voir arriver son sauveur de la veille ? Et, en se sentant suivre, pourquoi eut-elle le pressentiment que c'était lui. Pourquoi fut-elle heureuse de penser qu'elle allait le revoir, qu'il allait lui parler ?

Hélas ! il y a là tout le secret des amours naissantes.

Marianne Vauthier se laissa aller à accepter les hommages de l'inconnu ;

peu à peu, elle consentit à y répondre. Elle se laissa prendre aux promesses d'« amour éternel »......

Elle fut la plus heureuse des femmes, dans les commencements de sa liaison avec Jacques Frochard.

Puis arriva le désenchantement.

Marianne s'était trompée sur le compte de son amant. Celui-ci avait agi avec une rare habileté, pour arriver à ses fins.

Elle l'avait aimé dès la première heure de leur rencontre.

Elle s'était donnée à lui, sans penser à prendre des garanties pour l'avenir.

Elle ne voyait que Jacques, elle ne vivait que pour Jacques. Et le premier nuage survenant dans leur liaison trouva encore la grande fille toujours et plus que jamais disposée à se montrer conciliante.

Elle excusait les emportements de Jacques, et lorsqu'elle aurait pu lui faire honte de sa paresse et de ses exigences toujours injustes et de plus en plus grandes, elle se disait qu'à force de patience et de douceur, elle arriverait à le corriger.

« — Je lui donnerai l'exemple, pensait-elle, et me voyant travailler pour lui, il aura bien certainement honte de sa paresse. »

Et elle en concluait que Jacques finirait par se mettre résolument au travail pour lui rendre la vie douce et heureuse.

Pour cela, il ne lui fallait que sacrifier quelques mauvaises habitudes et surtout rompre avec les connaissances déplorables qu'il fréquentait.

Elle espérait bien l'y décider. Et, se disait-elle en se berçant d'illusions, je lui ferai un intérieur si agréable, si heureux, qu'il ne pourra plus jamais s'éloigner de moi.

Pauvre Marianne, pauvre fille animée, — malgré sa chute, — des meilleurs sentiments, elle supposait que Jacques le débauché, le querelleur, le paresseux, s'amenderait, et ne vivrait plus que pour elle.

Hélas ! ces douces illusions, la plus sombre réalité devait bientôt les dissiper.

Après avoir laissé supposer qu'il se corrigerait, Jacques retomba de plus belle dans sa vie de paresse et de débauche.

Marianne en éprouva un chagrin violent. Mais elle ne fit rien pour rompre avec celui qui avait si mal répondu à ses espérances et à ses exhortations.

Elle était bien décidément sous le joug. Et le pouvoir qu'exerçait sur elle celui qui avait su devenir son maître était si grand, si absolu, que la malheureuse perdit peu à peu toute énergie, toute volonté. Il y avait loin, maintenant, de cette femme timorée, tremblant sous le regard de Jacques, à la fille qui repoussait si énergiquement les audacieux, et tirait vanité de son indépendance.

Marianne ne se sentait plus le courage d'essayer même une révolte contre son cœur si faible et si lâche.

Elle obéissait aveuglément, apportant, chaque semaine, sa paie à l'homme dégradé qui vivait ainsi de son travail à elle, comme il vivait du travail de sa mère, la mendiante, et de son frère, le remouleur.

C'est en vain que l'ouvrière acquit la conviction que tout son argent passait en débauches avec les camarades de cabaret, il suffisait à Jacques de lui dire brutalement: « Je te donne la préférence sur vingt autres qui sont bien aussi belles que toi, » pour que la pauvre fille se démunit de ses petites économies et, ensuite, de quelques bijoux, fruit de ses longues soirées de travail.

Et le cynique gredin acceptait le tout, avec un calme superbe, comme s'il se fût agi d'une redevance légitimement perçue.

Ne savait-il pas, depuis longtemps, que Marianne était sous sa domination absolue?

Ne savait-il pas qu'il jouait vis-à-vis d'elle le rôle du dompteur qui force sa lionne à se coucher à ses pieds, et la tient soumise, obéissante, fascinée sous son regard?

Il n'y a pas de si bon métier qui n'ait ses temps de chômage; l'ouvrière la plus habile et la plus laborieuse est bien forcée alors de rester chez elle les bras croisés. Marianne avait passé par là plus d'une fois, sans en avoir trop souffert; mais à présent que, grâce à Jacques Frochard, toutes ses économies, toutes ses ressources avaient été dissipées chez le marchand de vin ou dans les maisons de jeu, elle se demandait comment on ferait pour vivre quand les mauvais jours reviendraient.

Jacques n'admettait pas que cela fût possible et que la caisse restât vide parce que l'aiguille ne marcherait plus.

La situation tant redoutée ne tarda pas à se produire. La morte saison arriva fatalement, comme tous les ans.

Marianne, avant d'avoir rencontré Jacques, prenait alors sur ses économies ce qu'il lui manquait pour vivre;... mais, depuis longtemps, la chose n'était plus possible.

Jusque-là, cependant, elle n'avait jamais manqué de déposer fidèlement sa petite offrande dans la tire-lire de l'enfant de l'atelier.

Elle s'était plusieurs fois privée de déjeuner pour mettre de côté, sou à sou, la modeste somme.

Un matin, au moment où Marianne le quittait pour aller à son ouvrage, le fils de la Frochard la retint.

Puis, la regardant comme il savait le faire quand il voulait être obéi :

— Marianne, lui dit-il, j'ai besoin d'argent pour demain samedi.

— De l'argent?... Tu sais bien, Jacques, que je n'en ai pas!... Attends au moins la paye de la semaine prochaine.

— Attendre! tu plaisantes!... Il m'en faut, te dis-je... J'en veux!... Et si tu reviens les mains vides... tant pis pour toi! Je connais plus d'une belle fille qui sera trop heureuse de m'ouvrir sa bourse.

— Tu me quitterais pour retourner avec ces filles-là!...

— Te v'là avertie... à tantôt!

— Oh! Seigneur!... où suis-je tombée?... murmura Marianne en le regardant s'éloigner.

Et, pendant quelques minutes, il sembla qu'une transformation allait s'opérer en elle.

A voir le regard sévère, presque haineux, qu'elle adressa à l'homme qui venait de la menacer d'un abandon immédiat, on eût pu croire que Marianne se révoltait à la fin, et allait se soustraire à la honteuse domination de Jacques.

Plongée dans une douloureuse rêverie, elle avait repris le chemin de l'atelier.

Une fois assise à la grande table avec les autres ouvrières, elle se mit à l'ouvrage sans proférer une parole.

Le jour était à la gaîté, aux éclats de rire, voire même aux chansons légères.

Les fenêtres, grandes ouvertes, laissaient pénétrer un air délicieux, et les rayons d'un soleil éclatant caressaient des bras nus et des mains blanches dont les doigts effilés semblaient jouer bien plus que travailler.

Marianne n'entendait et ne voyait rien.

Sa pensée était ailleurs.

De l'argent?... où en trouverait-elle?

Hélas elle n'avait plus le moindre petit bijou à vendre ou à mettre en gage..., elle ne possédait plus qu'une seule robe... celle de tous les jours.

Et l'odieuse menace de son amant la poursuivait sans cesse.

Trahie!... abandonnée par lui!... Elle en mourrait.

La journée lui sembla terriblement longue et, pourtant, c'était avec effroi qu'elle voyait approcher l'instant de rentrer chez elle et de se retrouver, les mains vides, en face de Jacques.

Quand elle vit ses camarades plier leurs tabliers de travail et les déposer dans les tiroirs qui leur étaient réservés, il lui sembla que l'heure du supplice allait sonner pour elle.

— Eh! Marianne!... Est-ce que tu ne viens pas ? lui disait-on en sortant.

— Si, si... je n'ai plus que quelques points à faire!...

Elle retardait, autant que possible, l'instant de ce départ qui la faisait trembler.

Et cependant elle ne pouvait rester plus longtemps chez madame Poidevin, car déjà les domestiques demandaient si elles pouvaient balayer l'atelier et mettre tout en ordre.

Marianne n'avait plus de prétexte à donner. Depuis longtemps son ouvrage était achevé.

Que faire ? Emprunter ? A qui ? A quelqu'une de ses camarades ?

Ne savait-on pas qu'elle vivait avec la plus grande économie ?

Les rieuses de l'atelier disaient en parlant d'elle : « Cette sournoise de Marianne... Elle se met une bonne petite dot de côté. »

Elle n'avait pas répondu, craignant de se trahir.

Comment essayer d'emprunter après cela ?

Sa tête se troublait.

Il y avait de l'effarement dans ses yeux, et son esprit acceptait, de prime abord, les idées les plus extravagantes, les plus contradictoires.

Tout à coup, dans son affolement, elle eut un moment de vertige.

Elle entendait Jacques, — son Jacques à elle, — prodiguant à une autre ses douces paroles d'amour.

Ses oreilles bourdonnaient, le sang lui affluait au cœur avec violence... Il lui fallait trouver un moyen à tout prix...

— Marianne poussa une exclamation. Elle avait trouvé.

Elle irait raconter à Mme Poidevin qu'elle voulait envoyer un peu d'argent à la vieille tante qui l'avait élevée, laquelle était infirme et s'adressait à elle...

C'était vraisemblable!...

Marianne s'arrêta à cette idée et courut frapper à la porte de l'appartement de sa patronne.

— Madame est sortie! lui dit la domestique qui, l'entendant frapper, était accourue.

— Sortie ?

Ce mot s'échappa presque dans un cri des lèvres de l'ouvrière

— Sortie ? reprit-elle... pour longtemps ?

— Probablement! elle n'a rien dit en partant.

Mais alors, à la grande surprise de la bonne, Marianne murmura comme se parlant à soi-même :

— C'est égal, je l'attendrai!

Et tout haut :

— Je vais rester dans l'atelier pour attendre le retour de madame... Il faut absolument que je lui parle ce soir même.

Et laissant là la domestique, l'ouvrière se dirigea vers l'atelier.

Puis, la porte refermée derrière elle, Marianne se mit à réfléchir. Certes, dans le premier moment, elle eût tout osé. Mais, maintenant, elle se prenait à avoir de nouvelles hésitations.

Elle s'était levée et marchait à grands pas dans l'atelier.

Parfois elle s'arrêtait pour écouter. Il lui avait semblé entendre monter. Ah! si ce pouvait être Mme Poidevin! Elle obtiendrait d'elle l'argent dont elle avait besoin, ou bien elle saurait se le procurer à quelque prix que ce fût; même au prix d'une faute, même au prix...

Sous le coup de son amour maudit, elle descendait un à un tous les échelons de l'honnêteté.

Et, à force de capitulations successives, elle en était arrivée à admettre comme possibles les choses les plus monstrueuses.

Elle avait bien encore quelques rares lueurs de bon sens, pendant lesquelles elle voyait clair dans sa vie, et tout son sang se révoltait en elle, tout son courage lui revenait pour lui dicter de sages résolutions.

Ces retours à la raison étaient, hélas! éphémères.

Elle se remit à marcher avec agitation.

Dans sa préoccupation, elle ouvrait les tiroirs de la grande table de travail.

Et ses mains s'y plongeaient, comme si elle eût pensé y trouver de l'argent.

Elle s'en serait emparée, peut-être.

Jacques ne lui avait-il pas dit :

« — Il me faut de l'argent, à tout prix. »

A tout prix !

Ces mots lui bourdonnaient dans la tête comme pour la rendre folle !

A tout prix !

Ces paroles maudites qu'elle ressassait mentalement s'acharnaient à troubler son esprit, à l'affoler, à lui faire désirer de trouver quelque objet de valeur dans ces tiroirs où elle fouillait, fouillait encore, bouleversant tout ce qui passait sous sa main...

Et l'heure marchait toujours...

Et Mme Poidevin ne revenait pas !

Jacques allait s'impatienter... Si elle tardait trop longtemps, il mettrait ses menaces à exécution !...

Marianne étouffa, à cette idée, un cri de rage.

Inconsciemment elle courut à la porte qui faisait communiquer l'atelier avec le petit salon de Mme Poidevin...

Sous sa main fiévreuse, le loquet se souleva....

La porte était grande ouverte devant elle...

Elle pénétra dans le salon, à pas de loup, comme une voleuse de profession.

Elle avait peur !... Son sang se figeait dans ses veines... Elle s'arrêta, écoutant !

Si quelqu'un survenait pour la surprendre !...

Cette idée d'être soupçonnée lui fit faire un pas de retraite...

Elle voulait s'enfuir ; mais quelque chose de plus fort que sa volonté la retenait dans ce petit salon...

Pourquoi ?... Elle ne s'en était pas rendu compte. Et cependant elle se glissait tout le long des meubles, touchant à tout.

... Soudain la pendule sonna...

A ce bruit Marianne sursauta. Elle avait de ces frayeurs subites qui font tressaillir les voleurs au moindre bruit.

Elle était donc une voleuse, aussi, elle ?

Mais cette pensée qui eût soulevé, il y a quelques instants à peine, son cœur de dégoût, cette pensée s'acclimatait insensiblement dans sa tête...

Elle osait maintenant.

Les yeux fixés sur la pendule, elle éprouva une commotion terrible en pensant que, depuis plus d'une heure, Jacques l'attendait !...

Cette fois, elle le sentait bien, elle eût volé, si elle en eût trouvé l'occasion.

Et, dans son désespoir, elle ne prenait plus de précautions pour étouffer le bruit de ses pas... Elle piétinait comme une tigresse qui attend une proie au passage...

Il lui fallait cette proie à elle... à tout prix !...

En ce moment les mauvais instincts s'éveillaient dans son cœur avec une violence extrême... Elle descendait avec une rapidité vertigineuse dans l'abîme qui devait, fatalement, engloutir tout ce qu'il y avait encore d'honnête en elle...

Ses traits se contractaient et sur son visage, autrefois si calme, se lisait une expression de froide cruauté...

Tout à coup elle bondit vers un petit chiffonnier en bois de rose...

Il pouvait y avoir là de l'argent ou des bijoux...

Elle n'hésita pas... Les mains en avant, elle voulut ouvrir le tiroir...

Mais elle s'arrêta... Sur ce meuble qu'elle allait forcer se trouvait la tire-lire où l'on mettait l'argent destiné à l'enfant de Madeleine...

Elle s'arrêta, la malheureuse, le corps saisi d'un tressaillement, le visage blême, les yeux fixés sur la tire-lire...

Elle s'arrêta dans l'accomplissement du crime qu'elle allait commettre... car il lui semblait entendre la voix de Madeleine, lui murmurer aux oreilles:

— Voleuse !... Voleuse !... Voleuse !...

Que se passa-t-il en elle en ce moment de terrible émotion? D'où vient que cette femme perdit, en quelques secondes, tous les sentiments généreux, au point d'en arriver au dernier degré de l'abjection?

Une voix venait de se faire entendre; une voix partie de la rue...

La voix de Jacques enfin, qui disait :

« — Je m'en vais, Marianne, et pour toujours ! »

C'en était fait.

Rien ne pouvait plus retenir la malheureuse sur la pente fatale où elle glissait.

D'un brusque mouvement, elle saisit la tire-lire.

Et comme elle était trop grande pour qu'il fût possible de la cacher, elle la brisa.

Tout le contenu de cette tire-lire se répandit sur le parquet.

Il y avait quelques pièces blanches et des sous...

Les sous économisés par celles qui s'étaient donné pour mission d'élever, à leurs frais, l'enfant de leur infortunée camarade Madeleine Bachelin.

Marianne s'arrêta, le cœur bourrelé de remords, devant cet argent qui appartenait à l'enfant de la morte...

Mais, en ce moment, la voix de Jacques retentit de nouveau.

Il chantait, cette fois, en s'éloignant :

> Lise a quitté son amoureux,
> On en perd une, on en r'prend deux.

Marianne eut un long tressaillement.

Sa tête s'égara tout à fait.

Elle prit l'argent à pleines mains...

Et s'enfuit.

A la porte elle rencontra la servante...

Interdite, elle voulut poursuivre son chemin...

Mais cette fille, en voyant son trouble, essaya de l'arrêter par le bras...

M. Martin et Lafleur. (P. 107.)

D'un geste violent, Marianne la repoussa...

Elle arriva, en courant, jusqu'à la porte de l'appartement et la franchit d'un bond.

Dans l'escalier, elle se rencontra face à face avec Mme Poidevin.

Marianne ne s'arrêta pas.

Elle avait hâte de rejoindre Jacques.

Il avait fait d'elle une voleuse !

Elle lui appartenait désormais plus entièrement encore qu'elle ne lui avait appartenu jusque là.

Il n'était plus son amant, il était son maître.

Elle était non sa maîtresse, mais son esclave.

Elle venait de franchir la porte cochère et d'arriver dans la rue...

A ce moment elle s'arrêta, tout à coup, et demeura comme pétrifiée, les pieds rivés au sol.

La croisée s'était ouverte au-dessus de sa tête.

Et la bonne de Mme Poidevin criait :

— Arrêtez la voleuse..! Arrêtez la voleuse!

Marianne fit un effort désespéré, et réussit à courir...

Il était temps.

Les soldats du guet s'étaient mis à sa poursuite...

Tout le monde criait :

— Arrêtez-la !.. C'est une voleuse !..

Elle trouva une agilité incroyable pour fuir !.. Et, arrivée au détour de la rue, elle se glissa, sans être vue, dans une allée.

Et là, blottie dans un coin, elle entendit les pas des soldats qui couraient.

Ils dépassèrent l'allée... Elle se crut sauvée !.. Ils avaient perdu sa trace !...

Alors, le cœur battant avec violence, la tête en feu, Marianne reprit sa course folle !...

Elle arriva haletante et remit l'argent à Jacques.

Il la reçut avec un ricanement moqueur.

— Tu as bien fait de venir, lui dit-il, car j'allais m'en aller.

Puis, sans s'informer du moyen qu'elle avait employé pour se procurer cet argent, il ajouta :

— Je t'attends à souper avec les amis !.. Tu viendras... je le veux !...

A souper !... c'était, non pour payer quelque pressante dette, mais bien pour *souper* avec des amis que Jacques avait fait d'elle une voleuse !...

A cette pensée un remords étreignit Marianne au cœur ; la colère lui monta au cerveau... Elle vit clairement dans quel abîme elle était tombée. Et retrouvant un courage qui depuis longtemps l'avait abandonnée, elle répondit :

— Je n'irai pas !..

Jacques Frochard eut alors un de ces regards qui enlevaient à la jeune femme toute volonté de résistance.

Il lui saisit le bras en disant :

— Tu viendras !... Je le veux !

Puis, tournant les talons, il la laissa sans force, brisée par le souvenir et l'émotion.

La malheureuse suffoquait. Les sanglots l'étouffaient.

Elle détourna les yeux pour ne plus être tentée de suivre Jacques.

La raison lui revint escortée des plus cuisants remords.

Elle eut honte d'elle-même. Et la pensée lui vint, pour échapper au misérable qui l'avait perdue, de se réfugier dans la mort.

. . . .

X

Le cabaret dans lequel Lafleur avait entraîné M. Martin regorgeait de monde lorsque nos deux personnages y pénétrèrent.

Il y avait là un mélange d'individus de toute classe, bourgeois du quartier qui venaient, — comme d'habitude, — faire leur partie.

D'autres personnes, hommes et femmes, attendaient l'arrivée du coche qui leur ramenait des parents ou des amis.

Il y avait encore, assis et buvant, les éternels « piliers de cabaret », ces inoccupés qui vivent au hasard, toujours à l'affût du naïf qui pourvoira aux frais de la journée.

Et, pêle-mêle avec tout ce monde, de jeunes gentilshommes courant les bouges à la recherche d'aventures, et donnant aux petites gens le spectacle de leurs débauches.

Ce ne fut qu'après bien des cahots que nos deux hommes aperçurent tout au fond de la salle, une table que les consommateurs avaient négligée, parce qu'on n'y voyait guère dans le coin où elle se trouvait.

— Voici notre affaire ! s'écria Lafleur en s'installant sur un des tabourets.

Et, indiquant la place en face de lui :

— Asseyez-vous là, mon cher monsieur Martin, vous aurez le jour dans le dos, et ça vous sera plus commode pour voir vos cartes... Quant à moi ajouta-t-il en riant, j'y vois dans l'obscurité,... tout comme les chats !

Lorsqu'il s'agissait de faire une partie de piquet et de déguster un verre de bon vin, M. Martin ne négligeait que très difficilement l'occasion.

En ces moments-là, son esprit se dégageait bien vite de toutes les autres préoccupations.

Il s'assit donc et frappa de sa tabatière sur la table.

Mais il n'était pas facile de se faire servir, paraît-il ; au bout d'un moment Lafleur, qui commençait à s'impatienter, cria :

— Holà !... garçon !

Il avait hâte de se débarrasser de l'importun.

L'heure avançait.

De son côté, M. Martin était également très pressé.

Il avait déjà aspiré deux énormes prises, et se mettait en devoir de se barbouiller les narines de tabac à la rose.

Puis, l'impatience augmentant, il faisait tourner fiévreusement sa tabatière entre ses doigts.

Le garçon parut enfin et Lafleur commanda :

— Un jeu de piquet,.... bien vite !

— Avec une bouteille de vouvray,... du vieux ! s'empressa d'ajouter M. Martin.

En attendant qu'on les servît, Lafleur jetait un coup d'œil scrutateur autour de lui, pour voir si, parmi les voisins, quelqu'un ne pourrait pas l'observer à un moment donné.

Il avait eu la précaution, ainsi que nous l'avons dit, de placer son compagnon en pleine lumière, tandis qu'il se mettait dans l'ombre.

Cette tactique allait lui permettre, pensait-il, de suivre le jeu de physionomie de son homme et de se rendre bien compte de l'état exact où M. Martin se trouverait après avoir copieusement attaqué le vouvray.

On avait apporté le jeu de cartes, les verres et une bouteille suffisamment maquillée de poussière, avec la traditionnelle toile d'araignée sur le bouchon.

Et comme le garçon se disposait à servir deux simples verres :

— Laissez-nous la bouteille entière, dit Lafleur, si ce vin est bon, comme je le suppose, on ne se contentera certainement pas de ne lui dire que... deux mots !

M. Martin se pourlécha les lèvres du bout de la langue, comme eût pu le faire un fin connaisseur. Et désormais Lafleur était bien certain que son vis-à-vis raffolait (selon sa propre expression) bien plus encore de vouvray vieux que du piquet.

— Avant d'entamer la partie, dit le rusé valet, il faut ce me semble, trinquer un peu, mon cher Monsieur !

M. Martin prit délicatement son verre du bout des doigts, et le choqua contre celui de son adversaire.

Puis, en fin gourmet, il aspira quelques gouttes du liquide qu'il dégusta le plus consciencieusement du monde.

— Donc, fit Lafleur, c'est convenu, nous gardons la bouteille, et... nous la jouons?

En cent-cinquante sec!.. Aussi sec que cet excellent petit vin....

Et, charmé d'avoir placé cette fine plaisanterie, M. Martin vida d'un trait tout ce qui restait de vin dans son verre.

Le valet eut un imperceptible sourire.

— Il lève joliment bien le coude pour commencer, pensa-t-il, ça fait mon affaire.

Convaincu qu'il suffirait d'une simple bouteille de ce petit vin capiteux pour qu'il eût raison de son homme, Lafleur présenta le jeu de cartes qu'il venait de couper.

M. Martin, mouilla son pouce à ses lèvres, et servit en comptant tout haut :

— Deux pour vous, deux pour moi...

Et ainsi de suite jusqu'à ce qu'ayant placé le talon pour l'écart, il releva son jeu, carte par carte, les classant par couleurs et en éventail dans sa main.

Quant à Lafleur, comme un joueur de profession, il avait eu en rien de temps étalé son jeu. Ce qui lui permit d'emplir pour la seconde fois le verre de son adversaire.

— A vous à écarter ! dit M. Martin.

Et regardant son vis-à-vis en souriant :

— Ça ne sera peut-être pas bien difficile, n'est-ce pas?

Lafleur, sans répondre, jeta vivement cinq cartes de côté et releva son écart.

Mais tout aussitôt M. Martin exhala une exclamation de plaisir.

— Bon ! C'est vraiment extraordinaire ! je prends trois as à l'écart... Allons, comptez, ajouta-t-il d'un petit air narquois,... Je vous attends !

Puis, en manière de satisfaction, il prit machinalement le verre de vin. Mais, au moment de le porter à ses lèvres, une réflexion lui vint:

— C'est le second ! fit-il.

— Eh bien ! riposta Lafleur qui voulait paraître mauvais joueur, un ou deux, qu'est-ce que ça fait ?... Puisque vous avez beau jeu, c'est vous qui gagnerez !

Mis en bonne humeur, le gros bourgeois tapa sur la table en criant !

— Garçon ! une seconde bouteille du même !..

Puis il ajouta, en regardant malicieusement son adversaire :

— Si je gagne,... je vous donnerai votre revanche.

Lafleur continuait à penser que M. Martin allait de lui-même au devant de l'ivresse qu'il avait l'intention de provoquer...

— J'en serai quitte pour deux bouteilles, se dit le domestique du marquis, et vraiment ce n'est pas trop cher...

M. Martin avait empli les deux verres du vin frais que le garçon venait d'apporter.

Lafleur se mit à compter son jeu.

— Trente-sept au point?

— Pas bon! ricana M. Martin.

— Tierce au roi ?

— Encore moins bon !

— Trois valets ?

— Allons donc!.. Vous ne le voudriez pas !...

— Alors, grommela Lafleur, je compte « un »... C'est du carreau !

— Et moi, je dis: Cinquante au point, quinte majeure et quatorze d'as, fit le bourgeois en étalant son jeu sur la table.

... Et tenez-vous bien, ajouta-t-il, je vous mène à une carte... Gardez la bonne.

Lafleur ayant fourni dix fois à l'attaque, et n'ayant plus que deux cartes en main, s'arrêta un instant comme s'il eût été très sérieusement occupé de son jeu.

— C'est grave, dit-il se parlant à soi-même.

M. Martin était radieux.

Cette fois il n'hésita plus à arroser sa joie, et le petit vin sec « glou-glouta » dans son gosier.

Puis, reposant vivement le verre, car son adversaire avait joué pendant ce temps.

— Capot! s'exclama-t-il joyeusement... C'est un coup royal... Ça me fait : Quinze et cinq, vingt ; et quatorze, quatre-vingt quatorze, et douze de cartes jouées, cent six ; et quarante de capote, cent quarante-six !... C'est magnifique, merveilleux ! Je ne joue plus que pour quatre points !... C'est-il une chance, hein, mon cher Monsieur!

— A moi à faire ! répondit simplement Lafleur.

Ce qu'observait, en ce moment, le maître drôle, — tout en paraissant très contrarié de l'échec qu'il venait de subir, — c'est que le visage de son adversaire s'enluminait.

Et le valet en augurait que l'ivresse arrivait rapidement.

Aussi voulut-il porter le dernier coup à son adversaire, en l'obligeant à causer.

— Voyons, dit-il, je considère cette partie comme perdue...

— A moins d'un miracle! insinua d'un petit air narquois M. Martin... Mais au jeu tout est possible.

Et il ajouta :

— Du reste, si nous avions le temps, je vous donnerais bien votre revanche.

— Soyez tranquille, dit en ricanant Lafleur, vous ne manquerez pas le coche...

Puis, tirant sa montre, il la présenta à son interlocuteur.

— Vous voyez, nous avons pas mal de temps à attendre.

— Soit ! dit le bourgeois, j'accepte... à condition que la seconde partie aille aussi vite que la première...

— Vous y prendriez goût, n'est-ce pas ?..

Tout en parlant, Lafleur avait empli les verres.

Ce que voyant, M. Martin cria :

— Garçon ! encore une bouteille... Et toujours du même !

Le valet du marquis faillit laisser échapper son jeu.

Il écarquilla les yeux, de l'air d'un homme au comble de la surprise.

Quant au gros homme, il ne remarquait rien.

Tout entier à son jeu, il gagna, comme on le pense, haut la main la partie.

Et faisant sauter le bouchon de la troisième bouteille d'un vigoureux coup de pouce :

— Allons ! à vous à battre les cartes, dit-il, pendant ce temps je vais verser le vin.

Lafleur ne savait plus que penser.

M. Martin était un tantinet plus gai ; mais c'était tout... Il ne perdait pas un atôme de mémoire, car, avant d'entamer la seconde partie, il dit à son compagnon :

— Vous savez, il ne faut pas manquer l'arrivée du coche d'Évreux... Ah ! c'est que c'est sérieux, ça ; et je ne voudrais pas, pour douze bouteilles de ce petit vin-là, me trouver en défaut !..

Lafleur voulut éloigner tout soupçon chez sa victime.

Il détourna la conversation.

— C'est égal, fit-il, vous m'avez brossé là, d'une singulière façon, et je n'y suis pas habitué.

— Oh ! loyalement, Monsieur, je vous le jure sur mon honneur !

Et comme M. Martin avait, tout à coup, pris un air vexé.

— Voilà que vous vous fâchez, dit le rusé valet. Vraiment, cher Monsieur, vous avez la tête près du bonnet.

— C'est ma nature, voyez-vous, déclara le gros homme... Franche, loyale... Et vous pouvez me croire... Je suis incapable de..

Il n'acheva pas...

Lafleur avait saisi son verre et demandait à trinquer.

— Va pour celle-ci encore, dit M. Martin, une de plus, une de moins.

La fin de la phrase se noya dans le verre que le bourgeois vida d'un trait.

Lafleur était tellement stupéfait, qu'il laissa son verre plein sur la table :

— Quoi ! dit son adversaire, vous ne me faites pas raison ?... C'est donc que vous me gardez rancune ?

C'était au tour du valet de M. de Presles de donner les cartes.

Il le fit machinalement sans quitter des yeux le visage de M. Martin.

— Franchement, dit le bourgeois, je suis enchanté de vous avoir rencontré...

— Vraiment ?

— Oh ! là,... sur l'honneur !

— Vous me voyez ravi...

— Pour deux motifs, cher Monsieur !...

— D'abord parce que vous m'avez battu une première fois ?

— Et que vous allez prendre votre revanche, car vous avez déjà une jolie avance.

Lafleur sourit du bout des lèvres. Mais il était très préoccupé.

— Le second motif, continua M. Martin, c'est que, depuis longtemps, je n'avais bu d'aussi bon vouvray...

Il regardait amoureusement la bouteille déjà aux deux tiers vide.

— Ah ! soupira-t-il, il n'en reste au plus que pour un tout petit verre.

Puis, changeant de ton :

— Du reste, nous aurons probablement une belle à faire.

— Alors ?

Sans répondre, le bourgeois hélant le garçon :

— Une autre fiole ! glapit-il joyeusement,.. Et encore du même !

Lafleur avait fait un bond comme s'il allait tomber à la renverse.

— On peut commander d'avance, n'est-ce pas ? dit en riant clair M. Martin... Quand le vin est servi... il faut toujours le boire !...

Le visage du valet prit une expression de désappointement telle que le bourgeois fut bien obligé de le remarquer.

— Est-ce que vous seriez indisposé ? s'informa-t-il avec intérêt.

— Pas du tout !..

— C'est que... vous n'avez peut-être pas l'habitude de boire... autant... Et puis, ce petit vin-là est traître en diable, lorsqu'on n'y est pas habitué...

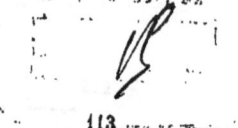

Pierre Frochard, le rémouleur.

— Oh! moi, fit Lafleur qui craignait de laisser prise à un soupçon, je bois raide... aussi...

— Allons!... tant mieux!... tant mieux!...

— Pourquoi?

— Parce que nous pourrons encore boire le coup de l'étrier, avant de nous quitter!...

M. Martin arrêta au passage le garçon qui faisait sa tournée entre les tables. Et tout doucement :

— Apporte-nous une bonne fiole...

— Du même ? demanda le garçon surpris.

— Oui !... mais de derrière les fagots !... Tu sais... je m'y connais, moi...

— Comment ? s'exclama Lafleur au comble de l'ahurissement, ça fait quatre bouteilles !

— Eh ! bien, mon cher adversaire, ricana M. Martin, sachez donc que quatre, à moi tout seul, ne me feraient pas peur...

— Quatre bouteilles !... à vous seul !...

— Oui, quatre, et même cinq... Je bois ça comme du petit lait...

— Comme du lait ! répéta Lafleur atterré.

— C'est bien naturel, j'ai fait ma fortune dans le commerce des liquides et, parmi nos confrères, il n'y en avait pas un qui pût me tenir tête !

Lafleur eut un haut-le-corps.

Il était pris dans son propre piège. C'était à recommencer !...

Il résolut de changer de tactique.

Il pensa au flacon de narcotique dont il s'était muni, et qui devait servir pour vaincre la résistance de la jeune fille qu'il allait enlever.

Et, sans être vu, il glissa sa main dans la poche de son gilet pour s'assurer que la fiole s'y trouvait toujours.

Mais encore fallait-il trouver l'occasion de s'en servir utilement et prudemment.

Pour cela, le valet voulut occuper l'attention de son adversaire.

— Faisons la belle, dit-il.

Et M. Martin se mit à battre les cartes.

Mais à ce moment il se fit un certain remue-ménage dans le cabaret.

Plusieurs consommateurs se levèrent en même temps, comme s'ils avaient répondu à un même signal.

Assis, comme on sait, tout au fond de l'établissement, M. Martin ne pouvait juger de ce qui se passait. D'autant plus que Lafleur avait pris soin de lui faire tourner le dos à la porte.

Cependant le bruit augmentait ; on remuait les tabourets, on déplaçait les tables, des gens plus pressés appelaient à haute voix le garçon pour régler le montant des consommations.

Quelques-uns, dans leur précipitation à sortir, en bousculaient d'autres qui ne leur ménageaient pas les interpellations vives et les épithètes malsonnantes.

M. Martin, intrigué, à la fin, de tout ce tapage, s'était retourné et cherchait à en deviner le motif.

— Je parie que c'est le coche de Normandie qui arrrive, dit-il tout à coup en se levant.

Mais Lafleur le retint par le bras.

— Allons donc, mon cher, fit-il, vous en avez encore pour plus de trois bons quarts d'heure !

Et il ajouta :

— Du reste, je vais aller dire au patron de nous faire prévenir.

Il avait alors rapidement parcouru la distance qui le séparait du comptoir, et il put, en jetant un regard sur la place, s'assurer que c'était bien la voiture tant attendue par M. Martin qui apparaissait au loin.

— Corne du diable ! murmura le valet ; il n'y a plus à hésiter... En avant les grands moyens !

Il s'en revint donc auprès de M. Martin qui, pour ne pas perdre de temps, avait rempli les deux verres.

— Bravo, mon cher monsieur, fit le domestique en s'asseyant à la place qu'il occupait auparavant, je vois que vous savez mettre le temps à profit... Ce sera le coup de l'étrier !... Et comme nous sommes, maintenant, manche à manche, je vous propose de jouer la belle en cent points seulement.

— Soit ! riposta le gros homme. Mais jouons vite alors, car je ne serais pas fâché de prendre l'air du dehors, avant l'arrivée de ces chères demoiselles...

Lafleur saisit le paquet de cartes afin de le passer à son adversaire ; mais il s'y prit d'une façon si maladroite, en apparence, qu'il envoya une bonne moitié du jeu s'étaler par terre.

— Maladroit que je suis ! s'écria-t-il. Ne vous donnez pas la peine de les ramasser, mon cher monsieur, je vais moi-même...

Mais il ne bougea pas. Et déjà M. Martin s'était baissé et s'empressait, non sans difficulté, de saisir les cartes une à une.

Prestement, Lafleur retira de son gousset le petit flacon de cristal et versa une partie du contenu dans le verre de M. Martin.

En ce moment la face rougeaude du brave bourgeois émergeait de dessous la table.

— Sapristi, s'écria-t-il, en soufflant comme un phoque, ce n'est pas commode de se baisser ainsi.

— Buvez, cela vous remettra, dit Lafleur ; et, élevant son verre, il en absorba le contenu.

M. Martin aspira bruyamment le contenu du sien; mais en replaçant son verre sur la table:

— Pouah! dit-il, quel singulier goût a ce vin!

— Le mien aussi, affirma le domestique.

Puis ayant regardé dans l'intérieur des verres...

— Parbleu, fit-il, j'aurais dû m'en douter; tous ces vieux vins déposent d'ordinaire, et j'ai eu la maladresse de vous verser le fond... Mais, nous n'en mourrons pas pour cette fois, ajouta-t-il en riant.

Il ne s'agissait plus, maintenant, que de laisser au narcotique le temps de produire son effet.

Pour cela il n'y avait qu'à prolonger un peu la partie.

Lafleur se mit à battre lentement les cartes, sans se préoccuper le moins du monde des gestes d'impatience qui échappaient à son adversaire.

Après deux bonnes minutes d'attente, M. Martin put enfin arriver à couper.

Mais alors, ce fut avec une lenteur plus grande encore que Lafleur lui servit les cartes, sous prétexte que celles-ci étaient poisseuses et collées les unes aux autres.

Puis, feignant de s'être trompé en donnant, il s'arrêta pour compter celles déjà servies. Et ce fut bien pis lorsqu'il arriva à séparer le talon.

— Il y a maldonne! s'exclama-t-il en brouillant le jeu.

M. Martin en fut, naturellement, réduit à en passer par là.

— Qui fait mal donne perd sa donne, dit-il!

— A l'écarté! riposta Lafleur, parce qu'il y a un avantage à donner. Mais pas au piquet, mon cher monsieur!

— C'est juste! convint M. Martin en dodelinant, imperceptiblement, de la tête.

— Tiens.... on dirait que vous avez sommeil? fit le valet.

— Oh! simplement la tête un peu lourde!... C'est qu'il y a déjà longtemps que nous sommes enfermés ici!..

Et la fin de la phrase s'acheva dans un long bâillement.

— Excusez-moi, dit le bonhomme, mais... c'est nerveux!

— Bon! dit Lafleur, je connais ça, les bâillements nerveux; ça va se passer... jouons tout de même.

Mais M. Martin manipulait maintenant les cartes comme un homme qui lutterait contre un sommeil irrésistible.

A deux reprises, il s'était même assoupi pendant quelques secondes. Puis, vivement, il se remettait à arranger son jeu dans sa main, en balbutiant:

— J'y suis!... Vous... pouvez compter... votre jeu...

Lafleur eut un mauvais sourire qui signifiait : « Maintenant, mon bonhomme, tu n'es plus à craindre, et le diable en personne ne m'empêcherait plus d'emmener la jolie brunette, ce soir, au pavillon du Bel-Air. »

Pour la forme, il annonça néanmoins son jeu. Mais bien inutilement.

Cette fois en effet, M. Martin avait laissé tomber son front sur ses mains, et il avait poussé un ronflement sonore.

— Ça y est! murmura Lafleur en se levant.

Et, pour plus de précaution, il approcha son oreille des lèvres du dormeur.

— Il ronfle comme un bienheureux, fit-il en se frottant les mains... Du reste, ajouta-t-il, il n'était que temps...

En effet on entendait distinctement des claquements soutenus du fouet.

C'était la façon dont les conducteurs de coche annonçaient, d'ordinaire, leur arrivée à destination.

Au surplus, le garçon criait tout haut:

— Le coche de Normandie!...

Lafleur lui fit signe d'approcher. Et lui désignant M. Martin, il lui dit :

— Ne le réveillez pas jusqu'à mon retour... Il a l'habitude de dormir ainsi tous les jours à la même heure!

— Bien, bourgeois, répondit le garçon en recevant le prix des bouteilles de vin augmenté d'un bon pourboire, on le laissera dormir tant qu'il voudra !...

Lafleur jeta un dernier coup d'œil sur le gros homme qui ronflait toujours.

Et, se glissant entre les tables, il s'élança hors du cabaret.

XI

Toujours courant, le valet du marquis de Presles était arrivé à l'entrée du Pont-Neuf.

« — Allons, se dit-il, tout marche à souhait!... Avant que le coche ne soit ici, que l'on ait descendu les bagages et qu'ils aient été reconnus par les voyageurs, j'ai le temps d'aller m'assurer que le carrosse est bien à l'endroit convenu, et mes deux chenapans à leur poste.

Il reprit donc sa course tout en réfléchissant :

« — Le gros homme en a pour au moins deux bonnes heures à dormir à poings fermés. Et je crains fort que Mme Martin ne s'impatiente en l'attendant. Donc, monsieur le marquis, ajouta-t-il mentalement, nous aurons notre jolie provinciale dans notre pavillon du Bel-Air, et à l'heure convenue.

Pendant que Lafleur s'occupait ainsi de la réussite de son plan, il y avait beaucoup de monde sur la place et devant le bureau des Messageries.

Au premier rang se trouvait la Frochard. Elle courait au-devant d'un rémouleur qui descendait la rue en criant :

— A repasser les couteaux, ciseaux, canifs, à repasser... les couteaux !...

— Le v'là enfin, se dit-elle, c'est bien heureux pour lui qu'il soit arrivé avant son frère... mon Jacques, — mon chérubin !... Car il n'entend pas raison, lui, et il aurait flanqué une ribambelle de taloches à ce lambin-là, pour lui apprendre à aiguiser aussi ses jambes.

Elle s'était arrêtée pour regarder Pierre qui continuait à crier et à demander dans les boutiques si l'on avait de l'ouvrage à lui donner.

Que se passait-il dans l'âme et dans le cœur de cette mère ?

Pourquoi ces haussements d'épaules ?

Pourquoi ce ricanement hideux ? Et, lorsque son enfant n'était plus qu'à quelques pas, pourquoi se détournait-elle, sans même échanger avec lui un coup d'œil, un sourire, une parole affectueuse ?

Cette vieille mendiante avait deux fils : l'aîné était un grand gaillard, solide et bâti en Hercule, ce qu'on appelle un beau gars ; le portrait vivant de son père, le mari dont la Frochard avait été folle, comme elle l'était aujourd'hui de son Jacques.

Le fils cadet ne ressemblait en rien à son aîné.

Il avait la nature petite et grêle de sa mère ; un visage pâle, des yeux cernés qui ne révélaient que trop les privations, les souffrances endurées.

On devinait en lui une âme tendre et honnête, un cœur aimant.

Le pauvre garçon était boiteux.

Nous saurons plus tard d'où lui venait cette infirmité qui, en augmentant sa faiblesse naturelle, avait contribué à le rendre encore plus timide, plus craintif.

Et, pourtant, sous cette apparence frêle et délicate, Pierre avait un grand fonds d'énergie et de courage.

Une fois parti, dès le matin, avec sa boutique sur le dos, il ne reculait devant aucune fatigue, trop heureux, le soir, quand il rentrait, de donner à sa mère le produit de sa journée.

Qu'avait-elle donc à lui reprocher ?

De n'être pas un bellâtre, un faiseur de passions, comme son Jacques ?

D'être faible, malingre et boiteux ?

Non! Il travaillait, au lieu de mendier, ce qui eût été d'un meilleur rapport.

— « Rémouleur!... c'est-y ça un métier! » se disait-elle en le voyant marcher cahin-caha! c'est pâlot, chétif, le bon Dieu y a donné une bonne infirmité!... y boite!... Et au lieu de se servir de tous ces biens-là pour se faire une jolie industrie, ça travaille! ça s'égosille, ça frappe aux portes pour quêter de l'ouvrage!... quand ça n'aurait qu'à tendre la main pour gagner trois fois plus!... feignant, va!

— Feignant!... répéta Pierre qui s'était rapproché tout doucement et qui avait entendu. Ce n'est pas de moi qu'on peut dire ça, mère, car je travaille tant que je peux; à preuve que, depuis ce matin six heures, je n'ai pas arrêté de battre le pavé avec deux sous de pain dans l'estomac et un verre d'eau puisée à la fontaine des Innocents.

— C'est honteux, grommela la mère.

— Oui, toujours votre même refrain. C'est mon métier qui vous déplaît; mais tout rude qu'il soit, s'il me fallait le changer contre celui que vous vouliez me donner, j'aimerais mieux faire un plongeon dans la Seine. Faut pas m'en vouloir, mère; chacun a sa petite dose d'amour-propre et de fierté.

— De la fierté! avec cette manivelle sur le dos, propre à rien!

— Mère, je vous en conjure, épargnez-moi ces éternels reproches qui me déchirent le cœur. Quand j'étais tout enfant et que vous m'emmeniez courir les rues, je redisais sans les comprendre les paroles de mendicité que vous m'aviez apprises, et c'était vous qui receviez les aumônes. Plus tard vous m'avez dit : Te v'là assez grand, va mendier de ton côté, j'irai du mien et ça fera double profit! J'étais donc seul pour la première fois; je marchais tout désorienté, et je me suis arrêté sur cette place où nous venions chaque jour. Je me suis agenouillé et j'ai essayé de... de demander l'aumône; mais les mots, que je comprenais alors, ne voulaient plus sortir de ma bouche...

— Bêta!

— Et quand il s'est agi de tendre la main comme je vous avais vue faire, j'ai senti en moi-même un mouvement de souffrance et de colère.

— C'mossieur! fit la Frochard avec un geste méprisant.

— Voyez-vous, ce geste-là... Eh! bien, il me faisait mal jusqu'au fond des entrailles. Quand je tenais comme ça la main ouverte et qu'on mettait un sou dedans, c'était comme si on venait d'y poser un poids de deux cents livres. Mon bras retombait de lui-même! Et sans que je comprenne pourquoi, j'avais des sanglots à la gorge et des larmes plein les yeux.

— T'en rapportais pas moins tes petits sous à la maman.

— J'avais si peur d'être battu.

— C'est comme ça qu'on éduque les enfants.

Pierre se redressa autant que lui permettait sa petite taille. Et s'animant :

— Mais aujourd'hui je suis un homme et je vous le répète une fois pour toutes, j'aimerais mieux mourir que de mendier pour vivre. Je ne pourrais pas, mère, c'est plus fort que moi, je ne pourrais pas !

— Sans cœur ! T'aimes mieux laisser ta mère dans la misère, n'est-ce pas ?

— La misère !... mais puisque ça rapporte tant, la mendicité... et que le courage ne vous manque pas à vous...

— Je n'ai pas que moi à faire vivre !...

— Oui !... Il y a Jacques !... qui n'est ni faible ni infirme, lui, et que vous nourrissez à rien faire.

— Il est si beau mon Jacques ! C'est pas un cœur de poulet, lui ! Il n'a peur de rien !

— De rien... que de l'ouvrage.

— Va donc demander au corroyeur d'en face de chez nous. Y a pas un ouvrier fichu de travailler comme Jacques... quand il s'y met.

— Oui, un jour ou deux par semaine... et le reste du temps, c'est là qu'il travaille.

Et, du doigt, Pierre montrait le cabaret du coin.

— C'est son affaire ! Mêle-toi de ce qui te regarde ! répliquait la mère d'un ton menaçant.

— Ça me regarde bien aussi, riposta le rémouleur ; et vous comme moi, puisque tous les samedis faut que nous lui apportions notre recette pour qu'il la boive avec ses camarades, des vrais feignants, ceux-là !

La Frochard ne se contenait plus. Mettant ses deux poings sous le nez de Pierre :

— Tiens, veux-tu que je te dise, tu n'étais bon qu'à faire un honnête homme... Et, moi, je les z'haïs, ces canailles d'honnêtes gens !...

Un groupe de bourgeois passait au même moment.

La mendiante planta là, brusquement, son fils.

Et, prenant son air patelin, elle se mit à répéter son éternel boniment :

— Mes bonnes âmes charitables, prenez pitié d'une malheureuse vieille femme qui a deux pauvres petits enfants à sa charge !... Leur mère est morte, mes bonnes âmes, et m'les a laissés... pour les nourrir !... Ayez pitié d'eux, s'il vous plaît !...

LES DEUX ORPHELINES

Les grelots du coche de Normandie faisaient entendre leur carillon. (P. 128.)

Un vieux monsieur s'arrêta et remit quelques deniers à la pauvresse.

Puis une mère envoya sa mignonne petite fille apporter une aumône à la mendiante.

La Frochard fit le signe de la croix, en murmurant de sa voix cassée :
— Que Dieu vous le rende en bénédictions ! Amen !

Le rémouleur n'avait pas voulu assister à cette scène qui lui soulevait le cœur.

Le pauvre garçon étouffa un soupir qui témoignait de son découragement. Triste, fatigué, il se débarrassa de son fardeau, puis il alla s'asseoir sur un banc, les bras ballants, et les yeux fixés sur sa mère !

En la voyant poursuivre les passants, il sentit la rougeur lui monter au front, et se rappelant ses dernières paroles :

— Elle a peut-être raison, se dit-il avec un gros soupir, je n'étais bon qu'à faire un honnête homme !... Mais on ne m'a pas appris. En sorte que je suis repoussé par les uns et malheureux avec les autres ! Qu'est-ce que je fais donc sur terre, alors ?

Il avait penché sa tête sur sa poitrine et deux larmes coulèrent le long de ses joues.

Il restait là, plongé dans de douloureuses réflexions.

C'était un de ces moments où le découragement s'emparait de lui, et où la pensée lui venait de se jeter par-dessus le Pont-Neuf, pour en finir avec une existence dont il avait honte.

Mais il se résignait à vivre parce qu'il n'avait pas le droit, se disait-il, de disposer de sa vie, avant que le ciel en eût marqué le terme.

Où ce malheureux avait-il puisé ces idées de morale et de religion ?

Il ne les avait certes pas sucées avec le lait de la triste et hideuse créature que le hasard lui avait donnée pour mère ?

Sous une enveloppe difforme se trouvait une âme d'élite.

Chez cet être abandonné à lui-même dès l'enfance, le bon sens, suppléant à l'éducation, avait su maintenir Pierre, le fils de Frochard le supplicié, dans le chemin de la morale et de l'honnêteté.

Aussi, en voyant le degré d'abjection où était tombée sa mère, Pierre sentit-il son cœur se serrer, et une immense douleur l'envahir.

Il ne voulut pas assister, plus longtemps, à ce spectacle navrant.

Et, se remettant péniblement sur ses jambes fatiguées, il allait replacer sa boutique sur son épaule, et se retirer, lorsque, de sa voix aigre, la Frochard lui cria :

— Ah ! çà, tu vas rester là, feignant ?...

Et indiquant de l'index un groupe d'individus :

— Le v'là, mon Jacques !... Le v'là, ce chérubin d'mon cœur !...

Et la vieille femme se mit à battre des mains, pour témoigner de la joie qu'elle éprouvait à l'idée de revoir ce fils adoré.

Et comme le rémouleur s'était arrêté, indécis :

— Le voilà, te dis-je en entraînant Pierre par le bras, je viens de l'apercevoir au tournant du quai, avec une douzaine de ses camarades... Tiens, les entends-tu ?

En effet des voix fortes et avinées se rapprochaient peu à peu, chantant ou plutôt braillant une chanson de barrière dite : la chanson des bons drilles :

« Au cabaret le samedi
Allons attendre le dimanche,
Nous y reviendrons le lundi,
Peut-être mardi,
Mercredi, jeudi.
Pour mettre du pain sur la planche
C'est bien assez qu'on se démanche
A travailler le vendredi ! »

En voyant apparaître tous ces mauvais sujets qui désertaient ainsi l'atelier pour passer leurs journées dans les cabarets et les bouges, le cœur de Pierre se souleva de dégoût et d'indignation.

Il détourna la tête pour ne pas voir son frère parmi tous ces braillards, qui faisaient scandale au milieu du public paisible.

On s'écartait pour faire place aux chanteurs suivis par une bande de petits polissons qui mêlaient leurs voix enfantines à ces voix enrouées et criaient après chaque couplet :

« — Bravo !... encore ! bis !... »

Les bourgeois haussaient les épaules. D'autres souriaient de pitié en se demandant comment finiraient ces gens-là.

Mais la Frochard ne se faisait pas toutes ces réflexions. Elle ne pensait qu'à son Jacques.

Tout pour lui !... tout pour son plaisir ! Et elle comptait dans le creux de sa main l'argent qu'elle allait donner à ce chérubin.

— Toi, le rémouleur, ajoutait-elle en regardant Pierre de travers, vide ton gousset, et vivement !... sinon... gare les calottes !

La chanson venait de finir en chœur, avec accompagnement des gamins qui dansaient en rond autour des bons drilles.

La bande n'était plus qu'à quelques pas et la Frochard regardait venir tous ces vauriens, avec un sourire d'admiration.

Une fois devant la porte du cabaret, Jacques cria aux amis :

— Halte! front! soldats du 1ᵉʳ noceur, v'là la cantine. Rompez les rangs et courez commander la gibelote, le rouge, le blanc et le cognac. C'est mon tour de payer la régalade, et quand je m'y mets, j'y vas pas de main morte !

— Ces derniers mots avaient jeté un froid sur le visage de la Frochard. Elle paraissait inquiète et, tirant son fils par le bras :

— C'est toi qui payes, mon garçon, à tout ce monde ?... T'as donc trouvé un magot ?

— Non, pas moi... c'est la Marianne, pardi !

— Marianne ! qué qu'c'est que ça, la Marianne ?

— Une belle fille à qui je veux du bien.

— Mazette ! Elle a donc des écus ?

— J'en sais rien, mais j'y ai dit comme ça, en lui tenant les deux mains, Marianne faut en trouver !... Et elle a trouvé !

— Ah ! serpent !... enjôleur !...

— Vous la verrez tantôt... au dessert...

— Tu l'as invitée ?

— Elle faisait des manières pour accepter... à cause de la société...

— Oh ! c'te demoiselle !

— Mais j'y ai dit : « Je le veux ! »... Et elle viendra !

La vieille mendiante lança un regard plein de fierté sur son fils :

— Juste comme son père ! s'écria-t-elle. Quand il vous disait : « Je le veux ! » et qu'il vous regardait avec ses yeux de sorcier, il vous aurait fait prendre la lune avec les dents.

Jacques se mit à rire, en disant, avec orgueil :

— Tel père, tel fils, maman. Et voilà ! Mais assez causé pour le quart d'heure. C'est samedi, réglons nos comptes. Eh ! Pierre !... Eh ! l'avorton... avance à l'ordre ! cria-t-il en se tournant vers le rémouleur.

— Est-il gai !... Est-il aimable ! disait la mère.

Mais le rémouleur n'était pas de cet avis. La qualification d'avorton... que Jacques lui jetait sans cesse à la tête, le blessait profondément. Et ce qui l'indignait bien plus encore, c'était l'effronterie de ce grand fainéant qui trouvait tout naturel d'employer à payer ses plaisirs et ses débauches l'argent si rudement gagné par son frère et par sa mère ; sans parler de celui qu'il se procurait on ne sait comment, mais, à coup sûr, par des moyens honteux.

La nouvelle orgie qui se préparait avait mis le comble à l'indignation de Pierre. Et quand il entendit Jacques parler de rendre à la mère les comptes de la semaine comme des enfants respectueux devaient toujours le faire, il ne put s'empêcher de lui dire :

— C'est ça, nous rendrons nos comptes, et c'est toi qui empoches le tout !

— Eh! bien!... après? répliqua Jacques.

— Eh ! bien... c'est injuste! c'est...

Le pauvre Pierre n'osait pas achever, tant son frère le regardait avec un air féroce.

C'est qu'en effet, Jacques, les poings fermés, s'avançait vers le boiteux en criant :

— Dis donc, le marchand de morale, quand on me force à en acheter, c'est avec ce bras-là que je paie.

— Oh ! oui ! je le sais bien ! mais quand je ne fais pas ta volonté ou quand je dis quelque chose qui te déplaît, comment as-tu le cœur de me battre, puisque tu es le plus fort ?

— Est-il bête, l'avorton ! Si j'étais le plus faible, c'est toi qui me battrais.

— Non ! je trouverais ça lâche.

— Allons assez ! Et comptons !

La Frochard intervint :

— Fais donc ce qu'il te dit, imbécile, grommela-t-elle. Tu n'as pas été créé et mis au monde pour donner des ordres, mais pour en recevoir.

— C'est vrai ! Tenez, ma mère, voilà le produit de ma semaine.

Et Pierre tendit à sa mère une poigné de monnaie que la Frochard se mit à compter :

— Y a pas lourd, fit elle... Deux livres, sept sous, six deniers; c'est maigre !

— Rien que ça pour tout potage? s'écria Jacques, qu'as-tu donc fait de tes quatre membres depuis huit jours?

— J'ai fait plus que je ne pouvais faire... je suis brisé de fatigue.

— Décidément, c'est un mauvais métier que le tien !

— Je me tue à le lui dire! ajouta la Frochard.

— Faudra que je t'en apprenne un autre, ricana Jacques.

— Un autre ! toi !... Oh ! non ! non ! Je ne veux pas ! dit vivement Pierre.

Et il se reculait en regardant son frère avec effroi. Il ne devinait que trop ce que le grand Jacques voulait faire de lui.

La Frochard, au contraire, prenant son préféré sous le bras, lui dit d'une voix câline :

— Moi, mon Jacques, je t'ai économisé trois livres dix-huit sous, les v'là, mon amour. Et, avec l'argent du petit, t'auras fait une bonne recette.

— Oh ! répondait Jacques d'un air triomphant, l'argent ne me manque pas aujourd'hui. Mais je prends tout de même pour le principe, et je vous emmène tous les deux au cabaret.

Pierre ne trouvait aucun plaisir dans ces réunions de paresseux et d'ivrognes. Il refusa, donnant pour prétexte qu'il avait de l'ouvrage à rendre et, peut-être, encore un peu d'argent à gagner.

— Et puis, ajouta-t-il, ça me fait mal à la tête de boire.

— Oui, c'est vrai ! répondit le colosse en regardant avec compassion son gringalet de frère. Tiens... tu me fais quelquefois pitié, l'avorton. Après tout, c'est pas ta faute si t'es petit et mal bâti, si un verre de vin te grise et si une jolie fille te fait peur. Mais c'est pas de ma faute non plus si je suis grand et fort, si j'aime le plaisir, le vin, le jeu et les belles femmes. Le travail, c'est ta vie à toi, ça t'amuse. Moi, je travaille quand je n'ai plus rien à faire, et, encore, ça m'embête !

— Oui, pour deux frères, nous ne nous ressemblons guère.

— Toi, reprit Jacques, c'est le sang d'un agneau qui coule dans tes veines. C'est le sang de notre père qui bout dans les miennes. Depuis plus de cent ans, excepté toi, l'avorton, nous sommes tous comme ça dans la tribu des Frochard ! quand le diable a semé sa graine de bandits sur la terre, on dirait que son sac s'est crevé chez nous.

— Ah ! En v'là un homme ! cria la Frochard en lui sautant au cou. Tiens, je t'adore, comme j'adorais ton père, un brigand fini ; mais qu'était bien aimable, va !

Assez de conversation, dit Jacques, maintenant qu'il tenait l'argent.

— Allons, allons, qui m'aime me suive ! J'ai besoin de me refaire l'estomac. Venez, la mère.

Il avait pris la Frochard par la taille et l'entraînait au cabaret en chantant.

Le rémouleur les regarda tristement partir.

Et lorsqu'il vit sa mère disparaître dans l'intérieur du cabaret, il se demanda encore s'il ne valait pas mieux en finir.

Et, mentalement, il répéta :

— Qu'est-ce que je fais sur la terre ? A quoi suis-je bon ? Est-ce que je ne dois pas, toute ma vie, travailler pour nourrir ce feignant de Jacques ?

Il avait le cœur bourrelé le pauvre garçon, et pendant qu'il se désespérait ainsi, quelques passants s'étaient retournés pour regarder cet homme qui pleurait.

Pierre s'en aperçut.

Et replaçant avec effort sa boutique sur son dos, il allongea le pas dans la direction d'une maison voisine, en criant, d'une voix lamentable : A repasser les couteaux, ciseaux, à repasser... les couteaux !...

XII

Tandis que la scène entre la famille Frochard se déroulait sur la place publique, les grelots du coche de Normandie faisaient entendre leur carillon.

Le conducteur enlevait ses bêtes avec de vigoureux claquements de fouet.

Enfin la lourde voiture décrivit une courbe, et vint s'arrêter devant la porte du bureau.

Les employés, qui attendaient depuis longtemps, avec impatience, car le coche était en retard, — se précipitèrent aux portières pour aider les voyageurs à descendre...

Alors commença le traditionnel concert des commissionnaires.

« — Faut-il porter vos bagages?... »

« — Laissez-moi vous soulager de ce paquet, madame ! »

Puis les cochers :

« — Demandez un fiacre... »

Et d'autres :

« — Faut-il une chaise à porteurs ? »

Et comme tout ce monde encombrait les abords du coche, le conducteur continuait à faire claquer son fouet, en criant :

— Gare-là !... Gare !... Laissez au moins descendre les voyageurs !...

. . . .

Au moment où Henriette et Louise débarquaient à Paris, où devait les attendre M. Martin, il n'est pas sans intérêt de savoir ce qui était arrivé à cet excellent homme, depuis que Lafleur était parvenu, ainsi qu'on l'a vu, à s'en débarrasser au moyen d'une forte dose de narcotique.

Aussitôt après le départ du valet du marquis de Presles, le cabaret s'était vidé peu à peu. Mais le garçon auquel Lafleur avait donné un bon pourboire, pour qu'il le prévînt lorsque son soi-disant ami s'éveillerait, le garçon, disons-nous, n'avait eu garde de troubler le sommeil du **gros** homme qui ronflait comme une véritable toupie d'Allemagne.

LES DEUX ORPHELINES

Je vous l'ai dit déjà, répondit Marianne sans les regarder, je n'ai besoin de rien, parce qu'il y a des douleurs dont rien ne console. (P. 136.)

— Dors, mon bonhomme, avait-il répété à mi-voix, chaque fois que son service l'avait amené auprès du dormeur, dors tant qu'il te plaira, ce n'est pas moi qui te dérangerai.

Pendant les deux heures suivantes que dura l'effet du narcotique, l'honnête bourgeois se vit, dans son paisible rêve, assistant à l'arrivée du coche dont il faisait descendre deux charmantes jeunes filles. Il les conduisait, tout joyeux, dans son logis, où s'empressait de les installer la bonne Mme Martin. Puis, venait l'heure du souper, le récit de ce long voyage d'Evreux à Paris, et la soirée s'écoulait tout entière en une douce causerie qui remplaçait très avantageusement, aux yeux de M. Martin, l'éternelle partie de trictrac. Et lorsque enfin le brave homme s'éveilla, lorsqu'il put secouer l'engourdissement de ses membres et la stupeur de son esprit, les événements que nous allons raconter avaient eu le temps de s'accomplir et de lui faire perdre, pour toujours, la trace des deux orphelines.

Le coche d'Evreux était arrivé depuis quelque temps déjà.

Tous les voyageurs étaient descendus de la voiture, les uns se retirant à pied, d'autres montant dans les fiacres avec leurs paquets et des enfants ; quelques dames avaient pris des chaises à porteurs.

Chacun avait, naturellement, hâte de regagner qui son domicile, qui l'hôtel ou l'auberge où il avait l'habitude de descendre.

Au bout de dix minutes, il ne restait plus devant le bureau que deux jeunes filles, dont personne ne s'était occupé jusqu'à ce moment, et qui paraissaient attendre, avec anxiété, l'arrivée de quelqu'un.

L'une d'elles regardait, en effet, tantôt dans la direction du Pont-Neuf, tantôt sur le quai de Conti. Puis, fatiguée de ne pas voir venir la personne attendue, elle reportait brusquement ses yeux d'un autre côté, fouillant du regard, aussi loin que pouvait porter sa vue, ce qu'elle apercevait de la rue Dauphine et du quai des Augustins.

A chaque instant, son attention était détournée par un commissionnaire qui venait lui offrir ses services, ou un cocher qui lui proposait sa voiture. Mais elle refusait poliment, disant :

— Merci !... Nous attendons quelqu'un ici...

Cependant le temps s'écoulait.

— Tu n'aperçois donc pas ce M. Martin ? demanda tout à coup une des voyageuses. Dis-moi, Henriette, ne trouves-tu pas qu'il tarde bien à venir ?

— C'est vrai, ma Louise... Mais ne t'impatiente pas trop... Lorsque l'on attend, le temps paraît toujours plus long...

— Mais il me semble qu'il y a au moins une demi-heure que nous sommes ici ?

— Il n'y a pas encore un quart d'heure, ma Louise.

— Tu crois !...

Et la jeune fille poussa un soupir...

— Tu t'ennuies ! fit Henriette.

— Que veux-tu, je n'ai rien pour me distraire, moi !... Et je t'avoue que tout ce bruit qui me bourdonne dans les oreilles me met le cœur tout en émoi... Je me sens perdue dans une immensité dont je ne peux pas mesurer l'étendue. Et, malgré moi, j'éprouve une impression...

— De peur ? que peux-tu craindre ? ne suis-je pas auprès de toi, comme un guide sur lequel tu peux compter ?...

Instinctivement Louise s'était rapprochée de sa compagne et lui serrait le bras.

Puis, comme si elle eût voulu détourner la conversation de ce sujet attristant :

— C'est égal, Henriette, reprit-elle au bout d'un instant, je ne comprends pas que ce M. Martin nous fasse ainsi attendre... D'ordinaire, en pareil cas, on doit plutôt être un peu en avance.

— C'est vrai, ma chérie ; seulement, je crois que, depuis Versailles, les chevaux ont marché très vite, pour rattraper le temps perdu... C'est du moins ce que j'ai entendu dire au conducteur.

Louise sembla s'être contentée de cette explication, car elle garda le silence.

Seulement, ses mains appuyées sur le bras d'Henriette s'agitaient fiévreusement.

Pauvre aveugle ! si elle eût pu se rendre compte que le jour commençait à baisser, que la place commençait à se dépeupler, que, depuis longtemps déjà, les derniers voyageurs du coche étaient partis, emmenés par les parents ou les amis qui étaient venus à leur rencontre ; si elle avait pu voir qu'il n'y avait plus de fiacres à la station, plus de chaises à porteurs, et que les commissionnaires, eux-mêmes, avaient disparu, certes elle eût compris pourquoi son cœur se serrait, pourquoi elle avait peur dans ce Paris où elle venait d'arriver.

Henriette comprit-elle ce qui se passait dans l'esprit de l'aveugle ? Eut-elle un pressentiment de l'inquiétude qui dévorait sa compagne ?

Toujours est-il qu'elle voulut, par un moyen quelconque, distraire Louise, ne fût-ce que pour lui faire prendre patience.

— Tiens, dit-elle, faisons quelques pas ; il y a tout près d'ici un banc sur lequel nous pourrons nous reposer, en attendant M. Martin qui ne peut plus, maintenant, tarder beaucoup à venir...

— Je le veux bien, dit Louise simplement en se laissant guider vers le banc.

— Assieds-toi près de moi, Henriette, bien près, bien près...

— Voyons, tu n'as pas peur, je suppose !...

— Non..., pas pour le moment,... mais...

— Mais quoi, ma chérie ?

— Si M. Martin ne... venait pas, par exemple.

— Voyons, Louise, c'est une plaisanterie ; quelle drôle d'idée t'arrive là ?...

L'aveugle essaya de sourire, sachant que sa compagne devait la regarder en ce moment.

— En tout cas, reprit Henriette d'un petit ton décidé, — qu'elle savait prendre quelquefois — n'es-tu pas sous ma protection ? Or je ne suis pas embarrassée, tu le sais, et...

— Malheureusement, soupira Louise, nous ne connaissons pas l'adresse de M. Martin.

— On a cru inutile de nous la donner, puisque ce monsieur doit venir nous attendre, dit Henriette, et cherchant à tromper l'inquiétude de sa sœur en occupant son esprit :

— Oh ! que c'est beau Paris ! s'écria-t-elle en serrant dans les siennes la main que Louise lui avait abandonnée... comme c'est beau.., et comme c'est grand !...

— Ah !... que tu es heureuse de pouvoir en juger... par toi-même.

Puis avec un soupir étouffé :

— Dis-moi ce que tu vois, petite sœur... Où sommes-nous, d'abord ?

Elle avait rapproché sa tête, et ses boucles blondes frôlaient presque la joue d'Henriette.

Celle-ci lui adressa un regard où se lisait toute la sollicitude dont elle entourait cette pauvre créature si cruellement éprouvée.

Si Louise eût pu voir l'expression de ce regard tout rempli de tendresse, elle eût sauté au cou d'Henriette pour la remercier.

— Dis-moi tout ce que tu vois, tout, entends-tu ? Où sommes-nous ?

— Tout près d'un beau pont avec des petites maisons de chaque côté, et... une statue au milieu...

— Ah ! je sais, s'exclama l'aveugle avec un mouvement de satisfaction, c'est le Pont-Neuf, et la statue est celle de Henri IV.

Et elle ajouta en baissant la voix :

— Papa nous en parlait souvent... Il disait que, de là, on apercevait deux tours noires...

— Oui !.. en effet... les voilà, les tours de Notre-Dame. Oh ! comme elles sont grandes et belles !

— Que tu es heureuse ! tu peux admirer ces vieilles tours qui me rappellent tant de chers souvenirs, tandis que moi je ne les verrai peut-être jamais !

— Si fait ! tu les verras !

— Notre-Dame !.. Tiens, sens mon cœur, sens comme il bat, c'est là qu'avait été déposé mon berceau, chère Henriette, c'est là que j'ai été recueillie par ton père! . Sans lui j'allais mourir de froid et de faim, et cela eût peut-être mieux valu, je ne serais pas devenue une pauvre aveugle!

— Tais-toi, Louise, n'attriste pas notre arrivée, nous sommes parties si joyeuses! Oui, crois-moi, toutes nos espérances seront bientôt réalisées; Paris rendra aux grands yeux de ma Louise toute leur beauté, tout leur éclat d'autrefois!...

— Dieu le veuille ! soupira l'aveugle.

Puis, comme si une idée nouvelle lui eût subitement traversé l'esprit, pour y réveiller l'inquiétude :

— Tu vois bien, petite sœur, que ce M. Martin n'arrive pas.

Henriette ne pouvait se défendre elle-même d'un commencement d'anxiété.

— Si j'allais m'informer au bureau pour savoir si quelqu'un n'est pas déjà venu nous demander?

— C'est une bonne idée.

Et déjà Henriette s'était levée, lorsque l'aveugle, s'accrochant à son bras, lui dit :

— Ne me laisse pas seule sur ce banc!..

— Eh! bien, viens, peureuse.

Les deux jeunes filles, l'une guidant l'autre, entrèrent dans le bureau.

Au même moment Lafleur, qui depuis quelque temps se tenait aux environs, passa rapidement devant la porte du bureau, y jeta un coup d'œil, et se dirigea vers un point du quai où l'attendait un individu qui, lui aussi, avait fort habilement dissimulé sa présence aux deux voyageuses du coche.

— Eh! bien, Lafleur, tu vois; je suis, malgré tes recommandations, venu donner mon coup d'œil du maître !

— C'est peut-être une imprudence, Monsieur le marquis... Pensez donc, si cette jeune personne allait vous apercevoir et vous reconnaître!..

— Que veux-tu, Lafleur, je ne tiens plus en place, je grille d'impatience... C'est que j'ai le cœur pris, vois-tu...! Alors tu es certain du succès ?

— Absolument certain, Monsieur le marquis.

— Tu me le jures sur... ta tête ?

— Monsieur le marquis peut compter sur moi !

— C'est la plus grande des deux, ne va pas te tromper, au moins !

— Je sais quel est le bon gibier, ricana le valet... Mais pour Dieu, Monsieur le marquis, retirez-vous... Voici ces demoiselles qui sortent du bureau... C'est le moment propice !...

— Soit. Je me retire... Sois habile, Lafleur, pense que c'est mon bonheur que tu tiens entre tes mains, ajouta M. de Presles en s'esquivant.

— Je connais ça, gredin de marquis, je connais ça, un bonheur de huit jours au plus, après quoi tu trouveras que le tendron n'est plus tendre et qu'il faut donner un aliment nouveau à ton cœur volage!... Mais enfin, tu me payes, et je te sers... Tu me fais commettre une action coupable, brigand, mais c'est toi, je l'espère bien, qui porteras le péché !

Tout en monologuant de la sorte, Lafleur s'était avancé, à pas de loup, près du banc sur lequel Henriette et Louise étaient venues reprendre leur place.

Mais au moment où il allait se présenter devant les deux jeunes filles, il s'arrêta tout court.

Une femme courait sur le pont, se dirigeant vers les deux voyageuses.

— Bigre! pensa le valet du marquis de Presles, voilà un contre-temps qui va m'obliger à retarder ma présentation.

Et, se glissant tout le long du quai, il alla se mettre à l'affût à l'entrée d'une petite ruelle où il se tint silencieux, l'œil fixé sur les deux jeunes filles qui étaient toujours assises sur le banc.

XIII

La personne qui avait mis obstacle à la réalisation du projet de Lafleur était cette même jeune femme que nous avons vue sur le point de se précipiter dans le fleuve.

C'était Marianne Vauthier qui voulait, pour donner suite à sa résolution d'en finir avec la vie, attendre qu'il n'y eût plus sur la place personne qui pût essayer de se porter à son secours.

A voir ses allures indécises, il y avait lieu de supposer qu'elle était revenue brusquement sur sa détermination.

En effet, elle marchait d'un pas hâtif et saccadé, se dirigeant vers le cabaret où venaient d'entrer Jacques Frochard et la mendiante...

Le fils de la Frochard avait bien affirmé à sa mère que Marianne viendrait.

Il avait dit à celle-ci : « Je veux que tu viennes ! »

Et la malheureuse venait !...

Mais, au moment de franchir la porte, elle s'arrêta brusquement.

Elle accourait, l'âme affolée, vers cet homme qu'elle méprisait et qu'elle adorait à la fois... Vers ce Jacques qui l'avait plongée dans le vice, qui la traitait en esclave, et qu'elle aimait éperdûment.

Elle avait bien compris que cet amour était une honte, que sa passion était un détestable égarement des sens, et cent fois elle avait tenté de réagir contre ce fatal entraînement.

Mais, hélas! cette lutte était vaine.

La malheureuse retombait bientôt dans sa honte.

Il avait suffi, pour que cette transformation s'opérât, que le rude garnement, aux désirs toujours inassouvis, aux caresses brutales, aux violences sans frein, regardât sa victime en plein dans les yeux.

Cette fois, cependant, elle semblait résister au funeste entraînement.

Au moment de franchir le seuil du cabaret, elle s'était subitement arrêtée.

Et c'est avec un geste d'horreur et de dégoût qu'elle s'écria:

— Non, je n'entrerai pas là. C'est trop d'être venue jusqu'à cette porte. Je voulais m'en éloigner et, malgré moi, je me sentais attirée par sa volonté... à lui!... mais c'est la mienne qui sera la plus forte. Je ne veux plus le revoir!... non!... non!... je ne le reverrai pas!

Et elle gagna rapidement le milieu de la rue; mais, hélas! pour s'arrêter encore.

Deux sentiments contraires luttaient dans son cœur : la raison qui lui disait :

« — Sauve-toi, malheureuse! »

Et l'amour qui lui criait :

« — Reste! »

Mais la lutte ne fut pas longue. Les chants redoublant de violence lui rendirent la force et l'énergie qui avaient été si près de l'abandonner.

— Chante, misérable, dit-elle en se tournant vers ce repaire d'ivrognes et de débauchés, enivre-toi, oublie celle dont tu as brisé le cœur, empoisonné la vie, et qui, pour t'échapper, n'a plus qu'une ressource: mourir! Puisse mon dernier cri de désespoir arriver jusqu'à toi comme une malédiction!

Les deux orphelines étaient trop préoccupées pour qu'Henriette fît grande attention à cette malheureuse qui, se dirigeant vers le cabaret, était passée à quelques pas d'elle.

Louise, au surplus, n'avait cessé d'interroger sa compagne.

— Je n'aperçois pas M. Martin, dit Henriette, mais il y a là, tout près de nous, une jeune femme dont les allures me paraissent étranges, et qui fait peine à voir tant elle est pâle, tant elle a l'air malheureux.

Henriette désignait Marianne qui, épuisée, à bout de forces, venait de tomber sur une borne à quelques pas du banc où Louise avait repris sa place.

— Ah ! mon Dieu, fit Henriette, on dirait qu'elle se trouve mal.
— Il faudrait la secourir... Parle-lui, Henriette, va, ma sœur, va.

Henriette se rapprocha de Marianne, mais elle hésitait ; il est toujours très embarrassant d'offrir ses services à une personne que l'on ne connaît pas et qui ne demande rien.

Elle se décida pourtant.

— Madame, vous paraissez bien fatiguée, bien souffrante.

Pas de réponse.

— Peut-être auriez-vous besoin d'être aidée, secourue, reprit la jeune fille d'un ton attendri.

— Je n'ai besoin de rien ! répondit Marianne d'une façon si brève et si rude que Louise, qui l'avait entendue, se leva vivement pour se rapprocher d'Henriette.

— Il y a, dans cette voix quelque chose de sinistre et de fatal, dit-elle à sa sœur !

— La misère a aussi sa fierté, répondit tout bas Henriette.

— La misère ! reprit Louise. Oui, peut-être ; mais il s'agit, ici, d'autre chose, d'un chagrin profond, d'une souffrance morale... Elle pleure... n'est-ce pas ?

— Oui... oui !... de grosses larmes tombent sur ses mains.

— Va, sœur, essaye encore de savoir...

— Madame, dit Henriette se rapprochant avec Louise, madame, regardez-nous et ayez confiance. Nous ne sommes pas riches... mais si nous pouvions vous venir en aide...

— Je vous l'ai dit déjà, répondit Marianne sans les regarder, je n'ai besoin de rien, parce qu'il y a des douleurs dont rien ne console, des tortures que rien ne soulage, parce que... enfin...

Elle s'était arrêtée ; ce fut Louise qui acheva sa pensée.

— Parce que vous voulez mourir !

— Qui vous a dit cela ? demanda Marianne en relevant la tête.

— Je l'ai compris, je l'ai senti en vous écoutant. Nous autres, aveugles, qu'aucun objet extérieur ne distrait, nous écoutons avec notre âme, avec notre cœur, et le mien entendait les douloureux battements du vôtre.

— Dites-nous vos chagrins, Madame, ajouta Henriette ; peut-être parviendrons-nous à les adoucir.

Marianne regardait les deux sœurs avec une surprise facile à comprendre ; il est si rare de rencontrer des âmes qui devinent nos souffrances et qui cherchent à les soulager avant même qu'on le leur demande.

La grâce simple et naïve de ces deux jeunes filles, leur voix douce et tendre l'avaient profondément émue.

— Monsieur, lui dit-elle, arrêtez-moi... je suis une voleuse! (P. 143.)

Elle avait presque honte d'elle-même en présence de ces créatures dont tout révélait la candeur, l'honnêteté.

Et pourtant, elle ne put pas résister au désir qu'elle éprouvait de leur prendre les mains et de les presser dans les siennes.

— Ah! vous êtes bonnes!... leur dit-elle; vous ne m'avez jamais vue et vous avez pitié de moi!...

Puis elle ajouta, en baissant la tête :

— Hélas ! mieux vaudrait que vous ne m'eussiez jamais rencontrée !...

Elle fit un mouvement pour s'éloigner précipitamment. Henriette la retint.

Mais la malheureuse s'arracha des mains de la jeune fille, en s'écriant avec désespoir :

— Ah ! laissez-moi partir. Ne cherchez pas à me détourner de la pensée fatale qui m'entraîne là... là...

Et d'un geste témoignant d'une énergique résolution, elle montrait la rivière.

Henriette l'avait saisie par le bras.

— Non !.. Non !.. Restez ! lui dit-elle, restez, au nom du ciel !

Marianne résistait aux supplications des jeunes filles, et faisait de violents efforts pour se dégager.

— Réfléchissez à ce que vous allez faire, je vous en conjure ! dit Henriette en adressant un regard effaré à la malheureuse !.. Le suicide est un crime !

— Que Dieu ne pardonne pas ! ajouta l'aveugle en pressant la main qu'elle tenait prisonnière dans les siennes.

Marianne eut un geste de désespoir.

— Vous ne savez pas, s'écria-t-elle, que je suis une misérable indigne de pitié !

Vous ne savez pas que les soldats du guet me poursuivent, qu'ils peuvent retrouver ma trace, qu'ils m'arrêteront !...

— Vous arrêter ?

— Oui ; ils m'arrêteront, vous dis-je, car je n'aurais plus ni la force, ni la volonté de leur échapper, comme je l'ai fait une première fois...

— Mais pourquoi vous poursuit-on ? demanda Henriette avec anxiété.

— Quelle faute avez-vous donc commise ? dit à son tour l'aveugle.

— Ah ! je n'oserai jamais vous le dire ;... à vous si bonnes, à vous qui ignorez comment on peut être assez faible, assez lâche, pour succomber aussi ignominieusement...

Puis, baissant la tête, Marianne murmura :

— J'ai volé !

Henriette et Louise jetèrent un cri d'effroi.

— Oui, continua la jeune femme en s'animant, c'est la main d'une voleuse que vous pressez dans votre main... Ah ! ne vous l'avais-je pas dit, que vous vous intéressiez à une créature indigne !.. J'aurais dû sans hésiter vous avouer toute la vérité... J'aurais dû vous crier : — « Laissez-moi mourir pour échapper à la prison qui m'attend, à la domination du misérable qui m'a forcée de commettre un crime odieux... oui, bien odieux, car... si vous saviez!...

Marianne parlait maintenant d'une voix saccadée, avec une émotion fébrile. Maintenant qu'elle avait commencé sa douloureuse confession, il lui tardait de l'achever jusqu'au bout, et elle s'écria donc avec force :

— Oui!.. j'ai volé!... J'ai dépouillé un pauvre petit être sans père ni mère, un pauvre petit enfant dont j'aurais dû être l'appui, le soutien!... J'ai commis ce crime odieux pour un misérable que je méprise... et que j'aime!...

Tenez, poursuivit-elle en étendant le bras pour indiquer la fenêtre du cabaret, il est là avec ses compagnons de débauche!... Entendez-vous ces chants ignobles, ces éclats de rire, ces voix avinées! Il est là cet homme qui m'a poussée au vol; il traite ses camarades, des débauchés comme lui... Il lui fallait de l'argent pour cette fête, et cet argent c'est moi qui l'ai... volé!... Comprenez-vous maintenant, combien j'avais raison de vouloir mourir?

Henriette et Louise écoutaient, silencieuses, et le cœur serré.

Elles ne trouvaient plus un mot qui pût être une consolation pour la malheureuse qui se confessait à elles.

Marianne continua avec amertume :

— Lorsque je suis loin de lui, la raison me revient!... mon cœur se révolte et mon amour se change en haine! Mais, hélas! dès qu'il se montre à moi, la haine disparaît! Il me parle et je tremble!... Il me regarde et je redeviens son esclave!.. Tenez, ce que je vais vous dire est horrible. Vous savez déjà que pour lui j'ai volé... Eh bien, je crois que je tuerais, s'il me disait :

« — Je le veux! »

Instinctivement, les deux jeunes filles s'étaient éloignées de cette créature qui avouait qu'elle assassinerait, si l'homme qui s'était emparé d'elle, au point d'annihiler chez elle tous les sentiments honnêtes, le lui ordonnait.

Elles demeurèrent silencieuses, épouvantées, n'osant plus maintenant retenir cette malheureuse qui leur criait d'une voix déchirante :

— Vous voyez bien qu'il vaut mieux que je meure!

Et, prise de honte, elle cachait son visage dans ses mains.

Louise et Henriette étaient consternées.

Marianne étouffait ses sanglots.

Elle se leva et, montrant le fleuve, avec un profond désespoir:

— Vous voyez bien qu'il vaut mieux que je meure.

L'aveugle avait fait un pas vers la jeune femme.

— Madame, lui dit-elle d'un ton calme, on ne rachète pas une faute en commettant un crime !

— Mieux vaut subir une peine de quelques mois, fit à son tour Henriette, qu'un châtiment éternel.

Quand vous sortirez de prison, ajouta Louise, vous serez quitte envers les hommes, et quand vous vous serez repentie, vous serez quitte envers Dieu.

— Dieu !... Vous croyez donc qu'il y en a un, vous ?

— Si nous le croyons !

— On m'a toujours dit à moi que Dieu n'existait pas.

— Et voilà où vous conduisaient ceux qui vous ont dit cela, répondit Henriette en montrant la rivière.

Marianne avait de nouveau baissé la tête, comme une coupable.

— Il faut nous croire, reprit Louise, et vous rachèterez votre passé.

— Oui, ajouta Henriette, l'avenir s'ouvrira devant vous plus calme et plus heureux...

— L'avenir !... Que puis-je en attendre ?... Où trouverai-je de l'ouvrage ? Et comment vivrai-je jusque là ?

Louise parla tout bas à sa sœur, elles s'étaient comprises. Henriette prit dans sa bourse quelques pièces d'argent et les glissa dans la main de Marianne qui se mit à trembler comme si un frisson lui eût traversé le cœur.

— L'aumône, dit-elle d'une voix défaillante, oh ! non !... non !... gardez... gardez votre argent !...

Henriette insista pour le lui faire accepter. Il l'aiderait, assurait-elle, à attendre des jours plus heureux.

— Ne nous refusez pas, fit Louise, ce serait nous faire un grand chagrin.

— Ah ! vous aviez raison ! s'écria la jeune femme, il faut bien qu'il y ait un Dieu, puisque voilà deux de ses anges qui viennent me secourir !

Et la pauvre Marianne couvrait de baisers et de larmes les mains des deux sœurs, pour le moins aussi émues qu'elle.

Maintenant elle se sentait forte et courageuse ; elle quitterait Paris ; elle irait se cacher au fond de quelque ville de province, où elle travaillerait et gagnerait honnêtement sa vie.

Marianne paraissait bien décidée à ne plus retomber dans les mêmes faiblesses. Henriette put en juger en la voyant se lever et se tenir, la face tournée vers la croisée du cabaret, comme pour lancer, par son attitude résolue, un défi à l'homme qui l'avait précipitée aussi bas...

Et l'orpheline eut un mot d'encouragement dont le sens n'échappa pas à la jeune femme, car celle-ci s'écria, avec un geste menaçant :

— Quant à lui, jamais je ne le reverrai ; jamais, je vous le jure !

Puis, saisissant les mains de ses deux bienfaitrices :

— Soyez bénies, ajouta-t-elle, vous dont les paroles ont été pour moi si douces, le cœur si compatissant... Oui ! soyez bénies, vous qui m'avez sauvée !..

Elle fit quelques pas en s'éloignant, puis, se tournant une dernière fois, elle envoya, de la main, des baisers à Henriette et à Louise, en leur disant encore de loin :

— Adieu !... adieu !

Elle était bien en possession d'elle-même, en ce moment. La raison lui était revenue, et avec elle l'espérance.

Oui, l'espérance !...

Madeleine se sentait, après sa confession, comme régénérée.

Il semblait que sa voix eût été entendue là haut, que sa prière eût été écoutée, et son repentir accepté...

Lorsqu'elle fut arrivée à la porte du cabaret, où l'orgie continuait, elle eut un geste de mépris pour le misérable qui l'avait perdue.

Puis, cette dernière manifestation accomplie, elle se mit à courir. Mais elle s'arrêta brusquement.

Une voix bien connue lui criait :

— Marianne ! eh ! Marianne !

Cette voix qui l'avait clouée sur place, c'était celle de Jacques Frochard.

De l'endroit où elles étaient, Henriette et Louise avaient entendu Jacques appeler la jeune femme.

— Ah ! mon Dieu ! dit Louise se serrant contre Henriette, c'est lui qui l'appelle.

— Et elle s'arrête, hélas ! ajouta Henriette avec un soupir.

Il y eut un instant de silence qui dut être pour Marianne un véritable supplice.

Etonné de ne pas la voir répondre plus vite à son appel, Jacques s'était rapproché de quelques pas.

— Eh ! Marianne ! Est-ce que t'es devenue sourde ? Où courais-tu donc comme ça ? Pourquoi que t'es pas montée là-haut boire une goutte avec les amis ?... Hein ! Sourde et muette !... Ah çà, répondras-tu quand je te parle ! où allais-tu ?...

Marianne avait, pendant tout ce temps, regardé son brutal interlocuteur bien en face.

Elle voulait ainsi se donner le courage de répliquer avec énergie.

Aussi répondit-elle d'une voix ferme que Jacques n'était plus habitué à entendre chez elle depuis longtemps :

— Je me sauvais de toi !

— Allons donc !.. c'est une farce que tu me fais. Te sauver de moi... de ton Jacques !...

Et il essaya de cette fascination qui lui réussissait toujours si bien.

— Oui de toi... que je ne veux plus voir, reprit la jeune femme en soutenant ce regard.

— Ah ! ah ! ah !... Elle est bonne, fit Jacques éclatant de rire. Tu ne veux plus !.. Alors, pourquoi que tu t'es arrêtée quand je t'appelais ? Pourquoi que tu te rapproches maintenant que je te fais signe ?... Et pourquoi que ta main tremble quand je la prends dans la mienne ?...

— Eh bien ! non !... répondit Marianne, je résisterai !... je ne t'obéirai plus !... Jamais plus !... C'est fini ! J'ai honte de la vie que je mène et de l'infamie dans laquelle je me suis plongée à cause de toi !...

Et, s'enhardissant, elle ajouta :

— Tu n'es qu'un lâche !...

— Des remords !... des reproches ! Remets tout ça dans ton sac, ma fille, et suis-moi ! s'exclama Frochard en saisissant vigoureusement le bras de Marianne.

Il voulut l'entraîner, mais elle se recula brusquement.

— Non, te dis-je, je ne te suivrai pas !

Jacques était littéralement stupéfait. Il ne s'expliquait pas comment avait pu s'opérer le changement qu'il constatait chez cette femme dont il avait fait son esclave, sa chose.

Cependant il persista à vouloir l'entraîner :

— Tu vas me suivre ! reprit-il avec une colère croissante. Je le veux !... Entends-tu ?

— Et moi, je...

Jacques l'interrompit violemment :

— Je le veux, Marion !...

Il lui serrait le bras avec force. Mais Marianne ne poussa pas un cri... En ce moment le misérable eût pu la tuer sans obtenir une soumission qu'elle était décidée à ne pas faire.

Henriette avait suivi toute cette scène et l'avait racontée à Louise. Aussi les deux sœurs attendaient-elles avec anxiété ce qu'allait faire la jeune femme.

Henriette avait remarqué que Marianne Vauthier tournait, en parlant, ses regards vers elle et vers Louise comme pour retremper son courage chancelant et leur demander la force de sortir victorieuse de la redoutable épreuve qu'elle subissait.

Cette force, la jeune femme dut la sentir renaître, car elle répondit avec énergie :

— Tu le veux, Jacques, et moi... je ne le veux pas !... C'est fini, t'ai-je dit !... Je ne veux plus être ta victime !... ta complice !... Je ne t'obéirai plus !...

Frochard eut un balancement des hanches, comme un homme qui commence à ne plus être sûr du succès et qui perd peu à peu ses avantages...

— Et comment que tu t'y prendras ?
— Attends, tu vas le savoir !

Des soldats du guet venaient d'entrer dans la rue. Marianne courut à eux et, s'adressant à leur chef :

— Monsieur, lui dit-elle, arrêtez-moi... je suis une voleuse.
— Vous ?... dit le sergent.
— Oui, c'est moi que vos soldats cherchaient il y a une heure dans la cité, j'ai pu leur échapper ; mais, maintenant, je me repens et je me livre.
— Est-ce qu'elle devient folle ? se demandait Jacques en se mettant prudemment à l'écart.
— Votre nom ?.. dit l'officier en regardant sa feuille.
— Marianne Vauthier... Je vous le répète, je suis la femme que vous attendiez à la porte de l'atelier.
— Eh bien, puisque vous avouez, le bureau de police est à deux pas, suivez-nous !

Marianne avait pu s'approcher rapidement des deux sœurs.

Elle leur glissa ces mots à voix basse :

— L'expiation commence; demandez au ciel de me donner le courage de l'achever !

Puis, se tournant vers Jacques, elle s'écria :

— Je te le disais bien que je t'échapperais !

Et elle vint se placer entre les soldats et le sergent qui se remirent en marche.

Jacques avait fait quelques pas de retraite. Lorsqu'il vit qu'on emmenait décidément Marianne :

« — En prison !... Est-elle bête !... » murmura-t-il à mi-voix en rentrant au cabaret, où ses camarades l'appelaient à grands cris.

Mais il n'avait pas, nous le savons, l'habitude d'être longtemps rêveur.

Après un premier moment de surprise, il haussa finalement les épaules comme un homme qui en prend son parti.

Ce fut là toute la somme de regrets qu'il accorda à la pauvre femme qui avait eu le malheur de le rencontrer sur sa route.

Des cris de joie accueillirent le retour de Jacques dans le cabaret, où s'achevait le repas.

La Frochard, en ébriété, était hideuse à voir. Elle avait, pendant toute l'orgie, tenu tête aux compagnons de débauche de son fils, faisant chorus avec eux lorsqu'ils entonnaient quelque chanson, que tous reprenaient en chœur, en frappant du couteau contre les gobelets et les assiettes en faïence.

XVI

Les deux orphelines avaient été témoins des scènes qui venaient de se succéder à quelques pas d'elles, et dont le dénouement imprévu était bien de nature à les impressionner.

Brisées d'émotion, Henriette et Louise se soutenaient à peine.

La nuit était venue... Les réverbères étendaient leur lueur fumeuse tout le long des quais, à l'entrée de la rue Dauphine, et sur le Pont-Neuf.

Henriette avait regardé de tous les côtés pour voir si enfin ce M. Martin allait paraître.

Quant à Louise, maintenant qu'elle n'avait plus Marianne pour distraire son esprit de l'idée qui s'y était fixée, elle se reprit à être inquiète.

Comme tous les aveugles, elle interrogeait beaucoup. Aussi demandait-elle, à chaque instant, à Henriette :

— Eh! bien, petite sœur ?
— Rien, ma chérie !...
— Attendons, alors.

Pendant ce temps, Lafleur était sorti, comme un fantôme, de la ruelle où il s'était prudemment réfugié, lorsque les soldats du guet avaient paru sur le quai...

— Peste! avait-il murmuré, voilà des particuliers qui ont la réputation d'être terriblement curieux.

Et il ajoutait mentalement :

— C'est que je ne tiens pas du tout à leur dire ce que je viens faire ici, et pourquoi le carrosse qu'ils ont déjà dû remarquer stationne à quelques pas!

Tout d'abord le rusé valet avait craint que la scène se prolongeât entre les soldats et celle qu'ils allaient emmener. Aussi eut-il un véritable mouvement de joie, lorsqu'il vit le groupe, au milieu duquel s'était placée Marianne Vauthier, se diriger vers le bureau de police.

Puis les deux coquins l'emportèrent dans la direction du carrosse. (P. 151.)

D'un bond il sortit de sa retraite. La rue était presque déserte.

Lafleur alla chercher ses deux acolytes dans l'endroit où ils s'étaient tenus :

— Fais avancer la voiture ! dit-il à l'un d'eux.
— Elle nous suit à quelques pas de distance ! répondit l'autre.
— Enfin les voilà seules ! fit Lafleur en se frottant les mains !...

Et il ajouta en manière de recommandation :

— Vous m'avez bien compris ?... c'est la grande qu'il me faut. Je me charge de la conduire à la voiture, et en cas de résistance...

Un de ses hommes lui montra un mouchoir arrangé en forme de bâillon.

— Très bien !.. ricana Lafleur. Il n'y a plus un chat dans la rue... En avant ! Et soyons malin, Lafleur !

Henriette Gérard, à force de se raisonner, s'était un peu remise de l'émotion qu'elle avait ressentie en voyant que la nuit avançait et que les rues devenaient de plus en plus désertes.

Elle dit tout bas à sa compagne :

— Tu as eu bien peur, ma Louise, et moi aussi, je t'assure.

— Le fait est que, pour notre arrivée, c'est une bien triste histoire ! Et, malheureusement, je crois que nous ne sommes pas encore au bout de nos peines.

Et, pour la centième fois, elle se mit à répéter :

— Qu'est-ce que nous allons devenir, si ce monsieur...

— Attends ! interrompit vivement Henriette en serrant le bras de sa sœur, attends, ma Louise, voici quelqu'un !...

— Est-ce lui ? demanda l'aveugle avec un mouvement d'anxiété.

— Tu sais bien que je ne le connais pas !..

— C'est vrai !

— Mais, reprit Henriette, la personne que je vois est un monsieur d'un certain âge.

— Comme M. Martin !

— Et il semble venir par ici...

— Nous regarde-t-il ? s'informa l'aveugle.

— Oui !

— Alors, Dieu soit loué, c'est lui !... s'exclama Louise, c'est M. Martin !

— Je crois effectivement, dit Henriette, que ce doit être lui.

Alors les deux voyageuses, confiantes et pleines d'espoir, reprirent leurs places sur le banc.

Elles ne se tenaient plus d'impatience.

Même Henriette regardait en dessous l'homme qui faisait mine de vouloir se rapprocher d'elle.

Et, mentalement, elle se disait :

— Si c'est lui, pourquoi hésite-t-il ?... Il a bien dû se douter que nous sommes celles qui l'attendent !... Alors pourquoi ne vient-il pas tout de suite à nous ?...

C'est qu'en effet maître Lafleur n'avançait qu'avec une excessive prudence.

Le rusé drôle voulait, avant d'entamer l'action décisive, s'assurer contre toute surprise désagréable ou dangereuse.

Le temps avait marché, et des incidents s'étaient succédé qui l'avaient empêché d'aller de l'avant, comme il convenait, pensait-il, de le faire pour réussir...

Il supposait, non pas que M. Martin eût pu se réveiller, mais qu'un passant, entendant les cris des deux jeunes filles, pourrait avoir la curiosité de s'informer de quoi il s'agissait.

Ce n'est donc qu'après s'être assuré qu'il n'y avait pour lui aucun danger, que le valet du marquis de Presles se mit en marche dans la direction du banc sur lequel étaient assises les deux voyageuses du coche d'Évreux.

Avant de se présenter, maître Lafleur repassa rapidement dans sa mémoire les quelques paroles qu'il avait jugées être nécessaires pour entrer en matière.

Puis il fit les trois derniers pas, et, s'adressant aux jeunes filles :

— Pardon, Mesdemoiselles, dit-il du ton le plus respectueux qu'il put trouver, je crois que c'est vous que je cherche !... Vous arrivez d'Évreux, n'est-il pas vrai?

— Oui, Monsieur, et nous attendons...

— Un sieur Martin, auquel vous avez été recommandées... C'est moi, Mesdemoiselles !... Et j'ai bien des excuses à vous faire, car je suis fort en retard à ce que je vois !

— Nous commencions à être très inquiètes...

— Je suis vraiment désolé : mais il n'y a pas tout à fait de ma faute, quand on demeure à l'autre bout de Paris...

— Comment !... si loin !... dit Henriette très étonnée.

— Vous disiez dans vos lettres, ajouta Louise, que vous habitiez à côté du Pont-Neuf.

« — Peste ! se dit Lafleur, voici que je fais des écoles, maintenant, comme si j'étais novice dans le métier ! »

Aussi s'empressa-t-il de réparer l'effet de la parole imprudente qui venait de lui échapper.

— C'est juste, fit-il d'une voix mielleuse et en se frottant les mains pour reprendre contenance, je demeurais tout près d'ici... autrefois... seulement j'ai déménagé... depuis hier !...

— Depuis hier ? murmura Louise, dont la main serra fiévreusement celle de sa compagne.

Henriette, elle, regardait son interlocuteur avec un commencement de méfiance, en ajoutant tout bas, et comme en aparté :

— C'est singulier !

Mais Lafleur releva le mot, et tout en s'efforçant de rire :

— Qu'est-ce qu'il y a de singulier à ce qu'on déménage du jour ou lendemain, ma chère demoiselle ? dit-il. Ça ne se fait peut-être pas en province, à Évreux, d'où vous venez... Mais à Paris ça se voit... tous les jours.

Le valet du marquis de Presles avait hâte d'en finir.

Aussi, avisant un petit colis qui se trouvait sur le banc, il s'en empara sans plus de façons, en disant :

— Ce sac est à vous sans doute, je vais m'en charger, si vous le permettez ?

Puis arrondissant le bras :

— Si vous voulez, maintenant, accepter mon bras, Mademoiselle, je vais vous conduire à la voiture que j'ai retenue, et... qui nous attend, là... à deux pas...

Henriette, au lieu d'accepter le bras qu'on lui présentait, avait instinctivement fait un pas de retraite. Louise s'accrocha des deux mains à elle avec une vivacité qui témoignait d'une certaine indécision à laisser sa compagne suivre l'homme qui venait de parler.

— Pardon, fit Henriette d'un ton mal assuré, avant de vous suivre, Monsieur...

— Eh bien ! quoi ? interrompit le valet.

— Nous voudrions être sûres...

— Oui, bien sûres... ajouta vivement Louise...

— Sûres de quoi, Mesdemoiselles ? riposta Lafleur...

Il avait été sur le point de brusquer la situation ; mais, comme la croisée du cabaret était encore entr'ouverte et qu'on y voyait de la lumière, le prudent garnement jugea qu'il fallait procéder avec plus de patience, afin de ne pas donner aux jeunes filles l'occasion de crier, d'appeler au secours...

Il reprit donc, en simulant une surprise nuancée d'une petite pointe de dépit :

— Est-ce que, par hasard, vous me feriez l'injure de... douter ?...

Puis, prenant un air de bonhomie admirablement jouée :

— Ah ! mademoiselle Henriette, ajouta-t-il en souriant, vous avez le caractère un tant soit peu méfiant, à ce que je vois !... Heureusement que vous rachetez cela par de précieuses qualités...

Louise écoutait. Lafleur s'en aperçut :

— N'est-ce pas, mamzelle Louise, continua-t-il en s'adressant cette fois à l'aveugle, que votre amie a pour vous de l'affection et des soins.. absolument comme si elle était votre véritable sœur ?...

Ces mots, prononcés d'un ton qui affectait une certaine émotion, produisirent l'effet qu'en attendait le valet du marquis de Presles.

Henriette regrettait presque d'avoir laissé voir à M. Martin le soupçon qu'elle avait conçu.

Louise s'était penchée à son oreille pour lui dire tout bas :

— Tu vois bien que c'est lui, puisqu'il nous connaît !...

Pour augmenter la confiance des jeunes filles, Lafleur s'empressa de continuer :

— Oui, mes chères demoiselles, je vous connais absolument comme si j'avais toujours vécu avec vous... Ma belle-sœur — qui vous aime bien, — a pris soin de nous renseigner, Mme Martin et moi, sur tout ce qui vous concerne... Aussi, nous vous aimons déjà avant de vous connaître...

— Vraiment, Monsieur, dit Louise avec son angélique sourire, vous savez toutes les bontés que notre bonne mère Gérard a eues pour moi ?...

— Oui, Mademoiselle, pour vous qui n'étiez cependant qu'une...

— Une étrangère, oui, Monsieur !...

Lafleur feignit d'être profondément ému. Et il ajouta en faisant chevrotter sa voix :

— Je connais toute cette touchante histoire, pauvre chère enfant !...

Mais le temps employé en effusions était du temps perdu pour lui, pensait Lafleur, qui avait de plus en plus hâte d'en finir.

Il ajouta en affectant le ton paternel :

— Ah ! je vois que ma belle-sœur n'avait rien exagéré, vous êtes bien telles qu'elle nous l'avait écrit, en nous annonçant votre arrivée à Paris... Aussi mon épouse va-t-elle être enchantée...

Puis, s'interrompant pour consulter le cadran de sa montre :

— Peste !... voilà qu'il se fait tard !... Mme Martin doit nous attendre avec la plus grande impatience...

— Elle est, j'en suis certain, dans l'huile bouillante... Il doit lui tarder de vous voir, mes chères demoiselles.

Le valet n'était pas sans inquiétude, à en juger par les regards qu'il lançait dans toutes les directions pour s'assurer que personne ne viendrait le déranger.

Mais le plus sûr était, pensait-il, de brusquer le départ.

— Venez, Mademoiselle, dit-il en s'adressant à Henriette, et cette fois en laissant percer une si vive impatience, qu'elle le regarda avec un profond étonnement. Mais, sans hésiter davantage, il lui saisit brusquement le bras.

En ce moment les deux aides de Lafleur, qui s'étaient approchés, vinrent se placer à ces côtés.

Ce mouvement fut aperçu par Henriette, qui allait interroger de nouveau le prétendu M. Martin, lorsque Lafleur lui coupa la parole, en s'écriant :

— Voyons, Mademoiselle, après tout ce que je vous ai dit, est-ce que vous douteriez encore... de moi ? Faut-il que je fasse établir devant vous mon identité ?... Rien de plus facile ; voici précisément deux amis, deux voisins et, je vous assure, d'honnêtes bourgeois du quartier... Ces messieurs ne demanderont certainement pas mieux que de me servir de répondants.

Le gredin avait, tout en parlant, échangé un signe d'intelligence avec les deux chenapans à sa solde...

Ceux-ci avaient mis le chapeau à la main, et s'avançaient, l'échine courbée...

— Vous servir de répondants ! répétait Henriette tout étonnée de voir surgir ces deux hommes, qui se confondaient en salutations.

Louise avait compris qu'il devait se passer quelque chose d'étrange et dont elle ne pouvait, la pauvre aveugle, se rendre compte.

Elle dit tout bas à sa compagne :

— Henriette !... ne me quitte pas, je t'en prie !...

— Non, ma chérie, non, sois tranquille ; n'aie pas peur... ne tremble pas ainsi !...

Mais elle s'interrompit brusquement.

Sur un geste de Lafleur, les deux hommes s'étaient placés entre elle et Louise, de façon à séparer les deux jeunes filles.

— Qu'est-ce que cela signifie, Messieurs ? fit Henriette.

Mais le moment était venu pour Lafleur de se démasquer. Et c'est en abandonnant le ton mielleux et paternel qu'il avait pris jusqu'alors, qu'il dit impérieusement :

— Assez de temps perdu !... Prenez mon bras, Mademoiselle, et en route !...

— C'est vous qui me parlez ainsi, monsieur Martin ? hasarda Henriette en refusant le bras de son interlocuteur...

Mais le valet répliqua en ricanant :

— Oui, Mademoiselle, oui, il faut le suivre tout de suite... ce bon M. Martin !

Il s'efforçait alors de la saisir par la taille.

Henriette s'était débattue silencieusement, pour ne pas effrayer Louise.

Deux fois elle était parvenue à se dégager, échappant à Lafleur pour s'élancer vers l'aveugle, que les deux hommes retenaient sans peine à distance.

Mais Henriette avait été ressaisie par Lafleur, et comme, malgré ses efforts, elle ne pouvait plus se débarrasser de l'étreinte du misérable qui la retenait prisonnière, la jeune fille s'écria :

— Nous ne vous suivrons pas, Monsieur !... non, nous ne vous suivrons pas !...

Et, tordant ses bras que retenait le valet dans ses mains comme dans des étaux, elle eut une dernière exclamation :

— Louise !... viens !... viens à moi !...

Mais elle ne put achever.

Pendant que Lafleur la tenait, la tête renversée, un des hommes lui mit un bâillon.

Puis les deux coquins l'emportèrent dans la direction du carrosse.

Déjà Lafleur, sans s'inquiéter, le moins du monde, de ce qu'allait devenir l'aveugle, avait pris les devants.

Il tenait la portière ouverte. Henriette fut déposée dans la voiture, malgré sa résistance désespérée...

Tout d'abord, la malheureuse, trompant la surveillance de ses gardiens, avait essayé de se débarrasser de son bâillon.

Si elle eût pu y parvenir, elle eût été sauvée... Elle eût crié au secours et, comme il y avait encore du monde dans le cabaret, quelqu'un serait certainement accouru, ne fût-ce que par curiosité.

Mais l'un des hommes lui saisit le bras et serra un peu plus le mouchoir qui servait de bâillon. Violemment secouée, Henriette s'affaissa sur le coussin de la voiture.

En un clin d'œil, Lafleur avait pris place à côté d'elle, tandis que ses deux aides occupaient la banquette de devant.

Le carrosse partit au galop...

Cependant Lafleur n'était pas au bout des incidents imprévus...

Tout à coup, au détour d'une rue, la voiture s'arrêta, prise dans un inextricable encombrement.

Les deux hommes mirent vivement la tête à la portière, tandis que, très contrarié de ce nouveau retard, Lafleur cherchait à parler au cocher pour lui dire de prendre par une autre rue, si c'était possible...

En ce moment quelques curieux s'arrêtèrent aux deux portières de la voiture, cherchant à voir le visage de la femme dont ils avaient aperçu la robe...

Lafleur se sentit mal à l'aise... Il y avait là de jeunes gentilshommes, et l'un d'eux pourrait bien avoir la fantaisie d'ouvrir brusquement la portière et de se déclarer le défenseur de la belle qu'on enlevait.

Son inquiétude prit bientôt des proportions plus grandes encore. La jeune fille se démenait sur la banquette, et un râle s'échappa de sa gorge.

— Elle étouffe ! pensa le valet.

Il devenait prudent d'enlever le mouchoir, cause principale de la suffocation que subissait Henriette.

Il n'y avait pas de temps à perdre, car le visage de la jeune fille se marbrait de plaques rouges, et ses yeux s'injectaient...

Lafleur dut se décider à débarrasser la victime du dangereux bâillon qui l'étouffait.

Mais, comme il était homme de précaution, il tira délicatement de son gousset le flacon de cristal qui contenait encore une dose suffisante de narcotique.

« — Pas de bâillon, soit ! se dit-il, mais, grâce à cette excellente préparation, Mlle Henriette se laissera emmener, comme un agneau, au pavillon du Bel-Air. »

Dans la rue, les cochers s'invectivaient entre eux ; les piétons arrêtés dans leur marche criaient, tempêtaient ; les badauds s'amusaient du désordre et excitaient par leurs lazzis tous ces mécontents.

Profitant de ce brouhaha, Lafleur s'était mis en devoir d'enlever le bâillon d'une main, tandis que, de l'autre, il se préparait à verser le narcotique dans la bouche de la jeune fille au premier cri qu'elle pousserait.

Mais il n'eut pas besoin d'employer la force pour obtenir le résultat qu'il espérait.

A peine Henriette fut-elle débarrassée du bâillon qu'elle poussa un long soupir, et ses yeux se fermèrent à demi.

Puis elle se laissa glisser au fond de la voiture.

La pauvre enfant avait perdu connaissance.

Lafleur eut un tressaillement de joie. Il n'avait pas compté sur ce secours, qui lui arrivait à point nommé.

Désormais il était certain du silence de la victime.

Mais il se prit à songer que le hasard avait de singuliers caprices, et qu'après l'avoir servi à souhait, il pourrait bien lui jouer quelque mauvais tour de sa façon.

Il suffisait pour cela que la jeune fille, sortant à l'improviste de son évanouissement, se mît à crier, à se débattre, pour qu'aussitôt la foule entourât la voiture.

Dans ce cas maître Lafleur et ses acolytes passeraient un bien vilain quart d'heure. On pourrait bien les entraîner, bon gré mal gré, au bureau de police.

— Attends-moi!... Je viens!... disait-elle d'une voix saccadée. (P. 155.)

Or ces messieurs — et pour cause — n'aimaient pas beaucoup à se trouver en contact avec les soldats du guet.

Le valet du marquis résolut alors de changer la syncope de sa victime en un lourd sommeil, qui résisterait assurément à tous les cahots de la voiture.

Il se mit à tourner le petit flacon de cristal entre ses doigts, comme aurait pu le faire un chirurgien qui va procéder à une opération délicate.

C'est qu'il se présentait une petite difficulté. Comment allait-il s'y prendre pour administrer le narcotique ? Un simple petit mouvement de la jeune fille pouvait faire que le précieux liquide se renversât tout le long des lèvres...

Et alors, adieu le sommeil. Il faudrait, en cas de réveil, recourir au bâillon.

« — Diable ! fit mentalement Lafleur, je n'avais pas songé à cela ! »

En ce moment, Henriette se mit à exhaler, à de courts intervalles, deux de ces soupirs qui indiquent la fin d'une syncope.

Attentif, les yeux fixés sur le visage de sa victime, le valet attendait...

Soudain, les paupières d'Henriette s'agitèrent, et une seconde plus tard ses yeux s'ouvrirent tout grands.

La jeune fille eut un moment d'hésitation. Puis, retrouvant le souvenir, elle ouvrit les lèvres pour pousser un cri de détresse...

Lafleur saisit habilement le moment propice.

Renversant la tête de la jeune fille, il introduisit entre ses lèvres le goulot du flacon...

Le liquide coula tout entier dans la bouche et fut absorbé jusqu'à la dernière goutte...

Henriette suffoquant fit un effort pour se relever ; mais Lafleur, aidé par ses deux complices, la maintint renversée...

La pauvre enfant tourna vers ses bourreaux des yeux effarés, suppliants...

La voix expira sur ses lèvres... En vain elle essaya de repousser les misérables qui paralysaient ses mouvements ; ses bras retombèrent sans force...

Elle était aux prises avec un irrésistible sommeil...

Bientôt ses paupières alourdies se fermèrent... sa tête s'appuya sur le capiton de la voiture...

Cette fois elle était bien au pouvoir de Lafleur.

Le drôle, satisfait de son œuvre, pencha la tête à la portière pour voir si enfin le cocher pourrait bientôt dégager le carrosse.

Il jouait décidément de bonheur, ce misérable Lafleur.

En effet, l'encombrement allait cesser. Déjà plusieurs voitures avaient pu se désenchevêtrer et prendre par les rues de traverse, permettant ainsi aux chaises à porteurs de circuler pour faire place aux piétons...

Le cocher enveloppa ses bêtes d'un vigoureux coup de fouet, et le carrosse s'ébranla au risque de renverser les badauds qui faisaient cercle autour des attelages arrêtés.

De violentes interpellations commencèrent :

— Arrête, cocher de malheur !

— Canaille !... Valet de bourreau !...

Impassible sous cette grêle d'injures et de menaces, le cocher enleva vigoureusement ses bêtes...

Et le carrosse partit à fond de train dans la direction du pavillon du Bel-Air.

Alors, et pour la première fois depuis le commencement de cette affaire, le valet du marquis poussa un long soupir de soulagement.

Il était maintenant au bout de la coupable besogne dont il s'était chargé.

Son cœur se dilatait à la pensée qu'il allait toucher la récompense promise.

Et, tout à la satisfaction d'avoir mené à bien son entreprise, Lafleur regardait cette malheureuse jeune fille, qu'il allait livrer au débauché qui l'attendait avec impatience.

Henriette dormait profondément.

Elle dormait la pauvre enfant !... Et son sommeil paraissait troublé par des cauchemars, car, par moments, son visage se convulsait, et ses lèvres étaient agitées, comme si, dans son rêve, elle eût parlé, appelé au secours !

Son front se plissait, et sa poitrine se soulevait. L'infortunée haletait.

Puis elle retombait dans l'immobilité, anéantie, brisée, et un immense désespoir se peignait sur son visage...

Peut-être, dans ce douloureux sommeil, la pauvre Henriette voyait-elle, en rêve, la scène qui se passait à l'entrée du Pont-Neuf, en face du cabaret, à l'endroit où, baillonnée et enlevée par Lafleur, elle avait laissé Louise toute seule, Louise aveugle, abandonnée, la nuit, dans cette immense ville !. . . . .
. . . .

XVII

Lorsqu'elle avait entendu l'appel désespéré que lui adressait sa sœur, Louise avait poussé un cri terrible.

— Attends-moi !... Je viens !... disait-elle d'une voix saccadée, et que l'émotion rendait haletante...

Et la malheureuse aveugle, avait, hélas ! essayé de se diriger, les mains tendues en avant !...

Elle s'était ensuite arrêtée pour appeler :

— Henriette !... Henriette !... Réponds-moi !... Henriette !

Et ne s'expliquant pas, tout d'abord, ce silence qui s'était fait si vite autour d'elle, elle écouta.

Rien !... Elle était donc seule au milieu de la rue, puisque personne n'avait répondu à ses cris ?...

Seule !... seule !... et aveugle !

Elle ne pouvait croire à cet horrible malheur !... Pourquoi aurait-on emmené Henriette, sans elle ?..

La pauvre enfant ne pouvait soupçonner la vérité, ni se rendre compte de la situation terrible dans laquelle subitement elle se trouvait plongée.

Reprenant courage, elle s'efforça de calmer le trouble de son esprit... Et, de nouveau, avec force, elle appela sa sœur...

Elle appela, passant de la voix calme qu'elle s'était imposée à cet accent déchirant que donne l'épouvante.

Elle appela, en se tordant les bras de désespoir...

Et sa sœur ne lui répondait pas !...

Alors l'affolement arriva, désespéré, terrible...

La malheureuse aveugle avançait tendant les mains pour chercher un point d'appui...

Et ses mains ne rencontraient que le vide !..

Elle voulut marcher, mais dans sa précipitation elle trébucha contre le banc...

Elle était prosternée maintenant. La prière lui vint subitement aux lèvres, et en une seconde elle éleva sa pensée vers Dieu !..

Courte et fervente prière, après laquelle elle espéra !...

Il lui semblait que Dieu l'avait entendue, et que la Providence allait venir à son secours.

Plus calme, le cœur réconforté par l'espérance, elle appela de nouveau :

— Henriette !... Henriette !... Où es-tu ?...

Il lui sembla qu'une voix étouffée avait répondu à cet appel par un cri...

Mais ce cri ne s'était pas renouvelé...

Ce cri étouffé... C'est Henriette qui l'a poussé ! Henriette qu'on entraîne loin d'elle, et qui ne peut s'arracher des mains de ses ravisseurs.

Non !... elle ne se trompe pas !... On a prononcé son nom... Elle a entendu de loin ce nom arriver faiblement jusqu'à elle : « Louise ! »...

C'est dans un moment où rien ne pouvait dominer son énergie, qu'Henriette a répondu à son appel !...

L'espoir traverse, comme un éclair, l'esprit de Louise!..,

Sa sœur va revenir auprès d'elle... Il est impossible qu'il n'en soit pas ainsi !

Oui... Henriette va revenir... Peut-être a-t-elle pu déjà, en se débattant, échapper aux mains qui la retenaient...

Elle va venir; dans quelques instants elle pressera sa pauvre sœur sur son sein...

Louise, pour mieux entendre, fait taire les battements de son cœur...

Elle écoute, l'oreille tendue, retenant sa respiration, afin de percevoir même le bruit le plus léger...

Il y a quelques instants à peine qu'elle a été brusquement séparée de sa compagne, et cependant il lui semble qu'un siècle s'est écoulé depuis qu'elle est seule, à cette place, où on l'a abandonnée!...

Elle écoute... Plus rien!...

Pas un cri!... Rien!... Le silence absolu!...

Et Louise écoute toujours!...

Cette fois cependant, elle a entendu, c'est le roulement d'une voiture!... Une voiture! C'est peut-être celle que M. Martin avait, disait-il, retenue, et qui revient sur la place, pour l'emmener aussi!...

Ou bien c'est quelque carrosse qui va passer tout près d'elle... Alors elle pourra crier; le cocher s'arrêtera! Elle expliquera ce qui lui arrive...

Louise est demeurée silencieuse pendant quelques secondes, écoutant si la voiture s'avance vers l'endroit où elle se trouve...

Non! le bruit s'éloigne! Elle ne peut plus en douter... Ce n'est déjà plus qu'un roulement sourd qui se perd bientôt tout à fait...

Une pensée lui vient, pensée affreuse!...

L'homme qui s'est présenté à elle et à sa sœur n'était pas M. Martin...

La lumière jaillit dans son esprit.

Sans s'expliquer comment cet homme les connaissait, sans se demander par quelle série de circonstances elles avaient été, elle et Henriette les dupes et les victimes de quelque mystérieuse combinaison, la malheureuse ne s'arrête qu'à cette pensée affolante :

« — On enlève Henriette!... On enlève sa sœur!... »

Alors plus d'espoir, plus de résignation, plus de courage!

Louise pousse des cris lamentables...

Puis, épuisée, écrasée sous le poids de sa douleur, elle tombe à genoux sur le sol...

Et, levant ses yeux éteints vers le ciel, elle s'écrie :

— Venez à mon secours, mon Dieu!

Elle était restée à genoux, n'osant plus se relever. Qu'aurait-elle pu faire, dans l'impossibilité où elle se trouvait de se diriger ?

Tout à coup un nouveau roulement de voiture se fit entendre... Et, avant que Louise ait pu se rendre compte de la direction que suivait le véhicule, la voix du cocher lui cria :

— Gare !... Eh ! gare donc !...

Elle poussa une exclamation d'effroi, et, pour échapper au danger qui la menaçait, la pauvre aveugle allait tantôt à droite, tantôt à gauche, puis s'arrêtait de nouveau en hésitant.

— Mais gare donc !... Mille tonnerres ! criait le cocher en s'efforçant de retenir ses bêtes...

Louise, affolée, suppliait qu'on lui indiquât ce qu'il fallait faire...

Et, dans son trouble, elle s'écriait :

— Arrêtez, Monsieur ! Au nom du ciel, arrêtez !

— Rangez-vous de côté ! hurla l'automédon ; je ne suis plus maître de mes chevaux...

— De quel côté ? demanda Louise en joignant les mains... dites-le moi, de grâce !... Je ne sais pas !... Je suis aveugle !

Un cri terrible avait seul répondu !...

Et Louise, enlevée par des bras vigoureux, se sentit attirée violemment.

En même temps la voiture, lancée à fond de train, passait si près que les roues frôlèrent l'épaule de l'aveugle.

— Il n'était que temps ! grommela le cocher, je ne pouvais plus retenir ces carcans-là.

La jeune fille, morte de peur, n'avait pas trouvé un mot pour remercier la personne qui était accourue si à propos pour l'empêcher d'être écrasée.

Celui qui l'avait secourue, dans ce moment de danger imminent, restait là, devant la jeune fille, comme stupéfait d'avoir eu la présence d'esprit et la force d'arracher cette enfant à la mort...

Il était, maintenant que la réaction s'opérait en lui, singulièrement ému, cet homme.

Presque autant que celle qui lui devait la vie, car lui, non plus, n'avait pas de voix, et ne trouvait pas une question à adresser à cette jeune inconnue.

Aussi allait-il se retirer, lorsque Louise, revenant à elle-même murmura :

— Qui dois-je remercier de m'avoir secourue ?

Et comme, tout surpris et, disons-le, très intimidé, l'homme ne répondait pas, la jeune fille ajouta :

— Serait-il parti... déjà ?...

Il y avait un accent si douloureux dans cette voix, que l'homme qui avait jusque-là gardé le silence prononça ces mots :

— Non, Mademoiselle... je suis encore là... mais je n'ai pas mérité tant de remercîments ; j'ai fait ce que tout le monde aurait fait à ma place !...

Puis, s'apercevant que la jeune personne tremblait de tous ses membres, il ajouta :

— N'ayez pas peur, mam'zelle ; y n'y a plus rien à craindre !...

Alors Louise, rassurée sur le danger qu'elle avait couru, se rappela dans quelle triste situation elle se trouvait.

Elle porta vivement les mains à ses yeux, pour essuyer les grosses larmes qui glissaient le long de ses joues.

Et, d'une voix entrecoupée de sanglots :

— Mon Dieu !... mon Dieu !... dit-elle, que vais-je faire maintenant ?... Que vais-je devenir ?... Que vais-je devenir ?...

— Pourquoi vous lamenter comme ça ? demanda aussitôt le rémouleur...

Car le sauveur de l'aveugle n'était autre que le second fils de la Frochard, Pierre le boiteux, Pierre le rémouleur.

Il s'en revenait de reporter de l'ouvrage dans le quartier, et, sachant que sa mère et son frère étaient encore au cabaret, le pauvre garçon n'avait pu rentrer tout seul.

Il lui avait fallu revenir sur cette place, pour attendre que sa digne mère eût achevé de faire la fête avec les compagnons de son chérubin, comme elle appelait Jacques.

Le rémouleur, en voyant pleurer ainsi la jeune fille, eut un mouvement de compassion pour l'affligée.

Il avait l'âme compatissante ce Pierre, pauvre être qui avait lui aussi souffert depuis sa naissance, et l'attendrissement le gagnait à la vue de cette douleur dont il ne pouvait encore soupçonner la cause.

Il allait interroger Louise, lorsque de nouveaux éclats de rire et des chants bachiques l'empêchèrent de donner suite à ce projet.

C'étaient quelques compagnons de son frère Jacques qui sortaient du cabaret, en état d'ébriété, et fredonnant des refrains à boire.

Deux d'entre eux s'approchaient en titubant, ce que voyant, Pierre eût bien voulu pouvoir emmener avec lui la jeune fille, pour épargner à celle-ci d'être accostée par les deux ivrognes.

Mais le malheur voulut que celui qui marchait en tête eût aperçu Louise.

Il s'élança vers elle, en chantant à tue-tête :

> Si le Roi m'avait donné
> Paris, sa grand' ville,
> Et qu'il eût fallu quitter
> L'amour de ma mie...

Et, s'interrompant dès qu'il fut tout près de l'aveugle :

— Tiens, fit-il avec un gros éclat de rire, la v'là, ma mie... C'est Rosalie !

Surprise, Louise avait jeté un cri de terreur, en disant :

— Ah! laissez-moi!... Laissez-moi!...

Mais l'ivrogne l'avait saisie par le bras et cherchait à l'entraîner vers son compagnon.

Le rémouleur sentit la colère l'envahir. Il allait s'élancer sur le brutal qui s'attaquait ainsi à une pauvre jeune fille sans défense.

A ce moment, le deuxième ivrogne arrivait.

— Elle a l'air joliment en colère, fit-il, ta Rosalie...

— Bah! répondit le premier, j'vas l'amadouer un brin...

Et, cherchant à caresser de sa grosse main la joue de Louise :

— Voyons, ma p'tite femme, faut faire une risette.

L'aveugle suffoquait. La terreur se joignait chez elle au dégoût.

— Grâce !... grâce !... s'exclama-t-elle en essayant de dégager son bras.

Alors le second ivrogne eut, paraît-il, une lueur de raison, car il dit à son compagnon :

— Viens donc... je te dis que ce n'est pas Rosalie... Est-ce que je ne la connais pas, ta femme ?

Et il voulut entraîner son ami, qui s'obstinait à crier :

— Mais oui, mais oui, tu la connais, j'sais bien...

— Pardié, je la connais mieux que toi, ta femme.

— Mais oui, mais oui, je sais bien.

Il paraît que ce petit dialogue avait calmé la gaîté de l'ivrogne, car celui-ci passa la main sur son front, comme pour chasser quelque souvenir désagréable...

Et il se laissa emmener.

Pierre poussa un soupir de soulagement en voyant la jeune fille débarrassée de ces deux ivrognes.

Le brave garçon aurait bien voulu se rapprocher d'elle, mais il n'osa le faire.

LES DEUX ORPHELINES

— Hé, l'avorton! qué qu'tu fais donc là?... Hé, l'honnête homme!... (P. 167.)

Il allait se retirer dans la direction du Pont-Neuf, lorsqu'il entendit la jeune fille murmurer :

— Ils sont partis !... Dieu soit loué !...

Puis après un silence :

— Mais où aller maintenant ?... Que faire ?... Je ne sais pas !... Je ne sais pas !...

Pour la seconde fois, un roulement de voiture l'ayant interrompue, Louise s'est en chancelant dirigée vers la droite.

C'est par là qu'elle entendait venir le véhicule.

— Une voiture ! s'écrie-t-elle... Mon Dieu, faites qu'elle me ramène ma sœur bien aimée !

Louise eut un moment d'espoir.

Hélas ! la déception ne se fit pas attendre... Cette voiture traversa rapidement le pont, et s'en alla à fond de train.

La pauvre aveugle écoute encore, que déjà le roulement ne se fait plus entendre.

Louise est restée immobile et comme rivée à la même place.

Un frisson lui a glacé le cœur.

La terreur s'empare d'elle. La malheureuse sent que la force l'abandonnera bientôt...

Ses jambes tremblent sous elle... Elle cherche, en tâtonnant dans le vide, à retrouver le banc dont elle s'est éloignée.

Que va-t-il lui arriver ? Son sang lui afflue au cœur; et des battements sourds résonnent dans son cerveau.

Elle n'a plus de larmes... De sa poitrine oppressée s'échappent des soupirs étouffés...

Elle ne peut plus en douter, on a enlevé Henriette... Sa sœur est maintenant peut-être bien loin, bien loin... Qui sait si elle la retrouvera jamais !

Cette pensée la rend folle.

Et, dans l'horrible situation où elle se trouve, elle se demande s'il lui reste un autre refuge que la mort.

La malheureuse aveugle en arrivait à un tel degré de désespoir, qu'elle oubliait jusqu'aux pieuses leçons dont on avait bercé son enfance, jusqu'aux sages paroles qu'elle même adressait, tout à l'heure, à Marianne Vauthier.

Elle qui, naguère encore, s'écriait : « Le suicide est un crime... » elle se demandait s'il ne valait pas mieux se traîner à tâtons jusqu'au parapet, et s'élancer dans le fleuve...

Elle se sentait perdue, sans espoir !

Pierre se décida à se rapprocher d'elle.

— Pourquoi ne vous retirez-vous pas, mam'zelle ? lui dit-il, est-ce que ce n'est pas bientôt l'heure de rentrer chez vous ?...

— Quelle heure est-il donc ? demanda Louise.

— Il est tard, bien tard, mam'zelle... Je n'ai pas de montre ; mais j'crois bien qu'il est tout près de neuf heures.

— Neuf heures ! s'exclama Louise, en joignant les mains...

— Et puis, reprit le rémouleur, j'ignore ce que vous faites ici, mais... si vous attendiez...

— Quoi ? interrompit vivement la jeune fille que cette question avait frappée...

Pierre craignit d'avoir, sans le vouloir, offensé son interlocutrice. Aussi n'osa-t-il répondre.

Et comme il gardait le silence, ce fut Louise qui entama de nouveau la conversation par ces mots :

— Je n'ai pas besoin de vous demander si c'est vous... Je vous reconnais bien à la voix... Oui, c'est vous qui m'avez sauvée quand j'allais être écrasée.

— Vous m'avez reconnu... à la voix ? fit Pierre étonné.

Et il répétait, comme en aparté :

« — A la voix ! »

— Hélas ! Monsieur, je ne pourrais vous reconnaître autrement... Je suis aveugle.

— J'vous demande excuse, mam'zelle, répondit doucement Pierre, je n'ai pas voulu vous offenser... Bien au contraire, je m'intéresse à vous... Et si vous avez besoin de quelqu'un pour vous accompagner, je suis là, mam'zelle, et vous pourrez compter sur moi...

Il avait parlé d'une voix si émue, que Louise eut confiance en cet étranger que le hasard avait envoyé à son secours.

Elle allait très probablement raconter à Pierre tout ce qui lui était arrivé depuis qu'elle était descendue, avec Henriette, de la rotonde du coche d'Évreux.

Il lui semblait qu'elle était en sûreté auprès de cet homme qui ne lui parlait cependant que depuis quelques instants :

— J'ai confiance en vous, Monsieur, reprit-elle, quelque chose me dit que vous êtes honnête et bon !... Oui, ajouta-t-elle après un court silence, je sens que vous ne m'abandonnerez pas au triste sort que je subis, et qui m'avait poussée aux résolutions les plus désespérées...

Le rémouleur ne savait plus que répondre.

Le pauvre diable subissait malgré lui l'influence de cette voix si persuasive et si touchante.

C'était la première fois qu'on lui parlait avec tant de douceur.

Il en était tout heureux et embarrassé en même temps.

Comment allait-il répondre à la confiance qu'on lui témoignait?

Certes, il avait toute la bonne volonté possible d'être utile à cette enfant qui l'implorait. Mais que pourrait-il faire?

Quelle protection pourrait-il offrir à la jeune fille?

Il avait maintenant la certitude qu'il se trouvait en présence de quelque grande infortune, qu'il serait, hélas! impuissant à soulager.

Jamais le bon naturel du rémouleur ne s'était encore trouvé à pareille épreuve.

Lui, dont l'existence n'avait été jusque-là qu'une succession de mauvais traitements de la part des siens, en récompense du travail dont on lui volait, chaque jour, le prix, il ne comprenait pas qu'on pût le croire digne d'affection et de respect.

Aussi éprouvait-il un sentiment étrange à s'entendre appeler « Monsieur », comme s'il eût été un homme *comme tout le monde*.

Il avait eu, dans le premier élan de son cœur, la volonté d'être utile à une inconnue, et il regrettait presque de s'être autant avancé..

Comment reculer maintenant?

N'avait-il pas dit : «... Si vous avez besoin de quelqu'un pour vous venir en aide,... je suis là, mam'zelle, et vous pouvez compter sur moi...?»

Eh bien! elle comptait sur lui, qu'allait-il faire?

Ah! s'il eût été son propre maître!.. S'il eût pu se débarrasser du joug que lui avaient imposé son frère Jacques et sa mère, il n'eût pas hésité à emmener cette inconnue en quelque lieu sûr, où elle eût pu convenablement passer la nuit!..

Et, dès le jour venu, il se serait occupé de savoir qui elle était, si elle avait une famille, et, en tout cas, de lui indiquer ce qu'il fallait faire pour obtenir un secours.

Mais le pauvre Pierre était loin de pouvoir disposer de lui-même.

Et, en réfléchissant que la Frochard n'allait pas tarder, sans doute, à arriver, Pierre se sentit tout troublé.

Disons-le enfin, le rémouleur avait honte de sa mère; il lui paraissait douloureux qu'on sût qu'il était, lui, le travailleur assidu et honnête, le fils de la mendiante.

Un pressentiment secret lui conseillait, d'ailleurs, d'éviter à la jeune fille le contact de la Frochard.

Il allait, pour cela, emmener la malheureuse enfant qui s'était placée sous sa protection dans une auberge du voisinage.

Il travaillait souvent pour l'aubergiste, et, en quelques mots, il le mettrait au courant de la situation.

Ayant pris cette résolution, Pierre fut pressé de s'éloigner du cabaret où l'orgie continuait à rugir.

En effet, la croisée était entre-bâillée, et l'on pouvait entendre les refrains chantés par des voix enrouées.

C'était un tohu-bohu de vociférations, d'éclats de rires s'alternant avec le choc des assiettes contre les tables, et le cliquetis des couteaux frappant avec rage contre les gobelets d'étain.

De l'endroit où il se trouvait, le rémouleur pouvait même apercevoir les silhouettes des convives de cet ignoble festin, se dessinant derrière la vitre, à la façon des ombres chinoises.

Ce spectacle écœura le brave garçon, d'autant plus qu'il avait, parmi tous ces ivrognes, distingué une silhouette de femme...

Et cette femme n'était autre que la Frochard.

C'était sa mère qui, le gobelet en main, répondait à quelque propos graveleux, et tenait tête à tous ces garnements, ivres, titubant et puant le vin !...

Pierre détourna les yeux de ce spectacle qui lui faisait monter le rouge au front.

Et, plus que jamais, il se dit qu'il fallait empêcher que la Frochard se trouvât avec la jeune fille.

Pour commencer, il lui avait pris doucement la main qu'il fit mine de vouloir passer sous son bras. Louise n'opposa aucune résistance.

N'avait-elle pas confiance en lui, ainsi qu'elle le lui avait dit ?

— Où allons-nous ? demanda-t-elle simplement, car vous consentez à me secourir ?

Pierre était sur le point de répondre...

Mais, au moment où il se disposait à parler, il éprouva une commotion violente.

La parole expira sur ses lèvres.

Et il fit un brusque mouvement pour dégager, de dessous son bras, la main que la jeune fille lui avait abandonnée sans la moindre méfiance.

Et, vivement, il s'éloigna d'elle.

Étonnée de ce changement auquel elle s'était si peu attendue, l'aveugle s'écria toute tremblante :

— Qu'y a-t-il donc, Monsieur?.. Pourquoi vous éloignez-vous de moi? Mais ce ne fut pas Pierre qui lui répondit.

Ce fut une voix qu'elle entendait pour la première fois, une voix éraillée, criarde, qui la fit tressaillir.

C'était une voix avinée qui criait :

— Hé, l'avorton !.. qué qu'tu fais donc là?... Hé, l'honnête homme, y aura là-haut des couteaux à r'passer demain... Nous les avons joliment ébréchés, va, l'avorton !..

XVIII

La Frochard sortait du cabaret.

Et ce n'était pas sans peine qu'elle était parvenue à brûler la politesse, — comme elle disait, — à l'« aimable société ».

Lorsqu'elle avait parlé de se retirer, tous les amis de Jacques avaient, d'un commun accord, fait le cercle autour d'elle, en chantant :

> S'en ira,
> N's'en ira pas!

Et Jacques criait et chantait plus fort que tous les autres !

Mais la vieille femme, en mendiante pratique qu'elle était, se disait qu'il faudrait dès le lendemain matin se remettre à la besogne.

S'adressant alors à son fils :

— Mon chérubin ! fit-elle, il ne faut pas que j'passe la nuit ici !... C'est pas qu'ça serait déplaisant, mais les affaires avant tout !... il sera plus sage de rentrer...

Le beau Jacques comprit l'importance de l'argument, car il fit signe à ses amis de rompre le cercle formé autour de sa mère.

La Frochard sortit triomphalement du cabaret.

Et, en passant près de son fils, elle lui dit :

— Si tu veux rester encore, ne t'prive pas, mon chérubin... l'avorton a l'habitude de m'attendre... il doit être encore par là...

Puis, avant de s'éloigner, elle s'était retournée pour donner un dernier regard à son fils, en murmurant à part soi :

— Est y beau, c'chérubin-là!... Comme ça vous a l'vin gai !

Et, transportée d'amour maternel, elle envoya de la main deux tendres baisers à son Jacques.

Après le départ de la mendiante, le tapage avait recommencé de plus belle. Cependant Jacques se fatiguait de cette orgie ! Depuis quelques instants même, il paraissait presque soucieux.

Etait-ce le souvenir de Marianne qui produisait ce changement?

— Voyons !... voyons !... qué qu't'as donc, Jacques? lui cria-t-on, du bout de la table.

— Est-ce que t'as peur qu'on ait enlevé ta Marianne, la grande fille qui tape dur et boit sec?... ajoutait une voix.

— Ou bien, est-ce que t'as un autre amour dans l'cœur? dit un troisième convive.

Excité par ces lazzis, le beau Jacques releva la tête, et, comme s'il eût chassé un souci passager, il frappa du gobelet sur la table, en criant :

— Holà ! cabaretier !... du vin !... Et du meilleur !... Encore du vin !... Toujours du vin !...

Tout d'abord, par suite de son état voisin de l'ébriété, la Frochard n'avait pu se rendre bien compte de ce que faisait le rémouleur, au moment où elle l'avait aperçu.

Dans l'obscurité, elle n'avait vu qu'un groupe. Elle fit donc quelques pas en titubant un peu, n'ayant pas encore complètement repris son aplomb, depuis sa sortie du cabaret.

Mais elle avait la cervelle forte, cette mendiante ! Et elle pouvait à l'occasion tenir tête à bien des buveurs.

Aussi fut-elle bientôt en état de s'approcher assez pour interpeller Pierre.

— C'est'y bête d'être timide et renfermé comme tu l'es, l'avorton !... T'aurais mangé, bu, chanté et crié autant que tous les autres !... Tandis que t'es resté là, comme un nicodème, à t'ronger le cœur et à m'attendre !...

Le rémouleur, embarrassé de s'entendre traiter de la sorte en présence de la jeune fille, voulut se risquer à faire à sa mère signe de se taire.

Mais la Frochard, qui ne comprenait pas que ce misérable boiteux osât lui imposer silence, la Frochard mit ses deux poings sur ses hanches.

— Je me confie à vous, Madame! (P. 176.)

Et, tout en parlant, elle s'était approchée.

En apercevant Louise, elle faillit pousser un cri de surprise. Mais le rémouleur avait un air si suppliant que la vieille femme comprit aussitôt qu'elle devait changer de langage.

C'est ce qu'elle fit, en prenant sur un ton doucereux :

— Qu'est-ce que vous avez donc, mam'zelle, à trembler comme ça ? On dirait une pauvre petite tourterelle.

Pierre voulut intervenir.

— Cette demoiselle, dit-il, a manqué d'être écrasée par une voiture...

— Quand ça? demanda la mendiante en feignant de porter grand intérêt à l'inconnue.

— Mais tout à l'heure donc?

— Et, s'empressa d'ajouter Louise, si Monsieur ne s'était pas trouvé là pour me porter secours...

— Qui ça?... l'avorton? s'exclama la vieille femme.

Puis, sur un signe de son fils, elle baissa la voix pour ajouter :

— Comment, mon fils, c'est toi qui as eu le bonheur de sauver Mademoiselle?

La Frochard entrevoyait déjà la possibilité d'une récompense.

Aussi, se rapprochant de Louise :

— Faut pas trembler comme ça, mam'zelle, fit-elle, y a plus de danger !..

Pierre ne quittait plus la jeune fille des yeux.

Mais la Frochard était bien trop occupée maintenant pour s'apercevoir de l'air satisfait du rémouleur et de la singulière mine que faisait ce pauvre boiteux.

Elle avait pris la main de Louise, et disait à celle-ci :

— Comment ça vous est-il donc arrivé, mam'zelle?... Une voiture.... ça s'entend d'assez loin;... ça se voit, et la rue est bien assez large pour qu'on se gare !...

Toute tremblante, Louise se cramponnait à la personne qui lui parlait de ce ton apitoyé...

— Ah! Madame! murmura-t-elle d'une voix qui témoignait de l'émotion la plus vive, Madame, ne me quittez pas !... Je vous en supplie !...

Pierre avait fait un pas, et, regardant sa mère :

— Pauvre demoiselle, dit-il, il était temps que je la retire de dessous les chevaux, les roues allaient lui passer sur le corps... y a bien de quoi être encore effrayée...

Puis s'approchant de Louise :

— Mais maintenant, calmez-vous, mam'zelle! c'est fini !

D'un coup de coude, la Frochard repoussa le rémouleur. Il ne lui plaisait pas qu'il fît si peu valoir le service qu'il avait rendu à l'inconnue.

Et s'adressant à celle-ci :

— Vous aviez donc tout à fait perdu la tête, ma petite? fit-elle en haussant les épaules...

— Ah! oui Madame, j'étais folle !... Je ne savais plus ce que je faisais, où j'allais...

— Pardié, ricana la mendiante, vous alliez tout droit, à c'qui paraît, sous les roues de la voiture...

— Madame, je vous en supplie de nouveau, ne vous éloignez pas de moi, ne me quittez pas.

La Frochard était tout à fait dégrisée.

Depuis quelques secondes, elle ne détachait pas les yeux du visage de la jeune fille, et son regard semblait dire à Pierre : « Pour une fois, l'avorton, tu auras eu la main heureuse. »

Qu'entrevoyait déjà cette misérable créature ?

La possibilité de rendre service à quelqu'un ?

Assurément non !...

Elle n'avait le cœur sensible que pour son Jacques, le beau gars, le vrai portrait et tout le sang du père Frochard...

Pour s'intéresser, ainsi qu'elle le faisait, à cette jeune fille, il fallait qu'elle eût l'espoir d'avoir trouvé une affaire lucrative.

Elle pensait avoir mis la main sur quelque naïve enfant de province, qui devait posséder de bonnes petites économies.

Pour s'en assurer, la mégère hasarda :

— C'est égal, ma petite, y n'y a pas de prudence à rester tard comme ça dans les rues et sur les places publiques... C'est dangereux à Paris... surtout si on a de l'argent sur soi...

Elle attendit la réponse avec quelque anxiété.

— Ah ! Madame, répondit Louise, je n'étais pas seule dans cette rue, ma sœur était là... près de moi !...

— Vot' sœur ! dirent en même temps Pierre et la Frochard.

— Oui !... Il n'y a qu'un instant !...

— Eh bien ! où est-elle, à c'tte heure ?

— On l'a enlevée !...

— Enlevée !

Ce cri s'était échappé des lèvres du rémouleur.

— Enlevée ? répéta la mendiante.

Louise avait caché son visage dans ses mains. La pauvre enfant pleurait à chaudes larmes...

— Voyons, ma petite, reprit la Frochard, faut pas vous faire du chagrin comme ça, ça s'retrouve une sœur, que diable !... surtout qu'elle est grande, sans doute ?

— Elle a dix-huit ans, comme moi !

— Dix-huit ans ! fit la mendiante en poussant un soupir significatif de regret.

Puis, toujours très empressée auprès de la demoiselle :

— On n'la peut-être pas enlevée pour de vrai...

— En tout cas, dit Pierre, y faut tout de suite aller prévenir vos parents.

— Oui, c'est ça même, ajouta la Frochard.

— Nous vous accompagnerons ! déclara Pierre.

Mais Louise étouffa un soupir...

— Hélas ! dit-elle à mi-voix, nous n'avons pas de parents..

— Vous dites ?

— Oui, madame, nos... parents...

— Ne sont pas à Paris ? demanda le rémouleur avec empressement.

— Ils sont morts !... prononça Louise d'un ton attristé.

Et, saisissant les mains de la mendiante, elle ajouta en sanglotant

— Nous sommes orphelines !...

Pierre était profondément ému. Le brave garçon essuyait, du revers de sa grosse main de travailleur, une larme qui lui était venue aux yeux en voyant pleurer la jeune fille.

Quant à la mégère, elle éprouvait un secret contentement de tout ce qu'elle apprenait.

Néanmoins, elle poursuivit en essayant d'adoucir sa voix.

— Si vous n'avez pas de parents,... vous avez du moins des connaissances dans la ville !

— Eh bien ! dit le rémouleur, on les retrouvera ces connaissances nous vous ramènerons à vos amis...

— Nous sommes arrivées à Paris il n'y a que peu de temps, déclara Louise, et nous n'y connaissons personne.

Pour le coup la Frochard ne put dissimuler sa vive satisfaction.

C'est avec un éclat de voix plus sonore qu'elle répéta :

— Personne !

— Mais Pierre était on ne peut plus émotionné, lui. Autant sa mère éprouvait de contentement à la pensée qu'elle allait tirer un bénéfice quelconque de cette aventure, autant l'honnête rémouleur désirait être utile à l'orpheline qu'on avait brusquement séparée de sa sœur...

Et s'adressant à Louise :

— Mam'zelle, lui dit-il, qu'est-ce que c'étaient donc que les gens qui ont emmené votre sœur ?...

La jeune fille gardant le silence, le rémouleur reprit :

— Des gentilshommes ?... ou des autres ?...

— Eh ! comment le saurais-je ? soupira Louise.

— Ça se voit, pardiette bien, aux habits ? fit la Frochard.

— Mais... je suis aveugle, Madame !... balbutia la pauvre fille...

— Aveugle! fit la mendiante.

Et dans l'exclamation qui s'échappait de sa bouche, il y avait une expression étrange.

La mégère regardait avec la plus vive attention le visage de la jeune fille, et ses vieilles joues ridées s'enluminaient subitement, comme si la hideuse créature eût caressé déjà quelque odieux projet.

Et, toute à la joie qu'elle éprouvait intérieurement, la mendiante ruminait à mi-voix, comme se parlant à elle-même :

« — Sans parents;... sans connaissances à Paris!... c'est une chance c'qui m'arrive là!... sans compter que c'est jeune!... c'est gentil!... et aveugle!

Le rémouleur avait, par hasard, entendu ces derniers mots, car il s'approcha tout près de sa mère pour lui dire à l'oreille :

— N'est-ce pas, mère, qu'elle est bien jolie!...

Et le pauvre boiteux répétait tout bas, pour lui seul, cette fois :

— Oh!... oui, bien jolie!...

La Frochard eut un mouvement de mauvaise humeur à l'adresse de son fils qui se permettait d'avoir un avis sur la jeunesse et la beauté de l'inconnue.

Elle toisa dédaigneusement le boiteux en lui disant :

— Va reprendre ta boutique, c'est assez de moi, ici, pour m'occuper de Mademoiselle...

Mais Pierre ne se sentit plus offensé des rudesses de sa mère...

A l'idée qu'il allait pouvoir, de nouveau, causer avec son inconnue, tout à son aise, le pauvre diable se sentait presque heureux.

Il ne pensait certes pas à désobéir, lorsque sa mère lui avait, brutalement, intimé l'ordre d'aller reprendre sa boutique et de déguerpir au plus vite.

— Oh! oui, mère, fit-il, faudra aider Mademoiselle à chercher, . à retrouver...

La mégère le repoussa violemment; le pauvre boiteux trébucha contre le trottoir et faillit tomber.

Mais il ne se plaignit pas de cette brutalité.

Il se remit le mieux qu'il put sur ses jambes.

Et c'est même avec un sourire qu'il dit à sa mère:

— J'm'en vas reprendre ma boutique, et en route ! Mais, ajouta-t-il, faudra l'aider à retrouver sa sœur.

— C'est bon!... c'est bon! interrompit la Frochard; ça me regarde, et, j'sais bien ce que j'ai à faire...

Louise avait entendu cette phrase, mais elle ne se doutait pas de la pantomime qui l'avait accompagnée...

Si elle eût pu voir les geste de la Frochard, et le sourire étrange qui éclairait, en ce moment, le visage de l'horrible créature, certes elle eût éprouvé une terreur profonde.

La malheureuse aveugle craignit, au contraire, qu'on eût l'idée de l'abandonner.

Elle hasarda même cette question, bien timidement :

— Vous n'allez pas me laisser ici.., n'est-ce pas, Madame ?

— Plus souvent, dit la mendiante, que je vous abandonnerais, ma pauvre petite ; ne croyez pas ça, n'ayez pas peur !

Et comme Louise cherchait en tâtonnant dans le vide :

— Venez, ajouta-t-elle, je suis là, près de vous !...

Pierre avait fait quelques pas ; puis il s'était arrêté, se retournant pour jeter un coup d'œil sur Louise.

Il éprouvait quelque chose d'étrange, et que n'avait encore jamais ressenti ce disgracié de la nature.

Il regardait l'aveugle avec attendrissement, et il se disait :

— Aveugle !... Si jeune, et... si jolie !

Un triste sourire se dessina sur ses lèvres...

Il regarda, encore une fois, la jeune fille en murmurant :

— Jolie !... Eh bien, qu'est-ce que ça te fait à toi, l'avorton !

Et, s'arrachant alors à la contemplation qui l'avait tenu ainsi, à la même place, Pierre se mit à boiter plus vite pour aller reprendre sa boutique.

Or, pendant que le rémouleur s'empressait ainsi de gagner le parapet du Pont-Neuf, la Frochard, restée seule auprès de l'aveugle, se laissait aller aux réflexions suivantes : « Ah !... j'suis trop vieille, dit-on, pour qu'on me donne des sous... Ah ! on n'donne pas aux vieilles !... C'est bon !... C'est bon !... »

Puis, tout en ruminant ainsi, elle détaillait minutieusement les traits de la jeune fille que le hasard mettait en son pouvoir.

Et la Frochard, pensait :

— C'est qu'on ne dirait jamais à voir ses yeux qu'elle est aveugle !... C'est joli, joli tout plein... Un vrai petit minois de duchesse... On veut de jeunes et jolies mendiantes !... Eh bien !... vous en aurez, mes bons messieurs !...

Et, cyniquement, elle pensait :

— Si mon chérubin d'Jacques la voyait !...

Elle s'interrompit en s'apercevant que Pierre revenait, sa boutique sur l'épaule.

Saisissant la main de Louise, elle la passa rapidement sous son bras, comme si elle eût eu peur que la jeune fille lui échappât :

— Voyons, dit-elle, faut plus vous désoler comme ça, ma petite... Y s'trouvera peut-être de bonnes âmes du bon Dieu qui vous aideront à chercher vot'sœur...

Louise eut un mouvement de déception...

— Mais je vous ai dit, Madame, que je ne connais personne à Paris, et que je ne sais, hélas ! à qui m'adresser...

C'est sans doute cette phrase qu'attendait la Frochard, car elle s'empressa de répondre :

— Eh bien, à moi donc !

— A vous, Madame ?

— Pourquoi pas ?... à moi, ma petite, une honnête mère de famille qui vous aidera dans vos recherches...

— Oh ! merci, Madame, murmura l'aveugle, Dieu vous récompensera du bien que vous allez faire à une pauvre abandonnée...

Cette perspective d'une récompense aussi problématique fit sourire la mégère.

Néanmoins elle reprit :

— Oui, ma petite, vous aurez affaire à une brave femme qui n'a jamais fait de tort à âme qui vive, et qui sera heureuse de vous donner un asile, en attendant que vous ayez retrouvé votre pauvre sœur qu'on vous a enlevée...

Louise pressa affectueusement le bras de sa protectrice improvisée.

Et, avec une angélique douceur, elle dit à l'horrible femme :

— Ah !... Madame,... que vous êtes bonne d'avoir ainsi pitié de moi, d'une pauvre inconnue...

Puis avec vivacité :

— Nous retrouverons ma sœur, n'est-ce pas ?... Nous la retrouverons !...

— Mais oui, mais oui ! affirma la Frochard ., nous la retrouverons ben sûr... en y mettant le temps.

Et, faisant une grimace significative, elle ajouta à part :

— Beaucoup, beaucoup de temps !

Puis reprenant la main de la jeune fille :

— Vous v'là rassurée, à c'tte heure !... Eh bien, allons, venez !...

Et, tout en entraînant l'aveugle, elle lui disait :

— Ah ! je vous avertis, par exemple, ce n'est pas dans un palais que je vous mène, ma petite !...

Louise hocha tristement la tête :

— Hélas, Madame, soupira-t-elle, pour moi toutes les demeures sont les mêmes ! puisque je suis...

— Tiens, c'est vrai, interrompit la mendiante, une aveugle !...

Et elle ajouta en riant sous cape :

— C'était pas la peine de rabaisser mon Louvre.

Louise n'entendit pas, fort heureusement ; la pauvre enfant était trop émue pour distraire sa pensée de l'idée fixe qui l'occupait tout entière...

Et lorsque la Frochard lui eut dit :

« — Venez, mon enfant... du bon Dieu,... venez ! »

Elle se laissa emmener en répondant :

— Je me confie à vous, Madame !

— Et vous êtes joliment bien tombée, allez, ma petite ! fit la mendiante en clignant de l'œil.

Et comme en ce moment le rémouleur était revenu auprès de la jolie aveugle, ainsi qu'il appelait déjà Louise, la Frochard lui dit :

— Allons, Pierre, suis-nous.

Au nom de Pierre, prononcé sans qu'elle s'y fût attendue, la jeune fille fit un léger mouvement de surprise.

La Frochard crut que la jeune fille voulait être renseignée au sujet de la personne qui se trouvait là...

— C'est à mon fils que je parle..., fit-elle.

— Votre fils ?

— Oui !... un bon travailleur qui, du matin au soir, court la pratique pour gagner sa vie, et... aider sa pauvre mère !...

— C'est lui, qui...

— M'a arrachée..., interrompit Louise en faisant un pas dans la direction où se trouvait Pierre.

— Oui, ma petite, continua la mendiante, qui vous a arrachée de dessous les chevaux, où vous n'étiez pas dans une jolie position, à ce qu'y paraît...

— C'est mon fils, ma petite, c'est lui-même.

Alors, sans hésiter, l'aveugle tendit sa main restée libre comme pour appeler celle de son sauveur.

Elle voulait témoigner toute sa reconnaissance à cet inconnu qui lui avait sauvé la vie ; mais c'est à peine si Pierre osa effleurer, du bout des doigts, la main qu'elle lui présentait.

Mais prise à bras-le-corps, de façon à ne plus pouvoir bouger... (P. 183.)

Et, bien que son interlocutrice ne pût pas le voir rougir, il n'en baissa pas moins les yeux, lorsque Louise lui dit avec effusion :

— Combien je vous remercie... de ce que vous avez fait pour moi, Monsieur ! Mais vous-même, en vous précipitant au-devant des chevaux pour me sauver..., n'avez-vous pas couru un grand danger ?...

— Bah ! il a la peau dure, l'avorton ! ricana la mendiante qui voulait maintenant mettre fin à cette conversation qu'elle jugeait inutile.

Pierre était sous un charme auquel il ne pouvait s'arracher...

Il restait là, absorbé dans cette pensée qui lui revenait sans cesse :

« — Qu'est-ce que ça peut me faire à moi qu'elle soit jolie ?... »

Cependant la Frochard, repoussant le rémouleur pour qu'il lui fît place, emmenait Louise.

Pierre avait exhalé un long soupir.

Il marchait derrière la jolie aveugle, se répétant toujours :

« — Qu'est-ce que ça peut t'faire, à toi, l'avorton. »

De son côté, la Frochard se disait :

« — Je crois que je tiens un fameux gagne-pain ! »

Depuis que Pierre suivait la jeune inconnue, il se sentait, avons-nous dit, tout autre.

Il n'éprouvait plus, comme un instant auparavant, la fatigue d'avoir marché toute la journée et de s'être meurtri l'épaule à porter sa boutique à travers les rues.

Ses yeux, — qui avaient tant pleuré déjà, — étaient moins sombres, moins abattus.

Le rémouleur, d'ordinaire si triste, avait, maintenant, comme un vague sourire sur les lèvres...

Il marchait presque fièrement, et comme s'il eût voulu redresser sa taille un peu voûtée.

On eût pu croire, en outre, qu'il s'efforçait de ne pas autant traîner la jambe pour ne pas boiter si bas...

Et, dans ce moment, où s'accomplissait en lui un si notable changement, le pauvre ouvrier se disait en lui-même :

— C'est drôle !... je ne sais vraiment pas ce que j'éprouve !... Il me semble que je suis moins seul sur la terre !

. . . .
. . . .

Les passants devenaient de plus en plus rares. A peine quelques bourgeois attardés traversaient le Pont-Neuf pour regagner leur domicile.

Les rares consommateurs qui se trouvaient encore dans le cabaret étaient tout au fond de l'établissement, occupés qui à boire, qui à terminer quelque partie de cartes ou de trictrac.

Sur les quais, les mariniers, ayant achevé leur journée, s'en allaient au logis en chantonnant.

La Frochard pressait le pas, entraînant l'aveugle qui la suivait silencieusement.

Louise était tout entière à ses tristes réflexions.

Après avoir eu un moment d'espoir, elle était retombée dans sa tristesse...

Après avoir supplié qu'on ne l'abandonnât pas, elle éprouvait comme une vague inquiétude qu'elle cherchait vainement à surmonter.

Et cette femme qui lui avait paru prendre intérêt à sa position, cette femme qu'elle avait remerciée, du fond du cœur, de sa bonté, de sa sympathie pour son malheur, cette femme lui faisait presque peur, à présent qu'elle se sentait absolument en son pouvoir.

Par moments même, sa main se prenait à trembler sur le bras de la Frochard.

Cependant elle avait toute confiance en l'homme qui l'avait sauvée ; c'était pour elle un soulagement de savoir que cet inconnu l'accompagnait...

Aussi fit-elle un effort sur son esprit pour en chasser les mauvais pressentiments qui l'assiégeaient...

Le petit groupe composé de Louise, de la Frochard et du rémouleur, — celui-ci fermant la marche, — allait s'engager dans la rue Dauphine, lorsque, tout d'un coup, la mendiante s'arrêta court...

— Qu'est-ce qu'y a donc, mère ? demanda Pierre en écoutant.

Mais la Frochard, sans répondre, lui montra, de la main, des ombres qui arrivaient par le fond de la rue.

Louise, ignorant ce qui se passait, n'osait interroger. Et cependant elle se sentait, de nouveau, envahie par la peur.

— Ce n'est rien, insinua la mendiante, en s'apercevant de la frayeur qui s'était emparée de la jeune fille.

Mais elle jugea néanmoins prudent de rebrousser chemin.

Faisant signe à Pierre de la suivre, la Frochard, longeant les murs, revint sur le quai de Conti.

Au bout de quelques instants, les ombres qu'elle avait aperçues et qu'elle avait voulu éviter de rencontrer se dessinèrent au débouché de la place Dauphine...

— Des soldats du guet ! murmura le rémouleur à l'oreille de sa mère...

— Juste !... fit la Frochard...

— Tiens, reprit Pierre, on dirait qu'ils emmènent un prisonnier...

...Et au bout d'une seconde :

— Ah ! c'est une femme ! ajouta-t-il.

— Une pauvre malheureuse, sans doute ! répondit Louise...

— Ou quelque voleuse qui a eu la bêtise de se laisser pincer, ricana la mendiante.

Puis, changeant de ton :

— C'est égal, Pierre, fit-elle avec une tristesse feinte, allons-nous en, je n'aime pas à voir ces choses-là, ça me fait trop de peine !

La vérité était que la Frochard ne se souciait nullement que l'aveugle, ayant été aperçue par les soldats, fût interrogée par ceux-ci.

Elle supposait, avec raison, que ces militaires, apprenant l'aventure de cette malheureuse enfant, la conduiraient au bureau de police, pour qu'elle fît sa déposition à qui de droit.

Or, cela n'était pas le compte de la mendiante qui, plus que jamais, se persuadait qu'elle avait un gagne-pain pour la fin de ses jours.

Elle supputait déjà dans sa pensée les gros bénéfices à réaliser, grâce à l'exploitation d'une aveugle jeune et jolie !

— Allons-nous-en un peu plus loin ! fit-elle en s'adressant à Pierre, nous reviendrons quand ils auront déguerpi...

— Allons ! répéta le rémouleur, c'est quelque fille que l'on mène à la Salpêtrière...

Et il suivit, sur le quai Conti, sa mère qui entraînait précipitamment la pauvre Louise émotionnée de ce qu'elle venait d'entendre...

Mais à peine le groupe des trois personnes avait-il fait quelques pas sur le quai, qu'un cri retentissait...

Ce cri, c'était la prisonnière qui l'avait poussé...

En se retournant, Pierre vit la femme que les soldats emmenaient gesticulant avec violence, essayant de se débattre, comme si elle eût voulu prendre la fuite...

— Tiens, mère, dit-il, v'là qu'elle nous montre du doigt, cette femme... Qu'est-ce que cela veut dire ?...

— Cela veut dire, l'avorton, que ces affaires-là ne nous regardent pas, et que nous allons filer plus vite que ça...

En même temps la Frochard allongeait le pas dans la direction opposée à celle que semblaient prendre les soldats du guet.

La pauvre Louise tremblait de tous ses membres.

Elle se laissa conduire sans protester...

N'était-elle pas désormais à la merci de ces étrangers qui avaient bien voulu se charger d'elle ?

. . . .

Or Pierre ne s'était pas trompé en disant que la prisonnière les avait désignés de la main.

Celle qu'emmenaient les soldats du guet n'était autre que Marianne Vauthier, la voleuse.

Après qu'on eût constaté son identité et procédé à son interrogatoire dans le bureau de police, on la conduisait en prison, pour qu'elle attendît le jour de son jugement.

La malheureuse, qui avait pris la détermination de se soustraire à la fatale domination de Jacques, — et cela à n'importe quel prix, — subissait avec résignation son sort.

Elle avait montré, devant l'officier de police qui l'avait interrogée, autant de repentir que de sincérité.

Ses aveux avaient été complets. Et en les faisant, d'une voix calme, avec la résolution formelle d'expier sa faute, Marianne Vauthier avait, dans le souvenir, les touchantes exhortations des deux jeunes filles que le hasard lui avait fait rencontrer.

Elle se rappelait avec quelles bonnes paroles ces inconnues lui avaient montré le suicide comme un crime.

Elle se souvenait de la pitié que lui avait témoignée cette pauvre aveugle, dont la voix avait vibré jusqu'au fond de son cœur.

Elle était convaincue de s'être régénérée au contact de ces innocentes jeunes filles.

Et c'est parce que ces chères inconnues lui avaient parlé d'une réhabilitation possible par le repentir sincère, qu'elle était venue d'elle-même au devant du châtiment.

Après avoir fait l'aveu complet de sa misérable existence, après avoir raconté dans ses détails, à l'officier de police, comme elle l'avait fait précédemment à Henriette et à Louise, — le vol odieux qu'elle avait commis, Marianne Vauthier était demeurée comme soulagée d'un poids qui lui avait jusque-là broyé le cœur ; et calme, résignée, elle marchait au milieu des soldats qui la menaient en prison.

Pendant tout le commencement du trajet, elle se tenait la tête baissée, et comme en proie à une profonde rêverie.

Puis, en apercevant de loin la tête du pont, elle n'avait pas été maîtresse d'un brusque mouvement.

Ce que voyant, le sergent du guet l'interpella :

— Eh bien ! qu'avons-nous donc ?... Est-ce que nous voudrions nous aller jeter par-dessus le pont ?

— Non ! avait répondu Marianne en reprenant son attitude calme, je me souvenais que tout à l'heure, là bas, j'avais couru au-devant de vous pour vous supplier de m'arrêter...

— Et ça vous faisait quelque chose de repasser par là ? insinua le sergent.

— Oui ! répondit simplement Marianne.

A mesure qu'elle avançait dans la direction du fleuve, où, sans la charitable intervention des deux sœurs, son cadavre aurait été emporté par le courant, elle éprouvait un irrésistible serrement de cœur... Elle évoquait le souvenir de celles qui avaient été ses bons anges gardiens.

Elle avait donc repris résolûment sa marche, lorsqu'en arrivant à l'extrémité de la rue elle aperçut trois personnes qui semblaient fuir avec une certaine précipitation.

Elle jeta machinalement un regard de ce côté. Et, soudain, elle poussa un cri...

C'est ce cri qu'avait entendu Pierre et qui avait si fort effrayé la Frochard.

Ce cri, Marianne l'avait poussé en reconnaissant l'une des jeunes filles auxquelles elle pensait en ce moment même...

Elle avait, de loin, reconnu l'aveugle dont les bonnes paroles résonnaient encore dans son cœur...

Oui, oui, c'était bien elle !.. Mais alors pourquoi sa sœur n'était-elle plus là ?

Pourquoi ceux qui l'accompagnaient avaient-ils l'air d'entraîner la jeune fille ?

Tout à coup les regards de Marianne s'étaient arrêtés sur l'homme qui suivait les deux femmes...

Elle le connaissait bien le rémouleur boiteux... C'était le frère de Jacques, le frère de son misérable amant !

Pourquoi cet homme accompagnait-il l'aveugle ?

Et cette femme qui tenait la jeune fille étroitement par le bras, cette femme c'était la Frochard !...

La Frochard !

Louise en compagnie de la Frochard ! Marianne, à cette vue, se sentit frappée d'épouvante.

Pourquoi la malheureuse enfant avait-elle consenti à suivre la mère et le frère de Jacques ?

Où la conduisaient-ils ?

Elle avait peur de le deviner.

Et, sans prendre le temps de réfléchir, elle avait poussé un cri de stupeur et d'effroi.

Par cette exclamation désespérée elle avait tenté d'attirer l'attention de l'aveugle...

Elle aurait voulu qu'elle pût l'entendre et comprendre ce que signifiait ce cri déchirant...

Mais en voyant que le groupe fuyait devant elle, que la mégère, après s'être arrêtée un instant, s'était remise à entraîner la jeune fille, Marianne, oubliant qu'elle était prisonnière, prit son élan pour courir vers ceux qui emmenaient l'aveugle.

Mais, à ce mouvement qu'il prit pour une tentative d'évasion, le sergent du guet fit un bond et empoigna la fugitive...

Il appela ses hommes.

— Faites bonne garde ! commanda-t-il.

Aussitôt les soldats entourèrent leur prisonnière et voulurent l'emmener.

Mais Marianne se débattait, maintenant, et tentait de s'arracher des mains des soldats... Elle faisait des efforts surhumains pour recouvrer sa liberté, ne fût-ce que pendant quelques secondes...

Juste le temps de courir vers l'aveugle et de lui dire : « Fuyez ces gens-là !.. fuyez-les, car cette femme est la mère de l'homme qui m'a précipitée dans la fange où je suis tombée ! »

Et, à bout de force, Marianne s'adressa au sergent :

— De grâce, supplia-t-elle, laissez-moi aller parler à ces gens que vous voyez là-bas...

Un éclat de rire accueillit cette demande.

Marianne ne se tint pas pour battue :

— Je vous en prie, Monsieur, ne m'empêchez pas, ne me refusez pas... Vous voyez bien dans quel état je suis, vous voyez bien que je ne vous mens pas, et que je reviendrai !...

— Vous êtes donc folle ! répondit le sergent.

— Oui, je suis folle !... Mais si vous me refusez ce que je vous demande, vous allez peut-être laisser s'accomplir un grand malheur.

— Assez causé, ma belle, prononça le sergent en prenant le ton sévère.

Et s'adressant à l'escouade :

— Allons, vous autres, en route !.. Et, ajouta-t-il durement, si elle refuse de marcher, portez-la.

En recevant l'ordre d'agir vigoureusement, les soldats s'étaient emparés des bras de leur prisonnière, et allaient obéir à leur chef.

Marianne eut un cri de rage impuissante.

Et, faisant un nouvel effort, elle se mit à lutter plus énergiquement que jamais.

Mais prise à bras-le-corps, de façon à ne plus pouvoir bouger, la malheureuse femme perdit l'espoir de courir auprès de l'aveugle et se mit à crier de toutes ses forces :

— Mademoiselle !... Mademoiselle !... Méfiez-vous de ces gens-là !... Méfiez-vous de la...

Mais sa voix ne parvenait plus aux oreilles de Louise.

La Frochard avait, comme on le sait, jugé prudent de faire activer le pas à l'aveugle.

La pauvre fille avait de la peine à la suivre. Mais qu'est-ce que cela faisait à la mégère ?

L'important était pour elle que sa proie ne lui échappât plus...

Pierre suivait, silencieux, et fort impressionné des cris qu'il avait entendus...

Cependant il ne fit pas de réflexions à cet égard. Il se contenta seulement de se retourner plusieurs fois, pour voir ce qui se passait entre cette femme et les soldats du guet.

Et, tristement, il dit à sa mère :

— C'est bien sûr une prisonnière qu'on emmène et qui a essayé de s'évader en route !... Mais cette fois, si elle s'échappe elle aura de la chance, car on la porte comme un paquet...

Le fait est que la pauvre Marianne avait été enlevée à bout de bras, malgré sa résistance.

Elle n'espéra plus pouvoir s'échapper des mains de ceux qui la retenaient, car elle se mit à pleurer, en s'écriant : « Seigneur, ayez pitié d'elle, comme elle a eu pitié de moi !... Épargnez-lui toute peine et tout malheur... »

— Amen ! fit le sergent du guet.

Et l'escouade se remit en marche, en longeant le quai des Augustins...

Lorsqu'en se retournant, la Frochard vit qu'il n'y avait plus pour elle de danger, elle fit brusquement volte-face.

Surprise de ce changement de direction, l'aveugle hasarda cette question :

— Pourquoi retournons nous sur nos pas, Madame ?

— C'est que nous allons prendre par le plus court, ma petite !

Et elle ajouta en toisant la pauvre fille qui ne pouvait, hélas ! la voir :

— Il commence à se faire tard, et je n'ai pas l'habitude de traîner si longtemps dans les rues...

Louise ne répondit plus, et, docilement, elle suivit la mendiante.

Celle-ci était retournée à l'entrée de la rue Dauphine, elle s'y engagea, non sans avoir donné un dernier coup d'œil au cabaret dont la croisée s'était refermée.

Et, pensant à son chérubin, à son Jacques qui, sans doute, voulait tenir tête à tous les autres, elle envoya de la main un tendre adieu à ce fils bien-aimé.

LES DEUX ORPHELINES 185

Les couples ainsi formés se dirigeaient vers les pelouses. (P. 191.)

Pierre, tout absorbé, ne songeait guère à la préoccupation de sa mère.

Que lui importait, désormais, que la Frochard eût une préférence pour son fils aîné ?

N'aurait-il pas, à l'avenir, une compensation dans le souvenir de cette aveugle, qui s'était emparée de sa pensée tout entière ?

Certes, il se promettait, le brave garçon, de faire tout au monde pour retrouver la sœur disparue de celle qu'il considérait maintenant comme sa protégée...

Mais ce n'est pas sans mélancolie que le pauvre rémouleur songeait qu'il faudrait se séparer de « son » aveugle, lorsque celle-ci aurait retrouvé sa sœur !

Il sentait bien qu'il en serait affligé. Mais il se promettait de savoir où elle habiterait.

Et, chaque jour, dans ses courses, il ferait en sorte de passer devant sa maison...

Et l'aveugle saurait qu'il est là, car il crierait à tue-tête : « A repasser les couteaux, ciseaux, canifs !... A repasser les couteaux ! »

Le pauvre boiteux oubliait, en ce moment, sa difformité qui le rendait le point de mire des railleries des gamins du quartier.

Il se disait que sa petite aveugle ne le verrait pas, et cette pensée le consolait doucement...

Pourvu qu'il la vît, lui, il serait heureux...

Et c'est en ruminant toutes ces pensées que Pierre continuait à suivre mélancoliquement Louise...

Après être arrivée à peu près à moitié de la rue, la Frochard s'arrêta de nouveau...

On était à l'entrée d'une ruelle sombre, étroite, mais qui raccourcissait encore un peu la distance qu'il y avait à parcourir pour arriver au taudis de la mendiante.

— Pourquoi que nous passons par là ? demanda Pierre, qui craignait pour les pieds de l'aveugle le pavé rond et glissant de la ruelle.

— Qué qu'ça te fait, à toi, l'avorton ? riposta la mendiante d'une voix dont elle ne prit plus la peine de dissimuler les notes aigres, et qui fit tressaillir l'aveugle.

Le rémouleur se le tint pour dit, et emboîta le pas à la suite de sa mère qui entraînait brutalement la pauvre Louise...

Enfin, cette marche pénible arriva à son terme... La Frochard n'était plus qu'à une centaine de mètres de son domicile...

Avant de se hasarder dans la rue qui y conduisait, elle jeta un regard méfiant autour d'elle, afin de se bien assurer qu'il n'y avait pas de voisins sur le pas de leurs portes...

C'est qu'elle ne tenait pas à ce qu'on l'interrogeât sur cette jolie aveugle, avant qu'elle n'eût forgé quelque histoire pour expliquer sa présence.

Certaine de ne pas être vue, elle prit Louise par la main, avec une rudesse qui ne fut pas sans surprendre la jeune fille...

Et elle s'engagea dans la rue.

. . . .
. . . .

Au moment où l'aveugle venait ainsi de tomber dans les griffes de la Frochard, le carrosse dans lequel se trouvait Henriette endormie s'arrêtait à la grille du pavillon du Bel-Air.

XIX

Le pavillon du Bel-Air, où Lafleur avait été chargé de conduire ou plutôt d'entraîner la pauvre Henriette, était une de ces habitations mystérieuses situées ordinairement dans les quartiers les plus retirés, et que messieurs les roués appelaient leurs petites maisons.

Décorées dans le goût le plus luxueux et le plus lascif, elles avaient, pour la plupart, coûté des sommes énormes, de même que le Parc-aux-Cerf de sa majesté Louis XV avait, à lui seul, absorbé plus de cent millions, mais qu'importe! L'Etat avait payé pour le Roi, la famille payait pour nos jeunes élégants, et ils ne s'inquiétaient guère de la ruine générale qui devait résulter prochainement de toutes ces folles dépenses.

Pourvu que ces brillants gentilshommes menassent la vie à grandes guides, tout était bien !

L'existence scandaleuse du Régent et celle plus déplorable encore de Louis XV avaient porté un coup funeste aux mœurs du dix-huitième siècle en faisant pénétrer la corruption, la débauche, non seulement dans la haute noblesse, mais encore dans les ménages les plus paisibles, dans les familles les plus obscures.

Les grands seigneurs imitaient le Roi dans ses viles séductions et ses lâches violences.

Chaque jour des jeunes filles, presque des enfants, étaient enlevées, arrachées de force à leurs parents, quand elles n'étaient pas vendues par eux.

Séduites, corrompues et bientôt abandonnées pour laisser la place à d'autres, ces malheureuses créatures n'avaient plus qu'à choisir entre la misère et la prostitution.

De pareilles infamies ne pouvaient rester secrètes. Le cri des mères montait vers le ciel et, bientôt, de sourdes rumeurs grondèrent dans les profondeurs du peuple, qui parlait déjà d'aller brûler Versailles.

Effrayé de ces bruits sinistres, le Roi en était venu à éviter de traverser Paris pour se rendre à Compiègne ou à Fontainebleau, et il dut prendre, en dehors de la ville, un chemin qui fut appelé la « route de la Révolte ».

C'était près de là, au fond d'une ruelle à peu près déserte et dans un terrain ombragé par de beaux arbres, que le père de notre jeune marquis avait fait construire la somptueuse petite maison où nous allons bientôt introduire le lecteur.

Il en fit un véritable harem peuplé de demoiselles à la mode, de filles de l'Opéra et même, bien souvent, de grandes dames d'une vertu douteuse, mais d'un esprit et d'une gaîté qui permettaient tout.

Les soupers du pavillon de Presles firent bientôt concurrence à ceux du Palais-Royal et du Luxembourg.

On y faisait chair exquise, et l'on y buvait sec.

Puis, quand minuit sonnait, l'amphytrion donnait lui-même l'ordre qu'on éteignît toutes les lumières, afin, disait-il, qu'on pût, chez lui, s'enterrer vivant dans les délices de l'orgie!...

Il s'y enterra si bien lui-même qu'un beau soir on l'y trouva mort d'une attaque d'apoplexie foudroyante. Il laissait à son fils un nom souillé, une fortune aux trois quarts dévorée, et dont le nouveau marquis ne tarderait pas à dissiper le reste, car il avait été élevé à bonne école et dans les bons principes paternels : « Jouir du présent et se moquer de l'avenir! »

Et, pourtant, le Parc-aux-Cerfs n'existait déjà plus, les scandales de Versailles avaient pris fin, et bon nombre de grands seigneurs jugeaient prudent de fermer leurs petites maisons ou, du moins, d'en rendre les fêtes nocturnes plus rares et moins bruyantes.

On riait d'eux, on les appelait les timorés.

Mais, au fond, il y avait du vrai dans leurs appréhensions, car le ciel commençait à se couvrir de nuages menaçants.

En parlant de la nomination de M. de Linières comme lieutenant de police, nous avons déjà fait entrevoir les importantes réformes qui, disait-on, allaient être faites.

Le roi Louis XVI était un roi honnête homme.

Il avait horreur des abus honteux, des ignobles débauches des règnes précédents, et son plus grand désir était d'y mettre un terme.

Malheureusement les bonnes choses ne se font pas aussi vite qu'on le voudrait : on ne change pas tout à coup les habitudes, les mœurs d'une société corrompue depuis près d'un siècle par les tristes exemples qu'elle avait eus sous les yeux.

« — Avant qu'on en vienne là, disait notre beau marquis aux jeunes fous, ses compagnons de plaisirs, il se passera du temps !... Laissons donc les sages se bercer dans leurs songes d'anachorètes et faisons comme ont fait nos pères. »

Les soupers du pavillon du Bel-Air, interrompus pendant quelque temps, recommencèrent donc aussi joyeux qu'autrefois, et la perspective d'un gros héritage encourageait le marquis à ne pas ménager la dépense.

Du reste, le lecteur connaît déjà cet écervelé de marquis de Presles, pour lequel, on le sait également, son valet Lafleur professait le plus souverain mépris.

On a vu avec quelle désinvolture le gentilhomme avait disposé, par avance, de la liberté et de la vertu d'une jeune fille que le simple hasard lui avait fait rencontrer pendant le voyage d'Evreux à Paris.

Il avait suffi que la vue de Mlle Gérard eût agréablement flatté le regard du jeune roué, pour qu'il prît à celui-ci la détestable fantaisie de dire à son âme damnée Lafleur :

— Ça, drôle, te voilà bien averti, il faut que tu me rapportes ce gibier, à heure fixe, au pavillon du Bel-Air, où je traite de jeunes seigneurs comme moi, friands de chair fraîche.... comme moi !

On sait avec quelle soumission « intéressée » l'habile valet avait obéi aux ordres de son maître.

Ainsi qu'il l'avait annoncé à ses amis, le marquis de Presles voulait qu'on parlât de sa fête comme d'une merveille en ce genre.

Il voulait étonner les plus difficiles, et se faire proclamer le roi des roués.

Aussi jamais le pavillon du Bel-Air, — même au temps où le père du marquis donnait ces fêtes demeurées célèbres dans le souvenir des vieux roués, — n'avait eu un aspect aussi féérique.

Dans le jardin, tous les kiosques étaient brillamment illuminés.

Les bosquets, le bassin et les fontaines, entourés de naïades et d'amours, nageaient littéralement dans un bain de lumière...

C'était éblouissant.

Disséminés avec art dans le jardin, des statues, des vases remplis de fleurs. Et, au milieu de tout ce charmant pêle-mêle, des lampes suspendues, mêlant leur clarté aux rayons de la lune...

Lune exceptionnellement brillante, et qui allait éclairer la plus étonnante orgie que pût rêver un inassouvi comme l'était le jeune marquis de Presles.

Au fond du jardin, la table, somptueusement servie, n'attendait plus que les convives triés sur le volet parmi tout ce que Paris et Versailles comptaient de débauchés titrés.

Et dans toute cette mise en scène savamment étudiée, rien n'avait été oublié, pas même les petites tables préparées pour le jeu, car, pensait l'amphytrion, il n'y a jamais d'orgie complète sans quelques grosses pertes, et des louis cliquetant et trébuchant sur le tapis vert...

Et partout, dans ce magnifique jardin, un ameublement approprié à la circonstance : sièges rustiques, causeuses engageantes, fauteuils en tapisserie et en soie, pour les haltes forcées pendant cette frénésie de plaisirs...

Il n'est pas jusqu'à une balançoire qui se trouva là, dans un coin, dissimulée par des bosquets en fleurs, et sur laquelle les demoiselles de l'Opéra et les filles qu'on attend pousseront, à chaque élan, des petits cris sonnant clair dans le bourdonnement des conversations isolées et mystérieuses...

Ah! le marquis de Presles avait bien fait les choses, et cette orgie serait assurément son coup de maître.

Et voilà que le hasard s'est tout à coup chargé d'un de ces intermèdes de haut goût qui changent les simples succès espérés en triomphes retentissants.

Le marquis de Presles avait eu deux buts, en annonçant que cette fête dépasserait tout ce qu'on avait vu en ce genre.

D'abord, il s'était mis en tête d'étonner, ainsi que nous l'avons dit, ses compagnons de plaisirs, dont plusieurs s'étaient déjà aux trois quarts ruinés à vouloir lutter avec lui.

En outre, tout en cherchant à obtenir un succès de premier ordre, le jeune marquis voulait aussi lancer un défi au nouveau lieutenant général de police, M. de Linières, auquel on prêtait, — dès sa nomination à ce poste, — l'intention d'enrayer autant qu'il le pourrait les plaisirs scandaleux des gentilshommes de la cour.

On disait même tout haut que le comte de Linières avait des idées bien arrêtées sur la marche à suivre pour refréner les fantaisies d'une partie turbulente de la noblesse, et que, pour cela, il avait obtenu du Roi l'autorisation d'agir à sa guise.

Aussi le marquis de Presles avait-il tenu à avoir, au premier rang de ses invités, le propre neveu du farouche lieutenant de police, — le chevalier de Vaudrey.

N'était-ce pas, en effet, un premier échec subi par comte de Linières.

que d'attirer le jeune de Vaudrey en pleine orgie, et d'en faire un des principaux personnages de cette saturnale, dont Paris et Versailles, la ville et la cour parleraient dès le lendemain ?

Donc le marquis de Presles avait tout préparé... et bien préparé.

Les invités ne se firent pas attendre.

Les carrosses se succédaient devant la grille d'honneur, et il en descendait soit une des courtisanes en vogue, soit une mondaine de grande marque, ou des demoiselles de l'Opéra, voire même des débutantes de la veille dans la vie de plaisir...

Les cavaliers empressés offraient leur bras aux dames, et les couples ainsi formés un peu au hasard se dirigeaient vers les pelouses, où l'on commençait à se grouper pour admirer les splendeurs de cette mise en scène que le marquis de Presles avait réglée lui-même.

Au premier rang, le jeune de Mailly, légèrement surexcité, apostrophait son ami d'Estrées, à la grande joie d'une assistance de jeunes viveurs, qui se modelaient sur ces maîtres en l'art de mener la vie à grandes guides.

— Eh bien, d'Estrées, qu'en penses-tu ?... Ce n'est pas toi qui aurais ordonné une fête aussi magnifiquement ?...

— C'est féerique !... Il me semble que ces dames sont des houris, et qu'elles n'ont toutes que dix-huit ans !

— C'est l'effet du vouvray mousseux qui pétille encore dans ton cerveau, d'Estrées.

— Insolent ! s'écria une jeune personne en s'avançant vers l'impertinent marquis.

— Bravo, Julie! applaudit le groupe des jeunes gens.

Celle à qui l'on faisait cette ovation se tourna vers la « claque » improvisée. Et, comme si elle se fût trouvée devant une rampe de scène, elle salua à la façon des artistes de la danse.

C'était, effectivement, une des plus jolies coryphées de l'Opéra, mais dont les succès se comptaient plus nombreux dans les petits soupers qu'au théâtre.

Elle était de toutes les fêtes, et le marquis, qui avait la prétention de l'avoir lancée, lui témoignait bien quelque petite préférence, qui la rendait le point de mire des railleries de ses camarades de la danse.

Pour la circonstance présente, la jolie fille avait choisi un costume de bergère qui lui allait à ravir, et faisait ressortir d'admirables épaules.

— Bravo ! répéta-t-on encore lorsque Julie eut salué.

Et quelques enthousiastes se précipitaient déjà vers elle pour lui faire cortège, lorsque d'une voix de stentor le marquis de Mailly s'écria :

— Place à la rosière !

Aussitôt la haie se fit pour laisser passer une jeune femme qui tenait les yeux modestement baissés.

La nouvelle venue marchait lentement, timidement, jouant fort bien le personnage qu'elle avait choisi.

Mais bientôt des exclamations de surprise et des éclats de rire rompirent le silence qui s'était fait sur le passage de la rosière.

Et des applaudissements éclatèrent, tandis que de toutes parts on s'écriait :

— C'est Florette !...

— Vive Florette !...

— Bravo, Florette !... Vive la rosière !...

D'Estrées, un des admirateurs les plus passionnés de cette jeune femme, se jeta à genoux pour approcher ses lèvres du bouquet de fleurs d'oranger qui ornait la ceinture de la jeune fille, en murmurant avec amour :

— Laisse-moi aspirer le parfum de ces fleurs, ma mignonne rosière !

— Ce n'est pas l'heure ! soupira comiquement Florette.

Mais le roué persista :

— Tu sais bien, déesse, qu'ici l'on oublie les heures !... excepté une seule : minuit !

— Oui, interrompit de Mailly en prenant la taille à Julie, à minuit, sauve qui peut, Mesdames !

— Je ne comprends pas ! murmura Florette en baissant les yeux.

Une double salve de bravos accueillit la réplique.

A partir de ce moment le signal était donné.

On se sépara par groupes sur la pelouse. Quelques-uns, préférant le tête-à-tête, cherchaient les petits coins dans les bosquets touffus.

D'autres avaient pris place aux tables de jeu.

Mais le groupe le plus animé était, sans contredit, celui qui entourait Florette et Julie que l'on avait entraînées au fond du jardin, pour les placer sur les deux balançoires qui se trouvaient là, à côté l'une de l'autre.

Les joyeuses filles, raffolant de ce jeu si en vogue, poussaient de petits cris d'effroi et des éclats de rire, à chaque secousse que l'on donnait aux balançoires.

C'était le divertissement favori des dames qui avaient la jambe bien faite et le pied mignon.

Julie et Florette pouvaient en cela défier toute concurrence.

Les curieux émerveillés faisaient cercle, dans l'espoir que le vent

Monsieur le chevalier se porte à merveille, et il m'a chargé de venir présenter ses excuses à Monsieur le marquis. (P. 200.)

jouant dans les jupes découvrirait, fort à propos, les jolis pieds cambrés, chaussés de satin blanc.

D'Estrées et de Mailly continuaient à lancer, à tour de bras, les balançoires, le plus haut possible...

Et, s'excitant à ce jeu :

— Je parie cent louis pour Florette ! s'écria le marquis.

— J'en tiens deux cents pour Julie ! riposta d'Estrées.

Et les deux balançoires redoublèrent de vitesse.

L'assistance se passionnait à ce spectacle.

Les exclamations enthousiastes partaient de toutes les bouches...

« — Vive Florette !... »

« — Bravo, Julie ! »

« — La rosière a gagné... »

« — Non, c'est la bergère !... »

Tout à coup le roulement d'un carrosse à l'entrée de la grille mit fin à la partie de balançoire...

Les invités se portèrent en masse au-devant du nouveau venu, en s'exclamant :

— C'est lui !... c'est lui !... c'est notre amphytrion...

C'était en effet de Presles qui revenait du Pont-Neuf où, impatient, il était allé se rendre compte de ce que faisait Lafleur.

A l'arrivée du marquis les jeux avaient cessé.

Le jeune seigneur fut accueilli par les battements de mains et les embrassades de tous les invités.

Enchanté de ce que venait de lui apprendre Lafleur et assuré du succès de son aventure, le marquis de Presles répondait aux compliments qui pleuvaient de toutes parts :

— Ah ! mes amis, que je suis heureux de vous revoir !

— Et nous donc ! fit d'Estrées, nous allions mourir d'ennui à Paris, sans toi.

De Presles, radieux, s'écria à son tour d'un air suffisant :

— Eh bien, Messieurs, le pavillon du Bel-Air vous semble-t-il au niveau de sa réputation ?

— Mon cher, s'exclama d'Estrées, je demeure ébahi de tout ce que je vois !... C'est le paradis de Mahomet... décoré par Watteau et Boucher.

— Les merveilleuses charmilles, les mystérieux berceaux, ajouta de Mailly avec un soupir à l'adresse des deux danseuses.

Florette et Julie étaient venues se joindre aux invités qui entouraient le marquis de Presles.

En les voyant, un jeune vicomte soupira en s'inclinant :

— Des nymphes ! des bergères !...

— Nous jouerons des pastorales, fit sournoisement une dame...

Le marquis eut un sourire :

— Pour commencer, dit-il.

— Et pour finir ? demanda d'Estrées.

— Oh! pour finir, mes chers, vous connaissez bien le programme... A minuit les lampes s'éteignent, et, ma foi, sauve qui peut, Mesdames!...

— Bravo, marquis! s'écria de Maillé en pirouettant pour arriver à se placer entre Florette et Julie, voilà ce qui s'appelle garder les bonnes traditions.

Et prenant un air comiquement sérieux :

— Et dire qu'il y a des gens qui rêvent de changer tout cela!...

De Presles eut un geste de mépris :

— Quels imbéciles! fit-il à mi-voix.

Puis changeant de ton :

— Allons!... du champagne, des flots de champagne, pour réveiller la gaîté de ces demoiselles...

— Oui!... du champagne! cria-t-on en chœur.

Les valets démasquèrent une des tables, et tandis que les bouchons partaient avec des détonations, chacun choisit une place, le plus près possible du marquis.

Pendant quelques secondes, ce ne fut qu'un long froissement de soie et de satin...

Lorsque d'Estrées vit tout le monde en place, il leva son verre en s'écriant :

— A la santé de notre aimable amphytrion !

Et tous de répéter :

— Oui!... Oui!... Vive de Presles !

A ce moment Florette s'élança auprès du marquis :

— Attendez! dit-elle. Je veux boire, moi aussi, à la santé de mon seigneur et maître... Mais pas de champagne, c'est trop bourgeois;... du tokai, du chypre!... à la bonne heure !

Un valet lui présenta un verre de constance, sur un plateau.

Elle prit délicatement le verre. Et, regardant malicieusement de Presles au travers du cristal :

— A votre santé, marquis !

— A la tienne, ma petite Florette !

A cette familiarité, la rosière affecta un petit geste de surprise qui provoqua un éclat de rire général.

— Oui, oui, fit la jolie danseuse, riez bien, vous ne rirez pas toujours...

Et d'un air mystérieux :

— A propos, Messieurs et Mesdames, j'apporte une grande nouvelle...

— Ah !...

— Oui!... une révolution vient d'éclater.

Les assistants se rapprochèrent.

— Ah! vraiment! dit d'Estrées, une bonne révolution...

— Complète, mon cher, répondit Florette, une révolution dans la coiffure de ces dames.

Le marquis de Presles, qui avait écouté sérieusement, partit d'un éclat de rire.

— Bah! fit-il, la coiffure des dames change tous les matins... Il n'y a que celle des maris qui est toujours la même!...

A ce moment éclatèrent les accords d'un orchestre dissimulé dans un des grands kiosques qui se trouvèrent, soudain, brillamment éclairés.

— Allons! Messieurs, commanda de Presles, choisissez vos dames, formez des quadrilles, car je suppose que l'on veut danser un peu!...

— Oui! fit Julie, la danse c'est notre affaire...

Et s'adressant à sa camarade du corps de ballet:

— Florette! viens faire vis-à-vis au vicomte...

— Ma foi non, il est trop laid...

Et tout bas:

— Je te le donne, ma chère!

— Ah! riposta Julie piquée, tu n'en dirais pas autant du chevalier de Vaudrey!

Mais la phrase, qui avait la prétention d'être mordante, ne provoqua que cette réponse:

— Tiens, où est-il donc mon petit chevalier?... Je ne l'ai pas encore aperçu...

Et s'adressant à de Presles:

— Et-ce que vous ne l'auriez pas invité, marquis?

— Moi, oublier ce cher ami! Vous ne le croyez pas, Florette... Je l'attends, et soyez persuadée qu'il viendra... lui et une autre personne.

A ces mots, que le marquis prononça tout haut, les invités qui entouraient les quadrilles vinrent aussitôt faire cercle autour de de Presles.

Au premier rang, Florette paraissait fort intriguée:

— Est-ce une personne... que nous connaissons? demanda-t-elle.

— Non pas! ricana le marquis.

— Alors c'est une histoire?... Racontez-nous ça, mon cher petit marquis.

— Soit! fit de Presles en s'approchant d'une des tables chargées de rafraîchissements. Je veux bien vous raconter une partie de mon voyage en Normandie... mais à la condition que nous allons sabler le champagne, déguster le tokai et le chypre, à la santé...

— De qui? demandèrent toutes les dames présentes.

— De mon inconnue !...

Sur un signe du marquis, de jeunes servantes en costumes mauresques accoururent pour emplir les verres !...

Puis, lorsqu'elles se furent retirées au fond :

— Je commence ! dit de Presles.

— Il y avait une fois... interrompit en riant Julie.

— ... Un jeune et gentil seigneur.... continua Florette.

— Bon, bon, mes rieuses, tout à l'heure vous serez bien surprises, et peut-être... un peu jalouses !...

Et, sans attendre de réplique, le marquis continua :

— D'abord, mes très chers, vous savez que j'étais parti sur l'annonce de la fin prochaine de ma pauvre tante.

— Tante à héritage ! soupira Florette.

— Ah ! mes amis, reprit le narrateur, je m'ennuyais à périr dans le château de mes ancêtres. Une véritable prison au milieu des bois, où j'avais, pour toute société, le curé, le bailli... le médecin et sa femme.

— Eh bien, si elle était jeune et jolie ?

— Cinquante ans et bossue !...

— Horrible !... horrible !... Infortuné de Presles ! Et pas de distraction ?

— Si fait !... le reversi et le whist... N'importe, je me résignai ! J'attendais... patiemment la fin de cette cruelle maladie. Bref, elle est arrivée, la fin !... et ma tante, dont l'état devenait de jour en jour plus... Eh !... bien, ma tante... elle est guérie, mes amis, elle est tout à fait guérie !

— Ah !... firent en même temps tous les assistants désappointés.

— Ayez donc des parents à héritage, pour les voir se conduire de la sorte ! disait Florette.

— C'est une indignité ! ajoutait Julie.

— Oh ! je ne lui en veux pas !... La pauvre chère femme a fait tout ce qu'elle pouvait... Au lieu d'un médecin elle en avait pris trois !... je n'ai rien à lui reprocher.

— Non, c'est une justice à lui rendre.

— Alors, une fois la tante rétablie ?...

— Je vous ai vite écrit à tous pour vous donner rendez-vous au pavillon du Bel-Air, et, dès le lendemain, je repartais en poste, un peu morose, je l'avoue.

— Ça se comprend, revenir les mains vides, quand on croyait rapporter deux ou trois millions !

— C'est n'avoir pas de chance, mon pauvre marquis ! soupira Florette d'un ton lamentable. Et seul, dans votre berline, la route a dû vous sembler bien longue et bien triste.

— Ah!... voici où commence mon aventure...

— Écoutons! cria Julie.

— C'était aux environs de Rambouillet. J'avais jeté quelques écus au postillon pour qu'il franchît au galop une montée assez rude, quand, à ma grande surprise, il fut contraint de ralentir le pas de ses chevaux... parce qu'une lourde voiture refusait de dégager la route. C'était le coche de Normandie.

— Le marquis fit une pause, pour regarder tous ces visages attentifs, et principalement celui de Florette.

Au bout d'une seconde, il reprit:

— Furieux, je descends et je m'apprêtais à cravacher le conducteur, lorsque j'aperçus, à la portière du coche, une petite tête charmante, avec des yeux... des yeux; et une fraîcheur... et un sourire...

— Tu ne songeais plus à passer outre, mon gaillard! interrompit d'Estrées.

— Au contraire, j'ordonnai de suivre et, comme le coche montait maintenant la côte au tout petit pas, et que les voyageurs avaient mis pied à terre pour soulager les chevaux, j'aperçus ma jolie inconnue qui s'apprêtait à descendre. Je me précipite et...

— Eh bien! articula Florette, d'un air pincé.

— Un trésor de grâce, ma chère, de charme et de beauté...

— Oui, ricana Julie, une étoile, Mesdames, une étoile découverte par le marquis...

— En pleine Normandie! ajouta Florette.

— Riez tant que vous voudrez, mes chères. Il n'en est pas moins vrai que je l'ai vue pendant quelques minutes à peine dans son petit costume de provinciale, et que j'en suis amoureux fou!

— Après?

— C'est tout pour le moment.

— Allons donc!... Ce n'est pas possible.

La fin..., on demande la fin du roman.

— Eh bien! Mesdemoiselles, vous la connaîtrez ce soir, ici même, après souper.

— Après souper?.. mais elle va donc venir, votre étoile?

— Oui, ma petite Florette, je l'attends, et j'aurai bientôt l'honneur de vous la présenter.

— Ah ! ah ! ah !... ça sera drôle !... Une Normande !... aura-t-elle le bonnet ?

— Le bonnet et les sabots, méchante, répondit le marquis en lui tapant sur la joue.

Le récit fut brusquement interrompu par un bruit de voix qui arrivait du fond, à l'endroit où valets et servantes s'étaient retirés.

Ceux-ci barraient le passage à un laquais en grande livrée, lequel se démenait comme un beau diable, en disant qu'il avait absolument besoin de parler à Monsieur le marquis.

Et comme les valets de M. de Presles se mettaient en devoir de jeter l'importun à la porte, celui-ci dit assez haut pour être entendu des personnes qui entouraient le marquis :

— Mais je vous répète qu'il faut que je parle à votre maître...

Ce qu'entendant, de Presles remonta vers le fond :

— Qu'est-ce ?... Qui donc se permet ?

Le laquais, s'échappant des mains de ceux qui le retenaient, s'avança respectueusement en disant d'une voix onctueuse :

— C'est moi, Monsieur le marquis, Picard, le valet de chambre du chevalier de Vaudrey.

Ce Picard était le vrai type des laquais de cette époque. Nous avons toujours des valets de chambre, mais ils n'ont plus le même cachet. Les relations de confiance et d'intimité qui existaient alors entre le maître et son valet permettaient à celui-ci de se donner une importance qui avait parfois son côté comique.

Picard n'était pas de la même trempe que les autres domestiques de la maison, un de ces laquais qui restent dans l'antichambre pour annoncer les visiteurs, et qui, pendant les repas, se tiennent debout derrière leur maître pour le servir.

Picard était spécialement attaché à monsieur le chevalier pour l'aider à faire sa toilette, pour écouter ses confidences, au besoin pour lui donner des conseils et veiller à ce qu'il ne s'écartât jamais des bonnes traditions : le jeu, les grandes chasses, les petits soupers et les belles filles.

En dehors de cela, un seigneur de haute noblesse ne pouvait que tomber dans la bourgeoisie et s'encanailler. Malheureusement, le brave garçon voyait avec désespoir que son maître se laissait envahir, peu à peu, par les idées nouvelles. Et la commission dont il était chargé ne contribuait pas à le mettre en belle humeur.

Le marquis fronça le sourcil en voyant Picard :

— Eh bien ! lui dit-il, qu'est-ce que tu viens faire ici, drôle ? Est-ce que ton maître n'a pas reçu mon invitation ?

— Il l'a reçue, répondit Picard avec gravité.

— Alors pourquoi se faire attendre ? Est-il malade ?

— Monsieur le chevalier se porte à merveille, et il m'a chargé de venir présenter ses excuses à Monsieur le marquis.

— Ses excuses !... Comment !... Il ne viendra pas ?

— C'est impossible, déclara Florette ; hier à l'Opéra, il m'a dit : A demain, chère ange ! à demain, chez l'ami de Presles... Et c'est ainsi qu'il tiendrait sa parole ?

— Ah ! vous ne le connaissez pas, mon jeune maître ! C'est le gentilhomme le plus étrange, le plus capricieux, le plus fantasque...

— Hein !... Qu'est-ce ?.. faquin !... c'est ainsi que tu parles de ton maître !...

Et le marquis ajoutait tout bas : Il va nous amuser.

— Dieu me garde, répondit Picard, de dire le moindre mal de Monsieur le chevalier !... Il passe, comme tout bon gentilhomme doit le faire, ses nuits en joyeuses orgies, en folies de toutes sortes... Mais ses journées, depuis quelque temps !...

— Eh bien ?... ses journées, qu'est-ce qu'il en fait ?... Il dort... il joue... il monte à cheval... après ?

— Non, je n'oserai jamais...

— Parle donc, animal.

— Eh bien !.. ses journées entières... sont consacrées... au travail !

Et le laquais ajoutait du ton le plus méprisant :

— Oui, Messieurs, je rougis de l'avouer, il travaille !... Il lit ! Il écrit, comme un simple robin !

Fier de voir qu'on se regardait d'un air étonné, Picard continua avec une indignation croissante :

— Et quelles façons d'agir envers tous ceux qui l'approchent !... Envers ses créanciers par exemple !

— Quoi !... Ses créanciers, il les traite comme nous le faisons tous, il les rosse parbleu !

— Ah ! bien oui !... autrefois je ne dis pas, c'était le bon temps, maintenant... il les paie !... Oui, Monsieur, il les paie !

On éclatait de rire.

— Et tu le disais en parfaite santé ! Mais il devient fou, ton maître. Payer ses créanciers !..

— Ah ! c'est trop fort ! firent d'Estrées et les autres après lui.

Tout le monde regardait maintenant le Picard comme un amusant personnage qui allait faire un peu diversion aux danses et aux jeux.

LES DEUX ORPHELINES

— Je vais vous le dire, Messieurs! s'écria une voix qui arrivait du fond du jardin. (Page 203.)

Aussi lorsqu'il eut parlé de son maître qui payait ses créanciers :

— Se ruiner pour ces gens-là ! criaient Julie et Florette, ça passe la permission.

— Et s'il n'y avait que cela !... reprenait Picard.

— Comment ! ce n'est pas tout ? Qu'est-ce qu'il peut bien faire encore ?

— Il néglige les sociétés les plus distinguées, les plus charmantes, et il fraie avec des philosophes, des Diderot, des d'Alembert, des Beaumarchais !... un tas d'écrivassiers que j'enverrais pourrir à la Bastille !

— Ah ! notre pauvre chevalier !

— Grâce à ces déplorables fréquentations, il a perdu, hélas, le sentiment de sa dignité au point que, pas plus tard qu'hier, parce que maladroitement je m'étais heurté la tête dans mon empressement à le servir, il m'a pris la main... oui, Monsieur, ma main de domestique dans sa main de gentilhomme, et il me l'a pressée... comme celle d'un ami ! J'en étais honteux, ma parole d'honneur, j'en étais honteux pour lui... presque autant que pour moi.

— C'est très bien ce que tu dis là, Picard, car, il faut l'avouer, Messieurs, notre ami Roger est dans une déplorable voie.... il a des tendances plébéiennes tout à fait singulières.

— Il se gâte, c'est évident, il se gâte.

— Ce soir, lui qui ne manquait pas un seul de nos petits soupers, à quelle fête a-t-il pu sacrifier la nôtre ?

— Je vais vous le dire, Messieurs ! s'écria une voix qui arrivait du fond du jardin.

XX

Tout le monde s'était retourné en même temps pour voir qui était l'audacieux qui se permettait de parler si haut chez le marquis de Presles.

Mais, en reconnaissant le chevalier de Vaudrey, il y eut une véritable explosion de vivats et d'applaudissements, dont l'amphytrion avait, lui-même, donné le signal.

— Arrivez donc bien vite, mon cher, fit de Presles en tendant la main à son ami Roger, nous commencions à dire du mal de vous.

— Eh bien ! Mesdames et Messieurs, fit en souriant le chevalier, allez toujours.... ne vous arrêtez pas en si bon chemin...

— Aussi, répondit le marquis de Presles, c'est la faute de votre Picard... Que diable nous disait-il que vous ne viendriez pas !

— C'est qu'en effet je croyais ne pas venir...

Florette s'était rapprochée du chevalier et lui lançait un regard qui voulait dire :

« — Et moi, Roger, je savais bien que vous viendriez. »

Et, tout en couvant son « petit chevalier » des yeux, Florette dit tout haut :

— Mais tout cela ne nous apprend pas d'où vous sortez, coureur !

La jolie rosière donna en même temps ses mains à baiser à son interlocuteur.

Roger de Vaudrey appuya ses lèvres sur chacune de ces jolies mains.

Et cette formalité de politesse accomplie :

— D'où je viens ! répondit-il. De la salle des Menus-Plaisirs. Vous n'ignorez pas, Messieurs, que depuis quelque temps il n'était question, dans tout Paris, que d'une nouvelle comédie de Beaumarchais.

— Ah ! oui, *La folle Journée*, je crois, une méchante pièce, une espèce de pamphlet...

— Que le Roi s'était fait lire à Trianon, qu'il avait trouvée fort dangereuse.

— Et que par son ordre la police avait défendue.

— Eh bien ! Messieurs, la masse du public ayant pris fait et cause pour l'auteur, il a fallu céder. La grande bataille a été livrée ce soir, et, pamphlet ou non, la pièce a été portée aux nues... Un enthousiasme, un triomphe !... c'était superbe !

— C'est abominable !... s'écria le marquis.

Et tout le monde fit chorus, naturellement :

— Où allons-nous, grand Dieu !

— Sa Majesté forcée de céder !...

— Et à l'opinion publique, encore !

Le chevalier de Vaudrey avait pris, pendant ce temps, une attitude sérieuse qui contrastait avec son air enjoué du commencement.

— Oui, mon cher, dit-il en s'adressant au marquis, Sa Majesté a cédé...

— Eh bien ! s'il en est ainsi, s'écria de Presles, c'est que la royauté baisse...

— C'est que la nation monte ! riposta Roger.

La phrase avait été prononcée d'un ton si calme, mais si énergique cependant, que tous les regards se dirigèrent vers ce jeune homme qui parlait avec une si grande autorité.

Ni d'Estrées ni de Mailly ne songeaient plus à persifler, comme ils en avaient l'habitude.

Quant aux dames, elles n'avaient pu se défendre d'un mouvement qui indiquait surtout la surprise, mais aussi un peu la frayeur.

Florette surtout avait tressailli, en regardant le chevalier.

Elle ne demandait qu'à être rassurée par Roger, la jolie courtisane.

Mais ce fut le marquis de Presles qui répondit :

— S'il en est ainsi, mon cher chevalier, il ne restera plus, dans peu, qu'à supprimer nos titres et nos privilèges...

— Soyez certain, marquis, qu'on les supprimera !

Ces mots du chevalier amenèrent un sourire sur les lèvres de Picard.

Roger toisa son valet du regard.

— Ça fait rire monsieur Picard ? dit-il sévèrement.

Le laquais surpris en faute baissa la tête, en bredouillant :

— Excusez-moi, Monsieur le chevalier, mais si j'ai souri... si j'ai commis cette... imprudence...

— Impertinence ! fit le chevalier.

— C'est, continua le valet de chambre, que cela m'avait paru aussi... drôle que si l'on disait qu'un jour... ces bons Parisiens... démoliront la Bastille.

— Qui sait ! s'exclama Roger...

Pour le coup Picard ne se contint plus.

S'animant comme s'il eût causé avec ses pareils, il se mit à crier :

— Eh bien, qu'ils s'y frottent !... Ce jour-là, je descendrai !... Et nous verrons !....

— Tu descendras dans la rue... toi ? ricana le chevalier...

Picard eut un jeu de physionomie des plus comiques...

— Plus bas que ça, Monsieur, balbutia-t-il.

Et, baissant le ton, il ajouta en aparté :

— Je descendrai... dans la cave !

L'incident provoqué par Picard avait pris fin.

Sur un signe de son maître le laquais s'était retiré, en adressant force salutations à toute l'assistance.

Lorsqu'il fut parti, Roger s'avança vers la table et, prenant un verre :

— Ayez pitié de moi, mes charmantes, je meurs de soif, fit-il en s'adressant au groupe des dames qui ne le quittaient plus des yeux depuis qu'il avait parlé avec une éloquence entraînante.

Mais Florette n'aurait pas laissé à d'autres le soin de lui verser à boire.

Julie s'empressa de lui donner un fauteuil.

Et, bientôt, il se vit entouré par toutes ces jeunes beautés, enchantées de le revoir, et qui faisaient assaut de gentillesses et d'agaceries.

— Point de bonne fête sans vous, cher chevalier, lui disaient-elles.

— Il est si galant !

— Si gai ! si aimable !

Le chevalier ne savait plus à qui répondre.

— Et comment ne pas l'être avec vous, mes belles houris ! s'exclamat-il en envoyant des baisers au groupe des jolies femmes qui l'entouraient.

— Il nous les prendra toutes ! disait de Mailly.

— En vérité, mon cher, fit le marquis en se rapprochant de Roger, vous êtes pour nous une énigme vivante. Tantôt vous agissez en parfait gentilhomme et tantôt...

— Je tourne au plébéien, comme vous disiez tout à l'heure. C'est vrai... je l'avoue, c'est parfaitement vrai.

— Que diantre !... on ne peut pas servir deux maîtres à la fois, passer alternativement d'un camp dans un autre ! Il faut choisir.

— C'est ce que je me dis tous les jours, mon cher de Presles ; mais une foule d'idées contraires se croisent dans ma tête, et je leur donne raison à toutes les unes après les autres.

— Enfin, avec ce système-là, où allez-vous ?... que voulez-vous ?...

— Ce que je veux ? Profiter du bon temps qui nous reste et me préparer à l'avenir qui nous menace. Je m'amuse pendant que je puis le faire encore et je travaille pour le jour où je ne pourrai plus m'amuser. Avez-vous des yeux pour voir et des oreilles pour entendre ?... Ecoutez ces rumeurs sourdes... regardez ce peuple qui s'éveille... Voyez ces fronts, courbés pendant des siècles, qui se relèvent audacieux et fiers. Ces bruits étranges, ces masses qui s'agitent, c'est le flot qui grandit et s'avance, fatal, irrésistible ! Eh ! bien, s'il doit emporter nos terres, nos châteaux et le reste, je tâche d'en manger d'avance le plus possible, et d'être en état, plus tard, de m'en passer pour vivre !

Florette s'était pendue au bras de Roger.

— Tu as peut-être raison, mon petit chevalier ! Il vaut mieux manger d'avance... tout ce que nous pourrons.

Les vins de Chypre et de Tokai rendaient la rosière singulièrement tendre.

— Tu oublies ton rôle, ma belle, lui cria Julie qui, elle aussi, éprouvait le besoin, le champagne aidant, de s'appuyer tantôt sur d'Estrées, tantôt sur de Mailly.

Roger se mit à rire.

Et tendant son verre à Florette, croyez-moi, mes chers amis, continua-t-il, buvons, chantons, grisons-nous !... Ce sera toujours autant de pris.

Ce fut comme un mot d'ordre.

Tous ceux qui avaient écouté le chevalier parler de ce qui pouvait arriver avaient hâte de faire se dissiper la mauvaise impression qu'ils venaient de ressentir.

— Oui ! cria-t-on, il faut nous griser, aimer et chanter !

Roger s'était levé.

Et, le verre en main, il fit signe qu'il allait donner l'exemple.

Aussitôt toutes les dames l'entourèrent pour répéter en chœur le refrain.

Seul le marquis de Presles ne se mêla pas aux enthousiastes qui continuaient à faire une ovation au chevalier de Vaudrey.

Il paraissait inquiet, le marquis.

Et déjà, à plusieurs reprises, il avait, sans qu'on s'en aperçût, consulté sa montre.

Puis, sous le coup de l'impatience qui l'agitait, il s'était dirigé précipitamment du côté de l'entrée.

Mais, depuis longtemps, les invités — les dames surtout — ne pensaient plus à l'aventure du coche de Normandie.

L'arrivée du chevalier de Vaudrey avait été une agréable diversion pour toute cette jeunesse surexcitée par les libations, et qui ne demandait qu'à s'enivrer de plus en plus..

Or Roger avait été le boute-en-train depuis son entrée...

C'est lui qui conduisait maintenant l'orgie.

Et tout le monde le pressait de chanter...

Le chevalier, le verre en main, entonna une chanson à la mode dans les petits soupers :

> Tant que je verrai couler dans nos verres
> Ce nectar si doux,
> Je dirai : faisons comme ont fait nos pères,
> Amis, grisons-nous !
> Et comme le sage,
> Rions de l'orage,
> Tant qu'il n'est pas là !
> Qui vivra
> Verra !

Un tonnerre d'applaudissements éclata à la fin du couplet.

Et pendant que les assistants en délire reprenaient le refrain en chœur, les servantes mauresques circulaient, offrant des vins exotiques et du champagne frappé...

Les verres s'entre-choquaient ; les têtes échauffées se rapprochaient...

Les yeux brillants, les lèvres humectées de champagne, les courtisanes, affolées de plaisirs, prenaient de l'avance sur l'heure convenue pour le sauve-qui-peut...

Florette et Julie s'étaient placées de chaque côté du chanteur et criaient :

— Le second couplet !..

Et tous de répéter en chœur :

— Le second couplet !.. Le second couplet !...

— Eh bien ! à toi de le chanter, Florette ! s'écria Roger en prenant la jeune femme par la taille...

— Oui !... oui... à Florette !.

— Soit, mes amis, fit la jolie danseuse, tant pis pour vous si j'ai la langue un peu lourde et la voix un peu criarde, c'est le tokai qui sera coupable...

Florette, enlevée à bout de bras par de Maillé et d'Estrées, apparut comme si elle eût été sur un piédestal...

Elle dominait Roger qui, placé à ses pieds, se disposait à accompagner la chanson en faisant cliqueter son verre contre celui de Julie.

Alors Florette commença :

> Tant que vos écus paieront nos dentelles
> Et nos diamants,
> Pourquoi serions-nous prudes et rebelles
> Dans notre printemps ?
> Aimons, c'est plus sage,
> Et rions de l'âge,
> Tant qu'il n'est pas là !
> Qui vivra
> Verra !...

Rien ne saurait dépeindre l'enthousiasme délirant de toute cette assistance en ébriété.

On se passait Florette de main en main, tandis que de Maillé, titubant, criait :

— Ne touchez pas à la rosière !... Ce n'est pas encore l'heure !...

Dans ce tohu-bohu de voix saluant la coryphée, dans cette clameur immense que provoquait l'ivresse, la voix de Roger domina pour dire :

— Endormie! murmura le marquis; qu'elle est adorable ainsi!... (Page 212.)

— Rions, buvons, chantons!... Après nous la fin du monde!

La fête du pavillon du Bel-Air avait, comme on le voit, rapidement dégénéré en orgie.

L'orgie menaçait maintenant de tourner à la folie.

L'orchestre avait, de nouveau, attaqué un quadrille.

Mais on ne dansait plus, on se poussait, on se bousculait, on sautait au hasard, s'entraînant dans une ronde échevelée, se tenant par les mains, par la taille, se lâchant pour se rattraper au passage...

Et dans cet enchevêtrement de corps affolés, les imaginations en délire improvisaient les propos les plus audacieux, les interpellations les plus étonnantes, les apostrophes les plus licencieuses!...

Au son de cette musique qui recommençait toujours, les jambes se brisaient, les poitrines haletaient, les cerveaux s'exaltaient, les voix s'épuisaient.

Il arriva un moment où, dans ce fantastique tourbillonnement, on n'entendit plus que le froissement des soies, et le cliquetis des épées et des bijoux s'entre-choquant au passage...

D'instant en instant, un des danseurs allait tomber, épuisé, sur un fauteuil, d'autres désertaient pour aller aux tables où les rafraîchissements se renouvelaient sans cesse...

Quelques dames, à bout de respiration, se laissaient aller dans les bras de leurs cavaliers...

D'Estrées et de Mailly, aux trois quarts ivres, avaient entamé une partie d'échecs des plus fantaisistes...

Folles, mais plus résistantes que les autres, Florette et Julie étaient retournées aux balançoires, pour recommencer la lutte interrompue par l'arrivée de l'amphitryon, au commencement de la fête...

Roger de Vaudrey, resté seul pendant ce temps, s'était assis un peu à l'écart.

Un sourire sarcastique plissait sa lèvre, au spectacle de tous ces écervelés qu'il avait lancés ainsi dans les folies sans nom, en leur faisant entrevoir la fin des orgies comme probable, et les revendications populaires comme possibles...

Quant à de Presles, c'est en vain qu'il avait voulu se mêler aux amusements effrénés auxquels se livraient ses invités.

Il était évident que ce débauché commençait à trouver que Lafleur tardait à venir, et qu'il se pouvait bien faire que la combinaison de l'habile drôle eût raté par un hasard quelconque.

Il ne tenait plus en place, lui qui, naguère encore, se croyait si certain du succès...

Il se prenait à penser que ses invités allaient l'accuser de fanfaronnade, et que ces dames, pour se venger de la rivalité qu'on avait eu l'intention de leur opposer, ne manqueraient pas de l'accabler d'épigrammes, et ne lui ménageraient ni les quolibets ironiques, ni les critiques sanglantes...

Il sentait qu'il fallait brusquer le dénouement s'il voulait triompher, avant que l'ivresse eût complètement envahi les cerveaux, et plongé tous ces fantoches de l'orgie dans une ébriété qui ne leur laisserait plus conscience de ce qui allait se passer à l'arrivée de la jeune voyageuse du coche d'Évreux...

Aussi le marquis de Presles se démenait-il comme un fauve, allant d'un bout du jardin à l'autre pour voir si Lafleur n'apparaîtrait pas...

Furieux de cette longue et vaine attente, l'irascible marquis déchiquetait à coups d'ongles les dentelles de ses manchettes et de son jabot...

Une sourde colère grondait dans sa tête alourdie par les fumées du champagne.

Et il ruminait, contre le valet qui l'avait trompé, de terribles menaces...

Tout à coup, au moment où, pour la vingtième fois, il se dirigeait vers le fond du jardin, Lafleur parut subitement devant lui, sortant d'un des bosquets, en s'écriant :

— Monsieur le marquis, la victoire est à nous!

XXI

La surprise et le contentement de Presles furent tels qu'oubliant sa dignité, il saisit vivement la main du valet, en disant à celui-ci :
— Que ne te dois-je pas, Lafleur.

Pour toute réponse, le drôle exécuta la pantomime qui lui était familière et tendit les deux mains.

— C'est juste, fit de Presles. Voici la récompense promise.

Et, prenant sa bourse dans son gousset, il la lança au valet de chambre.

Avec une vivacité de singe, Lafleur avait fait disparaître la bourse dans la poche de son haut-de-chausse.

Puis, avec un sourire :

— Notre jolie voyageuse est là !

— Là, dis-tu?... Alors, hâte-toi, je vais l'annoncer, amène-la dans un instant.

Dans son impatience, cet écervelé ne s'occupait même pas de savoir ce qu'on avait pu dire à la jeune fille pour la décider à se séparer de sa compagne, et quels moyens on avait employés pour lui amener sa victime.

Maintenant qu'elle était là, il ne songeait qu'à se préparer un triomphe lorsqu'il présenterait sa nouvelle conquête à la société en délire qui se livrait, dans ce pavillon du Bel-Air, à une véritable saturnale.

Aussi, dans son empressement à aller s'occuper des derniers détails de la mise en scène indispensable pour cette présentation, répéta-t-il à Lafleur :

— Hâte-toi de nous amener la charmante enfant.

— L'amener ?... Je le voudrais bien... Mais c'est impossible !...

— Impossible ?

— Oui, monsieur le marquis, c'est impossible, à moins de la porter... Elle dort !...

— Comment ? elle dort ?

— Monsieur le marquis peut s'en assurer...

Et, s'effaçant, Lafleur démasqua l'entrée du bosquet.

De Presles, marchant sur le bout des pieds, s'approcha...

Henriette avait été placée sur un banc de jardin, et sa tête reposait sur le dossier. Par précaution, le valet avait glissé un coussin de soie sous le cou de la dormeuse...

— Endormie ! murmura le marquis ! qu'elle est adorable ainsi...

— Monsieur le marquis, dit Lafleur qui voulait faire valoir ses services, il m'a fallu recourir aux grands moyens !...

— Qu'importe !... puisque la voici en mon pouvoir...

— Ah ! ça n'a pas été sans peine, insista le rusé domestique. Elle se méfiait de moi, refusait de me suivre et allait, Dieu me pardonne, appeler au secours !... Mais un mouchoir sur la bouche et quelques gouttes du liquide contenu dans ce flacon...

— C'est bien, c'est bien, interrompit de Presles... Le principal est fait...

— Monsieur le marquis veut sans doute attendre que la demoiselle se réveille...

— Que dis-tu là ?

— Oh ! elle ne tardera plus maintenant à ouvrir les yeux...

— Tu te moques de moi, drôle.

Et entraînant Lafleur à quelques pas :

— Tu vas te faire aider par deux laquais, où plutôt par quatre de ces servantes mauresques, et tu porteras la belle tout endormie sur la pelouse. L'entrée sera plus originale...

Nous pourrons ainsi assister tous à son réveil... Ce sera charmant.

Se tournant une dernière fois vers son valet, il lui fit signe d'avoir à lui obéir sur-le-champ.

Lafleur s'inclina, et, tandis que le marquis retournait auprès de ses invités, Lafleur appela quatre des servantes, pour l'aider à transporter la dormeuse au milieu de la grande pelouse de gazon.

En voyant arriver l'amphitryon, dont l'absence venait seulement d'être remarquée, les invités se portèrent au-devant de lui.

D'un geste, de Presles tint tout le monde à distance.

Et, élevant la voix, il s'écria :

— Mes amis, je vous avais promis une surprise...

— Oui !... oui !...

— Tu te souviens, Florette, que je t'avais annoncé...

— Une étoile de Normandie ! s'écria la danseuse du haut de la balançoire où elle s'était hissée de nouveau.

— Avec son bonnet et ses sabots ! ajouta Julie...

— Eh bien, reprit le marquis en indiquant le groupe formé par Lafleur et les servantes portant Henriette endormie, cette étoile, cette perle, regardez... la voilà !

A ces mots un mouvement de curiosité se produisit chez tous les assistants.

Florette sauta de sa balançoire.

Les joueurs interrompirent leurs parties et jetèrent les cartes.

Roger, seul, mollement étendu sur son fauteuil, continuait à se verser à boire pendant que tout le monde avait les yeux tournés vers le bosquet d'où l'on venait de voir sortir Henriette, portée par les quatre jeunes servantes qui la déposèrent avec précaution, en ayant soin de lui glisser des coussins sous la tête et sous les pieds.

— C'est la « nouvelle », s'exclama Florette en s'avançant furieuse vers la jeune fille endormie !..

— Notre rivale, mesdames ! surenchérit Julie en toisant le marquis d'un petit air mécontent.

Et Roger, sans bouger de sa place, se disait :

« — Encore quelque jeune fille enlevée ou achetée. »

Toutes les dames s'étaient rapprochées du banc où reposait la « nouvelle ».

— Eh ! mais elle est donc évanouie ? demandèrent en même temps Julie et Florette.

— Simplement endormie, mes chères, ricana de Presles... Elle s'évanouira... plus tard !...

Toujours sceptique, le chevalier de Vaudrey riait sous cape.

Roger aurait parié qu'elle avait seulement les yeux à demi fermés et qu'elle riait tout bas de la peine qu'on avait prise.

Il y avait cercle, maintenant, autour du banc, et le marquis demandait ce que l'on pensait de sa conquête.

Les avis étaient partagés, surtout parmi les femmes.

Les unes lui trouvaient une figure un peu commune.

Selon les autres, elle avait les pieds gros, les bras bêtes et des mains de gardeuse de moutons.

En entendant ces appréciations diverses, Roger déclarait à de Mailly que la demoiselle avait une figure adorable, l'air distingué, des pieds et des mains de duchesse.

— Mais tu ne l'as seulement pas regardée, objectait le jeune homme en riant.

— Non, mais j'ai entendu ce qu'en disaient ces dames...

Le fait est, qu'en regardant la jeune inconnue, le chevalier de Vaudrey n'eût certainement pas changé un mot à l'appréciation favorable qu'il venait d'émettre.

Henriette endormie avait une beauté angélique.

Les émotions violentes qu'elle avait subies avaient répandu sur son visage un voile de mélancolie.

Ses paupières, un peu entr'ouvertes, laissaient voir l'œil mourant sous la frange soyeuse des cils...

Les lèvres n'avaient pas perdu leur vif incarnat, malgré les souffrances morales qu'avait endurées la pauvre fille.

Il y avait enfin dans l'ensemble de cette physionomie un air de douceur et de placidité de l'âme qui attirait la sympathie.

Peut-être en apercevant cette jeune fille qu'un hasard mettait en sa présence, le sceptique Roger se serait-il senti entraîné vers elle par un de ces irrésistibles élans qu'éprouvent les cœurs que la gangrène morale n'a pas encore complètement envahis.

Mais le chevalier, sans s'occuper de ce qui se passait à quelques pas de lui, continuait à boire, en causant avec son ami de Mailly.

Disons-le, Roger commençait à se lasser de rester simple spectateur de cette orgie, et il voulait, grâce au champagne, se mettre à l'unisson de cette société de fous... Puis, comme s'il eût subitement changé de résolution, il fit un mouvement pour se lever et partir.

— Où vas-tu donc? lui demanda de Mailly.

— Je m'en vais, répondit froidement Roger.

— Eh bien, mon cher, ce n'est pas le moment, répondit le jeune marquis ; car, si j'en juge par tout le mouvement qui se fait là-bas, ta jolie dormeuse doit être sur le point de se réveiller.

En effet, Florette venait de dire :

— Attention !... Elle s'agite... elle porte la main à sa tête, elle va se réveiller.

— Si on lui faisait respirer ce flacon ? demanda Julie en présentant l'objet.

— C'est inutile, ma chère, la voici qui entr'ouvre les yeux...

Le chevalier s'était cependant décidé à prendre sa part du spectacle que de Mailly déclarait devoir être fort piquant.

Il se trouva auprès du marquis de Presles, qui ne se sentait pas de joie, à l'idée de la surprise qu'allait, dans quelques instants, éprouver la provinciale d'Évreux...

— Que va-t-elle dire, murmura-t-il à l'oreille de Roger, en se trouvant au milieu de nous ?

Le chevalier éclata d'un rire forcé, — le rire des fanfarons de vice.

— Ce qu'elle dira, mon cher de Presles, Ah ! nous la connaissons par cœur cette sempiternelle histoire des filles enlevées... Que l'instant du réveil arrive, et celle-ci va chanter le refrain habituel : « Où suis-je ?... » « Pourquoi m'a-t-on conduite ici ?... Grand Dieu !... ma mère !... ma mère !... » Puis viendra ce profond et vertueux désespoir qui commence dans des torrents de larmes et qui se noie ensuite dans des flots de champagne !

— Bien pensé et bien dit, fit de Presles.

Florette et Julie approuvaient du regard.

— Bon ! murmura cette dernière, nous allons bien voir si le chevalier est bon prophète.

— Écartons-nous un peu pour ne pas l'effrayer !... recommanda Florette en étendant les bras pour élargir le cercle autour du banc...

Il y eut un moment de silence.

Malgré soi, on s'intéressait à cette jeune fille que personne ne connaissait.

Pendant quelques secondes, tous ces viveurs et ces filles demeurèrent diversement impressionnés, attendant ce qui allait se passer...

Le marquis, un peu en avant du groupe, triomphait assurément, car un joyeux sourire errait sur ses lèvres.

C'était son véritable coup de maître que cet enlèvement.

Il regardait tour à tour ses amis pour jouir de leur étonnement...

De Presles fit signe que personne ne rompît le silence...

Et son regard se dirigea sur le visage de l'endormie....

Henriette commençait à sortir de la torpeur profonde dans laquelle on l'avait plongée.

Elle ouvrait les yeux et les tenait fixes devant elle.

Que s'était-il passé ?

Avait-elle dormi ?...

Où était-elle ?

Elle ne savait plus... Elle ne reconnaissait rien.

Ces jardins, ces fleurs et toutes ces lumières...

Elle passait la main sur ses yeux, croyant rêver !

La malheureuse se redressa lentement...

Son regard se porta avec stupeur sur tout ce qui l'entourait.

Puis, d'un mouvement brusque, elle se leva, promenant sur tous ceux qui l'entouraient des yeux où se lisaient l'effarement, la terreur, le trouble inconscient encore !...

Accablée par l'effet du narcotique, il semble que sa langue soit paralysée, en même temps qu'elle ne parvient à se rendre compte ni de ce qu'elle voit, ni de ce qui lui est arrivé...

Ses lèvres s'agitent convulsivement...

Mais les mots ne peuvent sortir de sa bouche, pas une plainte, pas un cri pour témoigner de son effroi.

Et dans l'assistance personne ne songe à l'interpeller.

Tout ce monde, naguère encore si turbulent, semble maintenant comme cloué sur place...

Florette, plus émue qu'elle ne veut le paraître, se penche vers Roger, et lui glisse à l'oreille ces mots :

— C'est qu'elle a vraiment l'air de sortir d'un profond sommeil.

Mais la jeune fille ne peut achever sa phrase...

Henriette a poussé une exclamation.

Et portant vivement la main à son front :

— Oh !... mon Dieu !... mon Dieu ! a-t-elle dit, est-ce que je suis folle ?...

Il y a dans sa voix une intonation si déchirante, que Florette saisit le bras de Roger, pour attirer son attention sur le visage de la jeune fille, où se peint le plus violent désespoir...

Et tout bas :

— Ce n'est pas tout à fait ce que vous aviez prédit, chevalier !...

— Non, répondit Roger, et... c'est singulier...

Il s'était rapproché pour voir de plus près les traits bouleversés de l'inconnue...

Henriette eut un mouvement de stupéfaction à la vue de tout ce monde qui l'entourait...

Elle se demandait encore par quelle série de circonstances elle se trouvait au milieu de ces femmes, de ces jeunes seigneurs, qui la regardaient immobiles, muets comme des statues...

Alors, sous le coup d'une agitation violente, comme si la raison lui

Le chevalier et le marquis étant d'égale force, les premières passes demeurèrent sans résultat. (P. 226.)

revenait, elle s'élança, allant de l'un à l'autre, interrogeant du regard, cherchant, parmi tout ce monde, si elle reconnaîtrait quelqu'un...

Puis, effrayée du silence qui se faisait autour d'elle, elle voulut parler.
La voix lui manquait.

Elle voulut s'enfuir, mais elle se vit au milieu d'un cercle d'individus qui lui barraient le passage...

Tout à coup la malheureuse poussa un cri terrible.

En se retournant, elle s'était trouvée face à face avec le marquis de Presles...

Alors la mémoire lui revint, et avec elle toute son énergie...

— Monsieur, dit-elle d'une voix brève, c'est par votre ordre que j'ai été enlevée, et... c'est chez vous que l'on m'a conduite.

Le marquis de Presles, avant de répondre, enveloppa l'assistance d'un regard, dans l'intention de préparer son effet.

Et s'approchant de son interlocutrice, il lui dit :

— Calmez-vous, Mademoiselle, vous êtes en effet chez moi, comme vous venez de le dire...

— Chez vous ! balbutia la jeune fille avec un mouvement de répulsion.

— Vous me faites donc, Mademoiselle, l'honneur de me reconnaître, c'est moi qui...

Au son de cette voix qui avait des intonations railleuses, Henriette sentit son cœur bondir.

Elle voyait clairement la vérité dans toute son horreur...

Et s'animant :

— Vous !... c'est vous, s'écria-t-elle, qui m'avez parlé sur la route de...

— Oui, Mademoiselle, vous vous en souvenez donc !...

Et, l'œil en feu, le marquis continua en essayant de saisir la main d'Henriette :

— Oui, oui, c'est moi qui n'ai pu résister au désir de vous revoir, et qui ai voulu faire de vous... de vous que j'adore, la reine de cette fête...

Henriette comprenait maintenant les violences dont elle avait été la victime.

Elle se souvenait des moindres détails de la lutte qu'elle avait eu à soutenir contre les misérables qui l'enlevaient...

Ce bâillon qui étouffait ses cris, alors qu'elle voulait répondre à l'appel désespéré de Louise...

Elle se rappelait tout... jusqu'au moment où elle avait perdu connaissance...

Il y avait, à partir de cet instant, une lacune dans sa mémoire...

Combien s'était-il écoulé de temps depuis qu'on l'avait séparée de la pauvre aveugle ?

A cette pensée, Henriette éprouva un serrement de cœur qui la replongea dans la plus horrible perplexité...

Elle sentit l'angoisse lui étreindre la gorge et, folle de douleur, elle eût voulu pouvoir s'élancer au dehors, courir par les rues, en appelant sa sœur bien-aimée !...

Ignorante des crimes qui pouvaient se commettre, chaque jour, dans ce Paris livré aux débauchés et aux malfaiteurs, elle ne pouvait supposer qu'elle était irrémédiablement perdue...

Elle pensa qu'elle n'aurait qu'à réclamer sa liberté pour qu'aussitôt les portes s'ouvrissent devant elle...

Alors, se redressant devant l'homme qui venait de l'outrager en lui parlant de son amour, elle trouva des accents indignés :

— Monsieur, fit-elle avec énergie, je veux retourner à l'endroit où l'on m'a prise... où elle m'attend, elle, ma Louise, ma sœur, où elle m'appelle et se désespère ! Allons, Monsieur, dites que l'on m'y reconduise ; il le faut, entendez-vous ? Il le faut ! Je le veux !...

En prononçant ces mots, Henriette avait relevé la tête, et, les regards pleins de flammes, elle semblait prendre toute cette société à témoin de l'infamie dont elle était victime.

Après avoir attendu vainement une réponse, elle se plaça résolument en face du marquis, toute prête à renouveler sa demande, sous une forme plus énergique encore...

Elle n'avait plus peur maintenant.

Ce n'était plus le sentiment du danger qu'elle courait qui dominait en elle.

Henriette ne songeait qu'à l'infortunée dont on l'avait séparée, et qui se trouvait maintenant abandonnée, exposée à tous les périls...

Il lui fallait retrouver Louise à tout prix, quoi qu'elle dût faire pour cela...

Et s'exaltant à la pensée des dangers inouïs auxquels un misérable avait exposé la pauvre aveugle, elle se tenait la tête haute et le regard menaçant.

On ne riait plus dans la noble assistance.

— Ça se complique ! fit Julie.

— Mais, répondit Florette, je voudrais bien savoir ce qui va se passer, qu'en penses-tu, mon petit chevalier ?...

Roger ne sourcilla pas...

Mais, comme tout le monde, il regardait fixement le marquis, dont l'embarras ne pouvait se dissimuler...

L'attitude si inattendue de la jeune fille l'étonnait et, se rappelant en quels termes cavaliers il avait prédit la conduite que tiendrait la prétendue novice, il éprouvait un sentiment de honte pour lui-même et comme un insurmontable sentiment de pitié pour la malheureuse dont la douleur semblait si sincère et si poignante.

Toutefois, il attendit, se plaçant au dernier rang comme pour ne plus se trouver sous le regard de la victime à laquelle on faisait subir une si cruelle épreuve...

— Eh bien, Monsieur, reprit Henriette, vous gardez le silence!... Faut-il vous répéter que je veux sortir d'ici?... Ou bien dois-je me frayer moi-même un passage?...

De Presles eut un ricanement cynique.

— Pardon, fit-il, vous ne supposez pas que je vous laisserai repartir aussi vite, ma toute belle... Ce serait vraiment trop tôt... Et tout le monde sait ici, chère enfant, qu'on ne s'échappe pas du pavillon du Bel-Air, sans avoir payé son tribut au plaisir...

Il y eut un frémissement parmi tous ces roués et ces filles excités cependant par l'ivresse.

Les invités de ces fêtes cyniques étaient cependant habitués à ces sortes de bravades de la part de leur hôte.

Depuis qu'il avait débuté dans la vie de plaisir, ce n'était pas la première fois que le gentilhomme avait donné la preuve des plus étonnantes fantaisies.

Mais jusqu'à ce jour, il s'était tenu, pour recruter la partie féminine de ses invités, dans le monde spécial qui fournit les demoiselles d'Opéra et les filles galantes.

Henriette était donc, pour toutes ces vierges folles, une primeur de haut goût, et chacun des amis du marquis jalousait, intérieurement, le roué qui avait fait une si belle découverte.

De leur côté, les dames se montraient quelque peu dédaigneuses, mais elles ne pouvaient, néanmoins, dissimuler une impression de dépit qui se lisait, clairement, dans les regards qu'elles dirigeaient sur la *débutante*.

Aussi, fut-ce avec un sentiment de curiosité mêlé d'un peu de colère, que les belles de nuit de la petite maison de Bel-Air attendaient ce qui allait se passer après la déclaration que venait de faire, si nettement et si cyniquement, l'amphytrion.

De Presles était bien décidé à mener jusqu'au bout la détestable aventure dont il avait tiré vanité...

Maître absolu chez lui, il ne s'inquiétait guère du scandale que ferait, le lendemain, la nouvelle de cette orgie lorsqu'elle serait connue de tout le monde...

Aussi, après avoir mis de côté toute pudeur, allait-il démasquer ses projets à la malheureuse qu'il croyait tenir en son pouvoir, lorsque celle-ci, plus maîtresse d'elle-même depuis qu'elle avait parlé avec la fermeté que l'on sait, reprit d'une voix assurée :

— Écoutez, Monsieur. Je vois, je comprends le piège odieux que vous m'avez tendu, mais vous ne soupçonnez pas à quel point est horrible l'action que vous avez commise... Un enlèvement, un rapt, une tentative de séduction, c'est bien criminel et bien lâche !... Mais ce que vous avez fait est mille fois plus épouvantable... Vous m'avez séparée de ma sœur, une pauvre enfant dont je suis l'unique appui; vous lui avez arraché son guide, son soutien; et cette infortunée est incapable de faire un pas, de se guider sans moi !... Elle est aveugle !

— Aveugle ! s'écria-t-on de toutes parts.

Il y eut alors comme un effet de houle dans le groupe de viveurs et de filles perdues qui entouraient Henriette.

Celle-ci comprit-elle qu'un sentiment de compassion se manifestait en sa faveur?

Toujours est-il qu'elle ne voulut plus s'arrêter dans la seule voie de salut qui s'ouvrait devant elle.

Elle reprit avec une véhémence extrême :

— Oui !... Messieurs !... oui, elle est aveugle !... Et la voilà seule, toute seule dans ce Paris où nous venions d'arriver pour la première fois, où elle ne connaît personne dont elle puisse se réclamer ! La voilà errante, sans argent, sans ressources, exposée à tous les pièges, la tête affolée par le désespoir... errante pendant la nuit, entourée de dangers menaçants, au bord d'une rivière, au milieu de carrosses qui se croisent, et elle est aveugle !... Entendez-vous, Messieurs, elle est aveugle !

L'émotion commençait à gagner les plus endurcis parmi ces jeunes écervelés habitués à rire des douleurs qui ne les frappaient pas en plein cœur...

Florette, surtout, ne put retenir ses larmes :

— Pauvre fille ! murmura-t-elle en se suspendant au bras du chevalier de Vaudrey.

Roger, les poings serrés, paraissait en proie à une agitation extrême.

Jamais encore, dans l'entourage du marquis de Presles, on n'avait vu un gentilhomme prendre une attitude aussi étrange.

Tout le monde, — ce monde là, — le considérait comme une façon de philosophe qui se laissait vivre, un peu au hasard, sans s'inquiéter par trop de ce qui se passait autour de lui.

Le chevalier avait, dans ces conditions, peu d'amis véritables, mais infiniment de *ces camarades*, parasites pour la plupart, qui ont toujours besoin de faire cortège à une personnalité quelconque.

Celle de Roger plaisait, généralement, par le ton un peu raide que savait prendre, à propos, le jeune gentilhomme, en toute chose.

Donc, quelques-uns de ces *camarades* du chevalier avaient déjà remarqué l'air sérieux, soucieux même de celui-ci.

Ils en avaient conclu que Roger de Vaudrey ne devait pas trouver absolument de son goût la scène qui se déroulait sous leurs yeux.

Mais aucun d'eux ne soupçonnait ce qui allait se passer.

Il n'intervint pas, cependant.

Florette l'entendit murmurer :

— Oh ! c'est horrible !...

Quant au marquis de Presles, il feignit de s'intéresser au sort de la pauvre aveugle.

— Eh bien, dit-il, tranquillisez-vous, Mademoiselle, je vais donner des ordres... nous enverrons un de nos gens, nous en enverrons dix, s'il le faut...

Il y eut un murmure de soulagement parmi les invités du marquis.

On avait cru, — comme Henriette du reste, — que de Presles venait de se laisser attendrir.

Aussi la déception fut-elle générale, lorsqu'on entendit le marquis ajouter :

— On cherchera, on trouvera cette enfant et on l'amènera ici.

— Elle ! s'écria Henriette, dans cette maison !... avec moi !... c'est-à-dire deux déshonneurs au lieu d'un, deux victimes au lieu d'une !... Et voilà tout ce que vous trouvez à me répondre !... Et personne ici n'élève la voix contre vous ! Eh bien ! je dis, moi, que parmi ces hommes de plaisir et de débauche, il n'y a pas un seul gentilhomme !

Le croirait-on ? un rire général accueillit cette injure sanglante dont une jeune fille flagellait tous ces gentilshommes qui s'avilissaient dans des débauches sans noms...

Dans leur ébriété, ils trouvaient même plaisant d'être insultés par une enfant dont le marquis allait, maintenant, pouvoir les venger sans scrupule...

Seul, Roger de Vaudrey sentit son sang de gentilhomme bouillonner dans ses veines...

Il avait compris, lui, tout ce qu'il y avait d'ignoble dans la conduite de ces hommes qui se jouaient ainsi de l'honneur d'une femme, et faisaient gorge chaude de cette douleur si vraie, si poignante...

Et, de rage, il brisa le verre qu'il tenait à la main...

Florette avait vu le mouvement :

— Ça se gâte, dit-elle tout bas à Julie.

Pendant ce temps le marquis avait fait un pas pour se rapprocher de sa victime.

Et d'un air de suffisance dédaigneuse :

— Vous vous trompez, ma belle, ricana-t-il, nous sommes tous ici de vrais et bons gentilshommes.

Henriette, frémissante, releva la tête et, jetant un regard plein de feu sur ceux qui riaient de son désespoir, elle reprit d'un ton ferme :

— Eh bien, parmi ces gentilshommes, je dis, moi, qu'il n'y a pas un seul homme d'honneur.

Cette fois, Roger n'y tint plus.

Écartant vigoureusement tous ceux qui le séparaient de la jeune fille, il vint s'incliner devant celle-ci.

Et, rouge d'indignation et de colère :

— Vous vous trompez encore, Mademoiselle, dit-il.

Il se fit un silence de glace.

Tous les regards se tournèrent vers le chevalier qui entrait si inopinément en scène...

Chacun attendait ce qu'il allait faire.

Le marquis de Presles n'avait pas bronché.

Mais sous son fard il avait pâli assurément.

Ses yeux brillants lançaient des éclairs sur celui qui se déclarait, si inopinément, le défenseur de la victime désignée.

Cependant, il s'efforça de sourire, et ses lèvres se plissèrent, un peu convulsivement.

Autour de lui, un léger murmure bourdonnait, sans qu'il pût définir exactement le sens de cette manifestation.

Il était évident toutefois que l'attitude du chevalier n'était pas sans paraître extrêmement courageuse, dans son imprévu.

On le trouvait hardi d'oublier qu'il était l'hôte du marquis de Presles; mais on n'osait le blâmer ouvertement, de rompre en visière, dans cette circonstance où il s'agissait de sauver l'honneur à une honnête fille.

Le moment d'agir vigoureusement était venu.

Sans hésiter, Roger tendit la main à Henriette, en prononçant ces mots d'une voix lente et calme :

— Prenez cette main, Mademoiselle, c'est celle d'un gentilhomme... Prenez-la sans crainte et sortons d'ici !

Henriette eut un éclair de joie.

Elle se sentait protégée enfin.

— Ah ! merci !... merci, Monsieur ! s'écria-t-elle en saisissant la main de Roger.

Puis, reprise de peur à l'air courroucé du marquis, elle ajouta, en essayant d'entraîner son protecteur improvisé :

— Venez, Monsieur ; de grâce, venez !... venez !...

Mais le marquis était blessé au vif.

L'intervention si brusque de Roger lui semblait être un défi, une menace.

Et, quand il le vit entraîner Henriette, il se jeta au-devant d'eux pour les empêcher de sortir.

— Pardon, chevalier, dit-il en se contenant encore, je suis chez moi, et je m'oppose absolument...

— Ah ! laissez-nous passer, marquis !

— Allons-donc ! vous plaisantez, chevalier, je ne permettrai pas...

Il n'acheva pas.

Le cartel sonnait en ce moment.

— Écoutez, reprit de Presles, minuit ! Personne, à pareille heure, n'est jamais sorti de cette maison...

— Nous serons donc les premiers ! s'écria le chevalier.

Et faisant un geste pour écarter son adversaire :

— Allons, place !... Je le veux.

— Ah ! c'en est trop ! Savez-vous bien, chevalier, que depuis un instant vous me parlez comme à un laquais.

— Un laquais qui agirait comme vous le faites, marquis, je ne lui parlerais pas, je le bâtonnerais !

— Ceci, Monsieur, pourra bien retarder votre sortie.

— Peut-être !

— Essayez donc de passer.

— J'essaierai, Monsieur !

Les deux adversaires se regardaient avec les yeux pleins de colère.

Et, avant que leurs amis, stupéfaits de la tournure qu'avait si rapidement prise l'affaire, aient pu s'interposer, Roger et de Presles avaient déjà l'épée en main ; ils se mirent en garde.

Aussitôt les hommes se jetèrent entre eux pour les séparer.

Les dames poussaient des cris, pleuraient, suppliaient...

Florette s'était affaissée aux pieds de Roger, tandis que Julie se jetait au-devant du marquis...

Il y eut une seconde de terrible angoisse pour cette malheureuse Henriette, qui se voyait de nouveau prisonnière de son implacable persécuteur.

La pauvre fille, saisie de terreur, levait les bras au ciel, demandant à Dieu de venir à son secours et d'épargner la vie du généreux défenseur qui allait se battre pour essayer de la sauver.

La masure habitée par les Frochard menaçait ruine depuis longtemps. (P. 229.)

— Mon Dieu!... Ayez pitié de nous!... Protégez-nous! murmura-t-elle en tombant à genoux.

Le marquis de Presles avait fini par se dégager des mains de ceux qui voulaient s'opposer à ce duel.

Furieux, il déclarait tout haut à ses amis qu'après une pareille injure il fallait du sang.

Libre enfin, il courut se placer, l'épée nue, devant l'épée de Roger.

Les deux adversaires se regardèrent avec le plus grand sang-froid.

Puis ils se saluèrent de l'épée...

Et le combat commença.

L'anxiété était si grande que personne n'osait plus bouger.

Henriette se soutenait à peine et tremblait de tous ses membres.

Le chevalier et le marquis étant d'égale force, les premières passes demeurèrent sans résultat.

Il y eut un temps d'arrêt, mais le combat ne tarda pas à recommencer plus ardent, plus acharné, de part et d'autre.

Les deux adversaires se chargeaient avec violence.

L'acier flamboyait aux lueurs des lampes suspendues.

Le marquis ne faiblissait pas, bien que Roger eût à plusieurs reprises essayé de le faire rompre.

Tout à coup on vit de Presles chanceler.

Un cri retentit.

L'épée du chevalier de Vaudrey avait traversé de part en part la poitrine du marquis...

De Mailly et d'Estrées s'étaient élancés.

Ils reçurent leur ami dans leurs bras, et le soutinrent.

Le marquis de Presles ouvrit péniblement les yeux comme s'il eût cherché quelqu'un parmi tout ce monde qui l'entourait.

Peut-être, en ce moment d'agonie foudroyante, voulait-il obtenir le pardon d'une faute qu'il allait payer de sa vie.

Il voulut parler, mais sa tête retomba sur l'épaule de d'Estrées.

Un flot de sang lui arriva aux lèvres...

Le marquis de Presles n'était plus...

. . . .

Débarrassé de son adversaire, le chevalier de Vaudrey s'était précipité vers Henriette.

Saisissant la jeune fille par la main, il l'obligea à se lever.

Et, l'entraînant, au milieu des assistants terrifiés et des valets stupéfaits, il lui dit simplement :

— Venez, Mademoiselle !... vous êtes libre !...

DEUXIÈME PARTIE

I

Le taudis de la Frochard se trouvait dans une des plus vieilles masures de la rue de Lourcine. Si toutefois l'on peut appeler rue une réunion, sans alignement, de quelques misérables bicoques, sur les bords de la petite rivière de la Bièvre.

Il ne faisait pas bon se hasarder, même en plein jour, dans ce faubourg de Paris, où grouillait une population recrutée parmi les vagabonds de toute catégorie, et dont la turbulence tenait continuellement en haleine les archers du guet chargés de purger la grande ville des malfaiteurs qui l'infestaient.

Le nombre de ces individus prêts à tout était devenu si considérable déjà vers la fin du règne de Louis XIV, que le roi jugea la prévôté impuissante à châtier les bandits qui, — selon une expression restée célèbre, — faisaient de Paris le *bois le plus funeste*.

Par édit, le roi-soleil créa une *lieutenance générale de police*, dont M. de La Reynie fut le premier titulaire.

Il était grandement temps de rassurer un peu ce bon peuple de Paris qui vivait dans des transes continuelles, au récit des vols sans nombre, des crimes de toute nature, dont il était question dans les gazettes de la ville et les écrits de Dangeau.

Aussi la population paisible n'osait-elle plus se risquer, à la tombée de la nuit, dans les rues noires.

Les bourgeois les plus audacieux ne sortaient, le soir, qu'avec une lanterne à la main, et ne négligeaient pas de se faire précéder, soit par un apprenti, soit par la servante portant également une lanterne.

Quant aux seigneurs, ils faisaient marcher devant eux de véritables escouades de valets de pied, tenant au poing des flambeaux de résine.

Quelques-uns, plus riches ou moins courageux, avaient pour gardes du corps des hommes à cheval, armés jusqu'aux dents.

Le premier soin de La Reynie, en arrivant à la lieutenance de police, fut d'établir un réverbère fixé à l'extrémité de chaque rue et un troisième au milieu.

Et c'est aux vagues lueurs des chandelles garnissant les nouvelles lanternes, que les agents de police, les archers et le guet à cheval commencèrent la chasse aux malfaiteurs.

De sanglantes rencontres avaient lieu entre policiers et voleurs, à la grande terreur des habitants qui assistaient, de leurs croisées, aux incidents de ces bagarres.

Au bout de quelque temps, les malfaiteurs, traqués de la sorte, durent évacuer la ville, pour aller camper dans les faubourgs où ils pouvaient tenir en échec, pendant longtemps encore, la force armée lancée à leur poursuite.

Tout le quartier arrosé par la Bièvre devint, par le fait de sa topographie, l'asile de cette population de gens sans aveu que l'on pourchassait à outrance.

Il y avait là, grâce aux terrains vagues et accidentés, aux ruelles tortueuses, aux rues à peine tracées, un refuge pour toute la horde de misérables : — chiffonniers, mendiants et voleurs.

La petite rivière témoin de tant de scènes scandaleuses ou sanglantes se réhabilitait de ce voisinage de gueux, en offrant ses eaux pour le service de quelques moulins et teintureries.

Par contre, en arrivant dans la rue de Lourcine, la Bièvre coulait sur un véritable lit de détritus et d'immondices dont les émanations empestaient l'air, pendant l'été.

L'hiver, la boue puante envahissait les ruelles coupées de flaques d'eau qui croupissait là pendant toute l'année.

C'est dans ce foyer de miasmes que la Frochard avait choisi un logement où elle pût être à l'abri des curiosités de la police.

La mégère ne tenait nullement à ce qu'on se mêlât de ses affaires de famille, après que le chef de la tribu des Frochard eût payé sa dette à la justice, en place de Grève.

Depuis nombre d'années la femme du supplicié habitait ce faubourg qui se peuplait, peu à peu, de tout le ramassis de gueux fuyant devant la petite armée mise sous les ordres du lieutenant général de police.

La rue de Lourcine, à cette époque, était une des seules voies de ce quartier qui eussent leur tracé bordé de quelques habitations.

Mais quelle architecture !

Des masures décrépites, aux murs lézardés, aux toitures en partie effondrées.

On sentait bien que la main du maçon n'avait jamais passé par là, et que les habitants avaient été, eux-mêmes, architectes et constructeurs de ces singuliers immeubles.

De là une fantaisie dans les plans qui ne manquait pas de pittoresque au point de vue artistique, mais qu'il importait de bouleverser de fond en comble, — et au plus tôt, — en vue de l'assainissement de Paris empoisonné par les miasmes de ses faubourgs.

La masure habitée par les Frochard menaçait ruine depuis longtemps.

Les murs rongés par une lèpre de mousse qu'entretenait l'humidité avaient peine, on le voyait, à soutenir la toiture crevée par place.

La porte s'ouvrait dans la boue, et l'on ne pénétrait dans le taudis qu'à la condition de se maintenir en équilibre sur deux marches usées et glissantes.

Le rez-de-chaussée avait dû, à l'époque de la construction, se composer de deux pièces, ainsi que l'indiquait une poutre au sommet de laquelle se devinaient des restes de cloison sous d'innombrables couches de toiles d'araignée.

Les locataires qui s'étaient succédé dans l'immeuble, se trouvant sans doute trop à l'étroit, avaient fait sauter la cloison, de sorte qu'au moment où la Frochard avait pris possession du logement, ledit rez-de-chaussée se composait d'une pièce unique de la plus misérable apparence.

Le mobilier n'était guère de nature à rehausser l'aspect de la chambre.

Au fond se trouvait un grabat composé d'un matelas éventré dont la laine s'échappait poussiéreuse et maculée.

L'unique tenture consistait en un vieux châle jadis à carreaux, mais ayant par vétusté perdu toutes ses nuances et qui, jeté sur une corde, masquait en partie le grabat de la mendiante.

Le mobilier se composait de quelques vieilles épaves de l'ancien ménage des Frochard.

Un buffet tout vermoulu, dont les portes ne se maintenaient fermées qu'au moyen de taquets fichés dans les fentes, occupait le coin gauche de la pièce.

Ce buffet avait deux destinations bien distinctes. La Frochard y enfermait quelques assiettes ébréchées, des écuelles hors de service, des gobelets d'étain et des couverts de plomb, et Pierre le rémouleur, la nuit venue, trouvait moyen de tasser, contre l'un des côtés du vieux meuble, une moitié de la botte de paille qui lui servait de couche, de façon à se confectionner un semblant d'oreiller.

Le pauvre garçon n'avait, pour se reposer des fatigues de ses longues journées de travail et de marche, que ce misérable lit et une mauvaise couverture en loques.

Par contre, lorsqu'il plaisait au « chérubin » de réintégrer le domicile maternel pour une nuit, Pierre était tenu de céder sa botte de paille au beau Jacques, et de s'étendre sur le carreau.

Et cela, bien qu'il y eût dans la chambre un vieux fauteuil amputé d'un pied, poussé contre le mur.

Ce siège était considéré par la Frochard comme une relique.

C'était le fauteuil du supplicié, et la mendiante ne permettait qu'à Jacques de s'y asseoir.

Au milieu de la pièce, une table boiteuse ne tenait en équilibre qu'au moyen de ronds de liège que le rémouleur avait façonnés pour cet usage

Ce qui faisait dire à la mégère, par allusion à l'infirmité de son fils:

« — Y a deux boiteux dans la maison ! »

A côté de la table, un fourneau en terre, maculé de noir de fumée et de plaques de graisse de friture, servait — les jours de gala — à mettre à griller la côtelette de porc frais, ou à faire chanter la marmite dans laquelle bouillaient, avec des déchets de viande, les légumes volés chez les maraîchers de Montsouris.

Enfin, parmi tous ces meubles disloqués et disparates, la meule de Pierre avait trouvé place, dans un coin, où, la journée finie, le rémouleur repassait encore les couteaux et les ciseaux qu'on avait bien voulu lui confier.

Et presque toujours la Frochard s'endormait au susurrement de la meule attaquant l'acier.

Voilà pour le rez-de-chaussée.

A droite, à côté d'une fenêtre, un petit escalier vermoulu conduisait à un grenier dans lequel s'accumulaient des tas de chiffons que la mendiante récoltait pour les revendre, et dont le produit servait aux plaisirs du « chérubin ».

C'est dans ce taudis que la pauvre Louise allait recevoir l'hospitalité de la Frochard.

. . . .

Lorsque l'aveugle, traînée au bras de la mendiante, eût parcouru la distance qui séparait le Pont-Neuf des bords de la Bièvre, la malheureuse enfant succombait à la fatigue.

Aussi Pierre s'empressa-t-il, ayant ouvert la porte, d'offrir la main à la jeune fille pour l'aider à pénétrer dans la maison, pendant que la mendiante criait :

— Faut faire attention, la p'tite, y a deux marches à descendre.

Puis elle ajouta, avec un gros rire :

— J'ai choisi un appartement de rez-de-chaussée, parce que les médecins m'ont défendu de monter les étages ; ça m'essouffle.

Mais Louise était trop accablée, trop désespérée, pour prêter attention à ce qui se disait.

La pensée d'Henriette l'occupait tout entière. Tant qu'elle s'était trouvée dans la rue, la pauvre aveugle avait conservé une vague espérance.

Elle se disait que peut-être sa sœur avait recouvré sa liberté.

S'il en était ainsi, Henriette avait dû, bien certainement, retourner sur la place, devant le bureau des messageries.

Là, elle avait pu s'informer et apprendre qu'une âme charitable s'était chargée de recueillir l'abandonnée.

Peut-être aussi lui avait-on indiqué la direction à suivre.

C'était rêver l'impossible ; mais la malheureuse, dans son affolement, s'était accrochée à cet impossible comme à une dernière espérance.

Elle n'avait cessé, pendant tout le parcours, de prêter l'oreille au moindre bruit de la rue.

Chaque fois que le pas d'un passant avait résonné sur le pavé, Louise avait conçu un nouvel espoir bientôt suivi, hélas ! d'une nouvelle déception.

Mais maintenant qu'elle était dans cette maison où l'on avait bien voulu la recevoir, elle était retombée dans la plus profonde douleur.

C'en était donc fait ! Elle ne se retrouverait plus, ce jour-là, auprès de son Henriette. C'était la première fois, depuis qu'elle avait été recueillie par Mme Gérard, qu'elle se trouverait chez des étrangers ; la première fois, enfin, qu'elle s'endormirait sans avoir embrassé sa sœur bien-aimée.

Une douloureuse émotion s'empara de cette infortunée, lorsqu'elle entendit la porte se refermer derrière elle, et que l'humidité de la pièce où elle se trouvait glaça subitement tout son corps.

Elle éprouvait une sensation d'angoisse indicible, et son cœur se serrait sous cette impression qu'elle ne pouvait surmonter.

Elle était restée immobile à la place où l'avait laissée la Frochard.

Elle n'osait plus ni bouger, ni parler.

Elle aurait bien voulu, cependant, interroger les gens qui s'étaient chargés d'elle, leur parler de son malheur, et s'assurer encore qu'on ne négligerait aucune démarche pour l'aider à retrouver sa sœur.

Louise avait été frappée du silence qui s'était fait autour d'elle depuis quelques instants.

Elle se demandait pourquoi cette bonne dame, pourquoi ce jeune homme qui l'avaient sauvée, n'avaient plus un mot d'espérance à lui adresser.

Si la malheureuse aveugle avait pu voir le visage bouleversé de Pierre, quelle n'eût pas été sa douleur !

Le rémouleur, en ce moment, observait d'un œil inquiet la physionomie de la Frochard.

Il redoutait, — lui qui connaissait sa mère, — d'avoir deviné ce que ruminait silencieusement la mendiante.

Il se disait que la mégère avait happé une proie, et qu'elle savourait, avec ses instincts de fauve, la joie qu'elle éprouvait de cette aubaine inespérée.

Cet être chétif reconnaissait son impuissance à intervenir, habitué qu'il était à ne jamais aller à l'encontre de la volonté maternelle, et à trembler devant un frère brutal et plus robuste que lui.

Si Louise eût pu voir le regard suppliant que le rémouleur adressait, en ce moment à la Frochard, elle eût compris toute l'étendue de son malheur.

Si elle avait ignoré jusque-là en quelles mains elle était tombée, l'aveugle n'allait pas tarder à passer par une série d'étonnements douloureux.

La Frochard, certaine désormais que sa capture ne pouvait plus lui échapper, s'apprêtait à se montrer telle qu'elle était réellement.

L'ignoble créature allait jeter bas le masque d'hypocrisie dont elle s'était servie pour s'attirer la confiance de la jeune fille.

Si elle se décidait à avoir encore quelques ménagements, ce ne devait être que pour arriver plus rapidement à son but.

Elle ne se crut plus obligée, néanmoins, à conserver le ton doucereux qu'elle avait gardé jusque-là. Et c'est de sa voix éraillée et traînante qu'elle dit tout à coup à Louise.

— Faut voir à se reposer à présent, la p'tite. Nous allons vous fabriquer une couchette où vous dormirez tant bien que mal... J'étais pas préparée à d'la visite, et vous vous contenterez de ce que j'ai à vous offrir...

L'aveugle formula timidement une phrase de remerciement ; mais soudain elle s'interrompit en se rejetant en arrière.

La Frochard s'était approchée d'elle et essayait de dégrafer le corsage de sa robe.

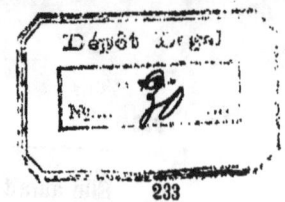

Après quoi la Frochard jugea qu'elle pouvait emmener sa victime dans le grenier. (P. 236.)

— C'est juste, ricana la mendiante, vous n'avez pas besoin de femme de chambre... Alors, ma p'tite, déshabillez-vous pendant que je vais faire la couverture.

Et, s'adressant au rémouleur, avec son mauvais sourire :

— Allons, Pierre, aide-moi à retourner le matelas pour que ça soit bien douillet.

Elle avait, tout en parlant, pris à brassée la botte de paille et l'emportait dans le grenier.

Arrivée au bout du petit escalier, s'apercevant que le rémouleur n'avait pas bougé de place, elle lui cria d'un ton menaçant qui ne souffrait pas de réplique :

— Dis donc, eh ! feignant, faut-il que j'aille t'aider ?

Louise toute stupéfaite et tremblante se hasarda alors à dire :

— Madame, je ne suis plus fatiguée... je ne dormirai pas... Permettez-moi de passer la nuit sur une chaise...

— Sur une chaise ! s'exclama la Frochard en riant... Vous passerez la nuit sur une chaise pour que demain vous ayez les *ossements* brisés, et que vous ne *pouviez* plus mettre un pied devant l'autre... Vous voulez rire, la p'tite.

Après avoir lancé la botte de paille dans le grenier, la mendiante, descendant précipitamment les marches, saisit par le bras Louise, qui s'était mise à pleurer.

— Allons, allons, dit-elle, s'agit pas de pleurnicher à cett'heure pour vous rendre malade... Quand on a du chagrin, c'est pas la peine de se changer en gouttière... J'en ai eu, moi, du chagrin, et... j'ai pas pleuré ! J'en ai fait pleurer d'autres.

Louise, au son de cette voix dont la Frochard ne prenait plus la peine de dissimuler l'âpreté, ressentit un douloureux tressaillement, et son sang se figea dans ses veines.

Une pâleur extrême envahit son visage.

Et comme la mendiante essayait encore de l'entraîner, elle se raidit énergiquement.

Puis, joignant ses mains tremblantes :

— Madame, supplia-t-elle, laissez-moi rester ici, près de vous... par terre... au pied de votre lit... car vous comprenez bien que je ne saurais dormir, lorsque je me rappelle tout ce qui m'est arrivé depuis quelques heures, lorsque les larmes m'étouffent, lorsque j'ignore si je retrouverai jamais celle dont je pleure l'absence...

La Frochard fit un geste de colère. Mais se ravisant :

— Bien sûr qu'on la retrouvera vot' sœur... Ça se retrouve toujours une jeune fille... tôt ou tard !...

Et avec un ricanement aigu :

— Mais, pour la retrouver, faudra marcher longtemps.

— Oh ! je marcherai ! s'écria Louise.

— Faudra parcourir beaucoup de quartiers, fouiller tout Paris...

— Je vous suivrai partout, Madame.

— Pardienne ! j'y compte bien !... Mais c'est pas en passant la nuit en *jérémiades* que vous aurez la force de *trotter*...

Pierre avait écouté ce dialogue sans lever les yeux sur Louise.

Le brave garçon avait vu le visage de sa mère se contracter à plusieurs reprises, et il aurait voulu pouvoir mettre une terme à cette scène dont il redoutait l'issue.

Il savait la mégère capable de terribles emportements.

Il s'approcha doucement de l'aveugle et lui murmura à voix basse :

— Mam'zelle, la mère a raison, faut vous reposer.

Et, comme s'il eût voulu rassurer la pudeur de la jeune fille :

— Vous serez toute seule là-haut, dit-il, et l'on fermera la porte...

— Vous voyez bien, la p'tite, interrompit la Frochard, que j'ai raison, Pierre lui-même vous le dit.

Louise crut devoir céder à l'intervention de celui qui avait droit à sa reconnaissance.

Et se tournant vers la mendiante :

— Puisque vous insistez, Madame, fit-elle avec un soupir, je ne veux pas vous désobéir... Conduisez-moi !

Mais au moment d'emmener la jeune fille, la Frochard s'arrêta, les yeux braqués sur sa victime.

Elle était tombée en arrêt devant un ruban de velours noir qui entourait le cou de Louise.

Pierre avait saisi le mouvement, et n'avait pu se défendre d'un geste de terreur, aussitôt réprimé par un regard aigu de sa mère.

Celle-ci, au surplus, ne lui laissa pas le temps de parler.

— Qu'est-ce que vous avez donc là, demanda-t-elle à la jeune fille, là au bout de ce velours ?

L'aveugle porta vivement la main à son cou et fit sortir du corsage l'objet désigné.

— C'est un petit médaillon en or que m'a donné ma bienfaitrice, Mme Gérard, répondit-elle.

— Une parente sans doute ? fit la mendiante que le médaillon d'or semblait fasciner.

— Celle qui m'a servi de mère !

— Alors, ma p'tite, je comprends que vous teniez à ce bijou ; aussi... retirez-moi bien vite ça, je vais le mettre dans mon *ormoire* pour qu'il ne se perde pas.

— C'est que... balbutia Louise, je ne me suis jamais séparée de ce souvenir ;... je ne le retire jamais pour me coucher...

— Eh ben, faudra commencer aujourd'hui ! s'écria la vieille femme.

Et sans s'inquiéter de la surprise qui se manifestait sur le visage de l'aveugle, elle dénoua violemment le ruban et s'empara du médaillon.

Pierre, honteux comme si Louise eût pu le voir, détourna les yeux, pendant que sa mère, poursuivant l'inspection de la toilette de l'aveugle, venait d'apercevoir une paire de boucles d'oreilles que portait la jeune fille.

La Frochard avait naturellement jeté son dévolu sur ces objets.

Ce que voyant, Pierre voulut essayer de s'opposer à ce qu'il considérait comme un vol.

Mais un regard de sa mère le cloua sur place.

Le pauvre garçon baissa les yeux et détourna la tête pour ne pas être témoin de l'acte infâme qui se commettait en sa présence.

Pendant ce temps, les boucles d'oreilles de Louise disparaissaient dans la poche de la voleuse.

Après quoi la Frochard jugea qu'elle pouvait emmener sa victime dans le grenier.

Elle l'aida à gravir les marches...

Resté seul, Pierre eut un mouvement de violente révolte contre lui-même.

Il s'accusait de lâcheté, sa conscience lui criait qu'il était le complice du vol, puisqu'il n'avait rien fait pour s'opposer à son accomplissement.

Il se jugeait méprisable d'avoir laissé dépouiller la malheureuse enfant qui s'était confiée à lui et à sa mère.

Il se disait qu'il était, lui aussi, un misérable, et que c'eût été son devoir d'empêcher cette action coupable, fallût-il, par un acte d'énergie, s'arracher à l'implacable autorité qu'il subissait depuis si longtemps.

Il avait conscience, enfin, de la complicité morale qu'il assumait.

Et, pendant quelques secondes, le sang bouillonna dans ses veines.

Mais un tel effort ne pouvait durer dans cette nature affaiblie qui s'était, de longue date, assouplie aux brutalités des siens.

Sa révolte éphémère s'éteignit dans les larmes.

Il alla s'affaisser sur un escabeau, et, la tête plongée dans les mains, il se mit à pleurer comme un enfant.

Larmes d'impuissance qui eurent promptement raison de la rage qu'il avait au cœur, et paralysa les velléités de résistance qu'il avait senti poindre en lui.

L'opprimé se replaçait, de lui-même, sous le joug, après avoir entrevu une fugitive résurrection de sa dignité.

Puis, il s'efforça de croire qu'il avait pu se tromper sur les intentions de sa mère.

Mais, tout aussitôt, il pensa à ce Jacques, qui avait sans cesse besoin d'argent pour ses honteuses débauches.

Il lui semblait entendre sa voix qui lui criait :

— De quoi te mêles-tu, l'avorton?... Si tu as quelques côtes de trop, faut le dire; on se chargera de t'en débarrasser.

Tout à coup Pierre passa rapidement la manche de sa veste sur ses yeux pour essuyer ses larmes.

La porte du grenier avait craqué en s'ouvrant.

La Frochard était au haut du petit escalier.

Elle tenait dans ses bras toutes les hardes de l'aveugle, et les montrait d'un air triomphant à Pierre.

Le rémouleur fit quelques pas au-devant de sa mère, les yeux fixés sur la robe qu'avait portée Louise, le fichu, les souliers à boucles — si petits qu'un enfant eût pu les chausser.

Et Pierre ne pouvait détacher ses regards de ces objets qu'il aurait voulu arracher des mains de la Frochard.

Il lui semblait qu'en les touchant, la mendiante profanait les vêtements de la chaste créature à qui ils appartenaient.

La mégère l'interpella :

— Eh ben, qu'est-ce que t'as donc à me regarder comme ça, l'avorton?

... Si t'avais été un beau brin de fille, comme mon Jacques est un fier bel homme, t'aurais pu te parer de toute cette belle défroque-là...

Pierre eut une sensation de vertige.

— Qu'est-ce que vous comptez donc faire de ça, la mère? demanda-t-il en essayant de paraître calme.

— Ah! ça, monsieur l'honnête homme, te figures-tu que je vais nourrir c'te petite à rien faire?

Le rémouleur était devenu affreusement pâle.

— Eh ben, quoi! glapit la mégère, te v'là en pâmoison comme un oison. T'es donc trop bête pour comprendre?

— Je comprends, ma mère, dit Pierre avec tristesse.

— Quoi?

— Que vous avez promis à cette jeune demoiselle de l'aider à retrouver...

La Frochard l'interrompit par un bruyant éclat de rire.

— J'te croyais pas encore si *bouché*, l'avorton!

— Ma mère, ce n'est pas de moi qu'il s'agit, c'est de...

— Ah! ça, est-ce que tu voudrais m'*interrogatorier*, imbécile?

La Frochard était maintenant en veine de gaîté.

Elle continua sur le même ton gouailleur :

— Est-ce que t'es lieutenant de police à présent?

Puis toisant son interlocuteur médusé :

— Tu voudrais peut-être ben que je me prive du gagne-pain que le bon Dieu ou le diable, — j'sais pas lequel, — m'a envoyé pour me soulager dans mon *travail!* Tu voudrais peut-être que ta pauvre mère continue à s'échiner jusqu'à *vitam œternam*, quand elle a dans les pattes une débutante à mettre dans les bons endroits!... C'est ça que tu voudrais, mauvais cœur, parce que t'es lâche au point que, si j'étais pas sûre de moi, je croirais que t'es pas le fils du grand Anatole Frochard, un homme qui n'avait pas son pareil pour...

La misérable créature avait complété sa pensée en faisant le geste de porter un coup de couteau.

Pierre tourna en tremblant les yeux vers la porte du grenier, comme s'il eût craint que l'aveugle eût entendu ce que venait de dire la Frochard.

Celle-ci, une fois lancée, ne s'arrêtait plus.

Aussi continua-t-elle en s'animant de plus en plus

— Parce que t'as pas voulu faire le métier de ta mère, tu crois que tu vas empêcher la p'tite de nous gagner de bonnes recettes en l'exerçant avec moi?

— Vous voulez la forcer de mendier!... de mendier pour Jacques, n'est il pas vrai?

— Oui! s'exclama la mendiante, c'est pour lui que nous travaillons tous! Et elle travaillera comme nous, pour mon chérubin!

Et elle ajouta :

— Puisque ces brigands de riches ne donnent plus aux vieilles... Eh ben, c'est une jeunesse qu'on leur servira... Elle a aussi une bonne infirmité... encore meilleure que la tienne, l'avorton... une aveugle!... C'est une bénédiction du ciel qui nous tombe de là-haut.

Pierre était indigné ; mais que pouvait-il objecter lorsque la mendiante avait parlé !

La Frochard poursuivit :

— J'ai trouvé l'instrument, mais faut le mettre d'accord pour qu'il joue comme il faut... Ça, c'est mon affaire !

Le rémouleur hocha tristement la tête.

Il se rappelait, lui, le pauvre souffre-douleur, les terribles épreuves par lesquelles il avait dû passer, lorsque sa mère s'était mis en tête de l'obliger à mendier sur la voie publique.

Il prévoyait que sa mère et son frère deviendraient deux impitoyables bourreaux pour l'infortunée que le hasard avait fait tomber dans leurs griffes.

Il n'ignorait pas, — lui qui l'avait subi, — à quel genre de supplice on vouerait la pauvre enfant, avec cette cruauté froide dont la Frochard graduait si bien tous les raffinements, lorsqu'il s'agissait pour elle de briser une volonté.

Et Pierre, qui avait subi tous les mauvais traitements, ne pouvait espérer que cette frêle abandonnée résisterait aux tortures qu'on ne lui ménagerait pas.

Quant à attendrir la mendiante, il n'y fallait pas songer.

Cette mégère n'avait jamais eu de pitié dans le cœur, et sa tendresse, — qui tenait de la folie, — pour son fils aîné, la rendait capable de toute les infamies lorsqu'il s'agissait d'alimenter la bourse du paresseux bellâtre.

Aussi Pierre ne pouvait-il s'empêcher de trembler, en entendant sa mère parler de ses intentions à l'égard de la jeune fille.

La Frochard ne cachait plus maintenant ses détestables projets. Elle se faisait une fête d'annoncer à Jacques la bonne fortune qui lui arrivait.

Pierre écoutait silencieusement.

Chacune des paroles prononcées par sa mère le frappait en plein cœur, comme des coups de couteau.

Il avait, dès le premier moment de leur rencontre, ressenti pour Louise une touchante sympathie, la sympathie spontanée du malheur pour le malheur.

Il avait été ému jusqu'au fond de l'âme à la vue de cette affligée, dont le triste sort et la douleur si poignante n'avaient pas trouvé grâce devant la Frochard.

Lui, le chétif, l'avorton, qui tremblait devant Jacques, il avait rêvé d'être le protecteur de quelqu'un !

C'est pour cela que, dans un mouvement de joie irréfléchie, il s'était écrié :

— « Il me semble que je ne suis plus aussi seul dans le monde ! »

Qu'espérait-il, ce déshérité de la nature, ce boiteux qui avait conscience de son état lamentable, ce souffre-douleur auquel on n'épargnait ni les injures, ni les horions, qu'il supportait sans se révolter, sans même oser se plaindre ?

Il n'avait d'autre ambition que d'être utile, s'il le pouvait, à une créature encore plus misérable que lui, puisqu'elle était aveugle, abandonnée et menacée des plus cruels sévices.

Maintenant qu'il apprenait ce qu'on ménageait à la pauvre enfant, sa sympathie pour elle se changeait en une sorte de culte.

Mais quel secours pouvait-il offrir à sa protégée ?

La colère qui lui montait au cerveau ne devait-elle pas tomber au premier sarcasme que lui adresserait sa mère, au premier geste d'autorité de Jacques ?

L'énergie lui faisait défaut pour s'arracher à la vie de souffrance qui avait été son partage dès sa plus tendre enfance.

La nature, après lui avoir mis la bonté au cœur et la droiture dans l'esprit, avait laissé son œuvre inachevée en le privant de l'énergie qui permet de résister à ceux qui n'ont que la force physique comme argument.

Et Pierre avait ainsi vécu, soumis et résigné, sans but dans la vie, et sans espérance !

Il se complaisait même dans son isolement, comme s'il eût compris que le fils du supplicié ne devait pas avoir d'amis.

Mais à partir du moment où il avait rencontré Louise, et lorsqu'il eut appris que cette affligée allait demeurer dans le même asile que lui, qu'il vivrait à ses côtés, il éprouva pour la jeune fille ce sentiment instinctif qu'éprouve le pauvre chien errant pour le premier venu qu'il rencontre et qui ne l'a pas repoussé du pied

Il avait suffi que la voix si douce de l'aveugle le remerciât du service qu'il lui avait rendu, pour qu'il éprouvât une sensation de bonheur inconnue jusque-là.

Cette joie fut de courte durée.

Non, il ne serait plus seul, mais ce n'était pas uniquement une compagne, c'était une autre victime qui devait, désormais, vivre et souffrir à ses côtés.

Et le supplice de la pauvre enfant allait sans doute commencer dès le lendemain, à en juger par l'occupation à laquelle se livrait la mendiante.

La Frochard, en effet, avait étalé, sur son grabat, les vêtements enlevés à Louise, et regardait chaque pièce, l'une après l'autre, disant à Pierre :

— C'est-y pas une vraie chance d'avoir trouvé toute cette belle défroque, juste au moment où mes frusques s'en allaient en charpie ?

En entendant sa mère parler de s'approprier les hardes de l'aveugle, Pierre ouvrait de grands yeux étonnés.

Il ne s'était pas figuré, — lui qui était cependant habitué à tant de choses mauvaises de la part de la mendiante, — que celle-ci pût avoir la pensée de dépouiller sa victime.

— Eh ben ! quoi ? Qu'est-ce que t'as à me regarder de c'te façon-là ?... Ça te fait donc le cœur gros de savoir que ta pauvre mère sera nippée pour son hiver, avec une bonne robe bien chaude et un châle bien épais !...

LES DEUX ORPHELINES

— C'est de la tisane!... Ces voleurs de marchands vous baptisent l'eau-de-vie, que c'en est dégoûtant! (P. 244.)

Comme si ce n'était pas mon dû d'avoir chaud comme les fainéants de bourgeois !

Et, tout en parlant de cette voix aigre qui lui était habituelle lorsqu'elle quittait le ton hypocrite des mendiants, la Frochard avait mis le châle sur ses épaules, se mirait dans un fragment de glace plaqué contre le mur, et cela avec des gestes ignobles et un vieux regain d'impudique coquetterie à la fois grotesque et hideuse.

— Passe-moi le fichu ! dit-elle à son fils qui avait détourné la tête pour retomber dans sa triste mélancolie.

Pierre obéit machinalement.

Il prit l'objet demandé et le présenta à la mendiante qui grommelait :

— Peste ! On se mettait bien dans c'te famille, à ce qu'y paraît... C'est brodé tout autour comme un fichu de princesse.

Et, s'entortillant le cou :

— Ça sera pour les dimanches, lorsque je conduirai mon gagne-pain à la messe... devant le portique, bien entendu.

Le plaisir que prenait sa mère à se parer ainsi d'objets volés à Louise écœurait le brave garçon, obligé de subir ce pénible spectacle et d'écouter les paroles de la cynique créature.

Pour se dispenser d'y répondre, Pierre avait rapproché son escabeau de la table, et, les coudes appuyés, feignait de succomber au sommeil.

— Paresseux ! lui cria la mégère, ça n'a pas pour deux deniers de courage...

Puis, secouant avec violence le rémouleur :

— T'as bien le temps de dormir, puisque aujourd'hui nous sommes rentrés de bonne heure... D'ailleurs faut que tu m'aides.

— Que dois-je faire ? demanda Pierre en levant la tête.

— Préparer le souper.

— J'ai pas faim !

— J'ai soif, moi !

Ces mots avaient été appuyés d'un de ces regards froids que la mégère adressait à son fils, lorsqu'elle voulait être obéie sur-le-champ.

Pierre ouvrit le buffet, y prit une bouteille d'eau-de-vie et un gobelet, qu'il plaça sur la table.

La Frochard le regardait faire.

— Tu peux bien me servir, dit-elle.

Le rémouleur emplit au quart le gobelet d'étain, pendant que la vieille femme regardait.

— Ah ça ! s'exclama-t-elle, est-ce que tu vas me mettre à la ration ?... Si t'as pas soif, tant mieux !...

... Moi, j'ai la pépie !... J'ai besoin de me rafraîchir !

Et, arrachant la bouteille des mains de son fils, elle emplit le gobelet jusqu'au bord.

Elle était véritablement hideuse à voir, la Frochard.

Le visage enluminé, avec des teintes bleues aux pommettes sillonnées de rides et marbrées de couperoses.

Les yeux, petits d'ordinaire, mais encore plus enfoncés sous l'arcade sourcilière, après les libations auxquelles on s'était livré au cabaret.

Sa bouche rentrée, — et presque sans lèvres, — laissait voir des gencives édentées et brûlées par l'abus fréquent des alcools.

Les cordes du cou, — tendues par l'effet des congestions sanguines que subissait le cerveau, — semblaient tout près de se rompre.

Le buste — empaqueté dans un amas de loques superposées, fléchissait sur les hanches où s'appuyaient des mains décharnées, ayant des crispations de serres, avec leurs ongles recourbés en griffes.

L'horrible femme eut un geste d'ivrogne pour porter à sa bouche le gobelet qu'elle vida à moitié, d'un seul trait.

Puis elle grommela entre les dents :

— C'est de la tisane !.... Ces voleurs de marchands vous baptisent l'eau-de-vie, que c'en est dégoûtant.

Et du revers de sa main calleuse elle essuya ses lèvres en marmottant :

— Je changerai de fournisseur maint'nant que les recettes vont augmenter.

Tout en parlant, elle avait suspendu les différents objets composant la toilette de Louise, à la corde, à côté du vieux châle à carreaux.

Depuis un instant Pierre n'écoutait plus.

Il avait aperçu les souliers de l'aveugle restés, par terre, au milieu de la chambre.

Le pauvre garçon ne pouvait détacher ses regards de ces petites chaussures.

Il pensait que la Frochard les avait oubliées, et il espérait pouvoir s'en emparer pour les cacher afin de les rendre à Louise.

Mais déjà la mendiante s'était souvenue de ces jolis souliers que l'aveugle avait retirés devant elle.

Elle se précipita dessus, en s'écriant :

— On t'en fich'ra, ma p'tite, des chaussures de Cendrillon avec des boucles d'argent !... C'est ça qui ferait fuir la pratique !

Puis essuyant les souliers, soigneusement, du revers de sa manche, elle les plaça à côté de ses pieds, comme pour les comparer.

Et avec un geste de regret :

— C'est dommage, dit-elle, que j'aie le pied un tant soit peu déformé par la marche, sans cela, ça m'irait comme un gant...

Mais tout aussitôt elle ajouta :

— Ça sera pour la belle à Jacques.

Ce nom fit sursauter le rémouleur.

Chaque fois que, pendant le cours de cette soirée, la Frochard avait eu l'occasion de parler de son fils aîné, Pierre n'avait pu se défendre d'une impression d'effroi.

N'avait-il pas tout lieu de redouter, pour l'aveugle, le retour du chérubin ?

N'était-il pas, d'avance, certain que celui-ci ne se ferait pas scrupule de parler devant la jeune fille avec son cynisme habituel ?

Aussi le nom de Jacques, prononcé en ce moment, rendait-il Pierre si inquiet, que le pauvre diable se mit à marcher pour se donner une contenance.

— Comment, ma mère, hasarda-t-il avec timidité, vous allez dépouiller cette pauvre fille... ; vous allez prendre tous ces objets ?

— Pardié ! riposta la mégère... faudrait-y pas que je nourrisse Mademoiselle gratis, et à rien faire ?

— Mais... c'est voler ! s'exclama Pierre.

— Tiens, t'es par trop bête, l'avorton. Est-ce que tu crois que je vais en faire une duchesse, de c'te p'tite !

Elle prit un temps, comme si elle eût voulu préparer un effet.

Puis froidement, les yeux fixés sur le visage bouleversé du rémouleur, elle ajouta :

— Faut qu'elle *travaille* dès demain !

Pierre demeura silencieux sous ce regard qui, pour lui, indiquait une résolution inébranlable, pendant que la Frochard continuait :

— Je vas lui préparer tout de suite son trousseau, car faudra déguerpir au petit jour.

Hélas ! le rémouleur n'avait pas eu besoin d'entendre ces dernières paroles pour penser que le supplice de l'aveugle commencerait bientôt.

La mendiante ne lui laissa pas le temps de douter de ses intentions.

— Va me chercher le paquet de chiffes qu'est là-haut, dans le grenier... tu le trouveras bien sans lumière, je suppose, puisqu'y n'y en a qu'un.

Pierre ne bougeait pas de place.

Ce que voyant, la Frochard, les poings sur les hanches, fit un pas vers lui, en s'écriant :

— Faut-y que tu sois lâche et feignant pour ne pas éviter une fatigue à ta pauvre mère qu'a les jambes qui lui rentrent dans l'estomac à force de marcher toute une sainte journée, pour *gagner* quelques sous !... C'est bien, mauvais cœur, j'y vas moi-même !

Elle se dirigea, en jurant, vers l'escalier qu'elle fit craquer sous ses pas lourds.

Pierre s'élança pour la retenir par la jupe.

Il venait de réfléchir que la vieille femme ne s'inquiéterait guère de réveiller Louise en sursaut, si toutefois la pauvre fille, succombant à la fatigue, avait pu s'endormir.

Il se résignait à obéir.

Il était bien certain, lui, qu'il saurait marcher assez doucement pour ne pas interrompre le sommeil de sa protégée.

Aussi eut-il, malgré son infirmité, des précautions de chat, pour gravir les marches sans faire crier le bois.

Il ouvrit la porte, en la tenant soulevée, car il savait que les gonds rouillés grinçaient en tournant.

Et, lentement, il s'introduisit dans le grenier.

Il y faisait presque clair.

Un faible rayon de lune, filtrant entre les essentes disjointes de la toiture, venait se jouer sur la botte de paille et la misérable couverture qui composaient le grabat de Louise.

Pierre passa comme un fantôme devant ce grabat, sans oser tourner les regards vers la dormeuse...

Il retenait son haleine, de peur que la jeune fille pût se douter que quelqu'un eût osé s'introduire dans l'endroit où elle reposait...

Le cœur du brave garçon battait bien fort, et sa main tremblait lorsqu'il saisit le paquet de haillons qu'il souleva sans bruit...

Chargé de son fardeau, il voulut regagner la porte au plus tôt.

Mais il lui sembla que, maintenant, ses jambes allaient se dérober sous lui...

Il s'arrêta une seconde, pour se remettre...

Il était, sans s'en rendre compte, si ému, si troublé, qu'involontairement ses regards se portèrent sur la jeune fille...

Le visage de la dormeuse saillait, — à peine éclairé, — sur le brun sale de la couverture qui recouvrait tout le reste du corps...

Pierre contempla ces traits qui, pendant le sommeil, avaient conservé l'expression d'une profonde tristesse...

Ce visage reflétait toutes les émotions éprouvées, toutes les transes que venait de subir la jeune fille...

Il sembla même à Pierre que la dormeuse sanglotait en rêvant..

La poitrine de Louise se soulevait sous l'effort d'une respiration saccadée, et l'on devinait que le corps était violemment agité, sous l'influence de quelque rêve douloureux.

— Pauvre fille! pensa le rémouleur.

Une larme s'échappa de ses yeux, et il s'éloigna, en soupirant, du grabat de l'infortunée...

Tout à coup, au moment de refermer la porte derrière lui, il s'arrêta de nouveau pour écouter...

Il lui avait semblé entendre parler dans le grenier.

Il ne se trompait pas...

C'était Louise qui, dans son sommeil, murmurait :

— Henriette!... me voici!... Pourquoi... m'as-tu... abandonnée ?... Henriette!... sauve-moi!... sauve-moi!...

— Qu'est-ce tu fais donc là, planté comme un pieu ? cria la Frochard en interpellant son fils... Est-ce qu'y faut que j'aille t'aider, feignant ?

Le rémouleur descendit l'escalier, toujours en ayant soin d'assourdir le bruit de ses gros souliers ferrés.

La mégère lui arracha le paquet des mains, et se mit à étaler devant elle les haillons qui s'y trouvaient pêle-mêle avec toute sorte de chiffons...

Elle prenait une à une les loques, en marmottant :

— Qu'elle se plaigne donc, après ça, de manquer de toilette!... Je vas lui donner tout ce qu'y a de mieux dans ma *garde-robe!*

Elle s'y entendait, cette vieille madrée, à composer un costume de haillons sordides, propre à faire naître la compassion.

Elle tournait et retournait, dans ses mains, une vieille robe de toile qui avait été, jadis, semée de bouquets maintenant effacés sous des taches et des souillures sans nombre.

— Une vraie belle robe que j'ai portée dans le temps, du vivant de mon homme, dit-elle.

C'est peut-être un peu clair pour la saison; mais quand il s'agit de mendier, faut pas avoir l'air d'une princesse du sang.

La robe était trouvée.

Il s'agissait de compléter la toilette.

La Frochard fit un inventaire rapide de ce que contenait encore le paquet.

Un vieux mouchoir à carreaux bleus tout effiloqué remplacerait le fichu brodé sur la poitrine de Louise.

Pour fanchon, une bande de toile de coton, restée dans ses plis, et qui avait dû faire un long usage sur les cheveux poisseux de la mendiante.

Il ne restait qu'à trouver les bas et la chaussure.

Du bout des doigts, la Frochard souleva une paire de bas que les rats du grenier avaient attaqués au talon.

— Des bas à jours ! ricana-t-elle...

Tout le monde n'a pas la chance de pouvoir en porter !... Plus que ça de luxe, ma p'tite, je vas te gâter bien sûr, je me connais !

Il fallait des chaussures en harmonie avec l'accoutrement sans nom que l'on destinait à l'aveugle.

La mendiante n'avait pour cela qu'à choisir dans sa réserve de friperies.

Elle eut bientôt découvert, dans le tas, une paire de savates dont l'étoffe noire et dure au contact de la boue desséchée jouait presque le cuir.

— Ne croirait-on pas que ça sort de chez le fabricant? dit-elle.

Et comparant ces savates aux petits souliers à boucles qui étaient restés sur la table :

— Tu seras bien plus à l'aise que là-dedans, ma p'tite, ajouta-t-elle.

Jusqu'à ce moment Pierre était demeuré immobile et comme étranger à tout ce qui se faisait sous ses yeux. La Frochard l'arracha brusquement à ses douloureuses pensées.

— Pierre, cria-t-elle, passe-moi ton couteau que je fasse des soupapes à ces savates... N'y a rien comme ça pour faire naître la charité dans le cœur des bourgeois qui ont de bonnes semelles à leurs chaussures.

Machinalement, le rémouleur tendit le couteau qu'on lui demandait.

Et la Frochard se mit à entailler l'étoffe qui, cette opération pratiquée, devait forcément laisser passer au travers de la chaussure une partie des pieds de l'aveugle, lorsque celle-ci serait impitoyablement traînée, de rues en rues, au bras de l'ignoble créature qui allait, désormais, lui servir de guide.

— V'là le trousseau prêt, glapit la mendiante en éclatant de rire ; si ça ne crève pas le cœur à tous ces bêtas de riches, ça sera à désespérer du métier...

Mais elle s'interrompit brusquement au beau milieu de son monologue.

De son côté Pierre avait eu un soubresaut sur son escabeau.

Un grand tumulte venait de se faire entendre dans la rue, à quelque distance de la maison.

Au milieu des vociférations et des clameurs, on pouvait percevoir le bruit du sabot des chevaux frappant leurs fers sur le sol, et aussi le cliquetis des armes.

— Qu'est-ce que vous demandez? fit Euphémie.
— A souper et à coucher. (P. 254.)

— C'est le guet à cheval! fit le rémouleur en se levant pour aller à la fenêtre.

Mais la Frochard l'arrêta par le bras.

— Tu ne vas peut-être pas nous donner en spectacle à tous ces gueux qui poursuivent le pauvre peuple?

— Dites plutôt des voleurs, ma mère, des misérables qu'on fait bien de traquer comme des bêtes fauves qu'ils sont...

— T'as pas de honte, malheureux, d'oublier que ces coquins d'hommes de police ont assassiné ton père !

... Ces misérables gredins m'ont emmené mon Anatole, pieds nus, en pleine place publique... et là...

S'interrompant, et avec un geste terrible :

— Ah ! si j'en tenais un !

La mégère brandissait le couteau qu'elle tenait encore à la main.

Elle s'élança, l'œil en feu, vers la fenêtre pour écouter.

Le tapage augmentait dans la rue.

C'était bien, ainsi que l'avait dit Pierre, le guet à cheval qui chargeait.

Les fuyards s'arrêtaient de temps en temps, pour lancer des pierres aux soldats, et alors une grêle de ces projectiles degringôlaient tout le long du toit, ou venaient frapper le mur de la masure.

Depuis sa nomination à la lieutenance générale de police, le comte de Linières avait pris la résolution de purger Paris des malfaiteurs, de débarrasser les rues de la grande ville des innombrables mendiants dans les rangs desquels se recrutait toute la séquelle des voleurs à la tire.

En outre, le nouveau lieutenant de police avait voulu sévir avec la plus grande rigueur contre ces incorrigibles spadassins, — gentilshommes pour la plupart, — tirant l'épée à tout bout de champ, n'importe où, dans une ruelle, à la lueur du premier réverbère venu, et cela en dépit des édits contre le duel.

De là, les rondes nocturnes et les expéditions qui mettaient sur les dents les hommes d'armes et les exempts de M. le lieutenant général de police.

Il ne se passait pas de nuit, qu'un des faubourgs de Paris ne fût le théâtre de quelque rixe sanglante entre les archers du guet et ceux qu'ils étaient chargés de poursuivre et d'arrêter.

Nous avons déjà eu l'occasion de parler de l'audace des malfaiteurs.

Ceux-ci, non seulement tenaient tête aux exempts et aux archers, mais ils parvenaient souvent à paralyser l'action du guet à cheval, au moyen de chaînes qu'ils tendaient dans les petites rues, et contre lesquelles culbutaient chevaux et cavaliers.

Or, tout le tapage qu'entendaient la Frochard et Pierre provenait d'une de ces expéditions nocturnes ordonnées par le comte de Linières.

La mendiante, dont la haine implacable pour les gens de police n'excluait pas le sentiment de la plus excessive prudence, s'était accroupie, et se tenait silencieuse devant la fenêtre.

— Jacques ne viendra plus ce soir, dit-elle tout bas au rémouleur, faut aller nous coucher...

La mégère ne pouvait se défendre d'une certaine terreur en constatant que le bruit se rapprochait.

Mais le rémouleur, qui vivait honnêtement de sa meule à repasser, était calme.

Il se demandait, en ce moment, si ce ne serait pas un bonheur inespéré pour l'aveugle, que le guet vînt à pénétrer dans la masure.

— Les v'là qui vont passer devant la maison, murmura la Frochard, si ces canailles-là voyaient de la lumière ici, ils pourraient bien vouloir entrer... Et la p'tite qu'est là-haut !

Puis vivement :

— Éteins le lustre, l'avorton !

Le rémouleur souffla le bout de chandelle fiché dans le goulot d'une bouteille.

La mèche lança un jet de fumée puante.

Et la misérable chambre fut ainsi plongée dans l'obscurité.

Voilà dans quel taudis la malheureuse aveugle avait reçu l'hospitalité.

Nous allons voir, maintenant, ce qu'avait été cette famille Frochard au pouvoir de laquelle était tombée Louise.

II

Ce n'était pas par fanfaronnade que Jacques Frochard avait dit à Pierre, le rémouleur, dont il raillait la pusillanimité :

« — C'est le sang d'un agneau qui coule dans tes veines... C'est le sang de notre père qui bout dans les miennes !... Depuis cent cinquante ans, excepté toi, l'avorton, nous sommes tous comme ça dans la tribu des Frochard !... Quand le diable a semé sa graine de bandits sur terre, on dirait que son sac s'est crevé chez nous... »

Ce fils, qui revendiquait la célébrité des criminels pour ses ascendants, avait été élevé dans l'admiration des exploits de ce père que la Frochard portait aux nues, lorsqu'elle voulait le donner en exemple à Pierre, le malheureux estropié, qui, — ainsi qu'elle le disait avec colère, — voulait se mêler d'être honnête...

L'horrible mégère qui se flattait, en toutes circonstances, d'avoir été la compagne fidèle du supplicié, avait voué à la mémoire de ce bandit un véritable culte, auquel ni le temps, ni les épreuves subies, n'avaient porté atteinte.

Aussi se complaisait-elle dans l'admiration constante de Jacques qu'elle considérait comme le portrait vivant de cet Anatole, du séducteur irrésistible, du maître qui subjuguait d'un regard, de l'homme courageux et fort devant qui tout devait plier.

Et dans l'exaltation qui s'emparait d'elle au souvenir de l'être si violemment aimé, elle s'écriait :

« — Jacques, mon chérubin, quand je te regarde, il me semble le voir !... C'était un rude gaillard, un homme ! qui n'a jamais eu peur ni de Dieu ni du diable ! »

Cette cynique créature était fière de voir revivre dans son fils aîné tous les traits et les vices du misérable issu d'une infâme tribu de criminels et qui avait, de beaucoup, distancé la célébrité de ses ancêtres.

Pour Anatole Frochard, la graine de bandit avait promptement germé. Dès son adolescence, le futur supplicié était déjà un détestable garnement.

Plus tard, dès l'âge de vingt ans, il faisait marcher de front de nombreuses et faciles conquêtes et ses premiers essais dans le crime. Grand, solidement bâti et doué d'une vigueur athlétique, il avait, par un bizarre caprice de la nature, un visage doux et souriant, des traits efféminés et un regard qui passait, en moins d'une seconde, de la plus caressante tendresse à la dureté la plus féroce : des yeux de gazelle ou de tigre.

Dans le monde interlope que fréquentait ce redoutable bellâtre, nul ne savait, au juste, qui il était, ni d'où il venait. Il séduisait les femmes par le charme étrange de son visage, par la puissance irrésistible de son regard. Il imposait aux hommes par sa mâle énergie et par sa force herculéenne ; sa vie était entourée de mystère.

Quand ses ressources étaient épuisées, quand la misère le talonnait de près, il disparaissait tout à coup, sans qu'on pût soupçonner ce qu'il était devenu.

L'absence se prolongeait plus ou moins, puis, un beau jour, il revenait parmi ses compagnons de débauche, et ses honteuses orgies renaissaient de nouveau, grâce à l'argent mystérieusement acquis.

Ce mystère, c'était le crime.

Le crime, dont il dédaignait les chemins battus.

Le vol vulgaire lui paraissait un jeu d'enfant, indigne de son intelligence et de son audace.

Il ne méditait que de grands coups, accomplis au milieu des périls.

Une « *affaire* » devait toujours être pour lui une véritable bataille dans laquelle il était résolu à risquer sa vie aussi bien que sa liberté, quitte à se défendre avec acharnement et à faire payer cher son existence, s'il se voyait perdu.

C'est avec cette insouciance du danger que Frochard avait accumulé forfaits sur forfaits, si bien qu'à vingt-cinq ans, il n'en était plus à compter les vols avec effraction, les arrestations à main armée, les attaques nocturnes sur les grandes routes, les invasions de fermes isolées où il allumait au besoin l'incendie.

Il n'avait pas de spécialité comme certains de ses devanciers célèbres dans le crime.

Tout lui était bon, pourvu qu'il arrivât à posséder l'argent qu'il convoitait.

Et cet argent obtenu, il le jetait largement aux quatre vents de ses fantaisies, courant les guinguettes et les tripots, jusqu'à complet épuisement du butin récolté dans ses criminelles équipées.

C'est à la suite d'une de ces expéditions qu'Anatole Frochard fit la rencontre de celle qui devait devenir sa compagne, l'admiratrice passionnnée de son génie malfaisant, l'esclave dévouée jusqu'à la mort.

Le bandit, ce jour-là, avait éprouvé un échec, — le premier depuis qu'il avait débuté dans la carrière de ses aïeux.

Surpris dans l'accomplissement d'une arrestation à main armée, presque aux portes de Paris, Frochard avait tout d'abord voulu tenir tête aux agents qui le poursuivaient; mais, voyant qu'il était impossible de résister au nombre, il avait jugé prudent, — une fois par hasard, — de mettre à profit ses connaissances en fait de gymnastique.

Franchissant un fossé bordé d'une haie, il eut bientôt mis une grande distance entre lui et ceux qui lui donnaient la chasse.

Les agents n'avaient eu que la ressource de lui envoyer quelques coups de feu, dont un l'avait atteint à la jambe.

Mais l'énergique bandit ne poussa pas un cri.

Tombé sur le genou, il se releva comme un lièvre blessé et, comme lui, il détala avec la plus grande agilité, sans se préoccuper de la blessure reçue, et luttant contre la douleur.

C'était, heureusement pour lui, par une nuit tout à fait noire.

Le fugitif se glissa sous une futaie afin de reprendre haleine et attendre le petit jour.

Mais bientôt la fanfare d'un coq lui ayant annoncé le voisinage d'une habitation, il résolut de se faire donner l'hospitalité, de bonne volonté ou de force.

Il sortit de sa cachette et arriva devant la maison.

C'était une de ces auberges où s'arrêtaient les rouliers rentrant dans

Paris, pour boire de la piquette que leur servait une accorte jeune fille d'une vingtaine d'années, délurée, avenante à la pratique, très accessible aux privautés, et que l'aubergiste, — un oncle à la mode de Bretagne, — avait tenue sur les fonds baptismaux.

Le brave homme s'était mis en tête, malgré un état de santé lamentable, d'arrondir une petite dot pour sa filleule à laquelle il avait donné le prénom d'Euphémie.

Euphémie trouvait-elle que la dot ne s'arrondissait pas assez vite, ou que l'oncle mourait trop lentement? toujours est-il que la demoiselle, si aimable pour la clientèle, était devenue, à l'égard de son parent, singulièrement acariâtre depuis environ deux ans.

Sans pitié pour les souffrances endurées par le bonhomme, elle se refusait constamment à descendre au cellier, obligeant le pauvre diable à aller lui-même renouveler le vin des brocs.

Par contre, la jeune servante devenait de plus en plus coquette, cherchant à attirer sur elle l'attention des rares voyageurs qui s'arrêtaient dans l'auberge.

Depuis quelque temps même, il semblait qu'elle ne cherchât que l'occasion de prendre sa volée pour se lancer dans la vie de hasard.

Paris l'attirait.

C'est donc à la porte de cette auberge isolée sur la route que Frochard était venu frapper.

Un chien se mit à aboyer.

Au troisième coup qu'avait frappé le bandit, une fenêtre du premier étage s'entrebâilla pour laisser passer une tête de jeune fille, déjà coiffée de nuit.

— Qu'est-ce que vous demandez? fit Euphémie.

— A souper et à coucher.

La fenêtre se referma.

Au bout de quelques minutes, la nièce de l'aubergiste apparaissait au seuil de la porte qu'elle venait d'ouvrir.

Frochard ne lui donna pas le temps de se reconnaître.

En dépit de la protestation énergique, mais inutile, d'un chien enchaîné, il saisit la jeune servante, et l'emporta dans ses bras à l'intérieur de l'auberge dont il referma la porte à double tour.

Euphémie ne souffla mot.

Elle eut même un sourire pour cet audacieux qui trouvait une façon si originale de pénétrer chez les gens.

Et comme, après l'avoir remise sur ses pieds, l'inconnu s'était, sans plus de façons, assis sur un escabeau,

— Vous êtes donc blessé ? demanda la servante en remarquant une large tache de sang sur l'un des bas du nouveau venu.

— Une égratignure ! La balle n'a fait, je pense, qu'effleurer le mollet.

Euphémie regardait son interlocuteur avec une curiosité toute féminine.

La beauté de l'inconnu l'avait frappée, et elle était demeurée comme fascinée par le regard profond de Frochard.

— Eh bien ! la belle fille, dit-il, vous allez me soigner un brin, je suppose ?

— Pourquoi pas ? répondit la jeune fille.

Puis s'intéressant à l'inconnu :

— Qui vous a blessé ? interrogea-t-elle.

Frochard hésita avant de répondre. Il lança un long regard sur elle, comme pour deviner ce qui se passait dans son esprit.

Rassuré sans doute, il dit avec un geste énergique :

— J'ai été blessé par des archers... Ils étaient trop nombreux sans cela...

— Que faisiez-vous donc pour qu'ils vous aient poursuivi ?

Cette fois Frochard n'eut pas d'hésitation. Il voulait porter un grand coup sur l'imagination de la curieuse.

— Je volais ! dit-il d'une voix calme.

La servante d'auberge ne broncha pas.

Elle n'essaya ni de fuir ni d'appeler.

Ce fut le tour de Frochard d'être étonné.

— Vous n'avez donc pas peur de moi ? fit-il en souriant.

Et aussitôt il ajouta :

— J'aime mieux ça, parce qu'il m'en eût coûté de...

Il avait tiré de sa poche un long couteau, bien emmanché dans une poignée de bois de fer, et dont la lame triangulaire se terminait en une pointe acérée.

Euphémie ne tressaillit pas plus à la vue de cette arme, qu'elle n'avait manifesté de terreur devant l'homme qui se présentait à elle comme un malfaiteur poursuivi.

— Vous êtes blessé, reprit-elle, vous ne pouvez pas partir en ce moment...

— J'y compte bien.

— Vous resterez ici, cette nuit.

— C'est mon intention.

— Venez !...

Tout en dialoguant avec l'inconnu, la servante avait pris le chandelier, qu'en entrant dans la salle elle avait posé sur la table en chêne massif qui occupait une bonne partie de la pièce.

Cependant le bandit, bien que fort rassuré, jugea bon de se renseigner sur les êtres de l'auberge.

— Où veux-tu m'emmener? demanda-t-il en prenant familièrement la taille de la jeune fille...

Puis avec une œillade :

— Dans ta chambre?

— Que nenni, Monsieur, les voyageurs n'ont pas coutume, à ce que je crois, de partager la chambre des servantes d'auberge...

Et, souriant à son tour :

— Du reste, ça ne serait pas possible...

— Pourquoi?

— Parce que ma chambre communique avec celle de mon parrain.

— Ah! tu es la filleule...

— De l'aubergiste, oui.

— Alors, pourquoi n'est-ce pas lui qui soit venu ouvrir, lorsque j'ai frappé?

— Parce qu'il a ses rhumatismes..

— Il garde le lit?

— Depuis huit jours... Et c'est moi, ajouta-t-elle avec un mouvement d'humeur, c'est moi qui fais tout ici...

— Et ça te fatigue...

— Ça m'ennuie!

Frochard remarquait que, depuis quelques instants, Euphémie ne le quittait pas des yeux.

L'irrésistible séducteur reparut en lui.

— C'est dommage que le parrain soit ton voisin de chambre... fit-il en relevant les crocs de sa moustache...

Et, changeant de ton :

— Bah! ajouta-t-il en jouant de l'ongle sur la pointe de son couteau, s'il bronchait... on le clouerait un peu plus sur son lit, v'là tout.

Pour la seconde fois, le bandit fut frappé de l'impassibilité de la servante.

Ce calme fit naître en lui autant d'admiration que de surprise. A ce moment, le chien de garde se mit à aboyer avec fureur !

— Maudit caniche ! grommela Frochard.

— Faut pas lui en vouloir, murmura la jeune fille en baissant la voix, il est de très bonne garde, et s'il aboie ainsi, c'est que...

— Le feu est à l'auberge! s'écria-t-elle, et c'est toi... (P. 263.)

— Il entend marcher tout près?
— Oui.
Sans en écouter davantage, Frochard éteignit la chandelle de résine et alla appliquer son oreille contre la porte...
Le chien n'avait pas cessé d'aboyer.
— Attendez! fit la jeune fille, je vais aller regarder par l'œil de bœuf du galetas...

Et, précipitamment, elle s'élança dans l'escalier qui conduisait au grenier...

Au bout de quelques instants, elle redescendait haletante et dit à l'inconnu :

— C'est une bande de soldats ou d'agents...

Ils sont à peine à cent pas de l'auberge, dit-elle, j'ai pu voir luire l'acier des mousquets et des sabres...

Et, saisissant Frochard par le bras :

— Il vous reste tout juste le temps de vous cacher... Venez !

Guidant alors, dans l'obscurité, l'homme qui se fiait à elle, Euphémie le conduisit jusqu'à une trappe qu'elle souleva.

— Il faut me suivre, fit-elle à voix basse, je vais descendre la première.

D'un pied assuré elle descendit les échelons d'un petit escalier mobile.

— Nous allons donc à fond de cale, dit en ricanant le bandit.

Euphémie, sans répondre, précéda Frochard qu'elle tenait toujours par la main, afin de le guider à travers les nombreuses futailles qui encombraient la cave.

Après avoir fait plusieurs détours il s'arrêta, sentant la muraille au bout de son pied.

— Nous sommes arrivés ? s'informa-t-il.

— Oui, asseyez-vous là !... Il y a de la paille toute fraîche !...

Et, serrant la main de l'inconnu :

— Surtout, quoi que vous entendiez, ne bougez pas !...

C'est convenu, dit-il.

Elle se retira, et Frochard se laissa tomber sur la botte de paille, en se disant à part soi :

— Drôle de servante d'auberge !

Tout à coup un bruit sourd le fit sursauter. C'était la trappe qui retombait.

Frochard étouffa le juron qui allait s'échapper de sa bouche.

Il n'avait pas pensé qu'on l'enfermerait, et son imagination se mit à travailler.

— N'aurait-il pas été la dupe d'une coquine qui le livrerait aux agents du lieutenant de police ?

S'il n'en était pas ainsi, pourquoi avait-elle pris la précaution de fermer l'ouverture de la cave où, bien certainement, il ne prendrait pas aux archers la fantaisie de descendre ?...

Frochard s'était levé.

Avec mille difficultés pour éviter les chocs, il parvint, en tâtonnant, à trouver le passage précédemment suivi.

Une imperceptible ligne lumineuse rayant le plafond au-dessus de sa tête lui indiqua qu'il se trouvait précisément au-dessous de la trappe.

Il chercha l'escalier.

Ses mains ne rencontraient partout que le vide...

L'escalier avait disparu...

La servante l'avait tiré après elle, lorsqu'elle était remontée...

Plus de doute, elle le trahissait...

Et il était prisonnier dans la cave... Lui prisonnier, capturé par une jeune fille!...

Soudain un bruit de bottes et de ferraille retentit au-dessus de sa tête...

Les soldats étaient entrés dans l'auberge, et il les entendait confusément parler et rire tous ensemble, sans pouvoir comprendre ce qu'ils disaient à la servante...

Cependant Frochard distinguait, au milieu de ces voix d'hommes, la voix claire de la jeune fille...

Celle-ci, à un moment donné, poussa un long éclat de rire qui retentit profondément dans le cœur de Frochard.

Pour la première fois de sa vie, le bandit éprouva une émotion...

Il se sentit devenir pâle, et une sueur froide inonda subitement son visage; il écumait de rage.

Lui qui avait rêvé de dépasser en audace, en coups de vigueur, les grands scélérats aux forfaits devenus légendaires, il tombait, — impuissant à se défendre, — dans une souricière...

Il était pris dans le piège qu'une enfant lui avait tendu...

Il succomberait sans avoir pu faire payer cher sa capture...

C'était une défaite écrasante, honteuse, c'était une fin déshonorante.

A l'instinct de la conservation qui l'avait décidé à chercher un refuge, une issue peut-être, au fond de cette cave, avait succédé la fureur aveugle, avec toutes ses exaspérations et tous ses rugissements.

Il eut un bond de tigre, malgré la blessure qui paralysait, en partie, ses mouvements.

Et sa tête vint presque toucher la trappe.

Dans l'espace d'une seconde qu'avait duré ce saut prodigieux, Frochard avait pu percevoir distinctement ces mots prononcés sans doute par le chef de l'escouade :

« — Il ne nous échappera plus!... »

Puis, succédant à la voix d'homme, le rire argentin de la servante, ce rire nerveux des filles qu'on lutine.

Plus de doute, la drôlesse trinquait avec les soldats...

Le choc des gobelets d'étain continuait, entrecoupé d'éclats de voix et de gros rires..

Mais, au bout de quelque temps, le silence se fait comme par enchantement!...

Que se passe-t-il dans la pièce d'en haut ?

Les agents se préparent, sans doute, à envahir la cave.

Le bandit est prêt à s'élancer sur le premier qui paraîtra...

Il retourne vers le fond du cellier.

C'est là, pense-t-il, que la servante qui l'a trahi conduira les archers.

Avec cette rapidité de conception qui lui était particulière, Frochard s'est ravisé.

Il n'attendra pas qu'on arrive jusqu'à lui.

S'il réussit dans son projet, c'est peut-être le salut...

Le couteau entre les dents, il tâte des deux mains les barricades de futailles, entre lesquelles il cherche l'endroit où il se glissera.

Cette cachette, il vient de la trouver entre deux muids vides, séparés l'un de l'autre par une barrique de moindre contenance, et qu'il pourra facilement enjamber.

Il se blottit derrière cette sorte de rempart, accroupi sur les jarrets, et tout prêt à s'élancer sur le premier qui se montrera devant lui.

Il attend, l'œil ardent, la main crispée sur le manche de son couteau.

Tout à coup la trappe grince sur ses gonds, et une vague lueur éclaire faiblement l'entrée de la cave...

Le bruit de l'échelle qu'on descend parvient jusqu'aux oreilles attentives du bandit...

C'est le moment décisif.

Il entend qu'on marche avec précaution...

La lueur devient plus vive et projette une ombre sur le sol...

Frochard est prêt...

Il a retrouvé tout son sang-froid et ce mépris de la mort qu'il a toujours eu en présence du danger...

Le bruit de pas se rapproche.

Frochard bondit, le couteau levé...

Mais l'arme ne s'est pas abattue sur la poitrine de la personne qui vient de se montrer...

C'est Euphémie qui a paru. Après avoir posé à terre le chandelier, à l'entrée de la cave, la jeune fille le regarde en souriant et lui dit :

— Ils sont partis !... Maintenant vous êtes sauvé.

— Tu es une vraie femme ! s'écrie Frochard.

Puis, saisissant Euphémie à bras-le-corps, et la tenant serrée contre sa poitrine :

— Tu es la femme qu'il me faut : je t'ai trouvée, je te tiens et je te garde.

Et, pendant que leurs cœurs battaient à l'unisson, ces deux êtres se fiançaient tacitement, attirés l'un vers l'autre par une mutualité de coupables instincts.

Frochard, avons-nous dit, allait vite en besogne, autant en amour que pour l'accomplissement d'un crime.

Euphémie se montra tout de suite à la hauteur du rôle qu'on lui réservait.

Elle ne fut pas longue à prendre une résolution.

Quelques jours suffirent pour que la blessure de Frochard entrât dans la période de cicatrisation.

— Je suis maintenant solide sur mes jambes, dit-il un matin... Nous partirons cette nuit !

— Je suis prête ! répondit Euphémie.

Alors commença le pillage de tous les objets de quelque valeur contenus dans l'auberge.

La jeune fille empila dans un sac les écus économisés par le pauvre aubergiste, pendant de longues années.

— V'là ma dot ! fit-elle en riant, et nous n'aurons pas besoin du notaire pour griffonner le contrat...

— Tu peux laisser tes hardes ici, dit le bel Anatole, je me charge de te trouver prochainement un trousseau de princesse.

Donc, la nuit venue, les deux misérables quittèrent la maison, laissant le malade endormi dans sa chambre.

Mais à peine étaient-ils sur le seuil de la porte, que Frochard, se ravisant, rentra dans l'auberge.

Le chien, voyant partir Euphémie, hurlait lamentablement...

— Il va réveiller les voisins, et faire découvrir notre fuite ; attends un peu, grommela le bandit, je vais te consoler, moi.

Et il pénétra vivement dans la cour, le couteau à la main.

Une minute après, le chien n'aboyait plus...

Euphémie attendait à quelques pas de là...

S'impatientant de ne pas voir revenir son compagnon, elle allait se décider à rebrousser chemin, lorsque Frochard reparut à la porte de l'auberge.

— Partons ! commanda-t-il.

— Qu'as-tu donc fait qui t'ait retenu si longtemps ?

— L'aubergiste s'était réveillé aux aboiements du chien.. je l'ai rendormi.

Et sans donner à la jeune fille le temps de questionner de nouveau, ni de pousser un cri de surprise ou d'horreur, il lui saisit le bras, l'obligeant à le suivre.

. . . .

Pendant cette marche, dans la nuit, sur la route déserte, ces deux êtres, que le hasard s'était plu à rapprocher pour la ténébreuse existence des malfaiteurs, se dirigeaient vers la grande ville que Frochard avait choisie pour y établir le centre des criminelles opérations qu'il projetait.

Ils gardaient le silence.

La servante, qui s'enfuyait, éprouvait-elle un remords tardif ?

Quant à Frochard, il rêvait aux expéditions nouvelles qui devaient faire la vie douce à cette femme qui venait de lier son existence à la sienne.

Le bandit avait compris, à première vue, qu'elle était bien la compagne qui lui convenait.

Il l'avait devinée comme le fauve devine sa femelle : au premier rugissement de soumission répondant à son premier rugissement d'amour.

Cet accouplement avait eu lieu spontanément de part et d'autre, sans que la femme eût ressenti le moindre scrupule d'abandonner son bienfaiteur, sans que l'homme eût éprouvé une seconde de compassion pour un malheureux cloué sur son lit de douleurs.

La pitié n'avait jamais hanté le cœur de ce scélérat.

Jamais il ne s'était laissé attendrir par les supplications des victimes, ni par les larmes et l'épouvante des enfants surpris dans leur sommeil, ni par l'effarement de vieillards impuissants à se défendre.

La peur pas plus que la pitié n'avait jamais amolli sa férocité ; et le mépris de la mort égalait chez lui le besoin de la vie de plaisirs et de débauches.

Et maintenant qu'il avait associé une femme à son existence, son audace allait s'accroître encore.

. . . .

La route s'étendait longue et droite, devant eux, bordée d'arbres dont le vent tourmentait les cimes...

De lourds nuages s'amoncelaient au loin sur la ville, dont la masse imposante se pointillait de lumières à l'horizon.

C'était Paris qui dormait sous la garde des archers et des guetteurs de nuit.

Frochard, le premier, rompit le silence.

— Voilà ce Paris que tu aimes, dit-il... ce Paris que tu voulais connaître et qui va bientôt nous ouvrir ses portes...

En ce moment, l'attention de la jeune fille était tout entière sollicitée par un terrible spectacle.

Et, à son tour, indiquant un point dans la direction de l'auberge :
— Regarde ! fit-elle d'une voix sourde.

Une lueur rougeâtre envahissait tout un côté du ciel.

— Eh bien, quoi ! répondit Frochard sans s'émouvoir, c'est un bel incendie...

La fugitive quitta le milieu de la route, bondissant pour escalader le talus.

Frochard l'y suivit aussitôt.

— Le feu est à l'auberge ! s'écria-t-elle, et c'est toi...

Elle n'acheva pas. Un éclat de rire strident, poussé par le bandit, lui avait coupé la parole.

Les flammes se voyaient distinctement, et le vent apportait le bruit sourd de détonations.

— Ce sont les futailles qui éclatent, ricana Frochard.

Alimenté par les vieilles boiseries, l'incendie faisait rage, dévorant la maison...

Des gerbes d'étincelles s'élançaient du foyer comme un immense bouquet de feu d'artifice.

— C'est toi qui as mis le feu à l'auberge ! murmura la jeune fille.

— Oui ! répondit froidement le misérable, je n'aime pas à laisser de témoins à charge derrière moi !...

Frochard avait relevé cyniquement la tête et regardait en plein visage son interlocutrice, pour juger de l'effet qu'il avait pu produire sur celle-ci.

Sous l'influence de ce regard qui l'avait déjà subjuguée, la première fois qu'elle s'était trouvée en face du fugitif, Euphémie n'eut ni un reproche pour l'incendiaire qui venait de commettre un crime inutile, ni un souvenir ému pour sa malheureuse victime.

Elle se cramponna au bras du misérable et le suivit docilement...

Frochard savait qu'il pourrait désormais compter sur le dévouement de celle qui allait partager sa vie et ses dangers...

Et, retrouvant sa gaîté, il s'écria en manière d'oraison funèbre :

— Bah ! un peu plus tôt, un peu plus tard, il y aurait passé tout de même...

La filleule de l'aubergiste ne sourcilla même pas à cette lugubre plaisanterie.

Pendue au bras de son amant, elle continua à marcher, d'un pas ferme, et sans tourner une seule fois la tête, bien qu'elle entendît le crépitement sinistre que lui apportait le vent...

Lorsqu'au bout de longues heures de marche, le couple eut franchi la barrière de Paris, le cœur de la jeune fille se dilata.

C'était la vie d'aventures qui allait commencer pour elle.

— Où demeures-tu ? s'informa-t-elle aussitôt, en voyant son compagnon indécis sur la direction à prendre.

— Où je demeure ?... Partout où il me plaît d'élire domicile... Partout où me pousse ma fantaisie du moment !... Je suis libre comme l'air !... Et la grande ville est aussi bien à moi... qu'elle est au Roi !

Puis, après un silence :

— Pour l'instant, continua-t-il, je suis sans gîte... Mais n'aie crainte, ma petite, nous ne coucherons pas pour ça à la belle étoile.

Et faisant sonner le sac d'écus qu'il portait sous son bras :

— Avec ça, la belle, on ouvre les portes de toutes les hôtelleries ; on trouve de bons lits... Et, bien qu'il soit tard, les hôteliers et leurs servantes nous salueront très bas !... Ainsi donc, suis-moi sans crainte...

Il connaissait son Paris sur le bout du doigt, l'infatigable rôdeur de nuit. Il fit suivre à sa compagne une partie du chemin de ronde, en passant devant les trois portes Saint-Antoine.

Arrivé dans le quartier de la Rapée, le couple enfila une petite rue dans laquelle, — vers le milieu, — se balançait, en grinçant, l'enseigne de l'*Auberge du Cygne*.

Ainsi que l'avait annoncé Frochard, la servante avait ouvert au premier coup frappé à la porte.

— Tiens !... m'sieur Anatole ! fit-elle avec une surprise de bon aloi !...

Et elle ajouta :

— Comme y a longtemps que vous n'êtes venu ?... Vous étiez donc en voyage ?

— Oui !... c'est ça même, répondit Frochard, en voyage de noces... Et voici madame Frochard.

La servante dévisagea d'un coup d'œil la compagne du bel Anatole, en disant :

— Peste !... m'sieur Frochard, vous avez eu la main heureuse.

Et, trottinant menu devant les deux voyageurs qui lui arrivaient, la

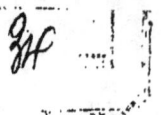

A peine âgé de six ans, Jacques était déjà un infernal garnement. (P. 269.)

grosse femme précéda le couple dans la plus belle chambre de l'établissement.

— Tu vois, ma petite, qu'on a ici quelque considération pour moi, dit Frochard lorsque la servante fut partie. C'est que je ne lésine pas sur la dépense... Les Frochard ont toujours payé en grands seigneurs, et bon chien chasse de race !...

III

En se mettant en ménage, Frochard n'avait pas rompu avec ses anciennes habitudes d'instabilité.

Pendant longtemps encore ces époux si bien assortis menèrent la vie vagabonde, logeant à la nuit, changeant le plus souvent possible de quartier, ce qui, du reste, ne déplaisait pas le moins du monde à l'ancienne servante d'auberge, qui trouvait ainsi l'occasion de visiter tout Paris.

Frochard ne séjournait dans un endroit que tout juste le temps d'y commettre quelque vol.

Et, la bourse remplie de nouveau, les oiseaux de proie prenaient leur vol vers un autre quartier. Le bel Anatole avait, entre temps, tenu parole à sa fiancée. Il l'avait épousée aussitôt que possible, bien que l'ancienne servante d'auberge n'eût pas insisté pour qu'il régularisât sa situation.

Elle s'était parfaitement accommodée de la vie à deux, pratiquée librement et d'un commun accord, sans la consécration du mariage.

Lorsque Frochard lui eut fait part de son intention de marcher à l'autel, il se contenta de lui dire :

— Ce n'est pas que ce soit bien nécessaire ; on peut s'aimer sans cela... Seulement ça vaut toujours un peu mieux pour les enfants, s'il en vient !

Cette prévision devait se justifier bientôt.

Au bout de la première année de son mariage, la femme du bandit mettait au monde un garçon, vigoureusement constitué, et qui promettait de devenir un robuste gaillard.

A la vue de son rejeton, Frochard, tout Frochard qu'il était, sentit se développer en lui le sentiment de la paternité.

Et, transporté de joie, il s'écria :

— Femme, c'est un véritable bonheur pour nous que cet enfant ; il me donnera du courage à la besogne... Et c'est moi qui l'élèverai à ma façon.

Puis, plaquant deux gros baisers sur les joues rebondies du nouveau-né, il ajouta :

— Celui-là perpétuera notre race !... Celui-là sera un vrai ! je m'en charge !

Replaçant alors l'enfant auprès de l'accouchée, il se prit à l'admirer.

— Comment le nommera-t-on ? demanda la mère tout heureuse de ce qu'elle venait d'entendre.

Frochard réfléchit un instant.

Puis, se frappant le front :

— Parbleu ! c'est tout trouvé, nous l'appellerons Jacques !

Et, se campant fièrement sur la hanche, il continua d'un ton solennel :

— C'était le prénom de mon grand-père... un rude homme, madame Frochard... un vrai tempérament de fer !... Il n'a pas mis moins de vingt bonnes minutes à mourir... lorsque les infâmes suppôts de la justice l'ont pendu à Montfaucon.

L'accouchée ne put retenir un léger tressaillement.

Ce que voyant, Frochard lui dit en riant :

— Ah çà, ne vas pas faire tourner le lait du petit, maintenant... Il faut me nourrir ce gaillard-là de telle sorte qu'il devienne aussi solide que les anciens de la famille.

La jeune femme serra son fils contre son sein dans un mouvement d'amour maternel.

Elle ne pouvait se rassasier d'embrasser et d'admirer ce nouveau-né auquel on voulait donner, comme un héritage qui lui revenait de droit, le prénom de l'homme qui avait glorieusement agonisé, pendant vingt minutes, au gibet de Montfaucon.

L'enfant sur lequel ses parents fondaient tant d'espérances fut, à partir de sa naissance, l'objet de tendresses infinies, d'une sollicitude de tous les instants et de soins continuels.

Cette affection grandissant chaque jour faisait dire au père :

— Je gage qu'au besoin tu mettrais la main à la pâte, et me seconderais dans ma besogne pour ce chérubin-là.

Ce mot de « chérubin » avait sonné agréablement à l'oreille maternelle et, à partir de ce moment, Euphémie n'appela plus Jacques que son « chérubin ».

Le soir, lorsque Frochard rentrait au logis, elle courait lui présenter l'enfant à embrasser. Et c'était le tour du père de prendre le « chérubin » sur ses genoux et de le faire sauter.

Lorsqu'il arrivait parfois que le bandit, occupé à « travailler », comme il avait l'habitude de dire en parlant des sinistres expéditions auxquelles il se livrait, ne rentrait pas de la nuit, la mère, prise d'inquiétude, se disait :

— S'il allait ne plus revenir !... Si on l'arrêtait !

C'était une tendre épouse et une très tendre mère que la Frochard.

Aussi, disait-elle, parfois, à son mari : — Quand trouveras-tu donc quelque grand coup à faire qui nous enrichisse une bonne fois, afin que tu n'aies plus à t'exposer comme tu le fais?... Il faut penser que nous avons un fils!...

Mais lorsqu'on lui parlait de « ne plus s'exposer », Frochard frappait vigoureusement du poing sur la table, en disant :

— Est-ce que j'aurais épousé une femmelette, par hasard?... Si c'est de ce lait-là que tu veux donner au petit, je vais tout de suite le changer de nourrice, m'ame Frochard !

On menait, à cette époque, bonne et joyeuse vie dans la famille. Depuis quelque temps les affaires de Frochard marchaient à merveille et la bourse était toujours bien garnie.

— Je n'ai jamais eu la main aussi heureuse, s'exclamait le bandit après chaque nouveau succès; c'est à croire véritablement que ce petit bonhomme de Jacques m'a porté bonheur en venant au monde.

— Eh bien..., s'il t'en arrivait un autre...

— Un autre... quoi?

— Un second fils... le bonheur doublerait peut-être bien, mon homme?

Frochard regardait son interlocutrice, et ses yeux interrogeaient...

Puis, avec un gros rire :

— Vraiment? fit-il, répondant au sourire de sa femme... En ce cas, ma belle : abondance de biens ne nuit pas!

La jeune femme disait la vérité : Jacques avait à peine accompli ses deux ans lorsqu'il lui naquit un frère.

Ce second enfant, — un garçon, — était si petit, si pâlot et si frêle qu'il paraissait bizarre que deux êtres aussi vigoureusement constitués que l'étaient Frochard et sa femme eussent, en pleine santé, engendré un enfant de complexion si débile.

Le nouveau-né semblait n'avoir que le souffle, et son père, qui ne se pressait guère de le faire baptiser, grommelait entre ses dents :

— Nous ne l'élèverons certes pas, à quoi bon alors lui donner un bain d'eau bénite;... ça l'enrhumerait, voilà tout !

Cette quasi-répulsion que ressentait le père pour ce second enfant provoqua chez la Frochard une répulsion égale.

Elle s'habitua facilement à reporter tout son amour sur Jacques qui, disait-elle, avait de la santé et de la vie pour deux.

On se pressait trop, toutefois, de condamner ce second enfant.

Il n'avait rien, il est vrai, de la turbulence de son frère aîné, et on pouvait, sans provoquer ses cris, le laisser des heures entières dans son berceau.

— Il est d'une bonne pâte, disait sa mère en l'allaitant... Il ne demanderait jamais à boire si on ne lui apportait pas la bouteille...

Mais Frochard n'était pas sans s'apercevoir que le petit « gringalet », ainsi qu'il l'appelait, n'était pas dépourvu de vitalité.

— Ça vous grouille dans la main, comme un ver, faisait-il ; c'est petit, mais ça vous a tout de même du sang et de la vie... Il s'appellera Pierre Frochard, comme mon père... Il sera, peut-être bien, fin et rusé comme lui, car c'était un malin ! Et qui a trouvé le moyen d'échapper à la potence...

Et avec un geste énergique :

— Le seul de tous les Frochards !

— Il a donc fini de sa belle mort ? demanda la jeune femme, étonnée.

— Il est défunt sur les galères du roi !

Chaque fois qu'il trouvait l'occasion de parler de ses ascendants mâles, le bandit faisait avec orgueil l'apologie de tous ces misérables, énumérant leur fin courageuse.

Il s'exaltait alors, au point d'enthousiasmer sa femme, et de lui inspirer la plus profonde horreur pour les gens de justice et les soldats du guet.

A peine âgé de six ans, Jacques était déjà un infernal garnement, vagabond par instinct, malfaisant, brutal, colère, et qui rendait la vie dure à son frère.

Il avait su s'imposer comme un maître dans la famille ; père et mère, aveuglés par leur affection, se pliaient à toutes ses volontés.

Profitant de l'impunité dont il était certain, il maltraitait son frère, dès qu'il se trouvait seul avec lui.

Et le pauvre cadet avait pris l'habitude de recevoir les coups, sans pleurer. Car, la première fois qu'il avait voulu se plaindre à sa mère, celle-ci lui avait brutalement répondu :

— Eh bien, défends-toi si tu peux !... C'est pas ma faute si tu es faible et poltron comme une poule mouillée...

Le pauvre enfant avait dévoré ses sanglots, et continué à tout supporter du robuste Jacques.

Comment se fit-il que cette famille d'aventuriers pût vivre, pendant des années, à Paris, sans donner l'éveil à la police ?

Par quel hasard, le malfaiteur qui était toujours en campagne contre la société avait-il réussi à se sortir d'affaire, en toute circonstance ?

Le bandit se fiait pour cela à son étoile.

L'intelligence de Frochard égalait sa hardiesse.

Grâce à son imagination singulièrement fertile en combinaisons, il avait réussi à se mettre à l'abri des dangers qui pouvaient le menacer.

Il continuait à jouer de bonheur, comme il disait.

De là, une succession de forfaits de toute sorte.

On ne parlait, depuis quelque temps, que de vols audacieux, de crimes monstrueux, dont la police cherchait en vain à découvrir les auteurs.

On ne pouvait supposer, en effet, qu'un seul homme eût pu accomplir une aussi longue série de criminels exploits.

Et, comme on était toujours à la recherche de l'insaisissable Mandrin, bon nombre de méfaits furent mis à l'actif du mystérieux malfaiteur, lesquels revenaient, en réalité, de droit à Frochard.

Celui-ci, dans sa vanité, éprouvait une certaine jalousie à voir mettre sur le compte d'un autre les entreprises hardies dont il était l'auteur.

Il eût voulu pouvoir revendiquer hautement ce qui lui revenait de part de gloire anonyme dans l'épopée de ce grand scélérat qui mettait sur les dents les plus fins limiers et tout le petit corps de troupes placés sous les ordres du lieutenant de police.

Quelque extraordinaire que cela puisse paraître, cet homme en était arrivé, dans son admiration pour le criminel auquel il faisait concurrence, à commettre les plus grandes imprudences.

C'est ainsi qu'ayant appris que Mandrin avait poussé l'audace jusqu'à inscrire son nom sur les murs des appartements qu'il dévalisait, — comme s'il eût voulu signer ses crimes, — Frochard eut la fantaisie de l'imiter.

Mais il avait réfléchi qu'il lui faudrait alors rompre décidément en visière avec la police, tenir la campagne continuellement et, dans toutes ses expéditions, traîner sa famille à sa suite.

Il dût se résigner à n'être, comme par le passé, qu'un malfaiteur mystérieux, mais dont la hardiesse semblait s'accroître à chaque affaire nouvelle.

Du reste, les exploits des voleurs et des assassins devenaient chaque jour plus nombreux, en dépit des efforts tentés par le lieutenant de police pour réprimer le banditisme qui menaçait de prendre des proportions formidables.

Dans son épouvante, la population parisienne, — toujours un peu crédule, — accordait foi aux histoires les plus invraisemblables.

C'est ainsi qu'on se disait, tout bas, que la police, insuffisamment surveillée par ses chefs, était de connivence avec les scélérats et, au besoin, favorisait leur évasion et leur fuite.

Que ce fût ou non la vérité, la gent cagouse et escarpe poursuivait impunément le cours de ses méfaits.

A tel point qu'il était devenu impossible de se hasarder dans les rues, le soir, sans une escorte

On organisait des espèces de caravanes pour traverser les ponts, ou pour longer les quais, dès la tombée de la nuit.

Frochard, bien que son nom ne figurât pas sur la liste des bandits célèbres, faisait largement sa part de la besogne qu'on attribuait à d'autres.

La police était bien parvenue à connaître la plupart des hautes personnalités du crime; mais elle ne parvenait que rarement à les capturer.

Aussi la nouvelle que le redoutable Mandrin était enfin tombé aux mains des agents lancés à sa poursuite causa-t-elle une véritable émotion dans le public.

Si grande était la satisfaction générale, que l'on s'abordait, dans les rues, pour se communiquer les renseignements que chacun avait pu obtenir.

On voulait savoir comment la police était parvenue à se rendre maîtresse du fameux bandit que l'on commençait à considérer comme une sorte de sorcier possédant le don d'ubiquité.

On affirmait que le lieutenant de police avait ordonné que l'on conduisît le prisonnier à pied, à la prison, afin que les Parisiens fussent bien convaincus qu'ils n'avaient désormais plus rien à redouter de ce grand criminel.

La Frochard, elle aussi, s'était mêlée à la foule qui allait se masser aux abords du Grand-Châtelet, pour y attendre l'arrivée du prisonnier.

Elle s'était, malgré de continuelles bousculades, maintenue à proximité de la porte, et avait pu distinguer les traits de cet homme dont la France entière s'était occupée.

Et, toute émotionnée des invectives et des malédictions dont la foule avait accablé le prisonnier, la Frochard s'était hâtée de rentrer chez elle, pour faire part à son mari de la grande nouvelle du jour.

— C'était un rude lutteur! dit le bandit... Malheureusement pour lui, il avait des complices!... Qui sait s'il n'a pas été vendu par quelques-uns de sa bande !

Et s'animant :

— Pas d'associés... dit-il. Un complice est souvent une *mouche*, trop lâche pour supporter les tortures de la question, et qui bourdonne des révélations aux oreilles des juges et du lieutenant criminel... Voilà pourquoi je travaille seul, moi.

... Je suis, à la fois, le chef qui combine et le soldat qui exécute!... Pas de complices !... Les Frochard n'en ont jamais eu.

Puis, devenu tout à coup rêveur:

— J'aurais bien voulu le voir, dit-il, ce fameux Mandrin.

— Eh bien, fit la Frochard, qui t'empêche d'assister à l'exécution, lorsqu'elle aura lieu?

— L'exécution ! s'exclama le bandit que ce mot avait fait bondir... L'exécution !...Tu vas plus vite en besogne que les juges et le bourreau...

— Mais, balbutia la femme, puisqu'il est à la chaîne dans un cachot du Grand-Châtelet, tu sais bien que son affaire ne sera pas longue à être bâclée.

— Elle ne l'est pas encore !... Des hommes comme nous, quand c'est pris, ça... s'échappe !...

Et s'exaltant :

— Si c'était moi... je jure par la mort-dieu que je trouverais bien moyen de sortir de leur Grand-Châtelet.

— J'aime à t'entendre parler ainsi, mon homme... Si jamais on te prenait... j'aurais de l'espoir jusqu'au dernier moment... Mais il me tarde que tu nous fasses riches tout d'un coup... afin que tu puisses enfin te retirer « des affaires »...

. . . .

Frochard avait décidé qu'il assisterait à l'exécution de Mandrin et des deux complices capturés avec lui.

Il n'eut pas longtemps à attendre. Le procès marcha rapidement.

La Cour rendit un arrêt qui condamnait le bandit à être rompu vif, après avoir subi la question ordinaire et extraordinaire.

Aussitôt que le bruit se fut répandu que l'exécution allait avoir lieu dans l'après-midi, Frochard sortit de chez lui, et se dirigea vers le lieu du supplice.

Il s'était, pour la circonstance, habillé comme l'étaient alors les bourgeois aisés.

Il allait de groupe en groupe, écoutant les conversations, très curieux de se rendre compte des impressions diverses de cette foule impatiente.

Pendant ce temps, le charpentier des hautes-œuvres dressait la roue et deux potences.

— La fête sera complète, dit un des voisins de Frochard, on va exécuter le chef de la bande et ses complices.

Toutes les rues adjacentes étaient encombrées par la foule. Les curieux se pressaient aux fenêtres et jusque sur les toits.

Ceux qui avaient fait diligence pour arriver jusqu'au pied de l'échafaud étaient à présent refoulés et maintenus à distance par les soldats et les agents de la prévôté.

On avait fait au grand scélérat qui payait enfin sa dette à la société les honneurs d'un déploiement considérable de troupes.

Et Frochard, enthousiasmé, se disait en lui-même :

— C'est beau, nom d'un tonnerre, d'occuper la maréchaussée, les

— C'est dans cette maison, pensa le misérable, que se trouvent « mes millions ». (P. 276.)

agents et toute une population... On peut mourir content quand on a un pareil convoi.

Le bandit éprouvait, en parlant ainsi, ce vertige qui s'empare des grands criminels et leur fait considérer l'échafaud comme un glorieux piédestal!...

Tout à coup un grand mouvement d'oscillation eut lieu sur la place...

Les cavaliers chargeaient la foule pour frayer un passage à la charrette qui portait le condamné et le boureau.

— Le voici! Le voici! criait-on de toutes parts.

Et l'on se pressait entre les chevaux pour apercevoir le patient, c'était bien, en effet, « le patient », car les tortures avaient commencé pour lui : il venait de subir la question.

Puis des voix disaient avec une expression empreinte d'une certaine terreur.

— Sanson! voilà Sanson!

Frochard se trouva bientôt, — sans qu'il pût s'y opposer, — porté si loin du côté du quai de la Tannerie que c'est à peine s'il pouvait se rendre compte de ce qui se passait sur la fatale plate-forme.

A côté de lui, deux spectateurs, refoulés également, causaient, échangeant leurs impressions à voix haute.

— Moi, disait l'un, je ne regrette qu'une chose, c'est de ne pas être assez près pour voir souffrir ce gredin-là, et entendre ses lamentations, car ils sont tous lâches au moment de mourir, ces misérables qui n'ont de courage que pour assassiner de pauvres diables sans défense...

Frochard avait tressailli en entendant ces paroles indignées.

— Oh! oh! mon cher Laviolette, répondit son autre voisin, tu parles comme pourrait le faire ton maître : le vieux millionnaire.

Au mot de « millionnaire », le bandit avait dressé l'oreille. Le descendant des Frochard sentait bouillonner tout ce qu'il avait, dans les veines, du sang de ses ancêtres.

Laviolette et son ami, qui ne s'étaient pas rencontrés, paraît-il, depuis quelque temps, causaient à bâtons rompus.

— Comment! diable, as-tu fait pour sortir aujourd'hui? s'informa Nicolas.

Et il ajouta en riant :

— Ton maître t'a donc lâché la chaîne?

— Je n'ai plus de maître, pour le quart d'heure, répliqua Laviolette.

— Et depuis quand n'es-tu plus chez ton maître?

— Depuis ce matin... Sans quoi, est-ce que j'aurais pu venir voir cette exécution qui a mis tout Paris sur pied?...

— Et pour quel motif as-tu quitté ta place?

— Tu appelles ça une place? dis plutôt un enfer! J'en avais assez de la surveillance soupçonneuse et humiliante de ce vieil avare dont les yeux perpétuellement attachés sur tous ceux qui l'entourent semblent dire : ne m'avez-vous rien volé?

— Et qui a-t-il maintenant, auprès de lui, pour le servir?

— Une petite nièce à lui, appelée Marthe, une jeune fille de quatorze ans, douce comme un agneau, et qui travaille autant que le ferait un homme.

— Mais elle ne suffira pas à elle seule au service de toute une maison.

— M. des Frolands a pris, pour me remplacer, une de ses cousines... tu sais... la parente pauvre dont, au besoin, on fait sa domestique...

— De sorte que voilà ce bonhomme seul, entre deux femmes, dont une toute jeune fille...

Frochard tendait l'oreille, ce qu'il entendait paraissait l'intéresser vivement.

— Oui, répondit Laviolette, et la petite Marthe est d'un dévouement sans bornes. C'est un ange de courage et de patience, et il en faut de la patience avec ce diable d'homme-là!... Mais la pauvrette supporte tous les caprices, tous les emportements avec une douceur, une résignation sans pareilles, et son unique pensée est d'adoucir les souffrances du vieux podagre ; ainsi, ce matin, avant mon départ, elle m'a supplié d'aller chercher un autre médecin, parce que le nôtre, — c'est-à-dire celui qui soigne depuis longtemps M. des Frolands, — a été obligé de s'absenter...

— Il ne peut donc pas se passer un seul jour de son docteur? demanda Jean-Nicolas.

— C'est-à-dire que Mlle Marthe a voulu profiter de la circonstance pour faire venir un célèbre médecin, M. le docteur Durocher...

— Durocher? s'exclama Jean-Nicolas, je ne connais que ça... Il demeure rue Saint-Louis-en-l'Ile, n° 14?

— Précisément.

Frochard fit un imperceptible mouvement, et ses yeux brillèrent tout à coup d'une lueur étrange...

Et, mentalement, il répéta :

« — Durocher, rue Saint-Louis-en-l'Ile, n° 14. »

— Précisément, et comme il ne peut venir qu'après-demain soir, il faut même que j'aille prévenir Mlle Marthe, qui espérait avoir sa visite pour demain.

Chacune des répliques semblait prendre maintenant une grande importance pour Frochard, à en juger par l'attention soutenue qu'il prêtait à la conversation.

A ce moment, il se produisit un mouvement de houle très prononcé...

Des clameurs partaient de la place de Grève...

— Ça doit être fini! dit Laviolette, allons-nous-en.

— Soit, mais ce n'est pas chose facile de sortir de cette foule...

— Parle pour toi, Gringalet... Tu vas voir comme je sais me faire passage, moi...

Et, jouant des coudes et des épaules, l'ancien domestique de M. des Frolands parvint à avancer, — peu soucieux des injures dont l'accablaient ceux qu'il bousculait rudement.

Frochard essaya de le suivre.

Il ne voulait, à aucun prix, perdre sa trace.

C'était déjà beaucoup d'avoir l'adresse du médecin ; mais il importait surtout de connaître la demeure du millionnaire.

Pour cela, il fallait suivre Laviolette qui devait aller rendre la réponse du docteur à Mlle Marthe...

Décidé à ne pas se séparer de lui, le robuste bandit se mit à pousser vigoureusement afin de profiter du sillon que Laviolette se traçait dans cette mer humaine.

Il était jusque-là parvenu à se maintenir tout près de lui ; mais, au débouché de la rue, la bagarre devint sérieuse.

Le guet à cheval repoussait la foule de plus en plus envahissante.

On s'écrasait sous les pieds des chevaux.

Tout à coup Frochard ne vit plus Laviolette.

— Nom d'un tonnerre ! s'écria-t-il, est-ce que je l'aurais perdu ?

Et il se mit à fouiller du regard les groupes que la cavalerie dispersait.

Il aperçut Laviolette qui, un instant renversé, s'était vivement relevé et remis en marche.

Après avoir parcouru une partie de la rue des Lavandières, les deux hommes, — l'un sur la piste de l'autre, — traversèrent le marché des Innocents...

Puis, au bout de quelques minutes, ils se trouvèrent à l'entrée de la rue du *Bout-du-monde*.

Et comme dans cette rue Laviolette rencontrait, à chaque pas, des personnes qu'il saluait ou avec lesquels il échangeait quelques mots.

— C'est ici que doit demeurer mon homme, pensa le bandit en s'arrêtant à la porte d'un cabaret d'où il pouvait apercevoir les deux extrémités de la rue.

Il ne s'était pas trompé.

Laviolette, après avoir encore parcouru une cinquantaine de pas, en remontant la rue, s'était arrêté devant une maison aux fenêtres fermées et dont la façade noircie par le temps et effroyablement lézardée témoignait bien de la ladrerie de son propriétaire.

— C'est dans cette maison, pensa le misérable, que se trouvent « mes millions ».

Et un sourire arqua ses lèvres.

Laviolette avait frappé deux petits coups comme un signal, et la porte s'était entre-baillée, laissant passer la tête blonde d'une jeune fille.

— Ah! pensa Frochard, voilà certainement la petite nièce qui sert de garde-malade.

Le bandit vit qu'elle remerciait avec effusion le domestique.

Puis, la porte s'étant refermée, Laviolette se remettait en marche.

Mais, cette fois, Frochard n'avait plus besoin de le *filer*.

Il le laissa donc passer devant lui avec autant d'indifférence maintenant que, naguère encore, il avait mis d'empressement à le suivre.

Il en savait assez et, de même qu'il avait fait précédemment pour graver l'adresse du médecin dans sa mémoire, il répéta à voix basse : *Rue du Bout-du-monde, M. des Frolands.* »

Il marchait l'air pensif, les yeux fixés sur le pavé, comme un homme profondément absorbé.

La brume commençait à se faire épaisse dans le dédale des petites rues qui avoisinaient le marché.

Frochard dut s'orienter pour regagner son domicile par le chemin le plus court.

Il avait hâte de faire part à sa femme de la bonne nouvelle.

Jamais, depuis qu'il « travaillait », affaire plus belle ne s'était présentée, pensait-il, dans des conditions aussi favorables.

Mais ce coup de fortune exigeait, pour son exécution, un véritable coup de maître.

Il fallait faire en sorte de laisser le moins de prise possible au hasard qui pourrait faire avorter l'opération.

Aussi, en récapitulant les atouts qu'il avait déjà dans son jeu, Frochard se réjouissait-il qu'il eût pris fantaisie à Laviolette de quitter si à propos le service de M. des Frolands.

A tout prendre, il pouvait bien se hasarder à pénétrer soit par escalade, soit par effraction, dans cette maison dont la garde était confiée à deux femmes.

Il aurait facilement raison, sans doute, de la résistance que l'on tenterait de lui opposer. Mais il ne pouvait se débarrasser de trois personnes à la fois. Et il suffisait qu'une seule des victimes parvînt à lui échapper pour qu'elle donnât l'alarme.

— Il faut éviter les « piaillements », concluait le bandit... Et pour cela, j'ai mon idée, qu'il ne s'agit plus que de mûrir un peu.

— Puisqu'on attend un médecin, se disait-il, il y a un moyen tout indiqué pour s'introduire dans la maison du millionnaire : prendre la place de ce docteur.

La chose, à première vue, présentait d'autant moins de difficulté que Frochard savait, — l'ayant appris par la conversation de Laviolette et de son ami, — que personne, chez M. des Frolands, ne connaissait, même de vue, la célébrité médicale à laquelle Mlle Marthe s'était adressée.

— Voilà qui tombe à merveille, continuait Frochard, je remplacerai facilement le célèbre Durocher.

Il ne s'agissait plus que d'empêcher celui-ci de faire sa visite chez son nouveau client.

Quel moyen employer pour arriver à ce but?

... Le prévenir que M. des Frolands n'avait plus besoin de ses services?

On ne procède pas de la sorte avec les praticiens en renom.

Frochard eut alors la pensée de retarder d'un jour la visite du docteur.

Il suffisait pour cela d'un simple petit faux en écriture privée ; pure bagatelle pour un homme qui avait l'habitude de jouer du couteau à la moindre résistance qu'il rencontrait.

— J'écrirai la lettre, et je la porterai moi-même à destination.

Le reste ira comme sur des roulettes, se dit-il.

Pour l'entière exécution de son plan, Frochard devait se procurer deux costumes, deux travestissements : une livrée de valet de pied et un de ces habits en velours noir que portaient alors les médecins.

Rien de plus facile que d'acheter ces vêtements au rabais chez le premier fripier de la rotonde du Temple.

Il fallait, à la vérité, risquer une certaine mise de fonds que ne lui imposait pas, d'habitude, son genre d'opérations. Mais n'allait-il pas devenir puissamment riche ?

C'était de l'argent bien placé.

— Arrivé chez lui, — Femme ! s'écria-t-il, je crois que, cette fois, nous tenons la fortune !

— La fortune ? fit la Frochard, dont les regards s'enflammèrent aussitôt, qu'est-ce que tu me contes-là ?

— Qu'il te suffise de savoir que nous allons être riches, très riches, et que tu pourras vivre comme les grandes dames dont tu reluques si envieusement les toilettes, au jardin du Roi et aux galeries du Palais-Royal...

— C'est-y bien vrai, mon homme ?

— Vrai comme je te vois là, devant moi, avec tes yeux qui brillent comme des escarboucles.

Ce n'était pas seulement l'appât de l'or qui venait illuminer le visage de la Frochard.

Cette femme perverse applaudissait à tous les exploits de son mari ; c'étaient, dans sa pensée, de légitimes revanches qu'ils prenaient contre la société.

— Riches! répétait-elle en saisissant les mains de son homme, nous serons riches !... Tu me l'assures, Frochard !... Alors explique-moi...

— Non, qu'il te suffise de savoir que je t'apporterai peut-être... des millions !...

— Des millions ?...

— Oui !... C'est une mine d'or que j'ai découverte.

Le bandit se complaisait à exciter la curiosité de sa femme.

— Une mine d'or ! s'exclamait celle-ci en jetant éperdûment ses deux bras autour du cou du bandit... Pourquoi n'as-tu pas tout de suite mis la main dessus ?..

— Parce que j'ai mon idée et que je la suivrai, de point en point, sans en rien changer....

— C'est donc bien difficile ?.. Faudra-t-il que tu t'exposes ?..

Et baissant la voix :

— Y aura-t-il du rouge ?..

— Est-ce qu'on sait jamais s'il ne faudra pas jouer un peu du couteau ? répondit froidement le bandit.

Puis s'animant :

— Ce que je puis te dire, femme, continua-t-il, c'est que tous ces malins qu'on appelle dans les gazettes « les célébrités du crime » ne me vont pas à la cheville. Quand il s'agit de s'introduire dans l'endroit où il y a quelque bon coup à faire, comment procèdent-ils d'ordinaire ? ils essaient d'entrer en forçant une porte ou une fenêtre...

— Eh ben... et toi ?...

— La belle affaire, dit en ricanant Frochard, que d'escalader ou de fracturer !... Il ne faut pour cela qu'un peu de vigueur au poignet, et des outils !

— Tu vas entrer dans le nid en question par la cheminée ? demanda la Frochard.

— Encore l'enfance de l'art, femme !... Comme cet autre qu'on appelait *Le Capucin*, n'est-ce pas, qui s'est vanté, devant les juges, d'être resté caché, toute une journée, pour attendre la nuit, dans une cheminée où l'on avait allumé un bon feu...

Et avec une expression de dédain il ajouta : — Se laisser fumer comme un jambon ! Pas malin le procédé... Risquer d'être forcé de s'échapper piteusement par les toits, comme un chat !...

— Et toi, comment donc comptes-tu t'y prendre cette fois ?

— Moi, femme Frochard, je veux qu'on vienne m'ouvrir toute grande la maison où j'irai travailler.

— Qui ça? interrompit la femme du bandit émerveillée... Les domestiques, peut-être?

— Mais oui!

— Tu les connais? et ils seront de la fête?

Frochard eut un sourire dédaigneux :

— Des complices, alors! fit-il en haussant les épaules, tu sais que je n'en veux pas...

Puis achevant son récit :

— Oui, m'ame Frochard, on viendra me recevoir à la porte et l'on me saluera jusqu'à terre... en me remerciant de la visite que je... daignerai faire.

— En vérité?

— J'ajoute même que je serai attendu avec la plus grande impatience... par le millionnaire lui-même, qui m'accueillera comme un sauveur.

— Un sauveur! toi!...

Ayant ainsi mené graduellement sa femme jusqu'au dernier degré de la stupéfaction, le bandit entama un sujet qui devait également étonner la Frochard.

— Femme, lui dit-il, vous m'aiderez dans cette affaire, toi et les petits...

— T'aider... nous?...

— Je n'aime pas que les femmes mettent la main à la pâte...; mais ce que je veux, c'est que, pendant que je « travaillerai », vous fassiez le guet tous les trois.

— Pour t'avertir... Comment nous y prendrons-nous?

— Si la *mouche* se présente, toi ou l'un des enfants me lancerez un coup de sifflet... C'est pas plus difficile que ça...

— Je préviendrai Jacques, à l'avance, de ce qu'il aura à faire... mais le petit...

— Jacques se tiendra à un bout de la rue, Pierre à l'autre extrémité et toi au milieu... Ce sera bien le diable si quelqu'un vient à passer sans que vous le voyiez ou l'entendiez venir... Et alors...

— Suffit, dit froidement la Frochard, nous ouvrirons les yeux et les oreilles...

Puis après un silence :

— Et à quand l'affaire?

— Pas plus tard que demain.

— Et où faudra-t-il que nous fassions le guet?

LES DEUX ORPHELINES

Il se mit à libeller la lettre. (P. 285.)

— Tu connais bien l'église dont on voit les clochetons du marché des Innocents ?

— Saint-Eustache ?

— Ce saint-là ou un autre, peu m'importe !... Va pour Saint-Eustache, puisqu'il paraît que tu connais ce particulier-là !...

— Et après ?

— En allant du côté de cette église pour venir ici, tu rencontreras une rue qui s'appelle la rue du *Bout-du-Monde*...

— J'connais ça !... J'y passe quelquefois en revenant du marché.

— Dans cette rue, il y a le n° 14...

— Le n° 14, répéta la femme.

— Il s'agira, pour toi et les enfants, de vous poster dans cette rue, comme je te l'ai dit tout à l'heure... Et de ne pas manquer de siffler si vous voyez paraître quelque chose comme un agent de la prévôté ou un soldat du guet !...

— Et si... tu n'allais pas réussir ? dit la Frochard avec anxiété.

Il faut que je réussisse, mille tonnerres ! s'écria le bandit en élevant la voix..., il le faut... ou le diable y perdra ses cornes !

— Viens ici, mon Jacques ! cria-t-il à l'enfant qu'il prit dans ses bras.

Puis, ayant embrassé son préféré avec plus d'effusion encore que d'habitude, il se rapprocha de sa femme et lui dit :

— J'ai encore une recommandation à te faire... Il s'agit que l'on ne soupçonne rien dans cette boîte à cancans... Ta voisine est une pie-borgne qui va clabauder dans tout le quartier...

— Sans compter que le boutiquier est toujours sur le pas de la porte lorsque l'un de nous sort ou rentre...

— Faut donc clouer le bec à ces deux oiseaux-là, pour qu'ils ne s'occupent pas de mes affaires.

— Parle, mon homme.

— Tu diras à ta voisine et à cet autre d'en bas que j'ai trouvé une bonne place..., et tu ajouteras que c'est ce que je cherchais depuis longtemps...

— Une place chez qui ?... Une place de quoi ?

Frochard regarda pendant quelques secondes sa femme, pour jouir de sa surprise :

— Une place de... valet de pied !... dit-il lentement...

— De valet de pied ?...

— Oui, m'ame Frochard, chez un grand seigneur...

Et appuyant sur ses mots :

— Tu auras bien soin de dire que *dès demain*, tu entends bien, *dès demain*, je dois aller me présenter pour voir si je fais l'affaire du maître !...

— C'est bon !.. répondit la Frochard... V'là qui est bien convenu, tout le monde connaîtra la nouvelle avant qu'y ne soit seulement une demi-heure !

. . . .
. . . .

Tandis que sa femme se chargeait de faire courir, dans la maison qu'elle habitait, le bruit qu'elle allait enfin pouvoir vivre moins économiquement parce que son mari, qui ne faisait plus d'affaires dans ses voyages, avait enfin trouvé une place de valet de pied chez un personnage de la Cour, Frochard se mettait en quête d'une livrée, d'un habit de velours et d'une douillette.

Il se rendit pour cela dans les environs du Temple où il trouva les objets désignés plus haut, non sans avoir marchandé consciencieusement et sans avoir entendu débiter tout le vocabulaire des revendeuses.

Lorsqu'il rentra chez lui, portant le paquet de vêtements, le boutiquier l'arrêta à la porte en lui disant :

— Vous allez donc nous quitter, voisin ?

— Ma foi, voisin, c'est pas trop tôt; mon sac d'écus a joliment le ventre vide, depuis quelque temps...

— Et vous allez le remplir, à c'tte heure, il paraît ?

— En attendant je viens encore de débourser...

— Au fait, voisin, qu'est-ce que vous portez dans ce paquet?... Un habit ?...

— Habit de domestique, voisin! soupira Frochard... Que voulez-vous, quand on n'a pas le choix...

— Bah ! si vous êtes, comme dit votre femme, chez un duc...

— Et un fameux, voisin... La duchesse a son tabouret.

— A la Cour ?...

— Comme j'ai l'honneur de vous le dire, voisin !... Ça possède des millions, pendant que le pauvre peuple crève de faim ! dit hypocritement le bandit.

. . . .

Cette soirée qui précédait l'attentat fut, pour Frochard, comme une veillée des armes.

Il passa de longues heures, pendant que sa femme et ses enfants dormaient, à réfléchir, tantôt accoudé sur la table et la tête plongée dans ses mains, tantôt marchant de long en large dans la chambre...

Puis tout à coup, allant prendre dans un tiroir tout ce qu'il lui fallait pour écrire, il se mit à libeller la lettre qu'il devait, le lendemain, porter chez le docteur qu'attendait si impatiemment la nièce de M. des Frolands.

Ceci fait, il se relut à haute voix, pesant chaque mot, répétant chaque phrase pour s'assurer que rien ne pouvait faire deviner le faux.

Et, satisfait de son travail, il plia, cacheta, et écrivit la suscription suivante :

A Monsieur,
Monsieur DUROCHER, *médecin-chirurgien,*
Rue Saint-Louis-en-l'Isle.
EN VILLE.

Dans cette lettre, M. des Frolands exprimait le désir de voir le médecin retarder sa visite de vingt-quatre heures, désireux de faire observer par le « célèbre praticien » certains symptômes qui, soi-disant, ne se reproduisaient que tous les deux jours.

Tout était prêt et, désormais, le bandit n'avait plus qu'à attendre que le moment fût venu de se mettre à l'œuvre.

Le lendemain, avant de partir, Frochard, ayant jugé utile et prudent de faire une répétition du rôle qu'il avait à remplir, se plaça devant le miroir, sa lettre à la main, s'essayant ainsi à présenter un pli, comme doivent le faire les domestiques bien stylés.

Puis, persuadé qu'il avait atteint la perfection, il revêtit la livrée, au grand ébahissement de Jacques qui voulait savoir le motif de ce travestissement, et de Pierre qui n'osait interroger.

Et il partit, non sans que la Frochard eût fait en sorte que la voisine vît le bandit dans sa tenue de valet de grande maison.

— Bonne chance ! lui cria le boutiquier en le voyant passer.

Il avait pris par le plus court pour arriver rue Saint-Louis-en-l'Isle, et sa main n'avait pas eu la plus légère agitation en soulevant le marteau pour frapper à la porte de la maison qu'habitait le médecin.

Au valet qui s'était présenté, il avait dit avoir une lettre à remettre à M. Durocher.

— M. le docteur est-il visible ? avait-il demandé en observant le maintien le plus correct.

Et il avait ajouté, tout en suivant le domestique :

— Je viens de la part de M. des Frolands.

Au nom du millionnaire, le grand praticien avait saisi, avec un certain empressement, la lettre que son valet lui présentait sur un plateau d'argent.

Et, après avoir pris connaissance de la missive, il avait répondu :

— C'est bien, je me rendrai aux désirs de M. des Frolands.

Pas une fibre n'avait bougé sur la figure de Frochard.

Il s'était incliné très respectueusement devant le maître, puis, en passant devant lui, il salua, d'un petit signe de tête, le valet qui le reconduisait jusqu'au bas de l'escalier.

Et, après avoir repris la valise qu'il avait laissée dans le corridor, il referma la porte cochère sans précipitation et marchant à pas lents.

Mais lorsque après avoir franchi le pont il se retrouva de l'autre côté de la Seine, il ne conserva plus son attitude calme de flâneur.

— Et d'un ! se dit-il gaiment.

Et tout heureux de la façon dont il s'était tiré de cette première partie de son programme, il reprit le chemin de l'auberge.

Frochard avait ainsi trouvé le moyen de retarder de vingt-quatre heures la visite du médecin.

Il s'agissait maintenant pour lui de se substituer à la célébrité médicale qui avait nom Durocher, et de se présenter, en son lieu et place, au chevet du malade, le millionnaire des Frolands.

IV

M. des Frolands, qu'une paralysie partielle clouait tantôt sur son lit, tantôt dans un fauteuil, avait été l'un de ces privilégiés que les grands banquiers de Paris associaient à leurs si fructueuses opérations sur les grains.

Il avait commencé par être un des principaux agents de Samuel Bernard, auquel M. d'Ombreval, alors lieutenant général de police, l'avait présenté comme un homme intelligent, actif, et auquel on pouvait confier les missions les plus délicates.

Il n'était pas difficile, avec de semblables dispositions, de se former à l'école de Samuel Bernard.

M. des Frolands justifia tous les bons renseignements qu'on avait fournis à son égard.

Il s'agissait, comme on sait, pour quelques gros bonnets de la finance, d'accaparer les blés de tout le pays, d'emmagasiner les grains, afin de pouvoir, à volonté, en faire hausser le prix.

Mais la spéculation ne suffisait pas aux appétits de ces millionnaires.

Ils ne se trouvaient pas satisfaits des immenses bénéfices déjà réalisés, en très peu d'années, par un procédé inique.

Ils rêvaient de devenir arbitres absolus de la fortune publique, en affamant le peuple.

On disait bien haut que le gouvernement était associé avec les grands banquiers pour tirer bénéfice des misères publiques, et défendait aux fermiers d'apporter leurs blés à Paris, afin que les spéculateurs pussent vendre les leurs au prix le plus exorbitant.

La vérité est que l'impunité était assurée aux grands personnages qui s'enrichissaient d'une façon aussi scandaleuse.

Après avoir commencé par Paris, les spéculateurs éhontés étendaient maintenant leurs opérations sur toute la France.

Les grandes villes étaient de véritables greniers d'abondance où s'entassaient des millions, sous forme de grains, qu'on vendrait aussi cher que possible, lorsqu'on aurait toutes les récoltes en magasin.

M. des Frolands fut l'un des agents les plus actifs de la province.

Après avoir commencé modestement pour son propre compte, il avait vu grandir son ambition.

En moins de trois ans, il avait amassé une fortune assez ronde. Mais, à ce jeu, l'ambitieux s'était grisé.

Il risqua de grosses spéculations et réussit, et ces premiers succès promettaient de faire du protégé de M. d'Ombreval un des plus gros banquiers de France.

Mais la maladie survint, et mit le spéculateur dans la nécessité de s'adjoindre des agents, ou de quitter un genre d'affaires que sa santé compromise ne lui permettait plus de continuer dans les mêmes conditions.

C'est à ce dernier parti que s'arrêta celui qui, ayant exploité ses anciens patrons, craignait d'être exploité à son tour.

Il plaça d'abord son argent à gros intérêts. Peu à peu il devint ensuite d'une avarice sordide et d'une méfiance sans bornes. Il refusa les affaires les plus sûres, pour ne pas voir sortir de sa caisse son capital qu'il y tenait enfermé en espèces sonnantes.

Demeuré veuf et sans enfants, il avait recueilli une nièce de sa femme sous prétexte d'assurer un sort à l'enfant.

Mais dans son égoïsme l'avare n'avait songé, en réalité, qu'à se procurer une société peu encombrante et, surtout, peu coûteuse.

La pauvre fille que l'on avait ainsi cloîtrée avait bien dû s'habituer à cette existence de recluse que lui imposait son « bienfaiteur ».

Son oncle n'avait pas voulu la mettre en pension, et, par mesure d'économie, il se chargea lui-même de son éducation.

Marthe (c'était le nom de la nièce de M. des Frolands) était enfin destinée à servir de garde-malade au millionnaire, pendant toute l'existence de celui-ci.

Elle ne se plaignait jamais, quoique souvent elle eût le cœur bien gros, lorsque, — au printemps, — les rayons du soleil venaient dorer les murailles des maisons voisines et faire éclore des fleurs sur les fenêtres des pauvres diables qui en habitaient les mansardes...

Marthe témoignait à son parent une véritable affection de fille.

Elle lui avait si souvent entendu dire que, sans lui, elle eût été abandonnée, que la fillette était reconnaissante à l'avare de ses prétendus bienfaits.

M. des Frolands se mit un jour au lit, frappé de paralysie. On désespéra de le sauver, et jamais garde-malade ne se montra plus attentionnée que cette enfant, qui se multipliait pour satisfaire aux moindres caprices d'un malade exigeant et bourru.

Au bout de quelques mois, il était entré en convalescence, et il fallut bien que l'avare, qui jusque là s'était contenté d'une vieille servante, se décidât à prendre un valet robuste qui pût le transporter de son lit au fauteuil.

Laviolette entra donc au service de M. des Frolands.

Le paralytique vivait dans des transes continuelles. Les histoires de voleurs lui mettaient l'esprit à la torture.

Aussi, de même que la jeune Marthe s'était résignée à mener une véritable existence de prisonnière, de même le nouveau valet de chambre dut-il accepter la condition rigoureuse de ne quitter que fort rarement son service auprès du malade.

C'était un quasi-esclavage qui, par bonheur, convenait assez au caractère un peu taciturne de Laviolette.

Il souscrivit donc, sans trop de répugnance, à l'obligation de coucher dans un cabinet noir attenant à la chambre de son maître, et cela pour être sur pieds à la moindre alerte.

Quant à Marthe, elle avait été reléguée dans une chambre séparée de celle de M. des Frolands par un petit salon qui, de ce côté, garantissait l'inaccessibilité de l'appartement particulier de l'avare.

Toute personne qui se serait introduite dans la maison devait forcément être entendue ou vue par la jeune fille.

L'égoïste, qui tremblait si fort pour lui-même, n'avait pas honte de se faire garder par une enfant sans défense pour elle-même.

Les jours se succédaient et la vie devenait de plus en plus monotone dans cet intérieur d'où l'on s'efforçait de chasser l'imprévu.

— Tenez, pauvre femme, lui dit-il de sa voix cassée..., prenez, et que le ciel vous assiste!
Puis, tout bas, il ajoute : — N'oublie pas le signal! (P. 294.)

Tout y était réglé d'avance, comme pour le service d'une place forte.

Voilà dans quelles conditions vivait l'homme dont Laviolette et son ami Jean-Nicolas s'étaient entretenus en présence de Frochard, pendant qu'avait lieu l'exécution en place de Grève.

On sait que, depuis le matin de ce même jour, le domestique avait été remplacé, dans le service de M. des Frolands, par une parente pauvre de celui-ci.

Gertrude (c'était le nom de la nouvelle servante) ne pouvait guère se montrer difficile.

Elle s'estimait heureuse que son parent eût bien voulu penser à elle pour cette place de femme de confiance, quelque dure qu'elle fût.

Malgré son caractère craintif, M. des Frolands avait donc, par mesure d'économie, pris la décision de vivre entre ces deux femmes.

Dès l'arrivée de Gertrude, Marthe lui avait annoncé que le docteur Durocher devait, le lendemain, venir visiter son oncle.

Elle avait eu toutes les peines du monde à obtenir le consentement du malade à cette coûteuse visite.

— J'ai mon médecin, criait l'avare, c'est bien assez pour me tuer !...

La jeune fille avait réussi, et c'était là l'important.

Aussi avait-elle attendu avec impatience le retour de Laviolette pour savoir si le grand praticien consentait à donner une consultation.

Toute joyeuse de la réponse que lui apportait le domestique, Marthe attendait impatiemment le docteur.

. . . .
. . . .

V

La première partie de son programme ayant complètement réussi, Frochard ne doutait pas qu'il en fût de même de la seconde, bien que celle-ci présentât des difficultés bien autrement graves.

De retour de la rue Saint-Louis-en-l'Isle, il avait trouvé sa femme occupée à indiquer à Jacques et à Pierre ce qu'ils auraient à faire le soir même.

Le bandit avait la physionomie résolue et calme, si calme même que sa femme lui demanda s'il n'y avait rien de changé dans la grande entreprise.

— Est-ce toujours pour ce soir ? demanda-t-elle.

— Plus que jamais !...

Puis s'apercevant de l'état d'agitation de la femme, et après avoir donné un regard au cadran du coucou :

— Il n'est encore que six heures ; mais il faut souper tout de suite et nous mettre en route. Toi, femme, n'oublie pas mes recommandations... A huit heures précises, soyez chacun à votre poste.

— Nous y serons, mon homme !..

Le souper avait été hâté plus que de coutume.

Frochard se leva le premier, se retira dans la petite pièce qui servait de chambre à coucher aux deux enfants, et se mit à préparer les habits qu'il comptait emporter.

Il plaça dans un grand sac de voyage le costume en velours noir, semblable à celui que portait la veille le docteur Durocher.

Lorsqu'il reparut, tenant d'une main la valise et portant sur son bras la grande douillette puce, il avait absolument l'air d'un bon père de famille qui va embrasser les siens avant de se mettre en voyage.

Mais, intérieurement, le bandit ne pouvait se défendre d'une vive émotion qu'il s'efforçait de dissimuler.

Il souleva Jacques à bout de bras, jusqu'à la hauteur de sa poitrine, et pressa l'enfant sur son cœur.

Puis ce fut le tour de Pierre.

Mais celui-ci dut se contenter d'une simple caresse de la main paternelle sur sa joue.

Alors vint aussi le tour de la Frochard.

— Il faut que je t'embrasse, femme, lui avait dit son homme.

Et, comme pour justifier ce débordement de tendresse, le bandit ajouta, avec une expression à la fois attendrie et cynique :

— Ça me donnera du cœur « à l'ouvrage ».

C'est sur ces odieuses paroles qu'on se sépara.

Frochard referma la porte sans bruit et descendit doucement.

Il ne se souciait pas d'être rencontré, maintenant, par quelque voisin qui pourrait le retenir à causer.

Il esquiva même, pour cette fois, le boutiquier...

Quelques instants après, la femme et les deux enfants du bandit quittaient également la maison, bien qu'ils eussent encore deux heures à attendre, avant de se rendre à l'endroit que leur avait désigné Frochard.

Pour tuer le temps, la Frochard conduisit Jacques et Pierre sur le Pont-Neuf, où il y avait foule devant la parade des bateleurs et des marchands d'orviétan.

Nous avons quitté Frochard au moment où il se mettait à la recherche d'un véhicule pour se rendre auprès de son « client ».

Il s'était dit, en effet, qu'un grand médecin, comme l'était M. Durocher, ne devait jamais faire à pied ses visites aux malades.

Par mesure de précaution, il avait mis la douillette par-dessus sa veste de domestique, aussitôt qu'il s'était trouvé assez éloigné de sa maison.

Le bandit avait, en ce moment qui précédait d'une demi-heure à peine l'accomplissement de son criminel attentat, une liberté d'esprit absolue.

On eût dit, à le voir se diriger paisiblement vers la station des chaises à porteurs, qu'il s'agissait pour lui de rendre une simple visite.

Dès qu'il parut sur la place, les porteurs s'empressèrent autour de lui. Il se faisait déjà tard, et chacun cherchait une aubaine avant la fin de sa journée.

Frochard choisit de l'œil la litière la plus spacieuse... Elle avait appartenu, probablement, à quelque grande dame portant paniers, car deux personnes auraient pu s'y installer à l'aise.

C'était bien l'affaire du malfaiteur qui se proposait, comme on sait, d'y changer de vêtements.

Il s'approcha des deux porteurs :

— Mes amis, leur dit-il, j'ai besoin de vos services.

— Nous sommes aux ordres de Monsieur... Où faut-il aller?...

— Je vous donnerai l'adresse tout à l'heure... Mais, d'abord, voici mes conditions.

Les porteurs s'inclinèrent.

— Je vous payerai quatre écus...

— Pour une course? demanda l'un des porteurs.

— Non !... pour deux...

— Alors nous attendrons Monsieur ?

— Vous me laisserez à l'adresse que je vais vous indiquer, et vous reviendrez m'y prendre deux heures plus tard...

— C'est bien, Monsieur... montez !

Frochard fit passer d'abord sa valise, puis il s'introduisit dans la chaise.

Et une fois la portière fermée :

— Nous allons rue du Bout-du-Monde, n° 14 ! dit-il.

Et, tirant les rideaux, il se mit à changer de costume.

Cette opération s'accomplit avec rapidité. Le bandit avait calculé son temps pour arriver à l'heure convenue chez M. des Frolands.

Frochard venait de refermer la valise dans laquelle il avait placé sa veste et sa culotte de valet de chambre.

Instinctivement il s'assura que la lame de son couteau était bien dans sa gaîne, qu'il introduisit dans la poche intérieure de l'habit de velours.

Les porteurs, aiguillonnés par la bise, avaient fait diligence.

Ils traversaient la rue, lorsque, se penchant à la portière, Frochard vit son fils Jacques qui se tenait à l'encoignure; puis, au milieu de la rue, il aperçut une femme qui s'estompait dans la brume. C'était la Frochard.

— Tout le monde est à son poste, dit-il, allons, l'affaire se présente bien...

A ce moment, la chaise s'arrêtait devant la maison de M. des Frolands.

Frochard descendit, et, après avoir payé et congédié les porteurs, il frappa à la porte cochère.

VI

C'était par une soirée froide et sombre de novembre.

Les rues étaient désertes, un brouillard épais enveloppait le marché des Innocents.

Le Parisien regagnant son logis marchait d'un air inquiet, derrière le valet qui portait la lanterne...

La Frochard et ses deux enfants s'étaient rendus, comme on vient de le voir, au poste, qui leur avait été assigné.

Jacques, marchant d'un pas résolu.

Pierre, grelottant, le cœur serré, comme s'il eût pressenti, le pauvre petit, le crime que son père se préparait à commettre.

On était arrivé à la première station.

La rue du Bout-du-Monde s'étendait entre ses deux rangées de maisons basses.

Pas une lumière aux croisées.

Seule, la lumière blafarde des réverbères, perçant le brouillard, venait, par place, éclairer faiblement le sol.

La Frochard avait saisi Pierre par la main, et l'avait brutalement planté à l'encoignure de la rue :

— Tu vas rester là, dit-elle à voix basse à l'enfant.

Et comme le pauvre petit tremblait sous l'étreinte, la mégère lui serra vigoureusement le bras, en ajoutant:

— Tu sais ce que je t'ai dit !.. si tu entends venir... ouvre l'œil !... Si c'est des soldats... un coup de sifflet, et file ensuite, au plus vite, pour aller m'attendre sur le banc du marché...

Et, peu soucieuse des soupirs et des larmes du malheureux petit Pierre, elle s'éloigne avec son autre fils.

— Toi, mon chérubin, recommande-t-elle à Jacques, n'oublie pas la leçon que je t'ai faite....

— N'aie pas peur, mère! Je guetterai les *roussins*, si j'en vois un, j'ai mon sifflet.

Et le garnement est allé, de lui-même, s'accroupir au coin de la rue, pendant qu'à son tour la Frochard se rend à son poste.

Elle est là, l'œil au guet, attentive et silencieuse.

Elle écoute.

Tout à coup, elle fait un mouvement comme pour s'apprêter à siffler. Il lui a semblé que plusieurs ombres, sortant de la brume, venaient de traverser la rue...

— Déjà ! pense-t-elle.

Cependant elle attend encore, dans la crainte de s'être trompée...

Les ombres s'approchent et se dessinent plus nettes.

Deux commissionnaires apparaissent portant une litière de louage.

Ils s'arrêtent, la litière s'ouvre.

Un homme, courbé par l'âge, en sort d'un pas chancelant, il est vêtu d'une douillette qu'il tient soigneusement fermée.

Il relève la tête et semble s'assurer qu'il est bien arrivé au lieu où il doit se rendre.

Puis, ayant reconnu la maison, il frappe à la porte cochère.

Une fenêtre s'ouvre aussitôt, par laquelle, en se penchant, regarde une toute jeune fille.

La fenêtre s'est refermée ; le vieillard, d'une voix grêle, congédie les porteurs.

Il se dirige alors vers la porte cochère qu'une femme vient d'ouvrir, mais, au moment d'en franchir le seuil, il s'arrête, sort une bourse de sa poche, en tire une pièce de monnaie et, s'approchant de la Frochard :

— Tenez, pauvre femme, lui dit-il, de sa voix cassée... prenez, et que le ciel vous assiste !

Puis, tout bas, il ajoute :

— N'oublie pas le signal !

Et, avant que la Frochard soit revenue de sa surprise, l'homme à la douillette a disparu. La porte s'est refermée derrière lui.

Celui qui vient de s'introduire ainsi dans la maison de M. des Frolands, c'est Frochard, méconnaissable à ce point que sa femme elle-même ne l'a pas d'abord reconnu.

. . . .

Dans la maison de l'avare, le coucou de la salle à manger, située au rez-de-chaussée, vient de sonner huit heures.

Marthe est au chevet de son oncle, tandis que Gertrude va d'une pièce à l'autre pour vaquer aux soins du ménage, après le souper.

En entendant sonner l'heure, la fillette se lève et, marchant sur la pointe des pieds, pour ne pas éveiller le malade qui sommeille depuis quelques instants, elle va à la porte et murmure :

— Voici l'heure, cousine Gertrude, M. Durocher ne peut tarder à venir...

— Ils ne sont pas toujours bien exacts, ces grands médecins !

Mais la phrase est à peine achevée qu'un coup de marteau, vigoureusement frappé à la porte cochère, a fait sursauter les deux femmes.

La jeune fille, comme on l'a vu, s'est élancée à la fenêtre et, rentrant aussitôt :

— Vite, cousine Gertrude, allez tirer le cordon et éclairez...

C'est bien M. Durocher, dit-elle.

Et, tandis que la bonne femme, tenant un chandelier, s'empresse de descendre, Marthe attend au haut de l'escalier, le corps penché sur la rampe...

Puis, émue à la vue du célèbre praticien, elle s'incline respectueusement, et prononce quelques paroles...

Mais le nouveau venu lui prend les deux mains avec une douce bonhomie et lui dit :

— Allons tout de suite auprès de notre malade, chère enfant, ceci est plus pressé que les compliments d'usage.

On se dirige vers la chambre à coucher, Gertrude précède en éclairant.

— Mon oncle vient de s'endormir, dit la jeune fille.

— Tant mieux !

— Faut-il que je le réveille, Monsieur ?

— Gardez-vous-en bien... Je préfère l'observer pendant son sommeil.

Un mauvais sourire accompagne ces paroles et, machinalement, le misérable tourmente, de la main droite, le manche du long couteau placé dans la poche de son habit.

Au moment où Marthe va ouvrir la porte de la chambre, le faux Durocher saisit, avant elle, le loquet.

— Laissez-moi ouvrir, chère enfant,... je ferai plus doucement que vous ;... j'ai de cela une grande habitude !...

La porte s'entre-bâille en effet sans le moindre bruit...

Le bandit s'arrête, une seconde, sur le seuil.

D'un rapide coup d'œil il s'est rendu compte de la disposition de la pièce.

La caisse est là, dans un coin.

Sur le lit, le malade sommeille... Sa respiration est haletante.

Gertrude a avancé le bougeoir.

La lumière frappe en plein sur le visage blafard de M. des Frôlands.

Les yeux fermés sont profondément enfoncés sous l'arcade sourcilière et cerclés de bistre ; la bouche serrée, presque sans lèvres, dénote la souffrance.

Le prétendu médecin, que les deux femmes interrogent du regard, semble plongé dans de profondes réflexions.

Frochard songe, en effet, aux dangers de son entreprise, à la périlleuse situation dans laquelle il se trouve.

Égorger un vieillard endormi n'est chose ni longue ni difficile pour lui ; mais les cris des femmes attireront les voisins.

Il serait perdu.

Il veut, d'abord, éloigner Gertude.

— Ma bonne dame, lui dit-il, avez-vous de la tisane toute prête ?

— Oui, monsieur le docteur, répond vivement Marthe, du tilleul qu'a ordonné... notre médecin.

— Insuffisant !... tout à fait insuffisant ! déclare le faux Durocher... Il me faut de la sauge... tout de suite...

— Nous en avons, Monsieur, interrompt Marthe... Cousine, vous en trouverez dans le tiroir du buffet... en bas...

— C'est bien, dit Frochard à Gertrude, allez et faites bouillir de l'eau pour l'infusion...

Puis, après une seconde d'hésitation :

— Tenez-vous toute prête à verser l'eau bouillante.

Je... je vous appellerai lorsque le moment sera venu de donner à boire au malade.

Gertrude s'est retirée en assourdissant, autant que possible, le bruit de ses pas sur le parquet dont les lames vermoulues et disjointes crient sous ses pieds.

Frochard, tout en feignant d'observer attentivement la respiration du malade, s'est assuré que la servante a refermé la porte...

Il l'entend descendre au rez-de-chaussée...

Alors, écartant Marthe, il se penche sur le malade... Son visage tout près du visage de M. des Frolands, les yeux braqués sur ses yeux fermés.

Il enlève doucement la couverture...

Marthe, anxieuse, s'est rapprochée, et peut à peine retenir un cri de surprise...

— Que faites-vous ?... hasarde-t-elle.

— Ce que je fais, ma petite, je vais pratiquer une saignée...

Le cadavre s'est ranimé et se traîne sur ses mains crispées. (P. 300.)

— Une saignée ! dit la jeune fille troublée, il faut alors réveiller mon oncle.

— Non, répond Frochard, il s'y refuserait peut-être, et alors.

— Alors, Monsieur ?...

— Ce serait un homme perdu...

— Mais pour que vous puissiez pratiquer la saignée, ne faut-il pas qu'il étende le bras ?

— Il le faudrait, en effet, si c'était au bras que je dusse faire l'opération...

— Où serait-ce donc, alors ?...

— Vous allez le savoir, répond Frochard, étalant sur le lit une trousse de médecin ; « mon enfant », ajoute-t-il d'une voix grave... l'apoplexie est imminente, et c'est à la gorge que je vais saigner le malade.

— A la gorge ! balbutie Marthe avec terreur.

— Et vous allez m'aider.

— Moi ?

— Seulement, comme la vue du sang pourrait vous effrayer, vous tiendrez cette cuvette sans regarder, et en détournant la tête.

— Non, non, dit la jeune fille éperdue.

— Faites, répond durement Frochard, obéissez, obéissez à l'instant, ou c'est vous qui l'aurez tué.

Marthe, en tremblant, apporte la cuvette et, pâle, frémissante, elle attache sur les yeux du médecin ses yeux remplis d'effroi...

— Je vous ai dit de ne pas regarder, ordonne celui-ci, et, au moment où elle détourne la tête, il rejette la lancette qu'il venait de saisir et, tirant de sa poche le large coutelas, il le plonge dans la gorge du malade qui pousse, en se réveillant, un rauque rugissement.

Les yeux du moribond se sont rouverts, il essaye de se débattre, de crier. L'assassin appuie violemment sur son arme qui, élargissant en demi-cercle l'horrible plaie béante, sépare à moitié la tête du tronc !...

Au cri de la victime, Marthe a tourné la tête, un flot de sang qui jaillit inonde son visage !...

Elle voit, cependant, en essuyant ses yeux, elle voit le malheureux vieillard luttant contre les dernières affres de la mort, elle voit les soubresauts de l'agonie et le sang qui coule à grands flots !...

Affolée d'épouvante, elle va crier...

La main ensanglantée du bandit la saisit à la gorge et étouffe ce cri prêt à s'en s'échapper...

Marthe se débat sous l'étreinte.

Le misérable fait alors, de ses deux mains réunies, un collier de fer qui étrangle la malheureuse jeune fille.

Elle se débat encore, et comme la mort ne vient pas assez vite, il frappe !...

Le couteau, déjà rouge du sang de l'homme, s'enfonce dans la poitrine de l'enfant qui tombe en expirant.

Alors le meurtrier s'arrête, haletant et comme pris de vertige...

Ce sang dont il est couvert lui monte au cerveau et le grise...

Son visage hideux s'éclaire d'un sourire féroce...
Les pieds dans le sang, il marche vers la caisse...

. . . .

Au rez-de-chaussée, Gertrude a pénétré dans la salle à manger.

Elle a placé, sur la table, le bol destiné à faire la tisane, et, prenant la bouilloire, elle s'apprête à faire l'infusion.

Mais, en ce moment, elle s'arrête...

Il lui a semblé entendre, au-dessus de sa tête, des trépignements et le bruit d'un corps qui s'affaisse...

Elle écoute !... Plus rien !...

Au bout de quelques secondes, elle perçoit cependant un bruit nouveau, sourd et réitéré, semblable à celui que produiraient des gouttes d'eau tombant une à une.

Instinctivement, elle lève les yeux vers le plafond.

Ce plafond suinte par les interstices...

Une goutte de liquide tombe au milieu du bol qu'elle tient à la main et fait une tache rouge.

— Qu'est-ce que cela ? se dit la servante effrayée.

Puis, au moment où elle regarde, un long filet de ce liquide s'échappe du plafond et teint en rouge la table presque entière...

Horreur ! c'est du sang !

Gertrude a laissé échapper la bouilloire qu'elle tenait à la main, et bondit vers la porte...

Que se passe-t-il donc là-haut ?

Pourquoi ce sang ?...

Tout à coup elle se rappelle le bruit qu'elle a entendu, le bruit d'un corps qui s'affaisse.

Terrifiée, elle monte rapidement l'escalier... Elle arrive, haletante, à la porte de la chambre...

Elle ouvre brusquement...

Un cri s'échappe de sa gorge...

L'épouvantable scène lui apparaît dans toute son horreur. A demi-morte de terreur, elle voit s'avancer vers elle l'assassin tout couvert de sang et le couteau à la main.

Elle s'enfuit, attirant la porte qu'elle ferme d'un double tour de clef.

Puis, se précipitant à la croisée, elle appelle au secours !

Cramponnée des deux mains à l'appui de la fenêtre, elle crie :

— A l'assassin !... à l'assassin !

Frochard s'arrête devant cette porte qui s'est refermée...

Il est prisonnier !

Et Gertrude, éperdue, continue d'appeler.

Le bandit ne pense plus à accomplir son vol, il veut fuir, fuir sur-le-champ.

Il s'est jeté contre la porte... ses mains impriment sur le panneau des traces sanglantes.

La porte résiste.

Il se sert de son épaule comme d'un bélier, et sa chair se meurtrit contre le bois qui ne cède pas sous ses efforts.

Le sang monte au cerveau du misérable et fait tinter ses oreilles.

Gertrude crie toujours...

Et Frochard entend ces mots répétés sans cesse :

— « A l'asassin ! à l'assassin ! »

Dans un effort furieux, il a fait craquer le panneau, cette fois la porte va céder...

Tout à coup le bruit d'un corps qui tombe se produit...

Il se retourne !...

L'une de ses victimes est là, devant lui, rampant sur le parquet...

Le cadavre s'est ranimé et se traîne, sur ses mains crispées ; l'horrible blessure qu'il porte à la gorge s'étale toute béante !

M. des Frolands, luttant encore contre l'agonie, vient maintenant au devant de son meurtrier.

Il rampe dans le sang, et ses doigts s'accrochent aux jambes de l'assassin.

Frochard pousse un cri de rage et, de son talon, il meurtrit ce visage convulsé, il frappe sur ces yeux qui n'ont plus de regard...

C'est l'ivresse du carnage... Le vertige du crime !...

Il frappe de nouveau, et le corps pantelant de l'assassiné le suit, comme rivé à lui.

Soudain un coup de sifflet se fait entendre.

Le signal !

Frochard a tressailli et son sang s'est figé dans ses veines...

Il faut fuir !... Il le faut !...

Un second coup de sifflet le cloue sur place...

Puis un troisième retentit aigu, strident...

C'est le signal de la Frochard...

Et, en même temps, des pas résonnent dans l'escalier....

On monte...

Un cliquetis d'armes ; puis la porte s'ouvre avec fracas.

A la vue des soldats du guet et des agents accourus aux cris de la servante, Frochard s'élance, le couteau levé...

La lutte commence entre le forcené et les soldats : lutte acharnée, entrecoupée de vociférations et de rugissements...

Le bandit se défend comme un lion blessé, et son arme fourrage dans la masse de ses adversaires...

Épuisé, le misérable lutte encore !... Vaincu, il tente un dernier effort et se lance tête baissée contre la muraille humaine.

Enfin, accablé, brisé, il tombe et pousse une dernière imprécation...

. . . .

Après avoir donné le signal en apercevant les soldats à travers le brouillard, chacun des Frochard, placé en observation, s'était empressé de déguerpir pour se rendre à l'endroit convenu...

La mère arrive la dernière, haletante, elle entraîne Jacques et Pierre qui l'attendaient sur un banc du marché des Innocents...

En route, la complice de l'assassin laissait échapper des exclamations, des phrases incohérentes...

Elle se demandait si Frochard avait pu réaliser son coup, et s'échapper à temps...

Et, affolée, elle murmurait :

— Va-t-il revenir ?

C'est aux prises avec de mortelles angoisses que la misérable créature est arrivée chez elle...

Elle ouvre la porte de son logement et se précipite à la fenêtre, cherchant son mari du regard.

Les enfants, épuisés de fatigue, se sont endormis.

Attentive aux moindres bruits de la rue, la Frochard attendit ainsi toute la nuit, partagée entre des espérances et des déceptions sans cesse renouvelées...

Elle attendit, comptant les heures que lui envoyaient les horloges des environs...

Les cloches sonnaient, dans le silence de la nuit !...

Et, chaque fois, la femme du bandit tressaillait...

Lorsque l'aube parut, la Frochard se sentit devenir folle...

Les yeux hagards, elle ouvrit toute grande la croisée, et plongea désespérément son regard dans la rue déserte...

. . . .

Le bandit ne devait pas revenir.

On sait que, se sentant perdu, Frochard s'était défendu avec rage.

On avait dû le bâillonner pour l'empêcher de pousser des hurlements et d'horribles imprécations.

Il fallut le lier, l'entourer de cordes solides pour l'entraîner au poste de police, où il fut gardé à vue, pendant qu'on était allé prevenir le chevalier du guet de l'importante arrestation que l'on venait d'opérer.

Au petit jour, le prisonnier fut conduit au Châtelet.

La terreur causée par le récit des attentats qui, chaque jour, se renouvelaient, était si grande, que la nouvelle de cette importante capture se répandit avec rapidité.

Comme elle avait eu lieu dans le quartier du marché, les dames de la halle proféraient de violentes imprécations contre le misérable qui avait trempé ses mains dans le sang d'un enfant.

L'indignation était surexcitée à tel point que si la police n'eût pris soin de faire partir le prisonnier dans un carrosse fermé, le peuple l'eût certainement mis en pièces.

La Frochard, pleine d'angoisses, était descendue comme une folle, courant avec tous ceux qui se portaient en foule vers le quartier où avait été commis le crime.

En entendant les malédictions proférées contre le monstre qui avait fait preuve, disait-on, d'une cruauté sans exemple, la femme du bandit frissonnait, et ses dents claquaient. Elle ne parvenait pas à dominer cette violente agitation.

Et tout ce monde, d'une voix unanime, demandait pour le misérable les supplices les plus terribles.

— On ne pourra jamais assez le faire souffrir, disait-on...

— Il faut le faire passer à la question...

— Oui, car il doit avoir des complices...

Une femme de la halle ne réclamait rien moins que de le voir brûler vif. Elle se chargeait, ajoutait-elle dans sa furieuse indignation, d'attiser elle-même le bûcher.

— On ne brûle que les parricides et les empoisonneurs, avait fait observer quelqu'un, il faudra, la mère, vous contenter de le voir rouer vif...

A ces mots *rouer vif*, qui indiquaient l'atroce supplice qui attendait son mari, la Frochard étouffa un cri de rage... Et, la tête perdue, elle se mit à courir dans la direction de la rue du Bout-du-Monde.

Elle voulait revoir cette maison où le crime avait été commis, pendant qu'elle et ses enfants faisaient le guet...

Ayant appris là que le prisonnier a été conduit à la prison du Grand-Châtelet, elle s'y rendit aussitôt dans l'espoir de le revoir encore.

. . . .

La justice, dès la première nouvelle du crime, s'était transportée dans la maison de M. des Frolands.

On avait procédé aux constatations d'usage. Les deux corps avait été placés, chacun sur un lit.

Mais il avait été impossible d'interroger Gertrude, la seule survivante de cette famille.

La malheureuse femme, après une agitation cérébrale des plus violentes, était tombée dans un état complet de prostration.

Il y avait sérieusement à craindre pour sa raison.

Du reste le flagrant délit simplifiait la procédure qui ne pouvait guère traîner en longueur.

Les juges instruisirent rapidement le procès.

Le prévenu s'était, aux surplus, renfermé dans un mutisme absolu.

Par son attitude énergique, provocante même, il semblait dire aux juges :

— Vous pouvez faire de moi tout ce qu'il vous plaîra, je ne tremblerai pas devant vous.

La sentence fut rendue.

Elle portait que Frochard, convaincu d'assassinat, avec préméditation, sur la personne de M. des Frolands et de Marthe, sa nièce, serait conduit à l'échafaud dressé en place de Grève, aurait les bras, les jambes, les cuisses et les reins rompus vifs, et qu'il serait ensuite placé sur la roue, le visage tourné vers le ciel, pour demeurer là, aussi longtemps qu'il plairait à Dieu lui conserver la vie.

Le Parlement confirma la sentence et renvoya le condamné au lieutenant-criminel pour qu'il fît exécuter l'arrêt.

On sut presque aussitôt, dans Paris, que l'exécution allait avoir lieu.

Et comme, depuis l'avènement de Louis XVI, le supplice de la roue devenait assez rare, où vit des grands seigneurs et de très nobles dames faire retenir d'avance toutes les croisées qui donnaient sur la place de Grève...

Le crime avait soulevé, dans la population, un sentiment d'horreur que la condamnation de l'assassin n'avait pu calmer, et il était certain qu'un grand concours de spectateurs se presserait sur le passage de la charrette.

On ménageait au condamné, dans ce public devenu féroce en haine des malfaiteurs, une manifestation qui, pensait-on, pourrait impressionner les autres scélérats.

Et, dans son impatience, bien que l'exécution ne dût avoir lieu qu'à quatre heures de l'après-midi, la foule, dès le matin, commençait à se masser aux angles de la place.

Le lendemain du crime, aussitôt que le nom du condamné fut publiquement connu, la Frochard s'était empressée de quitter le logement qu'elle occupait.

Elle s'enfuit, emmenant ses deux fils dans un des quartiers de la banlieue qu'elle avait habité lors de son arrivé à Paris.

C'était un de ces faubourgs où les malfaiteurs avaient coutume de chercher asile.

Elle attendit, dans cette nouvelle demeure, le jour fixé pour l'exécution de son homme.

Les enfants, inquiets de la voir agitée et les yeux rouges de larmes que sa rage impuissante faisait jaillir, s'informaient de ce qu'était devenu leur père.

— Il est parti en voyage ! avait répondu brusquement la Frochard, à la question timide que lui avait adressée Pierre.

Puis à Jacques !

— Nous le reverrons bientôt, attendons.

— Oui, nous le reverrons !... Je le lui ai promis ! Nous serons là, tous les trois !

Elle se souvenait que Frochard lui avait dit :

— Si je monte un jour sur la terrible plate-forme, je veux que vous soyez là, là, vous autres !

— Oui, oui, murmurait-elle, nous y serons tous !... Tu nous verras une dernière fois !... Et, au moment de ton supplice, nous jurerons de te venger !

Pendant la matinée du jour qui allait voir Frochard, mourant, comme la plupart de ses ancêtres, par la main du bourreau, sa femme, traînant ses deux enfants après elle, quitta le quartier où elle s'était réfugiée, et se rendit à la place de Grève.

Bien qu'il ne fût que midi, les soldats avaient pris possession de la place qu'ils durent faire évacuer à plusieurs reprises.

Mais la foule, grossissait de minute en minute, il fallut aller quérir du renfort pour maintenir, aux débouchés des rues adjacentes, les masses qui s'entassaient cherchant à se placer le plus près possible de l'échafaud.

La Frochard, tenant de chaque main un de ses enfants, demeurait clouée au premier rang de ceux qui bordaient le parapet du quai...

De là elle verrait passer la charrette, elle apercevrait son homme, elle lui adresserait un suprême adieu !...

Bientôt, au frémissement qui parcourut l'assistance, elle comprit que le terrible moment était arrivé...

De haut des balcons et aux croisées, des dames indiquaient par leurs gestes que le funèbre cortège arrivait sur la place.

Elle tint l'enfant élevé et le visage tourné vers l'échafaud... (P. 307.)

Une immense clameur accueillit la voiture.

En tête, ouvrant la marche, un détachement de la maréchaussée déblayait le passage et repoussait la foule.

On n'avait pas prévu qu'un aussi grand nombre de spectateurs dût assister à cette lugubre exécution.

Le nom de Frochard, ignoré le veille encore, avait acquis en quelques heures, une immense célébrité.

On savait, maintenant, qu'il appartenait à une famille de criminels, qui, tous, avaient expié, aux galères ou sur l'échafaud, leurs abominables forfaits, et c'est avec une fiévreuse impatience qu'on attendait le châtiment du misérable qui avait, avec une cruauté sans égale, égorgé une pauvre jeune fille sur le corps sanglant de son oncle.

On voulait voir ce monstre auquel on s'apprêtait à lancer des malédictions aussi longtemps qu'il pourrait les entendre.

Tout ce peuple, que l'indignation rendait presque féroce, voulait faire une terrible agonie au criminel que l'on conduisait au supplice.

Lorsque la charrette parut, escortée d'un détachement de soldats, chacun se précipita en avant, poussant des cris, montrant le poing au condamné, interpellant le bourreau pour qu'il n'eût aucune pitié de l'odieux assassin et prolongeât ses tortures.

Le tumulte était à son comble lorsque la charrette s'arrêta devant la plate-forme.

Frochard se leva fièrement sans l'aide du bourreau.

Sa haute taille se dessina, droite et ferme.

Le misérable semblait se faire de l'échafaud un piédestal et, refoulant au fond de son âme l'invincible terreur qui s'empare, au moment de leur supplice, des plus endurcis criminels, il essaya, dans un reste d'orgueil, de répondre par un regard de souverain mépris aux malédictions de la foule.

Puis, promenant ses yeux tout autour de la place, il sembla chercher ceux qu'il savait devoir être là.

La Frochard le comprit.

Elle saisit ses enfants par la main, et, résolument, elle s'efforça de traverser la place.

Elle voulait arriver jusqu'au pied de la fatale plate-forme et se montrer à celui qui allait mourir.

Elle voulait qu'il sût bien, à ce moment suprême, qu'elle n'avait pas oublié la promesse que le bandit avait exigée d'elle...

Repoussée, elle s'acharna à marcher quand même, à renverser tous les obstacles.

A force d'énergique persévérance, elle parvint enfin à son but...

Quelques pas la séparaient à peine, maintenant, des soldats qui formaient la haie autour de l'échafaud...

Et, au moment où le bourreau posa sa main sur l'épaule du condamné qui, désormais, lui appartenait, la Frochard saisit Jacques par-dessous les aisselles, et pour qu'il se souvînt, pour faire naître en son cœur des sentiments de haine et de vengeance contre ceux qui avaient condamné son père, elle tint l'enfant élevé et le visage tourné vers l'échafaud...

Elle crut, du moins, avoir fait cela ; mais dans son trouble, dans son épouvante, dans le violent désespoir qui égarait sa raison, elle avait pris pour l'aîné le plus jeune de ses deux fils. Et c'est le pauvre petit Pierre, c'est le faible et doux enfant qu'elle présentait à son père.

Les yeux du condamné rencontrèrent les yeux du malheureux petit être. Deux grands yeux qui pleuraient et qui regardaient le ciel !

Que se passa-t-il, en ce moment suprême, entre ces deux créatures, l'une entrant à peine dans la vie, l'autre au seuil de la mort ?..... Quelle influence magnétique exerça, tout à coup, entre cette âme innocente et pure cette âme criminelle ?...

— Père ! père ! criait l'enfant regardant toujours le condamné et les bras tendus vers le ciel !..

Et Frochard à l'aspect de son enfant restait immobile, l'œil hagard et la bouche béante... Il tremblait, oui, lui, Frochard, il tremblait... Il détourna la tête et se trouva face à face avec le vénérable prêtre qui l'avait accompagné jusqu'au lieu du supplice.

Et celui-là aussi semblait lui montrer le ciel !..

Alors, et en moins d'une seconde, il vit se dérouler devant ses yeux tous les forfaits de sa vie passée ! Il vit tourbillonner autour de lui toutes les victimes qu'il avait égorgées ! les femmes, le vieillards, les enfants. Et tous, tous, semblaient aussi lui montrer le ciel et tous semblaient lui dire : là est le véritable juge, là, est le juge suprême ! Et dans cette même seconde, il sentit naître, grandir, puis éclater comme la foudre, tous les remords dont il avait, à chaque crime nouveau, étouffé le germe dans son âme de fer. Et, pendant ce temps :

— Père ! criait toujours le pauvre petit Pierre.

Lui, alors, rempli d'épouvante, de terreur, brisé, pantelant, dompté enfin et vaincu :

— Prenez-moi, dit-il au bourreau, prenez-moi vite !

Et, se tournant, éperdu, vers le prêtre, il murmura tout bas .

— Priez pour moi ! priez !...

Le supplice commença.

. . . .

Le bourreau avait livré le patient à ses aides qui l'attachaient solidement à l'échafaud, les quatre membres écartés, la tête appuyée sur la plate-forme, la face tournée vers le ciel...

Dans le tumulte qui se produisit au moment où le bourreau avait saisi la barre de fer qui allait lui servir à rompre le patient, se perdit le cri d'horreur qui s'échappa de la gorge de la Frochard...

Et cependant ses regards ne quittèrent pas l'échafaud. Les yeux secs, brillants d'une fièvre ardente, elle resta là, dans l'attitude d'une folle furieuse.

Tout à coup la barre retomba avec un bruit sourd, auquel répondit un cri terrible que la douleur arrachait au patient...

Un nuage de sang avait passé, comme un éclair, devant les yeux de la Frochard.

Un feu intérieur lui brûlait les veines. Mais pas une exclamation ne sortit de ses lèvres.

Les yeux comme rivés sur la plate-forme, elle comptait :

— Un ! fit-elle.

La barre de fer retomba, faisant jaillir des flots de sang...

Des éclaboussures de la chair pantelante arrivèrent jusque sur les aides.

— Deux ! hurla la Frochard.

Cette fois le patient avait poussé un rugissement prolongé, couvert par les clameurs de la foule.

La terrible barre de fer lui avait broyé la cuisse...

Frappée d'horreur, la foule, après ses violentes manifestations, observait un silence lugubre...

Le bourreau accomplissait sa redoutable mission, exécutant une à une toutes les clauses de l'arrêt.

— Trois ! quatre ! cinq ! six !..... avait, pour ainsi dire, râlé la Frochard.

Et lorsque le corps du patient ne présenta plus que l'aspect d'une masse hideuse, l'ordre fut donné aux aides d'attacher ce corps meurtri sur la roue, afin qu'il y restât exposé jusqu'à ce que la mort vînt mettre un terme aux tortures du supplicié.

Folle, éperdue, la Frochard promena autour d'elle ses yeux hagards.

Elle vit Jacques accroupi, les poings serrés sur sa bouche, étouffant ses cris de désespoir et de rage. Le petit Pierre gisait, évanoui, sur le sol.

La foule s'écoula lentement par toutes les issues de la place et il fallut que la maréchaussée se mît en devoir de rétablir la circulation, pour que la femme du supplicié se laissât entraîner avec ses deux enfants que la loi venait de faire orphelins.

Elle se retrouva sur les quais.

Là, elle s'arrêta de nouveau et, seulement alors, la réaction se produisant en elle, sa douleur se manifesta par une terrible crise nerveuse....

Elle dévorait ses lèvres pour retenir ses sanglots et ses cris...

Affaissée sur un banc, enfonçant ses ongles dans le bois, elle passa par de rudes tortures morales, mais toute sa coupable existence écoulée ne lui inspira ni un regret, ni un remords.

La Frochard n'éprouva, de l'épouvantable châtiment dont elle venait d'avoir le spectacle, qu'une haine implacable contre la société.

Elle n'y puisa qu'une nouvelle ardeur de vengeance.

Et, lorsque après cette longue station à proximité de la place où venait de mourir son homme elle eut retrouvé l'apaisement des sanglots et que la détente des nerfs l'eut rendue à elle-même, la perverse créature attira à elle ses deux enfants et, leur indiquant du doigt la place de Grève :

— Vous n'avez plus de père ! leur dit-elle d'une voix rauque. Ils l'ont massacré ; ils lui ont déchiré les chairs ; ils ont brisé ses os !.. Il ne faut pas oublier ça, vous autres !..

Pierre se remit à pleurer. Il ne comprenait qu'une chose, le pauvre petit être : son père était mort !..

Et il se lamentait à la pensée qu'il ne le verrait plus jamais, jamais !

Il ne savait pas qu'il allait désormais s'appeler : le fils du supplicié. Il ne se doutait pas qu'il n'y aurait plus pour lui, ni jeux, ni plaisirs de son âge, et que les enfants le fuiraient comme un paria chaque fois qu'il s'approcherait d'eux.

Il pleurait ce père infâme, comme il l'eût pleuré s'il eût été vertueux et bon.

Agenouillé devant le banc et le visage dans les mains, il sanglotait.

La Frochard se détourna de lui pour reporter toute sa tendresse sur Jacques, son préféré.

— Viens ! fit-elle en le prenant dans ses bras... Tu ne pleures pas, toi !... Ce n'est pas avec des larmes que nous vengerons ton père !...

Jacques, les yeux secs, n'avait pas, en effet, trouvé un sanglot qui témoignât d'une douleur sincère.

Il avait déjà un cœur de bronze ce vaurien précoce. Son père lui avait bien transmis le sang des criminels de sa race.

La nuit était venue...

La famille Frochard se remit en marche vers le bouge où elle avait trouvé à se loger depuis l'arrestation de l'assassin de la rue du Bout-du-Monde.

VI

La Frochard avait ses raisons lorsqu'elle disait à son mari de songer à faire rapidement fortune. C'est que le bandit, tout en commettant de nombreux attentats, était loin d'avoir amassé une somme que sa femme jugeât assez ronde pour mettre la famille à l'abri du besoin.

Frochard prodiguait le fruit de ses vols avec l'insouciance commune à tous les misérables qui vivent du bien des autres.

Sa femme seule mettait quelque argent de côté afin de parer aux premiers besoins, s'il survenait un malheur.

Or, lorsqu'il survint « le malheur », les économies de la veuve du supplicié se montaient à peine à quelques centaines de francs.

Dans les premiers moments, la Frochard avait vécu avec la plus stricte économie, calfeutrée, elle et ses enfants, dans une toute petite chambre qu'elle payait à la journée.

Elle se proposait bien de travailler ; mais il fallait, pensait-elle, attendre pour cela que l'on ne parlât plus du drame sanglant de la rue du Bout-du-Monde, et qu'on eût oublié le nom du criminel.

La Frochard supposait que les choses marcheraient selon ses désirs.

Elle ne tarda pas à éprouver une première déception.

Ayant eu l'idée de mettre ses fils en apprentissage, elle s'était adressée à chacun d'eux pour savoir quel métier il désirait apprendre.

Pierre n'avait pas de préférence, il désirait travailler ; voilà tout.

— Moi, s'était écrié Jacques : J'aime pas le travail. Je vivrai comme a vécu mon père.

— Prends garde de mourir comme lui, répondit Pierre d'un voix émue.

Ces paroles de l'enfant firent tressaillir la Frochard.

Elle décida que tous deux apprendraient un état.

Mais personne ne voulut prendre en apprentissage les fils d'un assassin !

En vain la mère frappa-t-elle à la porte de différents ateliers, les mêmes refus l'accueillirent partout.

Repoussé, rebuté de tous côtés, le malheureux petit Pierre errait, du matin au soir. Il recevait un morceau de pain pour ration, et buvait de l'eau claire aux fontaines.

Refusé dans tous les ateliers, il se promit qu'il aurait, quand même, un métier, fût-ce une de ces humbles et misérables professions qui s'apprennent et s'exercent en pleine rue.

Il chercha longtemps, passant des heures entières à regarder les apprentis maçons préparant le mortier, ou portant les moellons...

Puis, se reconnaissant trop faible pour de si lourdes charges, il prit le parti de chercher ailleurs.

Un jour, ayant vu passer un rémouleur, il l'avait suivi pendant toute la journée, s'arrêtant à chaque station que faisait l'ouvrier pour repasser les couteaux et les ciseaux qu'on lui confiait.

Le soir il accompagna le bonhomme jusqu'à son logis.

Il connaissait la demeure du rémouleur et, le lendemain matin, il vint à sa porte, attendre qu'il se remît en route, et il l'accompagna de nouveau.

— Je serai repasseur de couteaux, s'était dit l'enfant.

Et il se hasarda, après quelques journées passées auprès de l'ouvrier, à demander au brave homme de lui enseigner son métier.

Enchanté d'avoir un aide qui ne lui coûterait rien et pourrait lui rendre quelques petits services, le rémouleur accepta l'apprenti qui se présentait avec tant de bonne volonté.

Pendant que le second fils de l'assassin cherchait ainsi à travailler, l'aîné se complaisait dans la paresse, encouragé dans cette voie par la faiblesse et la complaisance coupable de sa mère.

La bourse de la Frochard s'épuisa promptement.

Le jour vint où, à bout de ressources, elle voulut changer de quartier et tâcher de trouver de l'ouvrage pour elle-même.

Elle songea d'abord à reprendre son ancien métier de servante d'auberge, mais comme il lui fallut donner des renseignements et produire ses actes civils, personne ne consentit à accepter les services de la veuve du supplicié.

Sa patience devait s'user rapidement.

Elle renonça, sans regret, à ses velléités de travail.

Habilement exploitée, la mendicité pouvait être, pour elle, une source d'abondantes recettes.

Elle se composa un masque souffreteux, une voix tremblotante et des regards d'hypocrite humilité.

Elle devint, enfin, une adroite mendiante récoltant, chaque jour, un nombre suffisant de gros sous pour qu'il lui fût facile de satisfaire amplement la passion qu'elle avait contractée pour les boissons alcooliques.

Et quand elle se trouvait, le soir, sous l'influence de ses nombreuses libations, elle proférait devant ses deux enfants d'ignobles propos, de révoltantes imprécations.

Jacques riait aux éclats en écoutant sa mère.

Pierre secouait tristement la tête et dévorait ses larmes.

Tous deux parcouraient la ville couverts de hardes qui tombaient en guenilles.

Le pauvre petit bonhomme s'accommodait de sa misère, mais Jacques voulait de beaux habits.

— Je saurai m'en procurer, dit-il un jour à sa mère; j'ai mon idée pour cela.

Et afin d'exécuter son projet, le garnement obligea son frère à l'accompagner.

Il allait en expédition, bien décidé à ne pas grelotter plus longtemps, disait-il, sous sa veste légère.

Les deux frères se mirent à parcourir les rues, Jacques s'arrêtant à la porte des fripiers, cherchant parmi les objets étalés aux devantures le vêtement qui lui conviendrait le mieux.

Un manteau avait particulièrement attiré son regard. Il passa et repassa devant la boutique, jetant un coup d'œil dans l'intérieur pour s'assurer que le marchand était suffisamment occupé et ne le remarquerait pas.

L'aîné des Frochard possédait déjà toutes les rouerics des voleurs de profession.

— Tu vois ce manteau, dit-il à son frère, il est simplement accroché pour l'enlever, il suffirait de le soulever par le bas. Le crochet quitterait la tringle... et...

— Eh bien, qu'est-ce que ça peut nous faire? riposta le jeune garçon.

— J'ai besoin de ce manteau...

— Tu veux l'acheter?... Avec quoi?

— Acheter?... Ah! que tu es naïf! Le prendre, c'est bien meilleur marché...

Pierre ne répondant pas :

— Eh bien! t'auras beau me regarder avec ton air bête, ça n'empêche que c'est toi qui vas me décrocher c'manteau.

— Moi?

— Oui, toi!... Ça ne sera pas bien malin.... Écoute; je vais entrer dans la boutique comme pour demander un renseignement; je boucherai la porte avec mon corps; alors tu travailleras comme je t'ai dit de le faire.

— Jamais!

Jacques saisit son frère par le bras qu'il serra avec violence.

— Tu me fais mal, Jacques, pleurnicha le petit.

— Obéis alors.

— Non!... Je ne suis pas un voleur...

— Tu feras ton apprentissage...

— Laisse-moi, Jacques, je veux m'en aller...

— Tu vas rester là que je te dis; et tu décrocheras le manteau...

Pierre vit qu'il fallait agir de ruse... Il feignit de se résigner à obéir; mais à peine son frère lui eut-il lâché le bras, que le pauvre garçon se mit à fuir à toutes jambes.

Jacques s'était élancé, furieux, à sa poursuite.

— Si t'as une pensionnaire, dit-il, qu'est-ce que ça va nous rapporter ?... (P. 319.)

Il ne l'atteignit qu'au bout de la rue, dans un carrefour désert.

Et là, abusant de sa force contre le malheureux Pierre qui, essoufflé par la course, ne pouvait faire résistance, il l'accabla de coups...

Pierre s'affaissa, suppliant, demandant grâce, n'osant crier de peur d'irriter le forcené.

Jacques empoigna sa victime par une jambe et le traîna sur le pavé, tout en lui envoyant des ruades par derrière.

D'un violent coup de pied, il atteignit son frère à l'autre jambe.

Pierre poussa un cri terrible, et s'évanouit.

Alors seulement Jacques cessa de frapper.

— Lève-toi, feignant, dit-il, t'as ton compte pour aujourd'hui... mais ça continuera comme ça, jusqu'à ce que tu aies décroché le manteau.

Mais Pierre ne bougeait plus.

— Est-ce que t'es mort? ricana le vaurien...

Et il voulut soulever son frère... Celui-ci avait retrouvé ses sens ; il poussait des gémissements lamentables...

— J'suis blessé! fit-il d'une voix brisée par les sanglots; tu m'as cassé la jambe!...

C'était la vérité. Et force fut au jeune bandit de charger sa victime sur ses épaules et de la porter chez un apothicaire.

Et en route il lui faisait la leçon :

— Tu diras que t'es tombé en courant, je le veux, tu sais!...

Pierre ne songeait guère à accuser le coupable. Il se laissa bander la jambe et attendit, dans la boutique, que Jacques allât chercher sa mère.

Celle-ci fut promptement consolée du malheureux accident survenu à son fils.

Mal soigné par le chirurgien qu'on appela trop tard, Pierre devait rester boiteux pendant toute sa vie.

Après tout, dit cyniquement la Frochard, c'est un malheur qui a son bon côté ; avec sa figure de papier mâché et ses yeux qui vous ont toujours l'air d'implorer la pitié, Pierre aura, maintenant, un fameux gagne-pain.

Bien souvent, en effet, ému de compassion à l'aspect de sa souffrance, un passant glissait discrètement quelques deniers dans la main du boiteux que celui-ci refusait, en disant :

— Je ne demande pas la charité, Monsieur!

Mais cela ne faisait pas le compte de la Frochard qui tenait à son nouveau gagne-pain.

Elle emmena Pierre dans ses courses, obligeant le blessé à faire de longues étapes, malgré la difficulté qu'il éprouvait à marcher.

— Et en route elle lui recommandait de bien accentuer son air de souffrance.

Tu vas m'traîner c'te jambe un peu mieux que ça! grommelait-elle. C'est pas la peine d'avoir une bonne infirmité si l'on n'doit pas gagner sa vie avec.

Et rudoyant Pierre, elle lui reprochait d'avoir été à sa charge depuis sa naissance, et déclarait qu'à son tour il devait pourvoir à ses besoins à elle.

— Je veux travailler ! répondait le jeune garçon avec fermeté ; je ne mendierai pas.

— Mais puisque t'es infirme.

— J'ai mes deux bras, mère !

— Tu n'voudrais peut-être pas que ce soit Jacques qui se mette à demander l'aumône.

La Frochard était convaincue qu'elle en arriverait à dompter l'énergique résistance de Pierre, tôt ou tard.

Elle employa dans ce but les moyens les plus cruels.

Le pauvre boiteux fut enfermé, privé de nourriture.

Il résista quand même.

Alors Jacques se mit de la partie et gifflait son frère comme il eût fait d'un enfant... Et Pierre ne bronchait pas.

Il se contentait de dire :

— Tu me frappes parce que je suis plus faible que toi ; mais c'est lâche, voilà tout.

Alors, furieuse, la Frochard le jeta dehors en lui disant d'aller chercher sa vie où il pourrait.

Pierre avait réussi à devenir rémouleur. A force d'économiser quelques sous gagnés au service de l'homme qui avait bien voulu devenir son patron, il était parvenu à réaliser le prix d'une *boutique,* avec sa meule et son petit baquet.

Ce fut le premier jour heureux qu'il vit luire depuis bien longtemps ! Et, le soir, il était rentré dans le taudis de la famille, portant avec orgueil sa *boutique* sur le dos.

— Je ne mendierai pas, dit-il fièrement à son frère et à sa mère, je ne mendierai pas, et je vous rapporterai cependant, à la fin de chaque journée, autant d'argent, je l'espère, qu'aurait pu en produire le dégradant métier que j'ai refusé de prendre.

Le temps avait marché.

Dix années s'étaient écoulées depuis la mort du supplicié. La Frochard était devenue le type le plus complet des mendiantes de profession.

A force de simuler la souffrance, son visage s'était profondément ridé avant l'âge, sa bouche s'était contractée, ses yeux étaient abêtis par l'ivresse et sa taille, longtemps courbée à dessein, ne pouvait plus se redresser.

Jacques s'était amplement développé ; ses défauts et ses vices avaient grandi en même temps qu'il avait grandi lui-même. Sa mère avait reporté sur ce fils préféré toute l'admirative adoration qu'elle avait, jadis, ressentie pour son criminel époux.

Pierre était devenu leur principal pourvoyeur à tous deux. L'infatigable travailleur osait à peine distraire quelques sous de sa recette, pour les appliquer à ses besoins personnels.

Le fruit de son travail qu'il versait, chaque soir, entre les mains de la Frochard passait dans la bourse de Jacques et alimentait ses débauches.

On sait, maintenant, au pouvoir de quels misérables était tombée la pauvre Louise.

Mais ce qu'on n'a pu imaginer encore, ce sont les épouvantables épreuves qu'allait subir la malheureuse enfant.

VII

Ainsi que l'avait pensé Pierre, la Frochard ne devait pas tarder à utiliser son nouveau « gagne-pain ».

Elle avait résolu de faire *travailler*, dès le lendemain, la malheureuse petite aveugle.

Après une nuit d'insomnie, pendant laquelle étaient venus l'assaillir les plus tristes pressentiments, le rémouleur s'était levé dès l'aube.

Il voulait parler à la jeune fille et la préparer aux cruelles déceptions et au dur traitement dont elle ne devait pas tarder à être victime.

Profitant de ce que la Frochard paraissait dormir profondément, il avait gravi déjà les marches du petit escalier, pour venir coller son oreille contre la porte du grenier, afin d'écouter si Louise ne se serait pas éveillée...

Mais, tout à coup, la mégère lui avait crié:

— Veux-tu bien dégringoler de là, feignant? C'est l'heure d'aller gagner ta journée !

Et Pierre était redescendu piteusement, accueilli par cette phrase qui ne souffrait pas de réplique:

— Tu vas m'ficher le camp tout de suite, et, tu sais, faut de la recette aujourd'hui... Nous avons du monde !

Au mauvais sourire de sa mère, le rémouleur a compris ce qui se passe dans l'esprit de cette créature.

D'ailleurs, alors même qu'il eût pu douter des intentions de la mendiante à l'égard de l'aveugle, le souvenir de la scène à laquelle il avait assisté, la veille, suffisait à le plonger dans les plus cruelles appréhensions.

Et cependant, il ne pouvait rien pour prévenir le malheur qui menace la jeune fille, rien pour épargner à la pauvre enfant une seule des douleurs qu'on lui préparait.

— Tu vas déguerpir plus vite que ça ! lui crie la mégère furieuse, ou bien c'est Jacques qui se chargera de te donner du courage aux jambes, paresseux !

Et elle ajouta en toisant son fils :

— Y va pas tarder à venir le « chérubin », et s'il te trouve encore ici, gare les calottes, ça te donnera des couleurs pour toute la journée, pâlot !

Ce n'est pas la peur de recevoir des coups qui a fait tressaillir Pierre. C'est la pensée que Jacques va venir ; qu'il verra Louise...

Cette pensée lui met la mort dans l'âme.

Il connaît tous les mauvais instincts, toutes les coupables fantaisies de son frère, il sait que, pour les assouvir, il ne reculerait pas devant le plus odieux attentat...

Et c'est en face de cet ignoble gredin que va se trouver l'innocente créature que le hasard a placée sur le chemin de la mendiante ! A peine a-t-il entrevu la possibilité d'un pareil crime, que Pierre a senti tout son sang se figer dans ses veines, et timidement il a balbutié :

— Mère, il ne faut pas oublier... que cette jeune fille est...

— Aveugle ?... pardié, ça se voit en plein sur son visage...

— Est... honnête !... articula Pierre en baissant la voix.

— Honnête ?... Eh ben, tant pis pour elle !... Je les hais moi, les honnêtes gens !...

Et dardant un regard féroce sur la porte du grenier.

— J'vas la faire travailler, l'honnête fille !... Ça nous donnera de la gaieté à moi et au chérubin !

Cette fois, Pierre en entendant parler de Jacques, sentit un bouillonnement dans ses artères... Le sang lui monta au cerveau et il eut des éclairs dans les yeux... Mais ce mouvement passager de colère s'évanouit aussitôt.

— Allons, feignant, dit la Frochard, prends ta boutique et... détale... J'ai besoin d'être seule !

Le rémouleur courba la tête et obéit docilement, comme il avait coutume de le faire.

Et, en s'éloignant, il murmurait :

— Je suis lâche !... lâche !... lâche... Et puis... qu'est-ce que je pourrais faire ? Nous serons maintenant deux à souffrir !...

Au moment où Pierre, la mort dans l'âme, se disposait à sortir, Jacques poussait d'un violent coup de poing la porte du taudis, en s'écriant :

— Eh bien! la mère, me voilà veuf!... J'ai *égaré* la Marianne!...

— Qu'est-ce qu'elle est devenue? interrogea la Frochard.

— Elle a voulu s'échapper de mes griffes, qu'elle a dit! Et puis des bêtises... redevenir honnête fille, enfin quoi, elle s'est fait coffrer... par vertu!... l'imbécile!

— J'ai toujours pensé qu'elle finirait mal, répond la Frochard... Faut-y qu'elle ait de mauvais sentiments!... Elle qui aurait dû être fière d'être la femme d'un bel homme comme toi!

— Elle aime mieux coucher à la Salpêtrière...

— Et peut-être bien finir par laisser ses os à la Guyane... Une si belle fille, à ce que tu me disais! Mais, vois-tu, Jacques, quand on a la bosse de l'honnêteté, n'y a pas de remède, c'est un vice dans le sang!

— Enfin, la v'là retranchée, faut plus qu'on m'en parle!...

— Pardienne, mon chérubin, puisqu'elle est en cage... faut t'remettre en chasse pour en trouver une autre!... N'en manque pas qui seront ben heureuses...

— J't'crois; mais la première qui me tombera sous la main... je la dresserai solidement!... J'avais des faiblesses pour cette ingrate de Marianne; elle en a abusé... c'est bien fait pour moi; mais si je la tenais!...

Et d'un coup de poing Jacques faillit démolir la table sur laquelle il s'était accoudé.

— Bon! ricana la Frochard, v'là que tu vas réveiller ma pensionnaire.

— Qui ça, ta pensionnaire? Qu'est-ce t'as encore ramassé dans la rue? Un caniche perdu? Faut le vendre tout de suite au tanneur. Il en fera de la peau de chevreau...

— La peau de mon caniche est blanche et rose, mon gars, et fine comme du satin...

Et indiquant le grenier :

— Ma pensionnaire est là!...

— Dans le grenier aux chiffes?

— L'endroit n'est pas rupin, mais n'importe; elle a dû s'y trouver aussi bien que dans un palais, et elle y a dormi comme une princesse du sang...

Jacques s'était levé et allait se diriger vers l'escalier.

La Frochard le retint par le bras :

— Fais doucement, en cas qu'elle dorme encore... Mais tu peux risquer un œil, ça ne l'effarouchera pas. Elle ne te regardera pas pour sûr.

— Pourquoi ça, la mère, j'suis bon à contempler.

— Elle est aveugle, mon chérubin!

— Pour lors, j'ai tout le temps de la voir... Une aveugle, c'est pas mon affaire. V'là donc que, maintenant, tu vas fonder une hospice pour les incurables... Avec l'bancroche et l'aveugle, n'y a plus que des infirmes dans la maison, ricana Jacques en allant se jeter dans le vieux fauteuil du supplicié.

— Eh! prends donc garde, chérubin, tu vas chiffonner ma toilette des dimanches.

Et prenant le paquet qu'elle avait fait des hardes de Louise, elle le présenta à son fils, en disant :

— Ça sera le trousseau de celle qui remplacera la Marianne...

Puis, montrant les bijoux qu'elle avait enlevés à la jeune fille :

— V'là des affûtiaux qui valent leur pesant d'or et qui seront toujours bons...

— A vendre! interrompit Jacques en soupesant les objets.

— T'as le goût du commerce, toi! fit en riant la Frochard... Mais faut garder ces babioles. Nous allons gagner assez d'argent, maintenant, pour n'avoir pas besoin de nous défaire de nos *joyaux*. Je les aime, moi, les *joyaux*, ajouta-t-elle en plaçant contre ses joues flétries les boucles d'oreilles de Louise... Regarde un peu, mon Jacques, ça me va t'y bien?

Mais une idée venait de surgir dans l'esprit du « chérubin ».

— Si t'as une pensionnaire, dit-il, qu'est-ce que ça va nous rapporter?...

— De quoi donner de jolies pièces blanches à mon Jacques, autant qu'il en voudra... Mais d'abord, faut que je t'explique

Et la Frochard, s'étant assise sur la première marche de l'escalier, fit à son fils le récit de tout ce qui s'était passé depuis qu'elle l'avait quitté, la veille au soir, au cabaret...

— Mais c'est une vraie bonne fortune, ça, la mère!... Seulement si la donzelle retrouvait... l'autre, sa sœur?...

— Faut pas qu'elle la retrouve!...

— Alors tu te charges de la faire piailler?...

— Comme un vrai rossignol.

— Au fait, ça doit roucouler, une aveugle... Puisqu'on crève les yeux aux chardonnerets pour leur donner le goût de la musique!... Mais je suis éreinté, la mère, bonsoir, je vais dormir sur mes deux oreilles...

— C'est vrai, mon chérubin, tu dois être bien fatigué, tu t'es tant amusé c'tt' nuit!... Tiens, jette-toi sur mon lit... et dors. Pendant ce temps-là, j'vais apprivoiser mon chardonneret...

Au bout de quelques minutes, Jacques dormait à poings fermés, exhalant, par intervalles, un ronflement sonore.

La Frochard gravit le petit escalier, et, poussant brusquement la porte, elle pénétra dans le grenier.

Louise, agenouillée sur son grabat, priait en pleurant.

— Qu'est-ce que vous faites donc là, ma p'tite?... demanda la mégère de sa voix aigre... Si c'est comme ça que vous dormez, vous aurez des jambes en coton, lorsqu'y faudra que vous marchiez...

— Je prie Dieu, Madame, pour qu'il me donne la force de marcher autant qu'il le faudra, afin de retrouver celle dont le souvenir me fait verser ces larmes...

Et avec une explosion de sanglots :

— Ne me défendez pas de pleurer, Madame... Mon cœur m'étouffe; ma douleur est de celles qui ne demandent pas de consolations!...

Pour lors, ma p'tite, je me retire dans mes appartements ; je reviendrai quand vous aurez arrêté les robinets ; moi, j'peux pas voir pleurer les gens;... depuis la mort de mon cher défunt mari... un bien brave homme, allez !...

— Ah ! vous êtes veuve, Madame? soupira Louise... Alors, vous avez souffert aussi, et... vous compatissez à ma douleur!... C'est pour cela que vous avez eu pitié de moi, et que vous m'avez recueillie...

— Parbleu!... j'me suis dit : « V'là une pauvre jeunesse qui a besoin qu'une brave mère de famille lui vienne en aide... et...

— Vous avez tendu la main à la malheureuse, perdue dans cette ville, et qui se livrait au désespoir... Oh!... je vous remercie, Madame, et Dieu vous bénira pour cette bonne action...

Puis avec animation :

— Henriette aussi vous remerciera de m'avoir ramenée auprès d'elle...

— Oui, oui, répondit la Frochard, dont le visage prit une expression de froide cruauté, quand nous l'aurons retrouvée, c'tte demoiselle!...

— Mais, fit l'aveugle d'une voix tremblante, ne m'avez-vous pas dit... ne m'avez-vous pas... promis?...

— Quoi ?... Qu'est-ce que je vous ai promis?... Que nous chercherions vot' sœur?... Et bien ! vous pouvez compter là-dessus !...

L'aveugle ne saisit pas l'intonation de la Frochard en prononçant ces dernières paroles et, pleine de reconnaissance, elle lui tendit les mains et murmura :

— Vous êtes bonne, Madame; dans mon malheur, je ne pouvais rencontrer une âme plus charitable...

— Quand on est mère de famille, voyez-vous, ma p'tite, on sait compatir aux chagrins des autres... Mais j'ai assez compati comme ça, faut sécher vos pleurs qui m'agacent les *nerfes*.

LES DEUX ORPHELINES

— Restez comme ça, lui dit-elle. (P. 323.)

— Oui, Madame, oui, je veux vous épargner le spectacle de ma douleur... Tenez, je ne pleure plus !... Je ne veux plus pleurer !...

Et contenant les sanglots qui lui montaient à la gorge, la malheureuse enfant essuyait, du revers de ses mains, ses yeux remplis de larmes...

Puis, tournant son visage attristé vers la vieille femme :

— J'aurai du courage maintenant, Madame, et de la force pour marcher !... Allons-nous bientôt... partir ?

Et s'animant à l'idée des efforts qu'elle se sentait capable de faire pour retrouver Henriette :

— Nous marcherons du matin au soir ; je vous suivrai dans tous les quartiers !... Et, chaque fois que nous changerons de rue, j'appellerai ma sœur !... Vous voudrez bien, n'est-ce pas, que je l'appelle, et elle m'entendra. Je crierai de toutes mes forces : « Henriette !... C'est moi !... C'est ta sœur, c'est Louise !... Henriette !... mon Henriette ! réponds-moi !...

Et comme la mégère gardait le silence :

— Est-ce que vous ne me permettrez pas d'appeler ? s'informa-t-elle avec anxiété.

— Vous appellerez tant que vous voudrez !... grommela la Frochard, je ne vois pas de mal à ça !...

Puis d'un ton caffard :

— Eh bien ! maintenant que vous v'là disposée à sortir, je vas vous mener dans quelques quartiers... Alors, faut vous habiller !... J'vas vous servir de femme de chambre...

— J'ai l'habitude de m'habiller toute seule, Madame, et depuis que je suis... aveugle, je reconnais très bien les objets au toucher...

— Hein ? pensa la Frochard, j'avais pas songé à ça !

Et, sans répondre, elle alla prendre dans la pièce du rez-de-chaussée les hardes qu'elle avait préparées la veille, pour remplacer les vêtements de la jeune fille.

— Voyons, ma p'tite, dit-elle mielleusement, je vais vous aider tout de même, pour que nous n'perdions pas de temps...

Mais au moment où elle allait passer la jupe, Louise tâta l'étoffe et, avec surprise :

— Vous vous trompez, Madame, fit-elle, ce n'est pas là... ma robe !...

— C'en est une que je vous prête, riposta la Frochard sans hésitation.

— Pourquoi ?... Je suis encore en demi-deuil de ma bienfaitrice, Madame !

— C'est qu'en vous trémoussant, hier soir, dans votre chagrin, vous avez accroché vot' jupe à un banc de la place, et elle est déchirée... en loques ! Faudra une bonne journée pour la raccommoder... C'est à vous de voir, insinua la mégère, si vous préférez ne... pas sortir... de deux jours ?...

— De deux jours ? s'exclama Louise.

— Faudra bien ça... et encore en tirant ferme l'aiguille.

— Alors, Madame, j'accepte de porter la robe que vous voulez bien me prêter...

D'un rapide mouvement, la Frochard avait passé la jupe.

Et sans permettre à Louise de s'agrafer, elle l'attifa le plus promptement possible...

Puis, lui mettant aux pieds les bas rapiécés et les savates qu'elle avait, on se le rappelle, fendillées, elle lui dit, d'un ton décidé, cette fois :

— Pour ce qu'est de vot' chaussure, faut pas y penser; les semelles seraient usées en un rien de temps sur le pavé de Paris... vous ne pourriez plus me suivre... C'est pourquoi j'veux bien vous prêter des chaussures... C'est doux au pied comme des mules de duchesse... Vous m'en direz des nouvelles...

— Maintenant, faut descendre, dit-elle, donnez-moi la main, je vais vous guider.

Louise prit la main qu'on lui tendait, et suivit la Frochard.

Au moment où la jeune fille arrivait au bas de l'escalier, un ronflement sonore la fit sursauter.

— Faites pas attention, dit tout bas la Frochard, c'est mon chérubin qui sommeille... Il a travaillé toute la nuit, ce pauvre adoré.

— C'est votre fils, Madame !... Celui qui m'a sauvée ?

— Non, pas celui-là, l'autre... le bel homme, un fier gars, allez... Et si vous pouviez le voir...

Elle s'interrompit.

Jacques avait entr'ouvert les yeux et jetait un vague regard autour de lui...

— Ah !... c'est la pensionnaire !... balbutia-t-il.

Et il se rendormit aussitôt...

— Pauvre chérubin, marmotta la Frochard, vous aurez le temps de faire connaissance avec lui... Il est gai comme *poinçon*.

— Le temps ?... murmura Louise... Mais vous n'espérez donc pas, Madame,..

— Quoi ?... Que nous allons tomber tout de suite nez à nez avec vot' sœur ?... C'est des hasards !... Ça peut se faire, mais Paris est grand... Enfin faudra de la patience, ma p'tite... On fera son possible...

— Attendez, ajouta-t-elle en plantant la jeune fille au milieu de la chambre... Avant de partir faut déjeûner... légèrement...

Elle avait pris, dans le buffet, un morceau de pain qu'elle partagea en deux, donnant une croûte à Louise.

— Je n'ai pas faim, Madame! dit l'aveugle en tournant le morceau de pain dans ses doigts...

— Prenez toujours, le grand air vous ouvrira l'appétit...

Et sans laisser à la jeune fille le temps de se reconnaître, elle l'entraîna dehors.

Louise poussa un soupir de soulagement en se sentant dans la rue.

Elle avait accepté le bras de sa compagne, et, pleine de reconnaissance elle lui dit : Vous êtes bonne, Madame, et je vous devrai le bonheur d'avoir retrouvé ma sœur.

— Faut bien s'entr'aider, dans ce monde.

Puis changeant de ton :

— Seulement, ma p'tite, faut presser le pas, nous allons trotter ferme..

La malheureuse aveugle activa sa marche afin de suivre sa compagne, qui avait hâte de quitter au plutôt son quartier. Elle craignait que ses voisins eussent la curiosité de savoir qui était cette jeune fille qu'ils ne connaissaient pas...

Après un instant de silence, Louise se hasarda enfin à demander où l'on allait, et par quel quartier on commencerait les recherches.

— Pour ça, grommela la Frochard sèchement, je me permettrai de faire comme je voudrai... Vous ne connaissez pas Paris, et puis... vous n'y voyez goutte! Et, d'habitude, ricana-t-elle avec aigreur, c'est pas l'aveugle qui doit guider le caniche...

Louise baissa la tête, croyant à un reproche... Mais elle était bien trop anxieuse pour pouvoir se contenir longtemps.

Après avoir marché pendant quelques minutes...

— Madame, fit-elle, il me semble que le plus pressé serait de retourner à l'endroit où j'ai eu le bonheur de vous rencontrer, hier. Il est probable que si ma sœur me cherche, elle sera revenue à la station du coche;... elle se sera informée au bureau des messageries..., et qui sait, peut-être même y sera-t-elle revenue quand nous y arriverons nous-mêmes.

Et, dans son impatience, voulant activer la marche :

— Je vous en prie, Madame, allons vite... au bureau du coche de Normandie... Quelque chose me dit que j'y retrouverai Henriette...

— Eh! ben, eh! ben, est-ce que nous n'y allons pas? Mais c'est inutile de galoper comme des biches... Nous arriverons que le bureau ne sera pas encore ouvert...

Force fut à la jeune fille de dévorer son impatience.

Elle régla son pas sur celui de la Frochard qui, mentalement, ruminait :

— Plus souvent, ma p'tite, que j'aurais l'innocence de retourner sur le Pont-Neuf... Pardié oui !... ce serait bien la peine d'avoir trouvé son gagne-pain pour qu'on vous l'enlève tout de suite...

Et, tout en réfléchissant ainsi, elle avait fait prendre à l'aveugle une direction absolument opposée à celle qui conduisait à la station du coche d'Évreux.

Elle l'emmenait dans les quartiers du Marais, comptant y arriver à l'heure où les commerçants ouvriraient leurs boutiques...

C'était le moment où il y avait chance de récolter une bonne recette...

Les rues commençaient à se peupler de toute la gent travailleuse se rendant à l'ouvrage, et des bourgeois qui allaient aspirer l'air dans les jardins publics et sur les quais, bravant la bise matinale.

Malgré le froid, Louise était tellement dévorée d'impatience qu'elle offrait bravement son visage au vent qui sifflait à ses oreilles.

Il lui semblait qu'elle marchait plus longtemps que la veille pour parcourir la même distance...

Elle se hasarda à demander doucement à la Frochard :

— Est-ce que nous serons bientôt arrivées, Madame ?

— Dans un petit bout de temps !.. Faut pas être si pressée... j'suis plus jeune, et j'ai des *rhumatices*...

— Excusez-moi, Madame, j'abuse certainement de votre bonté, mais... c'est qu'il me semble...

— Quoi ?.. Parlez !.. Expliquez-vous !..

— Il me semble que nous avons traversé deux ponts...

— Hein ?.. Comment savez-vous ça, puisque vous n'y voyez goutte... à c'que vous dites ?..

— Je l'ai senti !

— Comment que vous avez senti ça ?..

— Comme nous savons sentir, nous autres aveugles, par l'impression... La Providence nous a donné, à nous autres déshérités, une impressionnabilité plus grande...

— Qui vous fait savoir que vous passez sur les ponts ?...

— Oui, Madame ; et, par deux fois, j'ai entendu le clapotage de l'eau contre les piles des arches... Deux fois !..

— Eh ben, c'est vrai tout de même... Qu'est-ce que ça prouve ?.. Que je vous ai fait prendre par un autre chemin, pour raccourcir la distance ! marmotta la mendiante en serrant sous son bras celui de Louise, comme si elle eût craint qu'il prît fantaisie à l'aveugle de ne pas aller plus loin, ou d'appeler les passants à son secours, si elle avait deviné les projets de sa prétendue bienfaitrice.

Mais l'infortunée ne songeait guère, en ce moment, à opposer aucune résistance aux volontés de la mendiante.

N'avait-elle pas une entière confiance en celle qui l'avait recueillie ?

N'avait-elle pas présentes à la mémoire les promesses que lui avait faites la Frochard ?

N'entendait-elle pas ces mots qui lui revenaient sans cesse à l'esprit : « Nous la chercherons ensemble » ?..

Comment aurait-elle pu supposer que cette femme qui lui avait parlé avec tant de bonté, qui avait tout de suite témoigné d'une si grande compassion, cachât, sous cette pitié feinte, la plus noire infamie ?

Aussi Louise s'excusa-t-elle du mouvement de surprise qu'elle venait de manifester.

— J'ai tellement hâte d'arriver, murmura-t-elle, que je croyais que.. nous avions mis plus de temps qu'hier...

Et, avec une excessive douceur, elle ajouta :

— Il ne faut pas m'en vouloir de cette impatience, Madame.... Si vous saviez ce qui se passe en moi !... Ce que je souffre depuis hier !...

— On dirait vraiment que vous avez été mal soignée chez moi !... Y me semble pourtant...

— Je n'ai qu'à me louer de vos bontés... Madame !.. Que serais-je devenue sans vous ?..

— C'est bon !.. c'est bon !.. grommela la mégère, je ne demande pas tant de remercîments pour le quart d'heure... Le principal est que vous preniez du courage,... et que vous... obéissiez... puisque vous ne pouvez pas faire différemment.

Ces derniers mots avaient été prononcés d'un ton si étrange que l'aveugle se sentit prise d'un frisson.

Cependant, elle garda le silence, se résignant à marcher aussi longtemps que le voudrait son guide.

On était déjà en route depuis plus de deux heures, et l'on n'arrivait pas au bureau des messageries...

Louise était maintenant plus que jamais tenaillée au cœur par l'anxiété...

Elle écoutait tous les bruits de la rue...

Parfois un passant la frôlait, et la Frochard s'arrêtait...

Louise n'avait pas, tout d'abord, fait attention à ce détail... Elle croyait à quelque encombrement sur la voie publique, et, instinctivement, elle se serrait contre sa compagne...

— Si vous avez peur, ma p'tite, lui avait dit la mendiante, faut pas vous gêner, serrez-vous contre moi... y a des gens si maladroits... On vous bousculerait sans prendre garde que vous êtes *aveugle!*...

Mais on s'arrêtait beaucoup plus souvent, et même assez longtemps en certains endroits...

Louise avait cru entendre que la Frochard murmurait quelques mots, prononcés avec tant de volubilité qu'elle n'avait pu en saisir le sens...

Et, maintenant, le même fait se reproduisait à chaque pas....

Quelquefois même, la Frochard rebroussait chemin, comme si elle eût suivi une personne qu'elle cherchait à rattraper...

Puis ou se remettait en marche, dans une autre direction...

Et toujours l'aveugle percevait ce vague murmure qui sortait des lèvres de sa compagne...

Enfin, excitée par la surprise qu'elle éprouvait, Louise hasarda timidement cette question :

— Est-ce que vous me parlez, Madame?

— Moi?... Allons donc, ma p'tite, quand je parle aux gens, je sais me faire entendre, allez!... Vous verrez ça !...

— C'est que... il m'avait semblé...

— Oui!... oui!... je grognais, pas vrai?... C'est ça que vous voulez dire... C'était contre ce tas de feignants qui n'ont rien à faire qu'à se promener, et qui écraseraient le pauvre monde si on les laissait faire...

— C'est donc... pour ça que... nous nous arrêtons?

— Pour qu'on ne vous bouscule pas, pardié !... Aussi je vous montre à tous ces maladroits-là... et je leur dis que vous êtes aveugle...

— Hélas ! ne le voit-on pas, Madame?

— Pas assez !... Faut que vous leviez la tête pour montrer vos yeux, ça fera bien !...

Puis, s'arrêtant en face l'aveugle, elle lui saisit le bras, la força de l'étendre et de tenir la main ouverte, ainsi que font les mendiants qui implorent la charité.

— Restez comme ça, lui dit-elle.

— Pourquoi, Madame?

— Parce que,... parce que,... ça fera voir... que vous êtes aveugle, et... qu'y faut pas vous bousculer...

Louise eut une velléité de résistance aux désirs de sa compagne...

— Mais, Madame, fit Louise d'une voix que l'émotion faisait trembler... personne, jusqu'ici, ne m'a heurtée, et... je vous assure...

— Moi j'vous assure qu'il faut que vous m'écoutiez.

Ces paroles avaient été prononcées avec un sentiment de colère

Et l'aveugle l'entendit prononcer, en s'éloignant : — « Me voici, mon chérubin... » (P. 335.)

contenue et de sourde menace qui fit tressaillir l'aveugle. Elle redoutait d'avoir blessé la Frochard, et timidement :

— Je serai obéissante, Madame, de grâce veuillez excuser mon trouble et l'angoisse qui me suffoque... Oh !... j'ai tant de hâte de retrouver ma sœur !...

— C'est pas une raison pour critiquer c'que je dis...

Et entraînant la jeune fille :

— Allons, en route !... Si vous voulez que nous arrivions, faut marcher...

Louise était partie, le matin, l'âme remplie d'espérance... Il lui semblait qu'en arrivant au bureau des messageries, elle y trouverait des nouvelles d'Henriette et que celle-ci aurait laissé son adresse.

Il lui paraissait impossible qu'il en fût autrement. Et elle avait marché avec courage.

Mais elle était maintenant à bout de forces.

L'énergie qui l'avait soutenue jusque-là s'évanouissait pour faire place à des transes mortelles.

Tout à coup la mendiante s'arrêta. On se trouvait sur la Place Royale, et Louise sentit un obstacle qui se dressait devant elle.

— Un banc ! dit-elle, ah ! nous sommes arrivées, n'est-ce pas ?... Ce banc, c'est sans doute celui sur lequel, ma sœur et moi, nous nous sommes assises lorsque nous attendions l'arrivée de M. Martin.

— Juste, ma p'tite, vous avez deviné ça comme si vous y voyiez !... Pour lors, vous allez vous reposer...

Et elle obligea la jeune fille à s'asseoir sur le banc.

— Pourquoi n'irions-nous pas tout de suite, au bureau, Madame? demanda Louise. Je ne sens plus la fatigue, depuis que je sais où nous sommes. Venez, conduisez-moi auprès de l'employé; je veux lui parler, je suis sûre qu'il aura une bonne nouvelle à m'annoncer... Venez, je vous en supplie, chaque minute me semble si longue depuis que j'ai l'espoir de retrouver ma sœur. Peut-être est-elle près d'ici, anxieuse, désespérée, me cherchant comme je la cherche moi-même.

Et, se levant, elle se mit à crier :

— Henriette !... me voilà !... Moi, ta sœur !... M'entends-tu... Henriette... m'entends-tu ?

— Qu'est-ce que vous faites là? s'écria la Frochard, saisissant l'aveugle par le bras et le serrant avec force.

— J'appelle ma sœur, Madame; si elle est par ici, elle entendra ma voix.. Elle viendra !... Elle viendra...

— Taisez-vous, dit la mendiante, vous allez assembler autour de nous un tas d'monde et on nous prendra pour des folles.. D'ailleurs c'est défendu de crier dans les rues ; les agents vous ont bientôt fait de coffrer les braillards... Et puis, j'veux pas me compromettre... J'ai ma dignité, moi ! faut pas qu'on y touche..

Et obligeant, de nouveau, l'aveugle à s'asseoir :

— Vous allez rester sur ce banc, fit-elle sèchement, et c'est moi qui irai au bureau...

— Laissez-moi vous accompagner, Madame.
— Non...
— Cependant c'est à moi de m'informer...
— Je veux que vous restiez là!... Vous êtes trop agitée... Vous n'pourriez pas expliquer vot'affaire.

Et, sans plus attendre, la Frochard se retira, laissant l'aveugle en proie au désespoir...

Louise l'entendit s'éloigner, et elle dut se résigner à attendre son retour...

La mendiante eût bien voulu traîner « son aveugle » après elle, dans la tournée qu'elle allait opérer tout autour de la place; l'exhibition de cette malheureuse enfant, vêtue de haillons, et dont les yeux rougis par les larmes témoignaient d'une profonde misère et d'une bien réelle souffrance, eût certainement apitoyé les âmes charitables; mais la mégère avait pensé que Louise s'étonnerait sans doute des stations qu'elle allait faire de porte en porte, en débitant son boniment, qu'elle pourrait, alors, se révolter et se soustraire à son autorité.

Elle remettait à plus tard le véritable début de l'infortunée dans le misérable rôle qu'elle lui destinait.

Elle alla donc mendier seule, de boutique en boutique, sans toutefois perdre de vue sa victime et prête à retourner auprès d'elle si quelqu'un s'en approchait.

Et elle marmottait, en tendant la main :

— Ayez pitié d'une pauvre mère de famille qu'a « une fille *aveugle* ».

Puis elle ajoutait en désignant Louise :

« — Tenez, vous la voyez là-bas, elle s'repose sur ce banc parce que nous avons marché d'puis ce matin, sans manger!... Ayez pitié d'elle, mes bonnes âmes charitables, et le bon Dieu vous le rendra! »

Malgré cette supplication débitée d'une voix dolente et accompagnée du jeu de physionomie traditionnel, la mendiante faisait maigre recette, et c'est à peine si elle avait récolté quelques sous lorsqu'elle se décida à revenir auprès de l'aveugle.

Elle rejoignit Louise en grommelant, tout bas :

— Nous allons changer tout ça, ma p'tite; ça n'peut pas continuer de c'te façon là... J'ai trouvé un gagne-pain, faut qu'il me rapporte.

Furieuse, l'ignoble créature aborda sa victime avec un air de dureté qui plongea Louise dans de mortelles angoisses.

La malheureuse, depuis qu'on l'avait laissée seule, était en proie aux plus douloureuses émotions.

Tout d'abord, elle s'était laissée aller à espérer que la Frochard reviendrait promptement et lui apporterait une bonne nouvelle.

Il lui semblait impossible qu'Henriette fût à jamais perdue pour elle, et qu'elle ne fût pas venue aux renseignements auprès de l'employé du bureau des messageries.

Mais, au bout de quelques minutes d'attente, Louise sentit succéder un sentiment nouveau à la vive impatience qui l'avait agitée jusqu'à ce moment; c'était une appréhension douloureuse et toujours croissante.

Elle reportait sa pensée en arrière, se retrouvait dans la maison où on l'avait recueillie et elle se demandait pourquoi la Frochard lui avait fait revêtir d'autres vêtements que les siens; elle se rappelait avec quelle obstination elle avait insisté pour qu'elle consentît à cet échange...

Son esprit se troublait... Il lui venait des idées étranges sur le compte de la personne dont elle avait accepté l'hospitalité.

Elle en arrivait à redouter que la disparition d'Henriette ne fût le résultat d'un crime, et elle tombait ainsi, de l'espérance qui l'avait soutenue jusque-là, dans un terrible désespoir et, sans tenir compte des recommandations de la Frochard, elle se mit à crier de nouveau : « Henriette... C'est moi, Louise... m'entends-tu... Henriette !... m'entends-tu ?

D'un bond la Frochard se trouva auprès de Louise :

— Qu'est-ce que vous avez encore à crier comme ça? lui dit-elle en l'obligeant à se rasseoir.

Et grommelant :

— En voilà une habitude qu'elle prend là, maintenant !

— C'est vous, Madame, fit l'aveugle d'une voix tremblante... j'avais hâte de vous demander... d'apprendre...

— Quoi ?... que j'avais pas de bonnes nouvelles ?... C'était pas la peine d'être si pressée... et de vous égosiller...

Cette réponse, prononcée d'une voix dure, fit tressaillir la jeune fille qui porta la main à son cœur comme pour en contenir les battements.

Elle balbutia ces quelques paroles :

— Henriette !... ma sœur... n'est donc pas retournée au bureau des messageries ?...

— Elle n'y a pas seulement paru, articula sèchement la mendiante.

— Oh ! Madame... Madame... que dites-vous là ?...

— C'est-y que vous supposez que je vous en impose alors ?...

Et avec aigreur :

— Si cett' jeunesse avait été si pressée de...

— De me retrouver ?... interrompit vivement Louise.. En doutez-vous, Madame ?...

— Alors pourquoi qu'elle n'est pas venue aux renseignements?...
Puis après un silence :
— A moins que...
L'aveugle avait tendu l'oreille.
— Oh! parlez!... fit-elle... vous disiez?...
— A moins qu'elle ne soit pas libre, pardié... Ça s'est vu, ajouta-t-elle d'un ton sec, ça se voit même souvent qu'on ne puisse pas sortir quand on veut...
— Que supposez-vous donc, Madame?
— Est-ce que j'sais, moi, ce qui a pu arriver à votre amie?... J'suis pas sorcière! Mais ça se pourrait bien que...
— De grâce, Madame, dites toute votre pensée, fit l'aveugle en joignant les mains... Je vous en conjure!... Si vous soupçonnez quelque chose, ne me le cachez pas... Depuis hier j'ai déjà tant souffert... que je puis, désormais, tout entendre!...
Elle s'était rapprochée et ses mains cherchaient celles de la Frochard. Elle suppliait :
— Madame, parlez... dites-moi ce que vous supposez...
— Eh! ben, quoi?... Si vot' sœur était prisonnière? prononça la mendiante.
— Prisonnière?... Pourquoi?... Pour quel motif aurait-on arrêté Henriette?
— Qui vous a dit qu'on l'ait arrêtée?... Ne vous rappelez-vous pas que vous m'avez dit, vous-même, quand nous vous avons rencontrées, qu'on avait enlevé vot' sœur!
— Enlevée! s'exclama Louise, c'est vrai, il m'avait semblé... Mais je me suis souvenue, depuis, que nous ne connaissons personne à Paris, et un rapt m'a semblé impossible.
La Frochard poussa un ricanement.
— Impossible! Pourquoi donc? ça peut arriver à toutes les jeunesses qui ont de beaux yeux et un joli minois!... Elle est enlevée, que je vous dis, et nous aurons du mal à la retrouver.
Louise, qui s'était contenue jusque là, éclata tout à coup en sanglots...
A la vue des larmes qui inondaient le visage de la jeune fille, la Frochard avait fait quelques pas pour courir après les passants, et, la main tendue vers eux, elle se disait en elle-même :
« — Faut profiter de ce chagrin-là!... »
Puis elle répétait du ton le plus lamentable :
— Ayez pitié d'une pauvr' aveugle qui n'a pas mangé depuis hier!... Regardez-la, mes bonnes âmes charitables, ell' pleure!... Ayez pitié!...

Et, de sa main décharnée qu'elle savait faire trembler à volonté, elle indiquait Louise qui continuait à verser des larmes en prononçant des phrases entrecoupées de sanglots.

Mais en dépit de tout le mal que se donnait la mégère, les aumônes étaient rares.

— Ça n' pleut pas comme grêle! ronchonnait-elle... C'est-y pas malheureux que je ne puisse pas la traîner avec moi et y faire tendre la main!...

Puis grimaçant ce sourire froid qui d'ordinaire plissait ses lèvres et ridait ses joues, lorsqu'elle méditait quelque combinaison diabolique :

— Ça n' pourra pas durer comme ça, la belle!... Je vas casser les vitres en rentrant et je te jure que tu *travailleras* comme y faut, l'aveugle !

Tout en maugréant contre la malechance, la mendiante était revenue s'asseoir sur le banc pour compter la recette.

— Douze sous, trois deniers! C'est pas payé pour des larmes d'c'tte qualité-là! marmottait-elle, sans s'occuper du voisinage de Louise.

Celle-ci s'était arrêtée de pleurer.

— Vous me parlez, Madame? interrogea-t-elle, supposant que la phrase prononcée lui avait été adressée.

— Je dis... que voilà l'heure de manger... et que je n'ai pas mon compte d'argent !

— Ne vous inquiétez pas de moi, Madame, dit la jeune fille, je n'ai pas faim.

— Tant mieux pour vous, riposta la mégère ; mais moi, j'ai l'estomac dans les talons !... Sans compter que nous n'avons pas fini de circuler...

Louise avait craint le contraire.

Elle poussa un soupir de soulagement en entendant qu'on allait poursuivre les recherches.

— Où irons-nous, Madame? demanda-t-elle avec anxiété... Si Henriette n'est pas encore venue au bureau du coche, elle pourra peut-être faire cette démarche plus tard... dans la journée... Ne pensez-vous pas qu'il serait prudent... de ne pas nous éloigner de cette place ?... Oh ! je passerais bien toute la journée sur ce banc à l'attendre.

— Oui-dà ! s'exclama la Frochard... Faut pas compter là-dessus... sur ce banc!... Moi, faut que je grouille!... En voilà une idée, continua-t-elle en se levant... sur ce banc!... comme si nous n'avions pas autre chose à faire!...

Puis sans ménagement :

— Si vot' sœur n'est pas venue, acheva-t-elle, c'est qu'elle ne peut pas sortir, pardié... Elle n'est pas libre, quoi ! ça va de soi...
— Que dites-vous là ?
— Je dis ce que je pense !... Et j'ajoute... que je ne veux pas perdre mon temps !...

Elle avait obligé l'aveugle à se lever, et, la prenant par le bras, elle l'emmena, tout en continuant à marmotter :
— Rester là ?... comme si je n'avais pas autre chose à faire... et comme si les alouettes étaient en train de rôtir, pour venir ensuite nous inviter à souper !

Louise continuait de pleurer silencieusement, traînée au bras de la Frochard, par les rues, les avenues, les places, les carrefours.

Elle n'eût eu garde, après les manifestations de mauvaise humeur de sa compagne, de se plaindre de la fatigue qui commençait à envahir ses jambes si peu habituées à des marches forcées.

Ces interminables marches étaient interrompues par de fréquentes haltes.

Et Louise entendait de nouveau la vieille femme marmotter quelque chose qui ressemblait à une prière...

Le jour commençait à baisser...

Un brouillard humide, pénétrant, faisait frissonner la jeune fille sous la jupe d'étoffe légère dont elle était revêtue.

Le pavé, qui devenait visqueux et glissant, obligeait l'aveugle à se cramponner au bras de son guide.

La Frochard, depuis longtemps, ne s'occupait plus de celle qu'elle entraînait maintenant avec précipitation.

Elle paraissait avoir hâte d'arriver.

Tout à coup, elle lâcha le bras de Louise, en disant d'un ton sec :
— Faut m'attendre ici..., sans bouger !

Et l'aveugle l'entendit prononcer, en s'éloignant :
— « Me voici, mon chérubin... »

Et le colloque suivant s'était engagé entre la mère et son fils préféré :
— Eh bien ! la mère, la recette a-t-elle été bonne aujourd'hui ?...
— Pas grasse, mon chérubin ; ça n'a pas donné fort !...
— Alors à quoi est-elle bonne cette petite ?...

Louise n'entendit pas la fin de la phrase. Elle comprit toutefois que la femme qui l'accompagnait avait dû imposer silence à son interlocuteur.

Au bout d'un instant elle se sentit, de nouveau, saisir par le bras.

Cette fois on l'entraînait dans une autre direction.

Et la Frochard lui parut être sous l'influence d'une grande agitation, car elle grommelait, de nouveau :

— Nous allons changer de système !...

Ce fut dans la pensée que la phrase qu'elle venait d'entendre se rapportait aux recherches à faire encore pour retrouver Henriette, que la jeune fille se hasarda à dire :

— Vous allez donc essayer... d'un autre moyen, Madame ?

— Ah ! mais oui, ma p'tite !

— Si vous croyez que cela vaudra mieux que de continuer...

— Continuer ? glapit la mégère.... Alors je n'aurais plus qu'à entrer tout de suite au dépôt de mendicité !...

Louise, à ces mots, ne put retenir un mouvement de surprise et d'effroi.

Que signifiaient ces paroles ?

En y réfléchissant, elle crut y voir un reproche à son adresse pour le temps qu'elle faisait perdre à son guide, dans le but de retrouver la compagne disparue.

— Soyez persuadée, Madame, reprit-elle après un instant de silence, que ma sœur vous prouvera sa reconnaissance, et qu'elle saura reconnaître...

— Ah ! c'est donc ça que vous avez trouvé toute seule !... Une récompense honnête, pas vrai ? Comme quand on rapporte un caniche perdu ?...

— Oh ! Madame, bégaya l'aveugle, je n'ai pas voulu vous offenser !... En vous parlant de la reconnaissance qu'aurait ma sœur pour vous qui m'avez recueillie... j'espérais...

— Et moi je veux autre chose que des promesses !...

La Frochard avait été, en commençant sur ce ton aigre, sur le point de brusquer la situation.

Furieuse de n'avoir pu apporter à Jacques la somme d'aumônes qu'elle avait espéré récolter en exploitant l'infirmité de Louise, elle avait été sur le point de lui déclarer avec cynisme quel genre de service elle entendait lui imposer à l'avenir.

Mais elle réfléchit que l'explosion de sa colère serait une imprudence qui pourrait tourner à mal.

Il suffisait en effet, pour cela, que l'aveugle révoltée se mît à crier, à implorer le secours des passants pour qu'on l'arrachât de ses mains.

Elle se résigna donc à se contraindre, momentanément du moins.

Et, sans répondre à la dernière phrase de l'aveugle, elle continua à marcher plus vivement encore. Louise haletait à la suivre.

— Hé! l'avorton... offre ton aile à la colombe pour l'aider à monter au perchoir!... (P. 339.)

Les rues qu'on traversait devenaient de plus en plus boueuses...

L'aveugle reconnut l'air nauséabond qu'elle avait respiré, le matin, lorsqu'elle s'était mise en route, au bras de la Frochard.

Et la pensée lui vint qu'on la ramenait au logis où elle avait reçu, la veille, une si triste hospitalité...

Si cela était, il lui faudrait donc renoncer à l'espoir de retrouver Henriette ce jour-là ?

Il lui faudrait passer encore une nuit loin de sa sœur qu'elle n'avait jamais quittée depuis son enfance?

Cette idée la torturait, et de sa voix tremblante :

— Où allons-nous, maintenant, Madame? demanda-t-elle... Dans quel quartier espérez-vous que nous pourrons retrouver...

— Retrouver quoi? riposta la mendiante avec emportement....

... Vous ne supposez pas que j'vas trotter... comme une gazelle pour vous faire plaisir?...

— Cependant, Madame...

— Faudrait encore marcher, n'est-ce pas?...

Si vos quinquets n'étaient pas éteints, vous verriez qu'y fait déjà noir comme chez le diable!...

Et puis, une femme comme il faut ne trotte pas dans les rues pendant la nuit!

Et, se redressant, elle ajouta :

— Nous retournons dans mes appartements;... si ça vous contrarie, j'en suis fâchée pour vous, mais nous y retournerons tout de même!...

Louise tressaillit douloureusement.

Et comme si la mégère eût voulu donner raison aux alarmes de la malheureuse créature, elle interrompit le silence par ces mots pleins de menace :

— Nous aurons à causer tout à l'heure, mam'zelle!... Faut vous préparer à écouter docilement ce que j'ai à vous dire!...

Puis, avant que l'aveugle eût eu le temps de formuler une réponse, la Frochard ajouta :

— Voilà l'avorton!... Je l'y conseille d'avoir usé sa pierre à repasser, ou sinon y pleuvra des gifles, ce soir!...

Elle s'interrompit pour crier au rémouleur qui arrivait, en même temps qu'elle, à la porte du taudis :

— Y a-t-il gras dans ta poche, l'honnête homme?...

Dis-moi tout de suite quoi que t'as gagné!... Mam'zelle n'est pas de trop... tu peux roucouler!...

Silencieusement Pierre avait tendu une poignée de monnaie à sa mère, et Louise entendit que celle-ci comptait les pièces, tout en pénétrant dans la masure...

Le rémouleur avait profité de ce moment pour s'approcher de l'aveugle dont il avait remarqué le trouble.

Et timidement il allait adresser quelques mots à sa « protégée », lorsque, du seuil du taudis, la Frochard s'écria :

— Hé ! l'avorton... offre ton aile à la colombe, pour l'aider à monter au perchoir !...

VII

Sur l'ordre de sa mère, le rémouleur avait pris, en tremblant, la main de l'aveugle et disait doucement :

— Vous êtes bien fatiguée, mam'zelle... Il faut vous reposer un peu avant de souper !...

— Oh ! je n'ai pas faim ! dit Louise en suivant son guide qui lui fit monter les deux marches usées qui séparaient le seuil de la masure du pavé de la rue.

L'arrivée de Pierre fut un soulagement pour le cœur de la jeune fille.

Après cette journée stérile, au bout de laquelle le désespoir était venu remplacer ses espérances déçues, la pauvre Louise avait gardé le souvenir de l'homme qui, l'ayant arrachée à un danger de mort, avait eu pour elle de douces et consolantes paroles.

La présence de Pierre rendait un peu de calme à son esprit et dissipait l'effroi de son âme. Mais la voix impérieuse et dure de la Frochard était venue raviver ses terreurs, et son cœur se serra douloureusement lorsqu'elle entendit la porte de la masure se refermer sur elle.

L'air humide du taudis l'enveloppait comme un suaire. Elle frissonna de tous ses membres, et ressentit, en ce moment, l'impression que doit éprouver le condamné sur lequel se referme la porte de son cachot.

Il lui sembla qu'elle était désormais séparée du monde entier par une barrière infranchissable ; que sa voix n'aurait plus d'écho dans le cœur d'aucun être humain, et qu'elle était condamnée, pauvre aveugle, à dévorer ses larmes dans le silence et l'isolement.

Pour la première fois, depuis qu'elle avait été frappée de cécité, elle se sentait entièrement perdue dans les ténèbres.

Pour la première fois aussi, son angélique résignation subissait une défaillance et son âme se révoltait contre la Providence qui se détournait d'elle....

La pauvre désespérée se demandait pourquoi ce châtiment qu'elle n'avait pas mérité ; pourquoi cet effroyable supplice des ténèbres éternels, pour une innocente?...

Et cependant la malheureuse créature n'était pas arrivée au sommet de son calvaire !

Aux souffrances physiques, aux tortures de l'âme, allait s'ajouter, pour Louise, une nouvelle et terrible épreuve.

En effet, la Frochard, ayant hâte de torturer sa victime, s'apprêtait à se démasquer.

Pierre ne s'y était pas trompé.

En voyant sa mère, il avait deviné qu'une effroyable tempête se préparait.

Aussi, après avoir fait asseoir Louise sur un escabeau, s'était-il mis, pour se donner une contenance, à arranger sa meule et son baquet dans le coin où il avait l'habitude de placer sa manivelle et ses outils.

Il évitait ainsi de rencontrer les regards de sa mère, craignant qu'elle ne lui intimât l'ordre de se retirer...

Il y avait dans le silence que gardait la Frochard l'indice de la colère qui bouillonnait en cette créature, et contre laquelle Pierre n'avait jamais essayé de lutter.

De quel secours pourrait-il être à l'infortunée, contre ce déchaînement de fureur ?

Ne tremblait-il pas, lui-même, sous le regard de sa mère?

Une anxiété nouvelle vint lui mordre le cœur lorsqu'il eut vu la Frochard ouvrir le buffet et y prendre la bouteille à eau-de-vie, qu'elle porta, vivement, à la hauteur de son regard.

— N'y a plus de sirop ! s'écria la mégère, faut aller chez le pharmacien, l'avorton !...

Mais, au moment de confier la bouteille à son fils, elle se ravisa...

— J'y vas moi-même! ricana-t-elle, je sais me faire donner bonne mesure!...

Elle sortit après avoir caché la bouteille sous un pli de sa jupe.

Pierre, aussitôt la porte fermée, s'était élancé vers Louise, les mains tendues...

Mais il s'arrêta au moment de s'approcher de l'aveugle...

Qu'allait-il lui dire ?

Comment répondrait-il si elle l'interrogeait?

Louise avait entendu partir la Frochard, elle s'était levée tout aussitôt comme pour se rapprocher de Pierre.

— Vous êtes là, Monsieur? demanda-t-elle à voix basse.

— Oui, m'amzelle! balbutia-t-il.

— Nous sommes seuls... continua l'aveugle en essayant de se diriger vers son interlocuteur... Eh bien, monsieur Pierre, dites-moi vite avant qu'on ne revienne... dites-moi pourquoi l'on m'a vêtue ainsi?... Ces hardes, je le sais, sont... des haillons!... Pourquoi me les a-t-on données, à la place des vêtements que je portais hier?

Et avec un effroi à peine contenu :

— Dites-moi, monsieur Pierre, ajouta-t-elle en tendant vers le rémouleur des mains suppliantes, pourquoi ces misérables chaussures que j'ai dû traîner pendant toute la journée?...

Pierre gardait un silence douloureux.

Voilà bien ce qu'il avait redouté de ce tête-à-tête.

Etonnée de son silence Louise, d'une voix où se peignait une mortelle anxiété, renouvela ses questions.

Profondément ému, Pierre demeurait muet.

Alors, n'y tenant plus :

— Pourquoi ne me répondez-vous pas? s'écria-t-elle troublée jusqu'au fond de l'âme... Mon Dieu!... mon Dieu!... que va-t-il donc m'arriver dans cette maison?... Monsieur Pierre, je vous en conjure!... Répondez-moi!...

Lorsqu'elle parlait ainsi, le visage de l'aveugle exprimait à la fois la terreur et le désespoir.

Ses lèvres pâlies frissonnaient sous les contractions nerveuses, une sueur froide lui perlait au front...

Pierre, dans son émotion, détournait les yeux, comme s'il eût craint que l'aveugle pût deviner le trouble qui l'agitait, et la honte qui lui faisait monter la rougeur au front...

Et pendant qu'il gardait ainsi le silence, Louise suppliait, d'un ton déchirant :

— Répondez-moi, je vous en conjure, vous qui m'avez sauvée!..

Puis, avec un cri qu'elle arracha du fond de sa poitrine :

— Ah! fit-elle, lorsque vous me portiez secours, hier, était-ce pour me laisser mourir d'angoisse et de douleur aujourd'hui?

Tout à coup, la malheureuse poussa une exclamation d'effroi :

— Si je cours un danger, monsieur Pierre, fit-elle haletante... Arrachez-moi d'ici!... Emmenez-moi... Je mets en vous toute ma confiance! Emmenez-moi... J'ai peur!

Pierre ne pouvait soutenir l'émotion qui s'était emparée de lui, à la vue de cette infortunée qui implorait son aide.

Il s'était senti remué jusqu'au fond de l'âme lorsque l'aveugle, s'accrochant à son bras, avait dit :

— « J'ai peur ! »

Il comprenait, lui qui avait si souvent éprouvé de semblables terreurs dans son jeune âge, que Louise était agitée par le sinistre pressentiment du malheur qui la menaçait...

Et c'est en tremblant lui-même qu'il ramena la jeune fille à l'escabeau qu'elle venait de quitter pour se rapprocher de lui.

Lorsqu'elle fut assise, il s'arma de courage pour répondre d'une voix qu'il cherchait vainement à affermir :

— Ne vous tourmentez pas comme ça, mam'zelle, on s'apercevrait que vous avez pleuré !... Et il ne faut pas qu'on sache surtout que... vous m'avez interrogé.

Le brave garçon était si ému, si troublé, qu'il ne voyait pas qu'en parlant ainsi, il manquait tout à fait le but qu'il se proposait.

Louise s'écria en effet :

— Vous voyez bien, monsieur Pierre... que, vous aussi, vous tremblez pour moi !... Alors, pourquoi me le cacher ?... Pourquoi ne pas me dire la vérité tout de suite ?... Tenez, je comprends, à votre silence... — car je ne puis vous voir, hélas ! — je comprends, à l'hésitation de vos paroles, au trouble de votre voix, à votre main qui, — tout à l'heure, — tremblait dans la mienne, je comprends, vous dis-je, monsieur Pierre, que vous redoutez pour moi quelque grand malheur !...

Ces mots qui témoignaient d'une mortelle angoisse, ce visage où se lisaient l'effarement et le désespoir, avaient plongé le rémouleur dans un trouble qu'il ne parvenait plus à contenir...

Il détournait son regard de ces yeux éteints, d'où coulaient des brûlantes larmes.

Que pouvait-il répondre à toutes les questions qui se succédaient de plus en plus pressantes et remplies de la plus douloureuse anxiété ?

Quelle espérance pouvait-il offrir à cette malheureuse enfant qui implorait son secours ?

Pouvait-il se tromper sur les odieuses intentions de la mendiante ?

N'avait-il pas assisté aux préparatifs de cette première course dans les rues de Paris ?

Ne savait-il pas que sa mère, si âpre à la curée, chercherait à rendre plus productive l'exploitation de l'aveugle ?

N'avait-il pas compris, en voyant la Frochard sortir dans le but de renouveler sa provision d'eau-de-vie. que cette misérable créature tombée au dernier degré de l'abjection, puiserait au fond de cette bouteille toutes les brutalités, toutes les menaces, toutes les violences ?

Les supplications de la jeune fille avaient été autant de coups poignants pour son cœur !

Sous l'influence de l'émotion qu'il ressentait en écoutant cette douce voix qui l'implorait, à la vue de ce visage inondé de larmes, Pierre faillit oublier toute considération de prudence.

Il fut sur le point de s'écrier :

— Vous vous adressez à mon honnêteté, vous invoquez la sympathie que vous avez devinée dans mes paroles : eh bien, je ne vous laisserai pas vous abuser plus longtemps...

Ce n'est pas par commisération, ce n'est pas par pitié que l'on vous a recueillie !...

La maison dont la porte s'est ouverte devant vous ne sera désormais qu'une prison où, chaque soir, après des fatigues sans cesse renouvelées, vous arroserez de vos larmes le pain qu'on vous marchandera. Pour lit vous n'aurez qu'un misérable grabat sur lequel vous passerez vos interminables nuits de désespoir et d'insomnie !

Et je suis, hélas ! impuissant à vous secourir, car celle qui se dresse entre vous et moi, celle-là est ma mère !...

Et je ne puis pas plus vous arracher aujourd'hui de ses mains que je n'ai pu me soustraire moi-même à son implacable domination !...

... N'espérez donc rien, ô vous qui souffrez, vous dont le cœur se brise ; n'implorez pas, car vos supplications resteraient impuissantes devant la femme qui s'est faite marâtre pour moi, afin de se montrer plus complètement mère pour le fils qu'elle me préférait !...

... N'espérez pas plus que je n'espère moi-même, qui ai fait abnégation de toute joie, de tout bonheur, dans cette vie que je mène comme un condamné !

Et n'attendez rien de moi, car j'ai perdu, à force d'écrasement, de lâche soumission et de misérable abandon de moi-même, jusqu'au désir de me soustraire à l'odieuse existence qui m'est faite.

Accablé par ces douloureuses pensées, Pierre courba tristement la tête devant ce visage où se lisaient les plus cruelles alarmes.

Il voulut cependant, ne fût-ce que momentanément, mettre sa protégée à l'abri de l'orage qu'il prévoyait.

Il s'attendait, en effet, à voir sa mère revenir plus excitée que jamais, et, — plus que jamais, — décidée à en finir avec les atermoiements et les demi-mesures.

Pendant qu'il en était temps encore, il voulut essayer d'assurer quelque répit à la victime.

— Mam'zelle, lui dit-il, vous devez avoir besoin de repos... Il ne faut pas, — pour rentrer dans... votre *chambre* (il prononça le mot avec hésitation), attendre le retour de ma mère !... Et , si vous vouliez me le permettre, je vous conduirais... là haut !...

Et, l'attirant doucement par la main, il la conduisit vers le petit escalier.

— Voici la rampe, dit-il ;... vous avez le pied devant la première marche... appuyez-vous sur mon bras !

— Je vous obéis, monsieur Pierre, murmura l'aveugle ;... et j'espère que... là haut... vous me permettrez de causer avec vous?

Et, tournant son visage vers son guide, elle ajouta :

— J'ai confiance !... *Je sais* que vous êtes bon, et que... vous aurez pitié de la pauvre abandonnée... !...

Le brave garçon était vivement ému par ces paroles si nouvelles pour lui... Il subissait une impression étrange au son de cette voix si douce, au contact de cette main qui tremblait sur son bras...

Il poussa la porte du grenier et conduisit l'aveugle jusqu'à la botte de paille qui formait son grabat.

Son cœur se serrait à la vue de cette misérable couche improvisée avec de la paille et des couvertures trouées, maculées, qui depuis longtemps traînaient dans le taudis.

La lueur blafarde venant du rez-de-chaussée éclairait cette pièce du grenier pour la rendre plus lugubre encore.

— Attendez, fit le rémouleur, je vais arranger un peu la couverture.

— C'est inutile, soupira Louise... Je ne dormirai pas !...

Je vous supplie de rester auprès de moi, de me dire...

La voix de la Frochard interrompit la phrase commencée...

Pierre avait sursauté...

— Courage, Mademoiselle, dit-il tout bas à l'aveugle : et il s'éloigna.

En arrivant à la porte du grenier, il se trouva face à face avec la mégère.

Elle avait, en ce moment, le visage marbré de plaques rouges, la bouche crispée par un rictus, les yeux allumés.

Ses mains dont elle menaçait le rémouleur se crispaient comme des serres d'oiseau de proie...

D'un bond la mendiante s'était élancée sur son fils et, secouant le pauvre boiteux pris dans ses griffes :

— Ousqu'elle est, cette duchesse ? cria-t-elle.

— J'ai une prière à vous adresser, Madame...
— J'suis pas le bon Dieu! interrompit la mégère. (P. 348.)

— Elle est allée se mettre au lit, répondit Pierre. Elle était fatiguée, ma mère, après toute une journée de marche...

— Fatiguée !... s'exclama la Frochard en dardant des regards irrités sur son fils... Fatiguée !... Nous allons voir ça !..

Repoussant alors le rémouleur, elle monta l'escalier.

Et, au moment d'entrer dans le grenier, elle se retourna vers Pierre qui, la tête baissée, subissait une violente émotion.

— Galope, toi, l'avorton ! lui commanda-t-elle avec un geste impérieux... J'ai pas besoin de toi ici !...

Le rémouleur obéit. Il se dirigea vers la porte, le cœur tout gonflé de soupirs.

Puis, avant de sortir, il leva timidement les yeux vers ce grenier où se trouvait sa protégée, et devant la porte duquel la Frochard se tenait menaçante.

Pierre sortit !... L'âme bourrelée, l'esprit assiégé par les plus sinistres pensées, il marcha à l'aventure, lentement et tournant sans cesse sur lui-même comme si un pouvoir occulte l'eût retenu dans le voisinage du taudis...

La Frochard avait repoussé, d'un coup de poing, la porte du grenier en criant à Louise :

— On se couche donc les uns avant les autres à c't'heure ? Si c'est la politesse qu'on vous a enseignée au couvent, j'en fais mes compliments à la mère béguine...

Louise essaya de balbutier une excuse :

— Madame, dit-elle, c'est... votre fils, qui, me voyant brisée de fatigue, m'a conseillé...

— Ah ! c'est l'avorton, dit la Frochard.

Apprenez, la belle, qu'il n'y a qu'un seul homme qui ait le droit de commander ici... et c't'homme-là c'est mon Jacques, c'est mon chérubin, il est le maître à tous, dans c'te maison.

Gare à ceux qui tenteraient de lui désobéir...

Et avec une violente explosion d'orgueil maternel :

— J'y obéis bien, moi !...

Chacune des paroles sortant des lèvres bleuies de la mégère arrivait à la jeune fille dans des bouffées alcooliques que dégageait l'haleine saturée d'eau-de-vie de la Frochard.

Celle-ci ne donna pas le temps à sa victime ni de se disculper, ni de défendre son protecteur qui s'était, en s'occupant d'elle, attiré la colère de la vieille femme.

Elle saisit le bras de Louise en s'écriant d'un ton ironique :

— Vous croyez que vous allez vous étendre doucement sous l'édredon comme si que vous aviez gagné vot' journée complète, le manger, le boire et le lit !... Mais vous n'avez rien *rapporté*, la p'tite, faut pas vous attendre à ce que ça puisse continuer comme ça... Des feignants, n'en faut pas chez nous !...

Interdite, la pauvre aveugle répondit :

— Ne vous mettez pas en colère, Madame. Il est vrai que je ne puis encore reconnaître, comme je le désirerais, le service que vous m'avez rendu ; mais soyez persuadée... que lorsque j'aurai le bonheur de retrouver ma sœur bien-aimée...

— Bon ! si vous n'attendez que ça pour reconnaître... mes services..
— Que voulez-vous dire, Madame?
— Que j'aurai le temps de moisir, la belle, ricana la Frochard..., et j'y tiens pas !....

Le visage de Louise exprima sa profonde détresse. Et c'est d'une voix tremblante qu'elle hasarda :

— Comment, Madame, vous n'espérez pas...
— J'espère que vous allez me laisser vous guider comme je l'entends, articula la mégère.

Et de plus en plus irritée :

— Aujourd'hui nous avons fait rien que des misères; et des journées comme ça, n'en faut plus !... Jacques n'y trouverait pas son compte, et y faut qu'il le trouve... ou sinon... je ne vous dis que ça...
— Je ne... comprends pas !... dit Louise avec surprise.
— Puisqu'y faut vous mettre les points sur les i, on vous les y mettra, la belle... D'abord, et d'une, vous saurez que nous ne pouvons pas nourrir une étrangère à rien faire !...
— Je le comprends, Madame, soupira la jeune fille ; mais c'est vous qui avez bien voulu...
— Pardié, quand on a un bon cœur, on ne peut pas voir des misères sans y apporter du soulagement...
— Aussi, Madame, fit Louise en joignant les mains, que de reconnaissance ma sœur et moi...
— La reconnaissance !... Ça n'a de cours ni chez l'boulanger, ni chez le marchand de vin, et si vous n'avez que c'te monnaie-là à m'offrir, faudra voir à changer de banquier, ma p'tite!
— Pour le moment, Madame, je ne puis...
— Et moi, j'peux pas attendre !

La jeune fille eut un long tressaillement. Que signifiaient ces paroles, ce ton si menaçant et si dur? Timidement elle dit :

— Vous savez bien, Madame, que je n'ai pas d'argent, c'est Henriette qui tenait la bourse commune...

— Pas d'argent, soit! Mais vous pouvez en gagner.

En prononçant cette dernière phrase, la Frochard avait un ton où l'irritation se mêlait à l'ironie...

— Vous en gagnerez, répéta-t-elle, je me charge de vous en fournir le moyen.

— Le seul moyen de me libérer envers vous, Madame, c'est de retrouver ma sœur; et pour y parvenir, ajouta Louise en s'animant, aucun effort ne me coûtera, le courage ne me fera pas défaut; je serai, dès le jour naissant, levée et habillée, prête à vous suivre partout..., partout où vous voudrez me guider!... Oh!... ne craignez pas qu'alors je me plaigne de la fatigue!... Ne redoutez pas, pour moi, les courses à travers les rues;... nous parcourrons tous les quartiers où il vous paraîtra utile que nous passions... Que ne ferais-je pas, hélas! s'écria-t-elle en levant au ciel ses pauvres yeux éteints, que ne tenterais-je pas pour retrouver Henriette? Quelque chose me dit, là, que nous la retrouverons, Madame.

Et la pauvre Louise appuyait ses deux mains frémissantes sur son cœur.

Pendant ce temps, la mendiante s'était contentée de grimacer un méchant sourire.

Ses yeux chargés de froide cruauté semblaient couver la malheureuse enfant qui s'abandonnait ainsi à un sentiment d'espérance.

La misérable créature paraissait attendre le moment opportun de porter le dernier coup à sa victime...

Louise devait, bientôt, lui en fournir elle-même l'occasion.

Tout entière à l'espérance qu'elle avait conçue, elle s'enhardit à dire :

— J'ai une prière à vous adresser, Madame...

— J'suis pas le bon Dieu! interrompit la mégère.

— Mais vous avez eu pitié de moi, et j'espère que votre compassion ne se démentira pas.

— De quoi qu'il s'agit, enfin?

— Je vous supplie, Madame, de me permettre de reprendre, dès demain, le costume que je portais lorsque vous m'avez secourue.

— Et pourquoi c'te fantaisie? demanda la Frochard. En v'là d'la coquetterie bien placée!

— Si je désire reprendre les vêtements qui m'appartiennent, c'est que je crains que, de loin, Henriette ne puisse me reconnaître sous ces hardes dont vous avez voulu me revêtir...

— Est-ce que vous allez critiquer ma garde-robe à c't' heure?

— Vous vous méprenez, Madame !

— Assez de prières comme ça !... j'haïs les pleurnicheries.. j'suis pas dans l'habitude de ménager mes mots !... Et je vous répète qu'il nous faut de l'argent, de l'argent tous les jours, et c'est vous qui nous en procurerez.

— Moi?

— Eh ben! c'est-y pas votre devoir, puisque je vous héberge, puisque je vous loge et que je vous nourris?

Et, sans attendre que la jeune fille stupéfaite eût pu se retrouver dans le chaos de son esprit, la Frochard s'était écriée de nouveau, et cette fois sans prendre le moindre ménagement :

— Je ne veux pas vous laisser plus longtemps dans la *feignantise*, entendez-vous ? Dès demain, vous laisserez de côté vos airs de demoiselle et vos manières de fille de famille... Faut pas qu'on croie que je vous aie volée !. Ah ! mais non !..

— Volée ? interrogea l'aveugle toute surprise.

— Eh ben quoi !.. N'y a-t-il pas des cœurs charitables qui adoptent des enfants sans père ni mère, des enfants qui sont malheureux chez leurs parents ? ce qui n'empêche pas que la police appelle toutes ces braves femmes-là des voleuses d'enfants...

— Que voulez-vous dire, Madame ? balbutia Louise, je ne vous comprends pas !..

— Je veux dire qu'il faut qu'on croie... que vous êtes ma fille, par-dié !

— Votre fille ?

— Eh ben, où qu'est le déshonneur ?... Je ne voudrais pas être la mère de tout le monde ! s'exclama la mendiante en se redressant. Si je consens à ce que vous passiez pour la sœur de mon chérubin, c'est parce que j'ai une bonne âme, parce que j'ai pitié de vous.

— Cependant, Madame, hasarda l'aveugle en tremblant, est-il bien nécessaire pour chercher ma sœur ?..

— J'vous dis, moi, insista la Frochard d'une voix aigre, qu'y faut que ça soit !... et ça sera. Vous passerez pour ma fille... une pauvre enfant à qui que le bon Dieu a crevé les yeux pour que sa malheureuse mère soit plus digne de pitié.

— Mais c'est horrible ! c'est odieux ! s'écria Louise.

— Odieux ! glapit la mendiante, c'est donc comme ça que vous comprenez la reconnaissance ? Vous méprisez ma famille ! à moi qui vous *a* ramassée dans la rue !

— Mais, Madame... dit en suppliant la jeune fille.

— Plus un mot !... Quand je me suis mis quelque chose dans la tête, ma pt'ite, le diable lui-même ne l'en ferait pas sortir. Vous ferez ce que j'ordonne et, pour ce qu'est du moyen de ramasser des sous, je vas vous le faire comprendre tout de suite. Ecoutez-moi donc.

Elle avait, en parlant ainsi, saisi le bras de Louise dont elle meurtrissait les chairs entre ses doigts de fer.

— Vous me tendrez ces deux mains-là de c'te façon ! s'écria-t-elle en faisant répéter à Louise, interdite et muette d'émotion, la pantomime des mendiants que, déjà, elle avait essayé de lui faire exécuter sur la voie publique.

Et, poursuivant la leçon dans ses plus minutieux détails :

— Vous ferez trembler vos mains comme si vous étiez malade, comme si vous grelottiez de froid et que vous auriez faim.

— Mais... mais vous voulez donc que je mendie ? s'écria Louise épouvantée.

— Voilà. Vous avez compris, dit froidement la Frochard.

Impuissante à contenir plus longtemps le désespoir qui la suffoquait, Louise éclata en sanglots :

— Trop tôt l'déluge ! glapit la Frochard avec un féroce ricanement... Faut *économer* ces bonnes larmes-là pour plus tard... c'est demain que nous lâcherons l'écluse. Vous arroserez le pavé tant qu'il vous plaira, c'est pas moi qui séchera vos paupières...

Puis, avec un cynisme révoltant :

— Des larmes pareilles, ça vaut de l'or, à la porte des églises. Faut pas les épuiser d'avance.

Et, comme si l'odieuse créature eût gardé pour la fin le coup le plus cruel, elle approcha sa face enluminée par l'eau-de-vie près de l'oreille de l'aveugle, et y glissa ces mots :

— Sans compter que les larmes, ça coupe la voix *agréablement*, ça donne un air malheureux qui remue le cœur des imbéciles... Les sous vont pleuvoir que ça sera une bénédiction lorsque vous chanterez.

Louise eut un soubresaut.

— Chanter !... chanter !... moi ?... fit-elle.

Son visage avait pris une expression d'effarement... Ses lèvres tremblaient, et elle s'écria frémissante :

— Moi ?... chanter !... chanter dans... les rues !...

Puis, comme si elle eût compris enfin ce qu'on exigeait d'elle, la malheureuse poussa un cri déchirant ; un cri que la honte et le désespoir lui arrachaient au moment où la Frochard, perdant toute pudeur, démasquait ses odieux projets...

Et l'infortunée s'étant, dans un excès de surexcitation nerveuse, précipitamment levée, comme pour s'enfuir, la mégère la repoussa brutalement sur le grabat, en lui criant dans un effroyable débordement de colère :

— Vous chanterez !... C'est moi qui vous le dis !... Vous chanterez ! mille sacrements du diable !.., Et si vous n'avez pas de voix, eh ben, tant mieux ; plus la chanson vous raclera le gosier, plus ça *émouvera* les bourgeois ; une voix bien pleureuse et bien éraillée, ça pousse à la charité.

— La charité ! dit Louise, est-ce donc ainsi que vous la compreniez lorsque vous m'offriez hier de me tendre une main secourable ?

— Hier, j'avais mon idée, et cette idée, la v'là :

Je vous aiderai à retrouver vot'sœur, c'est convenu ; mais c'est vot'devoir de m'aider à gagner votre pain et le nôtre. Demain nous commencerons nos recherches. Je vous servirai de guide — Je serai vot'chien d'aveugle... Et vous mendierez.

— Mendier ! moi, moi !... vous voulez me forcer à demander l'aumône !... Non, non, vous ne m'infligerez pas une pareille infamie, Madame ! Je suis à vos genoux, je vous supplie, je vous implore ; dites que vous aurez pitié de mes prières et de mes larmes ; dites que vous ne me condamnerez pas à cette honteuse dégradation.

— N'allez-vous pas, à c't'heure, mépriser mon métier ?... C'est-y un déshonneur d'être pauvre !...

On ne me fait plus l'aumône parce que je suis vieille et laide, on vous la fera à vous qui êtes jeune et jolie ; on ne me donne rien lorsque je pleure, on vous donnera à vous lorsque vous chanterez.

— Jamais !.. jamais ! s'écria Louise.

La Frochard eut un ricanement de furie :

— C'est ce que nous verrons ! dit-elle... Et pas plus tard que demain.

Après l'effort qu'elle venait de faire, Louise avait gardé le silence. Elle se recueillait et la lumière se faisait dans son esprit...

Elle se rendait compte, à présent, de tous les détails de cette lamentable et stérile promenade à travers les rues de Paris, alors qu'attelée au bras de cette femme qu'elle considérait comme une bienfaitrice elle avait dû s'arrêter, revenir sur ses pas, et cela pendant que sa compagne marmottait des phrases dont elle n'avait pu saisir le sens.

Elle comprenait le motif de la colère et de la brutalité de cette femme, après chacune de ces stations.

La recette avait fait défaut ! L'aumône n'avait pu être arrachée assez abondante à la pitié des passants.

Elle comprenait aussi que toutes ses prières, toutes ses supplications seraient impuissantes à émouvoir cette espèce de bête fauve qui se faisait son bourreau.

Et se levant du grabat sur lequel, dans sa fureur, venait de la jeter la Frochard, elle lui dit d'une voix calme, résolue, pleine de dignité :

— Vous n'obtiendrez pas de moi, Madame, que je m'abaisse jusqu'à me soumettre aux honteuses volontés que vous venez de me faire connaître. Vous n'obtiendrez pas de moi que je me soumette à la dégradation, à l'avilissement que vous voudriez m'imposer.

Ah ! je comprends maintenant pourquoi vous m'avez affublée de ces hardes que je sais n'être que de sordides haillons, et quelles que soient vos colères, vos menaces, vos violences, jamais, entendez-vous, jamais vous ne me forcerez à mendier.

Un cri de rage s'échappa de la gorge de la Frochard qui avait écouté, stupéfaite et furibonde, cette énergique sortie de l'aveugle.

Sa fureur, surexcitée par l'eau-de-vie, se manifesta bientôt par un ricanement strident, un de ces rires nerveux que la légende prête aux sorcières...

Elle leva les poings au-dessus de la tête de Louise.

Et, d'une voix hurlante :

— Je te briserai ! s'écria-t-elle en faisant grincer ses dents dans sa mâchoire contractée.

...Je te briserai !.. reprit-elle... Et Jacques te fera bien voir comment on opère, dans notre famille, avec les canailles qui veulent nous résister !...

Puis, saisissant Louise par le bras, elle repoussa la malheureuse, qui alla rouler de nouveau sur le grabat en exhalant un gémissement de douleur...

Alors ce bourreau, ivre de fureur, cria à sa victime cette dernière menace :

— Tu ne mangeras plus, maintenant, que le pain que tu auras gagné !

Puis elle ferma, à double tour, la porte du grenier.

Et Louise entendit qu'elle prononçait d'épouvantables jurons, en descendant le petit escalier d'un pas que faisaient chanceler la fureur et l'ivresse.

VIII

Lorsqu'elle comprit qu'elle n'était plus sous le regard de son bourreau, Louise s'abandonna à sa douleur.

Elle pleura longtemps, silencieusement, étouffant ses sanglots.

La malheureuse qui, d'un seul coup, avait vu ses espérances s'évanouir, demeurait comme anéantie sous le coup de l'immense déception qui lui arrivait.

Elle avait cru si complètement aux promesses qu'on lui avait faites, elle avait eu si grande confiance en la sincérité de celle qui l'avait recueillie, que les paroles si menaçantes qu'elle venait d'entendre l'avaient frappée de stupeur et d'effroi.

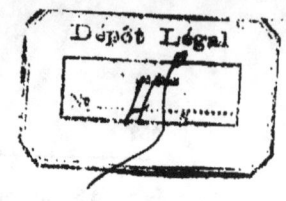

Maintenant, elle était prisonnière... (P. 355.)

Tant qu'elle s'était trouvée en présence de la Frochard, elle s'était figuré que toute cette colère ne serait pas suivie d'effet.

Elle avait voulu, malgré les sinistres apparences, douter qu'on eût le courage de mettre à exécution les odieuses menaces formulées avec tant de fureur.

Cette nature délicate et sensible ne pouvait admettre l'idée qu'il se trouvât une femme capable de se livrer à d'odieuses violences envers une pauvre créature aussi digne de pitié que l'était une malheureuse fille aveugle.

Si elle avait, au premier moment de fureur manifestée contre elle, éprouvé une douloureuse surprise de voir celle qu'elle considérait comme une bienfaitrice mentir à des promesses encore si récentes, elle ne pouvait croire, cependant, que cette femme pousserait les choses jusqu'à la plus odieuse férocité.

Bien qu'elle l'eût entendue s'emporter contre elle avec une violence inouïe, elle ne la supposait pas capable d'un crime.

Mais quand la porte du grenier se fut refermée sur elle ; quand elle eut entendu la Frochard continuer, en s'éloignant, à vociférer les mêmes menaces, à hurler les mêmes invectives, Louise sentit son cœur se serrer et son sang se glacer comme à l'approche d'un épouvantable danger.

Elle s'affaissa, brisée par une émotion plus violente encore que toutes celles déjà ressenties depuis le commencement de ses malheurs.

Puis, après être demeurée abîmée dans une entière prostration, il lui sembla qu'elle sortait d'un sommeil pendant lequel elle avait été en proie à un épouvantable cauchemar...

Mais elle eut bientôt conscience de l'affreuse réalité.

Aussi, dès les premiers moments de cette terrible solitude, reporta-t-elle sa pensée vers le seul être dont le souvenir pût ranimer son courage et l'aider à supporter la cruelle épreuve qu'elle subissait...

— Henriette !... murmura-t-elle, Henriette !... Où es-tu à cette heure ?... Tu me cherches, tu m'appelles... et tu ne soupçonnes pas à quel affreux supplice je suis, hélas ! condamnée.

Après cet accès de désespoir violent, la malheureuse s'efforçait de devenir plus calme, et de réfléchir.

Ne pouvant se faire à l'idée que sa sœur était perdue pour elle, elle se désolait, maintenant, de ce que les rigueurs qu'elle allait avoir à subir mettraient obstacle à ses recherches.

Tant qu'on l'avait conduite dans les rues, elle avait espéré, malgré les insuccès des premiers moments, qu'elle entendrait la voix d'Henriette.

Elle se figurait son amie la saisissant, l'arrachant des bras de la Frochard, la pressant sur son cœur, la couvrant de baisers et de larmes, et l'emmenant, folle de bonheur...

Mais à présent qu'elle était placée dans l'alternative ou de subir les odieuses volontés de la mendiante, ou de ne plus sortir de l'espèce de prison où elle était enfermée, le désespoir s'emparait de son âme.

Ah !... Sans cette horrible volonté contre laquelle elle luttait, avec quelle ardeur n'eût-elle pas continué ses courses à travers la ville ; avec quelle énergie toujours plus grande n'eût-elle pas surmonté les fatigues sans cesse renouvelées !...

Pourquoi, hélas ! avait-on exigé d'elle un sacrifice au-dessus de ses forces ?... le sacrifice de sa dignité, presque de son honneur?

Dans quel but s'acharnait-on contre elle ?...

Ces interrogations, qui se formulaient dans sa pensée, venaient brusquement ajouter une appréhension nouvelle à toutes celles qui la tortureraient déjà.

Tout espoir d'un changement prochain avait disparu, emporté dans la lutte qu'elle venait de subir !

Pleine d'indignation et le cœur débordant d'amertume, elle n'avait pas hésité à repousser la proposition qu'avait osé lui faire la Frochard.

Tout, en elle, s'était révolté contre l'infernale combinaison de la mendiante.

Elle avait même trouvé, en dépit de sa douceur, de sa timidité, d'énergiques paroles de réprobation pour stigmatiser les honteuses intentions manifestées à son égard.

Elle était demeurée immuable dans sa résolution de ne pas faiblir.

Maintenant, elle était prisonnière...

Enfermée dans ce grenier, il lui faudrait attendre que la colère de la Frochard se calmât...

Il lui faudrait rester là, séquestrée, au milieu de ce lugubre silence interrompu seulement par les sanglots qu'elle adressait à Henriette, par les prières qu'elle adressait à Dieu !...

Son esprit s'exaltait à cette perspective.

En ce moment, où son cœur s'abandonnait au plus sombre désespoir, elle eût accepté sans frémir l'idée de la mort !...

Elle l'eût appelée comme une délivrance, si elle n'eût gardé au fond de son cœur l'espoir de retrouver son amie, sa sœur, la compagne de son enfance !

Oui, cette malheureuse, jetée dans une sorte de cachot, menacée de voir s'éterniser cette séquestration, se serait laissée mourir, sans une plainte, sans une pensée de haine pour son bourreau, si la voix intérieure qui parle aux affligés ne lui eût murmuré des paroles d'espérance, et ne lui eût dit qu'elle ne devait pas succomber...

Et cependant elle était prisonnière et, désormais, personne ne pourrait l'arracher des mains de cette femme sans entrailles.

Personne, à cette heure lugubre, ne viendrait à son aide, dans la terrible situation où elle se trouvait...

Hélas ! De qui pouvait-elle espérer un secours ?...

Seul, ce brave garçon qui se nommait Pierre lui avait témoigné de la sympathie, dans cette famille sur le compte de laquelle elle s'était si cruellement trompée.

Seul, le rémouleur lui avait adressé quelques bonnes paroles, lorsqu'elle avait manifesté ses premières inquiétudes...

Mais ce pauvre brave cœur pourrait-il affronter la colère d'une mère qui n'avait jamais été pour lui qu'une marâtre, sans compassion pour son infirmité ?

Cet homme, à l'esprit naïf, au cœur compatissant, ne lui avait-il pas laissé entendre que ses moyens d'action étaient on ne peut plus limités ?

Louise eût-elle voulu en douter, elle était bien obligée de se rendre à l'évidence : Pierre ne pourrait certainement pas, — en eût-il l'intention — l'arracher au supplice qui avait déjà commencé pour elle !

Et cependant elle ne pouvait oublier avec quelle fermeté lui avait parlé ce timide, et quelle sincérité il y avait dans sa voix lorsque, lui aussi, il promettait de rechercher Henriette de son côté.

Si jamais elle devait échapper à l'odieuse créature qui la tenait en son pouvoir, certes, pensait-elle, la délivrance ne pouvait venir que du rémouleur...

Mais, hélas ! toutes ces suppositions, toutes ces pensées qui voulaient être rassurantes, s'évanouissaient bientôt.

Et elle se retrouvait plus désolée, plus découragée que jamais.

. . . .

La nuit était venue. Louise en avait eu la sensation.

Et, avec les ténèbres, avaient recommencé pour l'aveugle toutes les appréhensions, toutes les transes, toutes les terreurs...

Après l'anéantissement auquel avait succédé la réaction que nous venons de constater, la malheureuse était demeurée attentive au moindre bruit qui se faisait dans la masure...

Assise sur le grabat, elle écoutait..

Des voix se faisaient entendre au rez-de-chaussée...

Louise reconnut l'organe aigre et traînant de la Frochard.

A qui parlait cette femme ?

Elle prêta l'oreille...

Si elle eût osé, elle se fût dirigée à tâtons vers la porte, pour tâcher de comprendre ce qui se disait en bas...

A force de patience, elle finit par distinguer, dans ce tumulte de voix, celle du rémouleur...

C'était à Pierre qu'en avait la mendiante.

Cette conviction ramena un peu de calme dans le cœur de Louise.

Elle ne s'était donc pas trompée ; le brave ouvrier avait eu compassion d'elle.

Et, malgré tout ce qu'il avait à redouter des siens, il n'avait pas hésité à intervenir en sa faveur !..

Mais la Frochard repoussait brutalement cette intervention.

Dans sa colère, cette mère dénaturée s'emportait jusqu'à menacer un de ses fils de la brutalité de l'autre.

Et Louise avait même entendu, à ce sujet, des propos qui lui avaient mis des frissons dans le cœur...

La vieille misérable ne parlait, en effet, de rien moins que d'engager son fils aîné à donner une leçon vigoureuse à Pierre...

L'aveugle avait frémi pour son malheureux protecteur... Et, si elle l'avait osé, elle lui aurait crié de l'abandonner à son déplorable sort, de ne pas s'exposer pour elle à de cruels traitements !...

La pauvre enfant tremblait de tous ses membres.

Elle rendait à Pierre la pitié que celui-ci avait manifestée pour elle.

Mon Dieu, murmura-t-elle en joignant les mains, qu'il m'abandonne, qu'il me laisse supporter toutes les souffrances!...

Après avoir fait rage et, sans doute, ne trouvant plus d'aliment à sa fureur, la Frochard s'était apaisée.

Louise n'entendait pas plus sa voix menaçante.

Le silence, partout le silence, dans ce taudis où il y avait un bourreau et des victimes...

Alors elle reporta de nouveau sa pensée vers celle qu'elle n'avait cessé de pleurer depuis le jour de leur séparation.

Il lui paraissait impossible que, dans cette grande ville de Paris, on pût, impunément, enlever une jeune fille.

On lui avait bien dit, à la vérité, que les malfaiteurs étaient en grand nombre ; mais elle ne pouvait croire qu'Henriette fût tombée aux mains de quelqu'un de ces misérables...

Elle se demandait dans quel but on l'aurait enlevée.

Pour voler ce qu'elle possédait ? Il était inadmissible qu'on s'attaquât dans ce but à une jeune fille dont la condition et la mise très simple ne pouvaient donner à supposer qu'elle possédât de l'argent...

Il fallait à Louise un puissant effort de volonté pour qu'elle pût ainsi mettre un frein à son désespoir, et réfléchir comme elle le faisait avec un calme apparent.

C'est qu'en ce moment la pauvre créature essayait de se rattacher à des idées rassurantes...

Elle s'efforçait d'oublier l'horreur de sa situation.

Continuant dans cet ordre d'idées, elle se représenta Henriette, rendue à la liberté et la cherchant partout... En proie, elle aussi, à toutes les transes, à toutes les souffrances, et l'esprit aux abois...

Elle la vit, dans son imagination enfiévrée, s'adressant à tout le monde, frappant à toutes les portes!...

Elle se la représenta implorant l'assistance de ceux qui voulaient bien l'écouter, et qui semblaient s'intéresser à elle, à ses infortunes si étranges...

Mais elle s'avoua que jamais, sans doute, Henriette n'aurait la pensée de la chercher dans cette rue qu'elle savait être — elle s'en était bien rendu compte, — si éloignée de la place où s'était arrêté le coche d'Évreux...

Elle se disait que, même si un hasard impossible guidait Henriette jusque dans ce quartier perdu, celle-ci ne pourrait pas deviner en quel endroit sa sœur était retenue prisonnière.

L'agitation commençait à s'emparer de nouveau de l'esprit de Louise.

Elle admettait, maintenant, dans son exaltation croissante, qu'Henriette eût parcouru les rues, les quartiers, en l'appelant.

Et elle se disait qu'en ce cas la voix de son amie ne parviendrait pas jusqu'à elle, enfermée qu'elle était dans ce grenier...

« — Ah! pensait-elle avec désespoir, elle ne saura pas que je suis ici, prisonnière, elle qui pourrait, seule, venir me délivrer !..

...Elle ne saura pas que je souffre, que je subis le martyre, que mon âme est en proie aux plus horribles tortures !.

...Elle ne saura pas que je suis condamnée à mourir ici, à moins que je ne m'impose la plus lâche soumission qui se puisse imaginer !... »

Alors la malheureuse retombait dans l'angoisse.

Elle se sentait perdue.

Et pendant qu'elle subissait ainsi les horreurs de cette nuit terrible, l'insomnie s'acharnait pour augmenter ses tourments.

L'insomnie peuplée de visions terrifiantes !..

Dans son effarement, la pensée de cette femme horrible la poursuivait...

Elle se sentait en son pouvoir, irrévocablement...

Par un brusque retour aux premiers moments de sa douloureuse aventure, elle se rappelait, malgré elle, les paroles mielleuses que cette femme, aujourd'hui si cruelle, lui avait adressées...

Elle souffrait d'avoir été si confiante.

La créature, maintenant démasquée, lui apparaissait hideuse...

Toutes ces idées lugubres, affolantes, revenaient sans cesse, bien que sans cesse refoulées...

Louise essaya, en vain, pendant cette nuit d'insomnie, de retrouver un peu d'apaisement...

Ses souffrances se compliquaient d'une insurmontable sensation d'épouvante...

Et tandis que son cœur s'agitait, que son cerveau se troublait, que son âme passait par des transes sans nombre, la pauvre victime, perdue dans les ténèbres de la cécité, n'osait pas bouger....

Aux prises avec la terreur folle, elle tremblait, silencieuse, accroupie, sur l'amoncellement de haillons dont on lui avait composé un grabat...

Par cette nuit d'hiver, le grésil frappait contre les murs avec des petits bruits secs qui ressemblaient à des appels sinistres...

Sur le toit gelé, la glace craquait, interrompant brusquement le silence....

Par moments, du fond de ce galetas encombré de lambeaux, arrivaient, tout à coup, des bruits mystérieux...

Et, à chaque fois, l'aveugle avait de violents tressaillements...

Puis son cœur se remettait à battre avec précipitation..

La fièvre arrivait... faisant tourbillonner dans le cerveau de la patiente mille pensées terribles.

Louise eut des moments de délire, pendant lesquels elle balbutiait des phrases incohérentes, où elle mêlait, dans de bizarres accouplements, les noms d'Henriette, de la Frochard, de Pierre !...

Cette pauvre créature si éprouvée ne pouvait tenir contre l'ébranlement qu'elle subissait.

Le vertige vint à son tour.

L'aveugle essaya de se dresser, comme attirée par une force invisible...

Elle voulut marcher, mais ses jambes fléchissaient sous elle; sa tête semblait entraîner le corps....

Les mains tendues dans le vide, la malheureuse fit quelques efforts pour se diriger; mais, vaincue, elle rétrograda fiévreusement pour venir, de nouveau, s'affaisser sur le grabat...

Sa raison pourrait-elle résister à tous ces chocs si violents, qui l'ébranlaient depuis le matin de ce jour néfaste?

Un sommeil réparateur eût pu, peut-être, éloigner, sinon conjurer la catastrophe, en apportant l'oubli momentané à cet esprit en délire.

C'eût été un soulagement passager après lequel surgirait l'inconnu...

Et qui sait si la Providence ne se manifesterait pas alors, pour arracher la jeune fille à cette lamentable situation?

Mais le sommeil ne venait pas à ces pauvres yeux fixes et noyés dans des larmes brûlantes...

Ni la fatigue du cerveau, ni la fièvre, ni l'épuisement des muscles n'avaient encore pu vaincre cette insomnie, auxiliaire redoutable de la Frochard, qui venait compliquer et compléter l'œuvre détestable de la mégère!

Certes, si en ce moment la mort l'eût saisie, la pauvre enfant s'en fût allée sans regret, comme meurent les êtres dont la vie a été sans reproche, et qui peuvent paraître purs — comme ils ont vécu — devant le juge suprême des consciences...

Mais l'heure de la délivrance n'avait pas sonné pour Louise.

Il lui était réservé de passer par d'autres émotions, par des épreuves autrement violentes et cruelles...

La source de ses infortunes n'était pas tarie.

Elle n'était encore, hélas! qu'au début d'un long martyre que la plume se refuse à décrire.

Bientôt, en effet, la surexcitation cérébrale augmenta.

L'agitation devint excessive.

C'est le moment où la fièvre donne au cerveau du malade d'étranges lucidités...

Louise s'était redressée tout à coup.

De nouveau, il lui avait semblé entendre qu'on parlait au rez-de-chaussée...

Elle passa rapidement la main sur son front!...

Ce n'était pas une illusion provoquée par la fièvre; ce n'était pas un effet du délire...

Elle avait bien entendu...

C'étaient les intonations grondantes de la voix de la Frochard; il n'y avait pas à s'y tromper...

A qui pouvait-elle parler ainsi, au milieu de la nuit?...

Debout dans le galetas, Louise tâcha de marcher à tâtons vers la porte...

Pourquoi cette précipitation?

LES DEUX ORPHELINES

Assis sur les bords de la Bièvre, il se livrait aux plus sombres réflexions. (P. 365.)

La fièvre ne lui soufflait-elle pas l'idée folle de tenter une évasion ?...

Cette malheureuse, condamnée aux ténèbres, avait-elle oublié qu'elle était la victime pour laquelle il n'existait ni lutte, ni révolte possibles?

Comme si, pauvre affligée, elle n'avait pas, pour unique ressource contre les cruautés de la mégère, la soumission sans conditions, que la capitulation devant l'odieuse créature qui la retenait captive !

Louise ne cherchait pas à s'évader.

Elle avait été entraînée là, instinctivement, attirée par les voix qui se faisaient entendre dans la pièce du rez-de-chaussée.

Cette fois, au tumulte qui se faisait à quelques pas d'elle, l'aveugle redouta quelque chose de plus horrible encore dans sa situation.

Elle en arriva, à force d'affolement, à croire que l'odieuse femme était, maintenant, en conversation animée avec ce fils préféré auquel elle avait donné le surnom de « Chérubin ».

Alors la malheureuse fille fut saisie d'une frayeur immense...

N'allait-elle pas entendre la voix de cet homme, qui s'appelait Jacques Frochard, de cet homme qui, on s'était plu à le lui répéter maintes fois, n'admettait pas qu'on opposât même l'ombre d'une résistance à ses volontés?

N'allait-elle pas se trouver, tout à coup, en présence de la mère terrible et du fils sans pitié?

Ce bourdonnement de voix n'annonçait-il pas un complot, tramé contre elle, par ces deux forcenés dont la colère allait éclater, violente, impitoyable?

N'était-ce pas le précurseur d'une tempête de vociférations, et, qui sait, d'effroyables violences?

Tremblante, Louise écoutait, retenant son haleine, immobile devant cette porte fermée.

Et son imagination enfantait toute une lugubre scène se déroulant, — dans les ténèbres, — entre elle et ses bourreaux...

Ils la tenaient dans leur tanière...

Que pourrait-elle contre leurs sévices?

Crier?... Appeler au secours?

En aurait-elle le temps, la possibilité?

Et, quand bien même elle parviendrait à le faire, qui serait là pour répondre à son appel désespéré?

Au surplus, qui voudrait se hasarder à la défendre contre ses misérables?

Soudain, au milieu de son trouble, un nom se formula dans sa pensée...

Un nom qui jeta comme une vague lueur dans son esprit terrifié...
— Pierre ! murmura-t-elle entre ses lèvres frissonnantes !...
Pierre !... répéta-t-elle mentalement.

Elle se souvenait, en ce moment d'angoisse, de celui dont la sollicitude pour elle ne s'était pas démentie un seul instant.

Le pauvre rémouleur aurait, assurément, pour elle les meilleures intentions, mais — le voulût-il — il ne serait pas, hélas ! pour elle le protecteur audacieux qui la délivrerait des mains de ceux qui la séquestraient...

La voix de la Frochard avait pris, de nouveau le ton menaçant qui faisait frissonner d'effroi la malheureuse aveugle ?

Et Louise l'entendit s'écrier :
— « De la pitié !... Est-ce qu'on en a eu pour ton père... l'avorton ?... »

Cette voix rauque et stridente laissait après elle comme un écho sinistre !...

Anxieuse, haletante, Louise écoutait toujours.

Elle comprit que le rémouleur tentait vainement de faire revenir l'odieuse créature à des sentiments plus humains !...

La Frochard, continuant à vociférer, avait prononcé ces mots qui étaient arrivés, distinctement, jusqu'aux oreilles de Louise :

« — J'aurai l'œil sur toi, l'avorton ! »

Puis elle avait ajouté en grommelant :

« — Tu as une nature de traître, monsieur l'honnête homme !... Il faut se méfier de toi comme de toutes ces canailles qui ont assassiné ton brave homme de père.... mon Anatole ! »

Moins troublée, l'aveugle se fût demandé ce que signifiaient ces propos concernant le mari de la Frochard.

La Providence voulut lui épargner cette dernière épreuve...

Certes, se sachant dans une famille d'assassins, la malheureuse fût morte de terreur et de honte...

Elle n'eût pas survécu à l'idée d'avoir accepté l'hospitalité d'une femme dont le mari était monté sur l'échafaud.

Mais l'esprit de Louise était absorbé, en ce moment, par la douleur et l'angoisse...

Elle s'obstinait à écouter.

La Frochard continuait à parler, avec un redoublement de fureur, disant à Pierre :

— Elle chantera que je te dis : elle chantera. Faudra qu'elle cède ou qu'elle crève !...

Cette fois, c'était d'elle qu'il s'agissait.

Elle savait de quel supplice elle était, désormais, menacée...

« — Il faut qu'elle cède ou qu'elle crève ! » Ces mots résonnaient à ses oreilles comme une menace terrible et qui serait réalisée, elle n'en pouvait douter !...

Mourir !... ah !... du moment qu'elle perdait à jamais l'espoir de retrouver sa sœur, l'infortunée ne redoutait pas la mort !...

Elle l'eût vue venir sans frémir...

Et, dans une sublime abnégation d'elle-même, elle eût murmuré de ses lèvres prêtes à exhaler le dernier soupir :

« — Nous nous retrouverons là-haut, ma sœur bien-aimée ! »

Mais, lorsqu'elle eut compris les odieuses paroles prononcées par la Frochard, Louise avait éprouvé un choc violent...

Il lui sembla que la misérable allait venir mettre son détestable projet immédiatement à exécution...

Reculant d'horreur, elle tomba, évanouie, sur le grabat...

. . . .
. . . .

On sait que le rémouleur avait essayé d'apitoyer son infernale mère sur le sort de l'aveugle...

C'est qu'en effet, depuis que Pierre avait appris à quel genre de supplice on condamnait sa protégée, le pauvre garçon avait lui-même passé par de dures souffrances morales.

Son cœur compatissant saignait à la pensée que, lui, l'honnête ouvrier, serait tenu d'assister à des scènes ignobles, et aux tortures d'une malheureuse qui avait eu confiance et qui en mourrait !...

C'était à ses yeux une complicité morale d'être le témoin des faits monstrueux qui allaient avoir pour théâtre le taudis de la mendiante !...

Et la Frochard avait bien dû se douter de ce qui se passait dans la conscience de son fils, lorsque, la veille, elle l'avait congédié au moment de commencer ce qu'elle appelait cyniquement « l'éducation de son gagne-pain ».

Or, pendant toute cette soirée, le rémouleur avait stationné dans le voisinage de la rue de Lourcine.

Assis sur les bords de la Bièvre, il se livrait aux plus sombres réflexions.

Il songeait au moyen de secourir l'infortunée. Son âme apitoyée s'obstinait dans de platoniques fureurs contre la créature sans entrailles qui allait ajouter une infamie de plus à la liste déjà si longue de ses méfaits.

Dans son émotion, Pierre se souvenait de toutes les misères, de tous les mauvais traitements qu'on lui avait infligés, et aussi de toutes les lâches concessions auxquelles il avait dû se soumettre, pour obtenir un peu de paille dans le taudis maternel, et un peu de ce pain qu'il gagnait si péniblement pour toute la famille.

Alors qu'il se trouvait en présence d'un nouveau crime qu'allait commettre sa mère, le pauvre garçon se rappelait les désespoirs qui l'avaient étreints, par moments, et qui auraient poussé à la révolte tout autre que lui faible entre les faibles, dont son frère avait raison d'un coup de poing qui lui crevait le dos, d'un coup de pied qui lui brisait une jambe...

Et c'est en s'enfonçant ainsi dans tous les souvenirs douloureux de sa vie que Pierre déplorait aujourd'hui, plus que jamais, sa faiblesse qui lui interdisait toute intervention et cette timidité qui le rendait inutile à Louise, comme il avait été inutile à lui-même, lorsqu'il s'était agi de résister aux dures exigences de sa mère, de se défendre contre les brutalités de Jacques...

Et, tout en réfléchissant ainsi, le rémouleur avait passé, sur les bords de la petite rivière, bien des heures pour attendre la nuit, avant de retourner dans la mâsure de la rue de Lourcine.

Puis, le moment venu de réintégrer le taudis, il s'était décidé à se mettre en route, longeant les murs, et redoutant les algarades maternelles, il avait ouvert la porte sans bruit et s'était glissé en tapinois dans un coin de l'infect rez-de-chaussée...

Il avait attendu, afin de n'arriver que lorsqu'il supposait que sa mère serait endormie.

Mais la Frochard était trop surexitée par la colère pour songer à prendre du repos.

Elle s'était, ainsi qu'elle le disait, *donné du cœur*, en dégustant plusieurs petits coups d'eau-de-vie. Il lui fallait de la force et de l'énergie pour l'odieuse besogne qu'elle allait accomplir.

C'était, comme on le sait, pour séquestrer et torturer une pauvre aveugle, inoffensive, et dont l'existence ne tenait qu'à un souffle, que cette misérable avait besoin de se surexciter de la sorte.

Lorsque Pierre eut pénétré dans le taudis, la mégère le reçut avec cette fureur concentrée qui avait produit le bourdonnement de voix qui avait mis en éveil l'attention de la prisonnière, jusque-là toute à sa douleur...

Pierre avait laissé se déchaîner la colère de la mendiante ; sans répondre, il était allé s'asseoir dans le coin où il remisait sa boutique.

Il s'y était tenu coi, la tête penchée sur la poitrine, pendant que l'énergumène dégorgeait contre l'aveugle tout le fiel qu'elle avait dans le cœur.

La Frochard ne s'était arrêtée que, lorsque épuisée, vaincue par la fermentation de l'alcool, elle était allée rouler sur son lit, en proférant les plus épouvantables menaces à l'adresse de la prisonnière...

C'était également le moment où, affolée et n'y pouvant plus tenir, la pauvre aveugle avait perdu connaissance.

Cette nuit-là, Pierre ne devait pas dormir...

Lorsque sa mère eut cédé à l'ivresse qui l'avait abattue, le pauvre diable éprouva comme un remords cuisant de demeurer, ainsi, spectateur d'ignominies sans nom...

Sa tête se mit à travailler, ressassant les mêmes idées sans pouvoir arriver à prendre une décision énergique.

Il arrivait, parfois, à se donner un simulacre de courage et cherchait à se persuader qu'il parviendrait à épargner bien des souffrances à sa chère protégée.

— « Non, se disait-il en relevant la tête, je ne la laisserai pas mourir de faim ! »

Et, lançant un regard irrité à la mégère endormie, il ajoutait :
— « Ce serait une infamie !... un crime abominable ! »

A défaut de courage pour la lutte ouverte contre sa coupable mère, à défaut de l'audace qui eût pu lui faire tenir tête à Jacques, le rémouleur songeait à user de dissimulation et de ruse pour arriver au but qu'il se proposait...

Aussi, lorsque après une longue hésitation il se fut arrêté à un projet éprouva-t-il un peu de soulagement à la bonne pensée qui lui était venue.

Et, au sourire qui illumina son visage, lorsque, du revers de la main, il eut essuyé ses yeux où roulaient des larmes, on eût pu deviner que ce frère du souteneur, ce fils d'une mendiante et d'un supplicié, se sentait presque réhabilité!...

Tout à coup, au moment où il s'abandonnait ainsi à un des rares moments de satisfaction qu'il éprouvait, Pierre tressaillit.

La Frochard venait de se réveiller en sursaut, et, debout, dans l'attitude d'une furie, l'ignoble créature montrait son poing fermé à son fils.

Puis ses regards rendus vitreux par l'ivresse se dirigeaient vers la porte du grenier.

La mendiante s'était éveillée au milieu d'un cauchemar qui lui avait montré son fils cherchant à lui enlever sa victime et Louise parvenant à lui échapper...

Alors, dans cet état qui tenait à la fois de la colère et de l'hallucination, la misérable avait fait mine de vouloir s'élancer sur le rémouleur...

Les mains en avant, les doigts crispés en manière de griffes, elle marchait sur Pierre, comme si elle eût eu l'intention de lui labourer le visage à coups d'ongles...

Mais instantanément, comme mue par une idée subite, elle se mit à grimper, en se tenant à la corde, les marches du petit escalier...

Pierre la suivait de l'œil.

Inquiet de ce qu'il soupçonnait être l'intention de sa mère, il voulut se risquer à empêcher que la mendiante se livrât sur la jeune fille à quelque acte violent....

Et, s'avançant pour retenir la Frochard :

— La mère, fit-il doucement, elle dort, bien sûr, ... faut la laisser se reposer..

La Frochard s'était retournée.

Et lançant à son fils un regard hideux de rage :

— Se reposer?... Qué que tu dis là, *feignant*? J'veux pas qu'elle s'repose, puisqu'elle ne veut pas travailler...

Lançant un revers de bras à Pierre, elle l'écarta.

Alors elle reprit la corde et, titubant, elle vint se dresser tout contre la porte du grenier...

En tâtonnant elle trouva la clé...

La porte s'ouvrit avec un craquement qui eût fait sursauter de terreur l'aveugle si la malheureuse n'eût été encore sous le coup de la syncope...

— Ah! tu dors, s'écria la Frochard ;... j'vas te secouer l'édredon pour que t'aies plus chaud, la belle dorlotée!

Et allant à la petite lucarne que recouvrait une croûte de neige gelée elle le souleva....

Une bise glacée siffla aussitôt dans le grenier...

Et, par la porte restée ouverte, Pierre en éprouva un frisson....

Dans le taudis, la flamme fumeuse de la chandelle vacilla, projetant de sinistres lueurs...

La Frochard eut un ricanement féroce...

Elle avait maintenu, au moyen d'un morceau de bois, la lucarne entr'ouverte.

Et revenant vers Louise :

— « Si t'as trop chaud tout à l'heure, l'*ostinée*, t'appelleras, et alors nous verrons si t'es plus raisonnable... »

Mais en présence de l'immobilité que conservait ce corps que le vent glacial eût dû faire trembler, la mendiante eut un mouvement de stupeur...

— Est-ce qu'elle serait morte! fit-elle en s'approchant de la jeune fille.

Elle se pencha et son haleine effleura les joues de Louise.

Elle écouta le bruit faible de la respiration et, se relevant avec un cri de joie.

Pierre arriva, ému, haletant, la lumière à la main... (P. 370.)

— Elle vit!.. s'exclama-t-elle...

Alors elle voulut jouir de l'impression qu'allait éprouver l'aveugle à son réveil...

Et elle la secoua violemment...

Le corps de Louise demeura inerte sous les mains rudes de la mendiante...

Celle-ci s'acharna...

— Faut croire, grommela la mégère, qu'elle est *évanouite*.

Appelant le rémouleur :

— Avance ici, *feignant*, s'écria-t-elle...

Pierre arriva, ému, haletant, la lumière à la main...

Du seuil, il vit le visage pâle et les yeux cerclés de bistre de la jeune fille..

Il comprit que la malheureuse avait perdu le sentiment, et son cœur se serra...

Il ne pouvait laisser s'accomplir l'acte cruel qu'avait projeté sa mère...

Et il s'élança pour refermer la lucarne.

La Frochard l'arrêta au passage, se cramponnant de ses deux mains à son bras :

— Ousque tu vas ? lui cria-t-elle...

Et dardant des yeux pleins de haine sur son fils :

— J'veux que le zéphir la chatouille, c'tté dormeuse, moi ; c'est mon idée, l'avorton, et faut pas que tu te figures que c'est toi, bancroche, qui m'empêcheras d'en avoir des bonnes idées !..

— Mais ! hasarda Pierre, tu vas la faire mourir de froid...

— C'est-y ton affaire, l'honnête homme ?..

— Non !.. mais...

— Mais je veux qu'elle se réveille, moi ?...

Alors, pour éviter que sa mère portât, de nouveau, ses mains sur la pauvre fille, le rémouleur posa la lumière à terre et, s'agenouillant devant l'aveugle, il essaya, à son tour, de la faire revenir à elle...

La syncope continuait, à la grande rage de la Frochard...

— Attends !.. attends !.. s'écria-t-elle ça n'suffit pas d'lui bassiner les draps, alors j'vas lui trouver qué que chose de plus fort.

Et s'adressant à Pierre :

— L'avorton ! s'écria-t-elle, vas m'chercher la bouteille d'eau-de-vie... C'est du vulnéraire, ça va lui ranimer le cœur...

Le pauvre garçon aurait bien voulu refuser d'obéir à cet ordre...

Mais la mendiante le saisit par le collet et le poussa sur l'escalier, en lui disant :

— T'es bien heureux encore que j'veuille ben lui donner du nanan à cett' *ostinée* !..

Pierre rapportait la bouteille.

La Frochard avait d'une main soulevé la tête de l'aveugle et, profitant de ce que la patiente avait les lèvres entr'ouvertes, elle y plaça le goulot de la bouteille d'eau-de-vie, et laissa couler lentement l'alcool dans la bouche de Louise...

Le liquide corrosif ranima violemment la sensibilité...
L'aveugle poussa un cri déchirant..
Elle voulut se lever; mais les mains d'acier de la mendiante la maintinrent couchée sur le grabat..

— Mon Dieu !.. mon Dieu !... s'exclama la pauvre Louise, venez à mon secours...

Et, d'une voix désespérée, elle se mit à crier :

— Henriette!... ma sœur!... Viens!... viens!... Je ne veux pas mourir ici!...

Un ricanement cynique l'interrompit :

— Plus souvent qu'elle va vous entendre vot'sœur !... Pour cela, faudrait pas faire la *feignante* et pas refuser d'aller...

— Mendier ? fit Louise avec exaltation, jamais !... Non, quoique vous fassiez, à quelque supplice que vous me condamniez, jamais, Madame, vous n'obtiendrez de moi que je m'avilisse à ce point...

— *Avilisse*, qu'est-ce c'est que ce mot là, s'il vous plaît ?

Et saisissant le bras de l'aveugle.

— J'suis donc *avilite*, moi... la cyclope ?

Elle secouait la pauvre aveugle, tout en continuant de l'invectiver, jusqu'à ce que Louise, à bout de force, se laissa tomber sur les genoux.

Alors l'ignoble femme eut une inspiration féroce...

Comme Louise grelottait et que, déjà à plusieurs reprises, elle avait eu un frissonnement de tout le corps, la Frochard dit en la narguant :

— Ah ! vous avez trop chaud, la belle, à ce qu'y paraît ; fallait donc l'dire que vos fourrures vous étouffaient. J'ne veux pas que vous vous laissiez suffoquer, et j'vas vous mettre à vot' aise...

Le rémouleur, arrêté au seuil du galetas, regardait toute cette scène d'un air plein de stupeur.

Malgré sa timidité, Pierre ne put contenir un mouvement de colère...

La Frochard s'était, en effet, approchée de sa victime et, de ses doigts crochus, elle la déshabillait...

Voyant l'attitude du rémouleur, l'odieuse créature lui cria.

— Qué qu'tu fais là, l'avorton!... C'est-y de la décence d'assister au déshabiller d'une jeunesse ...?

Et elle ajouta méchamment :

— C'est pas une raison parce qu'elle ne peut pas te voir, pour que tu la reluques, comme tu fais, des pieds à la tête... Allons, fiche-nous le camp d'ici, bancroche...

Louise avait entendu ; mais ses idées s'égaraient...

Après le traitement inique qu'on lui avait fait subir, elle s'attendait à tout de la part de cette femme qui s'était donné le rôle de bourreau...

Lorsque la Frochard lui eut arraché un à un tous ses vêtements, pour ne lui laisser que sa chemise et un court jupon qui ne lui garantissait que la moitié des jambes, elle se laissa dépouiller sans protester...

Ses dents claquaient...

Tout son corps, pris d'un insurmontable tremblement, se tordait sous les atteintes violentes du froid...

Par un sentiment de pudeur, elle porta vivement ses deux mains sur sa poitrine nue que la bise venait effleurer de son souffle glacé...

— Là, nous v'là plus à not'aise à cett'heure, n'est-ce pas, la belle... S'il vous prenait fantaisie de vous décider à chanter, faudrait m'en prévenir. En attendant, j'vas dans ma chambre bien chaude...

Au revoir, j'attendrai que vous ayez fait de bonnes réflexions... J'ai de la patience, moi, et je vous prouverai, en attendant, la belle, que j'ai meilleur cœur que vous...

Et comme, saisie par le froid, elle avait à son tour ressenti un frisson, la mendiante prit la bouteille d'alcool dont elle porta vivement le goulot à ses lèvres.

Puis elle quitta le grenier.

Pour la seconde fois, Louise entendit la clef grincer dans la serrure, et ce bruit du fer contre le fer eut un écho douloureux dans son cœur...

Elle eut conscience alors de toute l'étendue de son malheur ; en vain essayerait-elle de se persuader que l'horrible femme qui la martyrisait changerait de conduite à son égard...

Elle ne pouvait plus douter, au contraire, que la mendiante n'abandonnerait son système de cruauté que le jour où elle aurait vaincu ce qu'elle appelait son obstination et son ingratitude envers sa bienfaitrice.

L'aveugle éprouvait maintenant des souffrances physiques qui allaient l'emporter sur les tortures morales.

Abandonnée sans pitié dans ce grenier ouvert à tous les vents, par une nuit glaciale, elle ne put que s'accroupir sur le grabat que, sans doute, sa persécutrice lui avait laissé, non par pitié, mais par oubli...

Elle se tint ainsi jusqu'à ce que, ses forces étant épuisées, elle n'eût plus même la sensation de sa douleur...

Et pendant que Louise se recommandait, dans une suprême prière, à la Providence, en bas, dans ce repaire de louve, la Frochard achevait de vider la bouteille d'alcool, donnant à Pierre qui, hélas ! y était habitué depuis longtemps, le spectacle d'une écœurante ébriété.

Et cependant, cette fois, le rémouleur souhaitait cette ivresse qui l'avait tant de fois révolté!

Il la désirait, il l'appelait même, parce que ce n'était qu'à cette condition d'être absolument abrutie et intoxiquée, que la mendiante laisserait, pensait-il, un peu de repos à sa victime...

Il se la représentait, presque nue, exposée à la rigueur de cette température glaciale...

Il la voyait se tordant, appelant à son secours, puis après ne trouvant plus la force de crier ; mourante de faim et de froid.

Il lançait alors d'étranges regards à cette femme qui l'avait porté dans son sein, et qui ne lui inspirait, ni affection, ni respect.

Et, tout en demeurant calme en apparence, il éprouvait de terribles commotions internes, ce timide...

Il y avait dans le feu qui pétillait dans ses yeux comme l'annonce d'une révolte possible...

S'il avait eu, en ce moment, un éclair de courage, si le sang lui eût afflué au cerveau, et qu'il n'eût pas eu le temps de se reconnaître, le rémouleur eût enjambé ces quelques marches qui le séparaient de sa protégée ; il eût enfoncé à coups d'épaule cette porte du grenier devenu cachot ; et, terrible autant qu'il avait été, jusqu'à ce jour, faible, inoffensif et lâche, il eût enlevé dans ses bras cette jeune fille qu'il fallait arracher à des misérables, et il l'eût emmenée loin de ce taudis infâme...

Pierre, au lieu de cette énergie, ne trouva, dans sa nature craintive, que de misérables ressources...

Il se glissa comme un félin, tout le long du mur, et allait s'engager sur l'escalier lorsqu'un sonore ronflement de la Frochard le cloua sur place...

Alors, il s'assit sur la première marche et, la tête appuyée sur les mains, il se lamenta...

Abîmé dans son impuissante douleur, il demeura immobile à deux pas de cette chambre dont il n'osait franchir le seuil, et dans laquelle une infortunée subissait une lente et terrible agonie...

Et cependant Pierre avait ruminé depuis le matin un projet, dont la réalisation possible avait, ainsi que nous l'avons dit précédemment, amené un sourire sur son visage.

Son but était de profiter pour revenir auprès de l'aveugle, de l'heure où sa mère avait l'habitude d'apporter, chaque jour, à Jacques le produit des aumônes récoltées pendant la matinée.

La scène de violence à laquelle il avait assisté provoquait en lui une impression de profonde tristesse, en même temps qu'elle faisait naître en son esprit de cruelles appréhensions.

La Frochard n'allait-elle pas l'emmener avec elle, toute la journée, pour l'avoir continuellement sous les yeux?

Ou bien ne le dénoncerait-elle pas à Jacques, comme ayant des intentions trop bienveillantes pour la pauvre prisonnière?

Avec quelle impatience il attendait le jour, sachant que sa mère ne manquerait pas de sortir de bonne heure, afin d'aller mettre Jacques au courant de ce qui s'était passé depuis qu'on ne l'avait vu!...

Mais ni lui, ni l'infortunée à laquelle il songeait en ce moment, ne pouvaient se douter des nouvelles cruautés que la Frochard avait ruminées.

. . . .

Dès l'aube, la voix de la mendiante s'était fait entendre, comme la veille, avec de violentes intonations.

Le sommeil hanté de cauchemars n'avait rien changé aux dispositions de cette femme.

Elle s'élança vers le grenier dans l'intention de réveiller brusquement l'aveugle et de lui donner une émotion de plus.

Mais depuis longtemps Louise avait cessé de dormir.

Pendant toute cette nuit de torture, la fièvre l'avait tenue agitée, grelottante.

Elle avait, durant d'interminables heures, éprouvé toutes les tortures qui se puissent imaginer, ne trouvant de soulagement que dans la prière, sans cesse recommencée!...

La Frochard avait cogné à coups de poing à la porte, et elle avait crié à Louise :

— Eh ben, mam'zelle la duchesse, maintenant que vous avez passé bien douillettement la nuit, faudrait peut-être déjeuner un brin...

Et avec ironie :

— Qu'est-ce que votre estomac vous conseille?... Avez-vous réfléchi qu'il vaut mieux roucouler du matin au soir, plutôt que de rester à jeun?...

Au son de cette voix exécrée, l'aveugle se releva.

Elle n'eut pas un instant d'hésitation.

Sa conscience lui disait qu'il fallait résister encore, résister toujours aux volontés de la mégère....

Louise garda le silence.

De l'autre côté de la porte, la Frochard ricanait :

— Rien? Eh ben c'est dit. Voilà le déjeuner réglé, mam'zelle l'*ostinée*, ça ne sera pas long à digérer...

Puis après un court moment de silence :

— Je m'en vas, je reviendrai tantôt, ma petite, pour savoir si vous voulez changer le menu de vot' dîner...

Et Louise l'entendit qui s'éloignait, en faisant craquer, sous ses pas alourdis, les marches de l'escalier...

Un instant après la Frochard criait au rémouleur :

— En route, l'avorton ! Faudra travailler double, *feignant*, puisque le rossignol de là-haut ne veut pas encore débuter dans l'métier...

La porte du taudis s'était refermée...

Tout à coup, au moment où elle allait s'abandonner complètement à son désespoir, Louise entendit un cri qui lui arrivait de la rue...

Pierre s'égosillait à pousser sa phrase habituelle :

— « A repasser les couteaux, ciseaux, canifs, à repasser les couteaux ! »

Et elle se disait :

— Voilà mon unique protecteur qui s'éloigne.

Etonnée de l'animation qu'elle remarquait sur les traits et dans les accents de son fils, la mendiante lui dit :

— Ah ça, l'avorton, pourquoi que tu t'égosilles comme si tu voulais réveiller saint Médard dans sa niche de la rue Mouffetard ?

Pierre ne répondit pas ; mais pour la seconde fois, il poussa, plus vigoureusement encore, le cri de son métier : — « A repasser les couteaux, ciseaux !... »

Louise, par la lucarne entr'ouverte, entendit que la voix s'éloignait toujours.

Elle se laissa tomber à genoux, et joignit les mains... — Avec lui pensa-t-elle, s'éloigne aussi mon unique espérance.

La première journée de séquestration commençait pour elle...

Après le départ de son bourreau, la victime avait élevé son âme vers Dieu...

Elle lui avait demandé la force de subir, sans défaillance, l'épreuve terrible à laquelle elle se condamnait elle-même plutôt que d'accepter la dégradation qu'on voulait lui imposer.

Tandis que Louise passait ainsi par toutes les phases de la douleur, la mendiante s'était mise en route de fort mauvaise humeur...

Elle maudissait l'entêtement de sa victime, prévoyant que la recette serait, ce jour-là, plus faible encore qu'elle ne l'avait été la veille.

Arrivée au bout de la rue de Lourcine, elle avait quitté Pierre en lui recommandant de travailler sans relâche :

— Tu nous rejoindras ce soir seulement, au carrefour du quai Conti, lorsque ta journée sera finie, dit-elle, parce qu'il faudra que tu rendes tes comptes au « chérubin ... »

...Et sans doute, grommelait-elle, qu'y ne sera pas content, lui qui se fiait à cette maudite *ostinée* pour régaler son troupeau de camarades !... Et v'là que la recette ne va pas donner...

Puis, se souvenant des rebuffades dont les passants la gratifiaient depuis quelque temps, la vieille mendiante murmurait, aigrement, entre ses lèvres crispées :

— « On ne veut plus donner aux vieilles et pour qu'elles ne crèvent pas de faim, les vieilles, faut forcer les jeunes de mendier à leur place.

L'ordre que venait de formuler la Frochard était une façon de dire au rémouleur qu'il eût à se contenter de déjeûner d'un morceau de pain, et cela sans se déranger de son travail...

Après avoir quitté Pierre, elle s'était mise à marcher avec une agitation fiévreuse, ruminant contre l'aveugle de cruels sévices.

Dans l'état d'abrutissement où elle se trouvait, cette ignoble créature n'avait, avons-nous dit, trouvé rien de mieux que de condamner la jeune fille qu'elle voulait dompter au supplice de la faim...

Elle avait échoué contre la résistance de Pierre, lorsque celui-ci, dans son enfance, s'était formellement refusé à demander l'aumône aux passants.

L'enfant estropié avait déclaré qu'il se laisserait rouer de coups, qu'il mourrait enfin plutôt que de consentir à tendre la main et à mendier comme le faisait sa mère.

Et la Frochard avait dû céder, mais en contraignant Pierre de travailler pour subvenir aux besoins de la famille.

Tel n'était pas le cas à propos de Louise.

Il était inutile de garder aucun ménagement vis-à-vis d'elle, puisque — comme l'eût infailliblement fait Pierre, — il lui était impossible, aveugle comme elle l'était, de prendre la clef des champs...

Et la mendiante ne doutait pas un seul instant que l'expérience qu'elle faisait sur la jeune fille dût forcément aboutir au résultat qu'elle attendait.

Ce n'était, pensait-elle, qu'une question de quelques heures... ou de quelques jours !!...

Aussi allait-il lui tarder, — pendant toute cette journée, — que le soir fût venu, pour s'assurer de l'état d'esprit dans lequel se trouverait sa prisonnière.

. . . .

Midi sonnait lorsque la Frochard, débouchant du Pont-Neuf, vit son

Il le saisit à bras le corps. (P. 379.)

« chérubin » planté devant la porte du cabaret où il avait l'habitude de prendre ses repas.

— Eh bien, la mère, s'informa-t-il, en abordant la mendiante, qu'as-tu fait de ta pensionnaire ?

— Elle boude !..

— En v'là une *feignante* ?

Et changeant brusquement de ton :

— Faut perdre ça au coin d'une rue, si ça ne veut pas travailler... C'est une bouche inutile !...

— Perdre ça !.. y penses-tu ? s'exclama la mégère... Un gagne-pain de première qualité !.. Et qui pleure à volonté !... Perdre mon aveugle ! ça ne serait pas à faire, mon amour !.. Je ferais, comme qui dirait, une fichue opération commerciale puisqu'elle peut, — si elle se soumet, — rapporter son pesant de pièces blanches...

— Alors, déclara Jacques en fronçant les sourcils, faut qu'elle travaille. Il le faut...

— Elle travaillera, mon chérubin !

— Tu aurais dû la traîner de force avec toi, la mère !..

— Oui da, mon bien-aimé, pour qu'elle se mette à piailler comme une pie borgne !.. Et qu'elle m'attire des désagréments avec les curieux de la police ?

Et voyant que le visage de Jacques se renfrognait, elle s'empressa d'ajouter :

— Moi, vois-tu, j'suis pas pour les moyens de rigueur !...

...Elle voulait pas sortir, j'lai laissée !...

... Seulement, j'n'lui ai rien donné à s'mettre sous la dent de toute la journée !...

Puis, fouillant dans la poche de sa robe effilochée :

— Je l'ai enfermée au grenier... Et, v'là la clef !..

Jacques était ce jour-là, d'assez bonne humeur. Il prit la clef et se contenta de dire :

— Ecoute, la mère, j'ai mon idée, et elle est bonne.

— Laquelle, mon bel homme ?

— Il faut agir tout de suite, et avec énergie.

— Attends encore un peu, nous verrons si son estomac ne parlera pas assez haut pour vaincre son entêtement.

— J'irai, en passant, m'informer de ça, dit Jacques en prenant la clef du grenier.

Sur ce propos, les deux misérables s'étaient séparés.

Jacques enfila la rue Dauphine en sifflant un refrain populaire.

La Frochard se remit à mendier, suivant chaque passant, en marmottant son boniment, toujours le même.

. . . .

De son côté, le rémouleur n'avait pas perdu son temps.

Il s'était hâté de courir la pratique. Par bonheur, ce matin-là, la besogne avait donné ferme, et le brave garçon avait, en les encaissant sou par sou, mis de côté plusieurs pièces d'argent qu'il destinait à l'achat de quelques vivres qu'il se proposait d'apporter à Louise...

Lorsqu'il arriva au taudis, à peine en avait-il franchi le seuil qu'il se sentit profondément ému à la pensée de la malheureuse créature qui était enfermée là, et du supplice que lui infligeait sa mère.

Il s'arrêta devant la porte du grenier...

Un bruit de sanglots parvint jusqu'à lui.. Il ne put se contenir plus longtemps.

— Ne pleurez pas, Mam'zelle ! s'écria-t-il..., me voilà. J'accours afin d'essayer de vous venir en aide.

— Ne pleurez pas, ajouta-t-il avec émotion, s'il m'est impossible de vous rendre la liberté, je veux, du moins, adoucir vos souffrances.

— Hélas ! que pourrez-vous pour moi ?

— D'abord vous épargner le supplice de la faim. J'apporte tout ce qu'il faut pour cela.

— Vous pouvez donc ouvrir la porte de ma prison ?

— Non, mais en grimpant sur le toit, j'arriverai à la lucarne de ce grenier où vous êtes enfermée et, par là, je vous ferai passer les provisions que je me suis procurées.

— N'allez pas vous exposer, monsieur Pierre, vous êtes, maintenant, mon seul appui, mon unique défenseur et je n'oublierai jamais la généreuse pitié que vous m'avez témoignée.

— Ne parlez pas ainsi, Mam'zelle, vous ne me devez pas de reconnaissance. — Est-ce que ce n'est pas mon devoir de tâcher de réparer le mal que vous fait endurer ma mère ?

Attendez-moi, je cours grimper sur le toit et, dans un instant, je...

Sa voix s'éteignit tout à coup, glacée par l'épouvante. En tournant sur lui-même au moment où il se disposait à descendre l'escalier du grenier, Pierre se trouvait en face de son terrible frère.

Celui-ci, les bras croisés sur la poitrine, les yeux enflammés et le visage contracté par la colère, laissait assez comprendre qu'il avait tout entendu.

Sans proférer une parole, il gravit lentement les marches de l'escalier et lorsqu'il fut arrivé à portée du malheureux infirme qui tremblait de tous ses membres, il le saisit à bras le corps, l'enleva au-dessus de la rampe et le laissa retomber lourdement à terre.

Pierre jeta un cri déchirant, un cri de souffrance et de désespoir.

Un sourd gémissement, parti de l'intérieur du grenier, répondit à ce cri.

Louise avait compris qu'un malheur venait de frapper son unique protecteur et que, sans doute, de nouvelles souffrances allaient fondre sur elle.

Jacques Frochard gravit alors les quelques degrés qui le séparaient de la porte. Il l'ouvrit à l'aide de la clef que lui avait remise sa mère et, s'adressant à la malheureuse aveugle.

— Il faut obéir à ce qu'on exige de vous, lui dit-il d'une voix rude.
— Jamais, Monsieur. Jamais.
— Il le faut.
— Non, vous dis-je.
— Eh bien ! nous reviendrons dans deux jours.
— Deux jours ! s'écria Louise avec épouvante.
— Dans deux jours, pas avant, et vous nous ferez connaître alors votre réponse... définitive.

Jusque là, n'espérez rien de nous ni de *personne*, ajouta-t-il, s'adressant, cette fois, d'un air menaçant à son frère, qui gisait tout meurtri sur le sol.

Quelques instants après il s'éloigna, forçant Pierre de se relever et de le suivre.

Et Louise entendit que de nouveau la clé grinçait, par deux fois, dans la serrure.

IX

L'aveugle écouta encore pendant quelques instants, haletante, succombant à l'angoisse.

Les menaçantes paroles de Jacques Frochard ne lui avaient pas laissé de doute.

Le dernier espoir qui l'avait soutenue s'était envolé, lorsque Jacques avait formulé une menace contre son frère, surpris en flagrant délit de compassion pour la prisonnière.

Elle comprenait qu'elle ne devait plus attendre aucun secours de ce brave garçon qu'on allait surveiller étroitement.

— Dans deux jours, répétait-elle, dans deux jours !... Eh bien ! lorsqu'ils reviendront je serai morte.

Dieu m'aura rappelée à lui.

Était-ce bien la peine, après tout, de regretter cette lamentable vie qu'elle avait menée jusqu'alors ?

Que de larmes répandues, que de douleurs accumulées dans cette existence cependant si courte encore !

L'infortunée s'absorba tout entière dans le souvenir de son passé.

Elle en parcourut, par la pensée, chacune des cruelles étapes.

C'était d'abord la mort de son père adoptif.

Elle se revoyait accompagnant en pleurant son sauveur que l'on portait au cimetière, et que suivait une foule recueillie...

Elle marchait derrière le cercueil, à côté d'Henriette. Et, comme celle-ci, elle portait le voile noir des orphelines...

Puis, plus tard, elle se retrouvait auprès de madame Gérard, dans cette promenade à travers les bois et les blés... faisant gaîment la chasse aux libellules...

C'était un jour de joie passagère... et c'était le dernier.

Ce jour-là, en effet, elle avait perdu, subitement, la vue.

Elle se souvenait enfin de la mort de Mme Gérard... Elle avait pleuré, comme on pleure une mère, cette sainte femme qui avait réuni, sous sa bénédiction d'agonisante, les deux êtres qu'elle laissait abandonnés sur terre...

Et lorsqu'elle s'était agenouillée, à côté d'Henriette, sur cette pierre où reposaient Gérard et sa femme; lorsqu'elle avait senti que la main de sa compagne éplorée saisissait la sienne pour une fraternelle étreinte, oh! ce jour-là, elle avait reporté sur l'amie qui devenait sa sœur, son guide dans la vie, tous les sentiments de tendresse et de reconnaissance qu'elle avait voués à ses bienfaiteurs !.

Et voilà que ce dernier appui, ce guide si affectueux, si tendre et si dévoué, venait de lui être arraché et gémissait comme elle, peut-être, dans quelque prison.

Les heures s'écoulaient lentes et douloureuses, et la pauvre Louise, bien que torturée par la faim, attendait, ferme et résolue, le terme de ses souffrances et le terme de sa vie.

Ah! la Frochard s'y connaissait en matière de supplices à infliger pour vaincre la résistance d'une victime. Elle savait que la faim qui annihile les forces physiques, laisse le patient désarmé contre la colère de son bourreau...

Elle pensait, l'ignoble mégère, que la lutte se prolongerait peut-être, mais que la réalisation de sa criminelle combinaison ne tenait qu'à une question de temps...

Mais elle avait, dans son infernal calcul, compté sans l'énergie, sans la force morale d'une enfant.

Elle ne pouvait se douter, cette femme sans entrailles, qu'il existât des âmes créées pour le martyre, qui résistent à toutes les souffrances, bravent tous les supplices et s'envolent, radieuses, sans avoir faibli...

Elle ignorait, la misérable, en prononçant le terrible verdict qui condamnait Louise, que cette chaste et pure créature demeurerait inflexible devant la mort... et la faim trompait ses prévisions.

Mais le hasard, ou peut-être la Providence qui ne voulait pas que la douce jeune fille se laissât mourir, sembla seconder les projets de l'odieuse furie.

. . . .

Tout un jour venait de s'écouler pour la pauvre résignée au milieu de tortures sans nom.

La faim déchirait ses entrailles la soif brûlait sa gorge desséchée. La fièvre faisait bouillonner avec force tout le sang de ses veines, et le délire allait envahir son cerveau, lorsque l'ange des désespérés vint frôler de son aile le grabat de cette martyre résignée.

Un calme soudain se fit en elle, ses yeux, qu'une fièvre ardente tenait fixes et tout grands ouverts, se fermèrent doucement et l'enfant s'endormit.

Elle se vit parcourant les rues de Paris au bras de la Frochard.

L'idée lui était venue, puisqu'on lui ordonnait de chanter pour attirer l'attention des passants, de choisir une chanson bien connue de leur enfance, à elle et à sa sœur.

Cette chanson, qu'elle avait redite tant de fois en travaillant :

« Oh ! ma tendre musette,
« Musette, mes amours,
etc. etc.

Chaque jour, dans son rêve, elle parcourait quelque nouveau quartier, répétant toujours sa chanson et criant, après chaque couplet : « Henriette, m'entends-tu ? C'est moi, Louise, ta sœur, m'entends-tu, Henriette, m'entends-tu ? »

Et voilà qu'un matin une croisée s'ouvrait tout à coup... un cri répondait à son appel !

Un cri de bonheur et de délivrance !

— « Louise ! ma bien-aimée ! » me voilà ! me voilà... J'accours !..

Et cette voix elle la reconnaissait, c'était celle d'Henriette !...

Alors elle s'arrachait des bras de la mendiante ; et, le cœur bondissant, les mains tendues vers sa sœur, elle poussait l'exclamation de joie folle que la vue d'une voile à l'horizon arrache au naufragé...

Et elle s'écriait à son tour :

— « Henriette !.. Sauve-moi !... Sauve-moi ! »

Lorsque ses yeux se rouvrirent :

— « C'est peut-être un avertissement du ciel », pensa-t-elle.

Elle se dit qu'elle n'avait plus le droit de fermer l'oreille aux appels de son corps aux prises avec les spasmes douloureux de la faim, car la souffrance se déclarait plus forte que sa résolution, l'effarement et la terreur plus forts que son courage...

L'espérance lui avait suggéré la pensée de vivre, et la vie, en elle, criait maintenant contre les tortures volontairement acceptées.

Après l'interminable journée, l'aveugle eut comme l'instinct que la nuit avait commencé, et que cette nuit serait peuplée, pour elle, des hallucinations qu'enfante la faim dans les imaginations en délire.

Alors, aussi, elle pensa que la Frochard allait revenir; que ce reptile se glisserait de nouveau auprès d'elle; qu'elle sentirait le contact de cette main calleuse et l'étreinte de ses doigts noueux, durs comme des griffes; qu'elle entendrait cette voix rauque vociférer de nouvelles menaces....

L'épuisement succédait aux spasmes...

Après la souffrance aiguë, l'anéantissement prolongé; après l'exaltation du cerveau, le sommeil de la pensée....

La patiente tomba, inerte, sur le grabat, dans une sorte de somnolence des sens...

Il y a de ces soulagements léthargiques dans le drame de la faim !

Pendant l'heure qui suivit, Louise n'eut pas conscience de ce qui avait pu se passer dans la masure.

Elle n'avait pas entendu la Frochard qui, frappant à la porte du grenier, lui avait crié :

— « Eh ben, la duchesse, a-t-on suffisamment digéré l' déjeûner, et veut-on souper un brin ?

Elle n'eut pas conscience de ce que la hideuse créature lui crachait, à travers la porte, d'horribles imprécations.

Elle ne sut pas que Pierre avait tenté l'impossible en essayant d'attendrir la vieille hyène en fureur, et que, pour toute réponse, le malheureux garçon avait été odieusement menacé de la colère du « chérubin ».

Vaincue par l'épuisement, elle était demeurée immobile, anéantie, sur le grabat, et l'esprit assoupi dans les ténèbres de la syncope.

Et la nuit avait continué lentement, cruellement, l'œuvre de la journée sur cette nature frêle et délicate soumise à une épreuve au-dessus des forces humaines.

Lorsque la douleur eut eu raison de l'engourdissement, que l'aiguillon de la faim eut provoqué le terrible réveil, Louise entra subitement dans la période où les nerfs se révoltent contre l'abstinence, où tout le sang proteste avec des violences extrêmes de pulsations aux artères, où la respiration se saccade dans les poumons sans air, où des tumultes bruissent dans le cerveau.

Dans ces heures de supplice, chaque minute ajoute une douleur nouvelle à cent autres douleurs.

Dans ces heures d'angoisses, chaque seconde marque une étape de l'interminable martyre !

Que de sanglots étouffés dans le cœur qui se serre ! Que de larmes versées, qui ne parviennent pas à noyer le désespoir accomplissant implacablement son œuvre !

Et, à présent que le sommeil a fui sans retour, à l'engourdissement des muscles, à la prostration, a succédé la fièvre qui met le délire dans l'esprit et du feu dans la poitrine.

C'est cette fièvre de l'inanition qui consume Louise, après cette nuit d'horreur, et martelle ses tempes, de mille coups assourdissants.

Et, le jour venu, le martyre continue pour l'infortunée que son bourreau n'a plus interrogé comme la veille, estimant que le désespoir et la souffrance physique n'avaient pas encore suffisamment broyé la victime....

La Frochard était partie, dès l'aube, chassant du taudis le rémouleur pour l'envoyer au travail dont la rémunération devait tomber dans la poche de Jacques.

Elle avait quitté la masure, sachant qu'elle y laissait sa proie à l'abri d'une tentative du dehors.

Elle s'en était allée grommelant de sinistres paroles à l'oreille de Pierre, pour enlever à celui-ci toute envie de s'occuper de l'aveugle et persuadée, qu'au retour, elle verrait la victime se traîner à ses pieds et demander grâce.

Et, pendant ce temps, Louise attendait, à genoux, la tête appuyée à cette porte du cachot, écoutant si l'implacable geôlière ne venait pas...

Elle était là, prêtant l'oreille à cette voix intérieure qui lui envoyait sans cesse le nom d'Henriette, comme une suprême ressource dans cette effroyable agonie...

Elle était là, vaincue, et n'attendant plus que le retour de l'ennemie acharnée, pour lui crier, dans un dernier accès de désespoir :

— « Pitié !.. Pitié !... Je vous obéirai !.. Emmenez-moi ! Je vous suivrai ! Je tendrai la main ! Vous avez vaincu mon corps et Dieu n'a pas voulu prendre mon âme !... Emmenez-moi, pour que je mendie ce pain que vous me refusez, parce que je ne peux pas vous le payer ! »

Elle attendait maintenant, prête à capituler devant la mendiante.

Mais l'épreuve n'avait pas assez duré !

Après la défaite de ses sens dans cette terrible lutte contre la faim, il était réservé à Louise de se morfondre dans une mortelle attente.

LES DEUX ORPHELINES

Monsieur Pierre, puisque nous sommes seuls pourquoi ne me parlez-vous pas? (P. 392.)

Il lui était réservé, à cette malheureuse, de vider jusqu'à la lie le calice d'amertume!...

C'était elle qui maintenant souhaitait de voir arriver le moment où elle ferait acte de soumission.

C'était la victime qui avait hâte de demander grâce à son bourreau...

Et la mégère n'était pas là pour triompher au spectacle de cette humiliation qu'elle avait voulue et préparée !

LIV. 49 — A. D'ENNERY. — LES DEUX ORPHELINES — J. ROUFF ET Cⁱᵉ, ÉDIT. — TOUS DROITS RÉSERVÉS — LIV. 49

Le supplice continuait plus terrible, plus insupportable, depuis que la patiente espérait la délivrance...

Elle se poursuivait, cette épreuve inouïe, alimentée par l'impérieux besoin de vivre qui s'imposait à présent à la désespérée, depuis que — dans son esprit aux abois — bourdonnaient sans cesse ces mots : « Louise, ma sœur bien-aimée, me voilà ! me voilà ! »

Elle avait voulu prier, mais son esprit s'égarait dans des incohérences de pensée. Les phrases restaient inachevées sur ses lèvres fiévreuses. La somnolence ou plutôt l'anéantissement arrivait au milieu de la prière.

Et cependant le corps luttait contre l'épuisement.

Pendant ces interminables heures, l'aveugle se morfondit à attendre le retour de la mendiante, comme un signal de délivrance.

. . . .

L'horrible supplice avait ainsi achevé son œuvre sur la volonté de Louise, lorsque la porte du taudis grinça tout à coup sur ses gonds.

X

C'était la Frochard qui rentrait.

La journée avait été mauvaise, car la mendiante s'emportait en de nouvelles invectives contre les riches.

Elle accablait de menaces le rémouleur qui, comme d'habitude, l'avait accompagnée au retour.

Pierre ne répondant mot, la mégère continuait, sur le ton irrité qu'elle ne quittait plus, depuis l'obstination de l'aveugle :

— T'as donc un fameux poil dans la main, l'avorton, qui t'empêche de repasser les couteaux !...

Sans compter, s'écria-t-elle, que tu nous as volé de l'argent, l'honnête homme, pour acheter des douceurs à c'tte princesse qu'est là-haut !..

Pierre eut un tressaillement.

Il voulait éviter que Louise entendît. Et comme l'énergumène continuait à élever de plus en plus la voix, le pauvre garçon joignit les mains, avec un regard suppliant :

— Oh ! pas si haut, la mère !

— Faut-y pas que je prenne des mitaines à c'tte heure, pour parler de cette coquine ?

— Mère.... elle va entendre ! balbutia le rémouleur en implorant de nouveau.

— Ah ! graine de caffard ! hurla la mendiante, tu voudrais que je cache ma façon de penser ?.. Tu vas voir, pour lors....

Et comme Pierre, redoutant une scène, s'était placé entre sa mère et l'escalier, la Frochard le saisit par le bras et l'envoya trébucher dans un coin.

Puis, les deux poings sur les hanches, l'ignoble créature se mit à crier :

— Si tu t'es fourré dans ta vilaine tête d'avorton que tu me ferais donner mon pain à cett' *ostinée*, — mon pain que j'ai tant de mal à gagner, — faudra te défaire de c'tte idée-là...

— Mais, insista le rémouleur, il y a deux jours qu'elle...

— Eh ben quoi ! interrompit la veuve du supplicié,... demain ça fera trois !.. je te l'ai dit : qu'elle cède ou qu'elle crève.

S'élançant alors sur l'escalier, elle arriva, hideuse de colère, les yeux injectés, à la porte du grenier...

Pierre l'avait suivie en tremblant.

D'un coup de coude dans l'estomac, la mégère le fit rétrograder.

Le malheureux rémouleur se cramponnait à la rampe pour ne pas culbuter.

Il entendit un gémissement qui partait de la soupente.

Et tout bas :

— Elle râle ! murmura-t-il douloureusement.

Mais déjà la Frochard cognait à grand coups de poing contre la porte en criant :

— Est-ce qu'on dort là-dedans, la duchesse ?.. Si la digestion vous fatigue, faudra le dire,... on vous mettra à la bonne diète...

Puis, grossissant sa voix de rogomme :

— A-t-on réfléchi, l'*ostinée?*... et c'est-y pour aujourd'hui ou pour demain ?

Pierre attendait avec anxiété la réponse.

Les doigts crispés sur sa poitrine, il s'enfonçait les ongles dans les chairs...

Il se maudissait d'être lâche, de n'avoir pas l'audace de dire à cette forcenée :

— « Nous n'avons pas le droit de séquestrer ainsi cette enfant, nous n'avons pas le droit de laisser mourir de faim une malheureuse qui s'est fiée à nous... Allons, arrière, la mère, je ne serai pas votre complice dans le crime que vous commettez !... arrière !.. je vais délivrer la jeune fille qui se meurt là de désespoir,... de faim !... Arrière, ou je brise cette porte, et je vous sauve, malgré vous, de l'infamie dont vous vous couvrez... »

Soudain la voix de Louise se fit entendre.

L'aveugle répondait à la question que venait de lui adresser la mendiante.

Et cette voix éteinte demandait grâce !...

— Pitié !.. Pitié !.. murmurait Louise au milieu des sanglots qui l'étouffaient... Pitié !

Un cri sauvage s'échappa de la gorge de la Frochard, cri de triomphe, et qui alla glacer d'effroi l'infortunée qui, affaissée sur les genoux et les mains tendues, suppliantes, répétait :

— Pitié !... Pitié, Madame !

Pierre, n'y tenant plus, était revenu à côté de sa mère.

— Mais ouvrez donc, ma mère, lui dit-il, puisque...

Il n'avait osé achever sa pensée...

La Frochard l'enveloppait d'un regard haineux.

— J'ouvrirai quand ça m'dira, l'avorton ! fit-elle sèchement .. c'est-y toi ou moi qui commande ici ?..

Et, répondant à l'exclamation de Louise :

— Si c'est d'la pitié contre rien du tout que vous réclamez, la p'tite, nous n'tenons pas de c'tte marchandise-là dans la famille des Frochard...

— Oh ! Madame,... Madame,... ouvrez-moi !.. continuait à supplier l'aveugle.

— N'y a rien qui presse, la duchesse, faut que je sache d'abord à quelles conditions...

— Je souffre !.. je meurs !.. sanglotait la patiente... je suis prête à accomplir le sacrifice...

Et elle ajoutait, se parlant à elle même :

— Mon Dieu !.. soutenez-moi dans cette cruelle épreuve...

— Ça, c'est mon affaire de vous soutenir, glapit la mendiante....

Puis vivement :

— Alors, vous acceptez ?

Il y eut une seconde de silence pendant laquelle le cœur du rémouleur battit bien fort...

Enfin la réponse arriva..

— Je vous obéirai !... dit Louise.

— Pour m'obéir comme je l'entends, reprit la Frochard en élevant la voix au diapason de la menace, faudra que vous vous décidiez à tendre la main, sans barguigner !... Faudra demander à toutes les caffardes au sortir de la messe ; faudra les suivre sans s'arrêter aux refus, aux bourrades... faudra prendre l'air souffrant, malheureux, et pleurer !.. pleurer ferme... c'est le fond du métier pour une bonne mendiante.

Et durement, après une pause :

— Alors, c'est ben convenu, nous allons mendier ensemble.

Louise exhala un sourd gémissement...

Et, d'une voix éteinte.

— Je... vous obéirai, balbutia-t-elle.

La Frochard ouvrit la porte.

Elle saisit le bras de l'aveugle, comme une hyène se précipite sur la proie longuement convoitée.

Et, entraînant Louise par le petit escalier, elle l'amena au rez-de-chaussée.

Elle la fit s'asseoir sur un escabeau.

Puis, toute rayonnante de son odieux triomphe, elle dit à sa victime, muette de honte :

— Vous v'là donc soumise et obéissante !... C'est pas malheureux, la belle !

Louise, accablée, demeurait silencieuse ; elle était, en ce moment, en proie à l'un de ces spasmes dont elle avait déjà éprouvé cruellement l'effet, pendant les mortelles journées d'abstinence qu'elle venait de subir.

Pierre ne se contint plus.

— Mère, dit-il en montrant la patiente, regardez-la donc,... elle souffre !..

Et s'approchant de la mégère, il ajouta dans un murmure :

— Elle a faim !.. bien faim... et puisque...

— Puisque quoi ?

— Puisqu'elle consent à tout... même à...

Et le brave rémouleur formulait sa pensée par le geste d'une personne qui tend la main pour implorer la charité.

Et cette main d'honnête homme tremblait...

La Frochard eut un regard louche.

Après avoir accepté, sans restriction et comme absolument sincère, la soumission de la victime, cette odieuse créature se prenait à avoir des soupçons...

— Oui, elle consent, dit-elle, mais si elle allait me jouer un tour !

...On n'sait plus à qui se fier dans ce monde !.. Et si, une fois sortie avec moi, elle allait nous échapper....

— Puisqu'elle est aveugle, répondit Pierre.

— C'est-y une raison pour qu'elle s'mette pas à piailler tout le long des rues, afin d'nous faire remarquer par les agents de la prévôté ?...

Ce bout de dialogue s'était échangé entre le fils et la mère, dans un coin du taudis et à voix basse, afin que l'aveugle n'en pût rien entendre.

Au surplus, dans l'état d'anéantissement où elle se trouvait, la malheureuse ne prêtait guère attention à ce qui pouvait se passer autour d'elle.

L'épreuve avait, pour cette nature si fragile, dépassé les limites au delà desquelles il n'y a plus que la prostration, l'agonie lente, la mort...

Aussi n'avait-elle pas bougé lorsque la Frochard avait pris brutalement à partie le rémouleur parce que celui-ci s'apitoyait sur l'état de souffrance de la jeune fille.

— C'est bien arrêté, dit la Frochard, je veux des garanties.

— Des garanties, ma mère? hasarda timidement Pierre.

— Mais oui... je n'entends pas donner la pâtée à une piailleuse qui s'en irait raconter son histoire en public...

La Frochard avait élevé le ton, et cette dernière phrase attira l'attention de l'aveugle.

Elle comprenait qu'il s'agissait pour elle de dissiper les soupçons et le doute qui avaient envahi l'esprit de la mendiante.

Elle se sentait menacée de voir sa soumission demeurer stérile.

Elle aurait souffert, elle se serait humiliée, et tout cela en pure perte?..

Malgré la répugnance, malgré l'horreur qu'elle éprouvait à l'idée qu'il lui faudrait accepter le bras de l'ignoble créature qui s'était démasquée à elle dans toute sa hideur morale;... qu'il lui faudrait, sur un ordre de l'impitoyable femme, tendre aux passants sa main frissonnante d'émotion et de honte en dépit de l'écœurement qui l'obsédait, Louise eut le courage et la force de s'adresser à son bourreau pour lui dire d'une voix suppliante :

— Ne doutez pas de moi, Madame !... Je n'ai jamais menti ! et je vous le répète, j'ai promis... de vous obéir ;... je tiendrai ma promesse...

— Une promesse ?... Ce n'est pas assez, mam'zelle la duchesse !..

L'aveugle eut un mouvement d'étonnement et d'effroi.

Elle se sentait retombée, plus avant que jamais, dans les serres du hideux oiseau de proie.

Après avoir sacrifié sa dignité, fait saigner son cœur, s'être imposé la torture d'une honteuse soumission aux volontés de cette mégère, la malheureuse fille se trouvait dans l'obligation de pousser plus loin encore l'abandon d'elle-même.

Mais que pouvait-on avoir à lui demander de plus? N'avait-elle pas dit : « Je vous suivrai dans vos courses à travers Paris et, en même temps que nous chercherons ma sœur, je tendrai la main !... Je demanderai la charité... pour vous ! »

Ce que voulait maintenant la Frochard était aussi étrange qu'inattendu.

La veuve du supplicié qui avait, devant l'échafaud où râlait son mari, vomi d'ignobles imprécations contre les hommes et contre Dieu;

La cynique créature qui affichait son hypocrisie à la porte des églises qu'elle profanait de sa présence ;

La mendiante impie qui maudissait Dieu de ne l'avoir pas élevée au-dessus de la misérable condition qu'elle s'était volontairement faite ;

Cette alcoolisée qui n'avait dans son cœur que malédiction et blasphèmes ;

La Frochard, enfin, voulait que Louise, cet ange d'innocence et de vertu, s'agenouillât devant elle, l'immonde, et prît à témoin de sa sincérité ce Dieu auquel elle ne croyait pas !..

Elle exigeait, cette mère de Jacques Frochard, que cette sainte fille, ignorante du mensonge, lui fît le serment solennel, sur le salut de son âme, qu'elle obéirait, qu'elle ne chercherait pas à s'arracher à la domination de son guide...

Et Louise, se levant de dessus l'escabeau où on l'avait placée et fléchissant les genoux, balbutia le serment que l'on avait exigé d'elle...

Alors cette femme qui ne croyait à rien, ni à Dieu ni au diable, cette créature ignoble crut à ce serment de l'aveugle.

— A présent, dit-elle en regardant le rémouleur qui était demeuré, le front incliné, comme frappé de respect devant cette jeune fille agenouillée, à présent, on peut se risquer à lui donner à dîner...

Et elle ajouta :

— Une tranche de lard et un morceau de pain bis, ça fera l'affaire.

Sans attendre qu'on lui en eût accordé la permission, Pierre avait ouvert les deux battants du buffet et prenait dans le vieux meuble une assiette et un gobelet...

Mais, avec une intonation de désappointement :

— Il n'y a plus rien, la mère ! dit-il.

— Pour lors ; faudra donc dépenser de l'argent !.. Ah !.. qué misère !..

Et, regardant Louise :

— Heureusement que tu m'rapporteras ça au centuple, ma p'tite, et dès demain, se dit-elle.

Au moment d'envoyer le rémouleur se procurer quelques aliments, la Frochard se ravisa.

— J'y vas moi-même ! fit-elle.

Et glissant, comme chaque soir, sa bouteille d'eau-de-vie sous son tablier en loques, elle sortit, en prenant la précaution de fermer à double tour la porte de la rue.

XI

Demeuré seul avec l'aveugle, Pierre eut envie de se jeter aux pieds de Louise et de lui demander pardon de toutes les tortures qu'on lui avait fait subir pendant ces deux terribles journées...

Le pauvre garçon pensait que la conduite infâme de la mendiante à l'égard de cette infortunée, devait déverser sur lui-même une partie de sa honte.

Et, intérieurement, il se désespérait de ne pouvoir crier à Louise.

— « Vous êtes tombée, pauvre jeune fille, dans un repaire de bandits capables de tous les crimes ; mais il y a dans cette famille un être qui n'a jamais trempé dans l'infamie des siens, qui a toujours reculé avec horreur devant l'accomplissement des actions coupables qu'on voulait lui faire commettre, et c'est lui qui vous demande, à genoux, de ne pas le confondre avec les misérables qui vous ont fait subir de si cruelles tortures. »

Il restait ainsi, à quelques pas de l'aveugle, ému, tremblant, le front courbé, comme s'il n'eût pas osé regarder ce pauvre visage de l'aveugle où se lisaient la souffrance et le désespoir.

Ce fut la voix de Louise qui le tira de cet état de trouble qui le tenait immobile.

Louise avait entendu la mendiante s'éloigner.

Elle exhala un léger soupir de soulagement à la pensée qu'elle ne se trouvait plus sous le regard de l'odieuse femme.

Puis, tournant la tête du côté où, instinctivement, elle avait deviné que se trouvait le rémouleur :

— Monsieur Pierre, prononça-t-elle faiblement, puisque nous sommes seuls, pourquoi ne me parlez-vous pas ?

...Est-ce que vous ne voulez plus me protéger ?

Puis avec vivacité et joignant les mains :

— Je désespérais d'entendre de nouveau les bonnes paroles que vous m'adressiez à travers la porte, pour m'engager à avoir du courage, de la résignation ; je croyais, ne vous entendant plus, que tout était fini, et que j'allais mourir, mourir désespérée, dans cette chambre.

Pierre s'était rapproché de l'aveugle.

Il avait peine à contenir son émotion, son cœur se dilatait...

Il n'était pas confondu dans le mépris qu'inspiraient sa mère et son frère !...

Le lieutenant de police, assis à sa table de travail, le front appuyé dans sa main. (P. 400.)

Louise le reconnaissait incapable d'être le complice de ces deux misérables auxquels il était enchaîné, dont il était, lui-même, la victime...

Il avait fait quelques pas, et, de sa voix qui tremblait un peu, il dit à l'aveugle :

— Vous souffrez, Mademoiselle, il ne faut pas continuer à parler, avant... d'avoir pris quelque chose...

Puis, n'y tenant plus :

— Voyez-vous, Mam'zelle, avec la faiblesse d'estomac que vous avez, ça ne serait pas prudent de manger... n'importe quoi, que la mère va rapporter...

... J'ai songé à cela et...

Il hésitait.

La main plongée dans la poche intérieure de sa veste, il y tenait un objet qu'il n'osait présenter à Louise...

Le brave garçon qu'on avait, dès l'enfance, jeté dans la rue sans plus s'inquiéter de lui que du chien que l'on repousse du pied... avait acheté un flacon vide au cabaretier chez lequel il déjeunait d'un morceau de pain sec et d'un verre de vin.

Il avait fait remplir ce flacon de quelques sous de lait qu'il avait gardé dans la poche de sa veste.

Il s'était dit qu'après l'horrible jeûne qu'on imposait à la pauvre fille, il faudrait à celle-ci autre chose, pour la réconforter, que les aliments grossiers que lui donnerait sans doute la Frochard.

Il tira le flacon de sa poche et, le présentant d'une main tremblante...

— Tenez, Mam'zelle, fit-il timidement, j'ai là quelque chose qui vous fera du bien. Prenez et buvez ! C'est du lait.

Buvez vite... avant qu'on ne revienne !..

Le pauvre rémouleur approcha le flacon, Louise le prit.

Et son visage, tourné vers le brave garçon, exprimait une reconnaissance qu'aucune parole n'aurait pu rendre.

— Vous avez bien fait, Mam'zelle, dit Pierre, de consentir à... ce qu'on exigeait de vous.

— Mendier ? s'exclama Louise dont le visage pâlit subitement.

Oui !. J'ai consenti ! Je mendierai !.. Mais ce n'est pas la souffrance qui m'a vaincue; ce n'est pas elle qui m'a arraché ce consentement; ce ne sont pas les menaces de votre mère et de votre frère qui m'ont contrainte à me soumettre. J'ai accepté ce honteux compromis parce que le ciel a fait luire dans mon esprit un rayon d'espérance.

Je me suis dit que, parcourant la ville en redisant une chanson que ma sœur m'a entendue répéter cent fois, elle la reconnaîtrait peut-être en même temps qu'elle reconnaîtrait aussi ma voix qui lui crierait, après chaque couplet:

« Henriette, m'entends-tu ? C'est moi, Louise.. ta sœur !... M'entends-tu, Henriette, m'entends-tu ! »

Et alors, elle accourra vers moi, et nous serons réunies pour toujours !..

Et voilà pourquoi, monsieur Pierre, j'irai partout où l'on voudra me conduire....

Et l'aveugle s'était levée sous l'agitation fiévreuse qui s'emparait d'elle...

Elle continua avec un accent de profonde douleur :

— Mais je me demande, hélas ! si j'aurai le courage d'accomplir cet acte dégradant auquel je suis condamnée.— Je me demande si je ne mourrai pas de désespoir et de honte, lorsqu'il me faudra implorer la pitié des passants...

Et comme le rémouleur attristé gardait le silence :

— Vous vous taisez, poursuivit-elle, vous comprenez que, le jour où il me faudra tendre la main, le désespoir et la honte me rendront peut-être folle, oui, oui, folle !

Et, de ses deux mains, la pauvre enfant couvrait son visage, comme si elle eût été déjà dans la rue, au moment de subir cette humiliation ; comme si déjà elle eût entendu la voix de la Frochard lui souffler ces mots :

— « Allons, allons, ma p'tite, v'là des passants qui viennent par ici, ...tendez-moi c'tte main-là et pleurons, pleurons ferme, ça sera bien dans le paysage. »

Puis, avec une expression poignante, Louise s'écria :

— Du moins, misérable aveugle que je suis, je n'aurai pas à baisser les yeux, je ne verrai pas la main qui glissera une aumône dans la mienne.

Le rémouleur était remué jusqu'aux entrailles.

Et pour donner à la malheureuse un espoir qu'il ne partageait pas lui-même :

— Ayez courage, dit il, vous r'trouverez votre sœur... nous la retrouverons, Mam'zelle.

La Frochard ouvrait, en ce moment, la porte de la masure.

— V'là le souper, cria-t-elle.

Et s'adressant à son fils :

— Qué que t'as donc fait, l'avorton ? dit-elle d'un air goguenard. Comment paresseux, t'as pas encore mis la nappe et placé la vaisselle avec nos argenteries sur la table ?

Louise, en entendant entrer la mendiante, s'était tue.

Assise sur l'escabeau, elle tenait la tête baissée...

— Et vous, la duchesse, ricana la Frochard, vous n'êtes donc plus pressée de vous mettre quelque chose sous la dent ?

— Je n'ai plus faim ! murmura l'aveugle dans un soupir.

— Plus faim ?...

En s'exclamant ainsi, la Frochard roulait des yeux furibonds, et ses regards irrités se portaient sur le rémouleur, comme si elle l'eût soupçonné d'avoir donné à l'aveugle de la nourriture en cachette.

Elle répéta :

— Plus faim ?

Et cette fois le son de sa voix témoignait d'une colère à peine contenue.

La féroce créature avait saisi le bras de Louise et entraînait celle-ci vers la table où Pierre venait de placer une tranche de lard, du pain bis et du vin.

— J'aime pas les économies, s'écria-t-elle, quand y s'agit de donner des jambes à celle qui en aura besoin, demain... Voyez-vous ça ? Faudrait, alors, que je traîne Mademoiselle !...

... Plus faim?... Et demain ça vous flageollera sur les quilles, sans pouvoir faire tant seulement quelques bonnes petites lieues !

Elle avait cassé un morceau de pain qu'elle plaça brutalement dans la main de l'aveugle, en glapissant :

— C'est-y qu'on voudrait avoir encore de la *feignantise ?* N'en faut pas !... Car en ce cas...

Elle n'acheva pas.

Louise, faisant un effort pour surmonter sa répugnance, avait porté le morceau de pain à sa bouche.

La pauvre enfant avait peine à faire passer cette bouchée trempée de larmes, et qui ne pouvait descendre, au milieu des sanglots.

— Bon ! s'écria la Frochard, v'là un déluge qui se prépare... Eh bien ! si tu bois tes larmes, la p'tite, ajouta-t-elle en riant, ça sera autant de bon vin que t'emmagasineras de moins !...

... Pour moi, y m'faut autre chose... J'en ai plus des larmes, j'ai tout dépensé pour mon homme, mon Anatole !

Et tapant sur sa poitrine :

— Ça s'est séché là d'dans !

Elle avait empoigné par le goulot la bouteille d'eau-de-vie et empli d'alcool les deux tiers de son gobelet d'étain.

Elle dégusta, continuant de parler entre chaque gorgée.

Louise, toute à sa douleur, n'entendait que des bribes de phrases, quelques mots qui sonnaient à son oreille comme des imprécations et des menaces...

Mais Pierre saisissait bien toute la pensée de sa mère...

Et, plus que jamais, il souffrait intérieurement de ce qu'il prévoyait de pénible, de douloureux pour l'aveugle, dans un avenir prochain.

La Frochard continuait à savourer son eau-de-vie, sans sourciller...

Cependant son visage se marbrait de plaques rouges ; les veines de son cou se gonflaient sous sa peau ridée...

La veuve du supplicié se consolait à sa manière.

Enfin le lugubre repas s'acheva.

L'heure sonnait dans le lointain.

La bise donnait aux cloches comme des intonations de glas.

Ayant « laissé glisser » la dernière gorgée, la Frochard commanda :

— Allons, la duchesse, faudra regagner, là-haut, vos appartements.

Puis se levant :

— En route pour le boudoir !

Pierre aussi s'était levé.

Accoudé à la rampe de l'escalier, il suivait, d'un œil triste, Louise, sa pauvre aveugle, que la Frochard conduisait dans le grenier.

Et tandis que l'infortunée allait attendre avec impatience le lendemain, ce lendemain qui lui rendrait peut-être son Henriette bien-aimée, le pauvre rémouleur murmurait, à part lui.

Hélas !... pauvre fille, demain viendra trop tôt, pour vous !

TROISIÈME PARTIE

I

Trois mois environ s'étaient écoulés depuis que M. de Linières avait été nommé lieutenant général de police, et les choses ne marchaient pas beaucoup mieux qu'autrefois dans Paris.

Le comte recevait, chaque jour, de nombreux rapports constatant que tous les méfaits que le Roi avait voulu réprimer en élevant un homme énergique à ce poste de confiance semblaient s'aggraver encore.

En effet, d'une part, jamais les malfaiteurs n'avaient déployé autant d'audace dans l'accomplissement de leurs crimes.

On arrêtait en plein Paris, comme à l'époque de M. de la Reynie, et les voleurs continuaient la tradition de leurs aînés avec d'incontestables progrès dans l'art de dévaliser les maisons.

D'autre part, les duels devenaient de plus en plus fréquents entre gentilshommes, en dépit des soldats du guet qui n'arrivaient jamais à temps pour empêcher les rencontres, mais tout juste assez tôt pour relever les cadavres.

En outre, les enlèvements se renouvelaient, comme aux plus beaux temps des petites maisons, et cela au grand scandale de la population.

Très irrité de cet état de choses qui répondait mal à la confiance que le Roi avait en ses capacités, M. de Linières avait résolu de recourir aux mesures les plus énergiques.

L'affaire du Pavillon du Bel-Air et le dénoûment tragique qu'elle avait eu avaient fait grand bruit dans Paris.

La cour s'en était émue pendant quelques jours.

Puis on s'était occupé d'autre chose. Le beau monde n'avait pas le temps d'accorder de trop longs regrets au petit marquis de Presles.

Mais, dans la bourgeoisie, on n'oubliait pas aussi vite.

Les gazettes avaient parlé de l'enlèvement d'une jeune fille.

Qu'était devenue cette malheureuse après le duel ?

Personne ne le savait, pas même M. le lieutenant général de police.

La mort du marquis de Presles avait obligé son adversaire à disparaître pendant quelque temps.

Le comte de Linières avait même offert sa démission au Roi, pour n'avoir pas à sévir contre son propre neveu.

Mais Sa Majesté, bien renseignée sur le rôle qu'avait noblement rempli le chevalier de Vaudrey en cette circonstance, voulut ignorer qu'il y eût eu orgie et duel au Pavillon du Bel-Air, et pour prouver au comte de Linières en quelle estime il le tenait, il lui avait parlé d'un mariage pour le chevalier de Vaudrey.

— Nous en recauserons, avait dit Louis XVI en congédiant le lieutenant général de police.

Très ému de la bienveillance du souverain, M. de Linières avait résolu d'obliger le chevalier à se soumettre à des désirs qui partaient de si haut.

Il comptait, pour l'aider à avoir raison de la résistance possible de son neveu, sur la comtesse, que Roger affectionnait comme il eût aimé une sœur aînée.

La veille, M. de Linières avait écrit au chevalier d'avoir à se présenter, le lendemain, à son hôtel.

Ce n'était cependant pas pour y attendre son neveu que le lieutenant de police avait passé une partie de la nuit dans son cabinet de travail.

Chez M. de Linières les préoccupations du fonctionnaire cédaient souvent le pas aux tourments qui agitaient le cœur du mari.

Seize ans d'une existence conjugale absolument correcte, de part et d'autre, n'avaient pu éteindre le doute qui, chaque jour, avait plus profondément pénétré dans l'esprit du comte, sur le véritable motif de la grande tristesse que Mme de Linières cherchait en vain à dissimuler.

Et ce doute s'aggravait de la tendresse de plus en plus profonde que la comtesse inspirait à son mari.

L'affection respectueuse que celle-ci lui témoignait ressemblait à de la résignation. Sa condescendance, sa soumission exagérée aux moindres désirs de son mari le mettaient au supplice.

Il eût voulu voir se manifester chez l'épouse une volonté qui prouvât que la femme était en paix avec sa conscience.

Le temps n'avait pu calmer cette surexcitation d'esprit qui le poussait à surveiller sa femme, à épier ses moindres gestes, à s'efforcer de lire dans ses yeux la cause de ces tristesses profondes, de cette existence toujours languissante.

Bien des fois, pendant ses heures d'insomnie, M. de Linières était venu, à pas de loup, coller l'oreille à la cloison qui séparait sa chambre de celle de la comtesse !

Et là, immobile, retenant son haleine, il avait écouté longuement, devinant les pleurs contenus pendant la journée et qui alors se donnaient un libre cours. Il entendait des phrases entre coupées, des prières étouffées qui s'envolaient vers le ciel au milieu des sanglots et des larmes.

Et si nous retrouvons le lieutenant de police assis à sa table de travail, le front appuyé dans ses mains, comme un homme dont l'esprit s'abîme dans une profonde méditation, c'est que le comte avait eu la preuve que Mme de Linières avait passé la nuit à pleurer et à prier

Et s'il n'avait pas brusquement pénétré dans sa chambre pour surprendre la comtesse en flagrant délit de désespoir, c'est qu'un sentiment de tendresse et de respect l'avait retenu sur le seuil de cette chambre dont une femme avait fait le sanctuaire de sa douleur.

M. de Linières avait battu en retraite vers son cabinet de travail.

C'était là qu'il trouvait, depuis trois mois, une dérivation aux sombres pensées, dans le travail forcé qu'il s'imposait

Aussi après avoir relevé la tête comme s'il se fût arraché à un engourdissement douloureux de l'esprit pour se souvenir des devoirs que lui imposait sa situation, le comte se mit à compulser les dossiers qui encombraient son bureau.

Il parcourait et classait les paperasses, s'interrompant pour écrire, de temps à autre, quelques notes destinées aux agents qu'il avait fait convoquer pour le jour même.

Tout à coup un pli annoté attira son attention.

Sur l'enveloppe étaient écrits ces mots :

« AFFAIRE DU PAVILLON DU BEL-AIR. »

— Ah ! ce rapport ! murmura-t-il avec un froncement de sourcils qui témoignait d'une vive préoccupation.

Et ouvrant le pli il y jeta les yeux, parcourant du regard le contenu.

Puis il laissa tomber le papier sur la table, avec un geste de mécontentement, et agita violemment la sonnette.

LES DEUX ORPHELINES

De la main, M. de Linières lui fit signe d'approcher. (P. 405.)

Un huissier parut.

— Les employés sont-ils arrivés ! demanda-t-il d'une voix brève.
— Ils attendent les ordres de Monseigneur, fit l'huissier en s'inclinant.
— Qu'ils entrent.

L'huissier ouvrit la porte et s'effaça pour laisser passer une demi-douzaine d'individus, en tête desquels marchait un petit homme, au visage de fouine, dont les petits yeux pétillaient sous une arcade sourcilière démesurément proéminente.

— Messieurs, commença le lieutenant de police sans lever les yeux de dessus le rapport qu'il annotait, je vous ai fait venir de meilleure heure que d'habitude. Il en sera ainsi chaque matin, jusqu'à ce que j'aie liquidé toutes les affaires que m'a léguées mon prédécesseur.

— Nous sommes aux ordres de Monseigneur, répondit, en faisant la bouche en cœur, le petit homme à la figure de fouine.

— Je vous fournirai l'occasion de me le prouver, M. Marest, dit le comte en prenant une liasse de papier.

Puis se levant :

— J'ai signé les ordonnances les plus urgentes, les voici.

Et, tout en distribuant aux employés les papiers qui revenaient à chacun d'eux, le lieutenant de police ajoutait :

— Je ne saurais trop vous recommander de surveiller activement les tripots, les cabarets, tous les bouges qui servent de lieu de réunion aux malfaiteurs.

... Donnez impitoyablement la chasse aux mendiants, traquez les voleurs...

— Un gibier qui pullule, hasarda M. Marest.
— C'est à vous d'être le surveillant de ce gibier-là, Monsieur ! riposta sévèrement M. de Linières.

Marest s'inclina, les lèvres contractées par le sourire habituel à sa physionomie.

Les autres employés se sentaient mal à l'aise sous le regard mécontent du lieutenant de police.

Celui-ci reprit, ponctuant chacune de ses phrases :

— Le roi ne veut pas que les scandales du précédent règne se renouvellent.... Il faut mettre un terme aux attaques nocturnes,... à ces enlèvements criminels qui portent la honte et le désespoir dans les familles...

S'adressant alors à Marest :

— Vous m'avez remis, à ce sujet, un rapport sur lequel j'ai des explications à vous demander... C'est une affaire fort grave ; restez !

L'employé s'inclina.

— Quant à vous, messieurs, ajouta le lieutenant de police, vous pouvez vous retirer.

Une fois seul en face du petit homme aux yeux pétillants, M. de Linières prit un air sévère :

— Comment peut-il se faire, monsieur Marest, dit-il d'un ton bref, qu'une jeune fille soit enlevée, en plein Paris, à huit heures du soir, sans que personne s'y oppose ?

L'employé, avec un sourire affecté, répondit :

— Il y a des coquins si habiles, monseigneur !

La riposte à cette réponse, qui empruntait une forme plaisante, ne se fit pas attendre.

— Alors nos agents ne le sont guère ! s'écria le comte en fronçant les sourcils.

Le petit homme ne fut pas démonté.

Baissant les yeux pour regarder en dessous son interlocuteur irrité, il répondit d'une voix humble.

— Je ferai observer à Monseigneur que ce sont les agents de M. le lieutenant général de police qui ont découvert les complices de ce rapt et les ont forcés de parler.

Le comte de Linières garda pendant quelques secondes le silence.

Il était évident qu'il lui répugnait d'avoir à revenir même incidemment sur le duel qui avait ensanglanté le pavillon du Bel-Air.

Marest qui, bien qu'à demi-incliné, ne le quittait pas des yeux, jouissait intérieurement de l'embarras dont il était témoin et dont il devinait le motif.

Au bout de quelques instants, pendant lesquels il avait eu l'air de consulter le rapport, M. de Linières reprit.

— Et depuis trois mois que ce rapt a eu lieu, les coupables n'ont pas été poursuivis ?

— Non, Monseigneur !

— Pourquoi ?

Marest jugea à propos de prendre une attitude des plus humbles.

Et c'est en tortillant les bords de son tricorne qu'il prononça ces mots :

— Monseigneur, cela tient à certaines circonstances.

Le lieutenant de police se mordit les lèvres.

Puis, très pâle et se contenant :

— A quelle circonstance faites-vous allusion, monsieur Marest ?..... Parlez, je le veux...

Et sans attendre la réponse qu'il ne devinait que trop :

— Le pavillon du Bel-Air était la propriété du marquis de Presles, le dernier rejeton d'une famille illustre... Je sais que ce gentilhomme a mis sa gloire à se faire donner un coup d'épée, en disputant une fille perdue à....

— Oui, Monseigneur, à....

— C'est bien, interrompit le comte de Linières... ce que je veux savoir c'est ce qu'est devenue cette fille... après le duel ?

Marest semblait hésiter à répondre.

Le lieutenant de police se laissa prendre à ce jeu de physionomie d'un habile comédien.

Et renouvelant sa question sous une forme plus précise :

— Qu'est devenue cette fille ?... Le savez-vous seulement ?

— Oui, Monseigneur !

M. de Linières se maîtrisa pour ne pas sursauter.

Tournant brusquement le dos à l'employé, il était allé s'asseoir dans le fauteuil devant la table.

Marest l'observait du coin de l'œil.

Il le vit prendre une liasse de paperasses qu'il froissa d'une main fiévreuse.

Et, à part soi, le rusé gaillard se disait :

— « Nous y voici, mon bonhomme, il va falloir se décider à en entendre de dures à présent. »

Marest était resté à la place qu'il occupait, attendant qu'on l'interrogeât.

De la main, M. de Linières lui fit signe d'approcher.

Puis, assurant sa voix par l'effet d'une volonté qui ne se démentait jamais :

— Parlez, dit-il, mais parlez donc...

L'employé s'inclinant :

— La jeune fille à laquelle s'intéresse Monseigneur a été, après le duel, emmenée....

— Par qui ? s'exclama le lieutenant de police en frappant du poing sur la table...

— Par... par l'adversaire du marquis de Presles....

— Par mon....

Il n'acheva pas....

Ce fut Marest qui continua imperturbablement :

— Par le neveu de Monseigneur !

Cette fois l'employé savait qu'il allait pouvoir prendre sa revanche du ton brusque et des grands airs de son supérieur.

Et jouant l'homme qui a fidèlement rempli son devoir il ajouta, à la façon dont les naïfs débitent le récit d'exploits pour lesquels ils attendent des félicitations :

— Nous connaissons tous les gentilshommes qui se trouvaient, cette nuit-là, dans la petite maison de défunt le marquis de Presles, et aussi... toutes les demoiselles qu'on y avait ammenées... nous savons...

— C'est bien !....

Marest se tut.

Le lieutenant de police s'était levé et marchait à grands pas.

— Eh bien ! continua-t-il d'une voix grondante, ces gentilshommes comprendront bientôt que de pareilles saturnales ne peuvent plus être tolérées, qu'elles déshonorent la noblesse et qu'à l'époque où nous sommes il ne suffit plus de porter un beau nom, il faut savoir le porter dignement.

Et avec un geste impérieux :

— Quant à ces demoiselles, ajouta-t-il, quant à ces filles pour lesquelles nos enfants se ruinent, s'avilissent et se tuent..., nous leur donnerons à choisir entre la Salpêtrière et la Guyane...

Le petit homme cligna de l'œil, ébaucha un sourire niais, puis, simulant un certain embarras, dit en hésitant avant chaque mot :

— Monseigneur ne... veut pas sans doute... que cette affaire soit, comme les autres, consignée.....

— Consignée où ? demanda M. de Linières surpris.

— Dans les archives de la police.

Le comte se radoucit aussitôt.

— Elles existent donc réellement ces archives ? interrogea-t-il.

— Au grand complet, Monseigneur, et tenues dans un ordre parfait...

Et comme le lieutenant de police, devenu subitement rêveur, semblait réfléchir, l'employé continua :

— Il n'y a pas une famille en France qui n'ait, dans ces archives, toute son histoire...

Les drames les plus mystérieux, les détails les plus intimes, rien n'a été omis.

Puis comme s'il eût été heureux de donner, immédiatement, la preuve de ce qu'il avançait :

— Monseigneur n'a qu'à citer un nom,... je cours interroger le volume et... dans cinq minutes...

M. de Linières fit un geste d'impatience :

— C'est bien ! dit-il d'un ton glacial, et puisque la maison de Linières a, comme toutes les autres, son dossier, je veux que vous y inscriviez tout ce qui la concerne.

Il avait adressé à son interlocuteur un regard froid.

Et sans s'arrêter à l'air ébahi de l'employé :

— Je l'ordonne !... dit-il.

— Quoi ? balbutia Marest, Monseigneur exige ?..

Alors le lieutenant de police se redressa sous cette piqûre faite insidieusement à sa conscience de magistrat intègre.

Toisant d'un regard hautain l'homme qui l'avait supposé capable d'une faiblesse dans l'accomplissement de son devoir, il prononça d'une voix ferme, martelant chaque mot :

— J'ai promis au Roi de réprimer sévèrement, Monsieur, et le magistrat, sévère pour tous, doit être implacable envers les siens.

Puis avec un geste impérieux :

— Allez, Monsieur, allez !

Marest ne s'était pas attendu à cette conclusion qu'il trouvait stupéfiante.

S'inclinant, sans affectation, cette fois :

— J'obéirai, Monseigneur ! dit-il humblement.

Et se retirant à reculons, avec force salutations l'employé se jeta dans Picard, le valet de chambre du chevalier de Vaudrey, lequel avait entrebaillé la porte avec le sans gêne d'un vieux serviteur, et attendait qu'on l'autorisât à entrer.

II

Le singulier domestique que nous avons présenté à nos lecteurs sous le nom de Picard avait pris, en venant chez le comte de Linières, une résolution inébranlable.

Cet original s'était décidé à quitter le service du chevalier de Vaudrey, d'un maître qui, selon lui, rompait d'une façon véritablement par trop scandaleuse avec les grandes traditions. Certes, il avait été bien trompé, pensait-il, dans ses espérances de valet de confiance. Le chevalier de Vaudrey, devenu homme, n'avait pas tenu ce que promettait son adolescence.

Tout ce tempérament de viveur, toute cette ardeur qui se lisait dans les yeux du jeune homme, tout cet entrain pour le plaisir, toute cette fougue, enfin, qui faisait espérer un avenir gros de plaisirs, d'amour, de querelles, de nuits passées à table, soit à sabler le champagne, soit à faire circuler des poignées d'or sur le tapis vert, tout cela s'était évanoui comme au souffle de quelque mauvais génie !

Cent fois M. Picard avait été sur le point de prendre définitivement sa retraite de valet de chambre ; mais un retour triomphant des passions mauvaises dans l'esprit du chevalier lui redonnait de l'espoir.

Et pendant quelque temps le sceptique en livrée se réjouissait de voir son jeune maître redevenir le perverti de ses rêves.

Il mettait son point d'honneur à servir un écervelé, un roué, un duelliste, un garnement piétinant sans scrupule sur les cœurs trop confiants, en ayant soin de mettre le sien à l'abri des amours honnêtes.

Et l'attitude plus qu'incorrecte (toujours d'après lui) du neveu de M. Linières ne pouvait plus lui convenir.

Aussi, comme depuis trois mois environ Picard n'apercevait son maître que pour lui trouver, chaque jour, l'air de plus en plus triste, comme il ne recevait plus de ces confidences qui, autrefois, lui prouvaient, à sa grande joie, que le chevalier allait faire une pointe au pays de la prétentaine, en passant par Cythère ; comme enfin Roger de Vaudrey avait tout l'air d'un malheureux qui nourrit quelque amour pur et vertueux... Picard, avons-nous dit, aurait cru manquer à tout son passé et faire tort à sa dignité, s'il persistait à rester au service d'un gentilhomme qui se rangeait pour tout de bon, au risque de faire tressaillir, là-haut, les mânes de toute une collection de nobles ancêtres qui, de leur vivant, avaient été d'aimables coureurs de ruelles, rossant le guet et se faisant litière de l'honneur des jeunes filles.

C'est donc pour faire part au comte de Linières de sa résolution de ne plus rester au service du chevalier que ce digne Picard s'était rendu chez le lieutenant de police.

En l'apercevant par l'entrebâillement de la porte, M. de Linières eut un geste de satisfaction.

— Ah ! c'est toi, Picard, dit-il, tu viens à propos, et je suis content de te voir...

— Monseigneur est bien bon, répondit le vieux domestique dont la physionomie avait pris un air quelque peu embarrassé.

— J'ai à te parler de ton maître.

Ces mots firent dresser l'oreille à M. Picard.

— Oh ! mon maître... mon maître... grommela-t-il en hochant soucieusement la tête.

M. de Linières s'était retiré du côté de la porte qui faisait communi-

Roger s'avança pour poser ses lèvres sur la main que lui tendait la comtesse. (P. 416.)

quer son cabinet de travail avec son appartement par un couloir par lequel on arrivait également à l'appartement de la comtesse.

Ce jeu de scène indiquait, chez le lieutenant de police, une préoccupation.

C'est qu'effectivement le comte voulait éviter que la tante affectionnée de Roger entendît de quelle façon sévère il allait stigmatiser la conduite de l'adversaire de feu le marquis de Presles.

L'attitude, d'ordinaire si mélancolique de la comtesse, était devenue encore plus inquiétante aux yeux de l'époux, depuis l'aventure tragique dans laquelle Roger de Vaudrey avait joué, par malheur, un rôle si compromettant.

Mme Linières avait su gré au lieutenant de police de la mansuétude du roi à l'égard du jeune gentilhomme qui contrevenait d'une façon si grave aux édits sévères promulgués contre les duellistes.

Mais si elle n'avait plus à redouter pour Roger le châtiment qu'il avait encouru, la comtesse n'en avait pas moins vu s'augmenter son état de tristesse.

Roger avait, pour ainsi dire, déserté l'hôtel de M. de Linières par déférence pour le lieutenant de police dont il ne voulait pas, par sa présence, aviver la gêne provoquée autant par son aventure que par l'impunité dont le coupable avait été l'objet.

Par un sentiment de délicatesse facile à comprendre, M. de Linières avait toujours évité avec sa femme toute conversation relative à ce neveu qui bénéficiait de tant de circonstances atténuantes dans l'esprit de la comtesse.

C'est donc pour éviter que ce qu'il avait à communiquer à Picard pût être entendu, que le lieutenant de police avait pris la précaution d'aller s'assurer, en entr'ouvrant la porte, que personne ne se trouvait dans le couloir.

Cette préoccupation de M. de Linières n'avait pas échappé au vieux Picard.

Et il pensa que le hasard, en l'envoyant ce matin même à l'hôtel de la lieutenance générale de police, avait servi à souhait les désirs du comte.

Convaincu qu'il pouvait désormais parler en toute sécurité, M. de Linières s'approcha de Picard.

Et répondant à la dernière réplique du vieux serviteur :

— Il se conduit bien, monsieur Roger ! articula-t-il avec une exclamation.

Se trompant sur le sens que M. de Linières avait voulu donner à sa phrase, Picard s'empressa de surenchérir :

— Il se conduit d'une façon scandaleuse, Monseigneur

Ce fut le tour du lieutenant de police de se faire illusion sur la pensée réelle de son interlocuteur.

— Oui, scandaleuse ! reprit-il.

Le domestique, enchanté qu'on vînt ainsi au-devant de la déclaration qu'il avait à faire, et qui lui coûtait fort, continua :

— Et, comme c'est Monseigneur qui m'a placé près de son neveu...
— Que veux-tu dire ?
— Je viens demander à Monseigneur la permission de... quitter le service de monsieur le chevalier.

M. de Linières eut un haut-le-corps.
— Quoi, tu veux...? commença-t-il.

Il regardait Picard dans le blanc des yeux, avec une surprise mêlée de tristesse.

Le serviteur avait donné à sa physionomie un air tout à fait sérieux.

— Oui, Monseigneur, fit-il en plissant son front pour témoigner du regret qu'il éprouvait... monsieur le chevalier a des principes que je ne puis accepter...

Cette fois encore, le comte comprit mal, car il ajouta vivement, comme pour rassurer le domestique sur l'avenir :
— C'est bien, Picard, je te reprends à mon service.
— Au service de monsieur le comte, s'exclama le valet tout joyeux... Ah ! je respire !..

Et manifestant assez familièrement la satisfaction qu'il éprouvait, il ajouta en se frottant les mains :
— Ah ! je renais !.. Je rentre enfin dans ma dignité !

M. de Linières, en dépit de ses graves préoccupations, ne put s'empêcher de sourire à cette exubérante manifestation.

— Seulement, fit-il en redevenant grave, je ne te... délivre pas tout de suite...
— Ah !
— Non... Je désire avoir auprès du chevalier,... pendant quelque temps encore, une personne de confiance qui le surveille...

Picard était visiblement contrarié.

M. de Linières continua :
— Qui me rende compte de ses démarches.

Le valet se gratta le bout du nez comme un homme qui vient de trouver une bonne malice à faire, pour se tirer d'embarras.

— Je devine ce que tu vas me dire, poursuivit le comte, oui, j'aurais pu recourir aux gens de police...
— Dame ! monsieur le comte... un lieutenant général..., interrompit le domestique avec un fin sourire.
— Mais, conclut imperturbablement M. de Linières. c'est un moyen qui me répugne.

Et avec un soupir :

— On ne m'en a déjà que trop appris sur son compte !.. Et c'est par toi, mon fidèle Picard, que je veux découvrir...

— Découvrir quoi, Monseigneur ? interrompit le bonhomme en écarquillant les yeux.

— Le reste !

Le valet de Roger avait une réelle affection pour son jeune maître qu'il avait vu grandir. Aussi les paroles que venait de prononcer le comte firent-elles sur le serviteur une impression pénible.

Picard supposait tout autre chose que ce qu'avait voulu dire M. de Linières.

Et c'est sans chercher à dissimuler sa tristesse qu'il hasarda.

— Le reste !... Monseigneur pense donc ?..

— Ah ! Mon pauvre Picard, tu ignores les choses les plus graves...

Pour le coup le domestique manifesta une réelle inquiétude :

— Oh ! le malheureux ! s'écria-t-il en levant les mains au ciel... Monseigneur me fait frémir !..

Le lieutenant de police ne se donna plus la peine de rien cacher de son mécontentement.

S'arrêtant devant Picard, il continua, laissant éclater sa colère :

— Ce n'était pas assez des nuits passées au jeu, des petits soupers... de ces orgies qui te révoltaient...

Le valet voulut protester contre cette appréciation de sa manière de juger la conduite du chevalier :

— Qui, me... moi? fit-il... permettez, Monseigneur...

Mais le comte ne le laissa pas continuer.

Et s'animant :

— Apprends qu'à la suite d'un duel....

Picard faillit tomber à la renverse.

— Un duel !.. Il a eu un duel ?

— Il n'y a que toi à l'ignorer...

— Un duel !.. un duel !.. répétait le domestique étonné.

— Oui, un duel, pour je ne sais quelle femme..

— Pour une femme ! s'exclama Picard en éclatant de joie... Il s'est battu pour une... Ah ! le gaillard !..

M. de Linières, tout aux souvenirs pénibles qu'il était obligé d'évoquer, ne vit pas l'expression de contentement dont le valet nuançait son jeu de physionomie.

Il continua d'une voix sourde :

— Il s'est battu avec M. de Presles qu'il a tué...

Picard n'avait pas entendu sans doute le dernier mot, car il se mit à battre des mains, en criant :

— Bravo !.. bravo !.. bravo !

Le comte interrompit cette surprenante satisfaction.

— Tu dis ? interrogea-t-il.

Mais Picard était décidément sous l'impression d'une irrésistible joie, car il s'écria avec enthousiasme :

— Ah ! ah !.., c'est que monsieur le chevalier est une fine lame.

— Et ce n'est pas tout ! reprit le magistrat.

— Ah bah ! demanda le domestique, dont les yeux gris pétillaient maintenant de joie... Il y a encore quelque chose ?

Ses regards interrogeaient avec une vive et impatiente curiosité.

M. de Linières eut un mouvement de colère contenue.

Et c'est d'un ton sec qu'il prononça ces mots :

— Cette femme qu'il enlevait, l'épée à la main, au marquis de Presles, il en a fait... sa maîtresse !

Rien ne saurait dépeindre le saisissement qui s'empara de Picard entendant ces mots.

Sa face s'éclaira, ses yeux brillèrent comme des escarboucles, sa lèvre eut un petit frissonnement de bonheur.

Il se serrait les mains pour se féliciter lui-même.

Et comme s'il eût, seulement alors, retrouvé la voix étranglée dans sa gorge par le fait d'une joie subite, il bégaya

— Sa maîtresse !..

Puis s'oubliant :

— Nous avons une...

Il s'arrêta heureusement à temps ; M. de Linières le regardait avec une expression de surprise.

— Il a une maîtresse ! reprit-il... Ah ! mais voyons donc, voyons donc... récapitulons donc un peu.

Il ajouta en manière d'a parte :

— Un duel, une maîtresse, une petite maison, sans doute. Et moi qui voulais le quitter !

Ce dernier membre de phrase arriva au comte qui paraissait absorbé dans ses réflexions.

Il comprit probablement que, furieux de ce qu'il venait d'apprendre, Picard se refusait, maintenant, à rester au service d'un maître qui compromettait de la sorte le nom de ses aïeux.

Il appuya familièrement la main sur l'épaule du vieux serviteur:

— Non !.. non, pas encore..., insinua-t-il, j'ai besoin, comme je te l'ai dit, que tu restes auprès de lui.

— Et j'y resterai, ventre-saint-gris, répondit vivement le valet qui ne pouvait plus contenir sa gaîté, et j'y resterai, corne de veau !...

Persuadé qu'il venait de remporter une victoire difficile sur les intentions bien arrêtées dans l'esprit du domestique, M. de Linières se montra rassuré au point d'ajouter en souriant :

— Tu sauras où il la cache... sa maîtresse, mon bon Picard !.. Je m'en rapporte à toi de ce soin.

Le valet était radieux.

— Nous le saurons, Monseigneur, s'écria-t-il, nous le saurons ; fiez-vous à moi...

Il gesticulait, se hissant sur les pointes, allant et venant dans le cabinet, comme s'il eût été subitement atteint d'aliénation mentale.

Et pendant cette agitation qui ressemblait à un accès de la danse de saint Guy, le valet, unique dans son genre, murmurait à part soi :

— Il me semble que je la vois d'ici :... jeune et belle... l'air un peu... un peu insolent...

Puis se caressant le menton

— J'aime assez cela, moi !

Au moment où maître Picard se livrait ainsi à des démonstrations qui pouvaient bien, en se prolongeant, donner à réfléchir à M. de Linières la porte ouvrant sur le couloir s'était entrebâillée sans bruit.

— La comtesse ! dit à voix basse le lieutenant de police en passant près du domestique, pour aller au devant de sa femme, va et n'oublie pas mes recommandations.

— Je suis aux ordres de monsieur le comte, répondit Picard en s'inclinant très bas comme s'il venait d'être chargé d'une mission qui l'honorait.

Puis, après avoir également salué la comtesse, il se disposait à sortir, lorsque Mme de Linières ébaucha un geste pour le retenir.

Mais le comte lui prit aussitôt la main qu'il porta à ses lèvres.

Et imperceptiblement il fit signe au domestique de se retirer.

Mme de Linières vit-elle le mouvement et comprit-elle l'intention de son mari ? Toujours est-il qu'elle se laissa conduire à un fauteuil où elle prit place, tandis que le comte demeurait, un peu embarrassé, devant elle.

Après une seconde d'hésitation, M. de Linières commença :

— Je suis heureux que vous m'ayez fait le plaisir, dit-il, de venir ici me surprendre en plein dépouillement d'un monceau de paperasses... J'allais précisément me présenter chez vous, comtesse.

Et plus bas :

— Je désirais avoir avec vous une conversation concernant...

— Roger ? interrompit avec un soupir Mme de Linières.

— Oui, comtesse, je voulais vous demander de le préparer avec moi à cette union que le roi...

— Veut lui imposer ! murmura tristement la comtesse.

Le lieutenant de police réprima un imperceptible mouvement de mauvaise humeur.

Après une pause, pendant laquelle il ne détacha pas les yeux du visage pâli de la comtesse, il répondit :

— Lui imposer... dites-vous, un mariage superbe !... qui met le comble à cette haute faveur dont Sa Majesté nous honore.

Mme de Linières n'avait pas modifié son attitude mélancolique.

— Oui, une très haute faveur, en effet ! soupira-t-elle...

En parlant ainsi, la femme du lieutenant général de police faisait allusion à l'impunité dont avait bénéficié le chevalier de Vaudrey, sur les méfaits duquel le roi avait bien voulu fermer les yeux.

Et ce soupir, qu'elle n'avait pu renfermer dans sa poitrine gonflée de larmes, donnait bien la note de ses maternelles préoccupations sur l'avenir de Roger.

Elle n'avait pas oublié avec quelle désinvolture le chevalier avait repoussé les premières ouvertures de M. de Linières, lorsque, quelques mois auparavant, celui-ci avait parlé d'un projet de mariage.

Or, depuis, la situation s'était singulièrement modifiée, obligeant pour ainsi dire le chevalier de Vaudrey, coupable, à s'incliner devant le désir de celui qui pouvait le châtier et qui lui avait fait grâce.

Aussi la comtesse, ne voyant pas pour Roger d'issue autre que la soumission, ne dissimula-t-elle plus son trouble à la nouvelle que lui annonçait M. de Linières.

Elle se contenta de dire, d'un ton inquiet :

— Vous savez bien, monsieur le comte, que Roger a éloigné de plus en plus ses visites...

— Aussi lui ai-je écrit...

— Il va venir ici ! s'exclama la comtesse dont les joues, naguère encore si pâles, s'animèrent légèrement.

— Oui, comtesse, vous allez bientôt recevoir votre neveu... si toutefois, ajouta le magistrat avec une pointe d'ironie, le chevalier de Vaudrey daigne se rendre à mon invitation.

— En pouvez-vous douter ?

— Roger m'a habitué, depuis quelque temps, à tant... d'irrégularités de sa part que...

Il n'eut pas le temps d'achever la phrase, commencée sur un ton froid et sévère.

Un domestique avait ouvert la porte et annonçait :

— Monsieur le chevalier !

La comtesse adressa un regard chargé de tendres reproches au nouveau venu.

Roger s'avança pour poser ses lèvres sur la main que lui tendait la comtesse.

Puis s'inclinant, un peu cérémonieusement, vers M. de Linières, il sembla attendre que celui-ci lui adressât, le premier, la parole.

Le comte, au surplus, manifesta sa satisfaction :

— Je suis enchanté de vous voir, chevalier, dit-il.

— Je me suis empressé, mon oncle, de vous obéir, au reçu de la lettre que vous avez bien voulu m'adresser... et me voici !

— Nous avons, reprit le lieutenant de police, la comtesse et moi, une importante communication à vous faire.

Roger s'efforça de sourire.

— Je ne pouvais, alors, arriver plus à propos, fit-il avec un léger effort dans la voix, que, seule, la comtesse remarqua.

M. de Linières avait repris son air grave.

Et le vague sourire qui, un instant auparavant, avait plissé sa lèvre s'était évanoui, lorsqu'il prit la parole en ces termes :

— Mon cher Roger, je suis allé hier à Versailles pour présenter à Sa Majesté l'expression de notre dévouement... à tous deux...

S'interrompant pour lancer à son jeune interlocuteur un regard significatif, il ajouta froidement.

— N'avons-nous pas, tous deux, — à des titres différents, toutefois, — éprouvé la faveur royale ?

Puis apercevant une nuance de tristesse dans les yeux de la comtesse, M. de Linières continua d'un ton moins sec :

— Le roi a daigné me parler de vous.

— De moi ? demanda vivement le chevalier en ne simulant qu'un profond étonnement.

— Il vous porte... malgré tout... le plus grand intérêt.

— J'en suis très reconnaissant à...

— C'est confondu que vous devriez dire, chevalier.

Et satisfait d'avoir donné cette leçon à Roger, M. de Linières continua :

— J'avais commis une faute. Celui que j'aimais était mort loin de moi!... Il fallait que mon enfant disparût... (P. 421.)

— Sa Majesté veut vous nommer à un poste important, et vous marier.

Les regards de la comtesse se croisèrent, aussitôt, avec ceux du chevalier de Vaudrey.

C'est probablement dans les yeux suppliants de sa tante que Roger puisa la modération nécessaire, car il ne manifesta que de la surprise dans le ton dont furent prononcés ces deux mots :

— Me marier !

Mais Mme de Linières avait bien compris, elle, à l'air de son mari, que c'était pour elle le moment d'intervenir dans une conversation qui ne pouvait continuer sans éclats, de part et d'autre.

Elle s'était levée et, passant son bras sous celui du chevalier...

— Je conçois, mon ami, dit-elle, que cette nouvelle vous surprenne, qu'elle vous effraie même un peu !...

Puis baissant la voix :

— Car trop souvent, hélas ! la cœur n'est pas consulté dans ces sortes d'unions...

Mais, ajouta-t-elle avec effort, le vôtre, Dieu merci, n'aura pas à se faire violence...

— Oh ! ma chère tante !... voulut interrompre Roger.

Mais Mme de Linières, sur un signe de son mari, poursuivit .

— Jeunesse, beauté, fortune, rien ne manque à la femme que le roi vous a choisie.

M. de Linières remercia la comtesse par un sourire.

Puis à son tour, s'adressant à Roger :

— Et, pour vous en donner la preuve, je n'ai plus qu'à vous nommer mademoiselle de...

Le chevalier de Vaudrey avait fait un pas vers le comte pour l'empêcher de continuer la phrase...

— Ne prononcez pas ce nom, mon oncle, dit-il avec vivacité,... je désire ne pas le connaître.

Le lieutenant de police feignit de ne pas comprendre exactement la pensée qui animait si fort le chevalier.

— Pourquoi, demanda-t-il simplement, vous tairais-je ce nom ?.. C'est celui d'une personne...

— Qui me ferait, je n'en doute pas, beaucoup d'honneur en m'accordant sa main, déclara M. de Vaudrey ; aussi n'est-ce pas cette personne, c'est le mariage que je refuse.

— Vous refusez ! fit M. de Linières dont les lèvres pâlirent.

Le chevalier leva résolument les yeux sur son interlocuteur et prononça d'un ton ferme :

— Absolument, monsieur le comte !

Certes le lieutenant de police n'était pas d'humeur à prendre ce jour-là des précautions oratoires, pour dire à son neveu ce qu'il avait mûrement résolu depuis quelque temps déjà. Toutefois il eut égard à la présence de la comtesse.

Il se contraignit pour ne pas laisser éclater son ressentiment.

— Avant de vous prononcer avec cette énergie, riposta-t-il, croyez-moi, chevalier, réfléchissez...

Et, s'efforçant même, par condescendance pour Mme de Linières, de s'adoucir encore..

— Je sais qu'il faut faire la part de la jeunesse,... de l'entraînement... et qu'il est bon de fermer les yeux sur certains écarts...

Le chevalier courba la tête.

— Mais à la condition, toutefois, continua le lieutenant de police, que ces écarts ne soient pas de longue durée...

Regardant Roger :

— Ce mariage est un honneur que Sa Majesté veut bien vous faire, ainsi qu'à nous, et quand le Roi a parlé...

Le chevalier de Vaudrey se redressa :

— J'irai, répondit-il avec fermeté, j'irai remercier Sa Majesté de ses bontés ;... j'irai mettre à son service ma personne, mon dévouement et ma vie ; mais, je vous le répète, monsieur le comte, je veux rester libre...

M. de Linières ne se contint plus.

Les yeux pleins de flamme, il se croisa les bras en s'écriant :

— Libre !.. libre de mener une vie de désordre... qu'il ne vous sera pas toujours possible de tenir secrète.

A son tour, Roger fixa sur son oncle un regard où se lisait un reproche pour la blessure faite à sa dignité.

Il répliqua sans hésitation :

— Il n'y a rien dans ma vie que je veuille cacher,... rien dont je doive rougir.

Le comte de Linières toisa son neveu d'un air de souveraine sévérité.

Il semblait qu'il eût voulu, en ce moment, reprendre son rôle de lieutenant de police, pour formuler cette réponse :

— En êtes-vous bien sûr, chevalier ?

L'intention était trop visible.

Cette réplique sévère arriva au jeune gentilhomme comme une sanglante allusion.

Le chevalier bondit sous le coup qui le cinglait.

— Monsieur ! s'écria-t-il en faisant un pas vers M. de Linières.

Mais la comtesse s'était levée avec précipitation.

Toute troublée, elle intervenait entre les deux hommes dont les regards irrités se croisaient.

— Roger ! dit-elle en se plaçant résolument devant son neveu, vers lequel se tendait sa main tremblante.

Puis se tournant vers M. de Linières :

— Monsieur le comte... je vous en conjure... permettez...

La voix suppliante de sa femme eut le pouvoir de faire tomber, instantanément, la colère du comte.

M. de Linières eut compassion de la souffrance qu'il lisait sur les traits de celle chez qui il suivait, depuis si longtemps, hélas ! la marche ascendante d'une maladie mystérieuse.

Il ne voulut pas mettre cette nature languissante à une trop rude épreuve, en poussant plus loin cette conversation qui tournait à la violence.

— Soit ! fit-il, nous reprendrons plus tard cet entretien..

Puis regardant Roger moins sévèrement, cette fois :

— Je ne veux pas encore désespérer de votre raison, chevalier,... de votre obéissance... Mais, continua-t-il avec hauteur, rappelez-vous que je suis le chef de la famille, que son honneur est sous ma garde, et que je ne souffrirai pas qu'on lui porte atteinte !

Au moment où Roger de Vaudrey allait riposter, la comtesse lui saisit vivement la main.

Au contact de cette main fiévreuse qui frissonnait dans la sienne, le chevalier s'arrêta.

Il baissa la tête devant le regard si triste de la comtesse, tandis que le lieutenant de police, qui s'était lentement dirigé vers la porte, se retourna et prononça ces mots :

— Je vous laisse avec votre tante, Monsieur ; je connais votre affection,... votre respect pour elle...; peut-être ses conseils auront-ils sur votre obstination plus de poids que les miens.

Et pour affirmer la confiance qu'il emportait d'une solution satisfaisante à la question qui venait d'être soulevée :

— A bientôt ! dit-il, chevalier, à bientôt !

III

A peine la porte s'était-elle refermée sur le lieutenant de police, que Mme de Linières saisissait vivement les deux mains de son neveu.

Et d'une voix maternelle, émue et caressante à la fois, elle interrogea sans hésitation :

— Roger, quelle est la femme que tu aimes ?

Elle avait deviné ce qui se passait dans l'esprit de ce jeune homme.

Elle avait lu, dans les yeux du chevalier, ce que celui-ci cachait au plus profond de son cœur.

Elle avait compris qu'en formulant si énergiquement son intention de rester libre, celui qui refusait un mariage princier nourrissait une de ces espérances qui élèvent l'âme au-dessus des considérations banales de la vie.

Et, tandis que M. de Linières n'avait vu, dans le refus que lui avai infligé le jeune homme, qu'un désir coupable de persévérer dans l'existence de folie et de débauche, la comtesse avait discerné, dans les paroles si fermes, si résolues de Roger, une intention inébranlable de défendre l'amour qu'il avait au cœur contre tous les assauts qu'on lui ferait subir.

Pour elle qui se mourait de souvenirs ineffaçables, Roger avait au front l'auréole des martyrs du cœur.

Et avec un tendre empressement elle lui dit :

— Quel obstacle te sépare d'elle et t'a empêché de demander sa main, avant que le Roi n'ait eu la pensée de te marier ?

Puis, comme si elle eût voulu donner à cet enfant d'une sœur bien-aimée et tant regrettée une nouvelle preuve de sa sollicitude :

— S'il ne s'agissait que de fortune, murmura-t-elle,.. j'ai la mienne, je l'aurais donnée.

Roger se sentit consolé des amertumes dont il avait été abreuvé l'instant d'avant, pendant cette pénible conversation avec M. de Linières.

La voix aimée de la comtesse, ces paroles si douces, si émues, imposaient à son cœur la confidence de son amour.

Elle avait le droit, elle qui avait souffert sans espoir, d'apprendre comment on espère en souffrant.

Alors, levant sur la comtesse des yeux où brillait l'expression de la reconnaissance la plus émue, de l'affection la plus pure :

— Oh ! quel cœur est comparable au vôtre ! s'exclama-t-il dans un élan d'indicible tendresse.

Et cette confidence lui vint aux lèvres :

— Oui, j'aime une jeune fille, la plus charmante, la plus pure, la plus honnête....

Puis, baissant les yeux sous le regard inquiet de la comtesse, le jeune homme ajouta :

— Je l'aime et.. jamais je n'ai osé le lui dire !

Mme de Linières savait que, désormais, elle pouvait interroger.

— A-t-elle un nom, une famille ? demanda-t-elle.

— Elle est née dans le peuple, répondit le chevalier de Vaudrey sans hésitation.

Et, lentement, comme s'il eût voulu faire de son blason un piédestal à cette fille du peuple qu'il trouvait digne de son respect autant que de son amour, Roger ajouta fièrement :

— Elle est orpheline et elle vit de son travail.

La comtesse eut un soubresaut.

L'enthousiasme du gentilhomme était venu à l'improviste se heurter à son orgueil de patricienne.

Et cette exclamation lui échappa, irréfléchie, mortifiante pour l'amour de Roger :

— Et c'est d'elle que tu veux faire ta femme ?

Il y eut quelques secondes de silence entre ces deux êtres qui s'étaient voué une si inaltérable affection, silence également pénible pour tous deux.

Roger sentit qu'il devait restituer à celle qu'il aimait la place qu'il la jugeait digne d'occuper dans l'estime de Mme de Linières.

— Oh ! ne la jugez pas sans la connaître ! dit-il.

Il avait peine à dissimuler son émotion.

Une phrase demeurait suspendue au bout de ses lèvres.

Ses yeux allaient chercher les yeux de la confidente effarouchée par cet aveu inattendu.

La comtesse ne se trompa pas à cette attitude embarrassée.

— Parle, parle franchement, Roger, fit-elle... Qu'as-tu encore à me dire ?

Le chevalier surmonta son hésitation.

Il s'enhardit à prononcer ces mots, d'un ton ému :

— Si vous consentiez à la voir... je suis certain que vous me diriez alors...

— Je te dirais, interrompit la comtesse avec véhémence, qu'un pareil amour ne peut être, pour elle et pour toi, qu'une source de chagrins et de larmes, et qu'il faut y renoncer.

Puis, assurant sa voix qui tremblait sous l'influence de l'animation qu'elle mettait à convaincre son interlocuteur :

— Je te dirais : Roger, tu dois obéissance au roi et à ta famille.

— Vous me diriez cela !... s'exclama Roger. Vous ?.., vous qui avez tant souffert ?... Vous, la victime de cette obéissance dont vous me faites un devoir... et qui vous a brisée ?...

La comtesse de Linières jeta un cri.

Et debout, les yeux effarés, le sein haletant, la lèvre frémissante, elle s'écria :

— Qui te l'a dit ?... Qui t'a découvert ce secret ?... Qui t'a dévoilé cette douleur qui me torture, hélas ! depuis tant d'années ?

Et succombant à l'émotion, vaincue par la souffrance qui se réveillait, dans son âme, plus violente que jamais, la malheureuse femme fondit en larmes.

Toute cette contrainte qu'elle avait dû s'imposer depuis si longtemps, toute cette comédie du calme sur le visage alors que l'âme était à la torture, toute cette résignation en attendant la mort qui réunit là haut, pour une éternité d'amour, ceux que la fatalité à séparés dans ce monde, tout cela s'était évanoui à la voix de Roger.

Le chevalier était revenu à lui-même.

A celui qui venait d'évoquer de déchirants souvenirs incombait le devoir d'apaiser le cœur dont il venait de réveiller les souffrances. Il fléchit le genou devant cette victime de l'obéissance filiale.

Il prit dans les siennes les mains de la comtesse, les y retint dans une étreinte affectueuse et lui dit :

— Il n'y avait qu'une âme au monde qui fût assez tendre, assez noble, pour apprécier et soutenir la vôtre,... l'âme de votre sœur bien-aimée...

— Ta mère ! fit Mme de Linières dans un sanglot.

— Au moment de se séparer de nous pour toujours, ma bien-aimée mère exigea de moi le serment de me dévouer à vous tout entier, de vous protéger si le malheur venait s'appesantir sur vous....

... Je l'ai juré!

La comtesse avait ouvert les bras, et, attirant Roger sur son cœur, elle prit la tête du jeune homme et la couvrit de baisers mêlés de larmes

Et, tout bas, elle murmura à l'oreille de Roger :

— Et elle t'a tout confié : mes souffrances et mon désespoir ?

... Ah ! je comprends maintenant tes regards inquiets lorsque des larmes s'échappaient de mes yeux...

Et doucement elle ajouta :

— Tu disais vrai tout à l'heure, Roger; c'est le devoir, c'est l'obéissance qui m'ont brisée...

La comtesse sembla faire un effort sur elle-même, comme pour surmonter une hésitation.

— Ce que ta mère t'a peut-être caché, dans ses confidences, je vais te le dire, moi, comme à celui qui a juré d'être mon protecteur, de se dévouer tout entier à moi...

Et sans baisser les yeux, sans rougir devant celui qui la regardait avec tendresse :

— Ecoute ! dit-elle : Dans l'entraînement de l'amour et de la jeunesse j'avais commis une faute. Celui que j'aimais était mort loin de moi !... Et il fallait que mon enfant disparût, l'honneur de la famille l'exigeait !...

...Car ma main avait été promise au comte de Linières !...

...Il fallait tromper un honnête homme, c'est-à-dire condamner ma vie à un éternel remords, ou... sacrifier la vie de ma fille...

...Et j'ai courbé la tête sous l'inflexible volonté de mon père !.

...J'espérais que le ciel aurait pitié de la pauvre petite créature que j'ai à peine embrassée en lui disant adieu !

...En glissant dans son berceau le peu d'or que je possédais et quelques lignes adressées à ceux qui prendraient soin d'elle, je me disais

« Peut-être la reverrai-je un jour ! »

Mme de Linières s'était, à plusieurs reprises, interrompue pour essuyer les larmes qui coulaient de ses yeux fixés sur Roger.

— Hélas ! continua-t-elle, les jours, les années se sont écoulés ;... et toutes mes prières ont été vaines,... toutes mes recherches ont été inutiles !..

Le chevalier avait écouté, silencieusement.

Son esprit se reportait aux scènes qui avaient précédé le mariage de sa tante avec le comte de Linières.

Il évoquait le souvenir de ce père inflexible qui n'avait eu pitié ni des larmes, ni de la résignation de celle qu'il condamnait à une union forcée.

— Oh oui !.. dit-il avec amertume, ils ont été bien cruels envers vous !

— Si cruels, s'exclama la comtesse, que je me demande parfois si je n'aurais pas mieux fait de leur crier :

« Eh bien tuez-la !.. »

..Oui, reprit-elle avec animation, il aurait mieux valu la tuer !... J'en serais morte, et je n'aurais pas subi ce supplice de seize années !...

...Je ne me serais pas demandé, pendant seize ans :

« Que fait-elle ?... Au fond de quel abîme ce criminel abandon l'aura-t-il plongée ?... »

....Et ce supplice non moins horrible de penser qu'elle m'accuse de sa misère, de sa honte, peut-être, et qu'elle s'écrie dans son désespoir : « Soyez maudite, mère sans cœur et sans entrailles ! »

....Ah ! cette malédiction terrible, je l'entends à toute heure, jusque dans mes prières, jusque dans mon sommeil !..

....Je l'entends toujours !.. toujours !... toujours !...

Vaincue enfin par la violence de son émotion, la comtesse alla s'affaisser dans un fauteuil...

Le visage appuyé sur les deux mains, elle pleura longtemps !...

LES DEUX ORPHELINES

M. de Linières lui tendit le feuillet plié en deux. (P. 430.)

Le chevalier éprouvait maintenant comme un remords, d'avoir évoqué des souffrances qu'il pouvait croire sinon apaisées, — les mères n'oublient pas à ce point ! — du moins supportées avec résignation.

Après quelques instants, il vint s'agenouiller devant cette mère éplorée.

Et il lui dit :

— Eh bien ! Vous qui avez tant souffert, vous qui avez tant pleuré, me direz-vous encore d'obéir ?... Me conseillerez-vous encore d'enchaîner ma vie à la vie d'une femme, lorsque j'ai le cœur plein de l'image d'une autre ?..

Me le conseillez-vous, dites ?

La comtesse s'était redressée avec une sorte d'énergie fiévreuse.

Elle plongea ses regards dans les yeux du jeune homme.

Et, d'une voix forte, comme si elle eût donné un ordre :

— Non !... Non ! s'écria-t-elle.

A ce moment la porte s'ouvrit et le lieutenant de police apparaissait dans l'entre-bâillement.

En toute autre circonstance, la comtesse n'eût pas manqué d'éprouver l'impression pénible que provoquait chez elle l'arrivée, à l'improviste, du comte de Linières.

Mais, cette fois, en voyant entrer son mari, elle marcha résolument au devant de lui.

Et montrant, de sa main tremblante, le chevalier de Vaudrey demeuré à l'écart et le front incliné, elle s'écria d'une voix saccadée et fiévreuse :

— Il faut avoir pitié de lui, monsieur le comte, ne l'enchaînez pas malgré le cri de sa conscience et la révolte de son cœur !...

Et puisant un nouveau courage dans le souvenir de ses seize années de tortures :

— Ne les imitez pas !... ces pères dont l'inflexible orgueil condamne leurs enfants au mensonge ou au désespoir !..

En même temps que M. de Linières demeurait immobile, frappé de stupéfaction par ce langage véhément auquel ne l'avait pas habitué la comtesse, Roger s'était vivement approché de sa tante.

Et lui saisissant la main à la dérobée, il lui avait dit à voix basse :

— Prenez garde !

Ces mots rappelèrent Mme de Linières au sentiment de la prudence.

Elle vit le danger et demeura silencieuse, atterrée devant son mari.

Le comte de Linières avait retrouvé ce calme, cette froideur, qui glaçaient l'épouse à la conscience timorée.

Il s'avança vers elle.

Et d'une voix grave et imposante :

— De quel orgueil, de quel mensonge, de quel désespoir parlez-vous donc ? dit-il.

Diane eut un éblouissement. Il semblait que, prise de vertige et sa conscience se soulevant enfin après cette effroyable soumission qu'on lui avait imposée, elle était au moment de crier la vérité à l'homme qu'on l'avait forcée d'épouser...

Mais ce ne fut qu'un éclair qui traversa l'esprit surexcité de la malheureuse.

Elle eut un tressaillement, la pâleur envahit, de nouveau, son visage ; et, tremblante sous le regard de son mari, elle balbutia :

— Moi... je... je disais...

Le comte, témoin de ce trouble, fronçait les sourcils.

Lui aussi, depuis seize ans, avait passé par de violentes impressions. Lui aussi avait eu des alternatives d'espérance et de sombre découragement.

Il avait pensé qu'un jour viendrait où cette mélancolie d'une femme aimée se dissiperait aux ardeurs de son amour, s'évanouirait à la longue combattue patiemment par ses délicatesses, par ses attentions, par sa tendresse enfin.

Mais l'instant était venu où M. de Linières voulait pénétrer le secret de ces souffrances qu'il n'avait pu combattre victorieusement et de cet état de langueur qui s'éternisait...

Si un doute terrible n'avait pas encore envahi son esprit, du moins était-il déjà au moment d'accueillir le soupçon repoussé bien des fois et qui revenait l'assaillir aujourd'hui plus tenace, plus violent que jamais.

C'est sous cette impression que faisait naître le trouble et l'agitation de la comtesse qu'il s'écria :

— Parlez !.. J'ai le droit d'exiger une réponse aux questions que je viens de vous adresser... Parlez, Madame, parlez !

Le chevalier de Vaudrey n'avait plus, pour porter secours à sa tante que la ressource de tenter une diversion.

Ce fut donc lui qui répondit au comte exaspéré :

— Madame la comtesse vous répétait, Monsieur, tout ce qu'elle vient d'entendre de ma bouche....

...Elle vous disait la révolte de mon âme contre le mariage qu'on veut m'obliger à contracter, c'est-à-dire contre ce long supplice que vous prétendez m'imposer.

M. de Linières ne sourcilla pas à cette déclaration de son neveu.

Il lui répugnait de donner un démenti qui serait allé atteindre la comtesse plus encore que le chevalier de Vaudrey.

Il feignit d'accepter cette explication comme suffisante.

Mais Roger ne s'y trompa pas lorsque avec une froideur glaciale M. de Linières dit à la comtesse:

— C'est bien là, Madame, ce que... signifiaient vos paroles ?

Madame de Linières fit un effort sur elle-même pour répondre d'une voix mourante :

— Oui, mais je suis si émue... si troublée.... vous le voyez, Monsieur, je me soutiens à peine.

Elle avait chancelé.

Le chevalier accourut pour la recevoir dans ses bras.

— En effet, dit le comte.

Et se tournant vers son neveu :

— Chevalier, conduisez madame la comtesse jusqu'à son appartement.

Lorsque Roger se fut incliné et eut offert sa main à sa tante, M. de Linières ajouta :

— Vous reviendrez ensuite, Roger ;.. j'ai besoin de vous parler.

IV

A force de volonté la comtesse avait pu se contenir, tant qu'elle s'était trouvée sous le regard de M. de Linières.

Mais une fois hors de sa présence elle se sentit défaillir de nouveau.

— Hélas ! dit la pauvre femme, je ne croyais pas qu'on pût souffrir autant sans mourir.

— Chère tante ! fit le jeune homme en soutenant ce corps qui s'affaissait entre ses bras, chère tante, il faut avoir du courage, il faut vivre pour cette enfant que vous pleurez, que vous n'avez pas le droit de faire orpheline, et qui, un jour, viendra peut-être vous demander ce que vous lui devez d'amour maternel...

Puis, profitant de l'impression que ces paroles avaient faite sur la comtesse et pour la distraire de ses propres douleurs, Roger voulut revenir sur le sujet qui l'intéressait personnellement.

Il s'agissait de décider Mme de Linières à voir celle qui occupait une si large place dans son cœur.

Lorsqu'il avait, on se le rappelle, prié sa tante de ne pas porter de jugement sur la jeune fille sans la connaître, la comtesse avait tenté de rappeler le jeune gentilhomme au sentiment de ses devoirs envers sa famille.

Mais après la scène émouvante qui venait d'avoir lieu, après les confidences échangées et le douloureux aveu de la comtesse, Roger pensa qu'il la trouverait plus accessible à sa prière.

Se sachant attendu par M. de Linières, le jeune homme alla droit au but :

— Chère tante bien-aimée, dit-il, l'air suppliant et la voix tremblante d'émotion, il y a, non loin de cette demeure, une jeune fille qui souffre et qui pleure comme vous souffrez et pleurez vous-même ; une jeune fille qui a mis sa vertu sous la sauvegarde de mon honneur, de mon amour et qui n'a point à en rougir... ne consentirez-vous pas à la voir ?...

Diane de Linières ne répondit pas.

Mais, attirant à elle son neveu, elle approcha ses lèvres du front de Roger.

C'était un acquiescement tacite aux désirs du chevalier.

Celui-ci, le cœur plein de reconnaissance, couvrit de baisers les mains que lui abandonnait la comtesse.

Puis après quelques secondes de cette effusion : Je la verrai, dit la comtesse. Va, maintenant. M. de Linières doit t'attendre.

. . . .

Le lieutenant de police avait suivi des yeux la comtesse et son neveu lorsqu'ils se retiraient.

Dès que la porte se fut refermée sur eux, l'air contraint de M. de Linières disparut pour faire place à une expression de doute, de colère et de sombre jalousie.

Il s'était mis à marcher, arpentant d'un pas fiévreux son cabinet de travail et, de temps à autre, s'arrêtant devant la porte ouvrant sur le couloir.

Aux mouvements d'impatience qui lui échappaient, il eût été facile de comprendre qu'il tardait au comte de voir revenir le chevalier de Vaudrey.

C'est que, de sinistres pressentiments grondaient, en ce moment, dans son cœur.

Il y avait en cet homme, aux allures saccadées, et dont l'impatience se manifestait de plus en plus fiévreuse, une lutte violente où l'orgueil du gentilhomme était à peine tempéré par la tendresse du mari.

Déjà, à plusieurs reprises, M. de Linières s'était approché de la table encombrée de pièces et de rapports, — comme s'il eût pris une résolution.

Mais aussitôt, il se remettait à marcher avec une agitation nouvelle.

Et la tempête continuait à se déchaîner dans ce cerveau surexcité.

En vain, M. de Linières avait-il mis, pendant tant d'années, un frein aux vagues soupçons qui lui traversaient l'esprit. Aujourd'hui, la chaîne se brisait qui avait retenu ces soupçons... Ils se pressaient, impétueux, terribles, entraînant à leur suite les violences contenues jusque-là.

Tout à coup le lieutenant de police s'assit devant la table de travail, il prit un feuillet sur lequel il écrivit quelques mots, à la hâte, comme s'il eût craint de voir s'évanouir la résolution à laquelle il venait de s'arrêter.

Puis il agita la sonnette.

Un huissier parut aussitôt.

M. de Linières lui tendit le feuillet plié en deux.

— Tenez, dit-il d'un ton bref, ceci... à l'employé gardien des archives.

Et comme l'huissier s'inclinait, avant de sortir, le comte ajouta avec un imperceptible tremblement dans la voix :

— Vous m'apporterez ce qu'il vous remettra.

Sur un signe du lieutenant de police, l'huissier se retira.

Au même moment la porte opposée s'ouvrait, livrant passage au chevalier de Vaudrey.

A la vue de Roger, le comte de Linières, par un puissant effort de volonté, obligea son visage à reprendre le masque impassible du magistrat qui va procéder à quelque interrogatoire judiciaire.

Pas une fibre ne bougea sur sa figure énergique, lorsqu'il fit signe au chevalier d'approcher.

Il s'était levé et se tenait la main appuyée sur la table.

De son côté, le chevalier avait, après la promesse obtenue de la comtesse, recouvré son entière liberté d'esprit.

Il revenait, le cœur soulagé du poids d'un secret partagé avec une confidente qu'il avait su ramener à l'indulgence.

S'inclinant légèrement :

— Vous avez désiré que je revienne, monsieur le comte, me voici ! Vous avez besoin, m'avez-vous dit, de me parler,... je suis à vos ordres !

Monsieur de Linières laissa s'écouler une seconde.

Il donnait, évidemment, à son émotion le temps de se calmer.

Puis, tout à fait maître de lui :

— Vous avez bien compris, chevalier, quels sentiments de convenance, d'affection et... de dignité m'ont fait accepter, tout à l'heure, l'explication de la comtesse ? Roger pressentit un danger.

— Monsieur..., commença-t-il.

Mais celui-ci l'interrompit aussitôt en continuant :

— Vous avez bien compris que cette explication... ne pouvait me convaincre ?

— Quoi,... vous pensez,... balbutia le chevalier.

— Je pense, fit M. de Linières en s'animant, que ce n'est pas sur vous mais sur elle-même que la comtesse... pleurait, il n'y a qu'un instant.

Il dardait, maintenant, des regards pénétrants sur le visage inquiet du jeune homme.

Et affirmant, d'un geste énergique, sa conviction :

— Non !... Ce n'est ni de vous, ni... de vos secrets, qu'il était question dans votre entretien.

Puis avec éclat :

— Mais de ses secrets à elle et de sa vie passée !...

Roger allait se récrier.

M. de Linières ne lui en laissa pas le temps.

— Oui, reprit-il avec véhémence, il s'agissait de ce mystère qui pèse sur l'âme de la comtesse,... sur sa conscience, peut-être,... et qui fait le supplice de ma vie, à moi !...

La voix du lieutenant de police avait eu une intonation déchirante en prononçant ces derniers mots.

Le chevalier de Vaudrey se sentit plein de pitié pour cet homme d'honneur qui avait pu tenir secrètes, jusque-là, les souffrances morales qu'il était, maintenant, impuissant à renfermer en soi.

Cette douleur, qu'il devinait poignante, ce désespoir, qui se révélait en dépit de l'orgueil, remuèrent l'âme de Roger.

Et, oubliant la sévérité du comte, son implacable volonté de l'assouplir aux volontés du roi, son inébranlable résolution de passer outre aux objections, aux prières, aux résistances pour lui imposer ce mariage qui révoltait son cœur ; oubliant enfin ses propres tourments pour ne penser qu'au sort de cet homme de cœur, le neveu de la comtesse de Linières courba le front devant son oncle, dominé par le spectacle de cette douloureuse infortune.

Mais Roger allait passer bientôt par une épreuve nouvelle.

M. de Linières, dans la violence de sa colère, dans le délire de son âme, supposa que le neveu de Diane allait se faire le révélateur du mystère qu'il voulait pénétrer.

Cet homme si digne allait proposer à un gentilhomme de commettre une indignité.

Le comte s'était, en effet, approché de Roger, toujours silencieux.

Et il s'était écrié, devenant de plus en plus pressant :

— Parlez donc, chevalier.... quel secret vous confiait la comtesse ?

M. de Vaudrey releva fièrement la tête.

Il soutint le regard de M. de Linières, avec une froide expression de hauteur, lorsque celui-ci lui dit sans hésitation, sans rougeur au front :

— Je veux tout savoir, parlez !

— Monsieur le comte !...

— Parlez, vous dis-je... je le veux... je l'ordonne !

Cette fois, le chevalier voulut mettre un terme à cet interrogatoire qui le révoltait.

Et il répondit d'une voix ferme.

— Je ne sais rien, Monsieur, je n'ai rien à vous dire.

Alors le comte de Linières éclata en reproches violents.

— Soit, s'exclama-t-il, oubliez, Monsieur, le souvenir de mon affection, de mes soins, de mes bienfaits.

Roger fit un mouvement.

— Deux fois en un jour, reprit le comte avec amertume, vous avez résisté à mes ordres,... à mes prières...

Puis d'un ton hautain :

— Mais la confidence que vous ne voulez pas me faire,... je l'obtiendrai quand même...

Le chevalier eut un léger tressaillement.

M. de Linières continua :

— Je n'en connaîtrai pas moins ce mystère que vous refusez de me dévoiler.

L'attitude si résolue de son oncle mettait maintenant Roger aux prises avec les plus terribles appréhensions.

Il ne pouvait plus espérer, après la scène qui venait d'avoir lieu, que le lieutenant de police s'arrêtât dans la voie nouvelle où il s'engageait et au bout de laquelle se trouverait peut-être, hélas ! la perte irrémédiable de la comtesse de Linières et le déshonneur de la famille de Vaudrey.

Il redoutait, maintenant, de quitter M. de Linières, d'abandonner à lui-même cet homme en proie à une exaspération menaçante.

Il eût voulu pouvoir s'attacher à ses pas, le garder à vue, afin de ne rien ignorer des démarches qu'il tenterait dans le but de découvrir le terrible mystère de la famille de Vaudrey.

Frappé du changement subit qui venait de s'opérer en lui et comme s'il eût deviné les secrètes appréhensions de son âme, le comte, avec une froide ironie, se contenta de dire.

— Cela est bien décidé, M. le chevalier, vous refusez de me dévoiler ce secret dont vous êtes, je le sais à présent, le dépositaire ?

— J'ignore, Monsieur, de quel secret vous voulez parler.

M. de Linières eut alors un geste de triomphe.

— Eh bien, s'écria-t-il,... vous allez le connaître avec moi

A ce moment, en effet, l'huissier revenait, apportant un volume relié que le lieutenant de police lui fit signe de déposer sur la table.

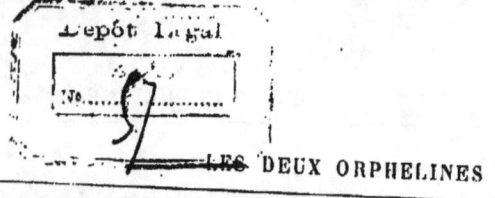

— Mon Dieu !... Elle n'est plus là... Elle n'y est plus ! (P. 440.)

Ceci fait, l'huissier se retira.

Le chevalier de Vaudrey avait suivi cette pantomime sans y rien comprendre.

Il se demandait, maintenant, ce que pouvait renfermer ce mystérieux volume que venait d'apporter l'huissier et que M. de Linières semblait couver du regard.

Le comte, alors, s'approcha lentement de la table et posant la main sur le volume, il dit :

— Il y a là, dans ces archives de la police...

Roger fit un mouvement de surprise...

— Ce livre,... commença-t-il.

Mais son interlocuteur ne le laissa pas achever.

Impassible devant l'agitation qui se manifestait dans l'attitude de son neveu, il reprit :

— Il y a, dis-je, dans ces archives de la police, les secrets des familles les plus humbles et les plus nobles...

Puis, après une pause, pendant laquelle il regarda fixement le chevalier, il ajouta.

— Il y a le secret de Diane de Vaudrey, comtesse de Linières.

Roger eut un geste d'épouvante.

— Et, puisque vous ignorez ce secret, M. le chevalier... Vous allez le connaître avec moi !....

M. de Linières avait pris le livre et se mettait en devoir de l'ouvrir.

Le chevalier de Vaudrey jeta un cri de révolte.

— Oh ! ce serait horrible !... Ce serait odieux ! s'écria-t-il.

Sans l'écouter, M. de Linières se mit à feuilleter le volume.

Roger suivait, d'un œil anxieux, chacun de ses mouvements.

Tout à coup, le lieutenant de police s'arrêta et corna une des pages, en disant, comme se parlant à soi-même :

— Oui, oui !... C'est bien cela.

Et il lut à haute voix :

— Maison de Vaudrey !...

Puis il continua, après avoir suivi, du doigt, quelques lignes :

— Ah !... Diane-Éléonore... fille du comte François de Vaudrey...

A ces mots, prompt à s'élancer, le chevalier avait placé sa main sur le passage de ces archives qui concernait la famille de Vaudrey, et, pâle, la voix sourde, il avait dit au magistrat stupéfait :

— Monsieur, vous ne lirez pas cela !

Surpris à l'improviste, M. de Linières n'avait pu s'opposer à ce mouvement.

Mais se remettant aussitôt :

— Qu'est-ce à dire ? prononça-t-il sévèrement.

Roger répondit d'une voix forte :

— Ce que vous alliez faire là est indigne de vous,... indigne d'un gentilhomme.

Et s'animant de plus en plus.

— C'est violer le secret d'une âme !... C'est comme si vous violiez le secret de la confession !... Et vous ne le ferez pas !

— Qui m'en empêchera ? riposta M. de Linières d'une voix vibrante.

— L'honneur, s'exclama Roger en relevant la tête, l'honneur qui se révolte contre une pareille trahison..

Le comte eut un sourire glacial.

Et s'avançant d'un pas vers le lieutenant de police, Roger ajouta :

— Et si l'honneur ne parle pas assez haut,... s'il n'est pas assez fort pour vous arrêter, ce sera moi, monsieur le comte !

— Vous..., commença M. de Linières, en affectant de rire.

Mais ce rire forcé s'arrêta dans sa gorge.

Roger avait, d'un mouvement rapide, arraché la page des archives, que le comte avait commencé à lire.

— Malheureux ! s'écria le magistrat en marchant les poings fermés sur celui qui se déclarait ainsi son adversaire.

Mais Roger ne broncha pas.

Croisant ses bras sur sa poitrine où il avait mis en sûreté le secret de Diane de Vaudrey, il dit résolument :

— Je vous avertis, monsieur le comte, que, pour m'arracher ce papier, il faudra qu'on me tue !

Puis, baissant la voix :

— Souvenez-vous, dit-il, que ce n'est pas seulement son secret à elle, c'est aussi votre dignité, c'est le respect de vous-même,... C'est votre propre honneur que je défends contre vous.

— C'est bien, dit froidement M. de Linières.... Vous m'avez rappelé à mon devoir, et je vous remercie de l'avoir fait.

Roger inclina la tête.

Le comte poursuivit, martelant chaque mot :

— Je ne serai ni oublieux, ni ingrat.

Puis regardant, d'un air hautain, le jeune homme dominé par cette attitude sévère :

— Et à mon tour, ajouta le lieutenant de police, je vous forcerai bientôt de remplir le vôtre.

Et, d'un geste impérieux, il lui montrait la porte.

Roger s'inclina et sortit.

V

Où allait-il ?

Où le chevalier de Vaudrey pouvait-il aller chercher un soulagement à l'exaltation de son esprit, un apaisement à l'émotion qui étreignait son cœur ?

Auprès de qui trouverait-il une consolation à la douleur qu'il éprouvait du danger qui menaçait cette tante affectionnée à l'égal d'une mère, si ce n'est auprès de celle qui, depuis trois mois, occupait sa pensée tout entière ?...

Auprès de la jeune fille qu'il avait sauvée au péril de sa vie.

Auprès de la vierge éperdue qu'il avait arrachée de ce lieu de débauche, de ce pavillon du Bel-Air, où sa pudeur s'était effarée sous le regard des courtisanes...

Auprès de la vertueuse créature qui avait eu confiance en lui; qu'il avait respectée comme une sainte, et qu'il adorait maintenant sans oser le lui dire.

Roger, chassé par son oncle, se rendait auprès d'Henriette Gérard dont il était devenu l'ami fidèle, le protecteur respectueux, depuis cette nuit à jamais néfaste où elle avait été brusquement séparée de Louise, pour être jetée dans les bras du marquis de Presles.

Après lui avoir rendu la liberté, en lui ouvrant, l'épée à la main, les portes du pavillon du Bel-Air, Roger s'était, tout de suite, informé de la demeure de celle qu'il venait de délivrer.

Son intention avait été de mettre son carrosse à la disposition de l'inconnue et de la faire conduire à l'endroit qu'elle aurait désigné, sans vouloir lui imposer plus longtemps sa présence.

Henriette, troublée, la tête perdue, s'était laissé accompagner jusqu'à la portière de la voiture. Mais là, le sentiment de la réalité lui était revenu.

— Monsieur, murmura-t-elle en tremblant, où cette voiture va-t-elle donc me conduire ?

— ... Maintenant que vous voici libre, répondit Roger, j'attends vos ordres pour donner à mes gens l'adresse que vous voudrez bien indiquer.

Et, respectueusement, la tête découverte comme s'il eût parlé à quelque grande dame :

— Après cela, Mademoiselle, ajouta-t-il, il ne me restera de cette aventure que le souvenir d'avoir eu la bonne fortune de pouvoir répondre à votre appel désespéré...

— Vous m'avez sauvée, Monsieur, dit Henriette.

Et s'accrochant des deux mains aux bras de Roger :

— Je ne trouve pas d'expressions pour vous remercier comme je devrais le faire, et pour vous exprimer ma vive reconnaissance.

Mais, pardonnez-moi, Monsieur, de m'attacher à vous, à vous si généreux, comme à un sauveur, dont la tâche n'est pas entièrement accomplie.

Le chevalier n'avait pas été maître d'un mouvement de surprise.

En voyant cette jeune fille éplorée se pendre à son bras, désespérément, comme si elle eût craint qu'il l'abandonnât; en voyant ses mains frémissantes se joindre comme pour une prière, il demeura interdit.

La voix suppliante d'Henriette le tira de cet état d'étonnement.

La pauvre enfant entamait le récit, entrecoupé de sanglots, de tout ce qui lui était arrivé depuis qu'elle était descendue, avec Louise, du coche d'Évreux.

Elle parla, avec déchirement, de l'angoisse dans laquelle devait être plongée la pauvre aveugle demeurée seule, exposée à tous les hasards, à tous les dangers.

Elle raconta, au milieu des larmes qui mouillaient sa voix épuisée par l'émotion, qu'elle avait entendu, — alors qu'on l'entraînait, — Louise lui crier : « Henriette !... Réponds-moi, parle-moi !... »

Elle dit son désespoir de n'avoir pu s'arracher des mains de ceux qui avaient comploté son enlèvement; sa terreur de savoir sa compagne, sa chère aveugle, seule dans cette ville, se désolant, s'affolant, mourante sans doute de chagrin et de peur...

Elle implora enfin le secours de ce défenseur que la Providence lui avait envoyé.

— Ne m'abandonnez pas ! s'écria-t-elle en levant ses beaux yeux noyés de larmes sur Roger... Ne nous abandonnez pas, de grâce !

... Aidez-moi à rejoindre ma sœur bien-aimée, ma pauvre Louise, qui se jettera à vos pieds pour vous remercier de nous avoir réunies !...

Et, dans l'explosion de sa douleur, Henriette fléchissait les genoux...

Le chevalier de Vaudrey la retint dans ses bras...

Puis, la soutenant jusqu'à la voiture :

— Venez ! dit-il, maîtrisant avec peine son émotion.

Lorsqu'il eut pris place dans le carrosse, à côté de la jeune fille, il dit au valet de pied qui attendait ses ordres :

— A l'entrée du Pont-Neuf, au bureau des messageries.

La première idée qui pouvait lui venir, en effet, n'était-ce pas de se rendre à l'endroit où Henriette avait été séparée de sa compagne.

Et, pendant que l'équipage roulait vers la place Dauphine où s'arrêtait le coche de Normandie, Roger cherchait à rassurer la jeune fille qui se lamentait à ses côtés.

Autant pour satisfaire une curiosité bien naturelle en pareil cas que pour détourner l'esprit de l'affligée des sombres pensées qui l'assaillaient, le chevalier se fit raconter l'histoire de ces deux jeunes filles arrivant ainsi seules à Paris.

Henriette le mit au courant de tout.

Elle lui dit son nom, taisant par un sentiment de discrétion la situation réelle de Louise dans la famille Gérard.

Elle n'omit rien de ce qui pouvait faire que le jeune gentilhomme s'intéressât à deux orphelines.

Et Roger s'était laissé aller, peu à peu, à une sympathique émotion.

Ce récit si simple, prononcé au milieu des larmes l'avait très vivement touché.

Et il avait cherché des paroles de consolation pour cette affligée qui se confiait à lui.

Lorsque Henriette eut achevé de parler, Roger était encore sous l'impression de ce récit attendrissant, sous le charme de cette voix si douce voilée par les larmes...

Il gardait le silence,... laissant sa pensée errer dans une rêverie pleine de regrets.

Il se disait que, bientôt, l'aventure à laquelle le hasard le mêlait si intimement allait prendre fin; que Louise une fois retrouvée, il ne reverrait plus celle qui lui inspirait un si vif intérêt.

Le carrosse continuait à avancer, d'un train rapide, par les rues désertes.

On rencontrait, de temps à autre, quelque escouade du guet marchant silencieusement, des agents de la prévôté, à l'affût à l'entrée des passages sombres, ou groupés dans les carrefours...

Le silence de cette grande ville provoquait chez Henriette un violent serrement de cœur.

Elle pensait à Louise, isolée au milieu d'une place et obligée d'attendre le secours, au-devant duquel elle ne pouvait courir.

Et, dans son impatience d'arriver, elle penchait la tête à la portière, cherchant à percer de son regard anxieux le rideau de brume qui l'entourait.

Puis, fatiguée par cette longue tension de l'esprit sur un même objet, par cette fixité des yeux sur un même point, la malheureuse se renversait, désespérée, au fond de la voiture.

Et Roger sentait que ce pauvre corps frissonnait, que ses mains tremblantes se tordaient nerveusement, il entendait les gémissements étouffés s'exhalant de ce sein haletant...

Alors, lui aussi, se sentait gagné par cette impatience; il oubliait la séparation imminente pour ne plus désirer que mettre un terme aux souffrances dont il avait, sous les yeux, le navrant spectacle.

Tout à coup, cependant, il éprouva comme une appréhension; dans son désir de se rendre utile à la jeune fille, il n'avait pas réfléchi que cette course pouvait demeurer stérile, et qu'il était invraisemblable que l'aveugle fût demeurée à la même place où Henriette l'avait laissée.

Il s'était rendu à la prière de la pauvre fille qui le suppliait de la conduire au bureau des messageries; mais, maintenant qu'on approchait du but, il redoutait une poignante désillusion.

Rien n'était moins certain, en effet, que la réussite de cette recherche.

Alors, pensait-il, quel ne serait pas le désespoir de celle qui s'attendait, à retrouver sa compagne, à la serrer dans ses bras.

Prévoyant la déception à peu près certaine, le chevalier songeait à en amortir l'effet autant que possible.

Mais comment s'y prendre?

Ne serait-ce pas mettre le feu à cette imagination, si exaltée déjà, et provoquer une explosion de désespoir?

Il n'eût pas le courage de porter à cette affligée ce nouveau coup après tout ceux qui déjà l'avaient atteinte au cœur.

Dans sa pensée, déjà toute pleine de cette infortunée que le hasard l'avait fait rencontrer pour la sauver, il se promit de se dévouer à elle comme un frère.

Sa nature généreuse lui dictait déjà la conduite à suivre. Il dirait le secret de cette nuit d'émotions à celle en qui il avait toute confiance, à cette comtesse de Linières si affectueuse, si aimante et qui le regardait comme un fils.

Il savait qu'il lui suffirait de faire appel à la généreuse sensibilité de son âme, pour la trouver disposée à venir en aide à l'orpheline.

Et, réconforté par cette assurance, il s'habitua rapidement à l'idée qu'il pourrait continuer auprès de la jeune fille son rôle de protecteur.

Lorsque le carrosse s'arrêta à l'entrée du Pont-Neuf, Roger sauta à bas de la voiture, et, tendant la main à la jeune fille :

— Nous sommes tout près de l'endroit où vous avez été séparée de mademoiselle votre sœur, dit-il.

Henriette avait fait un mouvement pour s'élancer dans la direction de la place...

— Le banc!... Le banc est là, dit-elle, de ce côté...

Sa main, qui tremblait, indiquait les arbres qui ornaient la façade du bureau des messageries.

Le chevalier lui avait offert le bras ; elle le saisit et, doucement, elle entraînait Roger, haletante et fiévreuse.

Mais, de loin, le jeune homme avait vu que le banc était vide...

Encore quelques secondes, et cette malheureuse que l'espoir avait soutenue, et qui, hélas ! marchait à une terrible déception, subirait une nouvelle secousse...

Roger s'arrêta pour tâcher de prévenir le choc qu'il savait imminent.

Mais déjà Henriette avait, de son regard anxieux, parcouru la place, et elle s'écriait :

— Mon Dieu!... Elle n'est plus là!... Elle n'y est plus !

Sa main se tendait, montrant la place où ne se trouvait personne.

Et, malgré cela, voulant s'approcher quand même du but qu'elle avait voulu atteindre, la pauvre affolée se précipita vers le banc...

Elle y appuya les deux mains et demeura, comme frappée d'insensibilité, les yeux fixés sur la place qu'avait occupée Louise.

Le chevalier la regardait, profondément ému par le spectacle de cette douleur muette.

Il ne trouvait ni un mot, ni un geste pour la calmer.

Une préoccupation toute personnelle s'imposait, maintenant, à son esprit.

En s'offrant pour accompagner l'inconnue, ne s'était-il pas, pour ainsi dire, engagé à ne pas l'abandonner aux hasards de la vie parisienne?

Ce fut Henriette, elle-même, qui dut mettre un terme à ce silence, et provoquer les consolations que Roger n'osait lui adresser.

— Mon Dieu!... s'écria-t-elle en levant vers le ciel ses mains jointes, m'abandonnerez-vous?

M. de Vaudrey s'inclina vers l'affligée et, d'une voix assourdie par une émotion contenue à grand'peine :

— La Providence ne vous abandonnera pas, Mademoiselle, puisqu'elle m'a fait la grâce de me désigner pour être le défenseur de celle qu'on avait entraînée dans un piège infâme, puisqu'elle vous a envoyé la bonne pensée d'avoir confiance en moi!...

Henriette eut un regard plein de reconnaissance.

Au milieu des sanglots qui la suffoquaient, une parole de remerciement sortit de ses lèvres à l'adresse du généreux inconnu qui lui offrait respectueusement sa protection.

Puis, s'accrochant à un espoir subit :

— Monsieur, supplia-t-elle, en indiquant le bureau des messageries,

LES DEUX ORPHELINES

— Une aveugle!... s'écria-t-il, ah!... oui, je m'en souviens!... (P. 444.)

voudriez-vous m'accompagner là ;... c'est le bureau où s'est arrêté le coche, peut-être pourra-t-on me renseigner !...

Le chevalier lui offrit son bras, sans répondre, et la conduisit à l'endroit désigné...

Il n'avait pas voulu lui enlever cette dernière illusion...

Mais il avait bien vu, de loin, que le bureau était fermé.

Lorsque Henriette, arrivée au seuil, vit la porte close, un cri s'échappa de sa gorge...

Son désappointement se changea en une exaltation violente.

Elle meurtrit ses mains à cogner contre cette porte.

— Ouvrez !... ouvrez, de grâce !... s'exclamait-elle dans son affolement...

— Hélas ! Mademoiselle, dit doucement le chevalier, il n'y a plus personne, à cette heure, dans ce bureau...

Et il est douteux que les employés habitent la maison...

Mais, voulant donner une preuve de sa bonne volonté à faire tout le possible pour apaiser les angoisses de l'affligée, il ajouta aussitôt :

— Du reste je vais appeler, éveiller, s'il le faut, les personnes qui ont leur logement au-dessus; quelqu'un pourra sans doute nous dire ce qu'est devenue Mademoiselle votre sœur.

Puis, frappant du pommeau de son épée contre la croisée de l'entresol :

— Holà ! cria-t-il... quelqu'un ?... Ouvrez !...

A cet appel pressant, prononcé d'une voix vibrante, une tête ornée d'un bonnet de coton, parut dans l'entre-bâillement de la croisée.

— Qui êtes-vous ? demanda une voix rauque... Et que demandez-vous ?

— Excusez-moi, brave homme, répondit le chevalier, mais je désirerais obtenir un renseignement...

— Et c'est pour ça que vous me réveillez, lorsque j'ai fatigué toute la journée ? grommela la voix d'un ton bourru.

L'inconnu allait refermer la croisée.

Roger tira sa bourse. Et la montrant au bonhomme :

— J'entends payer largement le service que vous me rendrez, fit-il.

— En ce cas, Monseigneur, je descends à la minute... Rien que le temps d'enfiler mes chausses !...

Au bout de quelques instants, en effet, l'homme arrivait au seuil du bureau des messageries.

C'était le préposé aux bagages.

Arraché à son « premier sommeil », il se frottait les yeux du revers de ses mains, pour chasser les brumes qui obscurcissaient encore son esprit.

Interrogé avec vivacité par Henriette dévorée d'impatience, il fut tout ahuri par les questions qu'on lui décochait sans interruption.

— Hein?... qu'est-ce? Que demandez-vous? fit-il en clignant de l'œil aux louis d'or que le chevalier lui présentait du bout des doigts.

Et cherchant à se souvenir :

— Une aveugle, s'écria-t-il, ah!... oui, je m'en souviens!... Elle était là, près du banc, même que ça faisait de la peine de la voir seule...

— Eh bien?... demanda Henriette, les yeux braqués sur les lèvres de l'employé.

— Eh bien! Mam'zelle... Elle n'y est plus!

— Et voilà tout ce que tu peux nous apprendre, maraud? s'exclama Roger, furieux de cette réponse qui faisait passer la jeune fille par une douloureuse déception.

Mais l'homme, complètement réveillé, fouillait dans sa mémoire.

— Attendez donc, fit-il en se pinçant les lèvres entre le pouce et l'index, oui, oui, oui, je me rappelle avoir vu passer les soldats du guet; ils emmenaient une femme; c'est peut-être bien la demoiselle que vous cherchez.

Puis il fit mine de rentrer dans le bureau, en disant :

— Ma foi, c'est tout ce que je puis vous dire.

Quelque vague qu'eût été le renseignement, le chevalier y trouva une indication.

— Je vais vous accompagner jusqu'au corps de garde du guet. Il y en a un à quelques pas d'ici, dit-il à Henriette, qui, chancelante, s'appuyait sur son bras.

Le valet de pied reçut l'ordre de faire suivre la voiture, et les deux jeunes gens se mirent en marche.

Ils s'engagèrent dans la rue Dauphine, vers le milieu de laquelle un reverbère rouge éclairait la porte du corps de garde.

Roger activa le pas.

Lorsqu'il ne fut plus qu'à une faible distance, un homme, se dégageant tout à coup de l'enfoncement d'une porte-cochère, s'avança au devant de lui. C'était un soldat du guet.

— Halte! commanda-t-il.

Et levant une lanterne sourde à la hauteur du visage du chevalier :

— Encore un enlèvement! ricana-t-il...

Et brutalement il ajouta :

— Où conduisez-vous cette demoiselle qui a l'air d'être prête à tomber en pâmoison... Allons, venez vous expliquer avec le sergent.

Au mot d'enlèvement, Henriette avait tressailli.

Le soldat ajouta d'un air capable :

— Nous saurons bien remplir les ordres de M. le lieutenant de police ; et il faudra que tous ces beaux Messieurs qui enlèvent les jolies filles soient fameusement madrés pour nous échapper...

Tout en parlant ainsi, le soldat avait fait mine de saisir le chevalier par le bras. Roger se dégagea brusquement et, élevant la voix:

— Vous vous trompez, dit-il d'un ton ferme, si Mademoiselle est tremblante et troublée, c'est qu'elle a été brusquement séparée de sa sœur... Et nous sommes venus au corps de garde, dans l'espoir d'obtenir des renseignements à ce sujet.

Puis, suivant le militaire :

— Veuillez je vous prie, ajouta-t-il, nous faire parler à votre chef.

On arrivait à la porte. Dans l'intérieur du corps de garde, trois hommes attablés faisaient une partie de reversi.

— Sergent, dit le soldat en introduisant Henriette et Roger, voici des personnes qui voudraient avoir un renseignement...

— Sur quoi? glapit le sergent sans se déranger...

Et il continua à jouer, tandis que le chevalier attendait à quelques pas de la table.

— Eh bien ! que voulez-vous ? reprit le sergent sans lever la tête.

— Je veux, dit le chevalier de Vaudrey avec hauteur, que les soldats soient plus polis avec un gentilhomme. Je déplore que ceux qui sont chargés de veiller à la sécurité des habitants passent leur temps à jouer, tandis qu'en plein Paris, et presque en plein jour, on enlève des jeunes filles...

— Ah ! ça, riposta le sergent furieux et se levant pour regarder sous le nez celui qui osait lui parler ainsi, est-ce que vous avez des ordres à me donner?...

— J'ai à vous dire que M. de Linières attend de ses subordonnés autre chose que ce que vous faites en ce moment...

Au nom du lieutenant de police prononcé avec une certaine familiarité, le sergent s'était calmé comme par enchantement. Il avait même essayé de bredouiller une excuse.

Roger ne lui laissa pas le temps de continuer :

— Au surplus, dit-il, voici ce qui m'amène. Avez-vous connaissance qu'une jeune demoiselle...

— Aveugle..., ajouta vivement Henriette...

— Ait été vue, assise sur un banc de la place Dauphine, en face du bureau des messageries?...

Le sergent interrogea du regard ses hommes. Tous firent des signes de dénégation, à l'exception du soldat qui avait introduit Roger et Henriette dans le corps de garde.

— Attendez donc, fit-il, je crois, en effet, avoir vu quelqu'un sur le banc, pendant que cette autre se jetait dans nos jambes..., vous savez bien, sergent, celle qui nous criait : « Arrêtez-moi, je suis une voleuse. »

— Ça se peut, répondit le gradé avec importance.

— Puisque vous avez aperçu celle que nous cherchons, demanda aussitôt Roger, pourriez-vous vous rappeler si elle était seule ?...

— Non pas, il y avait quelques personnes auprès du banc... Pour cela je m'en souviens... Par exemple, c'est tout ce que je sais... Nous avons amené ici la voleuse...

Henriette n'avait pu dissimuler un mouvement. Le chevalier s'en aperçut et lui dit :

— Étiez-vous encore là, Mademoiselle, lorsque cette arrestation a eu lieu ?...

— Oui! murmura la jeune fille, j'ai assisté à cette scène navrante...

Et, baissant la voix :

— Pauvre fille! dit-elle.

Le soldat continuait à parler, racontant que lorsqu'il s'était agi de transférer la prisonnière à la Salpêtrière, celle-ci, arrivée à l'entrée de la place Dauphine, avait fait, subitement, de la résistance ; qu'elle avait même voulu s'échapper, pour courir après des gens qui filaient probablement le long des quais, car c'était dans cette direction qu'elle voulait s'élancer...

— Assez causé! interrompit le sergent qui voulait, lui aussi, produire un effet oratoire... Je sais la chose mieux que vous puisque je suis votre supérieur.

Donc, mon gentilhomme, continua-t-il en s'adressant respectueusement à Roger, cette voleuse piaillait comme un geai que l'on plume, elle était comme folle ; il nous a fallu la ligoter comme un saucisson pour l'empêcher de nous échapper...

— La malheureuse! dit Henriette qui se souvenait du désespoir de Marianne...

— Oh! pour ça, Mam'selle, je suis de votre avis, elle devait être fameusement malheureuse en ce moment-là, car elle criait avec rage :

— « Mademoiselle, méfiez-vous de ces gens-là!... méfiez-vous de la Fro...

— Achevez, dit impérieusement Roger...

— Je n'ai plus rien à vous dire, mon gentilhomme, car j'ai donné l'ordre de bâillonner la voleuse pour ne plus l'entendre s'égosiller...

— Mais, continua-t-il, j'ai tout lieu de penser que c'est de nous qu'elle disait de se méfier, et qu'elle s'adressait, en parlant ainsi, à des voleurs de sa connaissance.

— En tout cas, interrompit le premier soldat qui avait parlé, lorsque nous sommes repassés par la place, il n'y avait plus un chat ni sur le banc, ni sur le pavé...

— Et voilà tout ce qu'on peut vous dire, mon gentilhomme, conclut le sergent en saluant le chevalier dont le regard l'avait tout le temps tenu en arrêt.

Henriette avait eu une lueur d'espoir qui, hélas! venait de s'évanouir... Après les crises violentes, après la surexcitation de l'esprit, une défaillance insurmontable se manifestait en elle et elle se laissa emmener par le chevalier qui jugeait inutile de prolonger cette séance absolument stérile.

Une fois hors du corps de garde, il passa le bras d'Henriette sous le sien et prit de nouveau la direction du Pont-Neuf.

La jeune fille marchait, silencieuse.

Elle subissait cet accablement qui se produit d'ordinaire après les grandes souffrances de l'âme.

Mais le désespoir allait, fatalement, se réveiller en elle plus violent que jamais.

Tout à coup elle se cramponna des deux mains au bras de Roger.

— Monsieur, dit-elle avec véhémence, j'ignore où vous avez l'intention de me conduire, et je ne veux pas abuser de votre générosité, de votre... patience!... Mais, tant que j'aurai la force de marcher, tant qu'il y aura des rues à parcourir, je ne m'arrêterai pas de chercher ma sœur...

... Laissez-moi continuer mes recherches,... quittez-moi, Monsieur, si vous n'avez plus d'espoir;... mais moi, je courrai, je fouillerai les rues, j'appellerai, je crierai... jusqu'à ce que je tombe épuisée...

Et, quittant le bras du chevalier, elle voulut s'élancer.

Roger la retint.

— Vous ai-je donné le droit, fit-il avec émotion, de douter de mes intentions, Mademoiselle ?... Ne savez-vous pas que je croirais manquer à mon devoir, si je vous abandonnais, la nuit, dans la rue ?...

Et il ajouta en essayant d'assurer sa voix émue :

— N'avez-vous pas compris, Mademoiselle, que j'allais réclamer comme un droit l'honneur de vous protéger contre les dangers auxquels vous seriez exposée, et d'être votre respectueux cavalier, quel que soit le temps que vous jugiez devoir consacrer à vos recherches? Et cela, Mademoiselle, jusqu'à ce que j'aie eu le bonheur de vous remettre dans les bras de celle qui vous est chère.

— Monsieur, répondit Henriette, vivement émue par ces généreuses paroles, je mets toute ma confiance en vous, je suis prête à vous suivre et à vous obéir...

— Ne prononcez pas ce mot, Mademoiselle, devant celui qui ne reconnaît qu'à votre douleur seule le droit de commander...

— Nous allons, puisque vous le voulez, puisqu'une secrète impulsion vous y pousse, nous allons parcourir d'abord ce quartier, puis ensuite...

Il laissa la phrase inachevée, le valet de pied s'avançait pour prendre ses ordres :

— Faites rentrer le carrosse à l'hôtel, commanda-t-il.

Désormais, pour le genre de recherches qu'il restait à faire, ce carrosse devenait inutile.

En outre, le chevalier de Vaudrey ne voulait pas mettre ses gens dans la confidence de ce qui pourrait arriver plus tard.

Il se doutait bien qu'il lui faudrait, dans quelques heures, lorsqu'il n'y aurait plus à douter de l'insuccès qu'il prévoyait, détruire la dernière illusion de sa protégée et lui choisir un asile.

Le roulement de la voiture, en s'éloignant, résonna douloureusement aux oreilles d'Henriette.

Elle se trouvait seule, la nuit, dans les rues désertes, au bras d'un inconnu.

Et, malgré elle, un sentiment de pudeur effarouchée se manifesta dans son hésitation à marcher.

Mais il suffit d'un regard que lui adressa le chevalier pour qu'aussitôt elle rougit intérieurement de cette pensée que l'attitude si digne de Roger repoussait comme une injure.

— Monsieur, dit-elle, je puis marcher, maintenant, aussi longtemps qu'il le faudra.

Ils longèrent d'abord les quais, pour faire ensuite des pointes dans toutes les rues adjacentes.

Dès qu'il apercevait une fenêtre éclairée, le chevalier appelait le locataire de l'appartement et s'informait.

C'était fou, il le savait; il agissait sans la moindre conviction ; mais pouvait-il, en avouant l'inutilité de ses efforts, laisser le désespoir envahir complètement l'esprit de la malheureuse qui, après chaque insuccès, retrouvait une énergie nouvelle, pour dire à son compagnon:

— Allons encore ailleurs, allons toujours. Qui sait si nous ne sommes pas au bout de nos tribulations.

— J'ai l'honneur de vous présenter Mlle Henriette Gérard, pour laquelle je vous demande une chambre et de l'ouvrage. (P. 456.)

Et l'inutile expérience se poursuivit ainsi jusqu'à ce qu'ayant parcouru les rues, visité les carrefours, pénétré jusque dans les plus sombres ruelles, les deux jeunes gens eurent épuisé leurs forces et vu s'évanouir leur énergie...

Alors commença la phase la plus délicate de cette pénible épreuve.

Il s'agissait, pour le chevalier de Vaudrey, de faire accepter à la jeune fille un asile pendant la nuit.

Pour Henriette, c'était l'isolement qui survenait avec toutes les transes, toutes les terreurs, toutes les angoisses, à peine assoupies par la présence de Roger, et qui allaient se réveiller en elle plus violentes que jamais.

Elle sentait bien que le moment de la séparation était arrivé ; et cependant son esprit s'y refusait, son cœur se serrait à cette idée.

Lorsque, pour la vingtième fois, on eut repassé devant ce banc de la place Dauphine, Roger dut se décider à proposer à la jeune fille de lui trouver un logement...

Il avait tremblé de voir sa proposition accueillie par des larmes.

Et c'est avec hésitation qu'il avait dit :

— Vous avez eu confiance en moi jusqu'ici, Mademoiselle, et cette confiance dont je m'honore m'enhardit à vous offrir l'hospitalité...

— Je vous ai promis de vous obéir aveuglément, répondit Henriette avec simplicité, je ne puis repousser l'offre que vous me faites... Je l'accepte donc, Monsieur, et... je vous en remercie !

Désormais, Roger pouvait agir ainsi qu'il l'avait combiné.

Il connaissait de braves gens, travailleurs peu à l'aise, qui avaient besoin de sous-louer une partie du logement qu'ils occupaient...

Dès le lendemain, il se proposait d'y installer la jeune fille. Mais, pour cette nuit déjà avancée, il n'y avait que la ressource de l'hôtellerie.

Le chevalier dut donc se décider à se faire ouvrir un de ces établissements, situé dans une des rues du Marais.

Il demanda une chambre et fit apporter de l'eau sucrée, de l'eau de fleur d'oranger, tout ce qui pouvait, en un mot procurer à la pauvre jeune fille un soulagement contre les spasmes qu'il ne redoutait que trop, prévoyant que cette nuit serait, pour la désespérée, une nuit d'insomnie et de larmes.

Henriette l'avait suivi et, défaillante, après les fatigues et les émotions qu'elle avait subies, la malheureuse s'était affaissée dans un fauteuil...

Elle ne voyait plus rien de ce qui se passait autour d'elle ; et, pendant ces premières minutes d'anéantissement, elle ferma les yeux...

Roger était demeuré silencieux, respectant cette phase nouvelle de la douleur dont il avait eu l'attristant spectacle depuis plusieurs heures...

Il restait le front penché, immobile, devant la pauvre créature écrasée par le désespoir.

Tout à coup Henriette se redressa comme si elle eût eu subitement conscience de l'étrangeté de sa situation, comme si sa pudeur se fût révoltée à la pensée de ce tête-à-tête au milieu de la nuit avec ce jeune homme qu'elle connaissait depuis quelques heures à peine.

Il y avait une telle expression d'effarement dans les yeux de cette jeune fille qui se rappelait l'attentat dont elle n'avait été sauvée que par miracle, que le chevalier se sentit pâlir sous ce regard...

Il devina que la malheureuse avait, en ce moment, la vision de cette scène d'orgie du pavillon du Bel Air.

Il trouvait Henriette adorablement belle ; mais il ressentait autant de respect pour sa douleur que d'admiration pour sa beauté.

Et, s'inclinant devant elle, il dit, comme s'il se fût adressé à quelque fille de grande maison :

— Me permettrez-vous, Mademoiselle, de prendre congé de vous?... Me ferez-vous la grâce de m'autoriser à venir, demain, mettre de nouveau tout mon dévouement à votre service ?

Henriette ne put contenir son émotion.

Et, dans un élan de reconnaissance, elle tendit la main vers Roger...

Mais, au lieu d'y appuyer ses lèvres, comme il l'eût fait sur les doigts d'une dame de son monde, il y appuya légèrement son front, comme il eût fait sur la main d'une sainte vénérée..

VI

Comment raconter la nuit qui s'écoula pour Henriette, dans la solitude de cette chambre d'hôtel?

Comment dire par quelles tortures de l'âme passa l'infortunée aux prises, pendant de longues heures d'insomnie, avec cette idée fixe qu'elle ne reverrait plus sa Louise, sa compagne bien-aimée, à tout jamais perdue pour elle ?

Quelles expressions trouver qui soient assez saisissantes pour peindre ce désespoir, ces larmes impuissantes à éteindre l'exaltation du cerveau, ces agitations de l'esprit, cet effarement des idées, et ces angoisses du cœur succédant aux sanglots.

Comment se fait-il que la nature humaine, dont un atome a si souvent raison, puisse résister parfois aux secousses les plus violentes, aux chocs les plus redoutables ?

Comment la raison de cette affligée put-elle résister à la douleur arrivée à son paroxysme? Comment cette âme si impressionnable ne s'envola-t-elle pas, au milieu de cette nuit d'agonie ?

L'aube trouva la malheureuse agenouillée, les yeux brûlants de fièvre, les lèvres tremblantes, balbutiant pour la millième fois la même prière...

Mais, avec le jour naissant, une lueur d'espérance ressuscita dans son cœur...

Son corps anéanti sembla se ranimer pour de nouvelles fatigues. Elle se trouva prête à suivre celui qui allait revenir.

Alors seulement, dans cet apaisement obtenu à grand effort, elle réfléchit, pour la première fois, à ce que la conduite du gentilhomme que le hasard lui avait fait rencontrer dans un moment de péril extrême avait de généreux.

Dans son trouble, dans le désarroi de sa raison, elle lui avait adressé, pensait-elle, des remerciements banals, des témoignages de reconnaissance qui restaient bien au-dessous des services rendus. Et, maintenant, il lui tardait de revoir ce protecteur improvisé pour laisser déborder de son cœur toute la gratitude qui l'emplissait...

Il lui tardait d'apprendre le nom de son sauveur pour le mêler, dans ses prières, à ceux des êtres qui lui étaient chers!

Et cette préoccupation nouvelle pour son esprit fit diversion aux agitations de la nuit.

Henriette attendit Roger comme si, avec son retour, devait renaître en elle l'espérance.

Le chevalier de Vaudrey attendait, de son côté, le moment de se rendre auprès de sa protégée.

L'esprit tendu vers ce but, il avait exclu de sa pensée tous les mauvais souvenirs de la soirée passée au pavillon du Bel-Air.

Dans l'exaltation qu'entretenait en son esprit le souvenir d'Henriette, il en était arrivé à considérer le résultat de son duel avec le marquis de Presles comme le châtiment que la Providence avait réservé à ce débauché.

Vainement il avait essayé de retrouver le calme, sa pensée s'envolait, malgré lui, vers celle qu'il avait laissée plongée dans le désespoir.

Maintenant qu'il n'était plus sous l'influence de cette douleur qui l'avait si profondément troublé, il trouvait dans son cœur des formules de consolation, des paroles émues à l'adresse de celle qui souffrait.

Et, dans l'exaltation de son esprit, il se surprenait à dire tout haut ses projets, ses désirs, ses espérances...

Il s'écriait, comme si Henriette eût pu l'entendre :

— Je ne vous abandonnerai pas, pauvre enfant, à votre mortelle douleur; je ne négligerai ni les démarches, ni les fatigues, pour rendre le sourire à vos lèvres que j'ai vues frémissantes et pâlies; pour que le bonheur brille de nouveau dans vos yeux, dans ces yeux que j'ai vus, tour à tour, brûlants de fièvre et voilés de larmes, ardents sous le feu de l'espérance et s'éteignant à chaque déception nouvelle.

Pour trouver celle qui doit rendre la joie à votre âme, celle qui vous fera oublier vos souffrances et vos larmes, nul obstacle ne m'arrêtera, dussé-je fouiller Paris dans ses plus mystérieux repaires, je vous rendrai votre sœur.

Puis, envisageant plus froidement la situation, Roger récapitulait les moyens dont il pourrait user pour découvrir l'asile de la jeune aveugle.

S'ouvrirait-il à son oncle, le lieutenant-général de police?

Ne trouverait-il pas, dans ce cas, M. de Linières déjà mis au courant des événements du pavillon du Bel-Air, et irrité contre lui?

Oserait-il lui parler d'Henriette.

Alors il se souvenait de cette autre affligée, de cette comtesse de Linières, si compatissante, et dont l'affection tendre et dévouée lui était acquise.

Et il concluait que ce serait à Diane de Vaudrey qu'il se confierait et demanderait conseil avant d'avoir recours à l'influence du comte de Linières.

Le jour parut enfin, et Roger, tenaillé par le désir de retourner auprès de la jeune fille, se rendit à l'hôtel qu'elle habitait.

Pourquoi son cœur battait-il si fort, au moment où il arrivait devant cette maison?

Pourquoi, au lieu de frapper tout de suite à la porte de la chambre d'Henriette, demeura-t-il haletant, indécis, comme s'il eût eu besoin de se donner du courage et une contenance plus calme?

S'il n'avait été animé que du désir d'être utile à sa protégée, pourquoi ce trouble qui l'agitait?

C'est qu'à ce sentiment de pitié que les malheurs d'Henriette avaient fait naître en lui, se mêlait un sentiment nouveau plus puissant, plus impérieux et plus tendre.

Au moment de pénétrer auprès de la jeune fille, il hésita, comme si, tout étonné de cette vive sympathie pour une inconnue, il eût voulu se rappeler lui-même à la raison.

Mais il lui sembla entendre comme un sourd gémissement, comme un bruit de sanglots, qui partaient de cette chambre, et tous les raisonnements s'envolèrent aussitôt...

Il frappa, timidement.

Moins d'une seconde après, la porte s'ouvrait...

Elle s'ouvrait, comme si Henriette se fût tenue derrière, attendant avec anxiété l'arrivée de Roger...

La jeune fille lui apparut, transfigurée par cette nuit de larmes et de prières...

Elle lui tendit la main, et, silencieusement, elle le conduisit auprès du siège où elle avait passé la nuit tout habillée.

Roger s'assit à cette place qu'avait occupée Henriette... Il appuya la tête sur cette étoffe du dossier où la jeune fille avait posé sa tête; il plaça ses mains fiévreuses sur ces deux bras de fauteuil qu'avaient touchés, frémissantes, les mains d'Henriette...

Et, pendant ce temps, il la regardait, debout devant lui, les yeux baissés, immobile et tremblante.

Sa bouche demeurait muette, alors que sur ses lèvres se pressaient des paroles de reconnaissance.

Je vous avais promis de revenir me mettre à votre service, dit Roger; me voici, Mademoiselle... Il ne dépendra pas de moi, je vous le jure, que nous réussissions bientôt dans nos recherches.

Ces paroles, qui résonnaient doucement à l'oreille d'Henriette, rendirent l'espérance à son cœur.

— Je suis prête, dit-elle.

Ils partirent aussitôt, et alors commença une nouvelle course à travers les quartiers de Paris.

Course stérile qui devait laisser la jeune fille découragée et anéantie, et devait exciter plus énergiquement encore le chevalier à se consacrer tout entier au service de la jeune fille.

Pendant cette première journée s'accrut encore leur mutuelle sympathie. C'est surtout dans le malheur que l'intimité grandit rapidement.

Les heures s'écoulaient, Roger sans rencontrer de résistance chez sa protégée, fit consentir celle-ci à prendre quelque repos après tant de fatigues successives.

Henriette obéissait maintenant au moindre de ses conseils.

Elle se laissait guider aveuglément et subissait, sans hésiter, l'influence de ce guide que la Providence semblait lui avoir envoyé.

Roger avait fait comprendre à sa compagne que, pour la continuation de leurs recherches, il fallait retrouver des forces contre la fatigue, de l'énergie contre l'abattement.

Henriette éprouvait la réaction inévitable en pareil cas.

Il semblait que, subjuguée par la confiance que lui inspirait son protecteur, elle eût refoulé sa douleur au fond de son âme.

Son visage perdit l'expression d'angoisse pour s'empreindre d'une tristesse plus douce...

L'effarement fit place, dans ses yeux, à une touchante mélancolie.

Roger s'aperçut de ce changement et en éprouva comme un soulagement à ses propres inquiétudes.

Ne savait-il pas, en effet, que la tâche qu'il s'était imposée menaçait de se prolonger, et qu'il faudrait probablement bien des jours et bien des efforts pour retrouver l'aveugle.

Il soupçonnait, hélas ! que la pauvre enfant avait dû être victime de quelque terrible aventure, dans ce Paris peuplé de malfaiteurs.

Mais comment faire prendre patience à cette autre infortunée qui, de son côté, n'avait échappé au déshonneur que par miracle ?

Comment dire la vérité à cette désespérée qui subissait en ce moment l'effet d'une accalmie, après laquelle il y avait à redouter un retour violent à la douleur ?

Cette seconde partie de sa tâche était, pensait le chevalier, de beaucoup la plus difficile.

Enfin, prenant une ferme résolution et s'armant de courage.

— Mademoiselle, dit-il, je bénis la Providence qui vous donne une foi si absolue en mon dévouement.

... C'est pour moi la certitude que vous saurez maîtriser ces terribles accès de désespoir qui se sont manifestés en vous depuis hier ; c'est pour moi l'assurance que vous me faciliterez, autant que possible, la mission que je me suis imposée et à laquelle, je vous le jure de nouveau, je ne faillirai pas.

— Oh ! parlez, Monsieur, s'écria Henriette, parlez, que faut-il que je fasse pour cela ?...

— Il faut que vous acceptiez de moi le conseil de mettre un terme à cette vie errante qui torture votre âme et épuise vos forces. Il faut que vous me laissiez libre de continuer seul mes recherches et de les mener à bonne fin.

Jusqu'à ce que j'aie été assez heureux pour retrouver votre sœur, vous habiterez la maison d'une femme honorable que je connais de longue date et dont vous payerez l'hospitalité par votre travail.

— Le travail !... Oh ! oui ! répondit vivement Henriette !... C'est à lui que je puis demander le courage d'attendre, pendant de longs jours peut-être, de revoir ma pauvre Louise ;

Le chevalier voulut profiter de ces bonnes dispositions d'esprit, et quelques instants après ils montaient tous deux dans un carrosse de place.

— La distance à parcourir sera un peu longue, dit le chevalier.

Une fois dans le véhicule et l'adresse donnée au cocher, Roger entama la conversation devenue indispensable.

Il s'agissait pour lui de présenter Henriette comme locataire à une dame veuve, très recommandable, que la mort de son mari avait obligée à chercher dans un commerce de lingerie les ressources qui lui avaient subitement fait défaut.

Mme Dervigny, c'était le nom de cette dame, n'acceptait que des ouvrières dont la moralité lui était connue, ou garantie par des personnes recommandables.

Voici de quelle façon le chevalier de Vaudrey avait fait la connaissance de cette dame :

Elle sous-louait, dans la maison qu'elle occupait, quelques chambres à des gens de province qui venaient séjourner pendant quelque temps à Paris.

Un des amis de Roger ayant été le locataire de ladite dame, le chevalier de Vaudrey avait, depuis, envoyé du monde à cette honnête femme.

Il avait promis, en outre, de lui procurer, — lorsqu'il pourrait le faire, — la pratique de la comtesse de Linières.

On comprend dès lors que Roger était toujours le bienvenu chez madame Dervigny.

Mais lorsqu'il s'y présenta accompagné d'une jeune fille ce fut pour la modiste une cause de véritable stupéfaction.

Elle allait, évidemment, formuler son hésitation ou son refus lorsque Roger, qui comprenait à quelles réflexions se livrait la bonne dame, prit la parole :

— Madame Dervigny, dit-il d'un ton grave, j'ai l'honneur de vous présenter Mlle Henriette Girard, pour laquelle je vous demande une chambre et de l'ouvrage.

— Oh ! je sais bien travailler, Madame, s'empressa d'ajouter la jeune fille ; vous en jugerez.

— Ce que je voudrais d'abord savoir, Mademoiselle, répondit Mme Dervigny, c'est... de quelle façon M. le chevalier a fait votre rencontre.

Ce fut encore Roger qui se chargea de la réponse.

Il fit à Mme Dervigny une narration, non pas complète, mais suffisante, des douloureuses aventures survenues à Henriette.

C'était une bonne âme dans toute l'acception du mot que cette madame Dervigny.

Elle s'apitoya sur le sort de cette pauvre enfant aveugle, perdue dans Paris et que sa cécité mettait à la merci du premier misérable venu.

Finalement elle promit à Henriette de non seulement lui louer une petite chambre qui était disponible, mais encore de ne jamais la laisser manquer d'ouvrage.

Elle s'installa, pendant plus d'une heure, à côté de son ouvrière. (P. 461.)

Puis, se tournant vers Roger :

— Je remercie monsieur le chevalier, dit-elle, d'avoir pensé à moi pour...

— Pour une bonne action, acheva Roger à mi-voix.

— Allons, mon enfant, conclut la modiste en ouvrant la porte, je vais vous conduire, tout de suite, dans votre logement.

Et, précédant Henriette, elle se mit à gravir les marches de pierre qui conduisaient jusqu'au troisième étage.

Le chevalier de Vaudrey les suivait.

A partir du troisième étage l'escalier, moins large, était en bois.

Au bout d'un couloir se trouvait la chambre qui allait être celle d'Henriette.

— Ce n'est pas luxueux, fit en souriant Mme Dervigny, mais vous ne serez pas incommodée par les voisins. Vous êtes seule ici.

Elle avait ouvert la porte.

La chambre était, en ce moment, éclairée par le jour pâle arrivant par une fenêtre à droite, donnant sur des jardins.

Pendant l'été, les oiseaux devaient assurément donner de joyeuses matinées musicales sur les branches qui touchaient presque la fenêtre, tandis qu'en hiver les indiscrets moineaux venaient, ce n'était pas douteux, piailler la faim sur le rebord de la croisée.

Le mobilier était des plus simples.

A gauche, dans un petit enfoncement qui pouvait presque passer pour une alcôve, le lit en bois peint en blanc avec des filets bleu de ciel, était en partie masqué par des rideaux de toile ornés de fleurs sur fond saumon tendre.

A droite, la cheminée sur laquelle se trouvait une lampe séparant deux amoureux en porcelaine qui s'envoyaient, en dépit de cet obstacle, des baisers du bout de leurs doigts peinturlurés.

Trois chaises de paille et une petite table complétaient cet ameublement d'ouvrière.

— Il y a bien longtemps que j'attendais pour louer cette petite chambrette. Il me déplaisait d'y mettre un homme qui eût enfumé les rideaux, car on fume maintenant d'une façon révoltante, continua la modiste.

Aussi, ajouta-t-elle, je suis enchantée de vous avoir pour locataire, mon enfant.

Et, saluant le chevalier, elle se retira.

Roger alla aussitôt fermer la porte, et, s'avançant la tête découverte, devant la jeune fille :

— Vous voudrez bien, Mademoiselle, lui dit-il timidement, me permettre de vous faire les avances indispensables;... en acceptant mon offre vous me prouverez que vous me jugez digne du rôle que je vais remplir désormais... Car, fit-il avec feu, je ferai, pour retrouver votre pauvre sœur aveugle, tout ce qu'il sera humainement possible de faire...

— Et moi, dit Henriette avec un geste de désespoir, je serai condamnée...

— A attendre que le succès ait couronné mes efforts.

...Et, chaque jour, je viendrai vous mettre au courant de ce que j'aurai fait, de mes déceptions ou de mes espérances...

Je viendrai enfin, ajouta-t-il à voix basse, puiser de nouvelles idées et des forces nouvelles auprès de vous et quelque chose me dit intérieurement que je réussirai, qu'un jour je frapperai à cette porte pour mettre dans vos bras celle que vous avez déjà tant pleurée.

Transporté par l'espoir qui débordait de son cœur, Roger de Vaudrey s'était emparé de la main que lui tendait Henriette.

Et, serrant cette main dans la sienne, il salua la jeune fille qui était demeurée tremblante et abandonnait, sans s'en apercevoir, sa main à l'étreinte de Roger.

Il semblait maintenant qu'il ne fût plus pressé de partir, et qu'elle éprouvât une secrète et indéfinissable émotion à le retenir.

Mais tout à coup la jeune fille s'était souvenue de celle qui, elle, hélas! n'avait probablement pas rencontré un secours aussi providentiel.

Elle n'eut pas besoin de formuler sa pensée. Roger avait tout compris au seul regard qu'elle lui adressait.

— Ayez confiance, dit-il en se dirigeant vers la porte ; maintenant que je vous sais à l'abri de tout danger, je vais fouiller Paris dans ses quartiers les plus éloignés et les plus sombres ; maintenant j'accomplirai mon devoir jusqu'au bout...

Et voulant éviter le remercîment qu'il sentait suspendu aux lèvres de la jeune fille, le chevalier de Vaudrey s'éloigna précipitamment.

En passant devant l'appartement de Mme Dervigny, il aperçut cette dame qui l'attendait :

— Faites-moi l'honneur d'entrer, M. le chevalier, dit-elle, je vous serais bien obligée de m'accorder quelques minutes d'entretien.

Roger accepta d'autant plus volontiers qu'il éprouvait le besoin de recommander de nouveau sa protégée.

Il ne devait pas tarder à s'applaudir d'avoir eu cette pensée.

Aux premiers mots de Mme Dervigny, il avait compris que la lingère s'était quelque peu effarouchée à l'idée des visites que, sans doute, M. de Vaudrey allait rendre à sa nouvelle locataire.

Il s'agissait donc de s'expliquer franchement.

Roger n'hésita pas à déclarer qu'effectivement il aurait ses entrées à toute heure, — du jour, — ajouta-t-il avec intention, chez l'ouvrière de Mme Dervigny.

— Je ne puis vous convaincre de l'entière pureté de mes intentions, avait-il dit à son interlocutrice... Je lis sur votre visage que vous soupçonnez, de ma part, quelque amoureuse aventure que je désirerais mener discrètement...

...Il n'en est rien, Madame, ajouta le chevalier, soutenant, avec une certaine hauteur, le regard scrutateur de la modiste, et vous n'aurez plus le droit de douter, je pense, lorsque je vous aurai donné ma parole de gentilhomme.

Mme Dervigny s'inclina en signe de respect.

— S'il en est ainsi, dit-elle, je dois évidemment chasser les soupçons qui, je l'avoue, agitaient mon esprit...

— Je vous remercie de me croire sur parole d'honneur, fit Roger d'un ton légèrement ironique ; il paraît que je ne pouvais, à meilleur compte, acquérir votre confiance ?

Satisfait, toutefois, de la tournure qu'avait prise l'affaire, il clôtura cette première partie de la conversation par un sourire qui amnistiait Mme Dervigny des mauvaises pensées qu'elle avait accueillies avec trop de facilité.

Mais la modiste ne s'en tint pas là.

— Vous avez bien voulu répondre pour ma locataire, dit-elle, c'est fort bien ; je veux, moi aussi, faire quelque chose pour elle... Son infortune est assez grande pour que nous soyons deux à y remédier, dans la mesure du possible.

— Que prétendez-vous faire ?

— Donner d'abord de l'ouvrage, — le meilleur que j'aurai, — à votre protégée ; et, comme je suppose qu'arrivée depuis si peu de temps à Paris elle ne doit pas être encore au courant des moyens les plus simples de pourvoir à ses besoins de chaque jour, je me chargerai de la recevoir également comme pensionnaire et je me paierai de ces dépenses par le travail que je confierai à cette jeune fille.

Puis, regardant le chevalier.

— Et cela durera... jusqu'à ce qu'ayant retrouvé la personne qu'elle vous a prié de chercher Mlle Henriette retourne à... Évreux, je crois?

Roger avait écouté, un peu machinalement, mais au mot d'Évreux, le jeune homme sursauta comme si ce mot l'eût, subitement, arraché à une profonde rêverie...

Il prit aussitôt congé de Mme Dervigny.

Nous laisserons le chevalier de Vaudrey se mettre résolument à la recherche de l'aveugle.

Ses fatigues n'étaient pas près, disons-le tout de suite, d'être couronnées de succès.

Et bien des désillusions étaient encore réservées à la pauvre Henriette.

A peine venait-elle de saluer le chevalier qui avait rapidement descendu l'escalier, que Mme Dervigny fit un paquet d'ouvrage qu'elle apporta elle-même à l'ouvrière.

En trouvant Henriette assise et le front appuyé dans ses mains, auprès de la croisée, la couturière hocha tristement la tête en disant :

— Voici un peu d'ouvrage pour vous aider à chasser votre mélancolie, Mademoiselle !...

Henriette s'était aussitôt levée et venait au-devant de sa nouvelle patronne.

— Que vous êtes bonne, Madame, dit-elle d'avoir pris la peine...

— Eh ! mais ce n'est encore que la première fois, interrompit Mme Dervigny ; il faudra bien que je vous mette au courant de nos habitudes.

Elle avait pris une chaise et étalait sur la table le paquet d'étoffes...

— Voici un corsage à faire, dit-elle.

— C'est bien, Madame.

— Vous connaissez un peu le métier ?...

— Oui, Madame ; mais j'aurai néanmoins recours à vos conseils...

— Je suis à votre disposition... Du reste, je vais vous dire tout de suite comment j'entends que cela soit fait.

Henriette prêtant la plus grande attention, Mme Dervigny était alors entrée dans une foule de détails techniques, parlant avec une grande volubilité ce qui, dans la circonstance, était évidemment une façon de faire valoir son talent de grande couturière.

Elle s'installa, pendant plus d'une heure, à côté de son ouvrière, sous prétexte de la guider pour la mise en train de l'ouvrage.

Mais, en réalité, Mme Dervigny interrogeait, incidemment, la jeune fille, sur une foule de choses qui la concernaient.

Henriette avait l'esprit trop troublé pour s'apercevoir de l'adresse que déployait la dame dans cet interrogatoire qu'elle lui faisait subir.

Elle répondait de la meilleure grâce du monde, disant la vie qu'elle avait menée, à Évreux, depuis la mort des époux Gérard.

Elle s'attendrit, en parlant de sa tendresse pour Louise, à ce point que Mme Dervigny lui dit avec une certaine émotion.

— Ne perdez pas espoir, mon enfant, Dieu ne s'est pas détourné de vous, puisqu'il vous a envoyé un protecteur tel que le chevalier de Vaudrey.

M. Roger est allié à un personnage tout puissant, et qui jouit de la confiance de Sa Majesté.

Puis, comme si elle eût eu le sentiment d'avoir, en parlant de la famille du chevalier, dépassé les bornes des confidences permises, Mme Dervigny ne voulut pas nommer le comte de Linières.

Par une transition habile, elle ramena la conversation sur le chapitre de Roger.

— Mais où la Providence a voulu vous accorder une preuve de sa sollicitude, c'est en vous donnant pour protecteur, pour soutien, un homme dont la réputation d'honneur et de loyauté est universellement reconnue.

— M. le chevalier de Vaudrey est aussi noble de cœur que de naissance, et la pureté de ses mœurs, l'élévation de son âme font de lui un des gentilshommes les plus accomplis de ce temps.

Ces paroles résonnèrent-elles agréablement aux oreilles d'Henriette? Toujours est-il que la jeune fille baissa les yeux, peut-être pour ne pas laisser voir l'expression de son regard à celle qui faisait un si brillant éloge du chevalier.

Et son cœur battit avec plus de précipitation.

Elle éprouvait une douce émotion qu'elle ne s'expliquait pas ; une impression de calme et de soulagement qui l'envahissait, en dépit de ses appréhensions toujours si vives.

Elle écouta donc, aussi longtemps que Mme Dervigny voulut bien continuer la conversation sur le même sujet...

Elle écoutait encore, lorsque la couturière leva la séance, ayant achevé le bout d'ouvrage qu'elle avait voulu laisser comme modèle à l'ouvrière.

Henriette reconduisit sa patronne jusqu'au seuil de sa chambre et, la porte refermée, elle vint reprendre sa place à la table de travail.

Et là, l'aiguille en main, elle se remit à l'œuvre avec une sorte de précipitation fébrile.

On eût dit qu'elle voulait repousser de son esprit les souvenirs attristants et se livrer tout entière à l'espérance.

Elle avait, maintenant, une foi absolue dans le succès des démarches qu'allait entreprendre son protecteur.

Mais, lorsque les heures se furent écoulées et que le crépuscule eut enveloppé les grands arbres des jardins du voisinage d'un long voile de brume, Henriette se surprit à désirer ardemment le retour du chevalier...

L'inquiétude aidant, elle était allée, déjà par deux fois, se pencher sur la rampe de l'escalier.

Le courage qu'elle s'était imposé faisait place aux transes mortelles.

La perspective de passer encore cette nuit sans savoir ce qu'était devenue Louise l'épouvantait, et l'énergie qui l'avait soutenue jusque-là s'évanouissait de nouveau...

Enfin, lorsque eut sonné l'heure après laquelle il lui fallait désespérer de revoir son protecteur ce jour-là, Henriette retomba dans une sombre tristesse...

Elle n'était, cependant, qu'au début d'une longue série d'épreuves.

Elle devait passer par bien d'autres désillusions, et voir s'écouler bien des heures pendant lesquelles elles dévorerait ses larmes, étoufferait ses sanglots, prierait et se lamenterait!...

Que de fois Roger, toujours attendu avec la même impatience, devait reparaître, triste, le front soucieux, et lui dire qu'il n'avait point encore réussi dans ses recherches mais qu'il les recommencerait le lendemain, avec la même ardeur, avec le même espoir!...

Que de fois encore, après le départ du chevalier, Henriette devait s'imposer un travail forcé, afin que la fatigue amenât, à la longue, le sommeil qui fuyait ses yeux brûlés par les larmes!

Elle se raidissait contre la souffrance, soutenue par la pensée qu'elle reverrait Louise...

Elle s'imposait, comme un devoir, de vivre pour cette infortunée qui n'avait dans le monde d'autre soutien qu'elle...

Et cette idée s'était à ce point enracinée dans son esprit qu'au bout de quelque temps, — alors que Roger continuait d'infructueuses démarches sans cesse renouvelées, — Henriette en était arrivée à se faire à ce genre de vie, partagée entre l'espoir de retrouver sa sœur, et le désir de revoir Roger.

Elle travaillait avec une constance et une ardeur qui lui avaient mérité les félicitations de la couturière...

Un mois s'était écoulé sans apporter de changement à la situation, sans provoquer de découragement chez le chevalier de Vaudrey...

Lui aussi avait contracté, comme un besoin, l'habitude de venir, chaque jour, rendre compte à Henriette de ses efforts et de ses espérances...

Peu à peu il s'était attardé plus longtemps dans la conversation échangée avec la jeune fille...

Il ne la quittait plus qu'à regret!...

Les gens du voisinage en étaient arrivés à s'étonner de ces visites renouvelées jusqu'à deux et trois fois par jour...

Les commérages allaient déjà leur train dans le quartier.

Des propos mal sonnants étaient même arrivés jusqu'aux oreilles de Mme Derviguy.

La médisance s'accentuant davantage, la couturière finit par s'en émouvoir.

Néanmoins elle ne dit rien à Henriette; elle se fût trouvée en contradiction trop flagrante avec elle-même qui avait si hautement vanté le chevalier, incapable, disait-elle, non seulement d'une méchante action, mais même d'une pensée mauvaise.

Elle se renferma dans une prudente réserve ; mais elle interrompit les fréquentes visites qu'elle faisait à sa locataire.

Bientôt elle affecta de ne plus se trouver sur le passage du chevalier, lorsque celui-ci montait pour aller frapper à la porte de l'ouvrière...

Roger était sous le coup de préoccupations trop vives pour s'apercevoir de ce qui se passait.

Son cœur avait, en trois mois, franchi toute la distance qui séparait un gentilhomme de son rang d'une petite bourgeoise sans naissance et sans fortune...

Il s'était tenu mille raisonnements plus stériles les uns que les autres, pour en arriver à s'avouer l'amour passionné que lui inspirait Henriette.

Et c'est pendant que cette métamorphose s'opérait en lui, que le chevalier de Vaudrey était circonvenu par son oncle, pour qu'il se soumît aux volontés du Roi.

C'est lorsque son cœur était plein d'une image adorée, qu'on venait lui parler d'un mariage de convenances !...

Pour faire plier ce qu'il considérait comme une simple fantaisie, le comte de Linières avait employé, ainsi qu'on l'a vu, tous les moyens pacifiques.

On sait qu'il essaya même de faire intervenir la comtesse, et que, finalement, il avait déclaré la guerre ouverte entre lui et son neveu.

Pour se risquer dans une lutte contre l'homme puissant et le parent sévère qu'était le comte de Linières, il avait fallu que le chevalier eût acquis la certitude, par une expérience de trois mois d'assiduités auprès d'Henriette que, désormais, rien ne pourrait détourner sa pensée et son cœur de cette infortunée.

Il reconnaissait son impuissance, quoi qu'il pût faire, à mettre un terme au désespoir qui minerait lentement la jeune fille, à partir du jour où celle-ci aurait perdu tout espoir d'être réunie à Louise.

Mais il se disait que son amour parviendrait peut-être un jour à trouver le chemin de ce cœur qui s'éteignait dans les larmes...

Pouvait-il écouter les conseils de son oncle, se rendre aux désirs du roi ?

Tous ses sentiments se révoltaient à l'idée d'un abandon dont serait victime cette Henriette vers laquelle une irrésistible sympathie l'entraînait.

Il avait suffi qu'on lui parlât de mariage, pour qu'aussitôt son amour se révélât à lui, dans toute sa force...

LES DEUX ORPHELINES

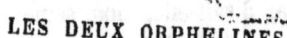

Et, lui mettant le poing sous le nez, il prononça d'une voix grinçante :
— Tu mens, que je te dis !... C'était pas un habit... (P. 471.)

Et, à partir de ce moment, il s'était décidé à faire part, à celle qui en était l'objet, de cet amour qu'il avait voulu taire jusque là.

Maintes fois il avait retenu sur ses lèvres la confidence prête à s'en échapper, de peur que ses paroles d'amour ne vinssent froisser ce cœur où retentissait encore l'appel désespéré de Louise...

Il s'était renfermé dans cette tendresse discrète et silencieuse qui s'accroît chaque jour, à la vue de l'objet adoré, aux douces paroles échangées, aux regards qui se rencontrent furtivement...

Il se promettait, à chacune de ses visites, de laisser deviner la passion qui brûlait son cœur et, après chaque hésitation nouvelle, il s'en retournait plus épris que jamais, mais toujours aussi irrésolu...

Tandis que le chevalier, par un sentiment de délicatesse, cherchait à dissimuler ses impressions et à commander à son amour, Henriette avait compris qu'il se passait en lui quelque chose d'étrange...

Elle avait lu dans les yeux de celui qui s'efforçait de se renfermer strictement dans son rôle d'ami, de protecteur dévoué. Elle y avait distingué une expression qui la troublait sans qu'elle pût se rendre compte de la nature de ce trouble.

Que savait-elle, en effet, de l'amour, elle qui n'avait jamais éprouvé d'autre joie, d'autre bonheur que la joie et le bonheur de se trouver, avec Louise, dans les bras de sa mère ?...

Comment eût-elle pu définir que ce qu'elle ressentait pour le jeune gentilhomme n'était pas uniquement de la reconnaissance ?

Comment aurait-elle compris que, si elle désirait le revoir, chaque jour un peu plus tôt ; si lorsque, l'heure marchant trop lentement à son gré, elle allait entr'ouvrir, tout doucement, la porte pour entendre le bruit de ses pas, ce n'était point uniquement afin d'apprendre si Roger avait enfin réussi dans ses recherches ?

Et cependant elle ne pouvait se défendre d'une douce émotion, lorsque Roger lui prenait la main qu'il pressait dans la sienne...

C'est seulement lorsqu'elle apprenait, une fois de plus, le peu de succès des recherches faites en vue de retrouver Louise, qu'elle retombait dans la triste réalité...

Le jour arriva où elle eut la révélation subite du genre de sentiment qu'elle accordait à Roger, et, qu'effrayée de l'aveu qu'elle se faisait à elle-même, elle s'écria éperdue :

— Oh ! mon Dieu ! mon Dieu !... Je l'aime !...

Ah ! si la pauvre enfant n'eût pas été aux prises avec tous les chagrins que l'on sait, avec quelle douce confiance n'eût-elle pas attendu que Roger lui déclarât son amour, avec quelle sincérité de vierge, n'eût-elle pas répondu à cet aveu !

Mais Henriette avait toujours présent le moment de terrible angoisse qui, chez elle, avait précédé l'enlèvement dont elle avait été victime...

Elle les entendait sans cesse, comme dans un écho, les cris de détresse de Louise...

Elle se rappelait que, pendant que des misérables la séparaient vio-

lemment de sa sœur, la malheureuse aveugle, effrayée de ne pas recevoir de réponse à ses appels désespérés, s'était écriée d'une voix déchirante :
— « Seule !... seule !... Mon Dieu ! qu'est-ce que je vais faire ?... Qu'est-ce que je vais devenir ?... »

Sans cette douleur, sans ce désespoir qui lui poignaient le cœur, comme elle eût été heureuse de se sentir aimée.

Comme elle serait allée au-devant des confidences qu'elle sentait suspendues aux lèvres de Roger, et qui ne demandaient qu'un mot d'encouragement pour s'en échapper !

Et depuis trois mois que durait cette liaison si chaste, les deux amis, (c'est le seul titre qu'il convient de donner aux deux êtres que le hasard avait mis en présence), en étaient à ce prologue d'un amour réciproque, tenu secret en dépit de son ardeur...

Mais, lorsque le chevalier de Vaudrey eut compris qu'il n'avait que rigueurs à attendre de la part du comte de Linières ; lorsque après la scène violente qu'il avait subie dans le cabinet du lieutenant de police le magistrat lui eut annoncé sa résolution formelle de l'obliger à se courber sous sa volonté, Roger avait décidé d'en finir avec une situation qui, chaque jour, menaçait de compromettre davantage Henriette...

Son intention bien arrêtée était de s'ouvrir franchement de ses intentions à celle qui, hélas ! n'avait plus personne à consulter pour accorder son cœur et sa main...

Aussi, en se rendant auprès de la jeune fille, Roger marchait-il avec une agitation fiévreuse.

Il lui en coûtait tant de répéter, pour la centième fois, que ses démarches, de plus en plus actives, demeuraient sans résultat.

Il n'osait avouer qu'il désespérait désormais de retrouver l'aveugle...

Or, ce jour-là dans sa précipitation à se rendre dans la maison de Mme Dervigny, le chevalier avait, sans y penser, rudoyé une vieille mendiante qui le poursuivait en lui demandant la charité, d'un ton larmoyant.

— « Ayez pitié d'une malheureuse... »

Il avait tourné brusquement, le coin de la rue, et la fin de la phrase, le mot « aveugle » n'était pas parvenu jusqu'à lui.

Il avait, en passant, et sans lui accorder un regard, frôlé la robe en haillons de la pauvre Louise.

Il avait entendu ses soupirs, ses sanglots, et il s'était précipitamment éloigné d'elle, hâtant sa marche afin d'arriver plus tôt auprès d'Henriette et de lui dire qu'il désespérait de retrouver jamais l'infortunée que le hasard venait de placer en face de lui !...

VII

Il avait neigé toute la nuit.

La place Saint-Sulpice présentait l'aspect d'une plaine blanche dont l'éclat donnait, par opposition, des tons bruns aux maisons qui l'encadraient.

Les deux tours de l'église s'élevaient, noires, avec leurs chapiteaux de neige.

Il faisait un froid intense, et les passants, enveloppés dans leurs manteaux, quelques-uns même très engoncés dans leurs fourrures, marchaient vite, traversant en courant la place pour aller d'une rue à l'autre...

On célébrait sans doute quelque important office religieux dans l'église, car de nombreuses chaises à porteurs stationnaient à la porte

Ce qui prouvait surtout que les fidèles devaient être nombreux, c'est qu'un certain nombre de mendiants, enfants et vieillards pour la plupart, attendaient, grelottant sur les marches.

Au moment où l'horloge de l'église sonnait les derniers coups de midi, un individu s'arrêta devant le portique et jeta un coup d'œil sur tous les mendiants qui se trouvaient là.

Puis, n'ayant pas rencontré ceux qu'il cherchait, il s'éloigna de quelques pas, en boitant, pour aller reprendre la boutique de rémouleur qu'il avait déposée au pied de la grille latérale de l'église.

— Midi! fit-il en se parlant à lui-même, elles ne tarderont pas à venir.

Puis, celui que l'on a déjà reconnu pour être l'un des fils de la Frochard, Pierre, s'appuya contre la grille, en se disant :

— Attendons!...

Mais, au même instant, voyant déboucher du coin de la rue un homme qui s'avançait vers lui :

— Ah! voilà Jacques ! fit-il d'un ton de mauvaise humeur.

Et avec un soupir :

— Il ne pouvait pas manquer d'arriver, lui!

C'était effectivement, le préféré de la Frochard qui, comme d'habitude, se trouvait au rendez-vous convenu, chaque matin, avec sa mère.

Celle-ci n'indiquait presque jamais deux fois de suite le même endroit. Elle savait se tenir au courant des services religieux importants qui devaient être célébrés dans les églises.

C'était, on se le rappelle, le meilleur champ de récolte de cette créature qui poursuivait et obsédait, sans vergogne, les passants, s'inquiétant peu des rebuffades dont elle était l'objet.

Ce jour-là elle devait attendre la sortie de la grand'messe à Saint-Sulpice, car, en abordant son frère, Jacques demanda à celui-ci :

— Elles ne sont pas encore arrivées, les femmes?

Ces mots « les femmes » résonnèrent mal aux oreilles du rémouleur. Appliquer cette expression grossière « les femmes » à l'infortunée à qui l'on avait dû faire violence pour l'entraîner à mendier, Pierre ne pouvait admettre cela sans protestation...

Il répondit sèchement :

— Non, pas encore.

Puis, pour faire opposition au sans-gêne de son frère, il ajouta avec une sorte de respect.

— Notre mère et Mam'selle Louise sont sans doute occupées ailleurs.

Mais Jacques répliqua d'un air contrarié et avec un geste de colère à peine dissimulé :

— C'est ici qu'elles devraient être... v'la l'heure de la grand'messe,... l'heure des affaires et de la récolte.

Il avait parcouru du regard les deux extrémités de la place, afin de voir si la mendiante n'allait pas déboucher de l'une des rues adjacentes, traînant à son bras l'aveugle qui, maintenant, sortait chaque jour avec la mégère, et s'était résignée à lui obéir en toutes choses.

Pierre le suivait du regard.

Le rémouleur attendait, lui aussi, avec impatience, et c'est avec empressement qu'il répondit.

— Oh! sois tranquille,... au premier coup de cloches, elles seront là... toutes les deux...

Toutes les deux! ces mots avaient été prononcés d'un ton dont la nuance échappa à Jacques, car il se contenta de grommeler :

— Ça ne sera pas trop tôt, l'avorton!

Pierre n'avait pu contenir un mouvement de mauvaise humeur.

Mais, le réprimant tout aussitôt, il s'approcha timidement de son frère :

Et d'une voix suppliante :

— Jacques!... fit-il.

— Et puis?... riposta le fils aîné de la Frochard.

Le rémouleur, n'osant lever les yeux, se fit doux et humble pour murmurer :

— Jacques,... j'ai quelque chose à te demander...

— Si c'est de l'argent, ricana le garnement, je n'en tiens pas!...

— Non, dit Pierre vivement, ce n'est pas de ça qu'il s'agit.

D'habitude Jacques, n'était pas patient. Lorsqu'il lui arrivait de causer avec le rémouleur, c'est qu'il ne pouvait pas faire différemment.

Dans la circonstance présente, le retard que mettaient « les femmes », comme il disait, à se trouver au rendez-vous l'irritait visiblement.

Aussi laissa-t-il vite de côté le ton goguenard pour dire avec colère à Pierre :

— Eh ben, voyons,... finissons-en !

Force fut à Pierre de s'armer d'énergie, ce qui ne lui était pas habituel, de façon à pouvoir dire ce qu'il avait sur le cœur.

Il se détourna donc légèrement pour continuer.

— Quand Louise est là et que tu te mets en colère..., brutalise-moi... bats-moi si tu le veux..., mais... ne m'appelle pas l'avorton !

Jacques, en toute autre disposition d'esprit, fût parti d'un vigoureux éclat de rire.

Mais il n'était pas dans ses « *bons jours* », le « chérubin ».

Aussi fut-ce en fronçant le sourcil qu'il répliqua.

— De quoi !... de quoi !... Faut parler à Monsieur avec respect, à c't'heure !...

Et, ne résistant pas au besoin de persifler le malheureux qui ne savait plus où se fourrer :

— Comment donc !... On mettra des manchettes de dentelle, avec des gants en peau de lapin...

Pierre, devenant de plus en plus suppliant.

— Jacques !...

Cette fois le bellâtre laissa déborder sa verve de faubourien.

— Ça te blesse, fit-il en toisant le rémouleur, qu'on t'appelle avorton !..

Et avec un mauvais sourire.

— Mais jette donc l'œil sur ton architecture !

C'était là une cruauté inutile ; il savait bien que le pauvre claudiquant, n'avait jamais eu la moindre prétention.

Seulement, on le sait, le brutal personnage ne laissait jamais échapper une occasion d'épandre sa bile sur le malheureux qui servait de souffre-douleur à cette famille de misérables.

Pierre, néanmoins, voulut essayer de l'apitoyer, une fois par hasard.

Il prit donc son air le plus soumis, sa voix la plus émue, pour dire tout bas à Jacques ;

— Tu sais bien que si je suis estropié, c'est que.,.

— Que quoi ? interrompit le drôle en se campant sur la hanche.

— C'est qu'étant tout petit, reprit le rémouleur, j'ai eu c'te jambe-là cassée,... cassée par toi, Jacques.

A ce souvenir évoqué au moment où il s'y attendait le moins, l'aîné des Frochards eut-il honte de lui-même? Toujours est-il qu'il s'écria vivement :

— C'est pas vrai, tu mens !

Pierre voulut profiter de cette nuance de faiblesse chez son interlocuteur.

Il ne s'était assurément pas attendu à ce que le coupable voulût se défendre d'avoir commis la mauvaise action qu'il lui reprochait

Il s'enhardit donc jusqu'à répéter son accusation.

— Oui, reprit-il avec une sorte de véhémence dont il dut être bien étonné lui-même, oui, cassée par toi, pour qui je ne voulais pas voler un habit,... à la porte d'un fripier.

L'œil du pauvre boiteux lança un éclair.

Pierre se rappelait avec fierté que, tout petit et faible qu'il était, il avait préféré se laisser rouer de coups, au point d'avoir la jambe brisée, plutôt que de commettre une action coupable...

Il osait presque soutenir maintenant le regard de Jacques.

Mais celui-ci le toisa avec une colère croissante.

Et lui mettant le poing sous le nez, il prononça d'une voix grinçante.

— Tu mens, que je te dis !... C'était pas un habit...

Puis d'un ton goguenard :

— C'était un manteau !

Le rémouleur était, décidément, bien monté.

Il ne se souciait pas, paraît-il de laisser, ce jour-là, comme d'habitude, tomber la conversation.

Il ne lui était pas arrivé, depuis bien longtemps, de se risquer à tenir tête au brutal qui ne lui ménageait ni les injures ni les coups.

Aussi ne fut-ce pas sans stupéfaction que Jacques s'entendit dire à brûle-pourpoint :

— Enfin, t'as toujours eu l'idée de faire voler par les autres...

Et s'animant, le boiteux poursuivit :

— Après moi, ça été le tour de c'te pauvre Marianne !

Jacques avait bondi sur son frère, la main levée comme pour pulvériser le chétif qui osait ainsi s'attaquer à lui.

Et ne se contenant plus de colère, il s'écria :

— Marianne !... Je te défends de me parler de celle-là !

Le triste sire passa alors rapidement la main sur son front, comme s'il eût voulu chasser une pensée obsédante.

Pierre avait fait vibrer une corde qui était encore sensible, dans cette âme abjecte.

En lui parlant de la malheureuse qui, aveuglée par un inconcevable amour, s'était laissée entraîner dans le vice et l'infamie, Pierre avait remué chez son frère un souvenir encore trop vivace.

— Ne me parle jamais de celle-là, reprit Jacques, c'est une ingrate qui a mieux aimé se faire mettre en cage que de vivre avec moi !

Le rémouleur ne put retenir cette exclamation :

— Elle voulait redevenir honnête !...

Mais déjà les regrets de Jacques s'étaient évanouis.

Et c'est d'un ton narquois qu'il répliqua :

— C'est pour redevenir honnête qu'elle va faire son éducation avec les vertus de la Salpêtrière, dans le pensionnat du lieutenant de police !

Puis avec force :

— C'est une sans-cœur !

Pierre commençait à regretter presque d'avoir détourné la conversation, en parlant incidemment de Marianne.

Il n'était, en effet, plus question de ce qu'il avait demandé en grâce à son frère.

Néanmoins, il voulut essayer d'obtenir qu'il lui épargnât, une fois pour toutes, à l'avenir, le surnom d'*avorton*.

Pour revenir sur ce sujet, il essaya d'un détour.

S'apitoyant sur le sort de Marianne que Jacques venait de qualifier de « sans-cœur », il hasarda :

— Tu lui en veux à Marianne, mais il faut être juste... Elle ne t'a pas chargé...

Jacques coupa court la phrase commencée :

— En v'là assez ! interrompit-il ;... je ne veux plus y penser !

Il haussa les épaules d'un air fanfaron, en ajoutant :

— J'en trouverai une autre ; une plus belle, et qui sera plus adroite... et *plus productive*.

Puis revenant de lui-même au sujet que Pierre avait primitivement attaqué :

— Quant à toi, fit-il, puisque l'avorton ne te va plus, je vais chercher autre chose...

Et faisant pirouetter le pauvre boiteux :

— Je t'appellerai Cupidon !... ça te va-t-il ça, Cupidon ?... A moins que tu ne préfères que je te redonne ton nom d'autrefois, tu sais,... le p'tit Vénus ?

L'infortuné Pierre avait vainement essayé de faire jaillir une lueur de compassion dans le cœur de son frère.

— Allez-y de votre romance; y a du public pour vous entendre. (P. 478.)

Il vit bien qu'auprès d'une nature aussi perverse il n'y avait pas à insister.

Et c'est d'un ton de profond découragement qu'il dit :

— Fais ce que tu voudras !

Le malheureux, trompé dans son espérance, avait tourné le dos à Jacques.

Il ne vit pas le sourire qui rida les lèvres de son frère, ce sourire qui était presque toujours une menace chez l'aîné des Frochard.

Sans cela, il eût bien regretté de s'être laissé aller à ce mouvement de révolte.

Mais Jacques devait le reprendre, maintenant, pour lui faire payer son audacieuse intervention dans ses affaires avec Marianne.

Il saisit le rémouleur par le bras, et, lui faisant faire demi-tour, il le tint en face de lui.

Puis, avec une intention méchante :

— Mais, j'y pense, dit-il, c'est devant la petite Louise que t'aimes pas qu'on t'appelle l'avorton !...

... Oui, oui, c'est devant elle que tu crains tant que je te donne ce nom-là !

Puis, comme s'il fût tombé de son haut :

— Est-ce que par hasard ?...

Pierre n'avait pas bronché.

Les yeux fixés sur le sol, il avait peur de ce qu'allait dire son frère...

Mais tout à coup son sang se figea dans ses veines.

Jacques éclatait de rire, en s'écriant :

— Ah ! ah ! ah ! mais ce serait trop drôle !

Continuer à garder le silence c'était, de la part de Pierre, donner gain de cause à son frère.

C'était lui dévoiler le secret de ses mélancolies, de ses longues contemplations de la pauvre aveugle, le secret de son cœur, qu'il avait gardé depuis le jour où il s'était senti une sympathie si vive pour cette jeune fille qui l'aidait à supporter les injures et les traitements odieux; le secret qui emplissait sa vie, au point de lui faire oublier qu'il n'était qu'une misérable créature, souffre-douleur lui-même, témoin des souffrances qu'on faisait subir à une autre...

Pierre dut renfoncer dans son cœur la vérité que trahissait déjà son visage troublé.

Il affecta de bien prendre la plaisanterie,

Et s'efforçant de rire, à tout prix il lui fallait donner le change au « Chérubin » qui, une fois sur la piste de ce secret, ne se lasserait plus de torturer son frère.

Sans compter que la chère créature serait, elle aussi, le point de mire des sarcasmes de l'impitoyable fils de la mendiante.

Du reste, Pierre n'avait plus de temps à perdre s'il ne voulait pas laisser s'incruster cette idée dans l'esprit de Jacques.

En effet, celui-ci avait ajouté, en manière de raillerie :

— Et ce n'est pas trop bête de ta part, mon gaillard... Une aveugle!.. Il n'y a pour elle ni beau ni vilain homme.

Puis, comme si la lumière s'était faite, pour lui, tout à coup éclatante :

— Ah ! t'es amoureux de notre aveugle ! s'écria-t-il.

Pierre eut un mouvement de vertige.

Il se sentit perdre contenance sous le regard moqueur du « Chérubin »

Mais jouant, malgré la souffrance qui le poignait au cœur, la comédie de la surprise :

— Moi ?... dit-il en cachant son trouble autant que possible, moi ?... En v'là une idée !

Il faisait mal à voir ce pauvre déshérité qui se sentait deviné... et tout autre que ce frère dénaturé qui le tenait dans ses griffes eût eu pitié de lui...

Malgré le froid vif qui le pénétrait jusqu'aux os, sous le léger vêtement de laine qu'il portait sur sa chemise, la sueur perlait à son front...

Ses regards se faisaient de plus en plus vagues, car il comprenait combien l'imprudence commise pouvait lui coûter cher, dans l'avenir...

Il entendait déjà le terrible Jacques raconter cyniquement la chose à sa mère, sans s'inquiéter de la présence de la pauvre aveugle...

Il entendait le ricanement strident comme des cris d'orfraie, que la révélation du « Chérubin » arracherait à l'implacable mégère enchantée de se mettre de moitié dans l'odieuse plaisanterie qui atteindrait Louise bien plus encore que lui même...

Et, surmontant l'effroi qu'il ressentait, il essaya de répondre...

Mais Jacques ne lui laissa pas le temps de renouveler sa protestation contre le soupçon dont il était l'objet.

Il se croisa les bras comme un homme sûr de soi, et, lentement, les yeux sur les yeux du rémouleur troublé :

— Alors, dit-il, pourquoi que tu me demandes de te débaptiser, si tu n'as pas d'intention amoureuse, qu'est-ce que ça pourrait te faire que je continue à t'appeler comme toujours, l'Avorton ?

Et haussant les épaules :

— Tu dois y être habitué, depuis le temps que ça dure !

Le rémouleur ne pouvait rien contre cette logique, dont Jacques tirait si méchamment profit afin de jouir de son désarroi.

Il eût en vain essayé de faire changer d'idée à cet obstiné qui, du moment qu'il en trouvait l'occasion, ne manquait jamais de tourmenter le souffre-douleur.

Cette fois, d'ailleurs, le besoin de torturer son frère était doublé d'une fantaisie qui lui trottait déjà par la tête depuis quelques jours.

Aussi tenait-il le malheureux estropié sous son regard, comme la proie qui ne pouvait échapper à ses sarcasmes haineux.

Quant au rémouleur il perdait contenance, devant le garnement dont il avait une frayeur atroce.

Toutefois il ne put contenir le sentiment qui bouillonnait en lui.

Les mots lui échappaient des lèvres.

Et, d'un ton où la timidité cédait, une fois par hasard, le pas à l'espérance, cet infortuné, pour qui la vie n'avait jamais eu une heure de joie, se prit à laisser parler son cœur :

— Oui, dit-il, ça me ferait plaisir de penser qu'il y aurait au moins sur terre une personne pour qui je ne serais pas un objet de répulsion...

Il osa lever les yeux sur les formes athlétiques de Jacques, et reportant ensuite ses regards sur sa chétive personne.

— Peut-être, soupira-t-il, que me croyant fait comme tout le monde, elle aura un peu d'amitié pour moi...

Et avec un geste de dénégation et s'exaltant :

— Mais amoureux !... amoureux d'elle qui est si jolie, si charmante, si adorablement belle qu'on la prendrait pour un ange !...

Jacques avait eu un soubresaut.

Le ton presque éloquent dont Pierre avait prononcé cette phrase le surprenait.

Ce qu'il avait dit en plaisantant lui apparaissait maintenant comme une vérité bien réelle.

Pierre était amoureux !...

Cet avorton, ce boiteux, ce misérable qui se traînait du matin au soir dans les rues de Paris, pour gagner les quelques sous dont profitait Jacques, ce déshérité qui ne voulait pas qu'on se moquât de lui, en présence d'une jeune fille qui ne pouvait juger de ses difformités physiques, ce fils de supplicié était amoureux !

Il avait laissé pénétrer dans son cœur une pensée d'amour pour une créature qui partageait sa misère et subissait avec lui les plus mauvais traitements.

C'était déjà, pour ces deux êtres, comme une communauté d'affection puisant sa source dans une communauté de souffrances !...

Et ce misérable Jacques, dont le cœur n'avait jamais été accessible à aucun sentiment de tendresse, avait deviné la pensée secrète du rémouleur...

Il avait, malgré les dénégations du pauvre diable, lu la vérité dans ses yeux qu'il tenait baissés, dans son attitude embarrassée, dans ce trouble qui se manifestait sur son visage...

Après avoir enveloppé le boiteux d'un regard narquois, il dit lentement, sans perdre de vue son interlocuteur mal à l'aise : il se prit à répéter ses paroles :

— Si jolie, si charmante, si adorablement belle, dit-il.

— Où diable que t'as découvert tout ça, toi ?

Pierre ne trouvait rien à répondre, tandis que Jacques continuait :

— C'est vrai que jusqu'ici, je ne l'ai pas beaucoup regardée. Je ne sais qu'une chose, c'est que ses deux quinquets sont éteints, ce qui fait que les passants en ont pitié et lui donnent pas mal d'argent.

Cette façon d'apprécier les charmes de la pauvre enfant fut une souffrance nouvelle pour le malheureux Pierre.

— Oui, elle est aveugle, s'écria-t-il, mais elle a une voix qui vous va à l'âme...

... Une figure si douce, si résignée!... Et des yeux si grands et si beaux... qu'on dirait qu'ils vous regardent !...

... Si bien que, par instants, ça me fait peur!... Et je me mets à trembler à la pensée qu'elle me voit!...

Jacques éclata de rire.

Et s'adressant à Pierre :

— Eh ben !... Qu'est-ce que ça te fait, si tu n'es pas amoureux ?

Pour le coup, le rémouleur perdit tout à fait contenance. Et il balbutia :

— Amoureux!... Encore!.. Un misérable comme moi!... Allons donc !

... Faudrait que je sois fou !

— Alors c'est convenu, ricana le chérubin, je ne veux pas te perdre dans l'estime de ton aveugle...

Pierre s'était approché avec anxiété.

— Voilà ce que je décide : je ne t'appellerai plus l'avorton !...

Le pauvre boiteux exhala un soupir de soulagement... Mais un mot de Jacques figea le remerciement prêt à sortir de ses lèvres.

L'impitoyable gredin ajoutait d'un ton ironique :

— C'est dit, à l'avenir tu te nommeras le Petit-Vénus !

— Mais non !... Je ne veux pas, je ne veux pas! s'écriait Pierre avec force.

Il avait même osé faire un pas en avant, comme pour manifester un mouvement d'énergie. Mais Jacques le toisa avec dédain.

Et le saisissant rudement par le bras, il le fit pirouetter violemment.

Et sans rire, cette fois :

— Assez de volonté, comme ça, dis donc !... Tu veux ce qui me plaît, ou gare les taloches !

Puis, comme pour faire évanouir le doute dans l'esprit de Pierre, sur ses intentions de réaliser sa menace, il leva les deux poings sur la tête de l'avorton.

Le rémouleur courba l'échine, comme toujours, lorsque la Frochard ou son « Chérubin » le menaçaient.

Et, tristement, sans oser regarder son implacable bourreau, il dit :

— Tu es l'aîné, Jacques. Tu es grand et fort... Ce qui fait que je suis contraint de me courber devant toi... Mais, ajouta-t-il avec un indéfinissable sentiment de résignation, quand je vois l'usage que tu fais de ton courage et de ta force, je crois que j'aime encore mieux ma misérable faiblesse.

Comme toujours aussi, lorsqu'il n'avait rien à répondre et qu'il dédaignait d'en venir aux coups, le bellâtre se contenta de hausser les épaules.

Au surplus, en ce moment, l'attention des deux frères était sollicitée par la présence de la Frochard et de l'aveugle, à l'entrée de la place...

Et Jacques s'écria :

— Ah ! ah ! les voilà toutes deux....

Pierre n'avait pas bougé de place, tandis que son frère allait, en se dandinant, les mains dans les poches, au-devant des deux femmes.

Certes il n'eût pas été facile à Henriette de reconnaître sa chère aveugle dans le piteux état où les trois mois d'hospitalité de la Frochard avaient mis la pauvre enfant.

Le visage de la malheureuse était maintenant pâle et amaigri.

Sous son costume fait de sordides haillons, sa démarche était devenue chancelante, incertaine.

Et, malgré la répugnance que lui inspirait la mégère, elle était bien obligée, sa faiblesse augmentant chaque jour, de s'appuyer sur le bras qui lui servait de soutien.

En la voyant paraître sur la place, les laquais et quelques autres gens qui attendaient la sortie de la messe vinrent faire le cercle autour d'elle.

Ce que voyant, la Frochard lui pinça le bras, en lui disant tout bas :

— Allez-y de votre romance ; y a du public pour vous entendre.

Louise avait alors commencé, d'une voix brisée par la douleur, et toute pleine de larmes :

> O ma tendre musette,
> Console ma douleur.
> Parle-moi de Lisette,
> Ce nom fait mon bonheur !

Tous ces indifférents, qui s'étaient approchés, prenaient la malheureuse en pitié.

Quelques-uns faisaient déjà mine de fouiller dans leurs poches pour y chercher quelques deniers.

La Frochard ne les perdait pas de vue, pas plus que ne le faisait Jacques lui-même.

Le « Chérubin » certain, désormais, d'une bonne récolte, daigna regarder attentivement la chanteuse.

— C'est vrai qu'elle est jolie, se dit-il.

Après la conversation qu'il avait eue avec Pierre, le bandit se délectait à la vue de celle qui avait si profondément touché le cœur du rémouleur.

Il regardait Louise, pendant que celle-ci mouillait de larmes chaque note de sa chanson.

Et, transporté, il se murmurait à lui-même :

— C'est vrai aussi qu'elle a une voix qui vous remue l'âme !

La Frochard, très occupée de sa recette, s'était approchée de l'aveugle pour lui glisser, à la dérobée, ces mots :

— Allons, le second couplet, et de la voix !

Lorsqu'on se rappelle l'énergique résistance que cette malheureuse avait opposée à son bourreau, le jour où il s'était agi, pour elle, de mendier, on peut se faire une idée des tortures sans nom qu'elle avait dû subir, pour en arriver à ce degré d'obéissance passive.

C'est qu'en effet, depuis trois mois, la pauvre créature avait passé, chaque jour, par une nouvelle épreuve au bout de laquelle il y avait, hélas ! une désillusion de plus.

Pendant trois mois, la Frochard avait traîné l'aveugle dans tous les quartiers de Paris, la forçant à chanter plus haut, lorsqu'on se trouvait dans les rues populeuses, et à recommencer sans relâche.

Elle entretenait l'espérance dans le cœur de Louise, en lui disant que, d'un moment à l'autre, le hasard pouvait la mettre en présence d'Henriette.

Et Louise chantait, retenant ses sanglots... Et, dans l'intervalle de chaque couplet, au moment où la Frochard s'y attendait le moins, l'aveugle s'écriait : « — Henriette !... C'est moi !... moi, ta sœur... m'entends-tu ?... Henriette !... m'entends-tu ? »

Souvent, les passants étonnés s'étaient arrêtés, attirés par cette voix déchirante ; mais, aussitôt, la Frochard faisait signe que la pauvre créature n'avait plus sa raison.

Et les bonnes gens, attristées, déposaient leur aumône dans la main tremblante de la désespérée, et s'en allaient en faisant un geste de pitié...

Quelquefois aussi, au premier mot, la mégère arrêtait la fin de la phrase sur les lèvres de l'aveugle.

Elle avait pour cela un moyen infaillible qui ne manquait jamais d'arracher un cri de douleur à Louise.

La misérable pinçait jusqu'au sang le bras de sa victime, et lui tordait les chairs en marmottant :

— S'agit de chanter à c'te heure !... Allons, vite, et des *tremblés* dans la voix..., pour donner du ton à la romance !

Et lorsque l'on avait fréquenté, pendant plusieurs jours, le même quartier, la mendiante se choisissait d'autres champs pour sa récolte.

Elle agissait avec d'autant plus de prudence que Jacques l'avait mise au courant de ce qui se disait dans les cabarets où il se rencontrait quelquefois avec des agents de police lancés sur certaines pistes.

Or ces employés du lieutenant de police causaient assez haut entre eux, après quelques pots de poiré ou quelques flacons d'anjou vidés à la santé du Roi, pour que Jacques eût compris que M. de Linières les mettait sur les dents, à force de leur faire rechercher des individus, malfaiteurs de profession ou autres, qui commettaient des rapts demeurés presque toujours inconnus.

Le « Chérubin », qui ne tenait nullement à perdre l'excellent *gagne-pain* qui leur était tombé du ciel, recommandait à la mendiante de prendre toutes les précautions nécessaires.

Lorsqu'il assistait à ces recommandations, Pierre était partagé entre deux sentiments qui se combattaient violemment dans son cœur.

Tandis que, d'une part, il eût été enchanté, heureux au possible, de voir Louise retrouver l'amie qu'elle pleurait, d'autre part il s'avouait qu'il ne pourrait pas résister au chagrin de ne plus voir sa chère petite aveugle; de ne plus l'entendre lui parler avec douceur, lorsque, par hasard, ils se trouvaient seuls, soit dans la rue, soit dans la masure de la rue de Lourcine.

Et cependant, en voyant à quel désespoir sans fin était condamnée Louise, le brave garçon s'en voulait de son égoïsme...

« — J'y penserai toujours! soupirait-il, j'y penserai toute la vie, lorsqu'elle nous aura quittés; mais je veux qu'elle parte. »

Malheureusement le sacrifice que Pierre imposait à son cœur avait jusqu'à ce moment été en pure perte.

Les jours s'écoulaient sans apporter aucun changement à la situation de Louise, si ce n'est que la malheureuse dépérissait à vue d'œil.

Ce qui réjouissait fort la Frochard qui ne cachait pas à Jacques que, depuis que la petite avait mauvaise mine, les recettes augmentaient.

LES DEUX ORPHELINES

— Je suis bien fatiguée, Madame!
— On se reposera ce soir. (P. 485.)

Bien que, depuis trois mois, l'aveugle rapportât gros, la pauvre enfant n'était pas mieux nourrie pour cela.

— Faut entretenir sa voix! ricanait la mendiante en lui donnant la mince pitance de chaque jour...

A ce régime, le visage de l'infortunée avait bien vite perdu ses charmantes couleurs, ses traits s'étaient amaigris, et, autour de ses yeux rougis par les larmes, se dessinait un cercle bistré.

C'était pitié de voir cette pauvre créature pencher péniblement la tête comme une fleur qui s'étiole lorsque, suspendue au bras de la vieille femme qui lui servait de guide, elle se traînait pendant de longues journées.

Cette existence se continuait, sans cesse plus douloureuse pour celle qui n'avait plus d'espoir.

Ce jour-là, pour la vingtième fois peut-être, la Frochard venait, avec son *gagne-pain*, exploiter les abords de l'église Saint-Sulpice, au sortir de la grand'messe.

— Allons, dit-elle en frappant les hanches de la jeune fille de deux bourrades, administrées en sainte-nitouche, plus de voix que ça.

Et Louise, maîtrisant les soubresauts de sa poitrine qui haletait sous les sanglots, avait entamé le second couplet

> Je la revois plus belle,
> Plus belle tous les jours
> Je me plains toujours d'elle
> Et je l'aime toujours!

A peine la dernière note se fut-elle noyée dans les larmes qui suffoquaient la pauvre fille, que la Frochard, tirant de sa poche une petite soucoupe d'étain, commençait la quête.

De sa voix nasillarde, elle disait, avec la sempiternelle grimace des mendiants :

— Pour une infortunée aveugle, s'il vous plaît!...

Et elle allait des uns aux autres, jugeant sur la figure des gens auprès desquels il fallait insister.

La vieille rouée récoltait quelques sous, et de rares petites pièces blanches.

De l'endroit où il se trouvait, le rémouleur avait assisté, le cœur serré, à cette scène qui s'était déjà renouvelée si souvent en sa présence, et à son grand désespoir.

Il n'avait pas quitté des yeux l'aveugle pendant tout le temps que celle-ci avait chanté.

Il souffrait de la voir pleurer ; il eût travaillé cent fois plus, eût-il dû se tuer à la peine, — pour épargner à la chère créature un jour de ce cruel supplice...

— Comme elle a l'air malheureux et désespéré, murmura-t-il, sans que Jacques l'entendît.

Au surplus, le « Chérubin », qui avait battu de quelques pas en retraite, ne s'occupait, lui, que de supputer la valeur des pièces de monnaie qui tombaient dans la soucoupe d'étain.

Il paraît qu'il se trouvait peu satisfait de l'évaluation de la recette, car, voyant l'air piteux du rémouleur, il lui décocha cette ironique apostrophe :

— Allons, bon ! v'là le pigeon qui roucoule.

Et avec un gros rire :

— P'tit Vénus, faut pas t'attendrir.

Louise avait achevé sa chanson. Aussitôt tous ceux qui avaient fait le cercle pour l'écouter se dispersèrent au moment de la quête obligatoire.

La Frochard, furieuse, suivait les uns et les autres, renouvelant pour chacun les mêmes jérémiades :

— « Ayez pitié d'une pauvre *aveugle !* »

— « Faites la charité, mes bonnes âmes, à une malheureuse privée de la lumière du bon Dieu ! »

Mais on était probablement habitué à ce boniment, car le plus grand nombre ne répondait pas à son appel.

Comme toujours, lorsque la chanson n'avait pas suffisamment rapporté, la mégère faisait une affreuse grimace, et on pouvait lire dans ses yeux la promesse des mauvais traitements qu'elle réservait à sa victime.

En effet, revenant auprès de Louise, l'horrible créature la poussa violemment du coude, en grommelant :

— Y a pas gras !... Chiens de bourgeois ; c'est toujours la même chose,... ils sont vingt pour entendre chanter, et y n'en reste pas quatre quand on fait la quête.

Jacques s'était approché, et se consolait de la pauvreté de la recette, en disant à sa mère :

— Ça vaudra mieux à la sortie de l'église...

— T'as raison, mon chéri, nous y reviendrons tout à l'heure.

Elle avait saisi la main de Louise, et passait de force sous son bras celui de l'aveugle afin de l'entraîner :

— Allons, marchons ! glapit-elle de sa voix éraillée qui faisait toujours sursauter Louise.

Mais, cette fois, la pauvre enfant succombait aux fatigues qu'elle avait subies, depuis le matin.

La Frochard l'avait fait sortir au petit jour, et, depuis, les deux femmes, l'une traînant l'autre, n'avaient cessé de parcourir les rues...

C'est à peine si l'on s'était reposé, pendant quelques rares instants, sur les marches des églises.

La Frochard voulait absolument faire recette ce jour-là, pour rapporter une somme exigée par le chérubin.

Et lorsque Jacques exigeait, il n'y avait pas de fatigue qui tînt, on marchait jusqu'à ce qu'on eût réalisé cette somme...

Impitoyable pour elle-même, la mégère l'était également pour la malheureuse, qu'elle surmenait sans scrupule et sans pitié.

Et comme Louise semblait ne plus pouvoir avancer, la cynique créature lui avait répété durement :

— Eh ben, quoi donc ? Est-ce que je n'ai pas commandé de se mettre en route... Allons, marchons !

Timidement, et de sa voix tremblante, l'aveugle avait répondu :

— Je suis bien fatiguée, Madame !

Pour toute réponse, la Frochard ne trouva, dans son implacable cruauté, que ces mots :

— On se reposera ce soir.

Mais Louise était bien réellement à bout de forces. Malgré le ton brutal de son bourreau, elle voulut insister pour qu'il lui fût permis de se reposer, ne fût-ce que pendant quelques minutes, sur les marches de pierre qu'elle sentait à ses pieds.

— Croyez-moi, Madame, fit-elle, mes jambes me soutiennent à peine. Nous avons tant marché aujourd'hui !

A sa grande surprise, la Frochard ne s'emporta pas comme elle le redoutait.

Elle se mit à ricaner avec des intonations de crécelle, et riposta :

— Eh ben !... c'est ce que vous demandez, de marcher... pour tâcher de rencontrer vot' sœur.

Lorsque la mendiante voulait obtenir quelque chose de sa victime, elle avait soin de faire vibrer cette corde-là.

— Va, disait-elle à Jacques, je sais joliment bien lui jouer de son Henriette à c'te petite mijaurée.

— Y n' faut qu'un moment, répétait-elle sans cesse à sa victime, y n' faut qu'un moment pour que vous tombiez nez à nez avec vot' sœur.

... Et c'est encore moi qui y perdrai, car je vous aurai logée, hébergée et promenée gratis.

L'aveugle avait encore alors la naïveté de croire à la sincérité de ces paroles, et elle promettait avec effusion que sa sœur saurait se montrer reconnaissante.

Reconnaissante ! Elle parlait de reconnaissance, elle ! cette malheureuse pour laquelle on avait raffiné toutes les tortures !...

Reconnaissante... de trois mois de traitements odieux, de criminelles exigences, de violences inouïes !

Et la pauvre éprouvée, en parlant ainsi, était sincère !... Elle eût assurément, dans sa joie de retrouver Henriette, oublié toutes les souffrances, toutes les tortures, toutes les infamies qu'elle avait subies.

Elle eût caché à sa sœur retrouvée tout ce qu'il y avait eu d'abject, d'ignoble, de monstrueux dans la conduite de la Frochard à son égard...

Elle eût tout oublié dans cette minute de bonheur, pour s'écrier :

— Oh ! ma sœur, sois généreuse pour ceux qui ont recueilli l'abandonnée ! Sois bonne pour ceux auprès de qui j'ai trouvé l'hospitalité !... C'est à toi de faire honneur à la parole qu'a donnée l'aveugle qui te pleurait, et que tu retrouves grâce à ceux qui l'ont secourue !

En entendant, pour l'engager à obéir, la mendiante invoquer le nom d'Henriette, l'aveugle ne put, cette fois, cependant se défendre d'un mouvement de révolte.

— Oui, dit-elle, je sais bien que c'est en marchant que je pourrais rencontrer ma sœur ; mais vous savez bien, vous, Madame, que nous restons toujours dans le même quartier.

— Bah ! c'est des idées que vous vous faites, répliqua la Frochard.

Puis vivement :

— Comment que vous pourriez le savoir, puisque vous n'y voyez goutte ?

— Je le sais, Madame ! répondit Louise... Et vous m'aviez promis en me recueillant...

— Quoi ! s'écria la mégère, avec aigreur... Je vous ai promis de de vous aider dans vos recherches... C'est la vérité...

Et se mettant les deux poings sur les hanches...

— Mais je n'avais ni rentes, ni ferme en Beauce, moi ;... c'est pour ça qu'en cherchant je veux que vous chantiez... Faut gagner le pain que vous mangez...

Ces mots avaient pénétré profondément dans le cœur de Louise. Elle ne put contenir sa douleur.

On osait lui adresser un reproche, à elle la victime, à elle la martyre...

Les larmes jaillirent de ses yeux.

Et elle murmura :

— Eh bien !... je chante... Madame.

La Frochard eut une exclamation féroce :

— Oui ! s'écria-t-elle, vous chantez !... vous chantez comme un *De profundis!*

Traitée avec cette brutalité révoltante, Louise continuait à sangloter.

Le rémouleur aurait bien voulu pouvoir, en ce moment, se glisser auprès d'elle pour lui adresser, tout bas, quelques-unes de ces paroles de consolation, que ce souffre-douleur savait trouver dans son cœur pour cette affligée...

Mais la Frochard continuait à serrer l'aveugle par le bras, en mâchonnant des mots violents contre la pauvre fille qui n'en pouvait plus, et qui suffoquait...

— Je vous assure, Madame, disait Louise au milieu de ses larmes, que je chante... aussi gaiement... que je le puis... Mais... mais... ça ne dépend pas de moi... voyez-vous !...

Elle se tordait les mains de désespoir, la malheureuse ; et, abîmée sous l'immensité de sa douleur, elle continuait :

— Quand je pense à ce que je suis,... à ce que je fais... je...

Les sanglots l'étouffaient de nouveau.

Elle avait vivement porté les mains à sa gorge, comme si son âme allait enfin s'envoler de ce misérable corps tant éprouvé, si cruellement surmené...

Elle trouva un accent déchirant pour s'écrier :

— Oh ! Je suis si malheureuse !... si malheureuse !...

Pierre, arrivé au comble de l'angoisse, voulut s'élancer au secours de sa chère protégée...

Il s'oublia jusqu'à tendre les deux bras comme pour soutenir la jeune fille défaillante.

— Louise ! fit-il avec une touchante expression qui résumait tout ce qu'il y avait en lui d'effroi et de pitié...

Mais il trouva, devant lui, Jacques, les bras en avant, pour le repousser...

Jacques qui n'attendait qu'une occasion semblable pour faire sentir le poids de son poing à cet être chétif...

Jacques qui lui dit de ce ton des faubouriens avinés

— Eh bien ! de quoi ?

Puis, ayant repoussé du coude le rémouleur qui se contentait de répondre : « Ça me fait mal de la voir pleurer ! » le « Chérubin » s'approcha de l'aveugle.

Et plongeant son regard impur et vicieux sur ce visage éploré d'une sainte, il ricana à mi-voix :

— Tiens !... elle est gentille... quand elle pleure !

Mais la Frochard était bien décidément exaspérée par la mince recette, car elle ne fit même pas attention à ce que venait de dire son fils préféré, dont elle admirait, d'habitude, les idiotes plaisanteries.

Elle avait accroché de ses doigts nerveux et crispés le bras de l'aveugle qui, désormais, ne ferait plus de résistance.

Et, l'entraînant, elle lui envoyait ces mots qui devaient clôturer, sèchement, la conversation :

— Assez de raisonnement comme cela... Allons, en route !

Louise se mit à trembler de tous ses membres...

Ne savait-elle pas, hélas ! ce qu'il y avait de sourde colère dans ce ton de la mendiante ?...

Comme l'enfant qu'on brutalise et qui ne peut se défendre, elle se laissa traîner...

Et sa voix chevrota quelques paroles entrecoupées qui témoignaient de son découragement et de sa terreur :

— Oui, Madame, oui...

Et pour se montrer encore plus obéissante, la malheureuse renfonçait ses larmes et passait le revers de sa main sur ses paupières humides...

D'un geste la mendiante la força de laisser retomber ses mains.

Cyniquement, elle grommela :

— N'essuyez donc pas vos yeux !... C'est très bon... des vraies larmes; ça attendrit le cœur des passants.

A peine avait-elle achevé sa phrase, qu'en effet un passant s'approcha de l'aveugle et lui glissa une pièce de monnaie dans la main.

La Frochard eut une exclamation de triomphe :

— Qu'est-ce que je disais ?

Et s'adressant à Jacques qui riait sous cape :

— En v'là un qui a donné dedans !

Alléchée par cette aubaine, la mendiante voulut mettre à profit les « vraies larmes », comme elle l'avait dit cyniquement.

Elle entraîna Louise, tout autour de la place, en marmottant :

— Pour une pauvre aveugle, s'il vous plaît !

Arrivées au bout de la place, les deux femmes s'engagèrent dans la rue de Condé.

S'inclinant, le monsieur à la douillette s'avança... (P. 490.)

Les cloches carillonnaient. Un grand nombre de fidèles, débouchant de la rue Saint-Sulpice, pénétraient dans l'église, passant au milieu d'une double haie de mendiants agenouillés et grelottants sur les marches et jusque sous le portique.

C'est le moment qu'attendait Jacques lorsqu'il prédisait à sa mère que la grand'messe serait plus avantageuse....

VIII

Tandis que Pierre et Jacques quittaient, momentanément, les abords de l'église, et que la mendiante emmenait Louise chanter devant certaines portes bien connues par elle, comme s'ouvrant toujours pour laisser sortir l'aumône, une chaise à porteurs arrivait sur la place, pendant que, du côté opposé, apparaissait, avec l'intention évidente d'entrer dans l'église, un homme d'un certain âge, enveloppé hermétiquement dans une douillette à large col de fourrure.

Le personnage en question, après avoir approché de ses yeux une face à main en or, dit en manière d'aparté, au bout d'une seconde :

— Eh ! je connais cette livrée !...

Et s'arrêtant pour s'assurer qu'il ne se trompait pas :

— Oui, reprit-il, c'est bien cela.... c'est la livrée de la comtesse de Linières.

S'inclinant, le Monsieur à la douillette s'avança et, comme l'un des laquais avait ouvert la portière, il offrit respectueusement la main à la dame, pour l'aider à sortir de la chaise.

En reconnaissant le galant personnage, la dame s'exclama :

— Ah ! docteur, que je suis aise de vous rencontrer !

Celui qu'on venait de désigner par l'énoncé de sa profession ne s'était pas trompé, en croyant reconnaître la livrée du lieutenant de police.

C'était, effectivement, la comtesse de Linières qui se rendait à l'église, voulant y arriver avant la fin de la grand'messe.

. . . .

Après les émotions si violentes qu'elle avait subies en présence de son mari, à propos de l'entêtement que mettait Roger à ne pas accepter le mariage que le roi avait projeté pour lui, la comtesse de Linières devait, on se le rappelle, passer par une épreuve bien autrement saisissante.

Le chevalier avait, pour se justifier de son obstination, évoqué en elle de douloureux souvenirs...

En parlant à Diane de cette sœur tant aimée que la mort lui avait ravie, Roger avait rouvert dans le cœur de la comtesse une blessure qui ne devait se cicatriser jamais.....

Et celle qui s'était condamnée, elle-même, [à une souffrance éternelle, en expiation d'un crime de lèse-maternité, avait, dans cette conversation, ou plutôt dans cette confession qui débordait de son cœur, puisé la force de pousser ce cri sublime qui avait retenti au plus profond du cœur de Roger... Ce cri de la femme qui se mourait lentement, pour avoir plié devant la volonté paternelle, et qui ne voulait pas que le même sort fût réservé à ce neveu qui venait de lui confier le secret de son amour !...

Lorsqu'il arrivait à Mme de Linières d'évoquer le passé de Diane de Vaudrey, ce passé où elle revoyait la terrible scène de l'abandon de son enfant ; lorsque cette mère inconsolable à qui Dieu, — comme s'il eût voulu la châtier, — avait refusé une autre maternité, avait longtemps pleuré, s'était longtemps lamentée au souvenir du pauvre être dont elle ignorait le sort ; lorsque cette repentante avait torturé son cœur en y étouffant les cris de désespoir, lorsqu'elle s'était châtiée, elle-même, en se représentant sa fille qu'elle avait abandonnée, livrée désormais à tous les hasards, subissant le sort des enfants trouvés, devenant victime ou martyre de bourreaux qui, peut-être, l'avaient recueillie pour en tirer profit un jour... lorsque cette mère affolée avait ainsi fait saigner son cœur, c'est dans la maison du Dieu qui pardonne qu'elle allait chercher l'accalmie que donne aux âmes désespérées la prière fervente !

Aussi, lorsqu'elle eut vu partir le chevalier se rendant, ainsi qu'il en avait reçu l'invitation, auprès de M. de Linières, Diane voulut-elle aller demander au ciel la force de ne pas succomber avant d'avoir retrouvé sa fille.

Ainsi qu'elle l'avait dit à Roger, dans cette longue confession, pendant bien des années, elle avait fait toutes les recherches imaginables pour retrouver la pauvre abandonnée.

Et après toutes ces tentatives avortées, après toutes ces déceptions cruelles, c'est dans l'église que, prosternée et perdue dans une douloureuse et sainte méditation, la mère coupable venait chercher un peu de courage et de force !

Or, ce jour-là, son cœur avait été doublement éprouvé : à sa propre douleur était venue s'ajouter celle qui avait atteint le cœur de Roger.

Sa profonde tendresse pour celui qu'elle considérait comme son fils l'avait empêchée de répondre par un refus à la prière que lui adressait Roger de consentir à voir celle qu'il aimait.

Il était parti radieux, comme si, de cette entrevue entre la comtesse et Henriette, devait sortir, pour lui, la certitude de devenir l'époux de celle qui occupait son cœur et sa pensée...

En se rendant à Saint-Sulpice, la comtesse de Linières n'accomplissait donc qu'une première étape, avant d'aller où la poussait son affection pour le chevalier de Vaudrey.

. . . .

Le hasard avait voulu que le médecin de la famille de Linières se trouvât là, à point nommé, pour offrir la main à la comtesse, et l'aider à sortir de la chaise.

Diane avait trouvé, pour remercier le docteur de son empressement, une phrase aimable, que le médecin interpréta comme une formule de banale politesse, car il répondit, avec un sourire :

— Vous êtes bien aise de me rencontrer, madame la comtesse, parce que vous supposez que cela vous dispensera de ma visite...

— Je suis toujours enchantée de vous recevoir... comme ami, répondit la comtesse.

— Mais vous ne vous souciez pas du médecin, dit en souriant le docteur.

Puis, redevenant sérieux :

— Et cependant, ajouta-t-il, vous êtes malade, madame la comtesse.

Troublée et voulant mettre fin à cette conversation que, cent fois, elle avait déjà évitée, Mme de Linières s'empressa de répondre :

— Vous vous trompez, docteur, je vous assure que...

L'excellent homme qui était plutôt, ainsi qu'on a pu en juger, l'ami de la comtesse que son médecin, ne s'était pas trompé lorsque appelé, par la confiance du comte, à donner des soins à Diane, il avait dit à l'époux inquiet : « Monsieur le comte, je me reconnais impuissant à combattre la maladie dont est atteinte madame de Linières ! »

Le brave docteur ne s'était pas trompé un seul instant ; mais, obligé d'entretenir l'espoir chez le comte, il n'était pas tenu à la même discrétion envers sa malade, pour laquelle sa science n'avait pas de ressources, mais pour laquelle son cœur ressentait une paternelle sympathie.

Il avait, plusieurs fois, essayé de faire comprendre à celle qui s'obstinait à cacher le motif de sa mélancolie qu'il avait deviné à quel besoin de tristesse répondait cette âme troublée, à quelle exigence de pieuse méditation se soumettait ce cœur brisé, désespéré.

Et, chaque fois, la comtesse avait trouvé un biais pour esquiver un entretien qui, pour elle, devait forcément devenir embarrassant.

Le docteur avait compris et s'était tenu sur la plus grande réserve.

Pour ne pas indisposer le comte, il n'avait pas voulu interrompre ses visites ; mais il avait, peu à peu, fait en sorte que le médecin s'effaçât devant l'ami.

Aussi avait-il, insensiblement, acquis le droit de gourmander parfois celle qu'intérieurement il plaignait de tout son cœur.

C'est ce qui explique pourquoi, à la vue de la comtesse dont, ce jour-là, le visage exprimait une recrudescence de tristesse et de souffrance, l'excellent homme avait répliqué :

— Soit, vous vous portez à merveille, madame la comtesse... et c'est la santé qui imprime à votre visage cette expression de tristesse ; c'est elle qui donne à vos regards cet éclat fébrile !...

Surmontant l'oppression qui lui voilait la voix, parvenant, après un effort qui n'échappa pas au docteur, à amener un vague sourire sur ses lèvres pâlies, Mme de Linières avait réussi à affecter une gaieté forcée.

Elle eut même le courage de supporter le regard scrutateur du médecin, et de dire d'une voix calme :

— Je ne sais en vérité où vous prenez tout cela... docteur, si je suis si dangereusement malade... eh bien, guérissez-moi.

Il y eut, après cette réplique, qui résonna douloureusement à l'oreille du médecin, un moment de silence, pendant lequel les deux interlocuteurs s'étaient dirigés, lentement, vers les premières marches de l'église.

Au moment de se séparer de sa sympathique malade, le docteur ne voulut pas laisser échapper l'occasion qui se présentait à lui de dire, une bonne fois, ce qu'il avait deviné dans le cas si mystérieux de madame de Linières.

Baissant la voix pour ne pas laisser éclater trop haut l'émotion qu'il ressentait :

— Faut-il que je vous parle sincèrement ? dit-il.

— Sans doute ! répondit la comtesse avec un léger tremblement dans la voix.

— Eh bien, continua le docteur, c'est votre âme qu'il importe de soigner...

Mme de Linières ne fut pas maîtresse d'une exclamation qui s'échappa, émue, de ses lèvres.

— Mon âme !

Le médecin la contemplait avec une touchante expression de pitié.

— Voulez-vous réellement guérir ?. fit-il.

— Si je le veux !

Le médecin, étendant la main vers l'église, prononça ces mots :

— Adressez-vous alors au grand médecin... qui donne là ses consultations.

— Il en sait, ajouta-t-il, sur le mal dont vous souffrez, plus long que moi,... et que tous mes confrères.

Madame de Linières, suffoquée par l'émotion, et sentant ses yeux s'emplir de larmes, serra avec affection la main de cet excellent homme qui, ne trouvant pas de médication efficace dans sa science, essayait du moins des consolations que lui dictait son cœur.

Un instant, la pauvre femme eut l'intention de répondre, sentant que cette sollicitude d'un homme de bien méritait mieux qu'un banal remerciment.

Puis, ses yeux se dirigèrent, comme attirés, vers le portique de l'église...

De l'intérieur, des chants sacrés arrivaient jusqu'à elle.

Après avoir reporté, pendant une seconde, ses yeux sur le docteur, à demi incliné comme pour prendre congé d'elle, Diane de Linières se dirigea lentement vers le portail de Saint-Sulpice...

Nous avons dit que le seul hasard avait présidé à cette rencontre du docteur avec sa noble cliente.

Le savant n'avait pas, en passant par là, l'intention d'assister à la messe.

Il était appelé ailleurs par les devoirs de sa profession et sa conversation avec la comtesse l'avait dû mettre quelque peu en retard, car, consultant sa montre, il se disposa à redescendre la place, en marmottant :

— Diable !... diable !... Je m'oubliais avec cette pauvre comtesse...

Une noble et digne femme que la douleur tuera, sans que la science y puisse quelque chose.

Pendant que la comtesse de Linières était agenouillée sur son prie-dieu, le front incliné, et l'âme s'élevant dans une mentale prière, la Frochard venait, avec Louise, reprendre sa place parmi les mendiants qui assiégeaient les abords de l'église.

En apercevant le docteur qui s'éloignait, la mendiante, entraînant l'aveugle, accourut au-devant de lui en commençant son éternelle litanie :

— Mon bon Monsieur...

Elle fut interrompue par un « Allez au diable ! » bien sec et qui semblait ne devoir pas souffrir d'insistance.

Néanmoins elle revint à la charge.

C'était une gaillarde dont il n'était pas facile de se débarrasser que la Frochard, et qui ne lâchait prise que lorsqu'il lui était absolument démontré qu'elle perdrait son temps.

Au surplus, elle avait, ainsi qu'elle s'en vantait, ce qui pouvait s'appeler un *gagne-pain* de « premier choix ».

Elle jouait à merveille de l'infirmité de la malheureuse qui était tombée en son pouvoir.

Elle se mit donc à suivre obstinément le docteur, en marmottant de sa voix éraillée :

— Pour une pauvre aveugle, s'il vous plaît !

Il n'eût pas fallu être le consciencieux savant doublé de l'homme de bien qu'était le docteur, pour ne pas s'arrêter immédiatement, à ce mot « aveugle ».

Il regarda Louise, tout en disant à la Frochard :

— Une aveugle ?... qui ?... cette jeune fille ?...

La mendiante, certaine désormais de ne pas manquer une aumône, tenta de faire en sorte que l'offrande fût aussi forte que possible !...

Il ne s'agissait pour cela que d'exciter la curiosité et attirer l'intérêt sur l'aveugle.

Et c'est d'un ton larmoyant qu'elle répondit, en affectant de parler à voix basse pour que Louise n'entendît pas :

— Hélas ! oui, mon bon Monsieur du bon Dieu !

— A cet âge ? murmura le docteur... malheureuse enfant !

La Frochard était littéralement aux anges.

Elle n'avait pas été longue, la rouée, à flairer une aubaine...

D'habitude on lui donnait sans s'arrêter à l'interroger ainsi que le faisait cet inconnu.

Intérieurement elle traitait de « vieil imbécile » ce personnage si charitable qui s'abaissait à causer avec une mendiante.

Pour mieux assurer le succès qu'elle espérait, elle donna l'essor à son plus apitoyant boniment : celui qu'elle réservait pour les grandes circonstances :

— Ah ! oui, que c'est bien malheureux pour sa pauvre famille, mon doux Monsieur !...

Mais, à sa grande surprise, le Monsieur ne semblait pas l'écouter.

Son attention était absorbée tout entière par la jeune fille, du visage de laquelle il ne détachait plus ses regards.

Tout à coup même il repoussa la vieille femme de côté et, s'avançant vers la jeune fille, il la prit doucement par les deux épaules, pour la placer bien en face de lui, en disant :

— Laissez-moi regarder ses yeux.

La Frochard ne put contenir un mouvement de colère.

— Vous voulez voir ses yeux ?... Pourquoi faire ? grommela-t-elle durement.

Elle avait fait mine de reprendre le bras de « son aveugle », car elle n'aimait pas qu'on s'approchât par trop de Louise.

Mais le docteur ne devait pas la laisser partir aussi facilement qu'elle le supposait.

C'est lui qui, maintenant, l'eût poursuivie plutôt que de ne pas examiner les yeux de l'aveugle.

Et la Frochard avait beau répéter :

« — Pourquoi faire ?... Pourquoi faire ? »

Le docteur n'en continuait pas moins à agir, comme s'il eût été dans son cabinet en train de donner une consultation.

— Venez, mon enfant, dit-il, mettez-vous là, un instant.

Furieuse d'être ainsi interrompue dans son « travail », la mégère allait, venait tout autour du médecin, en grommelant de sourdes injures contre les gens qui « vous font perdre votre temps ».

Toute cette colère ne parvenait pas à émouvoir le moins du monde le docteur, et la Frochard, à bout de patience, voulut intervenir pour faire cesser cette consultation en plein air qui, pensait-elle, pourrait bien — en se prolongeant — provoquer un rassemblement.

La veuve du supplicié redoutait les rassemblements, qui amènent toujours quelques agents de la prévôté, — des curieux qui veulent tout voir, tout apprendre et tout savoir.

Elle s'escrima si bien qu'elle parvint à glisser sa face d'oiseau de proie entre l'aveugle et le docteur, et elle dit à celui-ci :

— Vous aurez beau regarder... Y n'y a rien à faire, allez !

Mais le médecin la repoussa du coude.

Et la regardant avec sévérité, il riposta :

— Qui vous a dit cela ?

La mégère était prise au dépourvu.

Qu'allait-elle trouver à répondre ?

Si elle laissait supposer qu'elle avait obtenu, pour l'aveugle, des consultations ayant conclu à l'incurabilité, n'avait-elle pas à craindre que Louise n'intervînt pour la démentir ?

En outre, elle se sentait terriblement mal à l'aise en présence de l'intérêt que semblait prendre l'inconnu à l'aveugle.

Louise, interrogée, ne pouvait-elle pas révéler par quel monstrueux forfait on l'avait obligée à devenir mendiante ?

Ne pouvait-elle pas accuser l'ignoble créature qui, après avoir manifesté, — pour capter sa confiance, — des intentions de bienfaitrice, s'était déclarée, plus tard, son impitoyable bourreau ?

La situation n'était assurément pas sans danger. Déjà Louise avait eu l'idée de parler, mais chaque fois elle avait été retenue par la crainte de La Frochard.

Elle en était arrivée, l'infortunée, à redouter d'être... battue !...

Ah ! si Louise avait pu savoir à quel personnage elle avait affaire...

LES DEUX ORPHELINES 497

— Que le bon Dieu vous bénisse, mon doux médecin !... (P. 504.)

Si elle avait pu supposer que, mieux que personne, cet inconnu qui lui parlait avec tant de paternelle douceur était à même de l'arracher des griffes de la mégère qui la tenait asservie et tremblante, pour la placer dans un de ces hôpitaux réservés aux aveugles !...

Certes, elle n'eût pas hésité à le supplier de la prendre en pitié, de la sauver de la Frochard...

LIV. 63. — A. D'ENNERY. — LES DEUX ORPHELINES — J. ROUFF ET Cie, ÉD. — TOUS DROITS RÉSERVÉS. — LIV. 63

Mais la voix de son bourreau résonna à son oreille pour la faire persévérer dans le silence.

Interrogée presque brutalement par le docteur, la mendiante répondait en balbutiant :

— Vous m'demandez qui ?... qui m'a dit qu'il n'y avait pas de ressources. Bé dame, c'est tout le monde.

Le médecin s'était contenté de hausser les épaules. Il éprouvait une vive compassion pour cette pauvre fille atteinte, en pleine jeunesse, de cécité.

Il se détourna de la Frochard, et, s'adressant à Louise qu'il avait, de nouveau, placée en face de lui :

— Laissez-moi voir, mon enfant ! dit-il.

Il la regardait de plus près, maintenant, et, sans s'inquiéter des airs courroucés de la mendiante qui trépignait sur place, il continuait à formuler mentalement son appréciation sur le cas qu'il lui était donné d'observer...

Et, pour provoquer la confiance de la malheureuse aveugle, il lui dit tout bas :

— Je suis médecin, mon enfant !

— Médecin ! s'écria Louise en joignant les mains, comme s'il lui arrivait, à l'esprit, une prière à adresser à celui qui venait de lui révéler sa profession.

Cette consultation en plein air avait lieu dans un des coins de la place, où la Frochard avait suivi le docteur.

Du reste peu de passants ; et parmi les vagabonds attendant la sortie de l'église, pas un ne se fût dérangé d'une semelle pour se rendre compte de ce qui se passait à quelques pas d'eux.

On connaissait, de longue date, la Frochard dans la corporation des mendiants, — vrais ou faux — que les agents du lieutenant de police avaient reçu l'ordre de surveiller.

En ce moment les cloches carillonnaient à toute volée, accompagnant les cantiques entonnés en chœur par les fervents, dans l'église.

C'était un spectacle à la fois pittoresque et émouvant, que ce grand médecin dont les consultations se payaient très cher, de ce savant réputé parmi les plus illustres, s'arrêtant dans la neige, sur la place publique, pour s'intéresser à une malheureuse fille aveugle et mendiante.

A peine avait-il regardé attentivement les yeux privés de lumière de Louise, qu'une subite joie s'était emparée de lui...

Le savant docteur entrevoyait la possibilité de la guérison.

Tout à son « sujet », car désormais il considérait Louise comme un *sujet* à suivre et qui promettait d'intéressantes observations, — le docteur ne vit pas le regard haineux que lui décochait celle qu'il croyait être la mère de cette infortunée.

Il n'entendit pas davantage la Frochard mâchonner, au milieu de paroles injurieuses :

— Un médecin !... De quoi qu'il se mêle ?

Il s'était décidé à interroger la jeune fille.

Et, en dépit des allées et venues de la mendiante qui se démenait comme un fauve en cage, il procéda comme il eût fait avec une de ses malades, afin de se former une opinion sur la gravité du cas.

Il parlait avec une si grande douceur que Louise en éprouva autant de joie que de reconnaissance. Elle eût voulu tout raconter à cet inconnu : sa vie, ses malheurs, ses souffrances....

Elle eût voulu lui dévoiler les mauvais traitements qu'elle avait subis, et les espérances qu'elle gardait au fond de son cœur, en dépit des plus terribles déceptions....

Mais elle devinait le regard de la mendiante attaché sur elle, comme une menace...

Elle attendit, haletante, le cœur plein d'anxiété, que le médecin lui adressât la parole.

— Vous n'êtes point aveugle de naissance ? lui demanda doucement le docteur.

— Non, Monsieur...

Elle avait senti la main de l'inconnu frissonner sur son épaule, elle eut un moment d'hésitation.

Puis, s'enhardissant, elle raconta :

— C'est à quatorze ans que ce malheur m'a frappée...

— A quatorze ans ! répéta le médecin...

Cette exclamation arriva comme un écho dans l'oreille de La Frochard...

Elle fut prise de l'envie d'entraîner Louise, et de planter là ce particulier qui lui faisait l'effet d'être bien plutôt un agent de police qu'un médecin.

Mais elle dut se résigner à ronger son frein en silence, car le docteur reprenait en ces termes :

— A quatorze ans !... Et depuis on ne vous a soumise à aucun traitement ?

Louise allait répondre.

Elle avait même commencé, avec une certaine vivacité :

— Depuis, ce temps, Monsieur...

La Frochard fit un véritable bond de hyène et vint se placer encore entre l'aveugle et le docteur.

Elle avait entrevu ce qu'il pourrait survenir des confidences de sa victime.

Il fallait à tout prix empêcher que Louise ne divulguât la vérité..

Elle paya d'audace.

Prenant son air piteux et caffard, elle dit d'un ton larmoyant :

— Nous sommes si pauvres, monsieur le médecin, qu'il n'y a pas eu moyen...

Rien ne saurait dépeindre l'expression d'angoisse qui se répandit sur le visage de Louise.

En entendant intervenir la mendiante, elle avait eu une espérance descendue du ciel, et cette espérance venait de s'évanouir à la voix de cette venimeuse créature...

Elle eut un moment de vertige, pendant lequel tout son passé de tortures, de monstrueux sévices, de violences, de désespoir et de larmes tourbillonna dans son souvenir...

Elle avait compris qu'on lui avait charitablement tendu la main, et que la Frochard barrait brusquement la route à l'âme généreuse dont elle eût pu attendre sa délivrance...

Oubliant à quelle vengeance elle s'exposait de la part de l'odieuse mégère, elle s'écria, dans un moment de fiévreuse exaltation :

— Ah! Monsieur, par grâce, par pitié, parlez-moi; ... dites, est-ce que vous croyez qu'il me soit permis d'espérer?

Puis, s'encourageant du silence qu'observait la Frochard stupéfiée, elle ne se contint plus...

Elle avait saisi dans ses mains tremblantes la main de l'inconnu. Elle les pressait fiévreusement, comme font les désespérés qui ont l'instinct d'un secours inespéré prêt à leur échapper; et elle s'écria :

— Si vous saviez, Monsieur, à quel épouvantable malheur vous m'arracheriez!...

— Ah! dame, se hâta, aussitôt, d'ajouter La Frochard, pour donner au docteur le change sur les paroles que venait de prononcer sa victime :

— Ah! dame! mon bon Monsieur : aveugle!... y a pas plus malheureux que ça!...

Puis, baissant la voix comme si elle eût ressenti une émotion bien réelle.

— Et si elle voyait, elle pourrait travailler, au lieu de tendre la main... sa pauvre main qu'était pas faite pour ça, bien sûr...

Alors, se tournant vers Louise, de façon à ce que son coude osseux pût heurter violemment l'aveugle et lui imposer la réponse qu'elle devait faire, elle prononça ces mots qui pénétrèrent comme des pointes empoisonnées dans le cœur de la malheureuse :

— C'est-y pas vrai, ma chérie !

Ces mots, qui affectaient la tendresse maternelle, vinrent glacer la jeune fille, comme si un vent de mort eût soufflé sur elle...

Elle eut peur !...

Et, cette fois encore, elle retomba, sans résistance, dans les mains de la mégère...

— Oui,... oui,... balbutia-t-elle d'une voix mourante,... je travaillerais,... je...

Le docteur eut pitié de cette émotion qui se manifestait si douloureuse... Il prit familièrement la main de la pauvre aveugle, en lui disant :

— Calmez-vous,... calmez-vous, mon enfant...

En parlant à Louise, il avait, de l'œil, fait signe à la Frochard de le suivre à quelques pas...

Et, comme la mendiante hésitait :

— Vous, la mère, murmura-t-il, approchez...

Instinctivement la Frochard accourut, la main tendue comme pour recevoir une aumône...

Se faisant humble, rampante, elle bégaya :

— Me v'là, mon généreux médecin.

La main toujours ouverte, elle attendit en vain la pièce de monnaie qu'elle convoitait.

Le docteur, en prenant à part la vieille femme, répondait, en ce moment, à une toute autre pensée.

— Écoutez, lui dit-il tout bas, il faut la préparer avec ménagement.

— Hein ? interrompit la mendiante.

— Oui, il ne faut pas lui dire tout de suite...

— Quoi ?... ne pas lui dire... quoi ? demandait avec anxiété la misérable qui comprenait peut-être que le médecin allait lui enlever son « gagne-pain »... Quoi qu'il faut pas l'y dire ? répéta-t-elle d'un air effaré...

— Ce que j'espère ! prononça le docteur à voix basse, et montrant Louise qui, intriguée de cet aparté, écoutait de loin...

La physionomie de la mendiante changea aussitôt d'expression.

Elle avait craint un danger, et elle reconnaissait maintenant qu'elle en était pour ses frais d'émotion...

Elle feignit de prêter la plus grande attention à ce que lui disait le docteur.

En effet, celui-ci continuait, toujours à mi-voix :

— Sa tête s'exalterait trop vivement...

— Oui dà !...

— Le sang affluerait au cerveau et aux yeux...

— Bon, bon, interrompit en hochant la tête, la Frochard, on aura l'œil de d'ssus... on l'empêchera d'y fluer.

L'excellent homme tenait néanmoins à donner plus qu'une vague espérance à celle qu'il supposait être une vraie mère...

Et s'adressant à la mendiante :

— Mais à vous, ajouta-t-il, je l'affirme, l'opération peut parfaitement réussir.

La Frochard eut une exclamation que rien ne saurait rendre.

Dans ces simples mots :

— « Ah bah ! »

Il y avait de la stupéfaction, de la rage, de la menace.

Louise avait écouté, anxieuse : mais les mots prononcés tout bas par le docteur n'étaient pas parvenus jusqu'à elle...

Seule l'exclamation poussée par la mendiante l'avait fait sursauter....

Et elle avait pensé :

— Que lui dit-il ?

Pauvre infortunée, à quelle nouvelle épreuve la condamnait-on ?... Quel travail lent, douloureux, sans cesse abandonné et toujours repris, allait se faire dans cette tête déjà si pleine de tristes pensées, dans cet esprit voué aux ébranlements subits, aux commotions violentes, à ces alternatives d'espérances folles et de mortelles déceptions ?

Elle écoutait toujours ; mais c'est encore la voix de la mendiante qui lui envoya un lambeau de phrase dont elle ne pouvait compléter le sens, qui l'eût fait passer du désespoir à l'espérance.

La Frochard, répondant au médecin, disait :

— Ah !.. elle peut....

— Chut ! commanda le docteur en faisant le signe qui impose le silence.

Et il ajouta :

— Amenez-la moi à l'hôpital Saint-Louis.

— Oui, oui, à l'hôpital, ricana la vieille femme, connu ; j'y ai été bien assez souvent...

Cette fois, le docteur gratifia la mégère d'un regard, en même temps qu'il interrogeait sa mémoire

— En effet, fit-il au bout d'un instant,... je crois me rappeler vous avoir donné des soins...

Cherchant dans sa mémoire :

— Vous êtes,... attendez donc,..... oui, c'est bien ça,... la veuve du...

La Frochard, l'attirant à quelque distance de Louise, lui glissa à l'oreille :

— La veuve du supplicié ;... dites le mot,... allez !

— La veuve Frochard ! s'exclama le médecin.

Puis se ravisant tout à coup :

— Mais, fit-il avec une nuance de doute, je ne vous connaissais pas cette enfant...

La mendiante n'était pas femme à se démonter pour si peu...

Elle eut bientôt trouvé une réponse plausible.

Et c'est avec un long soupir qu'elle répondit :

— Ça m'est venu de la province, où ça souffrait la misère... Je l'ai recueillie par bon cœur...

Puis avec un geste indescriptible.

— Pour y faire un sort !

Le docteur répéta en haussant les épaules :

— Un sort !

Et il s'empressa d'ajouter tout bas à la mendiante :

— Tout à l'heure, quand elle sera un peu plus calme, dites-lui, bien doucement...

— J'comprends, grimaça la veuve Frochard, faut pas l'émotionner, ça s'rait dangereux.

— Oui, reprit le docteur, dites-lui une partie de mes espérances. ...Et plus tard...

La veuve du supplicié avait fait un geste qui indiquait à quel genre de réflexions elle se livrait, au moment où le docteur se réjouissait si fort de la constatation qu'il venait de faire de l'état de l'aveugle.

— C'est convenu, fit-elle en s'approchant du docteur,... j'y dirai... ben doucement... allez....

Et avec une inexprimable inflexion de voix :

— Fiez-vous à moi !...

Tout à la satisfaction qu'il éprouvait, l'excellent homme ne s'occupa plus de la mendiante. Il se disait, dans sa crédulité, que cette vieille femme ne manquerait pas certainement de se présenter à l'hôpital Saint-Louis.

Pouvait-il se figurer, lui qui consacrait une partie de sa vie au soulagement de ceux qui souffrent, pouvait-il penser qu'il existât des créatures sans entrailles capables de spéculer sur les souffrances et les infirmités d'une malheureuse jeune fille ?

Il regrettait de s'éloigner d'elle sans lui avoir adressé quelques paroles de consolation et d'espérance, mais il dut se résigner à suivre les prescriptions de prudence qu'il venait d'imposer lui-même à la mendiante.

Il se contenta de prendre doucement la main de Louise et d'y glisser une pièce d'argent.

Et, avant de s'éloigner, il prononça tout bas :

— Tenez, pauvre enfant, prenez ceci et... du courage... je vous reverrai...

Et se décidant enfin à partir :

— Du courage ! répéta-t-il une dernière fois.

La Frochard avait suivi de l'œil cet aparté. Elle avait saisi le moment précis où l'argent passait de la main du docteur dans celle de l'aveugle, et ayant reconnu que c'était une pièce blanche :

— Et l'on voudrait guérir une maladie qui rapporte de si bonnes aubaines ! faudrait avoir perdu la tête !.. qué qu'y dirait le « Chérubin ! »

Alléchée par ce commencement de bonne recette, la mégère s'était élancée sur les pas du docteur, avec force gestes de reconnaissance, et des génuflexions, tout en marmottant :

— Que le bon Dieu vous bénisse, mon doux médecin, et qu'il vous conserve la vie et la santé !...

Après avoir ainsi accompagné le docteur jusqu'au coin de la première rue, la Frochard s'était empressée de rejoindre l'aveugle.

Il fallait, naturellement, encaisser. Aussi, saisit-elle vivement la main de Louise, sans s'apercevoir du trouble, de l'agitation qui s'étaient emparés de la pauvre créature.

L'aveugle, au contact de cette main, réprima un léger tressaillement. Elle avait hâte d'apprendre ce qu'elle n'avait pu entendre...

— Madame, demanda-t-elle, que vous disait le médecin quand il vous a parlé tout bas ?

L'odieuse mégère n'hésita pas.

D'une voix sèche et brève, elle répondit cyniquement :

— Y me disait que... c'était pas la peine d'aller le trouver ;... y a pas d'espoir !...

Louise chancela sur le coup, comme si elle eût été frappée de la foudre...

Elle porta vivement les mains à son cœur, prête à s'évanouir.

Puis, levant au ciel ses pauvres yeux, — comme si Dieu eût permis qu'éteints pour les choses de ce monde, ils eussent la faculté de voir au delà de l'infini, la désespérée laissa exhaler ces mots :

Il se dépouilla de son habit, s'exposant lui-même à la température glacée. (P. 512.)

— Plus d'espoir !... plus d'espoir !...

Ce dernier cri de douleur ne produisit, chez la mendiante, qu'une recrudescence de mauvaises pensées...

Elle s'était tournée vers l'endroit où l'on apercevait encore la silhouette du docteur s'estompant sur le fond brumeux de la rue...

Et elle lui envoya, en manière de sarcasme, cette phrase si grosse de menaces pour Louise :

— Plus souvent que je te la conduirai !

— Faut même plus qu'il la rencontre ! grommela-t-elle en mâchonnant ses mots avec colère.

A partir de ce moment, elle avait arrêté, dans sa tête, la combinaison qui devait lui assurer son « gagne-pain » à perpétuité...

C'était affaire à elle, désormais, de s'arranger pour que ces yeux « qui pouvaient guérir » ne revissent plus jamais la lumière.

— Ah ! fit-elle entre ses dents serrées, tu dis, mon vieux, que l'opération peut réussir, c'est c'que nous verrons, mon doux médecin...

Et elle ajouta, avec un rire de fauve :

— Si tu l'attends à Saint-Louis, mon bonhomme, tu feras bien de t'asseoir pour ne pas te fatiguer les jambes... Je ne veux pas qu'on me gâte sa mine intéressante en lui fourrant des yeux qui y voient !...

Il fallait absolument, pensait-elle, changer d'itinéraire quotidien et se résigner, au moins pendant quelque temps, à abandonner les bons endroits.

C'était, comme on suppose, un crève-cœur, pour cette rapace, de ne plus venir exploiter son ignoble industrie devant le portail de cette église de Saint-Sulpice, où les passants, selon son expression « se fendaient de leur petite pièce blanche ».

Mais il n'y avait pas à hésiter, du moment que la sécurité de son industrie était mise en jeu.

S'étant arrêtée à cette résolution, la misérable trouva même l'occasion de s'attirer la reconnaisssance de la créature qu'elle martyrisait cruellement sous le masque de l'hypocrisie.

— Tenez, dit-elle à Louise auprès de qui elle était revenue, je suis une bonne femme, moi...

Elle fit une pause comme l'artiste qui prend des temps pour s'assurer un effet ; puis elle ajouta hypocritement :

— Vous dites que nous restons toujours dans les mêmes rues... Eh bien, à partir d'aujourd'hui, nous changerons de quartier.

L'aveugle se trompa au ton de sincérité dont la mendiante avait prononcé cette phrase.

Elle crut qu'une influence moins néfaste présidait enfin aux actes de la mégère, de la brutalité de laquelle elle avait eu déjà tant à souffrir.

Et tout heureuse de ce qu'on lui annonçait, la pauvre martyre soupira avec effusion :

— Ah ! je vous remercie de tout mon cœur, Madame !

Qu'allait-il résulter de cette modification dans l'itinéraire ?

Louise s'était plainte de ce qu'on restait toujours dans les mêmes endroits, et on avait l'air de condescendre à ses désirs, en lui promettant qu'à l'avenir on visiterait d'autres quartiers.

C'était tout pour le moment.

Mais pour l'infortunée qui avait passé, déjà, par tant de désillusions, qui avait vu s'évanouir tant d'espérances, c'était quelque chose de savoir qu'on l'amènerait, dès le lendemain, par d'autres rues, qu'on la ferait stationner sur d'autres places...

Et elle s'était dit intérieurement :

— Il me reste du moins l'espoir de retrouver Henriette !...

Tout à coup, au moment où elle s'abandonnait ainsi à des idées plus consolantes, l'aveugle fut tirée de cette courte méditation par un éclat de voix qui la fit tressaillir...

Elle reprit l'attitude réservée, timide, inquiète, qu'elle avait en arrivant sur cette place...

Elle avait reconnu cette voix qui venait d'annoncer l'arrivée d'un nouveau personnage...

C'était la voix de Jacques.

L'aîné des Frochard s'était tenu, pendant tout le temps qu'avait duré la consultation improvisée, dans une des rues adjacentes, où il avait flairé une jeune femme de chambre qui se préparait à aller attendre, probablement, sa maîtresse à la sortie de l'office divin.

Le bellâtre, très infatué de sa haute taille bien prise et d'un physique qui attirait les regards des coquettes de bas étage, ne demeurait jamais indifférent à la vue d'une jeunesse qui pouvait, — il en avait déjà souvent fait l'expérience, — devenir une relation agréable et... utile.

Du reste, il s'agissait pour lui de remplacer, le plus tôt possible, cette Marianne sur le retour de laquelle il ne lui fallait plus compter. Et, depuis trois mois que la voleuse repentie expiait sa faute à la Salpêtrière, le beau Jacques n'avait pas eu la main heureuse.

Aussi ne négligeait-il jamais l'occasion de faire son doigt de cour à la première jolie fille qu'il rencontrait.

Le rémouleur qui, de son côté, recherchait peu la société de son frère, avait pris un autre chemin.

Il s'était dirigé vers la rue de Condé, l'esprit agité, en proie aux craintes les plus vives.

Il se souvenait de la conversation qu'il avait eue avec son frère, au sujet de cet odieux surnom de « l'avorton » auquel Jacques avait, généreusement, substitué celui de « Petit Vénus ».

Mais ce n'était pas là ce qui tourmentait le plus l'âme du pauvre Pierre.

Il se rappelait de quel air étrange Jacques avait accueilli la possibilité d'une tendre affection de sa part pour l'aveugle.

Il n'avait pas oublié de quel ton sarcastique le misérable s'était mis à le plaisanter sur sa passion pour elle...

Il avait encore présentes à la mémoire ces paroles qui, sorties de la bouche de son frère, l'avaient remué jusqu'au plus profond des entrailles: « Eh mais... elle est gentille... quand elle pleure! »

Jacques avait donc, lui aussi, remarqué l'aveugle...

Lui aussi avait pensé que cette malheureuse pouvait inspirer de l'amour, malgré son infirmité...

Mais cet amour que lui, Pierre, aurait conservé pur et secret au fond de son cœur, il le sentait ignoble, odieux, chez l'ancien amant de Marianne, la voleuse par amour; chez ce souteneur éhonté qui se jouait de la sagesse, de la vertu de ses victimes.

Depuis qu'il avait redouté pour sa chère petite martyre l'amour spéculateur du « Chérubin », Pierre ne se dissimulait plus l'imminence du danger...

Il tremblait...

Mais à cela se bornait la solution de ce problème : « empêcher que Louise ne tombât des griffes de la Frochard, dans les griffes de Jacques. »

Comment conjurer cet irréparable malheur ?... Comment empêcher que l'horrible drame ne s'accomplisse?

Tout en songeant à ces monstruosités que la crainte faisait naître dans son imagination troublée, le malheureux rémouleur marchait, la tête baissée, comme s'il eût demandé à la Providence une heure d'énergie, une seule, pour arracher la victime aux horreurs qu'il prévoyait...

Il sentait bouillonner son sang, à la pensée des malheurs qui menaçaient l'aveugle ; mais, bientôt, la réaction s'opérait, et il comprenait que ce semblant de courage qui venait de l'animer l'abandonnait aussitôt, et que son sang se figeait de nouveau dans ses veines !...

. . . .

Jacques arrivait donc, aussitôt qu'il avait vu partir le docteur et qu'il s'était assuré que la servante allait entrer à l'église.

S'adressant à la mendiante, le « Chérubin » s'était écrié d'une voix joyeuse :

— Eh bien, la mère ! ça marche-t-il la recette ?

La Frochard fut, par ces mots, subitement tirée des réflexions qui l'avaient assaillie au moment du départ du malencontreux médecin.

Elle se rappela alors qu'il avait glissé une pièce dans la main de Louise. Et, s'approchant de la jeune fille :

— Tiens!... au fait! dit-elle vivement, quoi qu'il a donné, le médecin ?... Montre-nous ça, la p'tite.

L'aveugle avait alors tendu la pièce, du bout des doigts, en disant simplement :

— Tenez, Madame, regardez...

Mais, au moment où la vieille femme écarquillait les yeux à l'aspect de l'argent dont, jusque-là, elle n'avait pas soupçonné la valeur, Jacques s'était élancé, la main en avant, et avait prestement escamoté la pièce de monnaie...

Tout cela s'était fait avec une si grande habileté et une si grande dextérité, que la Frochard n'était pas encore revenue de sa surprise, et Jacques s'écriait avec joie :

— Un écu de six livres!...

— De six livres! répéta la mégère en avançant sa tête de vipère pour constater la vérité...

— Hein, la mère ? dit le « Chérubin », faut-il qu'ils écorchent les malades, ces gueux de médecins, pour pouvoir donner tant que ça... à la fois!...

— C'est bien vrai!... les canailles! surenchérit la mendiante.

Elle avait le désir d'avoir sa part de cette aumône inespérée...

Et elle s'écria, d'un air devenu subitement sérieux, en voyant que Jacques se disposait à empocher l'écu :

— Ah çà, et moi ?...

Le drôle était en veine de gaîté :

— Vous, la mère, répondit-il en faisant disparaître la pièce d'argent à la façon des escamoteurs de la foire, il fait froid, faut réchauffer ce vieux sang qui pourrait bien se geler si on n'y faisait attention...

Et devenant câlin :

— Je vous paie une chopine d'eau-de-vie.

— Avec mon argent... brigand! ricana la Frochard.

Mais déjà la complaisante mégère était toute à la dévotion de son préféré.

Elle lui abandonnait de grand cœur l'argent que le médecin avait destiné à l'aveugle, pour qu'elle se procurât quelques douceurs...

La Frochard se pourléchait déjà à l'idée de prendre sa part de la chopine d'eau-de-vie.

— Viens, mon amour! fit-elle en passant son bras sous celui de Jacques...

Puis, revenant à Louise, après réflexion :

— Vous, la petite, quand on sortira de la messe, chantez ferme;... de la voix, recommanda-t-elle d'un ton impérieux, et pas de paresse!

Puis comme si elle eût voulu ôter à la pauvre fille toute envie de se soustraire à sa domination, elle ajouta en lui serrant significativement le bras :

— Je suis là, en face, et... je guette !

Louise se contenta de répondre doucement :

— Oui, Madame.

Et comme Jacques, pressé d'aller, comme il disait, « casser l'écu du croque-mort » (c'est ainsi qu'il appelait les médecins), entraînait la mendiante, celle-ci se retourna, de nouveau, pour appeler :

— Pierre, où donc est-il ?

Juste à ce moment, le rémouleur arrivait à l'entrée de la place.

Il marchait lentement, et l'air absorbé.

Ayant entendu sa mère l'appeler, il pressa le pas, ce qui le faisait boiter plus fort...

— Allons, allons, la mère ! commanda Jacques.

Puis indiquant son frère :

— Puisque v'là l'autre qui trottine, tu pourras lui confier la demoiselle.

— Hé ! Pierre ! cria la Frochard en indiquant l'aveugle, fais-la asseoir sur les marches de l'église.

— Oui, ma mère ! répondit le boiteux sans lever la tête.

Il allait s'approcher de Louise, lorsque Jacques bondit et, le repoussant avec brutalité, lui dit en ricanant :

— Tiens-toi tranquille, p'tit Vénus, je m'en charge.

Et tout en aidant la jeune fille à s'asseoir sur les premières marches, le « Chérubin » ne la quittait pas des yeux...

Et, soit que l'odieuse fantaisie que nous avons déjà signalée eût fait du chemin dans sa cervelle, soit qu'il eût simplement l'intention de faire enrager le pauvre Pierre, il dit à voix basse, en manière de réflexion :

— C'est vrai tout de même que... pour une aveugle...

Il avait, pendant ce temps, gardé la main de Louise dans la sienne, et c'est, maintenant, avec toutes sortes de précautions qu'il l'aidait à s'arranger le plus commodément possible sur les marches de pierre...

Il s'adoucit même, lui le brutal, jusqu'à dire :

— Ça sera tout de même un peu froid.

La Frochard intervint pour mettre fin à ces étranges assiduités, à cette sollicitude qui était si peu dans les habitudes du gars...

Elle s'adressait, en grommelant, à Pierre pour lui faire de nouvelles recommandations :

— Reste là, toi, et veille à ce que personne ne lui parle.
Mais, tandis que le rémouleur s'empressait de répondre :
« — J'y veillerai... »
Jacques lui coupa brusquement la parole.
— Oh ! s'exclama-t-il d'un ton ironique, y a pas de danger qu'il la laisse envoler.

Son regard avait, en même temps, plongé jusqu'au plus profond des yeux du boiteux.

Il y avait, dans ce regard, plus que de l'ironie, plus que de la colère; il y avait cette flamme qui indique le commencement d'une passion jalouse qui fait bouillonner le sang...

Ce regard semblait dire à celui à qui il s'adressait :

— Malheur à toi si tu oses lever les yeux sur elle ! malheur à toi, chétif avorton ! Et si tu tiens encore à quelques-uns de tes membres, il faut te faire sourd et muet !...

Puis, après avoir ainsi laissé comprendre à ce malheureux son odieuse pensée, Jacques changea tout à coup l'expression de ses yeux pour regarder longuement Louise.

Et c'est en la couvant ainsi, amoureusement, de l'œil, qu'il murmura comme pour se convaincre lui-même :

— Ma foi, oui ;... elle est fièrement gentille !...
La Frochard dut venir l'arracher à cette contemplation...
— Viens donc, Jacques ! lui dit-elle tout étonnée de ce que le « Chérubin » s'attardait ainsi, alors qu'il paraissait, l'instant d'avant, si pressé d'aller au cabaret.

— Voilà ! la mère, voilà ! répondit le garnement, sans détourner les yeux de l'endroit où se trouvait Louise.

Il fit ainsi quelques pas à reculons.

Puis lorsque la Frochard lui eut enfin saisi le bras, il se laissa entraîner comme à regret.

Et toujours ses yeux allaient chercher le visage si triste de l'aveugle.

Tout à coup la neige se mit à tomber à gros flocons, et, au bout de quelques secondes, le fils du supplicié n'aperçut plus Louise que vaguement, à travers le rideau blanc qui tombait du ciel...

On eût dit que, par cette neige épaisse, la Providence eût voulu empêcher que les regards luxurieux de ce misérable vinssent souiller la chaste créature sanctifiée par le malheur...

IX

Après avoir vu la Frochard et Jacques disparaître dans l'intérieur du cabaret, Pierre s'était, peu à peu, approché de l'aveugle.

Mais déjà Louise savait qu'il était là...

Elle avait deviné, au silence qui avait suivi les dernières paroles de Jacques, qu'elle n'avait plus, pour le moment, à redouter qu'on l'obligeât à chanter.

Ce n'était pas ce brave garçon qui aurait voulu troubler l'apaisement d'esprit qui se faisait en elle dès qu'elle ne se sentait plus sous le regard de la Frochard.

Elle avait deviné la présence de son ami le rémouleur, et cependant elle n'osait pas lui parler...

Elle eût désiré que ce fût lui qui rompît le silence.

Or, comme Jacques lui avait fait prendre place sur les premières marches de l'escalier, les autres — plus à l'abri — étant déjà occupées par la nuée de vagabonds et de mendiants qui s'étaient abattus là... l'aveugle recevait, sur ses épaules, des flocons de neige que le vent faisait tourbillonner...

Au loin, dans les rues adjacentes, les piétons couraient enveloppés dans leurs manteaux... Les toits se garnissaient de dômes blancs, les cheminées prenaient des chapiteaux improvisés, et le ciel devenait de plus en plus sombre...

Louise grelottait... Et comme si elle eût voulu se rendre compte de la couche de neige qui s'agglomérait peu à peu sur elle, la malheureuse avait, par deux reprises, passé sa main glacée sur ses épaules... et elle murmura en grelottant :

— J'ai froid !...

Et ses lèvres bleuies frissonnaient, répétant, dans un tremblement convulsif :

— J'ai... j'ai bien froid !...

Pierre ne put retenir un geste de douloureuse compassion...

Il s'était approché, et comme la jeune fille répétait pour la troisième fois :

« — J'ai bien froid ! », il se dépouilla de son habit, s'exposant lui-même à la température glacée, et recevant sur sa poitrine, à peine couverte d'une mauvaise chemise usée et en lambeaux, d'épais flocons de neige.

L'aveugle s'agenouilla au bas des marches. (P. 520.)

Puis il s'approcha doucement et laissa tomber son habit sur les épaules de Louise.

Celle-ci eut un tressaillement...

Et de sa voix si douce et qu'elle s'efforçait de rendre plus ferme :

— Ah!... c'est vous, Pierre? dit-elle.

Le rémouleur se mit à trembler; mais ce n'était pas de froid. Il se préoccupait peu de n'avoir qu'une méchante chemise en lambeaux sur les épaules...

Il frissonnait, au son de la voix si douce de celle qu'il aimait, à laquelle, au prix des plus cruelles tortures, il eût voulu épargner une souffrance ou une larme.

C'est vous, Pierre, avait-elle dit.

Pierre! Elle ne l'appelait plus « Monsieur ».

Elle l'appelait Pierre tout court, comme elle eût appelé un ami, un frère.

Transporté de joie, ce malheureux qui en était arrivé, à force de se considérer comme un être inutile dans le monde, et sur lequel personne ne devait jamais jeter un regard, si ce n'est un regard de pitié, ce malheureux sentit un rayon de bonheur pénétrer en lui, à la voix de cette autre déshéritée...

— Oui, mademoiselle, je suis là! dit-il en s'approchant.

Instinctivement, Louise avait tendu la main du côté où elle avait deviné la présence de son protecteur.

Et, doucement, murmurant les mots, de peur que quelqu'un autre que le rémouleur pût les entendre :

— Dès que j'ai senti qu'on avait pitié de moi, votre nom est venu tout de suite sur mes lèvres, prononça-t-elle.

Son visage se tournait, cherchant pour ainsi dire celui de ce bienfaiteur, comme pour le remercier. Il semblait que ces yeux sans flamme eussent, malgré leur cécité, trouvé une expression de reconnaissance...

Et Pierre n'en détachait pas ses regards.

Il fût resté ainsi dans une muette contemplation, ne trouvant pas de mots pour exprimer tout ce qui se passait en lui.

Il eût gardé le silence, lui qui se sentait si misérable, qu'il ne savait à quoi attribuer la sympathie que cette jeune fille lui témoignait. Il se disait : « C'est sans doute parce qu'elle ne peut pas me voir... »

Le silence se serait longtemps prolongé si Louise n'avait entamé la conversation qu'il n'osait aborder.

Elle voulut remercier le rémouleur du vêtement dont il lui avait couvert les épaules; et elle passait la main sur l'objet qui avait apporté un peu de soulagement au froid qui l'avait saisie, lorsque tout à coup elle s'écria :

— Mais c'est votre habit cela... Eh bien, et vous, Pierre?

Le pauvre diable était pris au dépourvu.

— Moi!... J'ai... j'ai ma limousine... mon habit de dessous, ma veste en futaine, et puis encore...

A l'air d'incrédulité qui se dessinait sur la figure de Louise, il voulut compléter son généreux mensonge.

Transi, grelottant, les lèvres ne pouvant presque plus s'arrêter de trembler, il s'exclama :

— J'en ai trop de... vêtements... J'étouffe!

Ces mots avaient rassuré Louise...

— Sans vous, Pierre, soupira-t-elle, je serais peut-être déjà morte...

— Morte! dit le rémouleur qui ne put retenir un tressaillement...

— Hélas! oui... reprit l'aveugle en hochant tristement la tête, je n'aurais pas eu la force de supporter la vie que je mène...

Cette phrase qui était un sanglant reproche adressé à la famille Frochard, à sa famille à lui, agita douloureusement le cœur du pauvre garçon.

— Oui, fit-il en baissant la voix, on vous rend bien malheureuse... chez nous!...

Puis, comme s'il eût été entraîné à se justifier et à se faire pardonner d'appartenir à cette famille de misérables qui torturaient la malheureuse fille, il ajouta :

— Mais qu'est-ce que je fais, moi, pour adoucir votre sort?... Je ne puis rien, hélas!

Louise ne savait que trop qu'elle ne pouvait rien attendre de la bonne volonté du rémouleur.

Elle se rappelait les efforts impuissants que Pierre avait tentés en sa faveur, alors que l'implacable mégère sévissait cruellement pour vaincre ce qu'elle appelait « l'obstination » de l'aveugle.

Elle voulut, cependant, exprimer sa reconnaissance envers celui qui aurait désiré se faire son protecteur, bien qu'il n'eût pas réussi dans ses espérances :

— Dès les premiers mots que vous m'avez adressés, dit-elle, j'ai compris que vous seriez pour moi un ami... peut-être un jour un défenseur.

— Un défenseur! moi!... soupira le pauvre boiteux; hélas! mon cœur se révolte à la vue de vos souffrances, et lorsqu'on vous maltraite, j'ai des accès de colère et de désespoir... Mais je suis bien faible, et quand je voudrais vous secourir, je vous le répète, je ne peux rien... rien...

— Rien! répondit Louise, et ces bonnes paroles que vous m'adressez... Et ces soins de chaque jour!...

Et tout à l'heure encore!...

En prononçant ces mots, elle portait sa main à l'habit que le rémouleur avait placé sur ses épaules frissonnantes... et elle ajouta tout émue...

— Mais c'est votre pitié qui soutient mon courage!

... Et je vous remercie, mon ami...

L'aveugle avait tendu à Pierre une de ses mains, que le brave garçon saisit avec empressement...

Mais, pendant qu'il tient cette main glacée dans les siennes, et qu'il cherche à les réchauffer, Louise a, de son autre main demeurée libre, tâté le bras de son ami...

Elle a voulu s'assurer que celui qui, pour l'en revêtir, s'est dépouillé de son habit, n'est pas resté exposé au froid intense qui sévit.

Et, s'apercevant que Pierre n'a conservé sur son corps transi qu'une misérable chemise, elle s'est écriée :

— Ah ! égoïste que je suis !

Puis, retirant vivement l'habit de dessus ses épaules, elle le tend au jeune homme...

— Non !... non ! dit Pierre en repoussant doucement la main qui insiste pour lui faire prendre le vêtement...

Mais Louise ne veut plus, — maintenant qu'elle sait la vérité, — continuer à abuser de la bonté de ce malheureux qui s'est dépouillé pour la garantir du froid...

— Je le veux, Pierre, mon ami, dit-elle avec une affectueuse autorité, je le veux !

Et, tandis que le rémouleur, devant cette insistance contre laquelle il n'avait pas le courage de lutter, reprenait son habit, l'aveugle ajoutait.

— Je n'ai plus froid d'ailleurs !... Et puis, continua-t-elle, qu'est-ce que cela auprès de tout ce que j'ai souffert ?...

Elle s'animait, la pauvre enfant, au souvenir de ce long martyre qui durait depuis le jour où il lui avait fallu résister, une première fois, à la volonté de celle qui lui avait imposé *son horrible hospitalité*.

Elle trouvait des accents pleins de feu, pour stigmatiser les violences qu'on lui avait fait subir...

Et, la poitrine haletante, elle s'écriait :

— Nous la chercherons ensemble, m'avait dit votre mère !...

... Et j'ai compris, plus tard, ce que l'on exigeait de moi !...

... J'ai compris qu'on ne m'avait recueillie que pour me couvrir de haillons !....

... Pour me dire : « Maintenant il faut tendre la main et demander l'aumône !... »

Son visage se contractait ; ses grands yeux levaient vers le ciel leurs prunelles sans vie...

Et elle s'exclama d'une voix déchirante :

— Ah!... J'ai cru mourir de désespoir et de honte!...

La malheureuse creusait plus profondément, plus doulousement dans sa mémoire...

— Il faut chanter, m'a-t-on dit!...

Et avec un ton de souffrance inexprimable :

— Chanter!... Comment l'aurais-je fait, hélas!... Les larmes étouffaient ma voix!...

Avec déchirement, comme si elle se fût trouvée encore en présence de ce bourreau qui lui avait fait subir mille tortures :

— Je ne peux pas!... Je ne peux pas! m'écriais-je...

... Et pour m'y forcer ils m'ont...

Le rémouleur avait fait un geste, et sa main avait frôlé le bras de Louise...

La pauvre aveugle crut comprendre que tous ces souvenirs qu'elle évoquait étaient douloureux pour le brave garçon qui avait tenté vainement d'adoucir les souffrances qu'on infligeait à la malheureuse enfant.

— Oui, vous savez tout cela, vous, dit-elle, vous savez que, pour me forcer à obéir, ils m'ont laissée deux jours... deux jours sans manger...

Et, éclatant en larmes au souvenir qui lui vint de sa défaillance, de sa soumission :

— Je n'ai pas eu la force de résister plus longtemps...

...J'ai demandé grâce!... Et, pour un peu de pain... j'ai chanté...

Baissant la voix, comme pour étouffer la honte qui débordait de son cœur :

— Et je chante tous les jours...

Pierre exhala une exclamation de douleur :

— Et c'est ma mère, ma mère! reprit-il avec une indéfinissable expression de souffrance et de colère... C'est elle et mon frère qui font cela...

Le malheureux se meurtrissait la poitrine; dans sa fureur contre lui-même, il s'accusait de lâcheté, de complicité à ces actes honteux et cruels qui révoltaient sa conscience.

Il leva des yeux hagards vers l'aveugle.

Et, les mains jointes, les bras tendus :

— Et moi!... moi!... Ah!... comme vous devez nous haïr!.

Louise fit un geste de dénégation :

— Vous!... oh! non!... pas vous, mon ami!...

Puis, reprenant son récit :

— Du reste, n'est-ce pas grâce à vos exhortations à la patience; à vos soins donnés à la dérobée, — alors que vous profitiez des rares instants pendant lesquels on nous laissait seuls ; à vos prières même, — car vous me suppliiez, Pierre, de ne pas me laisser aller au désespoir; n'est-ce pas grâce à vous, mon ami, que plus tard j'ai eu du courage...

... Et ce qui me soutenait, continua-t-elle, c'est une inspiration qui m'est venue...

... Je me suis dit qu'en allant ainsi chanter et mendier, de quartier en quartier et de maison en maison, ma voix arriverait peut-être jusqu'à ma sœur !...

... Et que je serais sauvée !...

La pauvre créature transie de froid, épuisée, suffoquant, poursuivit avec véhémence :

— Et je chantais alors, et je criais à la fin de ma chanson : « Henriette !... C'est moi, Louise, ta sœur; m'entends-tu, Henriette, m'entends-tu ?... »

Pierre avait écouté sans interrompre...

Suspendu aux lèvres de sa chère aveugle, il tressaillait comme s'il se fût trouvé encore présent à toutes ces scènes qu'évoquait Louise...

— Oui, dit-il, mais un jour on a eu peur qu'elle ne vous entendît...

— Et l'on m'a ramenée sans cesse aux mêmes endroits... Hélas ! j'étais condamnée... condamnée à mendier, et cela sans espoir...

— Les malheureux !... les malheureux !... murmurait le rémouleur en proie à une violente agitation.

— Et quand je finis ma chanson, continua Louise, on ne me permet plus de crier et d'appeler Henriette comme je le faisais, ou bien... si j'essaie encore...

Pierre interrompit avec vivacité :

— Elle vous saisit les bras dans ses doigts de fer... Oh ! je les connais ces doigts-là !

Louise exhala un soupir...

La pauvre créature se souvenait de tout ce qu'elle avait dû supporter de cruautés...

— Oui, balbutia-t-elle avec des larmes dans la voix, elle me serre à me briser le poignet...

Pierre frémissait de colère muette.

— Oh ! mais, reprit l'aveugle en élevant la voix, ça m'est égal ;... que je me trouve dans un quartier nouveau...

S'exaltant tout d'un coup, elle continua :

— Elle peut me torturer... j'appelerai toujours !

Cette confiance que l'infortunée témoignait à Pierre agitait profondément le cœur du brave garçon.

— Chut! fit-il en baissant la voix... Dites-moi, pauvre enfant, lorsque vous désespériez de voir ma... ma mère... revenir à de [meilleurs sentiments pour vous... n'avez-vous jamais eu la pensée de vous enfuir?

Sans hésitation, Louise répondit :

— Si fait... j'y ai songé...

... Mais à qui m'adresserais-je?... Et si quelqu'un pris de compassion pour une malheureuse s'intéressait, par hasard, à moi;... qu'arriverait-il?...

Tristement et se tournant vers le rémouleur, l'aveugle poursuivit :

— Ne sais-je pas, hélas! que pour ceux qui sont, comme moi, privés de la vue, la pitié consiste à les faire admettre dans un asile où sont enfermés les aveugles?

... Est-ce du fond de cet établissement que je pourrais crier, appeler ma sœur?...

— C'est vrai, répondit Pierre atterré et baissant la tête...

Louise se souvint alors de la consultation du docteur...

... Elle se rappelait que La Frochard lui avait déclaré qu'il n'y avait plus pour elle d'espoir de guérison...

Son cœur se brisait... Des larmes lui venaient aux yeux...

Et elle murmura :

— L'asile serait, pour la pauvre incurable, le tombeau d'où elle ne sortirait plus... plus jamais...

... Oh! c'est affreux!... c'est affreux!...

Le rémouleur, la tête inclinée, assistait, muet d'émotion, à cette scène de désespoir, qu'il s'accusait maintenant d'avoir en partie provoquée...

Et, pendant que Louise se lamentait ainsi, il cherchait dans sa pauvre tête si troublée, quelque chose de consolant à dire...

Alors, par la porte de l'église, que quelques personnes entr'ouvraient pour sortir, arrivèrent jusqu'à ces deux êtres accablés sous le poids de l'affliction la plus profonde, les modulations affaiblies de l'orgue...

Puis les cloches se mirent en branle, lentement...

— Écoutez!... dit Louise;... la messe est finie... on va sortir de l'église...

Elle porta vivement la main à sa poitrine.

En songeant qu'elle allait avoir à chanter, à tendre la main, à implorer la charité, elle sentait son cœur se serrer...

— La mère va revenir!... dit Pierre... Du reste, elle l'a dit en partant... Elle doit nous guetter de là où elle se trouve...

Le pauvre garçon ne savait comment dire à l'aveugle de chanter...

Il sentait bien cependant qu'il fallait obéir aux ordres de la mendiante...

— Mam'selle,... commença-t-il timidement, vous savez, on sort déjà de l'église...

— Oui!... je comprends, Pierre, ce que vous voulez me dire!...

... Je sais aussi que l'on nous guette...

... Et, ajouta-t-elle en courbant le front, si elle ne m'entendait pas chanter!...

— Pauvre enfant! murmura le rémouleur en aidant Louise à se mettre à la place indiquée par La Frochard.

L'aveugle s'agenouilla au bas des marches et, après avoir levé les yeux au ciel, comme pour le prendre à témoin de l'humiliation qu'elle subissait, la malheureuse chanta :

> O passants charitables,
> Venez à mon secours;
> Mes jours sont lamentables,
> Pour moi la nuit toujours.
> Soulagez ma misère;
> Chacun vous le dira :
> A qui donne sur terre,
> Au ciel Dieu le rendra!

En ce moment le flot des fervents sortait de l'église...

Au dehors la neige avait redoublé...

Les piétons, courbés, le cou enfoncé dans les cols de fourrures, se précipitent dans toutes les directions.

Les valets de pied, attentifs, guettent l'instant où leurs maîtres paraîtront, pour faire approcher les chaises...

C'est le moment, les mendiants et les vagabonds attendent pour faire leur récolte de sous et de deniers...

Toute la bande, qui jusque-là s'est tenue accroupie et massée sur les marches, se lève aussitôt, comme des corbeaux qui vont prendre leur vol...

Chacun entame son boniment qui varie selon l'âge, le sexe et l'infirmité.

Il y a là, se pressant au-devant de ceux qui débouchent de l'église, des vieillards, goutteux, empaquetés, estropiés de tout genre, mutilés exhibant des mognons hideux ; des femmes au teint hâve, livide, ou marbré de cicatrices repoussantes; puis des enfants dépenaillés, pieds nus, couvant la phtisie, au visage bleui par le froid, amaigri par la faim.

Il y a là, entassés les uns près des autres, tout un monde d'exploiteurs de la charité publique.

Tous, de même que la Frochard, considèrent la mendicité comme une honnête industrie qui doit rapporter un salaire régulier.

Il y a là aussi les vagabonds qui n'ont ni feu ni lieu et qui mendient en attendant l'occasion de voler...

— Alors, mon cher Monsieur Picard, nous sommes donc allé faire nos dévotions à Saint-Sulpice? (P. 524.)

... Enfin tout un ramassis de malfaiteurs et de bandits recrutés dans les bas-fonds de Paris et qui, pour se procurer quelque argent, sont prêts à tout entreprendre : mendicité, vol ou crime !...

Et tous ont, plus ou moins, la jalousie du métier... Quelques-uns, lancent des regards furibonds à Louise que la Frochard a fait placer au meilleur endroit :

— Elle piaille celle-là ! gronde une vieille à figure de chouette à demi cachée sous un mouchoir en fanchon ; ça vient faire concurrence aux vrais malheureux, et ça a de la jeunesse, de la beauté, qui pourraient rapporter bien plus que l'aumône.

— C'est notre faute à tous si cette Frochard a de la hardiesse comme quatre !... murmure un manchot...

— C'est pas avec ton moignon que tu tiendrais tête à son fils, peut-être bien, glapit une petite fille sur les traits de laquelle le vice précoce a imprimé sa marque...

Puis le chœur des jérémiades reprenait, plus perçant, plus acharné, au fur et à mesure que la foule devenait plus compacte...

Il fallait littéralement jouer du coude, pour se frayer un passage à travers cette haie de vagabonds, toujours repoussée, mais se reformant sans cesse...

La sortie de la messe était toujours la meilleure affaire d'une journée, affirmait Jacques...

Aussi, en entendant les cloches sonner la fin de l'office, le « chérubin » avait-il pressé sa mère de vider son gobelet d'eau-de-vie...

Mais la veuve tenait à déguster...

— Attends un peu, fit-elle en se levant de son tabouret pour aller donner un coup d'œil du côté de l'église ; je vais voir si le chardonneret *s'égosille* comme y faut...

Et la mégère était revenue auprès de son fils, en disant :

— Pas besoin de nous presser, mon amour, elle te récolte une bonne petite somme...

— Tonnerre ! fit Jacques en tapant du poing sur la table, c'est dommage tout de même que ses yeux...

— Comment ?... qué que tu dis ?... toi aussi tu voudrais l'y rallumer ses quinquets ?... Pour lors, à quoi qu'elle serait bonne ?

Elle noya la fin de la phrase dans une gorgée d'eau-de-vie qu'elle fit glougouter avec délices.

Jacques l'interrompit :

— Pierre surveille-t-il la recette ? demanda-t-il...

— Pour sûr, mon amour... on peut s'fier à lui pour ça...

— Pour cela, soit!... Mais faut pas que cet avorton veuille jouer pour tout de bon au P'tit-Vénus?...

— T'as donc vu qué'que chose avec...

— Qu'il y prenne garde... le chardonneret n'est pas pour lui, la mère!...

— Et pour qui donc, mon amour?

Jacques avala le contenu de son gobelet, sans répondre...

En ce moment, trois hommes venaient de s'attabler à une des tables placées plus loin...

La Frochard, en les voyant, avait fait la grimace...

— C'en est!... dit-elle tout bas à Jacques.

Mais celui-ci, sans lever la tête :

— J'en connais bien deux sur les trois...

Et, affectant de tourner le dos aux nouveaux venus qui, du reste, paraissaient très occupés à causer entre eux, il continua de parler bas à sa mère :

— Tu vois celui de droite....

— Le petit gros?...

— Oui!... C'est Marest!...

— Qui ça, Marest?

— Un malin... Écoute bien ce qu'il dira, ça doit nous intéresser...

— Et les autres? s'informa la mendiante.

— Le grêlé?... Il se nomme... Au fait, qu'est-ce que ça nous regarde...

Et riant :

— Quand tu vois de mauvaises mouches suffit de savoir que c'en est pour les éviter... avant qu'elles vous piquent...

Depuis que la Frochard se savait en société des employés de M. le lieutenant de police, elle ne tenait plus à rester au cabaret...

Mais, cette fois, Jacques l'y retint.

— Qué que t'as donc à mettre ainsi ton vif argent en mouvement?... Puisque la recette marche là-bas, pas besoin de se déranger...

Marest et ses deux amis continuaient à causer :

— Ma foi, dit le plus âgé, je ne m'attendais pas, mon cher monsieur Marest, à trinquer avec vous cet après-midi, à la sortie de la grand'messe.

— Alors, mon cher monsieur Picard, nous sommes donc allé faire nos dévotions à Saint-Sulpice?

— J'avais à faire... là-dedans!.. Et vous?

— Oh! nous, ricana l'autre agent, nous avons à faire partout, surtout depuis qu'on nous a donné pour tâche de découvrir une demoiselle...

— Jacques, fit à mi-voix la Frochard, t'entends?

— Ben quoi!.. une demoiselle, y en a des masses, riposta en sourdine le souteneur.

— Oui, continua Marest, trouver une jeune et jolie fille qu'on a enlevée...

— C'est très facile, n'est-pas? dit Picard.

— Jacques, grommela la mendiante fort agitée, il a dit jeune et jolie...

— Après? il n'a pas dit aveugle!..

Malgré tout ce que pouvait lui dire son fils, la veuve n'était pas tranquille.

Au surplus, depuis que le médecin était intervenu dans ses affaires particulières avec son « gagne-pain, » elle ruminait déjà de quitter sa masure de la rue de Lourcine, afin qu'on ne pût pas la prendre au gîte.

Néanmoins, sur un signe de Jacques, elle continua à prêter attentivement l'oreille à ce que disaient les trois hommes, parmi lesquels on a déjà reconnu Marest, l'agent en chef de la lieutenance de police, ce roué personnage qui avait tenu tête, ainsi qu'on l'a vu précédemment, à M. de Linières.

L'autre individu, que Jacques ne reconnaissait pas pour un agent, était cet original valet de confiance que le comte avait placé auprès de son neveu, le chevalier de Vaudrey.

On se rappelle comment, après avoir donné sa démission parce que Roger se rangeait *d'une façon indécente*, prétendait-il, ce domestique comme on en voit rarement avait consenti à rentrer au service du chevalier dès qu'il avait appris que le jeune gentilhomme avait une maîtresse, et qu'il le soupçonnait de vouloir de nouveau mener la grande vie.

Or, on le sait, M. de Linières avait chargé ce très intelligent et très dévoué Picard de découvrir où Roger de Vaudrey cachait sa nouvelle maîtresse, cette demoiselle pour laquelle il refusait une femme choisie par le roi lui-même.

« — Nous le saurons, monseigneur, s'était écrié Picard dans le feu de l'enthousiasme; nous le saurons!... Vous pouvez vous fier à moi! »

Mais la vérité était que le valet si certain de son fait avait aujourd'hui recours à la police de M. de Linières pour découvrir où se trouvait le nid d'amoureux qu'il s'était chargé de trouver.

Aussi, sachant que, tous les jours à midi, Marest avait l'habitude de donner rendez-vous à ses hommes, dans ce cabaret de la place Saint-Sulpice, Picard était allé attendre l'heure convenue dans l'église...

Ajoutons qu'il y avait vu la comtesse, ce qui ne lui parut pas extraordinaire, car il savait que la femme du premier magistrat de la police ne manquait jamais la grand'messe.

Dès que Picard avait vu les agents pénétrer dans le cabaret il les y avait rejoints.

La conversation avait commencé par quelques lieux communs, puis le valet s'était décidé à entamer nettement la question qui l'intéressait.

Marest le laissait aller, le tenant en arrêt sous ses deux yeux, petits mais étincelants, de policier.

— Voyons, voyons, mon cher monsieur Picard, dit-il tout à coup en souriant, qu'avez-vous à tourner ainsi autour du pot?... Est-ce que vous auriez la prétention de jouer au plus fin avec nous?

— Ça n'est pas votre métier! ricana le second agent...

Picard laissa s'éclairer son visage :

— Eh bien, ma foi, dit-il, j'avoue que je voudrais bien savoir...

— Je vais vous le dire; interrompit Marest.

Le domestique de Roger regarda son interlocuteur d'un air absolument ébahi...

— Ça vous étonne ça, hein? fit le subordonné de Marest... c'est que voyez-vous nous sommes tous, un peu somnambules, dans le métier.

— Tenez, mon cher monsieur Picard, commença l'employé, vous voudriez, en ce moment savoir où va tous les jours votre jeune maître...

— Juste! s'exclama Picard...

— Et, reprit Marest triomphant, vous avez beau le suivre, vous n'avez pu encore comprendre comment il vous glissait entre les mains...

— C'est pourtant vrai, monsieur Marest.

— Eh bien, tout ça, c'est manque d'habitude, monsieur Picard...

— C'est que vous ne savez pas *filer* comme il faut! déclara l'agent avec importance.

Picard continuait à ouvrir tout grands ses yeux étonnés.

— Je ne sais peut-être pas *filer* aussi habilement que vous, messieurs, fit-il; chacun son métier en ce monde... Seulement...

— Seulement, mon bon monsieur Picard, lorsque vous êtes arrivé à un certain endroit, crac...

— Oui! mon oiseau s'est envolé comme par enchantement.

— Sans que ayez pu vous rendre compte par où il avait passé...

— Hein?... Vous savez donc ça, monsieur Marest?...

— Oui, mon excellent monsieur Picard, ricana l'employé de la lieutenance; et je sais aussi, qu'à ce jeu, vous passerez tout le temps qui vous reste à vivre, sans pouvoir découvrir ce que vous cherchez...

— C'est comme vous dit le chef, déclara l'agent subalterne.

— Alors, qu'est-ce qu'il faut faire, monsieur Marest?

— Il faut, parbleu! il faut que je vous aide, monsieur Picard..

Le vieux domestique faillit tomber à la renverse, dans le mouvement qu'il fit pour témoigner de sa joie, à la nouvelle que le principal agent de M. le lieutenant de police voulait bien consentir à le tirer d'embarras.

— Vraiment! s'écria-t-il, vous consentiriez?

Puis, fouillant dans sa poche pour y prendre sa bourse :

— Mais alors, il n'y a pas de temps à perdre, du moment qu'il en est ainsi, allons-y tout de suite...

Il avait, tout en parlant, pris un écu et appelait le garçon pour payer...

— Alors, nous disions donc, mon cher monsieur Marest, reprit-il de sa voix la plus aimable, que vous savez où se rend mon jeune maître?

— Oui, monsieur Picard.

— Et vous allez me l'apprendre?

— Oui, monsieur Picard.

— Eh bien?

— Quoi, que désirez-vous, monsieur Picard?...

— Parbleu!... que vous m'indiquiez l'adresse.

— Pour ça, non, mon cher monsieur Picard.

— Alors... comment entendez-vous...

— Vous rendre le service que vous attendez de moi?

Picard fit de la tête un signe affirmatif.

— Holà! garçon! cria le vieux domestique.

Et, tendant son écu au jeune garçon qui se présenta :

— Payez-vous!

Puis, s'adressant à Marest :

— Et maintenant?

L'agent tira une grosse montre à soc de ses chausses :

— Saperlotte, fit-il, voici précisément l'heure...

— Vous avez quelque chose de pressé à faire? demanda avec une pointe d'anxiété Picard.

— Plusieurs, mon cher monsieur.

Et consultant des tablettes qu'il prit dans sa poche :

— Voir si...

S'interrompant :

— Bien!.... bien! bien! c'est fait...

— Après? fit Picard.

— Prévenir les agents pour trois heures... Bien! Ça y est!

Marest continua à parcourir des yeux ses tablettes jusqu'à la fin...

— Ah! oui, fit-il tout à coup, il y a encore cela.

— Quoi donc? demanda Picard avec vivacité...

— Mon Dieu ! je pourrais bien vous faire languir un peu, mais, comme je vous vois dans l'huile bouillante, mon pauvre monsieur, je vais vous dire la chose... Cela concerne encore votre maître...

— Le chevalier ?

— Précisément !...

— Et il s'agit ?

— De savoir quel intérêt peut avoir M. le chevalier Roger de Vaudrey à courir Paris, jour et nuit...

— Jour et nuit ! s'exclama le vieux domestique...

— A réveiller les gens qui dorment, continua imperturbablement Marest, pour demander si on n'a pas vu, trouvé ou caché...

— Quoi donc ? interrogea Picard en sursautant.

— Une demoiselle, parbleu ! répondit l'agent en éclatant de rire.

— Ah ! je vous reconnais bien là ; c'est bien notre affaire à nous autres scélérats de chercher les jolies filles, s'écria le valet du chevalier en se donnant de grands coups de poing sur la poitrine pour manifester la joie qu'il éprouvait.

— Tout doux, mon cher monsieur Picard !... interrompit Marest, ce serait fort bien si la demoiselle en valait la peine, mais il paraît qu'elle est...

— Qu'elle est quoi ?

— Elle est aveugle, monsieur Picard !

La Frochard reposa vivement sur la table le gobelet qu'elle allait porter à sa bouche.

Jacques lui appuya la main sur le bras.

Et les deux misérables échangèrent rapidement un regard.

Au bout d'une seconde, le fils dit à sa mère :

— On cherche le chardonneret...

— Pour lors, faudra le changer de cage.

— Patience, on ne le tient pas encore, fit Jacques en se retroussant la moustache.

— Je te crois, mon « chérubin... » Qu'est-ce que nous deviendrions alors ?...

La mégère avait fait signe à son fils de continuer à écouter.

Mais ils ne devaient pas en apprendre plus long. En effet, l'agent Marest avait dit à Picard :

— Si vous voulez être renseigné sur ce qui vous intéresse, il faut nous suivre...

Picard ne s'étant pas fait prier, les trois hommes avaient, immédiatement, quitté le cabaret.

— Mon enfant, demanda-t-elle, est-ce que vous ne voyez pas?... (P. 531.)

Lorsqu'ils furent sur le pas de la porte, la Frochard se leva, comme pour s'élancer sur la place.

Jacques la retint par le bras :

— Pas d'imprudence, la mère! dit-il en obligeant la mendiante à s'asseoir de nouveau, faut laisser filer ces gaillards-là... Après l'on fera le nécessaire...

— Dénicher le chardonneret! grommelait la veuve en se versant de l'eau-de-vie. Faudrait que tu n'aies plus une goutte de sang des Frochard dans les veines, mon amour, pour les laisser faire.

Et elle plongea son regard d'oiseau de proie dans les yeux de son fils.

. . . .

Au moment où Marest, accompagné de Picard et de l'agent, débouchait sur la place Saint-Sulpice pour aller gagner la rue de Condé, la foule était extrêmement compacte aux abords de l'église...

Sur la place les chaises à porteurs ne circulaient que difficilement au milieu des groupes.

A peine les hommes avaient-ils disparu à l'entrée de la rue de Condé, que la comtesse de Linières paraissait, à son tour, sortant de l'église.

L'ayant aperçue, le valet de pied avait fait approcher la chaise à peu de distance des marches, et en tenait la porte ouverte.

Mais Diane de Linières, au moment de descendre, s'était arrêtée sur les marches, et regardait avec compassion la jeune aveugle.

— J'ai bien demandé à Dieu de me faire retrouver ma fille! dit-elle en levant les yeux au ciel...

En même temps elle glissait une aumône dans la main que Louise tendait aux passants.

— Dieu m'aura-t-il entendue? se demandait cette mère au moment où, de sa main tremblante, elle laissait tomber une aumône dans la main de sa fille!...

Elle se disposait à rejoindre sa chaise, lorsque l'aveugle murmura d'une voie émue.

— Merci bien, madame!

Puis, se rappelant la recommandation de Pierre, la pauvre entonna la romance que la Frochard l'obligeait à adresser aux âmes charitables.

La voix de Louise, rendue chevrottante par le froid qui engourdissait la malheureuse enfant, avait des intonations douloureuses qui allaient à l'âme...

Quelques personnes, en dépit de la neige qui tombait toujours, s'étaient arrêtées pour l'entendre.

Et la pauvrette, les mains tendues, chantait

> O ma tendre musette,
> Musette mes amours,
> Toi qui chantais Lisette,
> Lisette et les beaux jours,
> D'une vaine espérance
> Tu m'avais trop flatté,
> Chante son inconstance
> Et ma fidélité.

La comtesse avait écouté, sous l'empire d'une impression qu'elle ne pouvait s'expliquer.

Après les premières notes, c'est en vain qu'elle avait essayé de quitter les marches...

Un charme la retenait immobile à cette place où chantait la jeune fille...

Le son de cette voix lui faisait passer des frissons dans les veines...

Elle écoutait émue et recueillie comme elle l'était tout à l'heure en écoutant les cantiques que l'on chantait dans l'église...

Pendant tout le temps qu'avait duré ce couplet s'envolant des lèvres bleuies de l'aveugle, Diane était demeurée sous une impression poignante...

Et, lorsque la jeune fille eut laissé mourir la dernière note dans un soupir plaintif, la comtesse s'approcha de cette pauvresse, attirée malgré elle...

Était-ce seulement un sentiment de pitié qui poussait cette mère à s'approcher ainsi de son enfant...

N'y avait-il pas dans le mouvement que fit Mme de Linières pour tendre la main vers cette mendiante, la volonté de la Providence?

Lorsque arrivée tout près de Louise, cette grande dame n'éprouva aucune répugnance à adresser la parole à une malheureuse en haillons, n'entendait-elle pas une voix intérieure lui parler de l'enfant qu'elle avait abandonnée, de la fille qu'elle pleurait depuis la nuit fatale de son hymen, de la pauvre créature qu'elle cherchait depuis si longtemps, et qu'elle désespérait de revoir?

Tout à coup, au moment où elle allait questionner la mendiante, Diane étouffa une exclamation :

— Ah! mon Dieu! s'écria-t-elle... Ce regard fixe!

Elle ne pouvait plus, maintenant, détacher ses yeux de ceux de Louise... Elle les regardait ces pauvres yeux qui remuaient sans vie sous les paupières.

Et, doucement, d'un ton maternel :

— Mon enfant, demanda-t-elle, est-ce que vous ne voyez pas?...

Au son de cette voix, Louise avait tourné vivement la tête du côté où se trouvait Mme de Linières...

Elle ne tremblait plus...

Il lui vint une légère rougeur au front, comme une auréole...

Et, sans manifester de chagrin à propos de la question qu'on lui posait, elle répondit simplement :

— Non, madame, je n'y vois pas...

Et, se reprenant aussitôt :

— Je n'y vois plus !...

— Ah ! quel malheur !

Cette exclamation de pitié, qui s'échappait des lèvres de la comtesse, pénétra au fond du cœur de Louise.

Une lueur vint animer ses joues.

— Vous me plaignez, madame ?... dit-elle.

— Oui ! répondit Diane en frôlant de sa main gantée la main de Louise...

Oui ! répéta-t-elle avec une douce émotion...

La pauvre fille se rapprochait, instinctivement, de cette dame qui s'était intéressée à elle d'une façon si étrange.

Elle voulait parler à cette généreuse personne...

Elle le voulait, mais retenue par la crainte d'être surprise par cette terrible femme qui l'avait asservie à ses détestables volontés, elle n'osait plus...

La confidence s'arrêtait sur ses lèvres...

— Qu'éprouvez-vous donc, mon enfant ? dit la comtesse à mi-voix ; vous souffrez... Je vous ai sans doute fait de la peine en vous parlant de votre... malheur !...

Cette fois Louise n'y tint plus...

Une occasion se présentait à elle de dire ce qu'elle avait souffert, de révéler le rôle odieux que lui imposait la Frochard...

Elle résolut de la saisir.

Et, trouvant une force et un courage qu'elle n'avait pas eus depuis longtemps, elle approcha sa figure animée maintenant par l'espérance, comme si elle eût voulu parler à l'oreille à cette inconnue en qui elle avait eu, instinctivement, confiance.

Et bien doucement, étouffant ses paroles :

— Vous me plaignez parce que je suis aveugle !... dit-elle...

... Eh bien, ce n'est pas le plus grand des malheurs qui m'ont frappée !...

Ah ! si en ce moment la fatalité n'avait pas fait que, du seuil du cabaret où elle se trouvait, la Frochard eût vu ce qui se passait sur les marches de l'église...

Si elle n'eût pas aperçu cette grande dame, après avoir donné une aumône à l'aveugle, demeurant auprès de celle-ci, alors que, depuis quelques minutes déjà, le valet de pied tenait ouverte la porte de la chaise...

Si cette mégère rapace n'avait point éprouvé le besoin d'aller débiter sa jérémiade habituelle pour faire meilleure recette...

C'en était fait !...

Louise eût probablement vu se terminer les horribles épreuves qu'elle subissait.

La pauvre aveugle eût, dès ce même soir, trouvé un asile autre que le sordide grenier où la reléguait la Frochard...

Elle n'eût plus reposé sa tête, sa pauvre figure amaigrie par la douleur et les privations, sur ce grabat infect qui lui servait de lit...

Elle eût pu dire à son bourreau :

— Je ne vous obéirai plus, madame; je ne vous suivrai plus pour mendier comme vous m'avez obligée à le faire ; vous ne me traînerez plus à votre bras, me meurtrissant les chairs pour me faire chanter, me broyant la main lorsque je veux appeler Henriette, ma sœur bien-aimée...

... Non, vous ne me torturerez plus car, aujourd'hui, j'ai trouvé des protecteurs puissants qui vont m'aider, eux, à chercher celle que vous semblez avoir pris à tâche de m'empêcher de rencontrer...

Il s'en fallut de quelques secondes.

La Frochard avait, avec rapidité, traversé la place, se frayant un passage au milieu des chaises à porteurs qui filaient dans toutes les directions.

Elle ne s'arrêta pas à tendre la main aux passants, comme elle n'eût pas manqué de le faire en toute autre circonstance...

Elle avait hâte de retourner auprès de son « gagne-pain », qui était, pensait-elle, en bonne voie pour faire recette...

Elle se réjouissait, cette ignoble créature, de ce que la malheureuse aveugle avait eu à souffrir du froid assez pour donner à sa voix une expression plus touchante.

Et, dans son désir d'aller encaisser l'argent qu'elle avait vu donner à Louise, la veuve du supplicié se pressait pour ne pas manquer l'occasion de remercier, elle-même, la dame charitable qui avait coopéré à la recette qu'allait bientôt empocher le « Chérubin »...

Elle arriva au bas des marches au moment où la comtesse de Linières répondait à la phrase de Louise.

Elle entendit ces mots :

— Que dites-vous ?... Parlez, pauvre petite, parlez !...

D'un bond elle enjamba les marches...

— Je suis riche, continuait Diane... et je pourrais peut-être...

Louise était transfigurée...

Un reflet de joie intérieure illuminait ses traits...

Son sein oppressé par le froid se soulevait d'émotion contenue...

Elle tenait son visage si expressif tourné du côté d'où venait cette voix qui lui avait parlé de bonheur possible, d'espérance réalisable...

Et entraînée à la confidence qu'on lui demandait avec une si généreuse insistance :

— Ah ! si j'osais !... murmura-t-elle...

— Hein ? fit la Frochard en se rapprochant pour écouter ce qu'allait dire l'aveugle.

La comtesse, n'ayant pas fait attention à cette vieille mendiante, continua sur le même ton rempli d'intérêt pour la jeune fille :

— Vous avez une famille ?... une mère ?...

Louise sentit tout son sang bouillonner en elle...

Une inexprimable sensation l'étreignit au cœur à ces mots qu'on faisait résonner à son oreille...

— Une famille !... une mère ! s'écria-t-elle avec force...

Mais aussitôt la voix s'éteignit sur ses lèvres...

Ses traits, naguère encore empreints d'une lueur d'espérance, se contractèrent subitement...

Elle avait senti et reconnu la main osseuse de son bourreau...

Elle entendait la Frochard qui, ayant passé sa tête de reptile entre elle et la dame inconnue, s'empressait de répondre :

— Oui, ma belle dame, oui, elle a une famille,... une mère, une bonne mère, j'ose le dire...

Et, tandis que l'aveugle, glacée d'effroi, gardait le silence, Mme de Linières se tournant vers la vieille lui disait avec compassion :

— Ah ! c'est votre fille ?...

L'horrible femme n'en était pas à son coup d'essai en fait d'hypocrisie et de mensonge...

Elle prit son air cafard et sa voix traînante pour dire à la comtesse :

— Oui, madame, c'est ma fille,... la plus jeune de mes sept que j'ai eu bien du mal à élever...

Et, tenaillant sans qu'on s'en aperçût, le bras de la pauvre victime muette de stupéfaction et de terreur, elle ajouta :

— C'est ce que la petite allait vous dire, ma bonne dame charitable...

Cette infamie fit monter la colère aux lèvres de Louise.

Elle eut l'impression qu'une minute de courage la sauverait...

Elle essaya de faire enfin éclater la vérité et de confondre la misérable qui la tenait dans ses griffes...

Ces mots lui vinrent, comme une protestation :

— Moi, je...

La veuve comprit ce qui se passait dans l'âme de sa victime...

Elle serra le poignet de la malheureuse qui baissa la tête, étouffant le le cri que la douleur allait lui arracher...

La Frochard s'était tournée vers elle et lui disait d'un ton hypocrite et mielleux :

— Pas vrai, mon enfant !... que je suis bien méritante... et que pour une bonne mère,... je suis une vraie bonne mère qui s'est toute sa vie, sacrifiée pour vous autres.

Comment la Providence n'envoya-t-elle pas à Louise, pour confondre cette infâme créature souillée de tous les vices, la force de relever la tête et de lui crier :

— Vous mentez !...

Comment cette infortunée put-elle supporter, sans horreur, que la veuve du supplicié, la mère de Jacques Frochard, l'appelât sa fille ?...

Il fallait que l'implacable harpie eût bien cruellement meurtri cette pauvre nature honnête, eût horriblement torturé cette enfant angélique, pour amener Louise, la sainte créature, à se mettre de moitié dans ce mensonge révoltant !...

Elle se savait donc bien certaine de ne pas être stigmatisée comme elle méritait de l'être, pour oser souiller cette infortunée de ces mots : « mon enfant ! »

L'aveugle était, en effet, retombée plus profondément que jamais dans le gouffre où l'avait précipitée la mendiante.

Plus que jamais elle était retenue dans les griffes de ce vautour qui se rassasiait de ses douleurs, de son désespoir, de ses larmes...

La tête perdue, le cœur bourrelé, la poitrine oppressée par les sanglots, Louise n'avait plus cette force passagère qui l'avait soutenue pendant un instant... Son âme défaillait...

Et c'est en chancelant au bras de la mendiante qu'elle entendit la dame inconnue dire :

— Elle est bien pâle et semble toute malade...

La Frochard s'était empressée de répondre :

— Les bonnes âmes charitables en ont compassion, ma bonne dame charitable... on lui donne un peu d'argent et avec ça, une fois rentrée, elle est bien soignée, bien dorlotée... Pas vrai, ma chérie ?...

Et, pour obliger l'aveugle à répondre ainsi qu'elle le désirait, la mendiante serra de nouveau le poignet de Louise, meurtrissant ses chairs si fines, si délicates...

Et tout bas, elle lui dit en grinçant des dents :

— Eh ! parle donc !...

— Oui !... oui !... répondit la malheureuse avec effort...

Et, vaincue, elle demeurait immobile, tremblante, la tête inclinée...

Diane de Linières s'approcha et lui mit une pièce de monnaie dans la main, en lui disant :

— Tenez, mon enfant, vous donnerez cela à votre mère...

Puis, avec tristesse, elle ajouta :

— Et vous prierez Dieu pour moi !...

Louise voulut répondre; une fois encore, à celle qui avait confiance dans la prière qu'une infortunée adresserait à Dieu...

Et, bien doucement, elle murmura :

— Je vous le promets, madame !

Lorsque au silence qui suivit, Louise eut reconnu que la dame qui s'était intéressée à elle n'était plus là, à ses côtés, il sembla à la jeune fille qu'un abîme venait de se creuser sous ses pieds...

Et qu'un nouveau malheur venait de la frapper.

Et, tandis que les derniers mots que lui avait adressés l'inconnue bruissaient encore à son oreille, elle se retrouva plus seule, plus abandonnée que jamais... Sa pauvre tête se troublait au souvenir de l'émotion si douce qu'elle avait éprouvée à s'entendre parler avec tendresse...

Et elle souffrait cruellement, en pensant que cette lueur s'était effacée, que ce scintillement qui avait réjoui son cœur avait disparu... Que c'était, désormais, la nuit noire pour son âme, comme pour ses yeux morts...

Elle comprenait clairement à cette heure... Aucune illusion !

Le règne de la Frochard allait recommencer avec toutes ses exigences, toutes ses cruautés. La mégère savait, maintenant, ce qu'elle pouvait attendre de ressources d'une infortunée dont l'aspect arrêtait le passant, dont la voix dolente et les « *vraies* » larmes excitaient la compassion.

Alors c'était l'esclavage éternel, à moins de s'y dérober par la mort...

Mourir !... Louise avait-elle cette ressource pour échapper à son bourreau ? Pouvait-elle disposer d'elle-même, alors que, surveillée, elle n'avait pas un seul instant de liberté ?

Et puis, Henriette n'était-elle pas cet élément qui maintenait vivace dans le cœur de l'aveugle un souvenir éloignant l'idée du suicide...

Non !... pas d'issue !...

Partout la captivité pour la jeune fille, la honte pour l'aveugle réduite à mendier, le désespoir pour l'orpheline qui avait perdu cette autre orpheline, et qui se consumait dans de perpétuelles angoisses.

Pendant que Louise passait par cette terrible réaction, la comtesse de Linières avait descendu les marches, lentement.

Elle était montée dans la chaise, et le valet attendait les ordres.

— Où va madame la comtesse ? demanda-t-il après quelques secondes.

Et, ne recevant pas de réponse, il ajouta :

— A l'hôtel ?

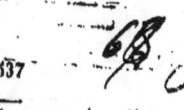

— Tue-moi, si tu veux, Jacques!... mais tu ne m'empêcheras pas de l'aimer. (P. 514.)

Seulement alors Diane sembla sortir de la profonde rêverie dans laquelle elle s'était absorbée.

— Non! répondit-elle, pas à l'hôtel!

Elle venait de se souvenir qu'elle avait promis au chevalier de voir la jeune ouvrière qui avait si profondément troublé le cœur de Roger. Moins que jamais, après l'émotion qu'elle venait de ressentir en présence de cette aveugle, la comtesse eût voulu manquer à ce qu'elle considérait comme une preuve d'affection maternelle à donner à son neveu. Elle avait vu dans les yeux du chevalier une si énergique protestation contre le mariage qu'on voulait lui imposer, qu'elle avait compris que, devant une aussi inébranlable résolution, devaient disparaître ses propres hésitations. Le chevalier de Vaudrey avait si chaleureusement plaidé la cause de l'honnêteté pauvre et de la vertu qui travaille, que Diane s'était sentie vaincue. Elle avait regretté les paroles un peu sévères par lesquelles elle avait répondu, tout d'abord, à la confidence que lui faisait son neveu.

Elle avait protesté, au nom de la famille de Vaudrey, contre l'idée d'une mésalliance; mais, maintenant que le chevalier lui avait ouvert son cœur, maintenant elle comprenait qu'un mariage imposé à Roger serait pour lui une source de désespoir et de larmes semblables au désespoir qu'elle avait subi, aux larmes qu'elle avait versées. Et, sans hésiter, elle dit au valet qui se tenait toujours à côté de la chaise :

— Faites-moi conduire à l'adresse que je vous ai donnée.

Le valet qui précédait la chaise, ayant indiqué aux porteurs la direction à prendre, ceux-ci allongèrent le pas, suivirent la rue Dauphine jusqu'au quai. Puis, s'engageant sur le Pont-Neuf, ils traversèrent la Seine pour aller longer le vieux Louvre.

Il s'agissait, maintenant, d'arriver à l'entrée du faubourg Saint-Honoré, en parcourant un certain nombre de petites rues qui s'enchevêtraient les unes dans les autres tout autour de l'église Saint-Roch.

Nous laisserons la femme du lieutenant de police, en route pour le quartier où se trouvait la chambre d'Henriette, et nous reviendrons sur cette place Saint-Sulpice où nous avons laissé Louise chantant lamentablement sa romance devant les derniers fidèles qui sortaient de l'église, pendant que la Frochard pleurnichait son éternel boniment :

— Ayez pitié d'une pauv' *aveugle,* mes bonnes âmes charitables, le bon Dieu vous le rendra !

La place commençait à se faire déserte... La neige piétinée formait de larges flaques de boue... Le ciel s'était refermé, plus noir, sur une fugitive éclaircie. Il neigeait dru...

Les flocons mêlés de grêle fine cinglaient le visage des passants.

La bande de mendiants et de vagabonds s'était enfuie, comme un vol de corbeaux, vers les carrefours sombres et les ruelles étroites.

— Faut déguerpir, avait dit la Frochard, n'y a plus rien à récolter par ici... plus un denier.

Saisissant alors la main de l'aveugle :

— Quoi qu'elle t'a donné pour ta mère ? demanda-t-elle de sa voix aigre...

Et, avant que Louise eût pu lui remettre l'argent qu'elle tenait, la rapace mendiante lui avait broyé les doigts, en s'écriant :

— Un louis d'or !

Les yeux de la mégère s'ouvrirent aussi grands que le permettaient des paupières bridées.

— Mazette !... fit-elle en prenant le bras de Louise, faut croire, ma petite, que vous avez quéqu' chose qui plaît dans la voix....

... Faudra cultiver ce trésor-là, c'est précieux ça, et je ne changerais pas mon chardonneret pour le plus beau rossignol des bois !...

Elle gratifiait presque l'aveugle d'amabilités qui sonnaient faux dans sa bouche d'énergumène.

En voyant venir à elle ses deux fils, la mendiante avait rapidement fait disparaître la pièce d'or dans les profondeurs de l'immense poche qui pendait à sa ceinture et où elle engouffrait, pêle-mêle, la recette monnayée et les vivres pour la journée. C'était, pensait-elle, une réserve qu'elle allait mettre de côté pour le « chérubin »...

— « Il a encore la monnaie du petit écu, se disait-elle, et faut pas l'y faire voir la pièce qu'a la *jaunisse*,... y la soignerait tout d'suite... »

Et elle ajoutait, tout haut, en grimaçant son sourire habituel :

— Je le connais, mon amour !...

La joie de la Frochard débordait dans le monologue qu'elle s'adressait à elle-même tout en aidant l'aveugle à descendre les quelques marches au haut desquelles la pauvre enfant s'était agenouillée pour chanter.

Elle affectait de prendre même certaines précautions qui n'étaient guère dans ses habitudes :

— Là !... là !... doucement, disait-elle en indiquant les pas à faire, faut pas dégringoler !... n'y a rien qui fausse la voix comme ça...

Puis, lorsque l'aveugle eut atteint le sol :

— Je crois, ma p'tite, lui dit la mégère, que la journée sera joliment bonne...

Et mentalement elle répétait :

Plus que ça de générosité ;... un louis d'or !...

Son œil de vautour avait lancé un regard à Jacques pour désigner à celui-ci la direction qu'elle allait prendre et, entraînant Louise :

— En route, p'tiote ! commanda-t-elle.

Puis, voyant que la jeune fille, épuisée, avait cessé de chanter, elle lui jeta, grossièrement, cette phrase qui était, dans sa bouche, un ordre auquel il fallait obéir aussitôt :

— On s'reposera cette nuit... mais à c'te heure, faut roucouler, encore.

Louise fit un signe qui dénotait qu'elle n'en pouvait plus...

La malheureuse avait placé sa main glacée sur sa poitrine comme pour protester de son épuisement...

Mais le bourreau sans entrailles n'entendait pas qu'on lui gâtât sa recette...

— Quoi? fit-elle, de la *faignantise* dans un si bon jour, faut pas y penser, ma colombe...

Et, durement, de ce ton bref qui faisait tressaillir d'effroi l'infortunée vouée à l'éternel supplice :

— Entonnez-moi ça, bien vite... et de la voix!...

Louise poussa un soupir... Et, faisant gémir sa pauvre poitrine sans souffle, que le froid paralysait, elle essaya d'obéir.

— Va toujours, lui criait la Frochard, si ta romance est gelée,... elle se réchauffera à la longue...

L'aveugle se mit en marche, grelottant, les pieds s'enfonçant dans la neige fangeuse...

Elle allait, chantant de sa voix dolente :

> O ma tendre musette,
> Musette mes amours...
> . . . .

Peu à peu la voix de la malheureuse se perdit affaiblie, dans le lointain...

. . . .
. . . .

Pierre avait, ainsi que nous l'avons dit, quitté le coin de rue où il s'était tenu, pour ne pas être vu à côté de la vieille mendiante sans vergogne qui se faisait rudoyer à force d'obséder les passants...

De l'endroit où il était, il avait assisté, sans y rien comprendre, à la scène qui avait eu lieu, sur les marches de l'église, entre l'aveugle et cette grande dame dont le valet attendait les ordres... Son cœur avait bondi lorsqu'il avait vu la dame si richement vêtue s'approcher de Louise et ne pas craindre de toucher la main de la pauvresse en haillons...

— Bonne âme!... s'était-il dit, c'est Dieu qui l'envoie auprès de cette affligée...

Il eût voulu pouvoir entendre les paroles que cette charitable personne adressait à l'aveugle. Ce ne pouvait être, pensait-il, que des paroles de consolation... Et, malgré lui, le rémouleur se surprenait à faire quelques pas dans la direction de l'église...

Si sa maudite timidité ne l'avait cloué sur place, lorsqu'il avait vu la Frochard s'élancer vers l'église, il aurait parcouru, d'un trait, la distance qui le séparait de l'aveugle... Il serait arrivé à temps pour entendre l'inconnue exhorter la jeune fille à lui raconter ses malheurs...

Et il se serait écrié, — voyant Louise interdite et hésitante :

— Non!... elle n'a pas de famille, elle n'a pas de mère; c'est une pauvre créature qui meurt de désespoir, et qu'on exploite!... Sauvez-la, madame, sauvez-la?...

Mais il avait vu la Frochard se précipiter vers la jeune fille et il devinait quel sentiment la guidait... Curiosité et cupidité. Il savait combien la mendiante avait peur de perdre, par un hasard quelconque, ce qu'elle appelait effrontément son « gagne-pain », et il se doutait bien que la misérable voulait se trouver là, toute prête à intervenir pour souffler à Louise les réponses qu'elle aurait à faire aux questions de l'inconnue...

Il avait vu que cette grande dame faisait l'aumône à l'aveugle, et il se disait que la Frochard n'aimait pas à laisser longtemps l'argent dans d'autres mains que les siennes... C'est pourquoi le pauvre garçon ne bougea pas de sa place, piétinant dans la neige et soufflant dans ses doigts raidis par le froid... Il laissa s'accomplir, sans s'en douter, la triste destinée de celle qu'il eût voulu sauver au prix de sa propre existence...

En ce moment, d'ailleurs, il était tout entier absorbé dans son adoration pour sa pauvre chère aveugle; il la voyait, agenouillée et chantant, son cœur se dilatait. Les sons affaiblis de cette voix aimée lui arrivaient comme dans un rêve, et ce qu'il éprouvait tenait de l'extase... Il écoutait, répétant mentalement ces couplets qu'il avait entendus tant de fois, qu'il aimait à redire, dans sa solitude...

Ces vers plaintifs lui rappelaient Louise, alors que — courant les rues à la recherche de l'ouvrage — il attendait avec patience l'heure du retour à la masure...

Il écoutait, heureux, parce que Louise, tout à l'heure, lui avait parlé avec affection, parce qu'il l'avait consolée, et... qu'elle ne pleurait plus!...

Il la couvait des yeux, certain que personne ne pouvait deviner ce qui se passait en son âme, ce qu'il renfermait dans son cœur d'affection pure et chaste... Il regardait cette ange qui ne pouvait pas savoir qu'il la contemplait et que ses yeux lui envoyaient toutes les flammes dont brûlait son cœur, en secret... Et, durant cette extatique jouissance, des mots qu'il ne cherchait pas, doux et tendres, bourdonnaient dans sa tête et se pressaient sur ses lèvres. Des mots qui disaient cet éternel poème d'amour que la nature inspire aux plus nobles, aux plus riches, comme aux plus pauvres, aux plus faibles et aux plus humbles.

La Frochard avait interrompu, brusquement, cette douce rêverie.

Pierre avait vu sa mère se faufiler entre la dame et Louise...

A la pantomime qu'il connaissait si bien, il s'était rendu compte que la mendiante cherchait à exploiter la crédulité de l'inconnue et à s'attirer des aumônes pour le présent, peut-être même pour l'avenir...

Et il passa la main sur son front comme pour chasser la honte que lui inspirait cette ignoble scène d'hypocrisie. Tout à coup, Pierre avait vu la dame s'approcher de Louise, lui parler bas, lui glisser quelque chose dans la main et prendre place dans la chaise dont le valet avait refermé la porte...

Alors il avait songé à rejoindre l'aveugle, à l'accompagner aussi loin et aussi longtemps que possible... Et, le pauvre boiteux allongeait le pas afin d'être plus tôt auprès de Louise, lorsqu'une main, se posant lourdement sur son épaule, l'obligea à s'arrêter tout court...

Et, avant qu'il eût pu se rendre compte de ce qui lui arrivait, la même poigne lui avait fait faire demi-tour...

Il se trouva face à face avec Jacques !

— Reste-là, toi ! dit celui-ci, il faut que je te parle !

Le « chérubin » ne riait plus ; il n'avait plus, stéréotypé sur son visage ce sourire ironique qui bouleversait le rémouleur.

Lui non plus n'avait rien perdu de la pantomime qui avait eu pour théâtre le portique de l'église Saint-Sulpice.

— La mère est à son affaire ! s'était-il dit.

Et, satisfait de ce côté, il avait reporté ses regards sur l'aveugle...

Lui non plus ne pouvait, maintenant, se défendre d'une douce sensation lorsqu'il voyait Louise...

Il se surprenait à l'écouter, pendant qu'elle chantait, et cette voix, qui disait des souffrances qu'il ne pouvait comprendre, avait une mélancolie qui le séduisait sans qu'il pût s'en défendre. Il s'étonnait que, depuis trois mois, qu'il avait vécu à côté de cette créature, il ne se fût pas aperçu qu'elle était jolie à ravir et que son visage empruntait à la tristesse et à la souffrance un charme qui l'impressionnait vivement.

Il s'en voulait que ce fût Pierre, cet avorton, ce grotesque, qui lui eût ouvert les yeux sur les attraits de la pensionnaire de la veuve Frochard.

Mais, désormais, son attention était excitée.... Malheur à qui chercherait à lui disputer le « chardonneret ». Il était là, vigilant.

La Frochard pouvait bien compter maintenant que son gagne-pain ne lui échapperait pas.

Il faudrait pour que cela arrivât que l'on eût affaire à lui, et il défendrait la proie qui était tombée dans les serres de vautour de la veuve.

— C'est vrai qu'elle me remue quelque chose là-dedans, quand elle roucoule, murmurait tout bas Jacques en s'appliquant un coup de poing dans la poitrine.

Et il continuait à écouter, le cou tendu, le visage animé, les yeux étincelants de luxure... Puis, répondant à une pensée qui lui venait à l'improviste pour l'irriter :

— Ah! tu avais reluqué le chardonneret, toi, petit Vénus, comme si un pareil morceau pouvait jamais te tomber entre les pattes!...

Et, serrant les poings :

— Par exemple, mon bonhomme, je te conseille à l'avenir de renfermer ta mélodie dans ton coffre, et qu'elle n'en sorte plus, sans cela... je te renfoncerai toi-même à six pieds sous terre...

Le brutal garnement avait, en menaçant ainsi dans le vide, cherché où pouvait être le rémouleur... Mais la foule commençait à encombrer la place; les groupes de mendiants stationnaient pressés sur le passage des fidèles; et, soudain, Jacques avait, lui aussi, aperçu le mouvement de retraite que faisait la mendiante entraînant Louise...

Il avait alors oublié son ressentiment contre Pierre, et il s'était mis en marche pour rejoindre les « femmes », comme il disait...

C'est alors, au moment où il courait après la Frochard, qu'il avait vu le mouvement que se donnait le rémouleur pour les suivre.

D'un bond il s'était élancé sur le pauvre boiteux et lui avait, brusquement, fait faire volte-face. La colère éclatait dans ses yeux.

Il était devenu livide, comme lorsqu'il se disposait à sauter sur un adversaire qu'il ne voulait pas ménager.

De ses deux mains accrochées aux épaules du rémouleur, il secouait le pauvre garçon avec une violence extrême.

Pierre, tremblant, pâle comme le jour où son frère l'avait, d'un coup de pied, renversé, et lui avait cassé la jambe, marmottait, par saccades :

— Qu'est-ce que tu as... Pourquoi me secoues-tu ainsi, Jacques?... Pourquoi?... Que t'ai-je fait?

Il ne se doutait pas, le malheureux, de quel coup terrible le misérable garnement allait l'atteindre et l'abattre...

Il redoutait une violence, — dont il n'avait que trop éprouvé l'effet pour son chétif corps, et c'était son cœur que l'on visait... C'était ce cœur tout plein de la pensée de Louise, que le brutal allait meurtrir.

— Ce que tu m'as fait?... Ah! tu veux le savoir?... Eh bien, je vais te l'apprendre...

Et Jacques, comme s'il eût voulu s'exciter encore, tourna vivement les yeux dans la direction où s'en allaient les deux mendiantes...

Pierre troublé, les membres frissonnants, répétait lamentablement :

— Jacques... qu'as-tu à me dire?...

Et le malheureux faisait de vains efforts pour se débarrasser des deux mains de fer qui le retenaient immobile et comme rivé au sol...

Alors le sinistre bandit eut un mouvement féroce pour repousser l'infortuné boiteux qui alla trébucher à deux pas...

Et s'avançant vers le pauvre garçon sans défense :

— D'abord, je ne veux pas que tu suives Louise...

Pierre releva la tête et son regard lança un éclair.

— Ah ! tu as beau essayer de me poignarder avec tes yeux, l'avorton, il en sera ainsi... Je te le répète, je te défends de suivre Louise...

Le rémouleur avait, pendant quelques secondes, perdu l'usage de la parole. A la fin il fit un effort...

Effaré, il regarda son frère avec une poignante expression de souffrance :

Et il balbutia :

— Comment... tu...

Jacques lui mit le poing sous le nez, en s'écriant :

— Je te défends de penser à elle !...

Pierre s'était relevé, et, les bras tendus, s'avançant sans trembler vers son frère, il lui dit :

— Moi ! ne plus penser à Louise !...

Cette exclamation était partie véhémente, comme un cri déchirant de son âme.

Le chétif redressait la tête pour protester contre cette menace ; mais il s'arrêta court devant le regard menaçant de son frère.

Et, d'une voix suppliante, il dit plus bas :

— Pourquoi, Jacques, pourquoi ?...

— Pour que je ne te casse pas les reins, l'avorton !...

Ne se contenant plus de fureur, l'ignoble gredin s'était élancé, comme un fauve, sur sa malheureuse victime..

Et lui appuyant les deux mains sur les épaules, il l'obligea à tomber, écrasé, sur les genoux.

Aveuglé par la colère, il s'acharna à peser de tout son poids sur l'infortuné rémouleur...

Et d'une voix menaçante il lui dit :

— Je te défends de l'aimer.

Pierre ne poussa pas un cri...

Immobile et comme grandi par la lâcheté du misérable qui abusait ainsi de sa force, il prononça ces mots, d'une voix qui ne tremblait plus :

— Tue-moi, si tu veux, Jacques !...

Puis, levant les yeux au ciel, il ajouta tout bas :

— Mais tu ne m'empêcheras pas de l'aimer.

— Ce n'est que moi, monsieur le chevalier, ce n'est absolument que moi... (P. 551.)

Jacques avait alors abandonné le malheureux, certain que la leçon lui profiterait, pour l'avenir.

Il se mit à la recherche de sa mère qui avait pris par la rue Saint-Sulpice.

On entendait encore, au loin, la voix de Louise, qui, forcée d'obéir à la mégère, s'époumonait à chanter...

La Frochard avait dit : « La journée sera bonne ! » Et elle ne voulait rien épargner pour qu'il en fût ainsi...

En vain l'aveugle succombait-elle à la fatigue, au froid, à l'émotion qu'elle avait éprouvée lorsque la comtesse lui avait adressé la parole...

En vain suppliait-elle qu'on ne lui infligeât pas ce supplice inutile de chanter dans des rues désertes...

— Ça attirera l'monde! répondait l'impitoyable mendiante... Et puis, je veux que ça soit comme ça!

Et les deux femmes s'enfonçaient ainsi dans les rues, par une épouvantable rafale de neige...

. . . .

Pierre était resté à genoux comme l'avait précipité Jacques...

La scène de violence n'avait pas eu de témoins...

La place était déserte.

Le rémouleur appuya une main sur le sol et se releva péniblement...

Alors il chercha des yeux celle qu'on lui avait défendu de suivre, celle à qui on lui avait défendu de penser...

Les flocons tombant serrés lui dérobaient sa vue...

Il poussa un soupir, et alla reprendre sa manivelle et ses outils qu'il avait placés contre une des grilles latérales de l'église...

Et cet infortuné qui venait d'assister à cette honteuse scène de mendicité, poussa son cri de travailleur :

« — A repasser les couteaux, les ciseaux, — à repasser les ... couteaux !

X

On a vu le chevalier de Vaudrey, après avoir soutenu avec énergie la lutte contre son oncle, le comte de Linières, se rendant auprès d'Henriette.

On sait dans quel état d'agitation fiévreuse Roger avait pris le chemin qui conduisait de l'hôtel de la lieutenance générale de police dans les hauteurs du faubourg Saint-Honoré où demeurait Mme Dervigny.

Il s'agissait, en effet, pour lui, de prendre ce jour là une résolution énergique d'où allait dépendre tout son avenir.

Le roi voulait lui imposer un mariage de son choix. Refuser de se soumettre c'était, pour le chevalier de Vaudrey, encourir une disgrâce que la mansuétude royale avait seule tenue en suspens, depuis les scandales du Pavillon du Bel-Air.

Or, Roger était bien décidé à se voir retirer ses entrées à la cour plutôt que d'obéir.

Tout autre était la préoccupation que faisait naître en lui la certitude de rompre avec le comte de Linières.

Ne fallait-il pas, par le fait de cette disgrâce de famille, cesser toute relation avec Diane?

Cette tante bien-aimée, cette malheureuse éprouvée, n'allait-elle pas voir une souffrance nouvelle s'ajouter à toutes celles qu'elle avait subies depuis si longtemps?

Le comte, mis en éveil par la scène qui avait eu lieu, dans son cabinet, à propos de ce livre des archives, — ne s'acharnerait-il pas à découvrir le mystère des tristesses de Diane?

Ce mari, surexcité par l'acte de violence du chevalier, n'en ferait-il pas remonter la responsabilité jusqu'à la comtesse, en lui reprochant sa faiblesse, ses bontés trop maternelles, pour ce neveu qui allait compromettre l'honneur de la famille?

Toutes ces suppositions prenaient de la consistance dans l'esprit de Roger, à ce point qu'il s'était arrêté dans sa marche vers le faubourg Saint-Honoré, pour se demander si son devoir n'était pas de retourner auprès de la comtesse, afin de la mettre au courant de tout ce qui venait de se passer.

Sa perplexité était grande en ce moment, car il se souvenait d'Henriette, qui devait, comme chaque jour, attendre son arrivée.

Elle l'attendait, en effet, l'âme pleine de mélancolie. Elle se disait :
— Le temps passe et il ne vient pas! Il sait avec quelle douloureuse impatience je les attends, ces nouvelles si longtemps et si vainement espérées jusqu'à ce jour!...

Il le sait et il me laisse seule, seule avec mes souvenirs et mes larmes!

Puis, elle revenait aussitôt à une appréciation plus indulgente de ces retards.

Elle se rendait compte des ennuis que devaient faire éprouver au chevalier ses démarches toujours stériles. Mais lorsqu'elle s'était ainsi raisonnée, pourquoi son impatience ne se calmait-elle pas en même temps que se calmait sa douleur?

Pourquoi allait-elle, vingt fois en une heure, écouter à la porte si les pas du chevalier ne se faisaient pas entendre?

Pourquoi, lorsque l'heure des visites était depuis longtemps passée, attendait-elle toujours?

Et quand le moment du repos était arrivé, après une journée de déception et une soirée de fièvre, d'où vient que l'ouvrière ne pliait pas son ouvrage? Pourquoi veillait-elle?

C'est qu'elle s'avouait tout bas la cause réelle de cette fiévreuse impatience qui agitait son âme.

— Je suis coupable, se disait-elle, et j'essaie vainement de me mentir à moi-même. Non, ce n'est pas seulement pour qu'il me parle de ma pauvre Louise que je l'attends ; ce n'est pas pour écouter les paroles de consolation qui sortent de ses lèvres, c'est pour lire dans ses yeux les pensées qu'il ne me dit pas...

Voilà dans quelles dispositions d'esprit et de cœur se trouvait Henriette, le jour où le chevalier de Vaudrey avait décidé de mettre un terme à ses hésitations et aux espérances qu'entretenait le comte de Linières au sujet du mariage qu'il voulait lui imposer.

Ce jour-là devait marquer dans l'existence de ces deux jeunes gens que le hasard avait rapprochés, et que l'amour le plus pur unissait déjà sans que l'aveu s'en fût échappé de leurs lèvres.

Roger avait repris sa marche que hâtait, maintenant, l'ardent désir de revoir Henriette.

Henriette, de son côté, attendait, l'oreille aux écoutes...

Tout à coup, avant même que le chevalier eût frappé, elle s'était précipitée vers la porte et l'avait ouverte.

— Vous ! vous, enfin, dit-elle d'une voix tremblante.

Et comme le chevalier la regardait étonné :

— Je vous attendais, dit-elle.

Puis, voulant déguiser son trouble, elle ajouta vivement, essayant de rassurer sa voix :

— J'attendais les nouvelles que vous m'apportez... peut-être...

— Rien encore, dit Roger.

— Hélas ! comme toujours, fit-elle.

— Bientôt, je l'espère, nous serons plus heureux ; bientôt, c'est de la pauvre petite abandonnée que nous nous occuperons exclusivement ; mais aujourd'hui, Henriette, je voudrais vous entretenir de... de vous... et de moi.

Toute tremblante, la jeune fille voulut interrompre l'aveu qu'elle sentait tout près de se formuler...

— Je sais, monsieur le chevalier, tout ce que vous auriez à me dire, prononça-t-elle.

Vous m'avez courageusement, — et au péril de vos jours, — sauvée d'un piège odieux, infâme...

M. de Vaudrey voulut protester.

— Votre générosité m'a ensuite offert les moyens d'existence qui me manquaient...

— Et vous avez refusé, s'écria Roger, préférant ne les devoir qu'à votre travail...

— Ai-je eu tort? dit Henriette en relevant la tête.

J'ai trouvé dans cette maison où vous m'avez conduite, et que j'habite grâce à vous, j'ai trouvé, dis-je, une excellente femme, Mme Dervigny, à qui vous avez bien voulu me recommander...

— N'était-ce pas mon devoir?

La jeune fille poursuivit :

— Elle me donne plus d'ouvrage qu'il ne m'en faut pour assurer mon existence...

Mais, croyez, monsieur le chevalier, que mon âme n'est pas moins reconnaissante de tout ce que vous avez fait pour moi...

— Vous me parlez de reconnaissance, dit le chevalier, n'est-il entre nous aucun autre lien?

N'avez-vous pas compris, Henriette, ce qui se passe dans mon cœur...

Hier, je pouvais encore imposer silence à mon amour, aujourd'hui... tout me fait une loi de parler.

Et, dans une explosion de passion :

— Henriette, je vous aime! s'écria-t-il.

Ces mots, bien qu'elle les eût déjà pressentis, firent chanceler la jeune fille. Elle fit un pas et alla s'appuyer de la main au dossier de la chaise...

Roger se rapprocha d'elle, ajoutant avec un redoublement d'ardeur et d'émotion :

— Je vous aime!... Non pas d'un amour banal, dont vous auriez le droit d'être offensée.

Je vous aime depuis le jour où je vous ai vue tremblante et désespérée, puis courageuse et fière, défendant votre honneur par la prière, la menace et les larmes...

Je vous aime depuis la première parole que vous m'avez adressée... Et cet amour, que cette parole a fait naître, je vous jure qu'il ne finira qu'avec ma vie.

Je le jure à vos pieds, devant Dieu qui nous regarde et qui m'entend.

Henriette porta vivement la main à son cœur, comme si elle y eût reçu un choc inattendu...

— C'est mal, dit-elle, c'est bien mal ce que vous faites-là! Est-ce que je n'avais pas compris, deviné, depuis longtemps, tout ce que vous vous efforciez de me cacher? Hélas! je n'étais que trop distraite de la seule pensée qui devrait remplir toute ma vie et il ne fallait pas me forcer de l'avouer.

— Henriette!... implora le chevalier.

La jeune fille ne s'interrompit pas devant cette prière.

Elle continua en s'animant :

— Il fallait comprendre que je n'ai pas le droit de m'abandonner à la joie d'être aimée, tant que ma mission n'est pas remplie!

Laissez-moi tout entière à ce devoir sacré...

... Et lorsque Louise sera dans mes bras, lorsqu'elle sera rendue à ma tendresse, à la protection, aux soins que je lui dois, j'aurai le droit d'être heureuse! Et alors, alors seulement, dites-moi que vous m'aimez, je ne vous ordonnerai plus de vous taire!...

Le chevalier, dans un transport de tendresse, s'était emparé des mains de la jeune fille... Il les pressait avec effusion... Il les porta vivement à ses lèvres et les couvrit de baisers.

— Henriette!... chère Henriette!... disait-il avec amour, tout ce que je viens d'entendre remplit mon âme de bonheur et d'ivresse! Avec quelle ardeur nouvelle je vais maintenant reprendre le cours de mes recherches! Je réussirai, chère Henriette, et lorsque je l'aurai ramenée dans vos bras, cette sœur tant pleurée... alors, nous serons deux à l'aimer, deux à lui faire oublier, par tout ce que nous pourrons trouver d'affection au fond de nos cœurs, qu'elle a souffert loin de vous, qu'elle a pleuré pendant de longues nuits, qu'elle a, comme vous, chère ange, subi les plus cruels désespoirs...

Peut-être est-ce avec raison que vous blâmiez, tout à l'heure, l'ardeur que je n'ai pu contenir lorsqu'il s'est agi de vous avouer mon amour... Mais sachez, mon amie, que je n'avais plus le droit de me taire... Sachez qu'au moment où j'accourais pour vous ouvrir mon cœur, j'avais besoin pour me soutenir dans la lutte que je vais soutenir, j'avais besoin, dis-je, d'obtenir de vous un assentiment... une promesse...

— Une promesse! De quelle promesse parlez-vous?

— Celle de me faire l'honneur d'accepter mon nom!...

Et, continua le chevalier, avant de venir ici implorer votre bonté pour celui qui vous aime, avant de me décider à vous ouvrir mon cœur, j'avais confié le secret de mon amour à la seule personne qui, avec vous avait le droit de connaître les sentiments secrets de mon âme.

... A celle que vous pourrez appeler votre mère, puisqu'elle a reçu de la mienne expirante la mission de m'aimer comme son fils...

... A madame la comtesse de Linières, enfin, que j'ai précédée auprès de vous, car bientôt elle sera ici!

— Elle va venir?

Le chevalier n'eut pas le temps de répondre...

A ce moment, on frappa doucement à la porte.

Henriette, immobile, n'osait faire un pas...

Ce fut Roger qui se précipita pour ouvrir.

Mais alors il poussa une exclamation d'étonnement et de colère.

La tête de Picard s'était montrée dans l'entre-bâillement de la porte.

— Ne vous dérangez pas, dit le vieux domestique d'un ton jovial.

Henriette s'était détournée en poussant un petit cri...

Le chevalier, furieux, s'avança en disant :

— Picard?... Toi... toi ici?...

Mais le valet ne semblait pas redouter la fureur de son maître.

Il répondit avec calme et en ébauchant son éternel sourire :

— Ce n'est que moi, monsieur le chevalier, ce n'est absolument que moi...

. . . .

Marest, le si clairvoyant agent du lieutenant de police, n'avait pas, comme on le voit, menti à son bon ami Picard, lorsqu'il avait déclaré à celui-ci qu'il savait parfaitement où se rendait, presque chaque jour, le chevalier de Vaudrey.

En outre, comme il avait promis au vieux domestique de lui faire trouver son maître, ainsi que l'on fait d'un lièvre que l'on surprend au gîte, l'agent avait, on se le rappelle, permis à Picard de lui emboîter le pas.

Naturellement, celui-ci se serait bien gardé de manquer une pareille aubaine.

Il allait, du même coup, se faire un extrême plaisir à lui-même en se retrouvant avec son cher maître qu'il croyait, — ce dont il se réjouissait fort, — revenu aux plus détestables habitudes de débauche, et obéir à la lettre au comte de Linières, qui lui avait donné pour tâche de savoir où le séducteur cachait la belle qu'il avait enlevée à feu le marquis de Presles.

Aussi le vieil original avait-il accompagné Marest et son subordonné par toutes les rues, places et ruelles qui séparaient la place Saint-Sulpice de l'extrémité nord du faubourg Saint-Honoré.

Et, tout en marchant, Picard ne pouvait s'empêcher de trouver que le chevalier était allé chercher bien loin un colombier pour y roucouler avec sa colombe, alors qu'il avait sous la main, à des distances infiniment plus raisonnables, de délicieux réduits où il aurait pu aimer tout à son aise, en plein cœur de Paris...

Lorsqu'il se livrait à ces réflexions, le valet de chambre de Roger n'avait pas encore parcouru le tiers du trajet à faire...

On juge de ses récriminations contre son maître, lorsqu'il vit se succéder les maisons, pendant un long parcours, sans que l'on arrivât au but.

— Mais il est donc allé la percher au bout du monde, sur des hauteurs inaccessibles! s'écria-t-il en soufflant comme un phoque qui vient de faire un plongeon.

— Patience, fit en souriant l'agent, encore une bonne petite lieue de pays, comme disent nos villageois, et vous pourrez nous tirer votre révérence, mon cher monsieur Picard.

Et l'on s'était remis en route, au grand ennui du valet qui parlait de prendre un carrosse ou de se faire porter dans une chaise de louage.

Enfin, Marest s'était arrêté devant une porte en disant :

— Halte! mon cher monsieur Picard!

— C'est ici? avait demandé le domestique avec une nuance d'inquiétude, car il se méfiait.

— Oui, c'est ici!... Mais, comme vous le supposez bien, nous n'allons pas vous accompagner jusqu'à l'entrée du nid...

— Pas la peine, monsieur Marest, avait dit le bonhomme; il suffira que vous me l'indiquiez.

— Voilà : d'abord vous allez entrer sans frapper...

— C'est juste, la porte est entre-bâillée...

— Par cette bonne raison que la principale locataire étant une de nos grandes couturières, les ouvrières trottines sont toujours en route pour des commissions, ce qui fait que la porte reste ouverte...

— Donc, fit Picard, je monte...

— Au quatrième étage...

— Ouf! si haut?

— Que voulez-vous, mon cher monsieur Picard, quand on a peur d'une surprise, on installe son petit nid sur la plus haute branche...

— Alors, merci et au revoir...

— Saperlotte! comme vous voilà pressé... Eh bien, à quelle porte frapperez-vous donc?

— C'est juste... Il peut y en avoir plusieurs...

— Donc, vous frapperez à celle du milieu; elle se trouve tout au bout de la rampe...

— Merci! merci!... ricana Picard, qui se réjouissait de pouvoir surprendre son maître en flagrant délit de roucoulades à deux, dans un nid perché au fin fond du faubourg Saint-Honoré...

— Bonne chance! lui lança Marest en lui serrant la main.

Demeuré seul, maître Picard commença par laisser s'apaiser son sang que cette longue marche avait fortement mis en mouvement; il reprit haleine; puis, satisfait de son état, il se mit à escalader les cent dix

Roger bondit, la main levée... (P. 559.)

marches, qui faisaient communiquer le rez-de-chaussée avec le seuil de la petite chambre d'Henriette.

On comprendra sans peine que le vieux domestique en avait assez en arrivant sur le palier de la chambrette.

Là encore il fut obligé de s'arrêter pour souffler, et, c'est appuyé à la rampe de l'escalier qu'il attendit cinq bonnes minutes.

Nous connaissons trop bien le personnage pour ne pas supposer que

Picard employa ces trois cents secondes à écouter ce qui se disait derrière la porte de la chambre...

Au surplus, aux éclats de voix qui, par instants, arrivaient jusqu'à son oreille attentive, il n'avait pas eu de peine à reconnaître le timbre du chevalier de Vaudrey.

Il lui sembla même, à certaines intonations, que son maître éprouvait une bien grande émotion...

— Oh! oh! oh! avait pensé notre rusé valet, il paraît que ça ne va pas tout à fait comme sur des roulettes, là-dedans...

En fin de compte, comme il était reposé, qu'il avait amplement renouvelé l'air de ses poumons, et — surtout — comme il n'entendait plus rien, Picard s'était décidé à frapper...

On sait avec quelle violence le chevalier l'avait reçu.

Picard, — avec sa bonne grosse figure et son sourire stéréotypé, — ne se déconcertait pas facilement...

Mais, ce jour-là, il était tombé à faux.

Roger, plus furieux que jamais, s'écria :

— Que me veux-tu ?... Qu'est-ce qui t'amène ?...

Et comme la jeune fille, un peu remise de son étonnement, avait fait un pas au devant du nouveau venu :

— Ce garçon est mon valet de chambre, ajouta M. de Vaudrey.

Picard saisit la réplique au vol, sourit à Henriette, en s'inclinant très bas, pour dire :

— Oui, mademoiselle, oui... Picard...

Et, finalement, clignant de l'œil à la dérobée, il ajouta :

— Le fidèle et... discret Picard.

Roger, fort ennuyé de l'incident qui avait si malencontreusement interrompu son tête-à-tête avec la jeune fille, s'empressait auprès de celle-ci, autant pour s'excuser que pour faire cesser l'état d'agitation et de trouble dans lequel l'entrée si peu attendue du domestique avait plongé Henriette.

Pendant ce temps, le valet, cause de cette situation désagréable pour les deux jeunes gens, se disait à part soi :

— Dans une mansarde !... Nous sommes sans doute chez la soubrette de la demoiselle en question...

Puis, regardant Henriette en tapinois :

— Il cumule, mon gaillard; la maîtresse et la soubrette, ah !... il va bien, il va très bien...

Et ce singulier personnage, enchanté de pouvoir supposer que son maître entretenait deux intrigues sous le même toit, se frottait les mains, de plaisir, à s'enlever l'épiderme.

Dans sa gaieté, il s'oubliait même jusqu'à faire la bouche en cœur à la jeune fille, comme s'il eût, platoniquement, pris sa part de la bonne fortune du chevalier.

Un brusque mouvement de Roger le ramena au sentiment de la réalité :

— Allons, fit M. de Vaudrey en revenant auprès de son valet, parle !... Qui t'amène ?

Pris à l'improviste en pleine contemplation, Picard sursauta ; mais se remettant aussitôt :

— Je prie mon maître, dit-il, de vouloir bien excuser la liberté grande que j'ai prise de...

— Assez de préambule !... Au fait...

Et il répéta :

— Réponds-moi !... Quel motif t'amène ici ?

Picard avait eu le temps de préparer sa réponse...

Sournoisement il tourna les yeux du côté de la jeune ouvrière, comme pour lui faire comprendre qu'elle était de trop.

Puis il s'approcha, avec mystère, du chevalier, en disant à voix basse à ce dernier :

— Je dois faire à monsieur le chevalier une communication de la plus haute importance.

Roger eut un mouvement d'hésitation. Il se demandait s'il n'allait pas jeter à la porte ce fâcheux.

Mais l'air mystérieux pris par Picard pour annoncer le motif qui l'avait fait relancer son maître jusque-là, parut à Roger avoir une signification.

Il se doutait de quelque rigueur nouvelle, et vit la volonté du lieutenant de police dans la démarche que faisait si inopinément le domestique.

Henriette comprit-elle que le moment était venu de laisser seuls ces deux hommes ?

Toujours est-il qu'elle donna, comme prétexte, de l'ouvrage à rapporter à Mme Dervigny.

Elle alla prendre sur le lit un paquet tout préparé, et, revenant vers le chevalier :

— Il faut, dit-elle, que je descende bien vite ce mantelet...

Et avec un doux regard à l'adresse de Roger :

— Au revoir...

M. de Vaudrey, en toute autre circonstance, aurait essayé de retenir la jeune fille. Mais, pressé d'apprendre ce que devait lui dire Picard, il se contenta de s'incliner, en disant à voix basse :

— A bientôt, chère Henriette !...

L'ouvrière passa rapidement devant Roger.

Arrivée à la porte, elle répondit :

— Oui !... à bientôt...

Elle était visiblement émue.

Aussi Picard, fort satisfait d'avoir, — comme il pensait, — déniché les oiseaux, la regarda partir, en se disant :

— La petite soubrette descend chez sa maîtresse, pour sûr...

Il souriait, le vieux sceptique, car il avait la certitude que son chenapan de maître était redevenu le fieffé mauvais sujet qu'il souhaitait qu'il fût...

Picard la trouvait très gentille, cette « *petite* », qu'il prenait, très sérieusement, pour la camériste effrontée et friponne de quelque grande dame, qui se compromettait avec le chevalier.

« — Il la reverra ! » murmurait-il, faisant allusion à la promesse que venaient d'échanger les jeunes gens... Il la reverra !...

Tout occupé de sa chère protégée, Roger était resté auprès de la porte entr'ouverte, sans se préoccuper de ce que pouvait faire, dire ou penser le valet...

Et Picard, profitant de la circonstance, s'adressait à lui-même un petit monologue qui, nous devons le reconnaître, était tout à la louange de la jeune fille...

« — Elle est jolie à croquer, la camériste, pensait le vieux domestique qui s'y connaissait. »

Et il répétait mentalement :

— Jolie à croquer !... La maîtresse en bas... la petite suivante en haut.... C'est complet !...

Certes, dans son enthousiasme pour un maître qui agissait avec cette désinvolture, l'honnête serviteur eût fait les choses les plus excentriques.... Roger eût pu, en ce moment, exiger de lui les services les plus difficiles à remplir, sans le trouver le moins du monde rétif....

Picard, même au *beau temps* (c'est ainsi qu'il qualifiait l'époque où son jeune maître sacrifiait à toutes les fantaisies du viveur), ne se rappelait pas avoir éprouvé une aussi agréable sensation....

Il croyait avoir à tout jamais perdu l'espoir de voir le chevalier dépenser follement sa jeunesse et son argent, et il retrouvait Roger plus ardent au plaisir que jamais; il le retrouvait plus facile en affection d'un jour, plus disposé à ouvrir son cœur aux premières venues, à toutes celles qui avaient de la beauté, de la jeunesse, de l'esprit ou — simplement — de la coquetterie pour quelques jours, voire même pour quelques heures !...

C'était plus qu'il n'aurait jamais espéré.

Tout à coup notre homme fut ramené, brusquement, dans la réalité.

D'un vigoureux mouvement du bras le chevalier l'avait fait pirouetter...

Ravi de cette brutalité, le singulier valet se frottait les mains, et pour un peu eût tendu l'échine afin d'inviter le soulier du chevalier à le caresser un brin....

Mais Roger avait retrouvé toute sa mauvaise humeur du commencement.

Les bras croisés, il dardait des regards furieux sur cet homme tout confit dans la béatitude et qui lui souriait avec admiration.

A la fin, perdant patience, il interpella violemment Picard par ces mots :

— Nous voici seuls, m'expliqueras-tu... Comment il se fait que tu te sois permis de me relancer jusqu'ici ?...

Le valet eut une pointe de vanité.

Il ne voulut pas avouer qu'il avait eu recours, pour retrouver les traces de son maître, à plus malin que lui...

Et, d'un ton sournois, il répondit en courbant la tête :

— J'ai eu l'infamie de suivre monsieur !

— Quoi !... Maraud !...

Pour le coup Picard ne put contenir sa joie... On lui envoyait en pleine face des épithètes malsonnantes...

Avec un tel début on ne pouvait, pensait-il, savoir jusqu'où irait la colère du bouillant chevalier...

Et, déjà, en prévision des brutales familiarités d'autrefois qu'il souhaitait de voir se reproduire, il se caressait délicatement l'échine...

— Maraud !... faisait-il mentalement !... Très bien !... Voilà les bonnes traditions qui reviennent !...

— Que dis-tu ? s'écria Roger exaspéré.

Mais Picard, au comble de l'enthousiasme, murmurait à part soi :

— Maraud n'est même pas assez fort !...

Puis, s'envoyant de vigoureux coups de poing dans la poitrine, il continuait à monologuer :

— Quand on pense que je voulais quitter le service de monsieur !...

— Toi ?...

— Et, continua en gesticulant le valet, que j'avais prié l'oncle de monsieur de me reprendre à monsieur...

Le chevalier s'imaginait que le pauvre diable avait subitement perdu la raison.

Il eut un geste pour le congédier...

Mais autant eût valu rouer Picard de coups que d'essayer d'obtenir qu'il s'expliquât...

Il allait toujours son train, répondant à la même pensée qui travaillait sa cervelle depuis qu'il avait surpris le chevalier en galant tête-à-tête.

Et il poursuivit :

— Mais lorsque j'ai su que monsieur le chevalier avait changé d'idées....

— D'idées ?... Que signifie ?...

— Et de mœurs... continua imperturbablement Picard... que monsieur le chevalier était, enfin, une bonne fois pour toutes, redevenu....

— Redevenu quoi?

— La fine fleur des vrais gentilshommes ! s'exclama le valet en s'inclinant humblement devant son maître....

Roger ne se payait pas de ces balivernes.

Il avait bien, autrefois, passé à ce vieux serviteur, absolument dévoué, bien des originalités. Mais, aujourd'hui, les fantaisies plaisantes sonnaient faux à ses oreilles.

Le chevalier laissa échapper un mouvement d'humeur.

— Qu'est-ce à dire, drôle !... fit-il.

Mais l'étonnant domestique sauta de joie en s'entendant injurier de nouveau.

— Drôle!... s'écria-t-il... Parfait!... Parfait!... Ça revient complètement....

Et, mentalement, il se délectait à la pensée que des injures le chevalier allait sans doute passer à quelques petites voies de fait...

Picard frétillait d'aise, le regard fixé sur le bout du soulier de son maître, tandis qu'à voix basse il disait :

— Encore un peu, et le pied fera son office.... Comme la parole... Encore un tout petit, tout petit peu...

Cependant, tandis que le domestique espérait follement recevoir une correction qu'il s'efforçait de se faire octroyer, le chevalier de Vaudrey était à tout autre chose.

Il réfléchissait à la singularité de cette présence de Picard dans un endroit qu'il avait réussi à tenir secret depuis trois mois. Et il voyait son oncle mêlé à toute cette affaire...

Maintenant, il voulait forcer Picard à s'expliquer...

Il le voulait quoi qu'il dût apprendre...

Saisissant et serrant le bras de son valet, il s'écria :

— Me diras-tu, enfin, ce que signifie....

Picard se décida à répondre :

— Cela signifie, dit-il, que monsieur le comte ayant intérêt à connaître *nos* petites fredaines, m'a chargé de m'enquérir, afin de....

Il n'acheva pas.

Le chevalier l'avait repoussé avec violence.

— C'est-à-dire, drôle, que tu m'espionnais....

— Complètement ! répondit Picard d'un ton calme, avec un sourire angélique.

Et il trouva une voix caressante pour dire :

— J'ai suivi monsieur le chevalier jusqu'à la porte de cette maison....

Il mentait avec délices, plongeant ses yeux chargés d'admiration sur le visage bouleversé de son maître :

— J'ai attendu, ajouta-t-il, un bout de temps par... discrétion.... Mais ne voyant pas sortir mon maître, je suis entré pour m'informer adroitement....

— Comment, misérable !...

— Ah ! oui, misérable !... misérable n'est pas de trop !... Monsieur le chevalier, c'était, de ma part, bien misérable de m'informer adroitement...

... Et d'étage en étage, ne trouvant personne, j'ai fini par grimper jusqu'ici....

... Et voilà comment je suis arrivé... chez la jolie petite femme de chambre !...

Roger bondit, la main levée...

— La femme de chambre?... fit-il...

— Oui, mon maître vénéré, j'ose dire mon opinion, trop heureux si elle m'attire...

Et il affectait de nouveau de placer son échine bien à portée du pied de M. de Vaudrey.

... Elle est charmante!... continua-t-il. Charmante!... Charmante!... Et si la maîtresse vaut la soubrette...

Cette fois Roger était arrivé au degré d'exaspération que souhaitait tant Picard.

Il secoua violemment le domestique en s'écriant :

— Assez !... Pas un mot de plus... ou sinon...

Picard eut un mouvement épique...

Il présenta bravement le dos, sans pouvoir s'empêcher de dire d'un ton indéfinissable :

— Bon !... Le pied va marcher; ça va venir, ça va venir !...

Mais alors rien ne saurait rendre la stupéfaction du vieux serviteur, en voyant que le jeune homme était redevenu absolument calme...

Il laissa échapper un long soupir de désappointement.

Et, d'un ton empreint d'une tristesse extrême, il prononça ces mots.

— Ça ne vient pas!... Ça ne vient toujours pas!...

En outre, Roger lui parlait d'un ton sérieux, sévère même, mais il n'y avait plus l'ombre d'emportement.

— Monsieur Picard, disait-il froidement, écoutez, écoutez-moi bien...

— Je suis tout oreilles, monsieur le chevalier, répondit le domestique...

— Vous allez retourner chez M. de Linières...

— Moi? interrompit Picard en écarquillant les yeux...

— Vous lui direz que vous m'avez suivi pas à pas...

— Mon Dieu!... de quoi me chargez-vous là...

— Vous lui direz, poursuivit Roger, que vous m'avez trouvé chez la personne que j'aime.

— C'est-à-dire, hasarda le valet, chez sa camé...

— Chez elle! insista le chevalier avec autorité.

De placide qu'il était le visage du domestique passa, en quelques secondes, au rouge au vert et au cramoisi...

Il se figura avoir mal entendu...

S'il en était autrement, c'est que ce maître sur lequel il avait fondé tant d'espérances, était devenu bien réellement fou.

Il ne pouvait y croire...

Et moitié riant, moitié sérieux :

— Comment!... chez elle? demanda-t-il...

Puis jetant un coup d'œil sur le modeste mobilier de cette petite chambre de fillette :

— C'est ici qu'elle demeure?

Roger haussa les épaules, et continua à la stupéfaction croissante de son interlocuteur :

— Et tu ajouteras que je n'aurai jamais d'autre femme, entends-tu bien, d'autre épouse que cette jeune fille...

Pour le coup, l'infortuné Picard éprouva un véritable vertige...

Il lui sembla que tous les meubles de cette chambre tourbillonnaient autour de lui... Et il s'appuya contre la porte pour ne pas chanceler...

— Hein?... fit-il au bout d'un instant... Plaît-il?

Puis regardant son maître en éditant sur son visage tous les symptômes de l'ébahissement, de l'ahurissement, il balbutiait :

— Pardon, monsieur le chevalier... quelle jeune fille... s'il vous plaît... quelle...

— Eh pardieu! gronda Roger à bout de patience, celle qui était là tout à l'heure...

LES DEUX ORPHELINES

Roger lui serrait les mains et, les yeux pleins d'amour, il répétait :
— Henriette !... Henriette !... (P. 567.)

— Elle ?...
— Celle que tu trouvais si charmante...
— La petite femme de chambre ?...
— Misérable ! s'écria le chevalier en marchant sur l'impertinent valet...

Picard retrouva instantanément son air béat, souriant, heureux...

Et, tendant le dos :
— Allons !... allons donc !... fit-il émotionné, anxieux.

Mais Roger le saisit violemment par le bras et l'obligea à se redresser...

Puis lui montrant du doigt la porte qui s'ouvrait :
— Plus un mot ! commanda-t-il... Silence !... c'est elle !

. . . .

C'était bien effectivement la jeune ouvrière qui rentrait, mais Henriette tout en larmes, se tordant les bras de désespoir.

Et avant que le chevalier et Picard fussent revenus de leur surprise, la jeune fille s'était jetée sur une chaise, donnant un libre cours à ses sanglots...

Et, au milieu des larmes qui la suffoquaient, Roger entendit ces mots :

— Quelle honte !... mon Dieu !... quelle honte !... ah !... je ne méritais pas une pareille offense !

Le chevalier avait pris une des mains d'Henriette, tandis que Picard, fort ému et le visage tout bouleversé, s'était rapproché de la jeune fille...

Il n'était pas habitué à assister à de vraies douleurs, et cette scène à laquelle il avait été si loin de s'attendre le remuait profondément.

Il eût bien voulu interroger la jeune personne sur le motif de ce chagrin qui se produisait d'une façon si subite. Mais son regard rencontra celui de Roger, et il se tut.

Au surplus le chevalier demandait, lui-même, à la jeune fille éplorée :
— Que s'est-il donc passé ?... Qui a pu motiver l'état où je vous vois ?... Dites-moi bien vite, Henriette, ce qui vous est arrivé !...

La jeune fille, à cette question, courba la tête :
— On me chasse de cette maison ! dit-elle...

Roger chancela.

Puis, passant rapidement la main sur son front :
— On vous chasse... vous !... vous !

Il avait les yeux hagards et le sang lui montait au cerveau.

Tout frémissant d'une sourde colère, comme s'il eût deviné ce qui venait de se passer, il reprit...

— On vous chasse?... Et pourquoi?

Henriette se cacha le visage dans les mains...

Au moment de parler elle se sentait défaillir...

Mais, faisant un vigoureux effort sur elle-même pour se maîtriser, elle prononça ces mots qui semblaient lui brûler les lèvres au passage :

— Oui, on me chasse... parce que...

Elle hésita une seconde. Puis avec éclat :

— Parce qu'on prétend que je suis... votre... votre maîtresse!

Le chevalier avait déjà fait un bond vers la porte.

Picard le retint, en disant à part soi :

— Ah dame!... c'est que les apparences...

Mais la voix de Roger s'éleva, virulente, pour protester...

— Ma maîtresse!... s'écria-t-il... Vous, si honnête!...

... Vous, si pure, ajouta-t-il en s'agenouillant devant Henriette, vous que j'ai toujours respectée comme une sœur !

Picard avait écouté en donnant les signes d'une surprise qui ressemblait fort à de l'ahurissement.

Il regardait alternativement le chevalier et la jeune fille, en mâchonnant :

— Une sœur!... Une sœur!... Ah! ça... qu'est-ce que tout cela veut dire ?

Puis, se frappant le front :

— Je n'y suis plus du tout, moi!... Mais du tout, du tout!

La colère du chevalier grondait sourdement.

On devinait à la pâleur livide qui avait envahi ses traits, qu'il voulait venger l'honneur de la jeune fille outragée, et que sa fureur ne tarderait pas éclater terrible, implacable...

Le vieux domestique savait à quoi s'en tenir à cet égard.

Il connaissait le tempérament fougueux de son jeune maître...

Il essaya même d'intervenir.

Mais, le repoussant d'un geste, Roger s'approcha d'Henriette.

Et d'une voix vibrante :

— Qui donc a répandu cette calomnie? demanda-t-il...

Puis, avec hauteur :

— Aurait-il pris à Mme Dervigny la fantaisie de douter de la parole que je lui ai donnée?

... S'il en était ainsi, je me rendrais près d'elle et je l'amènerais ici, à vos pieds, Henriette, afin qu'elle s'excuse de vous avoir offensée et qu'elle implore votre pardon!

Picard était, lui, absolument renversé...

Il se croyait le jouet d'un rêve.

Le chevalier lui apparaissait, maintenant, comme un preux chevalier des légendes...

Il se le représentait bardé de fer et chevauchant, la lance au poing, pour combattre tous ceux qui ne s'inclineraient pas devant la dame de ses pensées.

En somme, le vieux domestique ne s'était attendu à rien de semblable lorsqu'il venait dans ce qu'il croyait être la petite maison de son maître.

Et, en soi-même, le domestique marmottait :

— Une sœur !... Une sœur !... C'est-il Dieu possible !

Ses yeux allaient, alternativement, de la jeune fille dont le visage inondé de larmes portait les traces du plus violent chagrin, à Roger qui ne se contenait plus de fureur.

Le chevalier s'écriait avec rage :

— Infâme calomnie... Mais qui... qui donc a pu répandre cette odieuse méchanceté ?

— Les gens du quartier, sans doute ! répondit Henriette.

La pauvre enfant se couvrait les yeux de ses mains.

La rougeur lui montait au front.

— Ils ont osé vous soupçonner, dit-il, vous la plus pure, la plus chaste, et aussi la plus éprouvée des jeunes filles !... Eh bien, désormais, Henriette, je vous mettrai hors d'atteinte de pareilles calomnies.

Il avait fait un pas vers Picard. Le vieux serviteur, de plus en plus interdit, écarquillait démesurément les yeux.

Tout ce qu'il avait entendu lui paraissait si extraordinaire qu'il se demandait s'il était bien dans son bon sens...

Henriette lui apparaissait peu à peu ce qu'elle était réellement, une honnête demoiselle que le chevalier prétendait avoir respectée comme il eût fait d'une sœur.

Mais en même temps il se creusait la tête pour savoir ce que son maître entendait lorsqu'il parlait de la faire respecter par tout le monde.

En cela, Picard n'était pas au bout de ses étonnements.

En effet, Henriette, de plus en plus affligée, reprenait en sanglotant :

— La maîtresse de cette maison, qui m'avait accueillie, qui me donnait de l'ouvrage... m'a déclaré...

Les larmes coupaient sa voix.

Le chevalier, les regards étincelants, marchait avec agitation comme s'il n'eût attendu que le moment de se précipiter chez Mme Dervigny, pour lui demander compte de ses procédés envers la jeune ouvrière, et de ses propos...

En voyant la douleur d'Henriette, il s'approcha d'elle :

— Que vous a-t-elle dit, enfin? demanda-t-il.

Elle m'a déclaré... devant tout le monde..., qu'elle ne pouvait plus m'employer... ni me garder chez elle...

— Que dites-vous? s'exclama M. de Vaudrey...

— Il est horrible, n'est-ce pas d'être jugée comme une... Ah!... croyez-moi, monsieur le chevalier, je me suis sentie défaillir lorsque cette dame m'a congédiée en ces termes, parce qu'elle a des enfants... deux jeunes filles, et que... ma conduite fait scandale...

— Enfin, prononça-t-elle d'un ton déchirant... enfin, que vous dirai-je?

... Elle me chasse !

La colère du chevalier éclata furieuse :

— C'est une action monstrueuse... infâme!... s'exclama-t-il.

Et il regardait Picard qui, la mine fort penaude et attristée, murmurait comme un écho :

— Oui, infâme...

Ce singulier bonhomme était aussi susceptible d'attendrissements, comme on le voit.

Il prenait, maintenant, fait et cause pour la jeune fille, et cela le plus sincèrement du monde.

— Pauvre petite!... disait-il, en ayant l'air de s'adresser des yeux à son maître... mais... mais c'est injuste ça, monsieur!...

Puis se tournant du côté d'Henriette :

— Car enfin, mademoiselle... du moment que vous êtes toujours...

Le regard de l'ouvrière se fixa sur Picard avec une expression d'étonnement... Le valet voulut rattraper ce qu'il avait dit...

— Non, fit-il, je veux dire du moment que vous n'êtes pas encore...

Il s'embrouillait de plus en plus, rougissait, se dandinait...

Finalement, il se retourna en marmottant :

— Ah! je ne sais plus ce que je dis, moi!...

Du reste, Henriette ne faisait plus attention à lui; le chevalier s'était approché d'elle et son visage indiquait qu'il avait pris une résolution énergique.

Il regarda longuement celle qui, maintenant, tenait les yeux baissés. Et d'une voix devenue tout à fait calme, il prononça ces mots :

— Henriette, séchez vos larmes; et relevez la tête!...

Et prenant la main que lui tendait la pauvre enfant éplorée.

— Oui, vous quitterez cette maison, ajouta-t-il ; mais vous n'en sortirez pas pour habiter une misérable mansarde...

Picard eut un mouvement de surprise, aussitôt réprimé du reste, car le chevalier continuait en s'animant :

— C'est chez moi... c'est dans mon hôtel que vous habiterez... oui, chez moi !...

Cette fois le domestique ne put retenir une exclamation.

Il se mit à marcher avec agitation, allant de son maître à la jeune fille...

— Hein ?... ai-je bien entendu !... Dans notre... dans son hôtel...

Mais il demeura tout à coup la bouche béante, comme s'il eût été frappé d'imbécilité.

En effet, M. de Vaudrey continuait :

— Dans mon hôtel... c'est-à-dire le vôtre !... Henriette !... car vous y entrerez au bras de votre mari...

Après un moment de stupeur, Picard s'était remis. Son caractère sceptique avait repris le dessus...

— Oh ! oh ! dit-il à part soi ; il va un peu loin !... Il va un peu loin !...

— Moi... interrompit Henriette... votre femme !... non, non... Vous n'y songez pas !... C'est impossible !...

Roger lui serrait les mains et, les yeux pleins d'amour, il répétait :

— Henriette !... Henriette !...

— Parbleu !... surenchérit Picard... Impossible ! je le crois bien... Et nos grands parents !...

— Je comprends, dit Henriette avec une ineffable expression de reconnaissance, je comprends tout ce qu'il y a de noble et de généreux dans l'offre que vous me faites, et je vous en remercie...

... Mais, ajouta-t-elle en relevant la tête, je comprends aussi la distance qui nous sépare...

... Elle me dicte mon devoir, et... je refuse !

— Vous refusez ? s'exclama le chevalier, devenant subitement pâle...

Il était si éloigné de s'attendre à une semblable réponse que tout d'abord il avait gardé le silence...

Picard, au contraire, saisi d'admiration pour cette jeune fille pauvre qui refusait la fortune et le nom qu'on lui offrait, n'avait pu s'empêcher de s'écrier en regardant Henriette avec admiration :

— C'est beau ! c'est noble ! c'est sublime ce qu'elle dit là...

Mais Roger, revenu à lui-même, avait bientôt interrompu cette manifestation.

— Vous refusez, Henriette ! s'écria-t-il, vous refusez, et vous croyez ne sacrifier que vous-même!... Vous ne songez donc pas à moi, dont vous êtes tout l'espoir... tout le bonheur... toute la vie!...

Picard eut un second mouvement d'admiration.

Il s'était, depuis le commencement de cette scène, senti fortement empoigné...

Arrivé, peu à peu, au comble de l'émotion, le vieux serviteur ne marchanda pas ses applaudissements à son jeune maître...

— C'est aussi très bien ce qu'il dit là!... très bien... très bien... très bien!..

Tristement, Henriette ajoutait :

— Puis-je, malgré sa volonté, entrer dans votre famille?...

... Puis-je devenir pour elle un objet de haine, et pour vous, une cause d'inimitié, de persécutions peut-être?... Non!... Non!...

Le chevalier avait fait un geste pour témoigner de sa résolution formelle de passer outre aux conseils de la jeune fille; mais celle-ci, détournant la tête pour cacher les larmes qu'elle ne pouvait plus retenir :

— Il faut nous séparer... dit-elle, il faut cesser de nous voir!

— Jamais! s'écria Roger hors de lui... Jamais vous n'obtiendrez de moi que je cesse de vous voir!... Si ma famille me refuse son consentement, je saurai m'en passer...

Picard avait écouté, tout fiévreux, s'animant au fur et à mesure que parlait son maître...

A la fin, il éclata aussi :

— Eh bien!... oui, s'exclama-t-il avec force, nous nous en passerons, nous nous en passerons, tant pis!...

— Est-ce que votre sagesse ne vaut pas mon titre de chevalier? dit Roger.

— Elle le vaut, monsieur, elle le vaut! s'écria Picard.

— Est-ce que votre beauté, reprenait Roger, votre innocence, vos vertus ne valent pas autant que ma fortune?...

L'enthousiasme de Picard ne connaissait plus de bornes.

Et il s'exclamait :

— Ça vaut dix fois plus, monsieur!... Cent fois plus!...

Puis, tout à coup, retrouvant un éclair de raison :

— Ah!... mais, saperlotte! ajoutait-il en aparté... comme je vais, moi!... comme je vais!...

— Picard, commanda le chevalier, mon chapeau... et partons!...

Le valet, ayant passé le chapeau qu'on lui demandait, s'empressa d'aller ouvrir la porte, en disant :

— Oui, monsieur, partons!...

La soubrette attendait toujours. (P. 574.)

Puis, s'effaçant pour laisser passer Roger, il murmura à part soi :
— Partons vite... Je serais capable de les marier tout de suite !

Le brave bonhomme était, désormais, tout dévoué à son maître et à cette jeune fille qui, par la sincérité de son émotion, avait su le subjuguer.

— Henriette !... dit enfin Roger en faisant un effort pour s'éloigner, c'est tout notre avenir, c'est notre bonheur à tous deux que je cours assurer...

— Adieu, adieu!... murmura la jeune fille d'une voix mourante et adressant un tendre regard à celui qui allait partir.

Ce mot fit rétrograder le chevalier, qui, déjà se trouvait sur le seuil...

— Non, fit-il, laissez-moi le courage dont je vais avoir besoin... Ne me dites pas adieu!...

Puis, regardant sa bien-aimée avec passion, il répéta :

— Ne me dites pas adieu... mais au revoir, mon Henriette, au revoir...

— Au revoir!... dit Henriette.

Le chevalier était déjà sorti, — transporté de bonheur et pressé d'en finir avec une situation désormais intolérable, — que Picard était encore dans la chambre, immobile et fasciné.

Le brave homme ne pouvait détacher ses yeux de ce visage si doux et si triste à la fois de la jeune fille qu'il avait d'abord si mal jugée.

Il ne voulait pas s'en aller, lui, le valet sceptique et gouailleur, sans avoir fait amende honorable à cette humble ouvrière.

— Au revoir, mademoiselle, s'exclama-t-il en contenant à grand'peine son émotion.

Et, s'animant, il ajouta d'une voix émue :

— Je vous respecte, je vous estime, je vous admire, je vous...

Il s'interrompit en se souvenant tout à coup du rôle dont l'avait chargé le comte de Linières.

Il sortit précipitamment en s'écriant :

— Eh bien! j'ai joliment rempli les ordres de M. le comte!

Picard ne put rejoindre son maître qu'au bas de l'escalier, tant le chevalier de Vaudrey avait mis de précipitation à sa sortie de cette maison, où il espérait revenir bientôt.

Une fois dans la rue, le jeune homme avait redoublé le pas, si bien que le domestique, dont les jambes n'avaient plus la même souplesse, se trouva bientôt hors d'état de continuer à suivre ce train d'enfer.

Il avait, par un vigoureux effort, réussi à se maintenir, pendant quelques instants, à côté de son maître.

— Monsieur le chevalier, dit-il d'une voix haletante, espère-t-il pouvoir, en marchant ainsi, arriver assez tôt...

— Où? interrompit Roger en regardant son domestique d'un air courroucé...

— A l'endroit où va monsieur le chevalier!...

— Ceci est mon affaire!...

— Je ne suis pas content de vous, maître Picard.

— Je suis cependant tout dévoué à monsieur le chevalier.
— Pourquoi venais-tu dans cette maison?
Picard garda le silence.
— Tu me trahissais, misérable!...
— Eh bien... oui, je l'avoue! Je trahissais Monsieur!
— Toi?... toi sur la fidélité de qui je croyais pouvoir compter...
— Oui, je suis un grand coupable, monsieur le chevalier, et je suis désolé que nous soyons, en ce moment, dans la rue.
— Pourquoi, maraud?
— Parce que monsieur le chevalier pourrait...
— Pourrait quoi? fit Roger en s'arrêtant.
— Pourrait se venger... me châtier comme je mérite de l'être... acheva le valet qui revenait à son idée bizarre d'être traité par son maître suivant les bonnes traditions d'autrefois.

Et, comme Roger avait fait halte pour l'interpeller, le domestique en profita pour souffler bruyamment.

— J'y songe, hasarda-t-il d'une voix essoufflée, si monsieur le chevalier voulait prendre un carrosse, j'aurais bien vite fait d'aller jusqu'à la prochaine remise...

— Soit!... Dépêche-toi...

Picard ne se l'était pas fait répéter. Au bout de quelques minutes, il revenait...

Et, sautant à bas du siège du véhicule de louage, il avait ouvert la portière et se tenait, correctement, le chapeau à la main, comme un laquais bien stylé...

— Où faut-il faire conduire monsieur le chevalier? demanda-t-il.
— A l'hôtel du lieutenant de police.
— Chez *notre*... chez M. votre oncle?
— Oui, chez le comte de Linières.

Picard était demeuré ébahi, fort embarrassé et ne sachant ce qu'il devait faire, lorsque, tout à coup, Roger le saisit par le collet de son habit et fit mine de le hisser dans la voiture, en lui disant:

— Allons, monte, faquin!
— Oh! jamais, monsieur le chevalier, jamais je n'oserai franchir la distance qui sépare un gentilhomme...
— D'un manant tel que toi, maître gueux!... Tu as raison de trouver cela inouï; mais j'ai besoin de te parler, et je t'ordonne de prendre place... là en face de moi.
— Comme un coupable devant son juge!... acheva le domestique.

Puis, prenant un air soumis et résigné:

— Ah! monsieur le chevalier a le droit de ne pas me ménager, car je suis véritablement criminel... J'ai mérité...

— Nous verrons tout à l'heure ce que tu as mérité... et ce que tu peux espérer de ma clémence...

Et commençant l'interrogatoire.

— Tu as prétendu être arrivé à découvrir la maison d'où nous sortons, en me suivant?... Est-ce vrai?

Picard se sentit mal à l'aise sous le regard pénétrant de son maître.

Allait-il persévérer dans le mensonge qu'il avait fait par simple vanité? Dirait-il, au contraire, la vérité?

Au bout d'une seconde, il prit son parti de fouler aux pieds la question d'amour-propre.

— J'ai menti à monsieur le chevalier, dit-il, j'avais reçu l'ordre de découvrir la... petite maison de monsieur le chevalier.

— Qui t'avait donné cet ordre, maraud?

— Celui qui... avait intérêt...

— Le comte? J'en suis sûr!

— Je n'oserai certainement pas démentir monsieur le chevalier.

— Alors, si tu veux éviter mon courroux...

— Oh! non, monsieur le chevalier!... Je ne veux pas me soustraire au châtiment que j'ai mérité...

— Es-tu devenu fou?

— Monsieur le chevalier pourrait le croire, par bonté d'âme et pour avoir un prétexte pour me pardonner; mais... je dois hommage à la vérité, je jouis de toute la faible raison que la nature m'a donnée; je suis un misérable, je ne mérite aucune pitié...

— Tu avoues donc qu'on t'avait chargé de me suivre...

— Oui, mon doux maître...

— Et tu as obéi, faquin...

— J'ai simplement essayé...

— Tu n'as que trop réussi...

— Pas pour mon intelligence.. Si je ne m'en étais rapporté qu'à moi, pour cela, j'en serais encore à découvrir la petite chambre de cette charmante demoiselle, que l'on veut si injustement persécuter!

— Que parles-tu de persécutions? questionna le chevalier avec empressement... Qui donc voudrait s'acharner contre celle que je protège, que j'aime enfin?

— Hélas! monsieur le chevalier, quelqu'un de bien puissant...

— Le comte de Linières?

— Oui, répondit avec un soupir le valet, M. le lieutenant général de police de Sa Majesté !

Roger fit un bond sur le coussin de la voiture.

Puis, reprenant aussitôt l'interrogatoire :

— Parle ! s'écria-t-il en serrant vigoureusement le bras du valet, parle, dis-moi tout ce que tu sais !...

— Je sais, monsieur le chevalier, que M. le comte semblait avoir grand intérêt à découvrir l'endroit où vous cachiez...

— Henriette ?

— Oui, cette adorable demoiselle Henriette... Mais, ce n'est pas moi qui dirai maintenant où se trouve le nid des amours de monsieur le chevalier.

Et, levant la main comme pour prêter serment :

— Je le jure à monsieur le chevalier.

Roger ne se contenait plus. Ce qu'il venait d'apprendre l'enhardissait encore à rompre en visière avec son oncle.

Désormais, il ne garderait aucun ménagement.

Il déclarerait au comte de Linières son intention formelle de prendre pour épouse celle dont la vertu valait plus, à ses yeux, que tous les titres de noblesse.

Il se mettrait, le fallût-il, en guerre ouverte avec cet oncle tout-puissant.

— Tu m'as juré, dit-il à Picard, de ne pas divulguer le secret que tu as surpris, que tu ne dirais à personne où se trouve situé...

— Le nid charmant qui abrite les amours de monsieur le chevalier... je le jure encore... ce n'est pas... par moi... qu'il pourra être découvert.

Roger saisit la restriction qu'il y avait dans la pensée de son vieux serviteur.

— Qui donc pourrait... sinon toi ? demanda-t-il avec vivacité.

— Hélas ! monsieur le chevalier... D'autres, je l'avoue à ma honte, ont été plus habiles que moi !...

— D'autres, dis-tu ?...

Il avait saisi Picard au collet et le secouait violemment.

— Qui ?.. quels autres ? répétait-il.

— Ceux qui m'ont aidé... ceux qui, balbutia Picard, m'ont mâché la besogne... Et sans lesquels, je n'aurais, hélas ! jamais découvert l'asile secret de monsieur le chevalier... Jamais, jamais !...

Puis, comprenant tout ce qu'il y avait de colère dans le cerveau de son maître, il se mit à faire, de lui-même, les aveux les plus complets, racontant sa rencontre avec les deux policiers...

— Les agents du lieutenant de police! s'exclama Roger hors de lui... Mon secret est connu par ces agents!...

— Par deux d'entre eux au moins, soupira le domestique... le sieur Marest et l'un de ses infimes subalternes,

En voyant la mine piteuse de Picard, la colère du chevalier de Vaudrey se calma. Il reconnaissait que le valet n'était pas coupable d'indiscrétion, mais il tremblait à la pensée que M. de Linières connaissait maintenant la retraite d'Henriette.

Or, il se rappelait de quel ton menaçant le comte lui avait lancé cette phrase pour clore l'entretien qui avait eu lieu à propos des archives de la police : « — Vous m'avez rappelé à mon devoir... c'est bien!... Mais à mon « tour, monsieur, je vous forcerai bientôt de remplir le vôtre. »

Il savait que cet homme si énergique, si hautain et si volontaire lui tiendrait parole et il se persuadait que déjà M. de Linières travaillait à briser sa résistance.

— Nous sommes arrivés, dit Picard en ouvrant la portière.

En effet, le carrosse s'arrêtait devant la porte de l'hôtel du lieutenant de police.

Mais, au lieu de passer directement par les antichambres qui conduisaient dans les bureaux de M. de Linières, le chevalier s'était dirigé rapidement vers l'appartement particulier de son oncle, après avoir recommandé à Picard d'aller l'attendre dans l'antichambre du cabinet de travail du lieutenant de police.

Après avoir réfléchi à la démarche qu'il importait de faire d'abord, Roger avait décidé de voir, au plus tôt, la comtesse.

Il alla donc demander à la femme de chambre de Diane de vouloir bien l'annoncer.

— Mme la comtesse est absente, répondit la soubrette, Mme la comtesse est sortie en chaise pour se rendre à Saint-Sulpice...

— A la grand'messe! fit Roger avec un soupir...

Puis il se rappela que Diane lui avait adressé un regard qui signifiait qu'elle ne refusait plus de voir Henriette...

Le chevalier sentit un léger tressaillement au fond de son cœur.

Il se dit que, peut-être, la comtesse était, en ce moment, auprès de la jeune orpheline...

Et il éprouva une impression qui tenait à la fois du bonheur et de l'angoisse...

La soubrette attendait toujours.

— C'est bien, lui dit Roger, je reviendrai voir Mme la comtesse, en sortant de chez M. de Linières.

Le chevalier avait pris la ferme résolution d'affronter la sévérité, la colère même, de son oncle.

En arrivant dans l'antichambre qui précède le cabinet du lieutenant de police, Roger trouva Picard en grande conversation avec un des employés de M. de Linières.

En l'apercevant, l'agent avait salué et s'était retiré.

Le valet de chambre s'approcha aussitôt de son maître.

Il avait, ce brave Picard, le visage tout bouleversé et sa voix chevrota lorsqu'il lui fallut annoncer à Roger ce qu'il venait de recueillir de la bouche de cet employé qui n'était autre que M. Marest.

— De quoi s'agit-il donc? interrogea le chevalier.

— D'abord, répondit le vieux serviteur, je crois que M. le comte désire beaucoup, oh! mais beaucoup, causer avec monsieur le chevalier...

— Qu'est-ce qui te fait supposer cela?

— La conversation que je viens d'avoir avec M. Marest, lorsque monsieur le chevalier est entré.

— Ah!... Et que te disait cet homme?

— M. Marest m'annonçait précisément qu'il venait de passer à l'hôtel de monsieur le chevalier.

— Lui?... Et pourquoi?...

— Il avait été envoyé auprès de *nous* par M. le comte.

— Dans quel but?

— Pour prier monsieur le chevalier de vouloir bien se rendre ici, et, persuadé que mon dévouement appartient à M. le lieutenant de police et non à monsieur le chevalier, M. Marest m'a dit en confidence que M. le comte, avant de s'éloigner, avait donné des ordres secrets et de la plus grande sévérité concernant monsieur le chevalier... Il se soumettra, a-t-il dit, ou, sinon, malheur à lui.

— Me soumettre, dit Roger, jamais!

Et il se mit à marcher d'un pas agité dans la pièce dont les huissiers de service avaient soigneusement refermé la porte sur lui.

Picard était inquiet.

Il s'était placé tout contre la porte du cabinet, épiant sans en avoir l'air les moindres gestes du chevalier.

Roger était retombé dans ses réflexions.

Pourquoi cette démarche du comte?... Pourquoi ces paroles menaçantes?... Que méditait-il donc?

Quel revirement s'était opéré dans les idées de son oncle, qui motivait l'envoi d'un agent à l'hôtel de Vaudrey?

Le chevalier se perdait en conjectures.

En outre, l'absence du comte le trouvait très perplexe...

Devait-il l'attendre?

Un instant, il pensa à se rendre à Saint-Sulpice dans l'espoir d'y rencontrer la comtesse.

Mais, comme il s'ouvrait de cette intention à son valet, Picard lui fit, judicieusement, observer qu'il y avait déjà plus d'une heure qu'on était sorti de la grand'messe.

— Allons, j'attendrai! avait murmuré le chevalier.

Et, intérieurement, il supposait que Diane, pour n'être pas rentrée tout de suite à l'hôtel, avait dû se décider à se rendre auprès d'Henriette.

Son imagination improvisait tout une scène attendrissante se déroulant, dans la petite chambre du faubourg Saint-Honoré, entre la comtesse et Henriette...

Il entendait, intérieurement, les paroles émues qui s'échangeaient entre ces deux infortunées placées à des distances si grandes dans l'échelle sociale...

Il voyait Henriette s'agenouillant devant cette grande dame qui, sans souci de l'étiquette, s'était assise sur la chaise de l'ouvrière, à côté de la petite table de travail...

Henriette, émue, s'excusant d'être aimée, tremblante, le visage inondé de larmes...

Puis son imagination lui représentait Diane tendant la main à la jeune fille, l'obligeant à se lever, l'attirant dans ses bras, la pressant sur son cœur...

Diane se souvenant, et confondant ses larmes avec celles de l'affligée!...

. . . .

Tout à coup le cartel sonnant deux heures tira Roger de son rêve...

Le chevalier se leva d'un bond.

XI

Revenons à Henriette que nous avons laissée au moment où, voulant répondre à la tendresse, à l'affection passionnée dont elle était l'objet de la part de Roger, elle avait fait un effort pour sourire à celui qui réclamait d'elle un mot d'espoir.

Il avait fallu toute la reconnaissance que ressentait l'abandonnée pour ce protecteur dévoué, tout l'amour qu'elle éprouvait pour celui qui l'avait

— Je suis la tante de Roger. (P. 581.)

défendue, sauvée du déshonneur, pour décider Henriette à étouffer son désespoir, pour lui donner le courage de refouler les sanglots qui la suffoquaient...

Et elle avait oublié, pour celui qui l'implorait, qu'on venait de la chasser, la comparant aux créatures avilies qui prostituent leur amour...

Elle avait, dans un sourire, prononcé ces mots : « Au revoir! »

Mais, lorsqu'elle s'était retrouvée seule, lorsqu'elle eut réfléchi à la situation que lui avaient faite les assiduités de Roger et qu'elle eut vu quel abîme il y avait entre elle et le gentilhomme qui lui parlait d'avenir et de bonheur, la pauvre enfant s'abandonna, de nouveau, à son affliction...

Le bonheur!... pouvait-elle y songer, quand elle se souvenait de Louise perdue, de Louise que, depuis trois mois, on avait en vain cherchée, de Louise dont elle entendait toujours les appels et les cris déchirants!...

L'avenir!... pouvait-il en exister un autre pour elle que celui des affligées inconsolables, des abandonnées qui n'ont en perspective que la misère, le désespoir sans fin!...

Elle avait promis à Roger d'attendre son retour; elle lui avait donné le droit de renverser les obstacles qui s'opposeraient à leur union; elle lui avait laissé entendre qu'elle serait prête au jour de l'hyménée à le suivre à l'autel.

Elle l'avait vu partir, l'âme remplie de joie, ne se contenant plus d'impatience, courant au-devant de la lutte qu'il avait annoncé lui-même devoir soutenir contre ceux qui se refuseraient à donner le consentement qu'il allait implorer...

Certes, en ce moment où leurs deux âmes se retrouvaient dans une même sympathie, dans une même pensée, où leurs regards disaient tout l'amour qu'ils avaient au cœur, Henriette n'avait pu résister aux supplications qu'on lui adressait...

On lui demandait un mot d'espoir, et elle l'avait envoyé dans un soupir...

Mais, après cette période de folles espérances, la raison s'était imposée à cette nature honnête et droite.

Elle avait compris, cette créature si chaste et si pure, que son devoir devait passer avant tout, même avant son amour.

Elle se dit qu'elle ne pouvait accepter le bonheur au prix des sacrifices que Roger s'imposerait pour elle...

Et calme, étouffant les protestations de son cœur, elle murmura :

— Je ne le verrai plus !...

Elle se souvint alors de tous les combats qui s'étaient livrés en elle.

Elle se rappela les transes par lesquelles elle avait passé, lorsque, ne pouvant se mentir à elle-même, il lui avait fallu s'avouer qu'elle aimait...

Elle se rappela les reproches que lui adressait sa conscience lorsqu'en songeant à Louise, elle s'était aperçue qu'un autre prenait, par moments, dans son cœur, la place que l'infortunée devait occuper seule.

Et, honteuse de cette défaillance de sa tendresse fraternelle. Henriette se disait :

— Non!... je ne renouvellerai pas cette lutte douloureuse entre mon amour et mon devoir!...

Puis, la pauvre enfant, combattue de la sorte par des pensées si différentes; partagée entre le besoin de retrouver la malheureuse aveugle, et le désir de revoir le chevalier; inquiète de ce qui allait arriver; troublée, épouvantée des conséquences que pouvaient avoir pour elle la mesure violente qu'avait prise, à son égard, Mme Dervigny, Henriette pensait de nouveau aux heures si douces passées auprès de Roger.

— Ah! nous nous aimions bien cependant! se disait-elle.

... Mais c'était un trop beau rêve, hélas!...

... Et qui m'a déjà rendue trop coupable!... Oui, coupable!... car j'avais des instants d'oubli; j'avais des heures de joie et de bonheur!... Mais le réveil ne s'est pas fait attendre...

La conduite de Mme Dervigny lui revenait à la mémoire, pour lui rappeler qu'elle avait été insultée, chassée de cette maison...

Ces paroles résonnaient encore à ses oreilles.

Alors, courbant la tête, Henriette se disait que tout ce qui lui arrivait était la punition de ces instants d'oubli qu'elle avait eus, depuis la disparition de Louise.

— Ah! s'écria-t-elle en joignant les mains, le châtiment n'a pas été lent à venir!...

Pauvre douce créature, elle s'accusait comme eût pu le faire une véritable coupable...

Elle adressait à Dieu une prière comme en adressent les repenties dans leur touchante humiliation...

Puis, tandis qu'elle élevait ainsi son âme, elle retrouvait dans sa pensée le nom de Roger...

Elle ne voulait pas être la cause de grands malheurs pour l'homme qui l'avait si généreusement protégée...

Dans ces conditions, il ne restait plus à Henriette d'autre ressource que de changer de quartier, à la fois pour se soustraire à la médisance, à la calomnie, et pour que le chevalier ne pût la retrouver.

Le peu d'argent qu'elle avait réussi à économiser sur le prix de son travail lui servirait, pensait-elle, à attendre qu'elle pût se procurer de l'ouvrage...

Désormais, elle se consacrerait, tout entière, à la recherche de Louise.

Elle ne devait plus tarder à quitter cette maison.

Son départ s'effectuerait le plus secrètement possible. Elle profiterait de ce que la nuit venait de très bonne heure pour se faufiler au dehors.

Elle quitterait le quartier dans une heure, lorsque la brume obscurcirait les rues.

Son bagage n'était pas long à préparer.

Elle fit, rapidement, un paquet de ses hardes.

Dans sa précipitation, elle fouillait fiévreusement dans le petit placard qui lui servait d'armoire.

C'est là qu'elle serrait les quelques bijoux qui n'avaient de valeur que parce que c'étaient de pieux souvenirs de sa mère...

Et, parmi ces chers objets, elle avait toujours conservé deux lettres de Louise, les dernières qu'elle eût écrites avant d'être subitement frappée de cécité...

Ces lettres, que l'amie lui avait adressées à l'occasion d'un de ces légers nuages entre sœurs, qui appellent de tendres raccommodements, Henriette les avait relues bien souvent depuis, les mouillant de ses larmes.

Tout à coup, la vue de ces plis lui suggéra une idée...

Celle de prévenir Roger de sa résolution, en lui demandant pardon de méconnaître ainsi les bontés qu'il avait eues pour elle.

— Oui, murmura-t-elle, je lui dois cette preuve de l'affection que je lui ai vouée et qui sera éternelle dans mon cœur!...

Elle s'assit devant la table de travail tout encombrée d'étoffes et de chiffons.

Et, là, elle se mit à écrire au chevalier quelques lignes émues, qu'elle mouillait de ses larmes...

Lorsqu'elle eut, au bas de cette lettre d'adieu, apposé sa signature, elle voulut la relire une dernière fois.

Mais, à peine avait-elle, au travers du rideau de larmes qui voilait ses yeux, commencé cette lecture, que deux petits coups frappés à la porte la firent tressaillir.

Henriette s'était retournée, surprise.

Elle se dirigea précipitamment vers la porte qu'elle entr'ouvrit d'une main tremblante.

Qui pouvait venir ainsi chez elle?

Mme Dervigny n'eût pas frappé avec cette hésitation.

En voyant paraître une dame habillée avec la plus grande élégance, la jeune fille était demeurée troublée.

L'inconnue s'aperçut de son étonnement.

Et, prenant la parole :

— Mademoiselle Henriette? je vous prie, s'informa-t-elle avec douceur en regardant l'ouvrière.

— C'est moi, madame, répondit la jeune fille...

Elle s'était effacée pour laisser passer la dame.

Celle-ci paraissait elle-même un peu embarrassée pour entamer la conversation...

Elle fit quelques pas dans la chambre.

Henriette lui présenta timidement une chaise.

Puis elle attendit, n'osant s'informer du motif de cette visite.

Intérieurement elle éprouvait une impression qu'elle ne pouvait définir.

Après le premier moment de surprise, elle avait levé les yeux sur l'inconnue; et ses yeux avaient rencontré des regards pleins de bonté.

Son cœur battait fort.

Mais il n'était pas agité par une sensation de crainte, par une appréhension quelconque.

Loin de là.

Le visage de cette grande dame, respirait la tristesse et appelait la sympathie.

De son côté la visiteuse ne pouvait se défendre d'un sentiment de compassion pour cette infortunée dont elle connaissait déjà une partie de l'histoire lamentable.

Elle aussi était attirée irrésistiblement vers Henriette.

Si même elle n'eût écouté que l'élan de son cœur, elle eût tendu les mains à cette créature dont les yeux étaient encore humides de larmes...

Et elle se fût écriée :

— Ne tremblez pas ainsi, mon enfant; je sais qui vous êtes et je vous apporte, en venant ici, une preuve de la confiance que j'ai en celui que vous aimez et qui vous adore...

... Je suis la tante de Roger!

C'était, en effet, la comtesse de Linières qui, voulant tenir la promesse qu'elle avait faite au chevalier, venait se rendre compte par elle-même de ce que Roger lui avait dit au sujet de celle qu'il désirait si ardemment avoir pour compagne de sa vie.

Diane, en se rendant auprès d'Henriette, avait fait taire tous ses scrupules, n'écoutant que son affection pour son neveu.

Il lui avait parlé d'Henriette avec tant d'enthousiasme qu'elle avait voulu juger de la vérité.

Et elle était venue, bravant l'étrangeté de cette démarche, fermement décidée, si elle éprouvait une déception, si elle trouvait Henriette indigne de Roger, de dire à celui-ci tout ce qu'elle aurait ressenti, et à le dissuader de projets dont la réalisation l'atteindrait dans sa vie, dans son bonheur et aussi dans son honneur de gentilhomme.

Mais, à peine s'était-elle trouvée en présence d'Henriette, que son cœur avait spontanément éprouvé de la sympathie pour la jeune fille.

A peine ses regards avaient-ils rencontré les regards de l'orpheline, qu'elle avait compris que Roger eût accordé son affection à cette abandonnée, sur le visage de laquelle se lisaient les sentiments honnêtes, en même temps que la tristesse et la résignation.

Mme de Linières s'était assise, et, faisant signe à Henriette de prendre place auprès d'elle :

— Mademoiselle, lui dit-elle en contenant son émotion, voulez-vous me permettre de causer un instant avec vous?

— Oui, madame! répondit avec empressement Henriette, étonnée de cette extrême politesse de la part de cette grande dame s'adressant à une ouvrière.

En prononçant ces mots, elle avait approché vivement sa chaise de celle de la comtesse.

Le son de cette voix lui avait été au cœur...

Il lui avait semblé entendre la voix de Louise !...

Et, instinctivement, elle s'était rapprochée, sans éprouver d'embarras à se trouver tout près de la comtesse.

Elle attendait, avec une émotion qu'elle avait peine à contenir, que la voix de l'inconnue se fît entendre de nouveau...

Elle voulait l'écouter, cette fois, en fermant les yeux, pour se faire illusion...

Pendant cette seconde, son cœur palpitait vivement.

Elle écouta...

La comtesse reprit, après une courte hésitation, comme pour préparer le petit mensonge qu'il lui fallait faire :

— Vous m'avez été vivement recommandée, mademoiselle.

Oui! c'était bien la voix si douce de Louise qui avait charmé l'oreille d'Henriette...

Les yeux demi-clos, elle avait écouté ces notes si tendres que trouvait la pauvre aveugle, lorsque autrefois elle parlait à son amie bien-aimée...

Henriette poussa un soupir...

L'illusion n'avait duré qu'un moment.

— Recommandée? dit-elle en rougissant... Je ne comprends pas, madame!

Il lui venait à la pensée que cette dame pouvait bien être une cliente de Mme Dervigny, qui, ayant entendu parler de ses malheurs, venait peut-être, d'elle-même, sans en avoir rien dit à la couturière, offrir de l'ouvrage lucratif à l'ouvrière nécessiteuse.

Et tout son sang lui afflua aux joues...
Si cela était, qu'allait-elle répondre?...
Avouerait-elle à cette inconnue, qui semblait vouloir s'intéresser à elle que, ce même jour, on l'avait traitée de fille perdue? qu'on l'avait repoussée comme pouvant, par sa conduite, donner de mauvais exemples aux enfants de la maison; qu'on l'avait chassée, oui, chassée, comme indigne d'intérêt, de pitié?

Dirait-elle que Roger avait été la cause involontaire de cette calomnie? Elle n'osait lever la tête.

La comtesse fit cesser cette impression douloureuse.

— Oui, mon enfant, reprit-elle, vous m'avez été recommandée... Je fais partie... d'une société de personnes charitables, et si le bien qu'on m'a dit de vous est justifié, je pourrai vous être utile... vous venir en aide...

Elle n'avait pas achevé, que la jeune fille relevait la tête...
Henriette avait compris qu'on lui apportait une aumône...
Elle se sentit froissée et répondit avec une certaine vivacité :
— Je ne suis pas malheureuse, madame !

Mais tout aussitôt elle se rappela que Louise lui avait été enlevée, qu'elle n'avait cessé de la pleurer, qu'elle allait encore mener l'existence des désespérées jusqu'à ce qu'elle ait retrouvé son amie infortunée, sa chère aveugle !

Et se reprenant :
— Hélas !... ce n'est pas ce que je voulais dire : je ne suis pas pauvre, madame... je travaille !

La comtesse fit un signe de la tête comme pour féliciter l'ouvrière.
Puis, elle ajouta d'une voix émue :
— Je ne pourrai donc rien pour vous, mon enfant?
Henriette répondit vivement :
— Rien !...

Puis une inspiration lui vint.
La sympathie qui l'entraînait vers cette inconnue lui suggéra la pensée de s'ouvrir à elle, de lui confier le tourment de sa vie...

Elle avait lu une si grande bonté sur le visage de cette dame, tant de compasssion, tant de vraie charité, qu'elle voulut lui dire l'immense chagrin qui la torturait...

A celle qui avait la voix de Louise, elle se décida à demander une protection, une assistance qu'elle avait déjà rencontrée chez Roger, mais qui, hélas! était demeurée stérile...

Alors elle se reprit :

— Je me suis trop hâtée, fit-elle, de refuser!... Oui, madame, oui... J'accepte votre secours!...

... Je l'implore même!...

La comtesse, étonnée de cette véhémence, tendit la main à Henriette. Et, l'attirant doucement à elle :

— Parlez, mon enfant, s'empressa-t-elle de dire.

La jeune fille s'était levée...

Si elle n'eût écouté que la respectueuse sympathie qu'elle éprouvait déjà pour l'inconnue, elle se fût agenouillée pour lui faire la confidence qui lui venait aux lèvres.

Sa poitrine haletait, sa voix tremblait.

Elle dut attendre d'être un peu remise de l'émotion qui l'étreignait...

— Pourquoi tremblez-vous ainsi, mon enfant? demanda la comtesse avec douceur. Vous ai-je donné à supposer que je ne vous écouterais pas avec bienveillance?

Et soupirant :

— Je suis disposée cependant à partager la douleur de ceux qui souffrent...

... Il existe tant de souffrances pour lesquelles il n'y a pas de soulagements!...

... Tant de désespoirs qui ne peuvent finir qu'avec la vie!

Henriette avait écouté, non sans surprise!

Lorsque la comtesse eut cessé de parler, elle s'écria à son tour :

— Mais ce n'est pas votre argent, ce n'est pas une aumône que je vous demande, madame...

... C'est un asile où je puisse vivre obscure, résignée, ignorée... loin du mensonge!...

Son sein était oppressé, mais, désormais, elle avait la volonté d'aller jusqu'au bout...

Elle poursuivit donc :

— Oui, madame, ce que je vous demande, c'est de me permettre de vivre loin de la calomnie... loin de... *lui,* surtout!...

La comtesse ne put qu'à grand'peine se contenir pour ne pas s'écrier : « Ah! ne craignez pas de parler, je connais le secret de votre cœur, je sais que vous vous aimez, pauvres chers enfants, et que cet amour est la cause des tourments que vous éprouvez tous deux! »

Elle se fit de nouveau violence.

Et ce fut en s'efforçant de simuler la surprise, qu'elle reprit :

— *Lui.*

Et, saisissant la main d'Henriette, elle l'étreignit fiévreusement. (P. 591.)

... C'est un jeune homme qui vous aime et... que vous aimez, n'est-ce pas ?

La jeune fille baissa les yeux.

Que dirait-elle ?

Devait-elle avouer ?

Obligée de répondre enfin, elle murmura d'une voix tremblante :
— Oui !... oui !...

La comtesse la regarda avec une affectueuse compassion, et continua :
— Et vous songez à le fuir, pour n'être pas sa maîtr...
Le mot resta inachevé.

Henriette avait vivement relevé la tête et regardait l'inconnue avec une expression où il y avait à la fois de la surprise et de la dignité froissée.

Elle s'était si peu attendue à ce qu'un pareil mot lui fût adressé, que le rouge lui empourpra les joues...

Mais son regard rencontra le regard maternel de l'inconnue, et, aussitôt, le mouvement de révolte qu'elle avait ressenti s'évanouit.

Cependant, elle ne pouvait se dispenser, pensait-elle, de protester contre la qualification qu'on avait été sur le point de formuler à son égard.

Un sentiment de fierté se manifesta en elle pour lui dicter cette réponse prononcée d'une voix qu'elle avait voulu rendre calme :
— Je veux le fuir, madame, pour garder mon courage, et n'être pas sa femme...
— Sa femme ? s'écria la comtesse.

Henriette se sentait maintenant satisfaite d'elle-même.

Elle avait donné, d'un seul mot, la preuve des sentiments élevés qu'elle avait dans le cœur.

Il ne lui déplaisait pas de laisser entrevoir qu'en agissant comme elle avait l'intention de le faire, elle s'imposait le plus cruel des sacrifices.

Elle voulut que cette grande dame emportât une juste idée de son honnêteté et de son abnégation d'elle-même.

Et, répondant à l'exclamation que sa déclaration si digne venait de provoquer :
— Oui, sa femme, reprit-elle, c'est le titre qu'il m'offrait, il n'y a qu'un instant encore !...
— Et vous l'avez refusé ? demanda la comtesse.
— Je l'ai refusé, madame !

Mme de Linières eut un geste d'admiration pour cette jeune fille de condition modeste, à laquelle était apparue, comme dans un rêve, la possibilité de réaliser le plus inespéré des mariages.

Elle attacha un regard plein de douceur sur cette pauvre créature qui se sacrifiait pour ne pas exposer celui qu'elle aimait à des luttes cruelles contre des parents inexorables.

En cette seconde qui suivit la déclaration si nette, si franche qu'elle venait d'entendre, elle se souvint de la douleur qu'elle avait éprouvée, du désespoir qui l'avait torturée, lorsque — jeune fille aussi — elle avait dû se séparer de celui qu'elle aimait.

Et, pendant cette résurrection d'un passé terrible, les regards de la comtesse demeuraient fixés sur le visage attristé d'Henriette...

Elle ne pouvait se lasser de contempler cette résignée qui lui rappelait si bien ce qu'elle avait souffert elle-même.

— Pauvre enfant ! murmura-t-elle...

Une larme brilla dans ses yeux...

Elle l'essuya furtivement...

Désormais sa conduite était toute tracée.

Elle était venue dans le but de s'assurer que Roger ne l'avait pas trompée et ne s'était pas trompé lui-même ; et elle savait, maintenant, à quoi s'en tenir.

Henriette s'était, du premier coup, montrée ce qu'elle était réellement.

L'épreuve était concluante.

Diane de Linières ne pouvait pas laisser la jeune fille, qui s'était si franchement ouverte à elle, sur une impression pénible.

— C'est bien, dit-elle avec calme. Et puisque vous m'avez fait votre confidence, mon devoir à présent est de vous parler, à mon tour, en toute franchise, en toute loyauté, et à visage découvert.

Et, sans attendre que la jeune fille fût revenue de sa surprise, elle ajouta en se levant :

— Mademoiselle Henriette, je suis la parente du chevalier de Vaudrey...

Et, plus bas, avec une émotion contenue :

— Je suis presque sa mère...

Henriette s'était levée à son tour, et demeurait, tremblante, les yeux baissés, devant celle qui venait de lui révéler sa parenté avec Roger...

Dans son esprit troublé, les pensées se succédaient sans qu'elle pût s'arrêter à aucune d'elles pour formuler une réponse.

Cette grande dame était la parente de Roger !

Presque sa mère !

Le cœur de la jeune fille battait avec violence dans sa poitrine haletante.

Un nuage passa sur ses yeux, au travers duquel elle vit la comtesse toujours émue qui la contemplait et semblait lui adresser un bienveillant sourire.

Et, comme Henriette, intimidée, se tenait sur une respectueuse réserve, ce fut Mme de Linières qui reprit :

— Oui, je suis presque la mère du chevalier de Vaudrey... L'amour qui vous unit... je le connaissais !...

Puis, s'armant de courage :

— Et je vous le dis, mon enfant, fit-elle avec douceur, le parti que vous songez à prendre est le seul que je puisse conseiller, car ce n'est pas uniquement notre famille, c'est la toute-puissante volonté du roi qui s'opposerait à ce mariage.

Henriette chancela.

Elle comprit qu'il s'agissait pour Roger d'une autre union imposée par le roi lui-même !

Et cet insurmontable obstacle lui dévoilait toute l'étendue, toute la puissance de l'amour qui s'était emparé de son âme.

Elle fit cependant un violent effort sur elle-même, elle imposa silence à son cœur et, d'une voix qui trahissait à peine sa violente émotion :

— Je m'étais tracé ma route, madame, dit-elle, avant de vous avoir vue...

... La route du sacrifice et du devoir !...

— Je le sais !

Diane de Linières attira la jeune fille à elle, dans un mouvement tout maternel.

Elle lui tenait les mains qu'elle pressa dans les siennes...

— Je sais aussi, ajouta-t-elle, que nous sommes riches et puissants...

Henriette releva la tête...

— Puissants ! fit-elle.

La comtesse ne voulut pas se laisser interrompre, de peur de donner le champ libre à une mauvaise interprétation de sa pensée.

Elle se hâta d'ajouter :

— Et, si quelque jour, nous pouvons reconnaître votre désintéressement, votre... courage, mon enfant !...

Subitement, il se fit un changement dans l'attitude de la jeune fille, comme si les paroles qu'avaient prononcées la comtesse lui eussent ouvert un horizon nouveau.

Et elle s'écria :

— Reconnaître le courage que je m'impose pour accomplir un bien douloureux sacrifice :

Vous le pouvez, madame, vous le pouvez... bientôt... aujourd'hui même !...

Diane la regardait avec étonnement.

— Aujourd'hui même, mon enfant, dites-vous...

— Oui, madame !...

— Comment ?

— Écoutez-moi donc, madame...

De mon cœur, continua Henriette, de ma tendresse, j'avais fait deux parts.

... L'une qui lui appartenait... à lui !...

Puis, s'animant :

— L'autre... Ah ! l'autre, je vous en fais le serment, madame, c'était la plus grande, la meilleure, la plus pure...

... L'autre, je l'avais donnée à une pauvre et chère enfant... qu'on a cruellement séparée de moi...

— Séparée ? s'exclama Mme de Linières...

— Oui, madame ! séparée... et la voilà seule, errante dans Paris.

Henriette avait levé ses regards au ciel, et ses yeux s'étaient remplis de larmes.

Et, c'est au milieu des sanglots qu'elle poursuivit le triste récit de l'aventure à la suite de laquelle elle avait rencontré le chevalier de Vaudrey.

— Votre famille est toute-puissante, dit-elle, eh bien !... qu'on cherche l'amie qui m'a été enlevée, qu'on la retrouve, qu'on me la rende, madame...

... Et j'imposerai silence à mon cœur !...

... J'en arracherai mon amour !... Et quel amour, grand Dieu !

... Qu'on me la rende enfin, et je disparaîtrai, je m'exilerai pour toujours...

Elle s'était redressée, et, les yeux levés au ciel, elle se croisa les mains sur la poitrine, en s'écriant avec véhémence :

— Oui !... Je disparaîtrai, j'en fais ici le serment solennel.

Voyons, dites, madame, est-ce que c'est trop demander ?

— Non, mon enfant, non ! s'empressa de répondre la comtesse, je vous promets mon aide, mon appui...

... Et cela, sans retard, sans délai !

Voyons, parlez, donnez-moi le nom, le signalement de...

Elle s'interrompit.

Henriette la regardait avec tristesse.

— Son signalement !... Hélas ! Il n'est que trop facile à donner...

— Que voulez-vous dire, mon enfant ! demanda Mme de Linières.

— L'infortunée a seize ans !... et elle est aveugle !

— Aveugle !... aveugle ! .. répéta la comtesse.

— Elle se nomme Louise, madame !

Diane tressaillit en entendant ce nom.

— Louise ! murmura-t-elle en portant vivement les deux mains à son cœur.

Ce nom, prononcé à l'improviste, lui avait porté un coup qui rouvrait dans son âme toutes les blessures que le temps n'avait pu réussir à cicatriser.

Après avoir indiqué, dans les circonstances que l'on sait, le nom de celle dont elle avait été séparée, dans cette fatale soirée de son arrivée à Paris, Henriette interrompit, pour la seconde fois, son récit.

L'attitude de la comtesse l'étonnait au point de lui faire supposer, qu'involontairement, elle avait ravivé une douleur chez la parente du chevalier de Vaudrey.

— Louise !... c'est un nom qui m'est cher, dit la comtesse.

Des larmes mouillaient ses yeux.

Elle poussa un soupir, et, vivement, elle passa sa main sur son front, comme pour chasser de son esprit les souvenirs qui l'assaillaient.

— Soyez tranquille, reprit-elle, mon enfant, on la cherchera bien votre sœur...

— Louise n'est pas ma sœur, madame !

Diane répéta avec étonnement :

— Elle... n'est pas...

— Non, madame, interrompit Henriette ; mais je lui dois à moi seule la tendresse de toute une famille...

La comtesse écoutait avec le plus profond intérêt.

Cette histoire avait un côté mystérieux qui l'attachait.

— Que voulez-vous dire mon enfant ? fit-elle.

— Oui, madame, soupira la jeune fille, en chérissant Louise comme je le fais, je paie la dette de toute une famille puisque mon père, ma mère et... moi, elle nous a sauvés de la misère.

— Sauvés ? s'exclama Mme de Linières.

— Qu'a-t-elle donc pu faire pour cela, demanda-t-elle, cette malheureuse petite aveugle ?

— Mon père avait trouvé Louise sur les marches d'une église...

— Trouvée ? s'écria la comtesse.

Et, essayant de se remettre du trouble qu'elle avait, subitement, manifesté :

— Ah ! reprit-elle... c'est une pauvre enfant trouvée !

Et la voix expira sur ses lèvres.

Une émotion violente venait de s'emparer d'elle.

Tous ses cruels souvenirs, tous ses désespoirs, toutes les tortures subies depuis seize années se réveillaient, de nouveau, dans son âme.

— Ma fille aussi, se disait-elle, se nommait Louise ! Ma fille aussi a été abandonnée.

Et son secret allait s'échapper de son cœur.

Mais elle se rappela qu'elle était comtesse de Linières, qu'elle devait garder intact l'honneur du gentilhomme qui lui avait donné son nom...

Et, après quelques instants de silence, elle dit à Henriette :

— Contez-moi donc l'histoire de cette pauvre enfant trouvée...

... Vous disiez... ajouta-t-elle en balbutiant... vous disiez... qu'elle vous a tous préservés de la misère ?...

... Une misère si terrible, si épouvantable, dit Henriette, que mon père n'avait plus un morceau de pain à donner à sa femme... Et que ma mère, épuisée par la souffrance et la faim... n'avait plus une goutte de lait à donner à son enfant !

— Oh ! pauvre femme ! murmura Mme de Linières.

— Oui, pauvre, pauvre mère, fit Henriette en levant les yeux au ciel...

Elle poursuivit, avec effort, la suite de la touchante narration.

— Pour sauver, au moins sa fille, fit-elle lentement, mon père avait pris le douloureux parti...

— Achevez, dit Mme de Linières.

— Mon père, dis-je, avait pris le douloureux parti de confier sa fille à la charité publique.

Profitant du sommeil de ma mère, il m'avait enlevée de mon berceau et, d'un pas chancelant, m'emporta vers le parvis Notre-Dame.

Diane était, maintenant, suspendue aux lèvres de la jeune fille...

Celle-ci continua :

— C'était un rude hiver !...

... La famine et le froid avaient fait bien des victimes...

... La neige couvrait les marches de l'église, et mon malheureux père s'arrêta en pleurant !

« — Est-ce que j'aurai la force de l'abandonner là ! » s'écria-t-il.

Il n'avait pas achevé ces mots qui indiquaient le terrible combat qui se livrait en son âme, qu'il entend, tout à coup, des cris plaintifs à quelques pas de lui...

... Il s'approche et voit... une pauvre petite créature dont le berceau est à moitié enseveli sous la neige...

A ces mots, Diane de Linières se leva d'un bond.

Et, saisissant la main d'Henriette, elle l'étreignit fiévreusement en s'écriant :

— Il y avait un autre enfant sur ces marches glacées... un enfant, dans un berceau... enseveli dans la neige ?...

— Oui, madame ! répondit la jeune fille.

... Et le visage et les mains de la pauvre petite abandonnée étaient déjà bleuis par le froid...

— Oh ! c'est horrible ! s'exclama la comtesse, pendant qu'Henriette poursuivait :

« — Elle va mourir ! » se dit mon père.

... Il avait tiré l'enfant du berceau...

... Il essayait de le réchauffer dans ses bras...

... Puis une pensée lui traversa l'esprit.

« Hélas ! se dit-il, de même que celui-ci se mourait, lorsque je suis arrivé, de même mon enfant aura cessé de vivre avant qu'une âme charitable ait pu s'occuper d'elle !...

« Non, je ne l'abandonnerai pas là !...

« Je ne les abandonnerai ni l'une, ni l'autre ! »

... Et lui qui était venu, en chancelant, portant avec peine et comme un lourd fardeau, l'enfant qu'il allait exposer, il s'en revenait, d'un pas ferme, avec deux enfants dans les bras !...

La comtesse de Linières ne put retenir la manifestation ardente de l'enthousiasme qu'avait excitée en elle la conduite si noble, si généreuse de ce malheureux.

— Bien ! Bien ! s'exclama la comtesse, serrant les mains d'Henriette comme si elle eût serré, avec effusion, celles de Michel Gérard, lui-même...

... Oh ! oui !... c'est bien cela.

Puis elle demanda avec vivacité :

— Mais ce secours inespéré... ce salut que vous apportait l'enfant ?...

Henriette acheva en ces termes :

— Quelques instants après, mon père avait regagné sa demeure...

Pendant son absence, ma mère s'était réveillée et se livrait, ne me trouvant plus dans le berceau, aux plus sombres conjectures, lorsque mon père parut sur le seuil de la chambre.

« — Femme ! dit-il en entrant, nous n'avions qu'un enfant ; et... ce n'était pas assez, sans doute, pour que le ciel eût pitié de nous !...

« ... Mais nous voici, maintenant, bien plus dignes de sa compassion, nous avons deux petites filles au lieu d'une ! »

Ma mère, continua la jeune fille, avait poussé un cri de joie, et, malgré son extrême faiblesse, elle s'était précipitée pour prendre, à la fois, les deux enfants...

... Mais mon père l'en empêcha et alla, lui-même, nous placer toutes les deux, côte à côte, dans le berceau naguère encore vide...

Henriette était si émue en évoquant ces souvenirs, qu'elle dut s'interrompre pour retrouver le calme de son esprit.

Mme de Linières, paraissait être sous le coup d'une irrésistible agitation.

Cependant elle modéra son impatience, pour donner à la jeune fille le temps de se remettre.

— Mon père avait placé l'enfant dans mon berceau, répéta Henriette,

La comtesse la saisit, l'étreignit sur son cœur. (P. 594.)

et quand, pour essayer de réchauffer cette pauvre petite créature, on eut ouvert ses langes...

— Eh bien? fit la comtesse arrivée au dernier degré de l'anxiété.
— Il s'en échappa deux rouleaux d'or...

Mᵐᵉ de Linières chancela...

Les yeux démesurément ouverts, elle avait tendu les deux mains vers Henriette...

La voix s'arrêtait dans sa gorge...

— Oui, madame, continua la jeune fille... deux rouleaux d'or... avec ces mots tracés sur un papier :

« *Elle s'appelle Louise!... Aimez-la!* »

Diane s'était, pendant que l'ouvrière prononçait cette phrase, redressée vivement.

Tout à coup, elle poussa un cri étouffé, et s'appuya des deux mains au dossier de la chaise, pour ne pas défaillir...

Henriette la regardait d'un air étonné, inquiet...

Voyant que la comtesse ne pouvait retrouver la parole :

— Qu'avez-vous donc, madame? s'informa-t-elle avec empressement...

Mais déjà Mme de Linières avait compris qu'il lui fallait retrouver son calme, devant cette jeune fille dont l'intelligence pouvait même déjà avoir été mise en éveil.

Elle fit un violent effort de volonté pour se calmer...

Et elle répéta, le plus naturellement qu'elle put :

— Moi... Rien... Je n'ai rien... C'est une touchante histoire et qui m'a... vivement émue.

Puis, cédant à un sentiment de vive reconnaissance, elle s'empressa d'ajouter, en levant les yeux au ciel :

— Ah! elle était tombée chez de braves gens, la pauvre petite abandonnée!

... Mais continuez donc, mon enfant!... continuez!...

Cette fois ce fut le tour d'Henriette de témoigner de l'émotion qu'elle éprouvait au souvenir des premières années qu'elle avait passées avec Louise...

— Ah! comme nous la chérissions, madame! s'écria-t-elle en joignant les mains.

La récompense de cette exclamation ne se fit pas attendre.

Mme de Linières ouvrit les bras à la jeune fille, comme pour l'appeler.

Henriette n'osait.

La comtesse la saisit, l'étreignit sur son cœur.

Puis elle lui dit, en l'embrassant :

— Oh! oui, vous avez un bon cœur!...

... Et je comprends que Roger vous aime!

Et, avant qu'Henriette fût revenue de sa surprise, elle l'embrassait de nouveau avec effusion, tout en prononçant ces mots, d'un ton profondément ému :

— Je vous aimerai bien aussi, moi !...

... Je vous aime bien, allez !...

— Alors, s'exclama la jeune fille avec élan... alors, madame, vous m'aiderez à la retrouver ?...

— Si je vous y aiderai !...

Mais Diane n'était pas au bout de cette douloureuse et pénible épreuve, qu'elle subissait par le fait du hasard.

Elle se rappela, subitement, la scène navrante à laquelle elle avait assisté, sur les marches de Saint-Sulpice, au sortir de la grand'messe...

L'image de cette jeune fille aveugle lui revint vivante, à la mémoire...

Elle se souvint du serrement de cœur qu'elle avait éprouvé au son de cette voix si triste et qui chevrotait parce que la bise cinglait le visage bleui de la pauvre chanteuse...

— Ah ! mon Dieu ! s'écria-t-elle tout à coup, aveugle !... Vous m'avez dit qu'elle était...

— Oui, madame, ma chère Louise avait perdu la vue...

— Et comment s'est abattu sur elle cet horrible malheur ? s'empressa de demander la comtesse.

Oh ! bien horrible, en effet ! répondit en soupirant la jeune fille.

... Il est toujours présent à ma pensée, ce fatal souvenir !...

Et, voulant pousser jusqu'au bout la confidence qu'elle avait promise à la comtesse, elle allait raconter la façon dont Louise avait été, on s'en souvient, frappée, subitement, de cécité, pendant une promenade que Mme Gérard faisait en compagnie de *ses deux enfants !*

— C'était... commença-t-elle.

Mais elle s'arrêta tout à coup...

Elle porta vivement la main à son cœur, elle écouta...

On chantait dans le lointain....

Mme de Linières, tout à sa préoccupation, n'avait pas entendu... et, doucement, elle pressait Henriette de continuer...

Mais la jeune fille s'était, vivement, rapprochée de la croisée...

Le cou tendu, les yeux enflammés, elle prêtait l'oreille...

Il lui semblait saisir l'air qu'on chantait, dans la rue, à une assez grande distance....

Elle crut reconnaître cette voix, c'était comme un écho de la voix de Louise, qui lui arrivait à travers l'espace...

Mais bientôt, le chant cessa...

Et, tout en continuant d'écouter, Henriette reprit :
— C'était un jour...
Diane suivait attentivement.
— Eh bien? dit-elle en s'apercevant que la jeune fille avait de nombreuses distractions depuis un instant...
— Il y a, poursuivit l'ouvrière les yeux toujours tournés vers la croisée, il y a deux ans...
— Deux ans !...
— Oui !.. oui !... deux ans ! Louise en avait alors...
— Achevez donc... implora la comtesse en marchant vers Henriette...
... De grâce, achevez, mon enfant...
Mais la jeune fille, maintenant, semblait en proie à une fièvre violente.
Et c'est en élevant la voix, peu à peu, qu'elle dit :
— Louise en avait alors... quatorze...
La voix entendue se rapprochant sensiblement, Henriette s'était élancée, folle d'espérance, à la croisée.
Elle balbutiait, d'un air distrait et préoccupé :
— Nous jouions !... nous jouions ensemble...
Tout à coup, la voix du dehors se fait entendre distinctement :

> O passants charitables,
> Venez à mon secours ;
> Mes jours sont lamentables,
> Pour moi, la nuit toujours !...
> Soulagez ma misère ;
> Chacun vous le dira :
> A qui donne sur terre,
> Au ciel Dieu le rendra !

Henriette a reconnu la voix de Louise.
Elle pousse un grand cri et va, en chancelant, vers la porte, en s'écriant avec force :
— C'est elle, madame, c'est elle...
Diane la suivait, en répétant, troublée elle-même jusqu'au fond du cœur :
— C'est-elle, dites-vous, elle?... La pauvre mendiante que j'ai rencontrée...
... Elle que j'ai vue?..
... Elle ma.... c'était ma f...
Diane n'acheva pas, Henriette s'était emparée de son bras, et l'entraînait en suppliant :
— Ah ! courons, madame...

Et comme la comtesse, haletante, semblait rivée à sa place, Henriette joignit les mains en suppliant.

Et elle répéta, d'un ton d'inexprimable émotion :

— Oh! de grâce, madame, venez vite!...

Mais tout à coup, au moment où la jeune fille, entraînant Diane de Linières, allait prendre son élan, les deux femmes s'arrêtèrent interdites...

La porte de la chambre s'était brusquement ouverte...

XII

Pour que le lecteur puisse bien comprendre ce qui va suivre, et comment la situation en était arrivée à ce dénouement imprévu, il nous faut retourner auprès du comte de Linières, au moment où, après avoir laissé Roger de Vaudrey sous le coup d'une menace, il était sorti précipitamment de son cabinet de travail.

Le lieutenant de police voulait tirer une terrible vengeance de l'obstination que le chevalier mettait à désobéir aux désirs du Roi.

Dans sa pensée, il ne fallait plus user de demi-mesures, mais frapper un coup vigoureux, dût-il, en agissant ainsi, s'attirer la haine et le ressentiment de Roger.

Jusque-là, il n'avait été retenu que par la crainte que ce coup dirigé contre le jeune homme n'allât atteindre la comtesse.

Il savait quelle affection maternelle professait Diane pour le fils d'une sœur à jamais regrettée.

Ce serait pour la comtesse, pensait-il, un chagrin qu'il eût voulu lui épargner.

C'est dans ce but qu'il avait temporisé, mettant en œuvre tous les moyens pacifiques, donnant même la preuve d'une grande mansuétude, alors qu'il avait le droit d'imposer son autorité de chef de famille.

C'est donc grâce à l'affection réelle que ressentait M. de Linières pour la comtesse, que Roger devait de n'avoir pas vu la volonté de son oncle se manifester d'une façon rigoureuse.

Mais au point où en étaient arrivées les choses, le comte de Linières dut faire taire toutes ses craintes au sujet de Diane, et se décider à hâter le dénouement qu'il jugeait ne s'être que trop fait attendre.

Grâce aux lettres de cachet que la confiance du Roi laissait à la disposition du lieutenant de police, celui-ci pouvait, à sa guise, faire arrêter qui bon lui semblerait et, au besoin, se débarrasser d'une personnalité gênante, en l'envoyant sans autre forme de procès dans un des cachots de la Bastille.

Armé de la sorte, le lieutenant de police n'avait, on le comprend, qu'un ordre à donner, qu'un signe à faire, pour mettre, immédiatement, le chevalier de Vaudrey dans l'impossibilité de commettre ce qu'il considérait, lui, comme une folie qui pouvait, par la suite, entraîner pour toute la famille les conséquences les plus graves.

Et, nous l'avons dit, le moment était venu pour M. de Linières de prendre des résolutions extrêmes.

Son plan était arrêté d'avance.

Il ne s'agissait plus que de le mettre à exécution avec le plus de célérité possible.

Il connaissait le tempérament ardent, audacieux même, de son neveu.

Il craignit que Roger, poussé dans ses derniers retranchements, ne fît quelque coup de sa tête.

N'était-il pas, en effet, capable de quitter subitement Paris, en enlevant celle qu'il aimait?

C'est dans la crainte de lui voir réaliser un semblable projet que M. de Linières avait dépêché auprès de lui ce vieux et fidèle serviteur, Picard.

Il espérait s'assurer, en agissant ainsi, des intelligences dans la place, et être tenu fidèlement au courant de tout ce que ferait ou penserait le chevalier.

Il avait compté sur la perspicacité et le dévouement de Picard.

Mais on sait que le vieux serviteur n'était parvenu à connaître la maison où se rendait, chaque jour, Roger que grâce à ses accointances avec quelques-uns des employés attachés directement à la lieutenance de police.

Le comte de Linières avait été bien inspiré lorsqu'il chargeait son agent de savoir ce qu'était devenue cette jeune fille, héroïne de la dramatique saturnale du Pavillon du Bel-Air.

Sans cette précaution, il y avait gros à parier que le comte aurait, en se fiant uniquement à Picard, attendu longtemps encore ce qu'il désirait savoir au plus tôt.

Donc ce fut, en réalité, l'agent Marest qui devint, pour ainsi dire, la cheville ouvrière de tout ce qui va suivre.

Après avoir accompagné Picard jusqu'à la porte de la maison, au dernier étage de laquelle se trouvait le nid d'Henriette et de Roger, Marest avait formulé un bout de rapport sur tout ce qu'il avait appris concernant Henriette.

Le rapport de Marest passa sous les yeux du lieutenant de police, qui improvisa le plan dont nous avons parlé et qui consistait à s'emparer au plus tôt de la personne d'Henriette et d'empêcher le chevalier de mettre obstacle à la réalisation de ce plan.

Le comte de Linières sonna :

— Faites venir M. Marest! commanda-t-il à l'huissier qui s'était présenté.

La scène que nous allons raconter se passait dans le cabinet de travail du lieutenant de police, quelques instants après que Roger de Vaudrey se fut retiré pour se rendre auprès d'Henriette, ainsi qu'il avait l'habitude de le faire chaque jour.

Bien convaincu qu'on ne tarderait pas à le faire appeler, M. Marest s'était tenu dans le bureau affecté aux agents de service.

En ce moment, sa vanité lui faisait espérer une éclatante revanche au sujet des reproches que lui avait adressés son chef, à propos des méfaits demeurés impunis, et dont la police ne parvenait pas à découvrir les auteurs.

Et s'adressant à l'huissier qui était venu le prévenir :

— Monseigneur me fait l'honneur de me demander, n'est-ce pas ?

— Oui, Monsieur Marest !

— En ce cas, je vous suis !

Et, au lieu de faire comme il venait de le dire, l'agent passa brusquement devant l'huissier, et se dirigea vers la porte qui faisait communiquer l'antichambre avec le cabinet de travail de M. le comte de Linières.

Sur un signe du magistrat, M. Marest fut introduit.

Il prit, devant son chef, l'attitude humble qui convenait à son infériorité hiérarchique.

Mais le lieutenant de police était pressé.

— Monsieur Marest, dit-il brusquement, je viens de parcourir le rapport que vous m'avez fait remettre... Je reconnais que vous avez fait quelque diligence à réparer une partie des fautes commises par les hommes placés sous vos ordres, fautes dont vous assumiez la responsabilité.

L'agent s'inclina.

Le comte de Linières était, en effet, très satisfait du résultat de l'enquête dont on lui avait fourni le rapport circonstancié.

Mais sa colère n'avait pas désarmé, après le premier succès obtenu.

Il ne lui suffisait pas que la jeune fille, cause de l'entêtement du chevalier à ne pas obéir à la volonté de sa famille et du Roi, fût mise, désormais, hors d'état de nuire.

Le comte voulait, en outre, s'assurer de la personne de son neveu, et faire subir à celui-ci un de ces petits traitements spéciaux, fort en usage alors, et qui avaient, tôt ou tard, raison de toutes les obstinations.

M. de Linières espérait arriver ainsi à rendre le chevalier de Vaudrey aussi souple qu'il conviendrait ; et, cela, sans que personne dans Paris se doutât que Roger fût en traitement dans cette grande maison de santé d'où l'on ne sortait pas toujours, alors même qu'on avait passé de vie à trépas.

Il y avait eu, paraît-il, sous les règnes précédents, des squelettes par trop compromettants qu'on avait dû laisser dans leurs cellules, et qui, — selon la légende, — y étaient encore sous la lieutenance de police du comte de Linières.

Depuis quelques instants, le magistrat s'était levé et marchait à grands pas dans le cabinet.

Le comte réfléchissait.

C'est ce que pensa Marest car, battant peu à peu en retraite, il arriva, insensiblement, tout près de la porte, où il se tint comme en faction.

Il s'attendait à recevoir un ordre ; et il voulait être aussitôt dehors, pour l'exécuter plus promptement.

Après quelques instants de silence, le comte de Linières s'arrêta devant l'agent.

Et le regardant avec fixité, il lui dit :

— Monsieur Marest, vous avez la certitude que le chevalier de Vaudrey est en ce moment auprès de la personne sur le compte de laquelle vous avez établi ce rapport?

— La presque certitude, monseigneur!

— Ah!

— Oui, monseigneur! à moins d'un hasard, c'est l'heure à laquelle M. le chevalier rend sa visite...

— Cependant, ce hasard a pu se produire...

Et, sévèrement :

— Il ne faut pas que le chevalier m'échappe, entendez-vous, Monsieur Marest.

— Monseigneur me donne-t-il l'ordre d'aller m'enquérir si...

— Non, c'est inutile, un autre s'assurera que Roger de Vaudrey est ou n'est pas dans la maison du faubourg Saint-Honoré.

De rouge qu'il était l'agent pâlit légèrement.

Il avait espéré beaucoup, et il semblait, d'après ce qu'il venait d'entendre, qu'on allait, probablement, se passer de ses services.

Cette crainte ne fut que de courte durée.

Après avoir repris sa place à son bureau, M. de Linières continua :

— Ce que j'attends de vous, monsieur Marest, c'est que vous ne quittiez pas cet hôtel...

LES DEUX ORPHELINES

— Cette fille à la Salpêtrière!... (P. 608.)

— J'obéirai, monseigneur !

— Vous demeurerez en permanence dans la salle des employés.

L'agent s'inclina.

— Et l'on viendra vous y prévenir, — je chargerai un huissier de ce soin, — lorsque le chevalier de Vaudrey arrivera.

M. Marest ne put contenir un léger tressaillement de joie...

Il entrevoyait une mission importante qui lui ferait honneur.

— Alors, poursuivit le lieutenant de police, vous vous présenterez au chevalier.

— Oui, monseigneur !

— Et, avec toutes les formes de politesse, vous le prierez de vouloir bien attendre mon retour.

— Et, hasarda l'agent, si M. le chevalier s'y refusait ?

Le comte de Linières toisa son employé.

La question posée ainsi était quelque peu embarrassante.

D'une part, en effet, le magistrat ne voulait pas donner à un subalterne infime le droit d'arrêter un membre de sa famille ; en second lieu, connaissant la violence dont était capable le chevalier, M. de Linières redoutait de la part de celui-ci une scène et des voies de fait qui eussent provoqué un grand scandale à la Cour.

En homme avisé qu'il était, le comte répondit :

— Il... ne... faut pas que le chevalier refuse de m'attendre, Monsieur Marest!

Le policier passa, en quelques secondes, du rouge au blanc, et du blanc à l'extrême pâleur, ce qui indiquait, clairement, qu'il subissait de rapides et différentes émotions.

Après avoir espéré qu'on lui confierait quelque mission délicate à accomplir, il trouvait que, pour cette fois, on lui témoignait une confiance trop illimitée.

On le laissait, en effet, libre d'agir comme il lui plairait vis-à-vis du chevalier de Vaudrey, on lui donnait, enfin, tout pouvoir, il disposerait au besoin de la liberté de ce gentilhomme.

M. de Linières avait dit tout ce qu'il voulait dire.

Il congédia Marest d'un geste.

L'agent sortit à reculons.

Puis, la porte refermée, il se dirigea, à pas lents, vers la salle où il devait rester, en permanence, jusqu'à ce qu'on vînt lui annoncer l'arrivée de Roger de Vaudrey.

Il examina la situation sous tous ses aspects, et il en était encore à se faire une opinion sur la façon dont il agirait, lorsque l'huissier le prévint que le chevalier de Vaudrey venait de se présenter, et qu'il demandait à parler au comte de Linières.

M. Marest se leva d'un bond et courut dans l'antichambre où le chevalier de Vaudrey attendait, visiblement impatienté, en compagnie de Picard...

On sait le reste, et comment Roger, malgré toute son impatience à provoquer la solution qu'il avait promise à Henriette, dut prendre le parti d'attendre le retour du lieutenant de police.

. . . .
. . . .

Le comte de Linières, ayant, ainsi qu'on l'a vu plus haut, chargé Marest d'une mission, était demeuré seul dans son cabinet.

Il s'agissait, désormais, pour lui de mener rapidement cette affaire.

Le comte ne se faisait pas illusion sur le bruit qui s'élèverait autour de l'aventure du chevalier de Vaudrey avec une ouvrière.

Il redoutait le retentissement, et l'effet désastreux qu'il pourrait produire.

M. de Linières ne se dissimulait pas qu'un semblable retentissement ne manquerait pas d'indisposer le Roi contre lui et sa famille.

Il fallait agir rapidement.

— Vous m'avez rappelé à mon devoir, chevalier, murmura mentalement M. de Linières qui se rappelait de quelle façon lui et son neveu s'étaient séparés, je vous obligerai, moi, à remplir le vôtre ! »

Il s'était levé, fort agité.

Mais, au moment de sonner l'huissier, il se ravisa.

Il voulait, avant de commencer son expédition, rendre visite à la comtesse.

Et, s'étant informé, il apprit que Mme de Linières était sortie en chaise, pour se rendre à Saint-Sulpice.

— Comment... par ce temps épouvantable ? ne put s'empêcher de dire M. de Linières.

Et il pensait :

« — La prière !... toujours la prière !... C'est là qu'elle va chercher la consolation au mystérieux chagrin qui la consume, ou, peut-être, le pardon d'une faute qu'il faudra bien que je découvre un jour.

Le comte de Linières, bien qu'il eût reconnu que Roger l'avait rappelé au respect de ses devoirs, avait encore présente à la pensée la scène qui avait eu lieu à propos des archives de la Police.

En vain avait-il cherché à s'expliquer l'acte violent auquel s'était livré le chevalier; en vain s'était-il persuadé que les notes inscrites dans ces annales n'avaient rien de compromettant pour l'honneur de Diane. Malgré tous ses efforts pour éloigner les soupçons qui l'assaillaient, son esprit retrouvait sans cesse le souvenir de cette déplorable scène de violence dont, il le reconnaissait, il n'était pas sorti vainqueur.

Néanmoins, dans la droiture de son cœur, il ne voulait pas se laisser emporter par la colère, à un acte trop rigoureux envers celui qui avait été son adversaire.

Et, malgré tout le ressentiment qu'il éprouvait encore de la leçon que lui avait donnée le chevalier, il était résolu à l'épargner.

C'est sous cette impression que le comte de Linières entra brusquement dans son cabinet.

Sans se donner le temps de réfléchir de peur de se trouver, de nouveau, aux prises avec une défaillance dans l'accomplissement de son devoir de magistrat, il sonna l'huissier.

— Vous allez, dit-il, porter ce pli à l'officier de service.

Il avait tracé quelques lignes d'une main fiévreuse.

Quelques instants après l'huissier reparut.

Il venait annoncer l'officier de service.

Le lieutenant de police fit signe à celui-ci d'avancer.

— J'ai besoin de vous, dit-il à l'officier.

— Je suis aux ordres de monseigneur.

— Vous allez prendre deux exempts, et vous m'accompagnerez...

Et, au moment où l'officier s'inclinait avant de se retirer.

— Vous commanderez un carrosse dans lequel vous prendrez place, vous et vos hommes.

Puis, sonnant l'huissier, il lui donna l'ordre de faire atteler sa voiture de ville, petite citadine basse dans laquelle il avait l'habitude de sortir incognito.

Et, pendant qu'on préparait tout pour l'expédition qui allait avoir lieu, le comte de Linières se mit à écrire quelques lignes destinées à rassurer Diane sur le sort du chevalier.

Bientôt l'huissier vint annoncer que la voiture était prête, et que l'officier et les exempts étaient aux ordres de monseigneur le lieutenant de police.

Arrivé à la porte de l'hôtel, M. de Linières donna, de nouveau, ses ordres à l'officier.

— Celui-ci et ses hommes devaient, dans leur carrosse, suivre la voiture du lieutenant de police.

C'est ainsi qu'on se mit en route pour le faubourg Saint-Honoré.

Pendant la première partie du trajet, le comte s'était tenu enfoncé dans un des coins du véhicule.

Il réfléchissait, l'esprit absorbé par cette idée qui l'assaillait sans répit, à savoir ce que pouvait renfermer la note inscrite aux archives de la police.

Il réfléchissait.

Et son front, devenu subitement soucieux, se plissait sous l'effort de pensées douloureuses, de sensations pénibles.

Par moments, ses yeux lançaient des éclairs, sous les sourcils froncés.

Le visage du comte prenait alors une expression de colère sauvage, prête à éclater avec fureur.

Puis le masque retrouvait son impassibilité habituelle...

Les yeux se voilaient de nouveau...

Et M. de Linières se replongeait dans ses réflexions.

. . . .

Les deux véhicules, l'un suivant l'autre, avaient parcouru la ligne des boulevards et arrivaient à l'entrée du faubourg Saint-Honoré.

Dans moins d'un quart d'heure, on allait arriver à l'endroit où le lieutenant de police avait donné l'ordre qu'on fît arrêter les voitures.

Le cocher, prévenu, alla se placer à l'encoignure de la rue qu'on lui avait désignée.

L'officier et les deux exempts étaient descendus du carrosse à quelques pas plus loin, et se tenaient, respectueusement, à la portière de la voiture de M. de Linières.

Celui-ci descendit avec lenteur.

Et, sur un signe, les trois hommes lui firent escorte.

Des passants, ayant reconnu le lieutenant de police, se rangeaient et saluaient le magistrat.

Au coin de la rue, à quelques pas de la maison qu'allaient envahir les hommes de police, la Frochard, donnant le bras à Louise, demandait la charité.

Et l'aveugle chantait de sa voix triste et mouillée de larmes :

> Oh! passants charitables,
> Venez à mon secours,
> Mes jours sont lamentables,
> Pour moi la nuit toujours.

. . . .

Tout à coup, la mégère, ayant entendu prononcer, à côté d'elle le nom de M. le lieutenant de police, tressaillit.

Instinctivement, elle entraîna Louise du côté opposé, en marmottant :
— Qu'est-ce qu'y vient faire ici, c'lui-là !...

La veuve du supplicié avait retrouvé des jambes pour s'enfuir.

Louise avait peine à la suivre.

La malheureuse, ignorant le motif de cette précipitation, continuait à chanter...

Bientôt sa voix se perdit dans le lointain...

Les passants, à la vue des exempts, se doutant qu'il s'agissait d'une arrestation, s'étaient groupés devant la porte, tenus à l'écart par un agent de service dans le quartier.

Le lieutenant de police, suivi de l'officier et des deux exempts, pénétra dans la maison.

Et, sans s'informer, ils se mirent à gravir les quatre étages.

— C'est ici ! fit M. de Linières en indiquant la porte de la chambre d'Henriette.

Et, brusquement, il avait soulevé le loquet et poussé la porte.

L'officier et les deux exempts se tenaient au second plan.

A la vue du comte, Diane s'était écriée pleine de terreur :
— Mon mari !...

Mais Henriette n'avait pas conscience du danger qu'elle courait.

Tout entière à l'idée de s'élancer sur les traces de Louise dont elle entendait que la voix s'éloignait, elle s'était précipitée vers la porte.

Le comte lui barra le passage.

Et calme, terrible, toisant d'un regard aigu Diane qui avait baissé la tête et dont les yeux s'étaient fixés sur le sol, il se croisa les bras devant l'ouvrière...

La malheureuse enfant ne comprenait pas ce que signifiait la présence de ces hommes chez elle...

Ces mots : « Mon mari ! » prononcés par la comtesse lui revinrent en mémoire.

Et elle crut que M. de Linières venait, lui aussi, obtenir d'elle la promesse qu'elle ne reverrait plus Roger, qu'elle l'oublierait, qu'elle s'expatrierait pour ne plus être un danger permanent pour la tranquillité de la famille du chevalier...

Et elle s'écria :
— Messieurs, messieurs, laissez-moi passer !...

Elle avait tenté de gagner la porte...

Elle implorait :
— Je vous en supplie, ne me retenez pas...

La voix de Louise s'affaiblissait de plus en plus...

On ne l'entendait plus que comme un vague murmure dans le lointain...

Henriette se sentait devenir folle...

Dans son effarement, elle tendait ses mains suppliantes vers la comtesse, en murmurant, comme si elle eût voulu n'être entendue que d'elle seule :

— Oh! de grâce, madame, priez aussi qu'on nous laisse partir!... Ah!... pour le sacrifice que j'accomplis, — car, je vous le jure encore, je l'accomplirai! — Ayez compassion de ma douleur... Le temps fuit, madame... de grâce, venez à mon secours...

Et comme Diane, les yeux toujours baissés, demeurait silencieuse et frappée d'épouvante, la malheureuse jeune fille eut un mouvement de désespoir immense :

S'adressant au comte, elle fléchit les genoux, en implorant :

— Au nom du ciel, monsieur, ordonnez qu'on me livre passage...

Elle était aux pieds de M. de Linières...

Elle se traînait sur le sol, suivant le comte, inflexible, devant cette manifestation désespérée...

Et Henriette lui criait au milieu de ses larmes :

— Si vous saviez... si vous saviez, monsieur...

Puis se relevant, affolée, l'oreille tendue :

— Ah! mon Dieu!... mon Dieu!... sa voix s'éloigne...

... Par grâce, par pitié, écoutez-moi, monsieur...

... Écoutez-moi!... écoutez-moi!... ou je vais la perdre encore! la perdre pour toujours!...

L'infortunée haletait...

Sa voix s'étouffait dans sa gorge en feu!...

Elle tendit ses mains tremblantes vers le comte...

Elle était à bout de forces...

M. de Linières jeta sur elle un regard chargé de froide colère.

A la vue de Diane enfermée avec celle qu'il croyait être la maîtresse de Roger, tous les souvenirs apaisés s'étaient réveillés en lui pour le rendre impitoyable...

Il ne s'était pas demandé quel avait pu être le mobile qui avait décidé la comtesse à se rendre auprès de cette fille...

Son orgueil se révoltait, en même temps que la jalousie entrait dans son cœur pour lui dicter les plus terribles résolutions.

Et, pâle, inexorable, refoulant toute pitié, il se tourna vers l'officier en prononçant ces mots :

— Cette fille à la Salpêtrière!..

Bientôt quelques gamins suivirent la chaise en huant. (P. 614.)

Diane chancela...

Un instant, on avait pu croire qu'elle allait se placer résolument entre le comte et la jeune fille, et prendre celle-ci sous sa protection.

Mais elle n'eut qu'un regard éploré pour la malheureuse, qui, se tordant les bras, avait poussé une exclamation de douleur.

Puis, s'adressant au comte :

— A la Salpêtrière !... moi... mais... qu'ai-je fait ?

Mais le souvenir de Louise qui lui échappait de nouveau détourna subitement sa pensée du danger qui la menaçait elle-même.

— Oh! n'importe! monsieur... on m'arrêtera... on m'emprisonnera... on me tuera si l'on veut, mais... après... après...

... Quand je l'aurai revue!...

... Quand je l'aurai sauvée, monsieur... quand je l'aurai sauvée!...

L'officier et les exempts se regardaient, émus par le spectacle de cette douleur si vraie, si poignante...

M. de Linières s'aperçut-il de ce mouvement de pitié chez ses subordonnés?

Froidement, il leur dit :

— Obéissez!...

Les exempts firent un pas vers Henriette.

La jeune fille recula, comme si elle eût l'espoir d'échapper au danger qui la menaçait...

Elle alla se réfugier, éperdue, auprès de la comtesse.

Diane n'y tint plus...

L'émotion la suffoquait...

Oubliant qu'elle avait, elle aussi, subi le regard irrité du comte, elle voulut, quand même, s'élancer sur la trace de sa fille...

S'avançant au-devant des agents, tenant Henriette par la main, elle voulut se faire livrer passage...

— Oh! moi du moins... je vais... s'écria-t-elle.

Mais M. de Linières l'arrêta d'un geste impérieux.

Et, se maîtrisant à grand'peine :

— Restez, madame! prononça-t-il d'une voix vibrante.

Puis, avec une expression de souveraine autorité, il ajouta :

— Et dites-moi ce qui vous amenait ici.

Diane, pâle, se soutenait à peine...

Elle fit appel à tout ce qu'elle avait d'énergie pour braver la colère de son mari...

De nouveau, elle se dirigea vers la porte en balbutiant :

— Monsieur, plus tard... je vous expliquerai... je vous apprendrai!...

... Mais, maintenant, laissez-moi sortir...

... Laissez-moi arriver jusqu'à elle...

La parole expira sur ses lèvres...

M. de Linières l'avait enveloppée d'un regard foudroyant.

Et, d'un ton rempli de jalousie et de colère, il répliquait :

— De qui me parlez-vous donc, madame ?...

Il avait saisi Diane par le bras.

La malheureuse femme poussa une exclamation de douleur.

Ses tempes battaient avec violence...

Sur son visage contracté, se lisait l'effarement de son esprit.

Elle eut un moment de vertige pendant lequel son secret faillit lui échapper...

Le comte ne la quittait pas des yeux, attendant, dans une anxiété violente, la réponse qu'il exigeait.

Il apparaissait en ce moment à la comtesse, comme un juge impitoyable, devant lequel la Providence la plaçait pour répondre par un aveu terrible ou mourir...

Pendant cette seconde d'épouvantable torture, ses regards rencontrèrent ceux d'Henriette, fixés sur elle avec une expression d'angoisse indescriptible...

Et ce regard lui parlait de Louise...

De Louise qui allait continuer la vie errante et misérable...

Alors le cœur de Diane déborda de pitié et d'amour maternel...

Elle ne vit plus, devant elle, l'homme qui devait être justicier...

Elle n'entendit plus que la voix de l'aveugle qui lui arrivait comme un écho plaintif...

Cette voix lui disait les souffrances de la malheureuse enfant, les dangers qu'elle courait...

A tout prix, dût-elle mourir après, elle voulait porter secours à l'abandonnée...

De nouveau, elle tenta de gagner la porte.

Mais le comte de Linières s'était redressé de toute sa hauteur devant elle, terrible et la voix vibrante, pour lui demander encore une fois :

— De qui voulez-vous parler, madame?... mais, répondez, répondez donc !...

Diane, à bout de force, la tête perdue, balbutia :

— De qui?... Eh bien ! de... de...

Le nom de Louise allait s'échapper de ses lèvres...

Une seconde de plus et elle révélait toute la vérité...

Le comte, haletant, attendait...

Il la pressait de continuer...

— Achevez ! s'écria-t-il, en dardant des regards ardents sur Diane...

Mais celle-ci le vit menaçant...

Elle comprit ce qui se passait dans le cœur de cet homme que la jalousie du passé dévorait...

Elle eut peur...

Et, poussant un cri, un cri d'effroi et de honte, elle alla, en chancelant, s'affaisser sur un siège.

— Obéissez, messieurs!... fit le comte d'une voix émue, en s'adressant aux hommes de police...

Ceux-ci se jetèrent sur Henriette.

Ils l'entraînèrent malgré ses prières, malgré ses cris...

Alors M. de Linières s'élança vers la comtesse toujours immobile et privée de sentiment...

Il lui prit la main, et cette main glacée retomba sans force...

— Malheureuse!... malheureuse!... murmura le comte, haletant, l'œil en feu...

Le sang lui affluait au cerveau...

Il traversait une de ces émotions dont l'on meurt sur le coup ou qui vous poussent, fou de rage, aux plus violentes extrémités...

M. de Linières avait eu l'idée de prendre Diane dans ses bras, de l'emporter dans sa voiture, comme il eût enlevé une proie qu'il craignait de voir échapper à sa vengeance...

Puis, détournant la tête, il rétrograda vers la porte...

Une idée terrible lui était venue.

Coupable! Elle était coupable, s'écria-t-il et lui, le chevalier, son confident... c'est la preuve de cette faute qu'il a arrachée de mes mains... Eh bien! malheur à lui...

Il savait désormais sur qui faire tomber sa colère...

— A lui le châtiment! s'exclama-t-il en ouvrant la porte de la chambre...

Il s'était élancé dans l'escalier qu'il descendit avec précipitation.

A la porte il reconnut la chaise de la comtesse que les porteurs avaient avancée jusqu'à l'entrée du corridor...

Il donna l'ordre au laquais de ramener la comtesse à l'hôtel. Et montant vivement dans sa voiture dont le valet de pied tenait la portière ouverte.

— A l'hôtel! commanda-t-il.

Le véhicule partit à fond de train.

. . . .
. . . .

Lorsque Diane eut repris ses sens, et qu'en rouvrant les yeux elle se vit seule dans cette chambre, toute la scène qui s'était déroulée là, devant elle, lui revint à la mémoire...

Qu'était devenue Henriette?...

Le premier mouvement de la comtesse fut de s'élancer vers la croisée...

De la rue un bruit de voix monta jusqu'à elle...

C'était le bourdonnement de la foule qui commente un événement dont elle a eu le spectacle...

— Ah! malheureuse enfant! murmura-t-elle, en songeant que c'était le départ d'Henriette entraînée par les exempts qui occasionnait tout ce tumulte.

Elle se représentait la pauvre créature suppliant qu'on lui permît de courir après l'aveugle, offrant de revenir se constituer prisonnière ensuite...

Diane se pencha au dehors...

Elle n'entendait plus le chant mélancolique de Louise..

Combien de temps était-elle demeurée évanouie?

Puis, brusquement, elle se demanda pourquoi M. de Linières l'avait ainsi abandonnée, seule, sans secours!

Alors, une pensée subite lui envahit l'esprit...

N'avait-elle pas, au moment de s'évanouir, laissé échapper le nom de Louise?...

N'avait-elle pas, interrogée, répondu inconsciemment?...

Ne s'était-elle pas écriée :

« — Ce nom que vous me demandez de vous dire, c'est celui de mon enfant!... de ma fille que je veux retrouver.

Une sueur froide inondait son visage!...

Si elle avait parlé, dans l'égarement de sa raison, elle était perdue!...

— Mon Dieu!... mon Dieu!... s'écria-t-elle, mon Dieu!... venez à mon secours...

Dans cette élévation de son âme vers le souverain juge de sa conscience, elle sembla puiser la force de subir le sort qui lui était réservé.

Elle fit un effort énergique pour surmonter la défaillance physique qui l'avait tenue immobile et comme paralysée...

Elle se dirigea en chancelant vers la porte...

Elle saisit la rampe et descendit lentement, s'arrêtant oppressée, à chaque marche...

Enfin, quand elle fut au bas de l'escalier, elle put entendre distinctement les propos qui s'échangeaient entre les quelques personnes qui demeuraient groupées devant la porte.

Il était assurément question d'Henriette, car deux femmes la plaignaient, cette pauvre fille qu'on emmenait à la Salpêtrière.

« — C'est une fille de débauche, affirmait un bourgeois du quartier;... c'est bien fait qu'on purge nos rues de toute cette vermine-là!...

D'autres faisaient remarquer que la malheureuse pleurait, se lamentait, suppliait, appelait sa sœur, se tordait les bras de désespoir, et que ce n'était, généralement, pas là l'attitude des filles de mauvaise vie que l'on enferme à la Salpêtrière...

Diane entendait tout cela...

Et son cœur se brisait à l'idée de tout ce que devait souffrir la malheureuse... et surtout à la pensée qu'au moment de revoir sa fille elle la voyait perdue, de nouveau et, peut-être, sans retour.

Sa fille vivait du moins — elle le savait et rien ne lui coûterait désormais pour retrouver sa trace.

Alors elle redoubla de courage.

Activant le pas, elle parut sur le seuil...

Ses domestiques, en la voyant, approchèrent la chaise...

Mais, tout aussitôt, un revirement se fit dans la foule des badauds qui encombraient le passage de la chaise où Diane s'était blottie en baissant vivement les stores...

Les curieux se mirent à suivre...

On chuchota pour commencer...

Puis, de propos en propos, on en arriva aux lazzis, aux épigrammes...

Bientôt quelques gamins suivirent la chaise en huant...

Les porteurs allongeaient le pas...

De l'intérieur la comtesse leur disait de faire diligence...

Enfin, en arrivant sur les boulevards, la poursuite cessa...

Mme de Linières, plus morte que vive, attendait avec anxiété le moment d'arriver à l'hôtel...

Le sang lui brûlait les veines...

Et son esprit s'égarait.

La chaise s'arrêta, enfin !

On était devant l'hôtel de Linières.

XIII

Prévenue par l'agent Marest qu'il eût à vouloir bien attendre le retour du lieutenant de police, Roger avait passé par toutes les phases de l'impatience.

Picard qui, du coin de son œil, observait chacun de ses mouvements, avait pu se rendre un compte à peu près exact de ce qui se passait dans l'esprit de son jeune maître.

Il connaissait le chevalier sur le bout du doigt.

Et, dans sa conviction, Roger, tout en affectant de paraître calme, devait au contraire bouillir intérieurement.

Le vieux serviteur n'était pas absolument tranquille sur le résultat de l'entretien qui allait avoir lieu entre l'oncle, qu'il soupçonnait de vouloir être inébranlable dans sa volonté de briser l'obstination du chevalier, et le neveu dont il connaissait les intentions formelles.

Picard était, on s'en souvient, parti en guerre pour cette équipée, bravement, irrésistiblement, subjugué qu'il avait été par Henriette.

La jeune fille l'avait littéralement enthousiasmé par sa vertu, son esprit droit, son cœur si tendre et si désintéressé.

Il était tout prêt à se dévouer pour son jeune maître et pour elle; mais, connaissant l'orgueil et l'implacable volonté du comte de Linières, il prévoyait de terribles orages.

En ce moment il se fit un grand bruit d'allées et venues dans la pièce qui précédait l'antichambre...

— C'est sans doute M. le comte qui rentre! hasarda Picard, dont le visage pâlit un peu...

Néanmoins le vieux serviteur était trop loin de soupçonner la fureur qui animait le lieutenant de police pour ne pas retrouver bientôt toute son assurance...

C'était, en effet, M. de Linières.

La porte du cabinet s'était ouverte, et le comte parut sur le seuil...

Roger fit un pas au-devant de lui.

Mais il s'arrêta, foudroyé par le regard plein d'éclairs que lui lança son oncle.

Le chevalier, après un premier moment d'hésitation, s'était retrouvé, ardent, fiévreux, impatient d'en finir, comme il l'était en se rendant à l'hôtel de Linières.

— Monsieur le comte, dit-il d'une voix brève et saccadée, j'étais venu ici décidé à vous faire part de la résolution que j'avais prise, résolution irrévocable, croyez-le bien...

Un désir de votre part m'a fait vous attendre...

— Un ordre, monsieur! prononça le magistrat avec une intonation froide qui glaça le sang dans les veines de Picard...

Il connaissait son maître et il se rendait bien compte que le comte de Linières imposait, en ce moment, une barrière à des emportements furibonds.

Son regard alla chercher celui du chevalier.

De son côté, Roger avait bondi sous l'aiguillon du mot injurieux qu'on lui adressait.

— Un ordre? fit-il entre ses dents serrées.

Et, relevant la tête, il riposta :

— Je suis venu ici, monsieur le comte, avec la volonté ferme d'avoir avec vous une dernière explication...

M. de Linières le toisa d'un air d'autorité.

— Une explication, fit-il du bout des lèvres... Il ne me convient pas d'accéder à votre désir...

...Je vous refuse le droit de m'interroger !...

...Il vous a plu de rompre avec toutes les traditions de votre famille; il ne me plaît pas, à moi, d'écouter plus longtemps des paroles qui accusent, de votre part, une intention de révolte...

— Cependant, fit le chevalier, vous m'avez fait retenir ici...

— Pour vous enjoindre, une dernière fois, d'avoir à vous soumettre à la volonté du roi, notre maître... Votre attitude me dit clairement que vous refusez de vous y conformer...

Roger, un instant décontenancé par le ton sévère du comte, s'était promptement remis.

A la question qui lui était posée, il répondit d'une façon énergique.

— Non ! s'écria-t-il d'une voix forte... Non ! jamais je ne consentirai à accepter qu'on dispose de mon cœur, de mon bonheur enfin...

— Vous oubliez, monsieur, riposta M. de Linières, que votre souverain aurait, s'il le voulait, le droit de disposer de votre vie !...

— Qu'il la prenne donc ! s'exclama le chevalier avec véhémence... qu'il la prenne tout de suite, plutôt que de me condamner à parjurer mon serment !...

... Qu'il me débarrasse d'une existence qu'il voudrait condamner au malheur éternel...

... Mais qu'il ne m'oblige pas à sacrifier mon amour ;... qu'il ne me contraigne pas à ce que je considère comme une infamie, à ce qui serait, de ma part, une lâcheté...

... Il peut, je le sais, selon son bon plaisir, m'envoyer à la mort, soit !... Je suis prêt !... mais j'aurai, du moins, jusqu'à mon dernier souffle, conservé mon amour, pur de toute défaillance, à celle qui deviendra ma veuve,... oui, ma veuve ! car, devant Dieu, je l'ai prise pour épouse !...

Le ton résolu dont ces paroles, énergiques et émues en même temps, avaient été prononcées, eussent en toute autre circonstance, fait impression sur l'esprit du lieutenant de police.

Mais dans l'état de fureur où se trouvait le comte, l'exaltation de Roger vint s'émousser contre une froideur glaciale.

Pas un muscle de son visage ne trahit l'ombre d'une émotion.

Elle pleurait comme pleurent les repenties sincères. (P. 624.)

Il regarda fixement le chevalier, et un imperceptible rictus fit frissonner ses lèvres.

Lorsqu'il eut bien laissé son interlocuteur s'exprimer avec la passion et la chaleur qui l'animaient, il se contenta de répondre :

— Il ne sera pas dit, monsieur, qu'un de Vaudrey aura subi la mort... pour une fille !...

— Monsieur !...

— Vous avez le droit d'être fou; mais heureusement j'ai pris soin que cette folie ne soit pas dangereuse au point de compromettre l'honneur de toute une famille...

— Que voulez-vous dire? interrogea le chevalier avec anxiété...

Puis, tout son sang lui affluant au cerveau :

— Je ne permettrai pas, monsieur le comte, que vous traitiez de fille... celle...

— Quelle autre qualification puis-je donner à celle qui s'est jouée avec une impudeur de courtisane de votre naïveté, de votre faiblesse?...

... Je vous répète, monsieur, vous ne sacrifierez pas votre avenir à cette fille...

... Et j'ai fait le nécessaire pour cela...

— Vous?... vous?...

— J'ai usé de mon droit de chef de famille et de mon pouvoir de magistrat...

... Cette fille est... à la Salpêtrière !

Roger eut un mouvement pour s'élancer...

Ses yeux émergeant des orbites, il rugit un cri de colère et de douleur...

— M. de Linières, les bras croisés, le toisait dédaigneusement...

Pendant une seconde, le malheureux jeune homme sentit ses idées tourbillonner dans son cerveau...

Il était arrivé à l'extrême limite de l'emportement, après laquelle on voit rouge...

Tout à coup il s'arrêta dans son élan... Et, comme s'il eût soupçonné qu'on voulait lui faire subir une épreuve, il s'approcha, les mains tendues, frémissantes...

Et d'une voix que l'émotion assourdissait :

— Ah!... vous vous vengez, monsieur le comte, de l'audace que j'ai eue de vous rappeler... à des devoirs d'honneur et de dignité.

... Eh bien, maintenant, que vous avez réusssi à me faire éprouver la plus cruelle émotion que puisse subir mon cœur... dites-moi que vous ne poursuivrez pas de votre courroux une infortunée!... dites-moi que...

— Je vous ai dit, articula froidement le lieutenant de police, que j'avais envoyé au milieu de ses semblables la créature qui a mérité cette punition infamante... Je vous le répète, monsieur, et cela quelque colère que vous puissiez manifester de nouveau,... cette fille est à la Salpêtrière... et elle y attendra un châtiment encore plus sévère!

A la déclaration implacable qu'il venait d'entendre, Roger opposa l'exaspération la plus violente...

Aveuglé par le désespoir, il n'eut plus conscience ni de ses actes, ni de ses paroles...

Il eut un éblouissement, pendant lequel il vit, comme dans une hallucination, Henriette au milieu des filles perdues et des misérables créatures qu'on interne à la Salpêtrière !...

... Il lui sembla entendre la malheureuse l'appeler à son secours...

Les poings fermés il s'élança pour sortir, en criant au comte impassible devant ce débordement de rage :

— Je la délivrerai !... je l'arracherai de ce lieu infâme où vous avez voulu prostituer sa vertu !...

... Je la sauverai, malgré vous !... malgré le roi lui-même ! dussé-je pour cela tout renverser, tout briser, tout broyer devant moi !...

... Il sortit.

Dès qu'il eut franchi le seuil de son cabinet, le comte en referma la porte.

A la vue de l'égarement qui se lisait sur le visage de son maître, Picard demeura frappé de stupeur.

Au moment où il allait interroger le chevalier, deux coups de sonnette, violents, précipités, retentirent comme un signal...

Aussitôt, par la porte qui communiquait à la salle réservée aux agents de service, parurent un officier et trois exempts.

Sans donner à Roger le temps de se reconnaître, les exempts l'avaient entouré de façon à prévenir, de sa part, toute tentative de fuite...

En même temps, l'officier s'avançait, le chapeau à la main, et excipant d'une lettre de cachet, arrêtait respectueusement le chevalier de Vaudrey, au nom du roi, pour le conduire à la Bastille.

Roger ni Picard ne s'étaient attendus à ce coup de théâtre, habilement préparé et mis en scène par le lieutenant de police.

Le chevalier, écartant des deux mains les agents qui l'entouraient déjà pour lui faire escorte jusqu'au carrosse, courut à la porte du cabinet de M. Linières.

Mais il tenta vainement de l'ouvrir.

Fou de douleur, indigné de la conduite du comte à son égard, il perdit toute retenue.

Dans sa rage impuissante, il criait à son oncle, à travers cette porte, des paroles irritées, remplies de désespoir et de menaces.

L'officier vint mettre un terme à cette scène de violence.

Il s'approcha du chevalier...

Alors un revirement se fit chez Roger, et d'une voix calme et digne :

— Je vous suis, monsieur ! dit-il à l'officier... Permettez-moi seulement de donner quelques ordres à mon domestique...

L'officier et les exempts s'écartèrent, laissant le jeune gentilhomme causer avec celui qu'il savaient être l'un des serviteurs du comte de Linières.

En quelques mots le chevalier le mit au courant de ce qui venait de se passer, il lui dit l'arrestation d'Henriette.

Picard était violemment ému :

— A la Salpêtrière! cette adorable jeune fille! A la Salpêtrière, et nous, nous!... A la Bastille!... C'est odieux, c'est indigne, disait-il!... Mon maître, mon pauvre maître...

— Picard, ajouta le chevalier, il faut, entends-tu bien, il faut que tu parviennes jusqu'à... *elle*... que tu la voies, que tu lui parles.

— Je la verrai et je lui parlerai, répondit résolument Picard.

— Il faut qu'elle sache que, prisonnier moi-même, je ne puis, en ce moment, l'arracher de cet asile infâme où l'a fait enfermer le lieutenant de police: mais je veux qu'elle sache bien aussi que ma résolution est inébranlable, que je n'aurai jamais d'autre femme et que, libre ou plongé au fond du plus noir cachot de la Bastille, mon cœur, mon âme, ma vie sont tout à elle...

— Comptez sur moi, monsieur le chevalier, répondit Picard d'une voix émue.

— Messieurs, dit alors le chevalier, en se tournant vers l'officier... je suis prêt.

Puis, adressant à Picard un dernier signe de recommandation et d'adieu, il suivit l'officier et les exempts.

. . . .
. . . .

De la croisée de son cabinet de travail, M. de Linières vit son neveu monter dans le carrosse qui devait l'emporter à la Bastille...

Il attendit que la voiture eût disparu, et se dirigea, lentement, vers le couloir qui conduisait chez la comtesse.

En ce moment la chaise de Mme de Linières s'arrêtait devant la porte de l'hôtel... Diane en descendit.

Et, d'un pas chancelant, elle se dirigea vers l'intérieur de l'hôtel...

Les valets se regardaient, vivement impressionnés à la vue du visage pâle et convulsé de la comtesse...

Soutenue par une femme de chambre, Mme de Linières arriva, presque mourante, dans son appartement.

Le comte de Linières l'y attendait!

QUATRIÈME PARTIE

I

La Salpêtrière, édifiée sous le règne de Louis XIII, avait été destinée, en principe, à ne recevoir que les femmes atteintes de maladies incurables.

A cet effet, d'immenses dortoirs, convenablement aménagés, avaient été construits de façon à ce que les malades pussent y trouver un abri confortable.

Plus tard, sous Louis XV, on avait affecté une partie de l'édifice à l'internement des infortunées atteintes d'aliénation mentale...

Enfin, dès la fin du règne du *Bien-Aimé,* le nombre des filles de débauche augmentant sans cesse et la répression des mauvaises mœurs devenant de plus en plus difficile, la police était littéralement sur les dents. On purgeait les mauvais lieux et des arrestations en masse s'opéraient chaque nuit.

Ne sachant plus quelle prison affecter aux inculpées, on songea à employer dans ce but une notable partie de l'hôpital de la Salpêtrière. On y enferma, en attendant leur départ pour la Louisiane, les misérables créatures, — prostituées et voleuses, — qui se laissaient prendre dans les coups de filet de la police.

Au moment où nous en sommes de ce récit, la Salpêtrière regorgeait de pensionnaires des trois catégories spécifiées plus haut.

Chaque corps de logis du vaste bâtiment se trouvait complètement séparé des autres, et les trois services étaient absolument distincts.

La section des prostituées, il faut le reconnaître, était, de beaucoup, la plus peuplée, grâce à la vigilance des agents, excitée par les recommandations et aussi par les reproches du lieutenant général de police.

On y trouvait les courtisanes de bas étage happées, le soir, dans les ruelles, les filles soumises surprises en rupture de règlement, les hétaïres et proxénètes qui contrevenaient sans cesse aux ordonnances de police.

Mais, au milieu de toute cette fange, il arrivait que quelques grandes personnalités du vice dominaient cette plèbe de débauche et obtenaient, dans ce monde stigmatisé, une célébrité et comme une sorte de souveraineté.

L'arrivée à la lieutenance de police du comte de Linières n'avait pas peu contribué à peupler la Salpêtrière.

On sait les mesures de rigueur qu'avait prescrites le sévère magistrat.

Les aventures galantes qui, chaque nuit, avaient pour théâtre les petites maisons des débauchés de marque, exigeaient une prompte et exemplaire répression.

Les agents étaient absolument surmenés.

Les arrestations se succédaient nombreuses, mais encore et toujours insuffisantes.

Le retentissement qu'avait eu la fameuse saturnale du Pavillon du Bel-Air devait obliger la police à augmenter encore le nombre des prisonnières de la Salpêtrière.

De quelque protection que pussent se recommander les courtisanes en renom et les filles d'Opéra qui avaient assisté à cette orgie destinée à demeurer célèbre, la plupart d'entre elles avaient dû subir le sort des prostituées vulgaires.

Parmi les détenues récemment entrées à la Salpêtrière, nous retrouverons, en effet, les principales invitées de feu le marquis de Presles : Florette, Cora, Julie, ces beautés, la veille encore habillées de soie et couvertes de bijoux, aujourd'hui vêtues de l'uniforme de la prison.

Elles tombaient de haut ces filles de luxe, dont l'existence semblait vouée au plaisir sans frein.

Naguère encore les grands seigneurs se ruinaient, se battaient, se tuaient pour elles.

Elles faisaient prime sur le marché de la haute galanterie. Elles ne se donnaient qu'au plus offrant et dernier enchérisseur comme les bibelots de fantaisie et les pierres précieuses...

Certaines d'entre elles avaient équipages, laquais, soubrettes stylées. Leurs antichambres étaient le rendez-vous des viveurs les plus titrés et des financiers en renom.

La chute dans ces conditions devenait d'autant plus cruelle...

Aussi ces détenues n'avaient-elles pu se conformer, après plusieurs mois d'internement, au genre de vie des autres prisonnières.

Florette, principalement, avait poussé des lamentations sans fin ; menaçant les surveillantes de la colère de ses protecteurs qu'elle disait tout-puissants.

La courtisane se révoltait contre les rigueurs qu'on lui faisait subir en commun avec ses co-détenues.

Elle refusa, pendant longtemps, l'ordinaire de la prison, préférant se passer de manger plutôt que de prendre une nourriture qui répugnait à son estomac de petite-maîtresse capricieux à l'excès.

Boire de l'eau, alors qu'on avait dans sa cave le tokay le plus vieux, les vins d'Anjou mousseux, c'était pour la jeune courtisane un supplice de tous les jours.

Et lorsqu'elle se rencontrait, aux heures de récréation, avec ses compagnes d'infortune, elle ne tarissait pas de doléances, de soupirs et de larmes.

L'hospice, ainsi que nous l'avons dit, avait dû être divisé en trois corps de logis, étant donné qu'il y avait trois services différents.

Une cour spéciale était réservée aux filles de débauche et aux voleuses.

De cette vaste cour plantée d'arbres, fermée par un mur, on pouvait voir, à travers les branches des arbres dépouillés de leurs feuilles, le dôme de l'église.

Tout au fond, une grille séparait de cet emplacement la cour principale par laquelle on pénétrait dans la section des folles.

De chaque côté, deux vastes bâtiments encadraient l'emplacement dallé, réservé aux promenades des prisonnières

D'un côté se trouvait l'infirmerie, et du côté opposé les dortoirs.

Nous avons dit que les voleuses étaient également détenues à la Salpêtrière, en attendant le jugement qui devait ou les faire interner dans une maison de réclusion ou décider de leur transport à la Louisiane.

C'est, on s'en souvient, à la Salpêtrière que Marianne, la victime de Jacques Frochard, avait été conduite, lorsque, décidée à rompre avec la vie qu'elle menait et repentante du vol qu'elle avait commis, la malheureuse était allée supplier qu'on l'arrêtât.

On se rappelle qu'au moment où les soldats du guet l'emmenaient, Marianne avait reconnu, de loin, l'aveugle qu'elle avait vue sur la place, devant le bureau des Messageries...

Elle avait également aperçu la Frochard. L'horrible mégère donnait le bras à la jeune fille, et Marianne, sans se rendre compte de ce qui avait pu se passer après qu'elle eût quitté les deux demoiselles, n'avait compris qu'une chose, c'est que l'aveugle était au pouvoir de la mendiante.

Il lui était venu alors à l'idée d'empêcher une mauvaise action, un crime peut-être.

Et, oubliant qu'elle était prisonnière, elle avait voulu s'élancer au secours de Louise...

On sait le reste.

Marianne, appréhendée violemment, saisie par les soldats, avait protesté en vain, criant, pleurant, suppliant...

On l'avait brutalement empoignée et, en dépit de son exaltation, les gardes l'avaient entraînée de force jusqu'à la prison.

Une fois incarcérée, Marianne était tout d'abord tombée dans un état complet de prostration.

Après les émotions violentes qu'elle avait éprouvées, après la lutte qu'elle avait soutenue contre les soldats qui cherchaient à la maîtriser, la pauvre femme était accablée, brisée.

Les formalités de l'écrou accomplies, on l'avait transférée dans le dortoir réservé aux voleuses.

Marianne s'était jetée sur un lit, cachant son visage dans ses mains.

Elle pleurait à chaudes larmes, maintenant que son exaltation était tombée, que ses nerfs s'étaient détendus.

Elle n'avait pas hésité à s'accuser elle-même dans un moment de terrible remords et n'écoutant que son désespoir...

Elle avait tout préféré, même la honte, plutôt que de continuer à servir de complice soumise au misérable qui l'avait perdue...

Mais, à présent que le châtiment commençait pour elle, l'infortunée succombait à une irrésistible émotion...

Elle avait horreur d'elle-même, en songeant aux bonnes paroles que les deux jeunes filles lui avaient adressées pour la dissuader de se livrer au désespoir et à la mort...

Elle pleurait comme pleurent les repenties sincères.

Les surveillantes, témoins de cette attitude désespérée qu'elles voyaient rarement chez les misérables créatures qu'on leur envoyait, croyaient à une comédie de la douleur.

L'une d'elles, plus endurcie que les autres par vingt années de service, secoua la détenue en grommelant :

— Quand on dérange le monde si tard, il ne faut pas ouvrir les écluses, ma fille.

Sœur Geneviève fit mander auprès d'elle la nouvelle détenue. (P. 637.)

Marianne n'entendit même pas, abîmée qu'elle était dans son chagrin immense.

La vieille surveillante commanda alors qu'on lui mît le costume de la prison.

Cette fois, en se sentant appréhendée, la malheureuse se souleva et adressant des regards éplorés aux femmes qui l'entouraient :

— Ah! laissez-moi ainsi! supplia-t-elle... Laissez-moi mourir ici!...

— Mourir? mâchonna la vieille surveillante. C'est toujours ce qu'on dit, la première fois qu'on entre en prison!... Et puis, quelques jours plus tard, on est gai comme pinson...

Et elle répétait en haussant les épaules :

— Mourir?... Je connais ça!... Allons, vite, ajouta-t-elle en s'adressant aux surveillantes, enfilez-lui la robe pour l'inspection... C'est bientôt l'heure... Et, vous savez, sœur Geneviève est pointilleuse en diable depuis quelques jours!

Les surveillantes s'approchèrent alors de la prisonnière et l'exhortèrent à se soumettre docilement aux règlements de la prison...

Elles étaient d'une douceur et d'une complaisance extrêmes, ces femmes qui se vouaient ainsi au métier de surveillantes par dévotion.

La plupart d'entre elles étaient des veuves demeurées fidèles au souvenir de l'époux défunt, et qui s'étaient résignées à vivre dans la retraite et la prière.

Lorsqu'elles eurent vu la vieille surveillante s'éloigner, elles parlèrent avec douceur à l'affligée :

— Ne vous lamentez pas ainsi, fit la première, nous aurons pour vous tous les ménagements possibles...

— Mais, continua la seconde, il faut que nous remplissions notre devoir...

— Et vous ne voudriez pas, reprit l'autre, que nous méritions un blâme?...

— Que la supérieure ne manquerait pas de nous infliger...

— Elle va bientôt arriver pour la visite des dortoirs, avant le coucher...

— Et elle ne comprendrait pas que vous ne vous soyez pas soumise au règlement.

Marianne regardait ces deux femmes dont la parole douce et bienveillante lui rappelait les bonnes paroles que d'autres voix, des voix d'ange, avaient murmurées à son oreille...

Les autres voix lui avaient dit : « Vous redoutez qu'on vous découvre... qu'on vous arrête... qu'on vous jette en prison!... Mais ne vaut-il pas mieux subir une peine de quelques mois que de mériter un châtiment éternel... »

Elle entendait encore, comme dans un écho venu du ciel, ces paroles consolantes :

— « Quand vous sortirez de prison, vous serez quitte envers les hommes...

« — Et quand vous vous serez repentie... vous serez quitte envers Dieu!... »

Ces paroles avaient été pour elle comme une révélation... Elle avait courageusement franchi une première étape dans la voie du repentir, en allant s'accuser, en suppliant qu'on la retînt prisonnière...

Et, maintenant, elle était dans cette maison où l'on s'acquitte envers les hommes, en subissant la peine que l'on a méritée...

Où l'on s'acquitte envers Dieu, lorsqu'on a élevé son âme vers lui, dans un repentir sincère !...

Il se fit alors un revirement en son esprit...

Elle sécha ses larmes et, s'adressant d'une voix calme aux deux surveillantes :

— Je suis prête à obéir, prononça-t-elle... que faut-il faire, dites ce que vous exigez de moi !...

— Vous allez revêtir ce costume, fit la plus jeune... c'est la règle...

— Plus tard, poursuivit l'autre, vous retrouverez celui que vous allez quitter... lorsque vous serez rendue à la liberté...

— A la liberté !... soupira Marianne en levant ses yeux au ciel.

Et, rencontrant les regards des deux surveillantes fixés sur elle, la pauvre femme courba le front...

Il lui semblait que son crime se lisait sur son visage...

Elle éprouva un sentiment de honte, et le rouge lui monta aux joues...

Puis, allant d'elle-même, au-devant de ces regards qui la brûlaient, elle murmura dans sa pensée :

— C'est le châtiment qui commence !...

... C'est la première minute du long repentir que je veux m'imposer !...

Et cet instant d'humilité écoulé, Marianne se laissa vêtir.

Lorsqu'on l'eut de nouveau laissée seule, elle pensa que la supérieure allait arriver, qu'elle lui adresserait peut-être la parole, qu'elle l'interrogerait sur le motif de sa détention...

S'il en était ainsi elle n'hésiterait pas...

Elle s'humilierait et avouerait son crime, afin de s'infliger elle-même un châtiment nouveau.

Elle avouerait tout, sa faiblesse, son amour pour l'homme ignoble qui avait abusé de la passion qui l'aveuglait ; sa chute au bout de laquelle elle avait trouvé l'infamie et la honte dans laquelle elle s'était vautrée !...

Et après s'être confessée ainsi, elle dirait son désespoir, et son repentir !...

Elle dirait que, désormais, elle ne vivrait que pour mériter, plus tard, le pardon de toutes les fautes dont elle s'était rendue coupable.

Tout à coup, les cloches de l'église sonnèrent l'angélus...

Toutes les prisonnières, sur un signe de la vieille surveillante, se mirent à genoux.

Et un long murmure de voix arriva jusqu'à Marianne...

Lentement, elle fléchit les genoux à son tour...

C'était la première fois que, depuis son enfance, elle priait!...

Le son de ces cloches plongeait son âme dans une extase inconnue...

Et, dans son esprit, se formulaient des prières qu'elle improvisait, qui lui venaient toutes faites, avec des mots et des phrases qu'elle avait entendus, autrefois, au catéchisme et à la messe, — du temps qu'elle y allait!... — Des phrases qu'elle avait oubliées depuis longtemps, hélas!...

Marianne se laissait aller aux sensations si douces qu'elle éprouvait, lorsque le bruit que firent les détenues en se relevant attira son attention.

Elle vit alors paraître à la porte qui s'ouvrait à l'extrémité du dortoir un groupe formé par des sœurs de charité et que suivaient des surveillantes.

Une sœur, plus âgée, marchait en tête, s'arrêtant devant chaque détenue pour lui adresser une parole que la prisonnière écoutait, le front incliné...

— C'est la supérieure! pensa Marianne.

Et elle sentit que ses yeux étaient attirés irrésistiblement vers la sainte femme devant qui tout le monde se courbait...

Son cœur s'élançait vers cette pieuse créature objet du respect de toutes ces religieuses qui lui faisaient escorte...

Et, lorsque la supérieure s'arrêta enfin devant elle, Marianne se fit violence pour ne pas se prosterner à ses pieds...

Sœur Geneviève vit-elle l'émotion qui étreignait la détenue, comprit-elle ce qui se passait dans le cœur de cette infortunée?

Toujours est-il qu'elle dit à Marianne, d'une voix calme et empreinte d'une douce compassion :

— Pourquoi tremblez-vous, mon enfant... celles qui entrent ici n'ont-elles pas droit à notre pitié?...

Et, plus bas :

— Remettez-vous!... ma fille...

Et, comme elle tendait la main vers la prisonnière avec l'intention de lui donner confiance, Marianne fit un mouvement pour se précipiter sur cette main et y coller ses lèvres...

Mais la supérieure avait passé, laissant la pauvre affligée sous l'impression qu'elle venait de ressentir...

Bientôt le bruit des pas des religieuses se perdit dans la profondeur de cette longue salle...

La visite des dortoirs était terminée...

Sœur Geneviève se rendait, maintenant, à l'église de la prison, pour y assister au service du soir!

Cette nuit-là, Marianne ne dormit pas.

La fièvre l'avait tenue haletante, sous le coup de violentes hallucinations.

Elle appelait en vain le sommeil comme un soulagement à de tristes souvenirs qui exaspéraient sa pensée...

L'insomnie persistait, alimentée par la fièvre qui étreignait sa tête et faisait battre précipitamment ses tempes...

Puis, après les rares instants de lucidité qui lui arrivaient, la patiente retombait, plus avant, dans les hallucinations.

Son imagination enfantait les drames les plus noirs, les situations les plus terribles...

Et dans les scènes qui se déroulaient ainsi devant elle, apparaissaient, comme personnages principaux, les deux jeunes filles rencontrées sur le Pont-Neuf!...

« C'était la Frochard qui emmenait Louise...

« Elle l'entraînait dans son taudis..

« Qu'allait-elle faire de cette pauvre enfant atteinte de cécité?...

« Marianne, épuisée par ce spectacle, voulait crier; la voix ne sortait pas de sa gorge...

« Elle voulait crier à l'aveugle :

« — Ah!... fuyez!... fuyez!... Cette femme sera pour vous un bourreau sans pitié... Fuyez!...

« Elle voulait s'élancer pour courir au secours de Louise... Mais ses pieds étaient rivés au sol...

« Elle faisait des efforts impuissants pour se dégager...

« Ses os craquaient.. ses jambes fléchissaient sous elle...

« Elle levait la tête dans une lutte désespérée, mais ce n'était que pour voir la Frochard, entraînant Louise après elle...

« Et les deux silhouettes disparaissaient dans le brouillard...

« Marianne demeurait, comme morte, à l'endroit où elle était tombée...

« Puis elle se voyait elle-même, au moment où elle avait commis le vol odieux dont elle s'était rendue coupable...

« Elle se voyait s'emparant de l'argent destiné au pauvre petit orphelin que de braves ouvrières, ses compagnes, à elle, avaient adopté comme leur enfant!... »

Et le remords s'élevait dans son âme, dévorant, implacable!...

Des sons inarticulés s'échappaient de sa gorge, elle s'agitait violemment, si violemment qu'elle tomba de son lit et roula sur la dalle du dortoir.

La surveillante de service était accourue aussitôt.

Aidée par deux des détenues, elle avait réussi à remettre Marianne sur sa couche.

— Pauvre fille! fit-elle... Elle bat la campagne... C'est la fièvre!

— Il faudrait peut-être prévenir la supérieure! hasarda une des prisonnières.

— Bah! ricana l'autre, c'est de la frime pour se faire bien venir...

Et, comme pour donner raison à cette sceptique endurcie, Marianne demeura immobile...

Sa respiration se fit moins saccadée..,

Il se produisait, dans son état, une légère accalmie, qui, toutefois, ne devait pas être de longue durée...

L'agitation reparut presque aussitôt.

Alors la surveillante prit le parti de venir s'installer au chevet de la malade.

Pour cela elle traîna tout contre la couchette de Marianne le fauteuil en chêne dans lequel elle devait passer la nuit...

Et, lorsque les deux détenues se furent recouchées, la religieuse se mit à prier pour la malheureuse qui souffrait sous ses yeux...

Elle pria longtemps, jusqu'à ce que le petit jour eût blanchi, de sa vague clarté, les rideaux blancs des couchettes...

Alors, doucement, elle approcha son visage de celui de la détenue...

Marianne avait les yeux ouverts, et regardait la religieuse d'un air effaré.

— Vous avez eu la fièvre, lui dit doucement la sœur avec une expression attristée...

Et elle ajouta avec intérêt :

— Où souffrez-vous?

La détenue leva les yeux sur celle qui lui parlait ainsi...

Mais, au lieu de répondre, elle poussa un long soupir, et porta vivement la main à ses yeux, comme si elle eût été encore sous le coup d'une terrible hallucination.

Puis, insensiblement, ce dernier mouvement d'agitation cessa.

Marianne remercia, d'une voix dolente, la bonne sœur qui s'intéressait à elle.

— Vous avez veillé là, près de moi?... demanda-t-elle avec attendrissement... Oh! que vous êtes charitable, et combien je vous remercie...

Des larmes lui venaient aux yeux.

Elle cacha son visage dans ses mains...

Mais l'heure du lever avait sonné.

Trois coups de cloche annonçaient aux détenues qu'elles eussent à faire leur lit.

Marianne s'était levée comme ses compagnes de dortoir.

Elle se soutenait à peine.

Et, c'est en chancelant qu'elle put arriver à s'acquitter de la tâche imposée aux prisonnières.

On chuchotait autour d'elle.

Mais elle ne s'occupait guère de ce qu'on pouvait penser et dire sur son compte.

Tout entière à ses tristes souvenirs, la résignée sentait commencer pour elle la rude épreuve qu'elle allait subir...

Et, malgré ces premières heures si pénibles, elle ne regretta pas, un seul instant, d'avoir été d'elle-même au-devant du châtiment qu'elle savait avoir mérité...

La formalité du lever des détenues s'était accomplie, comme d'habitune, avec la plus grande célérité.

Placées sur deux rangs, précédées et suivies par des surveillantes et des religieuses, les prisonnières traversèrent la cour principale pour se rendre à l'église...

Lorsque Marianne entra dans l'édifice sacré, il lui sembla qu'elle était subitement régénérée...

Ses regards s'étaient portés vers l'autel où le prêtre s'apprêtait à dire la messe basse...

Elle vit une religieuse prosternée, les mains jointes, et qui lui parut plongée profondément dans des méditations religieuses...

C'était la supérieure qui avait précédé les détenues dans l'église; lorsqu'elle n'entendit plus le bruit des chaises, sœur Geneviève leva la tête, et son visage, qui portait l'empreinte de la sérénité de l'âme, fit une impression vive sur Marianne...

Il lui sembla même que la supérieure l'avait remarquée et lui avait adressé un regard plein de bonté maternelle...

Son cœur tressaillit de joie, comme si ce regard d'une sainte l'eût purifiée à ses propres yeux...

Et, de fait, Marianne ne s'était pas trompée. La supérieure, prévenue par la surveillante de nuit, de l'état de santé de la nouvelle détenue, avait, en effet, remarqué l'extrême pâleur qui couvrait les traits de la prisonnière.

Et son inaltérable bonté s'était manifestée dans le regard qu'elle avait adressé à Marianne.

Après l'office, pendant que les prisonnières déjeunaient d'un morceau de pain, disséminées dans la cour, marchant à grands pas pour ne pas se laisser saisir par le froid, sœur Geneviève fit mander auprès d'elle la nouvelle détenue.

— Marianne, dit-elle à la malheureuse qui faisait de visibles efforts pour se soutenir, le docteur ne va pas tarder à arriver. C'est lui qui décidera si votre état exige que vous entriez à l'infirmerie. .

... Mais, moi, j'ai le pouvoir de vous accorder quelques... adoucissements aux rigueurs du règlement...

... C'est de cette façon que je récompense les détenues qui ont témoigné d'un bon repentir et de sentiments meilleurs... J'espère, mon enfant, que Dieu vous enverra de saines pensées et que vous saurez racheter la faute...

— Oh! dites le... crime, madame! s'exclama Marianne en joignant les mains;... oui, j'ai commis un crime, le crime le plus odieux!...

Puis, se souvenant :

— Je ne crains pas de le crier bien haut, assez haut pour que tout le monde l'entende...

... N'est-ce pas en m'humiliant que je parviendrai à racheter cette coupable action...

Elle s'animait, comme si elle eût éprouvé le besoin de cette confession.

Sœur Geneviève voulut, par un sentiment de pitié, l'empêcher de continuer :

— C'est à Dieu d'abord, mon enfant, dit-elle, que vous devez vous confesser; ensuite, vous ferez les aveux sincères, qui, je le sens, sont tout près de sortir de votre bouche, aux juges appelés à apprécier votre degré de culpabilité...

... Quant à moi, ajouta-t-elle avec douceur, je ne puis que prier pour que le châtiment soit moins cruel, et, surtout, pour que le pardon vous vienne de là-haut, ajouta-t-elle en levant les yeux au ciel.

Marianne ne pouvait contenir son émotion.

Son sein se soulevait sous l'effort des sanglots qu'elle refoulait à grand peine.

Les paroles si bienveillantes qu'on lui adressait, à elle, la fille perdue, la voleuse, lui allaient à l'âme pour aggraver encore le châtiment qui commençait pour elle...

Elle se disait que toute cette bienveillance s'évanouirait lorsqu'on connaîtrait tout l'odieux de son crime...

Et cependant elle ne recula pas devant la confession entamée...

LES DEUX ORPHELINES

Aussi, lorsqu'elle le vit paraître à la grille de la cour principale, alla-t-elle au-devant de lui avec plus d'empressement encore que d'habitude. (P. 636.)

— Oh! madame, s'écria-t-elle, ne refusez pas de m'entendre... Ne me refusez pas de vous dire tout ce que j'ai souffert depuis l'instant où la vérité m'est apparue. Depuis le jour où deux jeunes filles, deux anges m'ont ouvert les yeux.

Si dans mon enfance j'avais eu une mère pour m'enseigner la morale et me faire prier... je ne serais pas aujourd'hui la coupable que je suis;... je ne gémirais pas, comme je le fais, sur une faute que je n'eusse pas commise...

Sœur Geneviève avait écouté sans interrompre.

Son émotion perçait dans ses regards.

Se souvenant d'une phrase qu'avait prononcée la détenue, elle voulut en avoir l'explication...

— Quels sont ces deux jeunes anges dont vous parliez et qui ont su émouvoir votre âme et y faire naître le repentir?

— Deux jeunes filles...

— Que vous connaissiez?

— Que je voyais pour la première fois... Deux sœurs, je suppose...

— Comment, vous ignorez...

— Je ne les ai pas revues...

— Et cela se passait...

— Hier!... hier soir, madame, prononça la malheureuse d'une voix tremblante,... une heure à peine avant que l'on me conduisît ici...

Et, pressée de questions, Marianne raconta à la supérieure dans quelles circonstances elle avait fait la rencontre des deux jeunes orphelines.

Elle n'oublia aucun détail et rapporta, exactement comme elle les avait conservées dans sa mémoire, les paroles si élevées que lui avait adressées Henriette, les exhortations si émues, si pressantes que lui avait faites la jeune aveugle...

Lorsque la détenue fut arrivée au bout de ce récit, la supérieure lui dit avec une évangélique simplicité :

— Sachez vous souvenir des saintes vérités que vous ont enseignées ces jeunes filles que, certainement, la Providence vous a fait rencontrer...

... Sachez que c'est dans le travail que vous trouverez la consolation; que c'est dans la prière que puiserez la force de persévérer dans votre repentir...

Et lorsque vous vous adresserez à Dieu, n'oubliez pas, en l'implorant pour vous, de prier aussi pour celles qui, les premières, vous ont parlé de lui, de sa miséricorde !...

... Souvenez-vous aussi, continua la religieuse plus émotionnée qu'elle ne voulait le paraître, souvenez-vous que le mensonge doit être banni comme le germe de toutes les fautes, de tous les crimes...

... Qu'il faut avoir le courage de dire franchement ce qui est, et qu'il ne saurait avoir, pour dissimuler la vérité, aucune capitulation avec sa conscience...

La supérieure avait, depuis quelques instants, supposé qu'une amélioration sensible avait dû se produire dans l'état de la détenue, car celle-ci paraissait comme réconfortée par les paroles qu'elle venait de lui adresser.

Marianne, en effet, éprouvait un grand apaisement depuis qu'elle avait soulagé son cœur du poids qui l'oppressait.

Aussi sœur Geneviève lui dit-elle en souriant :

— Nous n'avons plus besoin d'attendre avec autant d'impatience l'arrivée de notre excellent médecin...

... Je vous recommande de prendre, comme vos compagnes d'infortune, les récréations que le règlement vous accorde, parce que c'est, pour vous, recluses, une condition de santé...

... Au surplus, ajouta la sainte femme, je veillerai à ce que vous ne vous abandonniez pas trop à la tristesse, au découragement surtout.

La promesse que la supérieure faisait à Marianne de veiller sur elle ne devait pas être vaine.

A partir du jour de son incarcération, la jeune femme qui avait su, dès le premier moment, s'attirer la bienveillance de la religieuse, fut de la part de sœur Geneviève, l'objet d'une sollicitude presque maternelle.

En outre, la sainte femme avait recommandé sa protégée à celui qu'elle appelait son excellent docteur, et qu'elle avait depuis longtemps associé à ses bonnes œuvres, à son inépuisable charité.

Dans la vie toute de dévouement et d'abnégation qu'elle s'était faite, la religieuse avait considéré comme un bienfait de la Providence d'avoir rencontré ce digne savant qui consacrait de préférence, ainsi que nous avons déjà eu l'occasion de le dire, sa science aux malades pauvres, et qui faisait de sa fortune une large part aux infortunes à soulager.

C'est lui que nous avons vu s'intéressant si vivement à cette malheureuse petite aveugle que la Frochart traînait à sa suite. Ce médecin, attaché au service de la Salpêtrière, était le praticien célèbre auquel la haute noblesse avait accordé une confiance absolue.

M. de Linières l'avait appelé auprès de la comtesse pour essayer d'avoir raison de sa persistante et profonde mélancolie...

Le comte avait dû, après une longue expérience, reconnaître que la science du docteur était impuissante à combattre victorieusement cet étrange mal qui, chaque jour, faisait du progrès et menaçait d'emporter la malade.

Mais ce qu'ignorait M. de Linières, c'est que le célèbre praticien avait su bientôt découvrir que la maladie de la comtesse n'était pas de celles que la science peut guérir.

La supérieure, bien qu'elle ne supposât pas que le docteur pût améliorer l'état de santé de Marianne, l'attendait néanmoins pour lui parler de sa protégée..

Aussi, lorsqu'elle le vit paraître à la grille de la cour principale, alla-t-elle au-devant de lui, avec plus d'empressement encore que d'habitude.

II

Celle qui était devenue la supérieure de l'hospice réservé aux folles et aux filles perdues était bien réellement, et dans la plus large acception de ces mots, une sainte femme.

Née à la Salpêtrière, jamais elle n'en était sortie.

Un jour on avait amené dans cette prison, à la suite d'une rafle opérée dans les bas quartiers de Paris, toute une bande de prostituées et de voleurs, que la police pourchassait depuis longtemps.

Parmi ces misérables créatures, il en était une qui assumait les charges les plus graves.

Voleuse endurcie, elle avait été signalée comme une récidiviste dangereuse, et son entrée à la Salpêtrière avait fait événement parmi les détenues qui, connaissant son audace et son habileté à se soustraire aux recherches, s'étonnaient qu'elle se fût laissée prendre.

— C'est la Fileuse! s'était écriée une ancienne complice de la prisonnière.

— Qu'est-ce que la Fileuse? avait-on demandé.

— La Fileuse, mes petites filles, avait repris la détenue, pourrait nous en remontrer à toutes, tant que nous sommes ici!... Une fine mouche qui glisse dans les doigts des agents quand elle veut!.. Pour dévaliser une maison, il n'y avait pas sa pareille... Elle avait la spécialité de se présenter comme servante à tout faire chez des logeurs à la nuit... D'abord, faut être juste, elle travaillait comme un cheval; il n'y avait pas de coin qu'elle ne passât par le balai, ça reluisait partout... seulement, la mâtine ne perdait pas son temps; le lendemain elle faisait un paquet de tout ce qu'elle pouvait rassembler des bagages des voyageurs... et... la Fileuse filait...

Un éclat de rire ayant accueilli cette plaisanterie, les détenues avaient toutes voulu voir de près la célèbre voleuse.

On l'admirait, et c'était à qui, parmi toutes ces misérables filles, deviendrait sa camarade préférée.

Par contre, le lieutenant criminel avait jugé que ce serait une excellente recrue pour la Louisiane; et le jugement rendu contre elle portait qu'elle ferait partie d'un des plus prochains convois qu'on dirigerait sur la Nouvelle-Orléans.

La Fileuse s'attendait à être déportée; l'annonce de son prochain départ ne produisit qu'un médiocre effet sur elle.

— Faudra qu'on se dépêche, par exemple! fit-elle en riant, si l'on ne veut pas qu'à bord j'aie le mal de mer...

On ne devait pas tarder à avoir l'explication de cette phrase qui visait à la plaisanterie.

En effet, le jour où l'officier de police apporta l'ordre du départ des déportées, la Fileuse déclara qu'elle allait sous peu devenir mère.

Le médecin appelé s'étonnant que la prisonnière eût pu dissimuler jusque-là sa grossesse avancée, la malheureuse avoua qu'elle se serrait dans l'espoir de faire avorter l'enfant qu'elle portait dans son sein :

— C'est pas la peine, avait-elle dit, de mettre au monde de la graine pour la Louisiane.

— Oui, ajoutait-elle, mieux valait que le pauvre enfant mourût, plutôt que d'être le rejeton d'une voleuse.

Les religieuses avaient cru saisir dans cette phrase comme un sentiment du repentir qui naissait dans le cœur de cette coupable endurcie.

Elles firent part de leur découverte à la supérieure qui sollicita pour la prisonnière une commutation de peine.

Elle obtint que la Fileuse resterait à la Salpêtrière.

A partir de ce jour la détenue devint sombre et triste.

Elle évitait de se rencontrer avec les autres prisonnières.

Le moment approchait où il fallut l'admettre à l'infirmerie.

Elle y était depuis deux jours à peine lorsqu'elle mit au monde une fille...

L'enfant fut aussitôt recueillie, choyée par toutes les religieuses...

L'une de ces saintes filles demanda comme une faveur d'être autorisée à servir de marraine à la fille de la prisonnière.

C'est ainsi que l'enfant de la Fileuse reçut, sur les fonds baptismaux, le prénom de Geneviève.

Le jour de la cérémonie du baptême fut, pour tout le monde, religieuses, surveillantes et détenues, l'occasion d'une touchante manifestation.

L'église avait été ornée de fleurs, comme aux jours des fêtes religieuses.

Les détenues étaient venues sur deux rangs s'agenouiller sur les dalles, faisant ainsi la haie depuis le portique jusqu'à la chapelle, transformée, pour la circonstance, en chapelle baptismale.

Lorsque le cortège parut, la supérieure en tête et les religieuses ouvrant et fermant la marche, l'orgue préluda et toutes les voix entonnèrent l'hymne sacrée.

Puis, la cérémonie terminée, l'aumônier monta en chaire et prononça un sermon qui émotionna vivement l'assistance.

Les détenues se montrèrent, ce jour-là, très recueillies, comme si elles eussent compris tout ce qu'il y avait d'imposant dans cette cérémonie si inusitée en pareil lieu...

Mais une surprise étrange attendait les bonnes sœurs, lorsqu'elles ramenèrent la petite Geneviève à sa mère...

La Fileuse, lorsqu'on voulut lui mettre dans les bras l'enfant qu'elle devait allaiter, refusa de lui donner le sein.

— Non, dit-elle au milieu des larmes qui inondaient son visage et altéraient sa voix, il faut que cet ange reste pur de toute souillure... Elle ne boira pas le lait d'une créature infâme...

Ni les bonnes paroles des religieuses, ni l'insistance de la supérieure, ne purent avoir raison de l'énergique détermination de la détenue.

La petite Geneviève dut être élevée au biberon, et c'est sa marraine qui voulut se charger des soins à lui donner.

Plus tard, lorsque la Fileuse, relevée de ses couches, fut autorisée à ne s'occuper que de son enfant, elle refusa d'être dispensée du travail de la prison, disant que ses mains impures ne devaient plus jamais être en contact avec l'innocente créature.

Tout le monde comprit que cette malheureuse s'imposait là un châtiment au-dessus des forces d'une mère.

Aussi ne s'étonna-t-on pas de voir la Fileuse dépérir rapidement.

Elle se surmenait à travailler, refusant de se reposer même pendant les heures de récréation.

Alors que ses codétenues se promenaient par groupes dans les cours, on la voyait, toujours seule, ou bien elle aidait les surveillantes dans leurs plus rudes travaux.

On eût dit qu'elle cherchait à succomber à la peine.

La nuit on l'entendait gémir et murmurer des paroles incohérentes.

Mais, dès qu'elle se sentait observée et surveillée, la Fileuse étouffait ses sanglots, dévorait ses larmes et demeurait immobile, aux prises avec l'insomnie...

Elle s'imposa, malgré un dépérissement de plus en plus accusé, des fatigues qui la minaient, des privations qui l'épuisaient.

Un jour, elle alla trouver la supérieure et la supplia d'obtenir qu'elle fût envoyée à la Louisiane.

Elle alléguait pour motif qu'elle voulait que sa fille ignorât toujours qu'elle devait la vie à une mère infâme, et elle ajoutait :

— Lorsque j'étais dans les douleurs de l'enfantement, j'ai fait un vœu, un vœu sacré... En souvenir de mes fautes passées et du crime odieux que j'avais commis, lorsque je cherchais à étouffer ma fille dans mon sein, j'ai juré, pour me punir de ce crime, que jamais je ne dévoilerais à l'enfant le secret de sa naissance, que jamais enfin je ne lui dirais que je suis sa mère...

— La petite Geneviève grandit, bientôt elle sera en âge de comprendre et il ne faut pas qu'elle puisse rougir du honteux passé de sa mère... obtenez donc que je parte bientôt.

La religieuse émue refusa de se rendre au désir de la détenue. Tout ce qu'elle consentit à lui promettre, c'est qu'on laisserait ignorer à Geneviève le secret de sa naissance.

— Je donnerai des ordres pour cela! avait affirmé la supérieure, et je vous certifie que personne ici ne les enfreindra.

La petite Geneviève était devenue l'enfant gâté de tout le monde dans cette prison...

Sa jeune intelligence se développant elle avait interrogé.

Personne ne lui avait dévoilé la vérité...

La Fileuse se tenait à l'écart lorsque l'enfant faisait mine de s'approcher d'elle.

Elle avait peur qu'elle l'interrogeât à son tour et jamais une caresse de ses mains, jamais un baiser de ses lèvres ne vint effleurer le visage de sa fille.

Et cela dura ainsi pendant plusieurs années, sans que la détenue consentît à mettre un terme à ce supplice de tous les jours, de tous les instants.

Geneviève arrivait à l'âge où elle devait faire sa première communion.

L'approche de ce moment, qui marque dans la vie des enfants qu'on a élevés dans la foi, dicta à la détenue une terrible résolution.

La Fileuse, depuis quelques jours, affectait un calme d'esprit auquel elle n'avait pas habitué le personnel de la prison.

On l'avait même vue, parfois, se dérider et sourire. La supérieure, prévenue de ce changement si inattendu, avait conçu l'espoir que la détenue finirait par s'amender.

Elle l'avait fait appeler, un matin, et, avec ménagement, lui avait demandé si elle ne désirerait pas assister à la première communion de sa fille...

— Je le veux! avait répondu la Fileuse sans sourciller.

Puis, après un moment de silence, elle avait ajouté d'une voix hésitante :

— Je voudrais aussi, afin d'être moins indigne d'assister à cette pieuse cérémonie, qu'il me fût permis de passer, jusqu'au jour de la communion de Genèvieve, les nuits à l'infirmerie, et de me consacrer au service des malades dangereusement atteintes.

— C'est bien! avait répondu la supérieure, je vais donner des ordres pour que votre désir soit satisfait.

La mère de Geneviève fut, dès le lendemain, envoyée à l'infirmerie, dans la salle des malades pour lesquelles le docteur avait ordonné de longues frictions arsenicales.

Il fallait à la garde une patience sans bornes pour répondre à tous les appels de ces pauvres malades.

La Fileuse s'était montrée à la hauteur de la tâche qu'elle s'était imposée.

Enfin, l'avant-veille du grand événement religieux, comme elle avait passé de longues heures au chevet d'une malheureuse patiente, elle dut se rendre auprès de la sœur qui distribuait les médicaments, pour renouveler sa provision de pommade arsenicale.

— Je n'en ai plus, avait répondu la sœur; mais, attendez, nous allons en fabriquer, et vous m'aiderez...

— Tenez, ajouta-t-elle en indiquant un bocal étiqueté, voici l'arsenic, apportez-le-moi, je vous prie...

La Fileuse avait obéi; mais, en saisissant le bocal, elle y avait plongé sa main à la dérobée, et pris une poignée d'arsenic qu'elle avait fait disparaître dans la poche de son tablier.

Tout cela s'était accompli si rapidement que la sœur ne s'était aperçue de rien.

L'opération terminée, la détenue était retournée à l'infirmerie...

Le lendemain, il se fit un grand bruit dans la salle où se trouvait la Fileuse.

Les surveillantes s'empressaient auprès de la prisonnière qui se tordait dans d'effroyables convulsions, et dont le visage portait déjà l'empreinte de la mort...

On interrogea la malheureuse qui râlait, mais elle ne répondit que ces mots :

— Par pitié, suppliez de ma part la supérieure de vouloir bien se rendre auprès de moi.

La religieuse, prévenue de ce qui se passait, était accourue aussitôt.

Au premier coup d'œil qu'elle jeta sur le visage de la malade, elle reconnut les symptômes de l'empoisonnement.

La Fileuse allait d'ailleurs lui confesser la vérité.

— Ma mère, murmura-t-elle d'une voix éteinte, j'étais sur cette terre un perpétuel danger pour la chère enfant que je recommande à votre cha-

LES DEUX ORPHELINES

L'enfant fut aussitôt recueillie, choyée par toutes les religieuses... (P. 637.)

rité... Tôt ou tard, elle eût appris la triste vérité que vous avez bien voulu m'aider à lui cacher!... Eh bien, cela ne sera pas... elle n'aura jamais à rougir de sa mère... jamais...

— Malheureuse! fit la supérieure en baissant la voix, vous avez attenté à vos jours!

La Fileuse poussa un soupir, et ses yeux s'ouvrirent tout grands, avec une expression d'angoisse...

Elle voulut prononcer quelques mots, mais sa voix s'éteignait...

Elle fit un violent effort...

Et les bras tordus par les convulsions, elle parvint à arracher un cri de sa gorge en feu...

Un cri terrible qui s'acheva dans ce nom : « Geneviève!... »

Elle agonisait, et en ce moment suprême l'amour maternel dominait en elle la résolution prise et tenue jusque-là avec tant de courage et de résignation.

Un dernier éclair de vie illumina ses yeux déjà voilés...

Les râles s'arrêtèrent pendant une seconde...

Et la moribonde se redressant tendit les mains dans le vide en criant :

— Geneviève!... Geneviève!... Geneviève!...

Tout à coup, du fond du couloir, s'élancèrent deux personnes...

La marraine de l'enfant entraînant sa filleule ..

Prévenue par les surveillantes, elle avait voulu que le dernier vœu de la mourante fût exaucé...

Poussant Geneviève dans les bras de l'agonisante, elle s'écria en tombant à genoux à côté de la supérieure déjà prosternée et priant :

— Embrasse cette pauvre femme, Geneviève! Embrasse-la, car elle t'a bien aimée.

La Fileuse avait refermé les bras sur sa fille qui, troublée et saisie, s'était jetée sur son sein haletant.

Et, effleurant de ses lèvres livides les joues de l'enfant, elle lui dit :

— Je suis une grande coupable, Geneviève; mais on vous a dit vrai... Je vous ai aimée... bien aimée... priez pour moi... comme vous auriez prié pour... pour votre...

Ce furent ses dernières paroles.

Ses bras se détendirent, sa tête pâle se renversa...

Elle était morte!

Geneviève était tombée à genoux.

— Oui, oui, dit-elle d'une voix qu'étouffaient les sanglots : Je prierai pour... vous... et se relevant, elle ajouta : Je prierai pour toi, ma mère!

Elle avait deviné la vérité!...

— Je prierai pour toi, dit-elle, pendant toute ma vie, et jusqu'à ce qu'il plaise à Dieu de nous réunir au ciel !...

Le surlendemain, tandis que la communiante agenouillée à l'autel recevait l'hostie sainte, le cercueil de la Fileuse quittait l'infirmerie de la Salpêtrière et se dirigeait vers le champ du repos....

. . . .

Geneviève allait être appelée bientôt à faire choix d'un métier.

Sa marraine prit le parti de l'interroger à ce sujet...

A la nouvelle qu'on se disposait à la mettre en apprentissage, la fillette manifesta un véritable chagrin.

Elle supplia qu'on voulût bien la garder dans la maison de détention.

Elle ferait tout l'ouvrage qu'on lui imposerait et se préparerait à prendre, plus tard, le voile...

La supérieure consentit à ce qu'elle fît une sorte de noviciat, afin de s'assurer que la vocation de Geneviève persisterait avec l'âge.

La fille de la Fileuse ne se démentit pas un seul instant : jamais on ne vit se manifester en elle la moindre défaillance, quelque dur service qu'on exigeât d'elle.

Son intelligence s'était développée rapidement.

A seize ans, elle put passer des examens qui lui méritèrent les plus grands éloges.

Mais c'était surtout par une charité exemplaire, par un dévouement sans bornes pour les malades, que la jeune fille se distingua.

On la trouvait toujours au chevet de celles qui souffraient, empressée à leur prodiguer les soins les plus intelligents, les plus assidus...

Et, comme souvent elle se surmenait, la supérieure la gourmandait d'un ton maternel.

Mais à ces doux reproches Geneviève répondait avec un mélancolique sourire :

— Tant que la force ne m'abandonnera pas, je consacrerai mon existence à ceux qui ont besoin d'être secourus !... Et ce n'est pas vous, ô sainte mère, qui pourrez me blâmer, vous qui avez initié mon esprit aux devoirs que nous avons à remplir envers nos semblables, vous qui m'avez donné l'exemple de ce dévouement qui ne se dément jamais, que tout le monde admire, et qui vous élève au rang des bienheureuses...

Et c'est au milieu de ces pieuses pensées que Geneviève vit arriver l'heure où elle fut admise à prendre le voile...

Pendant de longues années, sœur Geneviève fut la consolatrice des malheureux qui entraient à la Salpêtrière.

Une terrible épidémie, la petite vérole noire, sévissait dans Paris. Les morts se comptaient, chaque jour, par centaines.

La terreur avait envahi la population, au point que lorsqu'un cas se déclarait dans une maison, tous les locataires s'enfuyaient affolés, refusant tout secours aux malades qui, la plupart du temps, mouraient faute de soins.

Le fléau fit, subitement, son apparition à la Salpêtrière. Les détenues qui se trouvaient déjà à l'infirmerie furent les premières atteintes.

En une seule nuit, cinq malades avaient rendu le dernier soupir.

Les surveillantes terrifiées voulaient abandonner leur poste. Et, parmi les religieuses qui se proposèrent pour les suppléer, plusieurs succombèrent foudroyées par le mal...

Il y eut d'horribles agonies, bien faites pour jeter l'épouvante dans toute la prison...

Sœur Geneviève se multipliait pour remplacer celles de ses compagnes qui tombaient sur le champ d'honneur de la sœur de charité.

On la voyait au chevet des malades, consolant les agonisantes, priant pour celles qui avaient succombé.

Il arriva un moment où les plus courageuses hésitèrent...

Une nuit, une détenue, atteinte par la hideuse maladie, devint folle sur le coup...

Elle s'était arrachée de son lit; le visage tuméfié, les yeux injectés, elle courait à travers la salle en hurlant, se déchirant les chairs de ses ongles, poursuivant les sœurs assistantes qui fuyaient épouvantées à son approche...

Sœur Geneviève s'élança vers elle et, la prenant dans ses bras, lutta contre cette malheureuse, afin de la ramener à son lit...

Elle y parvint non sans avoir, à plusieurs reprises, collé son visage contre le visage hideux de la malade, pour l'exhorter à la patience et au calme...

Lorsqu'elle l'eut replacée sur sa couche, elle s'étendit à côté d'elle afin de la maintenir immobile, et elle la tint ainsi dans ses bras, comme eût fait une mère portant son enfant...

A ce spectacle inouï, les religieuses et les surveillantes demeurèrent frappées de terreur et d'admiration...

Toutes vinrent auprès de ce lit où s'accomplissait cet acte de sublime dévouement...

Elles s'agenouillèrent, suppliant la sœur de ne pas s'exposer à une mort certaine.

Mais Geneviève résista, prononçant ces mots d'une voix qui ne tremblait pas:

— Si je succombe, quelle est celle d'entre vous qui, maintenant, refusera de me remplacer ?

Toutes s'approchèrent de la compagne qui leur donnait un si noble exemple...

Un saint respect les tenait, maintenant, prosternées devant le lit où se passait cette scène émouvante.

Elles ne songèrent plus au danger qu'elles couraient au milieu de cette atmosphère empestée...

Elles n'avaient plus peur !...

Sœur Geneviève ne fut pas atteinte...

La mort la respecta comme si elle eût été marquée par la Providence. Quelques années plus tard la supérieure s'éteignit avec toute la sérénité des âmes qui s'en retournent pures vers le créateur.

Avant de mourir, la digne religieuse voulut consacrer ses derniers instants à celle qu'elle avait jugée digne de la remplacer.

Elle imposa ses mains sur le front de sœur Geneviève prosternée à son chevet, comme pour lui transmettre l'héritage sacré...

— Je désire, ô ma fille, prononça-t-elle, que l'on vous permette de continuer ici l'œuvre que je laisse inachevée. Soyez, comme j'ai tenté de l'être, la mère de ceux qui souffrent, la consolatrice de ceux qui pleurent !... Je vous bénis, ma fille !

Le vœu de la mourante fut exaucé.

Geneviève devint la supérieure des sœurs de charité de la Salpêtrière, de ce triste asile où se trouvaient entassées les malheureuses femmes atteintes de folie, les voleuses et les filles perdues.

Du jour où Marianne avait été conduite à la Salpêtrière, la supérieure avait reconnu en elle une de ces natures égarées qui peuvent être ramenées dans la bonne voie.

Elle avait vu la détenue aux prises avec des accès de délire pendant lesquels la malheureuse maudissait les misérables qui l'avaient entraînée dans le vice et dans le crime.

Et sœur Geneviève avait conçu l'espoir de faire une repentie de plus.

Elle l'avait recommandée, d'une façon toute spéciale, aux surveillantes qui ne tardèrent pas à faire sur son compte des rapports favorables.

Marianne, en effet, s'était mise avec docilité à l'ouvrage.

Sa conduite exemplaire lui valut la sympathie des surveillantes et les sarcasmes des prisonnières endurcies.

Mais, indifférente aux quolibets de ces dernières, elle se rapprocha peu à peu de celles qui lui témoignaient de l'intérêt.

On avait, comme cela se pratique dans les maisons de détention, voulu lui faire raconter son histoire; mais elle avait répondu :

— J'ai trop à rougir de mon passé pour le raconter ici!...

Parfois elle s'isolait dans un coin du préau et pleurait amèrement au souvenir de ses fautes.

C'est dans un de ces moments où, se croyant hors de la vue des surveillantes, elle se livrait à sa douleur, que la supérieure vint la surprendre.

— Ne pleurez plus, mon enfant, lui dit sœur Geneviève;... ne désespérez pas. Votre repentir m'a touchée et peut-être serez-vous bientôt l'objet d'une grâce... que je sollicite en votre faveur, peut-être obtiendrons-nous que vous ne soyez pas déportée à la Louisiane...

Espérez donc, mon enfant, espérez...

Mais Marianne, profondément touchée de la douceur avec laquelle lui avait parlé sœur Geneviève, répondit :

— Hélas! ma sœur vénérée, s'il faut partir pour la Louisiane je suis prête!... Quel que soit le châtiment qu'on me réserve, il ne sera jamais assez sévère pour racheter les fautes que j'ai commises.

Et baissant les yeux, elle ajouta :

— J'ai été une créature indigne; j'ai manqué de courage pour m'arracher à l'existence honteuse dans laquelle je me suis laissé entraîner; où je me suis vautrée, subissant l'influence d'un amour coupable.

Ces paroles que dictait un repentir sincère avaient ému la supérieure. Chaque jour elle adressait à sa protégée un mot d'encouragement, un bienveillant sourire.

Chaque jour aussi voyait Marianne plus empressée à bien faire, pour ne pas démériter aux yeux de sa protectrice.

Il s'établit ainsi une sorte de lien entre la servante de Dieu et la pécheresse. L'une prêchant la morale, l'autre attentive aux exhortations et docile aux sages conseils...

Sœur Geneviève avait conçu le projet d'intéresser de hauts personnages à la malheureuse dont le repentir l'avait profondément touchée. Elle voulut, dans ce but, employer l'intermédiaire du docteur qui avait obtenu le service de la Salpêtrière.

Le moment approchait où l'on allait venir prendre les condamnées à la déportation pour les conduire au port de départ.

Deux fois par an cette formalité mettait la supérieure de la Salpêtrière à une bien dure épreuve.

Elle se multipliait alors pour consoler les malheureuses qui allaient quitter leur pays pour n'y plus jamais revenir.

Que de désespoirs sœur Geneviève n'avait-elle pas apaisés par son éloquente intervention ; que de larmes n'avait-elle pas séchées, que de misères enfin n'avait-elle pas secourues, dans ces moments si douloureux.

La pensée que Marianne, elle aussi, subirait cette condamnation si cruelle, affligeait le cœur de la supérieure.

Elle mit tout en œuvre pour obtenir, en faveur de sa protégée, une commutation de peine.

— Je suis certaine d'en faire un bon sujet, affirmait-elle au docteur ; et qui servira d'exemple aux autres, dans ce troupeau que je surveille.

Le docteur, — nous le connaissons du reste déjà, c'était cet excellent homme qui donnait à la comtesse, sa noble cliente, de si paternels conseils, — le docteur avait promis de faire agir certaines influences ; mais il n'avait pas caché à la supérieure combien c'était chose difficile d'obtenir une commutation de peine, depuis que les délits et les crimes demandaient, plus que jamais, une répression sévère.

Il rappelait que le Roi s'étant montré très irrité des nombreux insuccès de la police dans la recherche des malfaiteurs, le lieutenant de police et les magistrats étaient devenus absolument inabordables lorsqu'on essayait de leur parler de grâces, même partielles...

Le médecin de la Salpêtrière n'avait rien négligé cependant pour complaire à sœur Geneviève dont il était l'un des plus sincères admirateurs.

Chaque fois qu'il se présentait à la prison, la supérieure l'interrogeait du regard ; mais elle ne tardait pas à lire sur la physionomie de son vieil ami que ses démarches n'avaient pas encore abouti.

Cependant le docteur ne désespérait pas, avait-il déclaré dernièrement, et il n'avait plus qu'à attendre encore quelques jours pour être définitivement fixé.

C'est sur ces entrefaites, et pendant que la détenue que protégeaient sœur Geneviève et le docteur attendait sa grâce, que les courtisanes qui avaient, ainsi qu'on l'a vu, assisté à l'orgie du Pavillon du Bel-Air, avaient été amenées à la Salpêtrière...

Ces malheureuses, tombées des hauteurs du luxe et de la grande coquetterie dans l'atelier d'une maison de détention, se lamentaient, maudissant leurs protecteurs oublieux auxquels elles s'étaient vainement adressées.

— Que je suis malheureuse ! s'écriait un jour Florette, assise sur un banc de la grande cour et pleurant à chaudes larmes...

Marianne s'était dirigée vers elle, lui avait pris la main, en murmurant à l'oreille de l'éplorée :

— Ne vous désespérez pas ainsi, mademoiselle !

C'était le médecin qui entrait. (P. 654.)

Mais l'ancienne courtisane avait répliqué, au milieu des sanglots qui l'étouffaient :

— Je ne pourrai jamais me consoler de ce qui m'arrive. Non, jamais je ne pourrai me faire à cette existence de prisonnière...

— Essayez de travailler ! avait repris doucement Marianne.

Et avec un soupir qui indiquait qu'elle avait, elle aussi, passé par là.

— Le travail distrait et console : il fait oublier !...

Florette montrait alors ses mains à l'épiderme maintenue si tendre par l'emploi des cosmétiques, ses doigts si effilés et délicats.

Et elle répondait :

— Travailler !... Cette grosse toile et ce gros fil me déchireraient les doigts.

— C'est vrai, vos petites mains ne sont pas habituées aux rudes travaux du pauvre...

Et lorsque Florette lui eut dit, répondant à sa phrase :

— Oh ! non, je n'étais pas habituée au travail, la vie était pour moi si facile et si douce.

Marianne murmura :

— Nous suivions des routes bien différentes.

Les amies de Florette s'étaient rapprochées en voyant leur ancienne compagne de plaisir causant avec une détenue, Julie et Cora évoquèrent à leur tour le souvenir de leur passé de plaisirs et de luxe.

Elles se rappelaient combien elles avaient été heureuses... Elles autrefois adulées, fêtées à l'égal des plus grandes dames de la Cour, et par les mêmes gentilshommes !

— Nous avions des robes de soie et de velours ! surenchérirent Cora, Julie et deux autres anciennes marcheuses du corps de ballet de l'Opéra...

— Moi, fit Marianne, j'avais une robe d'indienne que je portais en toute saison...

— Je sortais toujours en équipage ; soupirait Florette.

— Et nous aussi !...

— J'avais des laquais toujours à mes ordres...

— Moi, disait Julie, je possédais la plus jolie chaise de tout Paris, avec des miniatures, et des glaces de Venise...

Marianne regarda tristement ses interlocutrices qui énuméraient les faveurs dont elles avaient été l'objet de la part de la fortune.

— Moi, fit-elle, j'allais à pied gagner ma journée...

Et, comme les courtisanes s'étonnaient qu'une existence toute de travail eût abouti à une condamnation infamante, Marianne donna l'explication suivante :

— Je me tuais à travailler pour un homme qui me battait et qui m'a forcée de devenir coupable !...

Et de toute cette misère, comme de tout votre luxe que reste-t-il aujourd'hui ?...

— Pour moi le désespoir ! affirma Florette.

— Pour nous, la honte ! dirent en même temps Julie et Cora...

— Moi, j'ai le repentir! murmura Marianne.

Florette continuait à se montrer la plus exaltée parmi ses compagnes de détention.

Elle savait que les filles qu'on enfermait à la Salpêtrière ne faisaient qu'y passer en attendant qu'on les envoyât peupler la Louisiane.

Cette perspective l'épouvantait.

— Et dire, s'écriait-elle, qu'au premier jour, on va peut-être nous jeter dans une affreuse voiture, comme celle qui est déjà partie hier, escortée et poursuivie par les cris, les injures de la foule!...

Marianne avait tressailli malgré elle.

Elle se souvenait, elle aussi, d'avoir entendu les hurlements du peuple qui escortait la voiture des déportées...

Ces cris lui avaient glacé le sang dans les veines.

— L'exil vous effraie? dit-elle d'une voix tremblante à la courtisane...

— Je le crois bien, répondit Florette, d'abord le voyage! Deux mois en mer!...

— Et dans quelle société! ajouta Julie.

Puis Cora :

— Ensuite un désert au bout du monde, parmi les serpents et les tigres!

— Moi, qu'une souris ferait évanouir! conclut Florette en frissonnant de tous ses membres.

Marianne avait regardé alternativement chacune de ces malheureuses qui manifestaient ainsi leur douleur.

— Ah! oui, soupira-t-elle, cela doit vous épouvanter!

— Eh bien, et vous?

— Moi?... J'y serai loin des tentations qui m'ont perdue!...

Et s'animant :

— Il y a, là-bas, des ateliers, des fermes, je travaillerai!...

... Oui!... avec le travail, je me ferai une vie nouvelle, une vie à l'abri de tout reproche, de toute condamnation...

Florette l'avait écoutée avec surprise.

— Mais c'est odieux, une existence pareille! s'exclama-t-elle, c'est épouvantable!

Puis, changeant de ton :

— On assure, il est vrai, ajouta-t-elle, qu'on trouve à se marier, là-bas...

Julie avait avancé la tête.

— Oui !... oui !... On me l'a dit ! fit-elle du ton léger et enjoué qu'elle prenait autrefois avec ses adorateurs.

— Tant mieux !... déclara Florette avec sentiment, ça sera du moins quelqu'un sur qui l'on pourra se venger.

Marianne eut pitié de ces misérables créatures qui ne songeaient, en ce moment, qu'à l'existence matérielle...

Elle rougissait, elle dont les idées s'étaient si rapidement et si heureusement modifiées, au spectacle du désespoir de ces filles, arrachées à leur vie de débauche et de luxe, et dont l'unique regret était de ne pouvoir plus, comme autrefois, s'y adonner entièrement.

Elle eût voulu rencontrer, chez ces réprouvées, une étincelle de raison qu'elle eût ravivée par ses conseils, par le récit touchant des émotions bienfaisantes qu'elle avait ressenties, à partir du moment où elle s'était décidée à rentrer dans le droit chemin...

Néanmoins, faisant taire en son esprit le dégoût que lui inspirait cette persistance dans le vice, elle essaya de consoler :

— Peut-être, dit-elle, ne partirez-vous pas...

— Oh ! si cela pouvait être ! soupira Julie.

— Que faut-il faire pour cela ? s'informa Florette en appuyant avec familiarité sa main sur le bras de Marianne...

— Si vous connaissez le moyen, insista à son tour la belle Cora, indiquez-nous-le...

— Montrez-vous soumises, fit Marianne ; prouvez que vous êtes repentantes, et je crois qu'alors la supérieure s'intéressera à vous...

— Quoi, la supérieure d'ici ?

— Oui, je puis presque vous l'affirmer, car j'ai pu juger par tout ce qu'elle a fait pour moi, que son âme compatit à toutes les douleurs sincères...

— Elle vous a protégée, déjà ?...

Marianne leva la tête et ses yeux s'attachèrent sur une religieuse qui arrivait, en ce moment, dans la cour...

— La supérieure ! prononça Florette en indiquant du regard celle qui venait d'apparaître, n'est-ce pas elle qui sort de l'infirmerie ?

— Oui, c'est elle, mesdemoiselles, c'est sœur Geneviève...

... Elle vient de soigner les malades, et maintenant elle va consoler les affligées...

En ce moment, en effet, la supérieure s'approchait du groupe de femmes qui causaient entre elles, donnant les signes de la plus sombre tristesse...

Pour chacune de ces malheureuses, sœur Geneviève eut une parole de consolation.

Puis la supérieure les avait quittées, pour courir à d'autres qui sanglotaient, isolées dans l'allée d'arbres couverts de givre...

A celles-là elle adressait la parole avec bonté, insistant pour qu'elles missent un terme aux larmes qui inondaient leur visage...

Elle s'apitoyait si visiblement que Florette ne put s'empêcher de dire :

— Tiens!... pour une femme si vertueuse, elle n'a pas l'air d'être trop méchante.

Marianne regarda sœur Geneviève avec une expression de reconnaissance qui perçait dans ses yeux...

— Ah! fit-elle répondant à la courtisane qui s'étonnait de la douceur et de la familiarité que la supérieure témoignait aux détenues, que ne lui dois-je pas?...

— Vous?

— Oui, mesdemoiselles!.. Quand on m'a amenée ici, sœur Geneviève a eu pitié de ma souffrance, de mes erreurs...

... Elle m'a conseillée, encouragée, et sa parole était si douce, que peu à peu, en l'écoutant, j'ai senti se réveiller dans mon âme des sentiments que je croyais éteints...

... L'espérance et la foi!..

La détenue était émue en parlant ainsi, et son émotion se communiquait à présent à toutes ces créatures perverties.

Elles regardaient la supérieure avec respect, avec admiration.

Marianne était heureuse de l'effet que ces paroles produisaient sur ses codétenues.

— Tenez, ajouta-t-elle en montrant les sœurs de charité, qui, en ce moment, se promenaient ou se dirigeaient vers l'infirmerie pour porter des remèdes et des tisanes aux malades, tenez, mesdemoiselles, quand je voyais ces femmes si pures, si indulgentes, si dévouées et si humbles, s'agenouiller, le soir, comme de pauvres pécheresses, elles qui n'ont que des vertus...

— Quelle miséricorde puis-je attendre?... m'écriai-je, moi qui suis si coupable!...

— Eh bien, et moi donc? interrompit Florette.

Marianne ne la laissa pas achever :

— Mais je sais, continua-t-elle, grâce à tout ce que l'on m'a dit ici, grâce aux conseils de ces anges, je sais, à présent, qu'on peut effacer le passé...

... Je sais que chaque bonne action peut racheter une faute.

Les courtisanes faisaient des signes de doute.

Et Florette dans un élan de franchise soupira :

— C'est qu'il m'en faudrait tant à moi, de bonnes actions, pour racheter toutes mes fautes...

... Je ne vivrai jamais assez vieille pour que ça se balance : non jamais, j'en suis bien sûre, et je mourrai sans être au pair...

En ce moment la conversation des détenues fut interrompue par un grand mouvement qui s'opérait dans la cour.

Tous les regards s'étaient tournés vers la grille qui venait de s'ouvrir...

C'était le médecin qui entrait.

Aussitôt qu'elle l'eut aperçu, sœur Geneviève avait mis un grand empressement à aller au-devant de lui.

— Ah ! docteur, lui dit-elle, avec quelle impatience je vous attendais !..

— Je ne suis pourtant pas en retard ! répliqua le médecin en regardant sa montre, voyez plutôt.

Le savant praticien avait, en parlant ainsi, un air de satisfaction empreint sur le visage.

Ses yeux souriaient presque.

Mais la supérieure était sous le coup d'une si grande anxiété qu'elle ne s'aperçut pas de ce jeu de physionomie qui l'eût bien rassurée.

Elle tendit la main à son vieil ami, en lui disant d'une voix tremblante :

— Vous m'avez fait espérer qu'en... venant... ce matin...

— Je vous apporterais...

— Une bonne nouvelle ! fit sœur Geneviève en levant ses yeux anxieux et inquiets sur son interlocuteur.

Le médecin la regarda avec une expression de compassion douce et de sincère admiration.

— Et de là, dit-il, cette émotion, cette impatience...

La supérieure baissa les yeux et sa voix s'assourdit tout à coup pour répondre :

— Docteur, il s'agit, vous ne l'ignorez pas, du sort d'une de ces pauvres infortunées...

— Dont vous êtes la Providence... Oh ! je sais que vous seriez plus calme, s'il était question de vous-même...

Sœur Geneviève fit un geste pour interrompre cet éloge qu'on adressait ainsi, à brûle-pourpoint et tout haut, à son inépuisable charité...

Elle rougit légèrement.

Et revenant au sujet qui l'intéressait :

— Enfin ?... interrogea-t-elle avec une vivacité qui était bien peu dans ses habitudes.

Le médecin jugea qu'il y aurait cruauté à ne pas rassurer immédiatement celle qui se montrait si impressionnée...

Il reprit, s'animant au fur et à mesure qu'il parlait :

— Enfin, j'ai fait toutes les démarches nécessaires...

... J'ai dit l'intérêt que vous inspire cette pauvre pécheresse...

... J'ai parlé de son profond repentir ; je l'ai montrée soumise et résignée...

... J'ai même ajouté quelques bonnes qualités de mon cru... dit-il avec un malin sourire.

Mais le visage de la supérieure prit une expression sérieuse.

Elle condamnait le dernier moyen que l'excellent homme avait cru bon d'employer pour exciter la compassion en faveur de celle qu'il s'agissait de sauver.

— Vous avez eu tort, docteur, prononça-t-elle d'un ton presque sévère, il fallait dire la vérité seulement...

— Oui, la pure et sainte vérité, comme vous l'appelez...

... Mais c'était pour sauver votre protégée...

Sœur Geneviève n'admit pas cette excuse.

Rigide comme elle l'était, elle se trouvait complice du pieux mensonge que son ami avait jugé à propos de faire.

Ce détail gâtait le plaisir qu'elle avait éprouvé en voyant arriver le docteur qu'elle attendait avec une si fiévreuse impatience.

— La vérité d'abord, reprit-elle après une seconde de pénible silence.

... La vérité en toutes choses, et avant toutes choses...

Puis, s'apercevant que son interlocuteur gardait le silence et témoignait d'un peu de gêne dans son attitude, elle s'empressa d'ajouter :

— Mais achevez... je vous en prie !

Le docteur retrouva toute sa bonne humeur.

Il sourit et continua :

— Remerciez-moi donc, ma sœur !...

— Vous avez réussi ? demanda vivement sœur Geneviève en joignant les mains comme pour remercier la Providence.

— Complètement !...

La supérieure eut une exclamation de joie extatique.

— Ah ! Dieu soit loué ! s'exclama-t-elle...

L'émotion lui coupait la parole...

Elle tourna les yeux vers Marianne qui, comme les autres, s'était peu à peu rapprochée des deux personnages, attendant le moment de saluer, au passage, le médecin, lorsque celui-ci quitterait la supérieure pour se rendre à l'infirmerie.

C'était l'habitude parmi les détenues de témoigner ainsi de leur reconnaissance pour ce praticien célèbre qui avait sollicité d'être leur médecin, à elles, les reprouvées...

Marianne se doutait qu'il s'agissait d'elle car, tout en parlant, sœur Geneviève avait dirigé, à plusieurs reprises, des regards de son côté...

Ce ne fut donc pas sans une vive émotion qu'elle s'entendit appeler, sœur Geneviève lui disant :

— Venez, venez, mon enfant...

... Voici notre cher docteur, l'excellent homme que vous connaissez et que... vous apprendrez à aimer, autant que vous le respectez déjà...

La voix de la digne femme chevrotait.

Elle dut faire un effort pour continuer en désignant le médecin :

— Apprenez de lui-même ce qu'il vient de faire pour vous...

Marianne avait fait un pas vers celui qu'on lui désignait :

— Pour moi... monsieur ?... balbutia-t-elle.

— Oui... pour vous... mais c'est sœur Geneviève qu'il faudra remercier...

... C'est elle qui, touchée de votre repentir, a eu l'idée de solliciter votre grâce...

... Et je vous l'apporte !

En prononçant ces mots, le docteur avait pris dans sa poche un pli cacheté de cire rouge.

Il le remit très ostensiblement à la supérieure, de façon à ce que toute l'assistance pût le voir.

En outre, il avait élevé la voix dans le but d'attirer l'attention de toutes les détenues dont quelques-unes jouaient et couraient dans les allées...

Aussitôt elles étaient accourues formant le cercle autour des personnages qui parlaient à Marianne...

Mais le silence le plus profond était observé...

Chacune d'elles regardait la supérieure dont le visage rayonnait de bonheur...

Elles demeurèrent stupéfaites et profondément remuées, lorsqu'elles virent Marianne se jeter aux genoux de sœur Geneviève, en s'écriant :

— Ma bienfaitrice, ma mère !...

Toutes s'étaient rapprochées...

— Ah! mon Dieu, mon Dieu, qu'ai-je donc fait, pour être ainsi frappée!... (P. 663.)

Bien des cœurs devaient battre, en ce moment, à la vue de leur compagne prosternée et remerciant avec effusion, les yeux remplis de douces larmes!...

Très émue, sœur Geneviève se défendait d'avoir mérité les remerciements que lui adressait sa protégée...

Elle désignait, d'une main tremblante, le docteur à la reconnaissance de Marianne :

— C'est lui, dit-elle, lui qui a fait toutes les démarches, lui seul... mon enfant!...

Mais le docteur avait à cœur de préparer la petite apothéose qu'il voulait improviser à sœur Geneviève.

Il se tourna donc vers Marianne toujours prosternée, la releva, et la conduisant en face de la supérieure :

— Oui, dit-il, j'ait fait les démarches...

... Et c'est à elle qu'on a tout accordé !...

... A sœur Geneviève, à la noble et digne femme qui, née à la Salpêtrière, n'a jamais consenti à en franchir le seuil...

... Qui a fait de cette prison, sa patrie; de toutes les affligées, sa famille...

Puis, s'adressant directement à la religieuse :

— A vous, la consolatrice des réprouvées, des coupables repenties...

... A vous, que tout le monde ici respecte, vénère et chérit !...

Obéissant aux regards que leur adressait le docteur et qui se trouvaient si bien d'accord avec la grande émotion qu'elles éprouvaient, toutes les détenues avaient rétréci le cercle autour de la supérieure.

Elles étaient maintenues par le respect qu'elles professaient pour la religieuse, sans quoi elles n'eussent pas hésité à lui faire une bruyante ovation...

Le médecin jugeait que l'émotion avait gagné tous les cœurs, car nombre de détenues contenaient à peine leurs larmes prêtes à jaillir...

Il vit que la supérieure elle-même n'avait pu se contraindre et que des perles humides tremblaient au bout de ses cils...

— Je ne dis pas cela pour vous faire de la peine... pour vous faire pleurer... ajouta-t-il.

... Ni vous, ni... cette pauvre Marianne... ni les autres, ni...

Et s'interrompant pour porter vivement les mains à ses yeux :

— Bon !... Allons, bien !... Voilà que ça me gagne aussi !...

— Les détenues rompirent alors le cercle dans lequel elles avaient peu à peu enserré la supérieure...

Elles se précipitèrent, comme des enfants, sur la religieuse...

Les unes lui baisaient les mains; les autres prenaient le bas de sa jupe de bure, ou les manches de sa robe, pour les porter à leurs lèvres...

Toutes se disputaient doucement, à qui arriverait le plus près de la sainte femme pour lui manifester son respect, son admiration.

Chacune voulait obtenir un regard de sœur Geneviève...

Et, impressionné plus qu'il n'aurait voulu le paraître, la voix mouillée, le bon docteur regardait toutes ces malheureuses qui collaboraient avec lui à la scène si touchante qu'il avait provoquée...

Il balbutiait lui aussi... Et ces mots sortaient, entrecoupés, de ses lèvres tremblotantes :

— C'est égal... il y a encore... du bon dans toutes ces coquines-là !...

Au plus émouvant de cette manifestation improvisée, la cloche de l'atelier sonna la fin de la récréation...

Les détenues se mirent, promptement comme d'habitude, sur deux rangs, pour retourner au travail.

Sœur Geneviève fut heureuse de cet incident qui allait lui permettre de se dérober enfin à toutes ces marques d'affectueux respect qu'on lui prodiguait.

— Voici l'heure de rentrer, dit-elle à Marianne qui demeurait clouée à la même place, les regards rivés sur sa bienfaitrice.

... Allez, chère enfant, ce soir vous serez libre !...

N'oubliez pas alors que j'ai répondu de vous...

Et d'un ton où perçait une imperceptible pointe de juste fierté :

— La société m'avait envoyé une coupable, ajouta-t-elle, je lui rends une honnête fille...

... N'est-il pas vrai, Marianne?

La pauvre créature, touchée de ces paroles, balbutia en courbant le front devant la religieuse :

— Je l'espère... je le crois... ma sœur !

Tout à coup comme les détenues se mettaient en marche, se dirigeant vers les ateliers, un grand bruit se fit entendre venant de l'infirmerie...

Des cris de femme éclataient, violents et se succédant sans interruption...

La supérieure et le docteur s'étaient tournés du côté d'où provenaient ces cris...

Marianne s'était également arrêtée...

Ces cris avaient dans son cœur un douloureux écho.

Elle se prit à trembler...

Sœur Geneviève avait, précipitamment, fait quelques pas vers l'infirmerie, en disant :

— Que se passe-t-il donc?

Le docteur avait essayé de la rassurer par ces mots :

— Quelque malade insoumise... Je vais y mettre ordre !

Mais la supérieure avait jeté un regard vers le groupe qui se présentait, en ce moment, à l'entrée du couloir conduisant à l'infirmerie.

— Attendez, fit-elle en retenant le docteur auprès d'elle, attendez, c'est la jeune fille que l'on a amenée ici, il y a deux jours!...

— Et qui a été prise ensuite d'un accès de délire?...

— Oui... docteur!... c'est cette malheureuse au chevet de laquelle vous avez passé plus d'une heure, écoutant les propos incohérents qui s'échappaient de ses lèvres...

A ce moment celle dont il était question s'élançait dans la cour, malgré les infirmières qui faisaient de vains efforts pour la retenir.

La pauvre enfant les repoussait, trouvant pour cela une force irrésistible dans l'excès de sa douleur.

Henriette criait :

— Ne me retenez pas!... Je veux sortir!... Je veux m'en aller, vous dis-je!...

Marianne avait lancé un regard sur la jeune fille qui manifestait cette violente douleur...

Et la reconnaissant, elle s'exclama :

— Ah! mon Dieu!... Mais c'est... c'est elle!...

La voix expira sur ses lèvres...

La jeune fille avait réussi à se débarrasser des infirmières qui l'avaient maintenue jusque-là...

Elle courait vers sœur Geneviève...

III

Marianne ne s'était pas trompée, lorsque après avoir bien regardé la détenue elle avait murmuré à part soi :

« — Je ne me trompe pas... C'est bien elle!... »

C'était, en effet, Henriette qui, en arrivant à la Salpêtrière, avait dû — étant donné son état de prostration — être conduite à l'infirmerie.

Des soins lui avaient été prodigués, en attendant l'arrivée du médecin qui, ainsi que l'avait dit sœur Geneviève, n'avait pas passé moins d'une heure auprès de la malade chez laquelle il avait constaté une fièvre violente avec complication de mouvements convulsifs et de délire.

Il n'avait pas dissimulé à la supérieure qui le consultait sur la gravité du mal, qu'il fallait attendre que l'accès eût accompli sa période pour voir s'il n'allait pas se déclarer quelque fièvre dangereuse.

Et le docteur avait prescrit, simplement, quelques calmants.

— Surtout, avait-il recommandé en se retirant, qu'on ne laisse pas la malade seule un instant, car il n'est pas rare que, — dans ces accès de fièvre qui s'attaque au cerveau, — les malades soient pris de la folie du suicide.

La vérité est qu'Henriette, dans son délire, s'était écriée :

« — Laissez-moi ! Je veux mourir ! C'est la honte éternelle !... Oh !... je suis perdue... perdue ! »

Dès le lendemain matin, sœur Geneviève était montée à l'infirmerie pour savoir ce qui s'y était passé depuis qu'elle avait, — fort avant dans la soirée, — quitté le chevet de la nouvelle détenue.

On lui apprit, à sa grande satisfaction, que la malade s'était calmée peu à peu, qu'elle s'était assoupie et, qu'en ce moment, elle paraissait dormir profondément.

Après la grande crise qu'elle avait subie, Henriette semblait vaincue par les efforts nerveux qu'elle avait faits, sous l'influence de la fièvre.

Cet état de prostration avait duré toute la journée, et l'on attendait maintenant la visite du médecin pour savoir ce qu'il convenait de faire.

Henriette paraissait être tombée en léthargie.

Seule la rougeur qui enluminait ses joues disait qu'elle n'avait pas succombé, car c'est à peine si l'on percevait le jeu de sa respiration.

Cet état ne s'était pas modifié, lorsque, subitement, Henriette avait ouvert les yeux...

Ses regards interrogeaient toutes les personnes qui se trouvaient auprès d'elle, puis se reportaient, avec une expression d'étonnement, sur les différents objets qui emplissaient le dortoir...

Elle semblait faire un grand effort pour dégager son esprit des brumes qui l'avaient envahi...

La force lui revenant, elle avait, à plusieurs reprises, passé la main sur ses yeux, comme pour chasser une vision qui l'obsédait...

Puis, tout à coup, la mémoire lui était revenue...

Alors elle avait voulu se lever...

Les infirmières s'étaient précipitées pour l'empêcher de rejeter les draps qui la couvraient...

On avait voulu la maintenir doucement, lui parlant tout bas pour ne pas l'exciter davantage.

Mais bientôt il avait fallu employer la force pour contenir les efforts désespérés qu'elle faisait pour lutter contre les infirmières...

La pauvre enfant roulait des yeux affolés, suppliant qu'on l'habillât pour qu'elle pût partir...

Dans l'espoir qu'on gagnerait ainsi du temps jusqu'à l'arrivée du docteur, l'infirmière en chef s'était installée auprès du lit et avait essayé de faire entendre raison à la malade.

Pendant que la brave femme lui parlait, Henriette avait paru se calmer.

Elle avait compris qu'elle devait donner le change sur le véritable état de son esprit.

Ayant l'intention de tout tenter pour essayer de fuir cette prison, elle estima que le meilleur moyen était de simuler une soumission absolue...

Donc, elle avait obligé sa voix à redevenir calme, et elle avait répondu à l'infirmière qui s'informait de ce qu'elle éprouvait en ce moment :

— Je désirerais me reposer, dormir un peu...

Alors on l'avait laissée seule, et elle avait si bien donné à croire qu'elle dormait profondément, qu'on s'était cru autorisé à se relâcher de la surveillance qu'avait recommandée le docteur.

Henriette alors en avait profité pour reprendre ses vêtements qu'on avait placés, sur une chaise, au chevet du lit...

Puis, une fois habillée, elle avait mis à exécution son projet de fuite.

Mais une des infirmières l'avait aperçue au moment où elle allait gagner le couloir qui conduisait à la cour.

Les autres s'étaient précipitées à sa poursuite.

C'est alors qu'avait commencé cette lutte entre la jeune fille exaspérée et les infirmières.

De là aussi les cris qui avaient frappé de saisissement la supérieure et Marianne...

En voyant venir à elle la détenue, dans un semblable état d'exaltation, sœur Geneviève avait essayé de la calmer.

— Mon enfant, lui dit-elle, vous étiez malade; songez d'abord aux soins dont vous avez besoin... Vous avez eu tort de sortir de l'infirmerie où le docteur que voici vous avait envoyée.

Le médecin intervint, et parlant avec une brusquerie feinte :

— Pourquoi avez vous quitté votre lit sans ma permission?

Henriette leva sur lui ses yeux rougis par les larmes :

— Ah! je vous reconnais, monsieur, dit-elle; c'est vous que j'ai vu auprès de moi... C'est vous qui m'avez soignée...

Le docteur avait bientôt repris son ton paternel.

Il échangea furtivement un regard avec sœur Geneviève, et répondit à Henriette :

— Oui, pauvre enfant, c'est moi qui vous ai soignée, et je ne puis autoriser...

Mais la jeune fille devina ce qu'on allait lui dire.

Elle joignit les mains dans un geste suppliant.

Et s'adressant au docteur :

— Ah! je suis guérie, monsieur... je ne souffre plus... je vous l'affirme, et j'ai profité d'un instant où l'on ne me voyait pas, pour reprendre mes vêtements...

... Mais j'ai toute ma raison, et puisque cela dépend de vous, dites, je vous en conjure, dites qu'on me laisse sortir... Je vous en supplie... je vous en supplie à genoux.

Et la malheureuse allait tomber aux pieds du médecin.

— Ce que vous me demandez est impossible, mon enfant, dit le docteur, il faut pour donner cet ordre... une volonté plus puissante que la mienne...

Henriette interrogeait du regard, — un regard qui s'effarait de nouveau...

Elle avait maintenant comme un vague souvenir qu'elle essayait toutefois de repousser avec horreur...

Et elle demanda d'une voix que l'émotion faisait trembler :

— Je ne suis donc pas ici... dans un hôpital ?

— Cet hôpital est aussi... une prison! dit le docteur.

Henriette exhala un cri étouffé.

— Une prison! s'exclama-t-elle!... ah!... je me rappelle!...

...Oui, ces soldats qui m'ont entraînée...

...Cet homme qui leur donnait des ordres :

...A la Salpêtrière, disait-il...

...La Salpêtrière,... je sais... l'hôpital des mendiantes et des folles!...

...La prison des filles perdues!...

Puis avec une exclamation déchirante :

— Ah! mon Dieu, mon Dieu, qu'ai-je donc fait pour être ainsi frappée!...

Henriette se tordait les bras de désespoir.

En ce moment la vérité, l'horrible vérité lui apparaissait tout entière, pour lui torturer le cœur.

Vaincue par le désespoir, brisée, la malheureuse se laissa tomber sur un banc et pleura...

Devant cette douleur si vraie, sœur Geneviève courba le front, en proie à une agitation qu'elle s'efforçait vainement de ne pas laisser percer...

Trop émue pour trouver des paroles de consolation pour une si poignante affliction, la digne femme avait gardé le silence...

Elle levait sur Henriette des regards pleins de compassion, un soupir s'exhala de son sein...

Très ému aussi était le docteur.

L'excellent homme n'était pas habitué à de semblables scènes de la part des voleuses et des filles perdues auxquelles il était appelé à donner ses soins...

Il se disait qu'il y avait là un mystère que, plus tard, il pénétrerait peut-être, mais il reconnaissait que le mal qui avait frappé la jeune fille n'était pas du ressort de sa science.

Et s'adressant à sœur Geneviève :

— Ma sœur, fit-il, voilà une guérison, que seule vous pouvez entreprendre.

Puis il disparut dans le couloir, se rendant à l'infirmerie.

— J'ai vu bien des coupables, dit alors la supérieure en s'approchant, mais celle-ci...

Marianne se redressa, subitement, au mot « coupable »...

— Elle ne l'est pas, ma sœur ! s'écria-t-elle avec énergie... Je l'affirme !... Je le jure !...

Sœur Geneviève parut étonnée.

— Vous la connaissez donc? demanda-t-elle.

Mais déjà, sans attendre qu'on l'interrogeât, Marianne se disposait à raconter ce qu'elle savait de la jeune détenue.

Elle abandonna, pour un instant, la main d'Henriette qu'elle avait tenue dans la sienne.

Et parlant doucement, de façon à ne pas être entendue de la pauvre affligée :

— Je vous ai avoué, dit-elle à la supérieure, que, dans un jour de désespoir, j'avais voulu me tuer...

— Je m'en souviens.

— Je vous ai dit, continua Marianne, qu'alors deux jeunes filles,... deux anges de vertu, de sagesse et de charité, m'avaient empêchée d'ajouter ce crime à toutes mes fautes...

— Oui, répondit sœur Geneviève, j'ai présent à l'esprit le récit que vous m'avez fait... Je me rappelle que ces jeunes filles vous ont aidée de leurs faibles ressources...

.. Qu'elles vous ont soutenue, encouragée de leurs pieuses paroles...

— Voici l'une de celles qui m'ont sauvée du suicide !... dit Marianne, voici l'un de ces anges que la Providence avait envoyés sur mon chemin !...

Sœur Geneviève joignait les mains.

— Et c'est ici que vous la retrouvez !

Elle est, sans aucun doute, victime d'une erreur, et je jurerais que pas une faute, pas une pensée mauvaise, n'a pu souiller la pureté de son âme.

— Oui, je suis innocente, madame!... s'exclama Henriette avec véhémence. (P. 666.)

Puis, s'adressant à Henriette :

— Regardez-moi, Mademoiselle, et reconnaissez-moi!... fit-elle en approchant son visage tout près de celui de la désespérée...

Et comme celle-ci avait relevé la tête et regardait à travers les larmes qui voilaient ses yeux, Marianne ajouta :

— Un soir... sur le quai... cette femme qui voulait mourir...

Jusque-là Henriette, sous le coup de l'épouvante, et dans l'affollement de son désespoir avait tout oublié, tout jusqu'aux terribles événements qui les avaient tenues séparées, depuis trois mois, elle et sa pauvre Louise.

Mais en entendant la voix qui lui parlait de la femme qui, un soir, sur le Pont-Neuf, avait voulu mourir, Henriette avait poussé un cri...

Tout ce passé douloureux lui revenait à la mémoire.

— Vous!... C'est vous?... s'écria-t-elle.

Et, se levant, elle regarda attentivement Marianne, et ajouta :

— Oui, oui... je me souviens!... Je vous reconnais...

Puis saisissant dans ses mains fiévreuses le bras de la jeune femme, et poussant une exclamation de désespoir :

— Ah!... nous étions deux alors!...

...Vous l'avez vue ma pauvre petite sœur !...

La malheureuse haletait en parlant, comme si son cœur l'eût étouffée...

Marianne, elle aussi, toute à la douleur dont elle avait, le spectacle ne songeait qu'à l'infortunée qui était là, devant ses yeux. Elle oubliait en ce moment, qu'elle avait vu la Frochard emmenant la pauvre petite aveugle...

— Je le disais à Madame, ajouta-t-elle, votre sœur est un ange pur comme vous l'êtes vous-même, car, j'en suis sûre, vous n'avez aucune faute à vous reprocher.

— Oui, je suis innocente, Madame! s'exclama Henriette avec véhémence...

...J'en prends Dieu à témoin... je jure...

Mais la supérieure interrompit aussitôt :

— Ne jurez pas ma fille;... je vous crois!

... Non, vous n'êtes pas coupable de mensonge... de ce honteux péché qui offense le ciel, et qui dégrade ceux qui s'en rendent coupables...

— Non, non... fit la jeune fille.

— Mais alors, reprit la religieuse, pour quel motif et par quel ordre vous a-t-on conduite ici?...

— Par ordre de M. le comte de Linières, madame! répondit une voix.

Et, se démasquant, un homme qu'on n'avait pas vu arriver se présenta tout à coup.

La supérieure étonnée qu'un étranger eût osé pénétrer dans la cour sans y avoir été autorisé, et surtout sans que personne l'eût annoncé, prit un air sévère pour demander :

— Qui êtes-vous, monsieur, et comment êtes-vous entré dans cette maison?

Alors l'individu qui venait de parler, prit un air important et répondit :

— Premier valet de chambre de Son Excellence le lieutenant de police.

. . . .

C'était effectivement Picard, ce singulier valet qui avait trouvé, ainsi que l'on sait, le moyen de servir deux maîtres à la fois, et de s'attirer la confiance de l'un et de l'autre...

Depuis que le chevalier avait été conduit à la Bastille, le vieux serviteur avait combiné tout un plan de conduite qui devait lui permettre de se vouer, sans éveiller les soupçons, aux intérêts de son jeune maître.

L'amour si vrai du chevalier pour Henriette, amour dont il avait été témoin, l'avait entièrement gagné à la cause de l'ouvrière, tandis que l'affection sincère qu'il portait à Roger s'était, depuis les malheurs du jeune gentilhomme, réveillée en lui, avec un redoublement de force, et c'est en se faisant violence qu'il s'était décidé à renfoncer au fond de son cœur le ressentiment qu'il gardait à ce sévère comte de Linières qui se mettait si brutalement en travers des amours de son neveu.

Un instant il avait songé à quitter le service du lieutenant de police, mais il s'était aussitôt ravisé.

Le mieux était, pensa-t-il, de prendre un autre parti, moins moral assurément, mais infiniment plus pratique.

Il s'était donc fait une figure de circonstance pour se présenter devant le comte de Linières et la conversation suivante s'était engagée entre le maître courroucé et le domestique hypocrite :

— Tu vois, Picard, à quelle extrémité j'ai dû me porter pour avoir raison de l'entêtement, de l'obstination du chevalier...

— Monsieur le comte a été sévère...

— Sévère?... dis que je me suis montré juste, voilà tout.

— Juste, mais sévère, monsieur le comte.

— Et je suis trop irrité contre M. de Vaudrey pour éprouver même l'ombre d'un regret de ce que j'ai fait...

— Alors, le chevalier?... hasarda Picard.

— Restera à la Bastille, jusqu'à ce que j'aie obtenu satisfaction de son entêtement... Il n'en sortira que lorsque, faisant amende honorable, il se déclarera prêt à obéir aux ordres du roi...

— Et Sa Majesté a ordonné?...

— Que le chevalier de Vaudrey, qui doit occuper à la cour un rang digne de lui, digne de ses ancêtres...

— Épouserait la personne que le roi a choisie pour lui?...

— Ne devrait-il pas être flatté de cette faveur insigne?

... N'aurait-il pas dû aller se jeter aux pieds de Sa Majesté pour la remercier?... Loin de là, il se permet, lui un Vaudrey, d'avoir des amours de courtaud de boutique !... Aussi, j'y ai mis bon ordre... Cette fille, — une intrigante sans doute...

— Oh ! non !...

— Tu oserais la défendre, toi ?

Picard n'avait pu retenir l'exclamation. Il chercha à l'expliquer...

— Lorsque j'ai dit « Oh ! non », monsieur le comte, cela ne signifiait pas que je prenais fait et cause pour... pour cette demoiselle !... Dieu me garde de trouver mauvais ce que monsieur le comte a trouvé juste et bon... Je voulais, au contraire, dire que le chevalier n'aurait pas dû méconnaître les bontés de monsieur le comte...

Et appuyant, jésuitiquement, sur les mots :

— *Oh ! non*,... il n'aurait pas dû les méconnaître !...

— Maintenant, continua le magistrat, que j'ai pris mes mesures, aucune considération, aucune supplication d'où qu'elle vienne, ne m'empêcherait de faire disparaître cette dangereuse créature...

— J'ai décidé que la maîtresse éhontée du chevalier de Vaudrey partirait pour la Louisiane ; elle ira grossir le nombre des filles perdues dont nous voulons purger Paris.

— Elle partira pour la Louisiane !... Quand cela, monsieur le comte ? demanda avec anxiété le vieux domestique.

Pour la seconde fois, Picard manquait de prudence dans le rôle qu'il s'était décidé à jouer.

Mais le comte était trop irrité en ce moment pour s'en apercevoir.

Et il répondit :

— Le prochain convoi quittera Paris dans quelques jours, cette fille fera partie de ce convoi... je vais donner des ordres à ce sujet...

— Tout en parlant, le lieutenant de police se mit à écrire quelques lignes sur un papier marqué de son sceau.

Le valet le regardait faire, et, involontairement, il se prenait à tressaillir à l'idée du désespoir qu'allait éprouver le chevalier lorsqu'il apprendrait la terrible nouvelle...

Tout son sang lui montait aux joues au point de le rendre absolument cramoisi.

Comment pourrait-il prévenir le chevalier ?

Que pourrait-il faire pour empêcher cette double catastrophe : la déportation d'Henriette et ce qui en résulterait pour Roger ?

Il n'avait pas compté là-dessus, et l'événement le surprenait au dépourvu.

Soudain, M. de Linières repoussa son fauteuil, et, prenant le feuillet, qu'il avait couvert de sa grosse écriture administrative, il sonna, remit le pli à l'huissier qui se présenta, et dit à celui-ci...

— Ce pli à M. le lieutenant criminel, au Châtelet.

Picard ne tenait plus en place...

Il avait d'abord fait mine de suivre l'huissier qui se retirait, puis il été revenu se placer devant le bureau, supposant que le comte allait se rasseoir dans le fauteuil.

Mais M. de Linières, très agité, s'était mis à arpenter son cabinet de long en large.

Picard le suivait pas à pas, approuvant du regard, de la voix et du geste tout ce que disait son maître.

Au surplus la conversation l'intéressait singulièrement, car il était exclusivement question du chevalier de Vaudrey.

Le lieutenant de police se promettait d'être inflexible dans la punition qu'il infligeait à son neveu.

— Il restera en prison...

— Longtemps?...

— Aussi longtemps qu'il n'aura pas fait capituler son orgueil insensé devant le désir du roi...

— Mais... mais, balbutiait Picard... il y a des prisonniers qui sont restés des années et des années à la Bastille...

— D'autres n'en sont jamais sortis!...

— Mais lui, lui... monsieur le comte ne le laissera pas mourir sur la paille d'un cachot...

— Le domestique faisait, en ce moment, si comique figure, que le comte de Linières sentit sa colère s'évanouir...

Il s'arrêta devant le valet qui, de cramoisi qu'il était l'instant d'auparavant, était devenu pâle comme un mort.

Et il lui dit, avec un fugitif sourire :

— Rassure-toi!... quel que soit mon courroux contre le maître au service duquel je t'avais placé, je sais tout l'attachement que tu as pour lui... Tu serais même porté à l'indulgence pour ses fautes que tu t'obstines, j'en suis persuadé, à considérer comme de simples peccadilles... Aussi ne dois-je pas te laisser supposer que le coupable finira ses jours dans une des oubliettes du donjon!... non!... je l'ai recommandé d'une façon toute spéciale au gouverneur...

— Ah! c'est bien, c'est généreux!... ne put s'empêcher de s'exclamer Picard.

Puis, avec intérêt :

— Il est recommandé... tout spécialement?...

— Oui, Picard, il dort dans une cellule qui est presque une chambre à coucher; par les soins du gouverneur, le geôlier vient souvent s'assurer qu'il n'a besoin de rien...

... Au surplus ce guichetier feint d'enfreindre criminellement ses devoirs en se proposant au chevalier pour lui acheter, au dehors, tout ce qu'il peut désirer...

... Tu vois, mon bon Picard, que de là à la paille humide des cachots, il y a loin...

Le valet avait écouté avec surprise tout ce que lui débitait, sur le ton familier, le comte de Linières.

Et peu à peu son visage, naguère encore si bouleversé, prenait une expression plus calme, presque de satisfaction même...

On eût dit à le voir, à présent, qu'il avait déjà trouvé le moyen de communiquer avec le chevalier de Vaudrey.

Le comte de Linières avait alors congédié le domestique en lui recommandant de se préparer à rentrer au service du chevalier dès que celui-ci se serait amendé.

Mais Picard avait le diable dans le sang, depuis qu'il avait appris la façon dont était traité le chevalier à la Bastille...

Il ne se fit donc pas répéter deux fois de se retirer.

Aussitôt rendu à lui-même le brave homme était monté dans sa chambre pour y ruminer tout un plan d'évasion qui permettrait au chevalier de Vaudrey de recouvrer sa liberté assez à temps pour pouvoir, à son tour, délivrer Henriette.

Dans son exaltation, il ne voyait rien de plus facile que cette double évasion, préparée par lui, et qui s'accomplirait au nez et à la barbe du lieutenant-général de police.

Il surmontait toutes les difficultés, enfonçait toutes les portes, préparait le coche indispensable, s'assurait des relais, et emmenait les deux amoureux qui iraient faire bénir légitimement leurs noces à l'étranger...

Et lui, heureux de leur bonheur, se condamnait avec eux à un exil éternel...

Quelque original que fût le caractère du vieux domestique, jamais encore, dans sa longue carrière, il n'était arrivé à ce degré de fantaisie.

Il ne lui paraissait ni impossible ni excessif de lutter contre la volonté et la puissance d'un lieutenant de police, et d'arriver à triompher de tous les obstacles qui s'offraient à son esprit à chaque pas qu'il ferait dans la voie qu'il s'était tracée.

Pendant plus d'une heure, Picard avait donc amoncelé dans son cerveau cent idées extravagantes, avant de s'arrêter à l'une d'elles pour commencer.

Cependant la raison finit par reprendre le dessus sur toutes les folies qu'imaginait le domestique, et celui-ci estima que ce qu'il y avait de plus pressé, pour le moment, c'était de tenir la promesse qu'il avait faite au chevalier, à savoir : trouver le moyen d'arriver jusqu'à Henriette, rassurer autant que possible la jeune fille sur l'issue de cette épouvantable aventure; lui porter, de la part de Roger, l'assurance qu'il lui conserverait fidèlement son amour; que rien ne pourrait l'empêcher de lui donner son nom; l'exhorter enfin à prendre patience avec la certitude que l'épreuve si cruelle qu'elle subissait ne serait pas de longue durée...

— Oui! s'était écrié Picard en repassant dans sa tête tout ce que le chevalier lui avait dit de son amour pour Henriette, ce serait un crime de laisser cette pauvre petite se livrer au désespoir,... je ne le ferai pas, dussé-je escalader, nuitamment, les murs de la Salpêtrière et mettre en fuite toute cette volée de nonettes qui l'habitent.

Et s'animant à ses propres paroles comme s'il eût lutté contre un adversaire lui opposant les difficultés probables :

— Enfermer cet ange avec des démons; lui faire partager la prison des voleuses et des filles de mauvaise vie; l'obliger à se souiller au contact de ces misérables créatures, allons donc... c'est affreux!... Et, moi, Picard, si j'étais lieutenant de police, je n'aurais jamais eu le courage de faire pleurer ces beaux grands yeux et de mettre ce bon petit cœur au supplice!...

— Que diable, monsieur le comte, nous sommes gentilshommes et bons gentilshommes, je m'en vante; mais cette délicieuse jeune fille est si chaste, si pure, si candide, si adorablement belle qu'il nous est bien permis, et sans trop déroger, de rendre hommage à tant de charmes et, puisque notre neveu, puisque cet heureux coquin de chevalier a su se faire aimer d'elle, eh bien... soyons grand et miséricordieux, ouvrons nos bras à ce cher petit ange... et... qu'elle soit notre nièce!

Ainsi se parlait, maintenant, à lui-même, ce Picard naguère encore si sceptique, si entiché des titres et des parchemins de ses nobles maîtres.

La simple rencontre d'une honnête fille et le spectacle d'un véritable amour avaient purifié ce cœur à demi gangrené.

Picard avait décidé qu'il se rendrait, dès le lendemain, à la Salpêtrière; qu'il s'y présenterait bravement, comme s'il était envoyé par le lieutenant de police lui-même, qu'il verrait Henriette, coûte que coûte. Ce serait le diable, pensait-il, s'il ne parvenait pas à relever le courage de la chère demoiselle.

Donc, il n'avait rien changé à ce programme lorsqu'il se présenta en qualité de premier valet de chambre du comte de Linières, qualité qui lui ouvrait, toutes grandes, les portes de cette maison de détention.

. . . .

— Comment, s'était exclamée sœur Geneviève en toisant le valet, c'est par ordre de votre maître, M. le lieutenant de police, que cette jeune fille...

Son regard allait, alternativement, de Picard qui voulait se donner une contenance assurée, à Henriette dont les yeux s'étaient fixés sur le domestique de Roger comme pour l'interroger...

Mais Picard avait hâte, lui-même, d'entrer sérieusement en scène.

Aussi se permit-il d'interrompre la supérieure avant que celle-ci eût achevé sa phrase.

— Hélas! ma sœur, fit-il en prenant un air apitoyé, les hautes positions imposent quelquefois de cruelles nécessités !...

— Que voulez-vous dire?

— Qu'un jeune homme, continua imperturbablement Picard, s'éprenne d'une folle passion pour une jeune fille certainement fort jolie...

Il avait à la dérobée décoché un regard à la jeune fille stupéfaite de ce début.

— Honnête même, poursuivit-il, je consens à le croire...

... Que voulez-vous, ma sœur, il faut sauvegarder l'honneur d'une illustre maison, et... l'on fait disparaître l'objet de... ce coupable amour.

Sœur Geneviève avait baissé les yeux ; elle comprenait maintenant pourquoi on avait emprisonné la jeune fille...

Et déjà elle en voulait doucement à Marianne de lui avoir, avec tant d'assurance, parlé de la vertu de l'inconnue...

Mais Henriette ne lui donna pas le temps de demeurer sous cette impression pénible.

Elle avait ressenti profondément l'aiguillon caché dans la réponse embarrassée du domestique.

La rougeur lui était montée au visage et elle avait répliqué avec vivacité, en s'adressant au valet de Roger :

— Mais n'avais-je pas, — et devant vous-même, — refusé la main du chevalier de Vaudrey?

— La supérieure avait écouté, espérant qu'Henriette allait, sinon se justifier complètement, du moins atténuer à ses yeux, l'importance de la faute commise...

En entendant la réponse de la jeune fille, son émotion s'était manifestée.

Heureuse de s'être trompée, elle avait aussitôt pris la parole :

— Celui que j'aime et que je sers, continua-t-il en s'animant, c'est monsieur le chevalier... (P. 675.)

— Elle a fait cela? demanda-t-elle avec empressement à Picard... Est-il vrai, monsieur?

Le brave homme, dont le cœur battait bien fort, prit un air naïf, dissimulant un fin sourire :

Et c'est en soupirant qu'il dit :

— C'est vrai!... je suis forcé d'en convenir!

Ces mots étaient la réhabilitation d'Henriette.

Sœur Geneviève avait ouvert ses bras comme si elle y eût appelé la jeune fille.

Et de sa voix émue, elle dit à cette affligée qui, honteuse d'avoir eu à se justifier, se cachait, le visage dans ses mains :

— Oh ! pauvre enfant... et on la jette ici !... comme une coupable !

Marianne aussi s'était approchée d'Henriette, et, respectueusement, elle lui avait pris les mains pour l'obliger à découvrir son visage.

— Que vous disais-je, madame ? fit-elle !

Puis, dans un élan d'enthousiasme pour celle dont on avait fait une martyre, elle embrassa avec effusion les mains de l'orpheline.

Picard aussi était ému... attendri.

Il vit le moment où il allait pleurer.

Et, faisant un effort pour se contenir, il ramena la conversation sur le sujet qui l'intéressait particulièrement.

Il s'agissait, en effet, d'obtenir de la supérieure l'autorisation de causer, seul à seul, avec la fiancée de Roger.

Faisant alors allusion aux paroles qu'avait prononcées la jeune fille pour se disculper d'avoir voulu influencer le chevalier et le pousser à la désobéissance aux volontés de son oncle et aux désirs du roi.

— Vous avez refusé la main du chevalier de Vaudrey, c'est la vérité exacte, dit-il à la jeune fille... Mais ce... beau sacrifice ne suffit pas... et vous le comprendrez vous-même, mademoiselle.

Puis s'inclinant respectueusement devant sœur Geneviève :

— Et si madame la supérieure, ajouta-t-il, veut bien m'autoriser à vous transmettre la volonté de monsieur le lieutenant de police...

— Faites, monsieur, dit sœur Geneviève,... nous vous laissons.

Et s'adressant à Henriette :

— Du courage !... mon enfant ! dit-elle.

Et elle se retira suivie de Marianne qui, en passant près d'Henriette, lui dit également ces mots :

— Du courage !...

IV

Picard avait tout d'abord gardé le silence, un peu embarrassé pour entamer la conversation, car il allait être obligé d'annoncer à la pauvre fille que Roger était, lui aussi, sous les verrous.

Mais lorsque sœur Geneviève et Marianne eurent disparu par la porte des dortoirs, ce fut Henriette qui alla au-devant d'une explication.

— Nous voilà seuls ! dit-elle d'une voix haletante... Qu'avez-vous à me dire ?...

Ses lèvres frémissaient, agitées convulsivement par l'émotion qu'elle éprouvait.

— Quel nouveau malheur venez-vous m'annoncer, vous...

Elle regarda bien en face le domestique.

— Vous que je croyais dévoué à votre maître...

... Et qui ne venez sans doute ici que... pour le trahir?

Le vieux serviteur s'attendait à quelque manifestation de ce genre, sans doute, car il feignit de courber l'échine comme un coupable.

Et faisant, volontairement, le jeu de son interlocutrice :

— Allez ! allez !... ne vous gênez pas, mademoiselle ! répondit-il... allez toujours, frappez dur sur ce pauvre Picard qui a mérité toute votre colère !...

Puis, avec une feinte contrition, il ajouta :

— Eh bien, oui ! oui !... je suis au service d'un honnête gentilhomme qui me paie grassement, et... je vole l'argent qu'il me donne !

...Il met en moi sa confiance et... j'ai l'infamie d'en abuser !... Tout cela n'est que trop vrai, mademoiselle !... seulement la personne qui me paie et que je trompe, c'est... c'est M. le lieutenant de police ! acheva-t-il en élevant la voix.

— Ce peut-il?

Henriette regardait maintenant Picard comme pour lire par ses yeux au fond de sa pensée...

Elle avait déjà tant éprouvé de déceptions. Elle avait déjà, elle l'innocente, la vertueuse, si bien appris à se méfier des ennemis qui savaient dissimuler et cacher leurs détestables projets, qu'elle hésitait un peu à accorder confiance à ce que lui annonçait le valet de chambre du comte de Linières...

Elle avait fait un pas pour se rapprocher de son interlocuteur, comme pour activer la confidence qu'il disait avoir à lui faire...

Mais, après ce premier mouvement, elle s'était arrêtée, se défiant de la sincérité de Picard.

Le brave serviteur était trop lancé pour s'apercevoir qu'on le soupçonnait d'hypocrisie.

— Celui que j'aime et que je sers, continua-t-il en s'animant, c'est monsieur le chevalier...

Puis se reprenant :

— Ou plutôt, non; ce n'est pas lui, ajouta-t-il en adressant à Henriette un regard tout plein d'une paternelle affection; celle que je respecte... que j'admire et que je voudrais sauver, oui, sauver...

... Eh bien, c'est vous, mademoiselle !

La jeune fille tressaillit...

— Moi ! fit-elle.

— Oui !... vous, qui avez bouleversé toutes mes idées...

Il était bien parti maintenant, cet excellent Picard, et il reprenait toute sa façon de parler avec Roger :

— Toutes mes pensées morales, philanthropiques et sociales, continua-t-il en se perdant dans sa phrase.

Mais Henriette était à présent tout à fait rassurée; ce qu'il lui fallait c'était qu'on lui donnât au plus tôt des nouvelles du chevalier qui était parti en lui promettant de ne revenir qu'après avoir aplani tous les obstacles qui s'opposaient à leur union, et qu'elle n'avait pas revu...

Il lui tardait de savoir si Roger avait eu connaissance de son arrestation; s'il savait qu'elle était à la Salpêtrière au milieu d'un ramassis de filles perdues et d'infâmes créatures souillées de tous les vices et chargées de crimes...

Elle voulait qu'on lui dît enfin ce que, dans ce cas, le chevalier comptait faire...

Aussi ne se fit-elle pas faute d'interrompre Picard en pleine éloquence fantaisiste pour s'écrier :

— Et lui, Roger ?

Picard comprit cette anxiété qui étranglait la voix de la jeune fille.

Il répondit avec un soupir :

— Il refuse toujours d'obéir à son oncle... et, depuis que vous... êtes ici... il est...

Le valet s'arrêta...

Devait-il cette fois dire la vérité ?

La fatale nouvelle n'allait-elle pas provoquer chez la pauvre enfant quelque crise de nerfs ou quelque syncope ?...

Que ferait-il en ce cas ?...

Il lui faudrait appeler, demander du secours à l'infirmerie...

Il se voyait Henriette, inerte ou se débattant, sur les bras, et religieuses et surveillantes accourant à ses cris...

Il hésita.

Mais il en avait déjà, malheureusement, trop dit.

Henriette le pressait...

— Achevez donc !... s'écriait-elle étonnée de son silence...

— Eh bien, tenez, mademoiselle, fit enfin Picard prenant une grande résolution, je ne veux pas vous cacher la vérité, quelque triste qu'elle soit...

... Mais il faut que vous me promettiez d'avoir du courage, de l'énergie...

... M. le chevalier... est à la Bastille!...

Et, avec emphase :

— Oh! la Bastille, odieux rempart de la tyrannie!

La crise qu'avait redoutée Picard ne se produisit pas.

Henriette ne jeta pas un cri; elle ne s'évanouit pas...

Un sentiment plus noble la maintint dans les limites d'une douleur moins expansive, moins exubérante.

En apprenant avec quelle rigueur le comte de Linières avait traité son neveu, elle s'accusa, devant sa propre conscience, d'avoir attiré sur la tête de celui qui s'était dévoué à elle l'implacable colère du lieutenant de police.

« — C'est pour moi, pour me défendre, pour me prouver son amour, pensait-elle, que ce généreux et loyal Roger subit, en ce moment, un châtiment qu'il n'a pas mérité...

« ... C'est moi qui l'ai entraîné dans le malheur qui m'avait frappée et que j'aurais dû lui épargner!

Elle s'accusait de n'avoir pas compris tout de suite que cette liaison pouvait avoir des conséquences funestes pour le gentilhomme qui s'attachait à son sort, oubliant en cela qu'il se devait à son illustre famille, et que le devoir lui incombait de continuer les traditions d'une noble maison.

Ah! pourquoi l'avait-il aimée?... Pourquoi ne l'avait-elle pas arrêté au début de cette passion qui devait l'entraîner à sa perte!...

Pourquoi, lorsqu'il lui avait parlé de cette union impossible, que la simple raison devait faire condamner, pourquoi avait-elle faibli à son tour, et s'était-elle abandonnée à cette folle espérance de devenir la femme d'un gentilhomme!

Elle aimait!... oui; les sentiments qui animaient Roger, elle les avait partagés!...

Elle aimait éperdument; et la séparation devait laisser dans son cœur d'ineffaçables souvenirs!... Roger parti, Roger devenant l'époux d'une autre, c'était pour elle une douleur éternelle, un désespoir qui tue...

Elle avait résisté, elle avait refusé la main du chevalier...

Mais ce n'était pas assez de ce refus, faiblement prononcé... Il fallait rompre brusquement le lien qui les unissait.

Cette pensée troublait la pauvre enfant, au point de paralyser en elle les éclats de désespoir que Picard avait redoutés. A la nouvelle de l'emprisonnement de Roger, elle ne prononça que ces mots, avec une expression de tristesse et d'abattement :

— Prisonnier lui... lui aussi !...

— Oui, mademoiselle, mais ne vous épouvantez pas trop...

Il avait pris sa voix la plus paternelle, la plus onctueuse pour tâcher de rassurer la jeune fille qu'il voyait si profondément émue, si vivement impressionnée par la triste nouvelle qu'il lui apportait.

— Au moment de son arrestation, reprit-il, j'ai pu recevoir les instructions de mon jeune maître...

— Que vous a-t-il dit? s'informa Henriette avec anxiété...

— Il m'a d'abord fait jurer d'arriver jusqu'à vous, et de vous dire qu'il subirait toutes les persécutions plutôt que de renoncer à son amour... Et s'il arrivait que l'on décidât votre départ pour la Louisiane...

Henriette avait étouffé un cri...

La Louisiane !... Et, en partant, elle laisserait Louise, sa chère Louise bien loin d'elle, sans savoir à quel triste sort était réduite l'infortunée créature !

La Louisiane !... C'était impossible !...

Ce serait un crime de châtier ainsi une innocente fille parce qu'on l'avait aimée.

Il était impossible qu'il fût venu à la pensée d'un magistrat de la faire partir pour le pays où l'on envoie mourir les misérables créatures dont on veut débarrasser la société !...

Et dans son affolement, elle s'écria :

— La Louisiane !... Mais ce serait un éternel exil... ce serait ma mort !...

Le brave Picard s'empressa de répondre :

— Attendez... attendez donc !... Nous serions informés à l'avance de cette décision...

... Mon faux maître, celui qui me paie et que je trahis, me le confierait !...

... J'en aviserais aussitôt mon vrai maître !

Henriette était maintenant suspendue aux lèvres du domestique qui parlait d'abondance, comme s'il eût débité de mémoire un rôle appris à l'avance.

Picard continua, en s'animant de plus en plus à chaque phrase :

— Le chevalier feindra de céder aux volontés de son oncle, et une fois sorti de la Bastille, fouette cocher !

— Que voulez-vous dire? interrompit la jeune fille dont l'esprit s'égarait.

— Je veux dire, chère demoiselle, que mon jeune maître, celui que j'aime et pour lequel je braverais la colère de Dieu et du diable, partira suivi de votre serviteur.

... Nous rattraperons le convoi qui vous emmènera.

... Avec l'or qu'il aura soin d'emporter, mon vrai maître achètera les hommes de mon faux maître!...

... S'ils sont incorruptibles... c'est-à-dire si nous n'avons pas assez d'argent pour les acheter... eh bien... eh bien!... ma foi, nous nous embarquons avec vous...

... Nous partageons votre exil, car voilà comme nous sommes, nous autres gentilshommes!

Picard, très animé par le débit de sa tirade, avait prononcé ces derniers mots en élevant la voix d'un ton triomphant, et en pirouettant sur ses talons.

Mais Henriette l'arrêta court au beau milieu de son enthousiasme.

— Mais!... s'écria-t-elle frémissante... elle?... ma Louise?... Qui la rechercherait s'il me fallait quitter Paris et la France?...

... Qui lui viendrait en aide?

Picard eut une inspiration :

— Et moi! fit-il avec assurance, je ne suis donc rien?

... Je vais donc me croiser les bras?...

Puis avec une expression d'orgueil :

— Je ne suis donc pas de la police?

S'apercevant qu'Henriette était retombée dans un état visible d'inquiétude et que son regard s'effarait de nouveau, le brave homme se sentit violemment ému :

— Voyons, fit-il avec douceur, soyez tranquille, ne vous faites pas de chagrin...

... Avant qu'il soit même question de cet affreux départ, j'aurai tout arrangé!...

Puis, changeant de ton, emporté par sa faconde habituelle :

— Ensuite qu'on prenne ma tête, si l'on veut! s'écria-t-il d'un air tragique...

... La voilà, je suis prêt...

A ce moment le regard d'Henriette fut tout à coup attiré par le mouvement qui se faisait à la grille...

Elle avait saisi le bras de Picard, en disant avec effroi :

— Ciel!... Regardez!...

Picard s'était retourné aussitôt.

Des exempts se trouvaient à l'entrée de la cour demandant à entrer...

— Ah! bigre, fit le vieux serviteur, est-ce qu'on voudrait déjà me demander ma tête?

Il avait reconnu, parmi les exempts, Marest, son ami Marest, le principal agent de confiance du lieutenant de police.

En apprenant que les exempts se présentaient, sœur Geneviève avait donné l'ordre d'ouvrir immédiatement les portes.

Un instant après elle avait paru à l'entrée de l'infirmerie.

Le docteur et Marianne la suivaient, précédant quelques religieuses attirées par le bruit.

Hélas! elles ne savaient que trop ce que signifiait la présence des agents...

Sœur Geneviève était toute tremblante.

Et s'adressant au médecin qui l'accompagnait :

— Ah! docteur, soupira-t-elle... encore quelques malheureuses que l'on va m'enlever!...

Le médecin eut un geste de pitié :

— Oui, ma chère sœur, fit-il tristement, de pauvres créatures qu'on va envoyer à la Louisiane... les plus coupables, sans doute...

— Les plus à plaindre alors! répliqua la supérieure en levant les yeux au ciel.

Pendant ce temps Marest avait fait placer ses hommes en rang tout contre la grille.

Il s'avança vers sœur Geneviève.

Et, s'inclinant avec respect :

— Ma sœur, dit-il, voici l'ordre qui m'amène, et la liste des prisonnières destinées à partir.

Puis, après avoir remis les pièces à la religieuse :

— Je vais, ajouta-t-il humblement, si vous le permettez, donner acte de la sortie de ces prisonnières, et nous confronterons ensuite ensemble ces listes avec vos registres...

Sœur Geneviève était devenue, subitement, d'une pâleur extrême.

Chaque fois qu'il lui fallait assister à l'une de ces formalités, la digne femme éprouvait un violent chagrin...

— C'est un de mes enfants qu'on arrache à ma sollicitude, une pauvre âme qu'on prive de la rédemption.

Aussi fut-ce d'une voix tremblante qu'elle répondit à l'agent :

— Allez, monsieur... Je vous suis!

LES DEUX ORPHELINES

On la transporta, à moitié évanouie, sur un banc. (P. 684.)

Marest salua; mais, avant de sortir, il lança un regard où se lisait la surprise, au premier valet du comte de Linières...

Picard était, en ce moment, tout occupé d'Henriette que Marianne avait rejointe sur le banc où elle s'était assise, brisée par l'émotion.

Les religieuses s'approchèrent, très impressionnées, de leur supérieure.

Quand à sœur Geneviève, elle tenait la liste que Marest lui avait remise.

Ses doigts tremblaient au contact de ce papier qu'elle n'osait porter à ses yeux.

Il lui fallait bien, cependant, s'armer de courage, puisque l'agent allait revenir pour la formalité de la levée d'écrou.

Sœur Geneviève fit un effort sur elle-même, en murmurant :

— Cette liste!... Oh!... c'est en tremblant que je vais l'interroger...

Puis, au premier coup d'œil qu'elle y avait jeté, un cri s'était échappé de ses lèvres...

Tout le monde s'était aussitôt empressé auprès d'elle.

Et Henriette accourant avait demandé avec effroi :

— Madame... pourquoi me regardez-vous ainsi?

... Madame, répondez-moi, de grâce!...

Mais sœur Geneviève n'avait plus maintenant la force de prononcer une parole...

Ses regards allaient du visage inquiet du docteur au visage bouleversé d'Henriette.

— Ah! pauvre fille! murmura-t-elle enfin en joignant ses mains tremblantes, pauvre, pauvre enfant!...

La lumière se fit, éclatante, terrible, dans l'esprit de l'orpheline...

Elle comprit, hélas!...

Et folle de douleur :

— Ah!... mais je suis donc condamnée!... je suis donc perdue!... fit-elle d'une voix mourante...

Picard s'avança alors.

Et tout bas :

— Madame, demanda-t-il à la supérieure, serait-il vrai... que... déjà?...

Sœur Geneviève ne répondit pas. Mais dépliant le papier sous les yeux du valet, elle lui montra du doigt un nom inscrit sur la liste.

Picard étouffa l'exclamation qui allait s'échapper de ses lèvres...

Mais Henriette ne s'y était pas trompée.

Elle eut un moment de vertige et, chancelante, elle alla s'affaisser dans les bras de Marianne et du docteur qui, en même temps, s'étaient élancés à son secours...

On la transporta, à moitié évanouie, sur un banc où on l'assit en lui prodiguant des paroles affectueuses.

Sœur Geneviève, ne pouvant supporter plus longtemps le spectacle de cette souffrance morale qu'on faisait subir si cruellement à l'infortunée victime d'une épouvantable erreur, se retenait pour ne pas pleurer.

— Ah! pauvre jeune fille!... fit-elle en donnant un regard chargé de compassion à la malheureuse qui défaillait sous ses yeux.

Et, navrée, remuée jusqu'au fond des entrailles, la digne femme se retira, implorant l'intervention divine en faveur de celle pour laquelle elle ne pouvait, hélas! que prier!

Tout à coup Picard qui, jusque là, avait paru atterré, se redressa...

Et pris d'une belle fureur contre le lieutenant de police qui était cause de tout ce qui arrivait, il arpentait le terrain en gesticulant, sacrant, tempêtant...

— Ah!... mon scélérat de maître s'est caché de moi! criait-il en se démenant comme un possédé...

... Il a eu l'indélicatesse de se méfier de ma fidélité!...

... Ah! il me le paiera!... Il me le paiera!...

Et, furieux, il s'élança vers la grille, en toisant d'un air courroucé les exempts qui le regardaient sortir, et riaient sous cape.

V

Où allait Picard en quittant, si fort en colère, la Salpêtrière?

Dans son impuissance à porter secours à la malheureuse Henriette, le vieux domestique s'était dit qu'il lui fallait à tout prix délivrer le chevalier de Vaudrey.

A le voir marcher avec la résolution d'un soldat qui va monter à l'assaut, on eût pu croire qu'il allait accomplir un acte purement énergique.

Et cependant il ne songeait à rien moins qu'à s'introduire, de force, à la Bastille. Il voulait acheter un des gardiens et délivrer son jeune maître.

Il ne soupçonnait pas, dans son délire que ses efforts iraient, bientôt, se heurter à plus d'un obstacle et que, loin de pouvoir faire évader le chevalier aussi facilement qu'il l'espérait, il ne lui serait même pas possible de pénétrer dans cette prison d'état.

Dans son dernier entretien avec le lieutenant de police, Picard, comme on l'a vu, avait appris que Roger n'avait pas été plongé dans un de ces cachots où, selon la terrible légende, on enfermait les prisonniers enchaînés au mur par le cou, forcés ainsi de rester accroupis, nuit et jour, ne pouvant ni se redresser, ni s'étendre, et mourant dans d'effroyables tortures.

Il le savait par la confidence que lui en avait faite le comte de Linières lui-même, que le jeune gentilhomme était traité exactement comme l'étaient les officiers gardiens de cette prison, à cette différence près qu'on le mettait sous clef, dans sa cellule, à l'heure indiquée par le règlement pour le sommeil des prisonniers.

A part ce détail qui, Picard le reconnaissait, avait bien son importance, le chevalier, était traité avec tous les égards dus au « neveu du lieutenant général de police »...

Depuis que M. de Linières avait été nommé aux fonctions élevées qu'il occupait, deux fois déjà Picard l'avait accompagné à la Bastille.

Et pendant que son maître causait avec le gouverneur, il s'était promené dans l'intérieur de la prison.

Les guichetiers l'avaient piloté avec toute la déférence que l'on témoigne, généralement, aux domestiques des grands personnages...

Picard ne se doutait pas alors qu'un jour il aurait peut-être besoin de se rappeler par quels chemins on l'avait fait passer et de se souvenir de la disposition des cellules, du nombre des couloirs qu'il fallait traverser avant d'arriver à celles réservées aux prisonniers qui n'étaient pas absolument condamnés à finir leurs jours dans un cachot.

Il avait traversé de nombreux couloirs, parcouru d'immenses galeries, pour arriver à l'entrée de la salle dallée tout autour de laquelle se trouvaient les fameuses oubliettes...

Mais là, notre homme s'était arrêté en tressaillant comme si on l'eût conduit en cet endroit pour le murer, vivant, dans un de ces cercueils de pierre qui ne laissent arriver au dehors ni les gémissements des malheureux, ni leurs cris d'agonie!...

Picard n'avait pas oublié, qu'en remontant on l'avait fait passer dans un couloir plus vaste que les autres, et que l'air frais du dehors l'avait frappé au visage, ce qui lui avait procuré une agréable sensation après l'air vicié et chargé de poussière qu'il avait respiré pendant toute cette lugubre promenade au milieu des souterrains.

— Qu'est-ce que ça? avait-il demandé.

Et on lui avait répondu que c'était une lucarne, — une des rares aussi larges, — qui laissait pénétrer l'air et le jour dans la meilleure des cellules de la prison...

— « Une vraie cellule de prince du sang ! avait-il alors répondu en riant. »

Picard toujours interrogeant apprit en outre que c'était la cellule des « préférés » du gouverneur, ou des gentilshommes qu'on n'envoyait à la Bastille que... pour les empêcher d'être ailleurs *pendant quelques jours...*

Un clignement d'yeux faisait comprendre le sens de cette phrase.

— Eh bien, si jamais je viens vous demander, de la part de mon maître, asile pendant quelque temps, je vous prierai de me permettre de rester dans cette excellente cellule, avait-il dit plaisamment.

Tout en parlant, il s'était avancé de quelques pas dans la petite pièce et s'était assuré, par lui-même, que pour un prisonnier, c'était tout ce qu'on pouvait désirer de plus confortable.

Il avait même remarqué que la lucarne, — presque une croisée, — par laquelle un homme de taille moyenne pouvait passer, donnait sur les toits de la maison voisine, très rapprochée des murs du donjon.

Mais, entre cette maison et la Bastille, il y avait le poste des gardes françaises, une pièce basse enfumée, où les soldats étaient toujours prêts en cas d'alerte.

Puis, sur la plate-forme du donjon, les sentinelles faisaient bonne garde, le fusil chargé, prêts à tirer sur ceux qui auraient essayé d'entrer, et sur les prisonniers auxquels serait venue la malencontreuse idée de vouloir s'évader par là.

L'imposante masse de la forteresse était entourée d'une seconde enceinte, derrière laquelle on entendait clapoter l'eau du fossé, lorsque le vent s'engouffrait entre la double ceinture de murailles crénelées flanquées de ses neuf tours.

Et c'était derrière ces sombres murs presque impénétrables aux boulets que le chevalier de Vaudrey était enfermé.

Il s'agissait pour Picard de le faire évader de cette cellule où il se livrait sans doute au désespoir.

C'est au travers de cette enceinte si bien gardée qu'il fallait lui trouver une issue.

Tout d'abord, dans l'agitation qui s'était emparée de son esprit, au moment où il quittait la Salpêtrière, le serviteur dévoué s'était pris d'enthousiasme pour l'idée extravagante qui lui venait de délivrer son jeune maître.

Il ne rêvait à rien moins qu'à faire imiter Latude par le chevalier.

Latude et son compagnon d'Alègre ont bien su tromper toutes les surveillances, pensait-il, aplanir tous les obstacles, desceller les barreaux de fer, percer les murailles, s'élancer par-dessus les créneaux au moyen d'un échelle qu'ils avaient fabriquée eux-mêmes, sans outils, sans cordes... Une échelle assez longue pour leur permettre de descendre dans le fossé...

... Eh bien, poursuivait-il mentalement, *nous* aussi *nous* fabriquerons des échelles s'il le faut; *nous* percerons les murs; *nous* descendrons dans le fossé...

... Et, si cela ne suffit pas, *nous* assommerons les geôliers, les sentinelles avec leurs officiers, le gouverneur lui-même; mais *nous nous* échapperons; *nous* irons délivrer notre bien-aimée; *nous* l'arracherons des mains de ces misérables bourreaux d'exempts et *nous* l'épouserons au nez et à la barbe de M. le lieutenant de police!...

Mais depuis, Picard avait singulièrement vu diminuer son enthousiasme.

Il se rappelait maintenant que Latude n'était pas seul dans sa cellule comme Roger; que son ami d'Alègre l'avait aidé, et que, cependant, ils avaient, à eux deux, — des gaillards solides et résolus, mis un grand nombre d'années à fabriquer la fameuse échelle de corde...

Et, pour y arriver, ils avaient dû défaire, fil à fil, la toile de plusieurs douzaines de chemises..., se fabriquer des outils avec des morceaux de fer et un fragment de casserole!...

Ils avaient, en outre, descellé les barres de fer qui fermaient l'ouverture de la cheminée par où ils étaient sortis de la cellule, et ce simple travail avait duré six mois... paraît-il.

« — Mais, dans six mois, s'écriait Picard bien qu'il fût seul à s'entendre parler, dans six mois *nous* serons morts de chagrin ou de rage!...

Pour s'évader Roger n'avait que cinq jours; car dans cinq fois vingt-quatre heures, disait le valet, *notre* bien-aimée sera sur le pont du navire qui doit la transporter, loin de *nous*, vers la terre d'exil!...

Picard calculait, en effet, le temps que mettrait la voiture où l'on entassait les filles condamnées à la déportation, à gagner le port d'embarquement.

Ne doutant pas que Marest ne se fût fait délivrer, le jour même, les détenues dont les noms figuraient sur sa liste, il se disait que le chevalier et lui, avec de bons chevaux, rattraperaient les voyageurs et qu'ils délivreraient Henriette, avant qu'on ne l'ait embarquée.

Mais le plus difficile n'était pas de se procurer de bons postiers; car, outre l'argent que pouvait posséder sur lui le chevalier, le digne serviteur était disposé à mettre au service de son maître toutes ses économies.

Seulement, ce n'était pas avec de l'argent qu'il parviendrait, pensait-il, à se faire ouvrir les portes de la terrible forteresse.

« Cinq jours! répétait-il en se promenant de long en large dans le bout extrême de la rue Saint-Antoine, comme un homme arrivé trop tôt à un rendez-vous.

« Cinq jours !... après quoi, si *nous* n'avons pas réussi, Dieu sait ce qu'il en sera de *nous* !...

« ...*Nous* avons déjà un chagrin qui nous mine ; qui sait si *nous* aurons la force de supporter plus longtemps l'existence ! »

Le pauvre homme prenait si bien sa part du désespoir de son jeune maître, qu'il ne séparait plus, désormais, son propre sort de celui du chevalier.

Décidé, comme il l'était, à suivre, à l'avenir, la fortune de M. de Vaudrey, il ne se préoccupait plus de ce que pourrait penser de lui cet autre maître dont il trahissait si audacieusement la confiance.

Il était résolu à mettre tout en œuvre pour contrecarrer la volonté du comte de Linières, et faire échouer ses projets d'intimidation et de violence contre le fiancé d'Henriette.

Aussi, tout en faisant les cent pas à proximité de la Bastille, ruminait-il, dans sa pauvre tête pleine de pensées tumultueuses, les moyens les plus extravagants, les combinaisons les plus bizarres, mais sans grand espoir de les voir réussir.

Le hasard vint à son secours, au moment où il s'y attendait le moins.

Il arpentait, pour la centième fois peut-être, la façade principale de la prison d'État, lorsqu'il vit un certain mouvement se produire de côté de la place.

Un grand nombre de curieux s'avançaient presque jusqu'au fossé pour voir fonctionner le pont-levis qui allait donner accès à une compagnie de gardes françaises.

C'était l'heure de la garde montante et cette compagnie devait remplacer celle qui avait fourni ses vingt-quatre heures de service dans la forteresse.

Les badauds du faubourg Saint-Antoine étaient particulièrement friands de ce spectacle militaire. On aimait les gardes françaises autant qu'on avait d'antipathie pour les Suisses de la garde royale.

On se pressait donc pour voir passer les soldats sur le pont-levis, tout en faisant force commentaires sur l'inutilité d'enfermer tous ces braves dans une prison et d'en faire les geôliers des victimes du *bon plaisir*.

Déjà l'idée révolutionnaire fermentait dans les têtes, au point de se manifester en propos que l'on se fût bien gardé d'émettre, quelques années auparavant, sous le règne du « Bien-Aimé ».

Picard s'était rapproché de l'un des groupes, machinalement attiré par l'aimant de la foule.

— Hé quoi ?... vous vous évadez comme ça, par la poterne !... (P. 690.)

Il regardait sans prendre le moindre intérêt à ce jeu de soldats.

Que lui importait que ce fût une compagnie plutôt qu'une autre qui gardât, ce jour-là, son cher chevalier. Celui-ci n'en serait pas moins bien gardé.

Encore si, parmi ces troupiers, se trouvait quelqu'un de sa connaissance, il pourrait espérer l'impossible, à savoir : intéresser le militaire au sort de Roger, le décider à favoriser une évasion.

Mais tout cela n'était qu'un rêve insensé, dont le ridicule éclatait aux yeux. Picard haussa les épaules de pitié, s'en voulant d'être si pauvre d'imagination.

Il se souvenait d'avoir promis au chevalier de pénétrer auprès d'Henriette, d'une part, et de l'autre, de travailler à lui ouvrir les portes de la Bastille.

Or jusqu'à ce moment il n'avait réussi à entrer à la Salpêtrière que pour être témoin de l'exécution, par Marest, des ordres rigoureux lancés contre Henriette.

Il s'en voulait de son impuissance. Il se maltraitait intérieurement, s'accusant d'être un misérable, bon à rien sur cette terre, et qui méritait bien le mépris et la colère du maître qu'il n'avait pas su servir intelligemment.

Perdu au milieu de tout ce monde d'individus gouailleurs, sans soucis, avides de spectacles de tout genre, il faisait triste mine.

Tout à coup sa figure changea d'expression, et s'éclaira comme par enchantement.

Ses yeux, naguère encore si tristes, pétillèrent, tandis que ses lèvres ébauchaient un sourire.

La vue d'un geôlier avait opéré cette métamorphose.

Rumignac, ce même geôlier dont nous avons parlé à l'occasion de ses relations antérieures avec le valet de M. de Linières, avait entr'ouvert la lourde porte massive hérissée de clous et bardée de ferrures qui fermait l'une des poternes, à droite de la forteresse ; et Picard, l'ayant reconnu, s'était instinctivement dirigé vers lui.

Qu'espérait-il ?

Rien de bien précis, assurément.

Mais c'était quelqu'un de la prison, à qui il pourrait parler du prisonnier.

Il allait peut-être, en faisant jaser son ami Rumignac, obtenir de lui des nouvelles du chevalier et savoir comment il supportait sa captivité.

Au point où en était arrivé le vieux serviteur, il se raccrochait à toutes les branches.

Aussi se composa-t-il une physionomie tout à fait calme et rassurée pour aborder le geôlier.

Et c'est la bouche en cœur qu'il dit à celui-ci :

— Hé quoi ?... Vous vous évadez comme ça par la poterne...

Corne de biche, mon gaillard, vous avez de la chance, vous, de pouvoir venir prendre le grand air au dehors ; et j'en connais certains qui ne seraient pas fâchés d'en faire autant...

— Pardié, fit avec un gros rire Rumignac, quand ce ne serait que le numéro 215.

— Le numéro 215?... qu'est-ce que c'est que ça?...

— C'est le seul nom de M. le chevalier de Vaudrey à cette heure! répondit le geôlier en soulevant ironiquement le bonnet de fourrure qu'il avait sur la tête...

Picard tressaillit; mais, se contraignant, il parvint à rire à son tour.

Puis devenant familier :

— Ce pauvre chevalier, fit-il en haussant les épaules, il doit joliment se faire de la bile là-dedans...

— Vous pouvez m'en croire...

— Ah! le malheureux...

Puis se reprenant pour ne rien laisser percer de ce qu'il éprouvait de douloureuse émotion :

— Après tout... il n'a que ce qu'il mérite... croyez-vous que son oncle, ce bon M. de Linières, n'a pas eu raison, cent mille fois raison, de le faire enfermer?

Ce fut le tour du geôlier de paraître surpris de ce qu'il entendait. Picard avait, en effet, l'air et le ton d'un homme absolument convaincu.

— Il a donc commis quelque faute bien grave?

— Une faute horrible, épouvantable, mon cher monsieur Rumignac...

— Allons donc... un si gentil jeune homme, qui vous a l'air doux et qui est poli, poli comme on ne l'est pas...

— Eh bien, oui, ce gentil jeune homme s'est rendu coupable d'un crime monstrueux...

— Ah bah!

— Oui, monsieur Rumignac, il s'est permis de tomber amoureux, amoureux fou...

— Et c'est pour cela qu'on l'a enfermé à la Bastille? ne put s'empêcher de s'écrier le geôlier...

Puis à la réflexion, et parlant à l'oreille de Picard :

— Alors c'est qu'il s'est adressé à... à une...

Et dans un murmure :

— Il a peut-être osé aimer... la reine?

Ces paroles étaient à peine sorties de ses lèvres, que Rumignac se retournait pour voir si personne ne les avait entendues.

Quant à Picard, continuant à dissimuler :

— Non, mon cher, non, le chevalier a été bien plus imprudent; il a oublié que *nous* étions de haute noblesse, et il s'est avisé d'aimer une fille du peuple, une demoiselle sortie de je ne sais plus quel trou de province, et il veut à toute force...

— En faire sa maîtresse!

— Si ce n'était que ça, où serait le mal? ricana Picard, mais... il veut l'épouser...

Et, saisissant le bras de son interlocuteur, il l'agita avec violence comme s'il n'eût pas été maître d'une sainte colère :

— Épouser une donzelle, sans nom, sans sou ni maille; une petite rien du tout qui a su faire la sainte-nitouche sans doute, et qui a réussi à rendre ce pauvre chevalier fou, fou à lier.

Il s'animait à dessein, continuant avec un emportement habilement joué :

— Aujourd'hui il est coffré à la Bastille, — comme les grands criminels d'État, — eh bien! qu'il y reste, qu'il y vieillisse comme Latude, qu'il y élève des araignées savantes, comme fit Pélisson, à coup sûr il en aura tout le temps, s'il ne se décide pas à faire amende honorable... Car son oncle est bien décidé à le laisser moisir dans sa cellule... et ce n'est pas moi qui demanderai sa grâce à mon maître...

Picard était cramoisi en parlant de la sorte, ce que son interlocuteur mit sur le compte de la colère que le fidèle serviteur du lieutenant de police éprouvait contre le chevalier de Vaudrey.

— Calmez-vous, mon brave, fit Rumignac, c'est pas la peine de s'emporter comme ça contre un pauvre prisonnier qui est bien triste, bien affligé... au point que si ça continue... il n'ira pas longtemps.

Picard se sentit devenir livide.

Qu'allait-il apprendre?

Quoi, son cher maître n'irait pas longtemps?.. Pourquoi?.. Quel sens donner à cette déclaration que le geôlier avait faite, d'un ton attristé, et en secouant la tête...

— Pas longtemps? fit-il en s'efforçant de ne pas balbutier...

— Pardié, puisqu'il ne mange pas...

— Il... il ne...

— Non!.. depuis qu'il est ici, je remporte chaque jour sa pitance, sans qu'il y ait touché...

— Toute sa... pitance?

— C'est à peine s'il a grignoté quelques petits morceaux de pain et avalé quelques gorgées d'eau... et, cependant, je lui ai servi un menu de premier choix, car on l'a spécialement recommandé au gouverneur...

Picard avait dressé l'oreille.

Ce qu'il apprenait de l'exception qu'on faisait en faveur du prisonnier, en ce qui concernait le menu, comme avait dit Rumignac, le rassurait, d'une part, sur les intentions de l'oncle, et, de l'autre, faisait entrevoir la possibilité de tenter la délivrance du neveu.

Ce n'était pas, pensait-il, le moment de laisser tomber la conversation, puisqu'il trouvait le geôlier disposé à bavarder.

Aussi, revenant à une des précédentes répliques, il dit à brûle-pourpoint à Rumignac :

— Avec quelle adresse, avec quelle habileté il a su s'évader ce Latude... et quelle persévérance !

— Bah ! dit Rumignac, je connais un particulier qui a su se procurer la clef des champs sans y mettre autant d'années qu'il en a fallu à ce fameux Latude...

— Vraiment? Et quel est cet homme habile?

— Moi, monsieur Picard, dit avec fierté Rumignac.

— Vous !... contez-moi donc ça?...

— J'y consens; mais pas ici... tout le monde me regarde déjà comme un événement...

— C'est qu'on a reconnu en vous...

— Oui, un geôlier, un de ces êtres sans-cœur qui font souffrir mort et martyre à des innocents; un bourreau quoi, qui n'a rien là-dedans...

Et Rumignac, redevenu sérieux, se frappait la poitrine du côté du cœur...

— C'est un signe des temps, mon cher monsieur Rumignac.

Et, se rappelant les discours, les prédictions du chevalier de Vaudrey, lorsque celui-ci parlait de la fin prochaine de la vieille société vermoulue, et prédisait à ses amis, à ses compagnons de plaisir, l'imminence de la révolution, Picard continua d'un air capable :

— Oui, monsieur Rumignac, c'est un signe des temps !..

Montrant les groupes :

— Tout ce monde-là rêve quelque chose de terrible !.. dans toutes ces têtes, il y a du feu qui couve et qui un jour échauffera les cervelles à tel point qu'il en jaillira des idées violentes, terribles, épouvantables... Vous les voyez calmes en apparence, qui sait s'ils ne méditent pas, en regardant ces hautes murailles...

— De prendre d'assaut la Bastille? riposta moitié goguenard, moitié sérieux, le geôlier...

— Et pourquoi pas?...

— Vous voulez rire, mon brave !

— Rions, tant que nous sommes du côté du manche; mais il faut bien prévoir que nous pourrons un jour...

— Est-ce du côté du balai!...

— C'est possible...

Puis d'un ton tragique :

— Qui sait, monsieur Rumignac, si, ce jour-là, vous et moi nous ne serons pas enfermés là-dedans à notre tour...

Il indiquait du doigt la Bastille.

— Et si, continua-t-il, ceux-ci, montrant les hommes du peuple, ne deviendront pas nos geôliers... qui sait...

Il allait continuer sa tirade, lorsque Rumignac se remit en marche en ricanant :

— Tout ça, c'est des bêtises, des balivernes comme en écrivent un tas d'écrivassiers et de pamphlétaires dont j'ai vu, de près, quelques échantillons dans la forteresse que voici...

Il avait tendu la main au valet :

— Moi, fit-il, je rentre chez moi, je vais voir la ménagère et embrasser les enfants, car je ne reprends mon service qu'à la tombée de la nuit...

— Tiens, j'allais vous proposer de trinquer ensemble...

— A la santé du Roi? tout de même...

Et se ravisant :

— Mais pas au cabaret; c'est compromettant...

— Autant pour votre qualité de... d'employé du Gouvernement... insinua Picard.

— Que pour votre dignité de... valet de chambre...

— Premier valet de chambre et serviteur de confiance du très puissant lieutenant général de police! surenchérit Picard en appuyant sur les mots.

— Aussi, monsieur Picard, je vous prierai d'accepter l'hospitalité d'un pauvre, mais brave homme.

— De grand cœur, monsieur Rumignac.

Les deux hommes traversèrent le chemin de ronde qui entourait la Bastille et arrivèrent, à l'entrée de la rue Saint-Antoine, devant une petite maison dont le geôlier ouvrit la porte basse.

Et, faisant passer son invité devant lui :

— Hé!... hé!... fit-il, entendez-vous la nichée qui piaille là-bas... C'est au rez-de-chaussée, tenez, à droite.

La femme Rumignac se présenta, en ce moment, sur le seuil, et introduisit Picard dans la pièce enfumée qui servait de nid à la couvée d'enfants, et de salle-à-manger.

Le repas du père, — qu'on attendait, — était déjà prêt sur la table, flanqué d'une bouteille à grosse panse.

— Asseyez-vous là, en face de moi, fit gaiement le geôlier après avoir renvoyé la marmaille, et toi, femme, apporte un gobelet pour cet excellent M. Picard, le... comment dirai-je... le *factotum* de monseigneur le lieutenant de police.

Mᵐᵉ Rumignac salua très bas.

— Puis, continua le geôlier, tu pourras nous laisser, car j'ai besoin de causer avec mon ami Picard.

Les gobelets emplis, les deux hommes les vidèrent d'un trait.

Le valet buvait peu d'habitude, mais il fit violence à sa sobriété pour faire honneur à son hôte.

Rumignac commença en reposant bruyamment le gobelet d'étain sur la table :

— Vous me demandiez donc, mon cher monsieur, de vous raconter comment j'ai fait...

Pour vous évader de prison, enfin comment vous vous y prendriez pour sortir de la Bastille si vous y étiez enfermé.

— Moi?... Mais comme je m'y suis pris autrefois pour m'évader de la forteresse dans laquelle ces diables d'Anglais m'avaient incarcéré.

Il prit un temps, et scandant sa phrase :

— J'en suis sorti au grand jour et par la grande porte!...

— Vraiment?

Cette fois Picard ne dissimulait pas la surprise qui se lisait sur son visage.

L'homme qui lui parlait d'évasion avait, en effet, une sérieuse compétence en cette matière, et sa façon d'affirmer ne pouvait laisser que d'intéresser vivement celui qui méditait une évasion pour son maître!...

— Vraiment, reprit le valet, vous n'avez pas craint d'être aperçu?...

— Aperçu?... Mais je l'ai été, mon cher monsieur Picard... Je l'ai été autant qu'on peut l'être...

— Et l'on ne vous a pas reconnu?...

— Ça, c'est autre chose; j'avais su prendre mes mesures pour qu'on ne pût pas me reconnaître.

— Et l'on ne... l'on ne vous a pas repris?

— Non, mon ami Picard, j'ai su me glisser dehors comme une couleuvre.

— Vous êtes un homme admirable, monsieur Rumignac, ce que vous venez de me dire m'intrigue au dernier point, et c'est peut-être un bonheur que je vous aie rencontré aujourd'hui...

— Un bonheur?... pour qui?

— Mais pour moi d'abord...

— De quelle façon comprenez-vous ça?

— Tout simplement, parce que vous allez me donner une leçon d'évasion, qui pourra me servir...

— Ah! oui, fit en riant le geôlier, quand ce sera le tour de ces autres de porter ce trousseau de clefs à la ceinture!... Heureusement que nous n'y sommes pas encore!...

— Heu!... heu!...

— En tout cas, je les attends... je suis prêt!...

— Mais je ne le suis pas, moi!...

En prononçant ces mots, le vieux domestique feignait d'être fort inquiet.

Mais, en réalité, il ne quittait plus des yeux le trousseau de clefs qui pendait à la ceinture de son interlocuteur.

« — Ah! si j'avais celles de ces clefs qui ouvrent la cellule de mon maître, et la petite porte ferrée de la poterne, je pourrais tenter de rendre la liberté à M. le chevalier qui se consume dans le désespoir! » pensait-il.

— Vous disiez donc! reprit le geôlier...

— Que je ne suis pas prêt... Et si l'on m'enfermait demain, je n'aurais plus qu'à me laisser mourir de faim comme cet entêté chevalier de Vaudrey... A moins que vous m'indiquiez le moyen que vous avez employé pour brûler la politesse à ces garnements d'Anglais.

— Il est simple comme : Bonjour.

— Comme toutes les idées de génie, monsieur Rumignac!

Le geôlier se rengorgea comme un paon.

Picard, qui l'observait du coin de l'œil, jugea qu'il allait enfin se déboutonner.

— Eh bien, voici la chose, dit Rumignac. Vous savez déjà que, fait prisonnier sur le champ de bataille où je venais de m'illustrer, je fus enfermé?...

— Oui, dans une forteresse... Comme la Bastille?

— Encore plus imprenable!...

— Diable!... diable!...

— On faisait bonne garde à l'intérieur aussi bien qu'à l'extérieur...

— Mais c'est un miracle que vous avez accompli en vous évadant, monsieur Rumignac.

— Un vrai miracle!...

Et reprenant son récit :

— Donc, me voilà coffré!... Dès le lendemain quelque chose fermentait là-dedans.

Il se frappa le front.

— C'était le génie, monsieur Rumignac!

Et le geôlier, choisissant une clef dans le trousseau, la présenta à Picard. (P. 702.)

Le geôlier se rengorgeait de plus en plus.
— Oui, continua-t-il, je ruminais...
— Vous songiez à vous évader?...
— Vous l'avez dit!
— Comment avez-vous procédé? s'informa Picard, dissimulant mal une pointe d'anxiété...
... On vous gardait bien, sans doute?...

— Mieux que... je ne... non, ce n'est pas ça que je voulais dire... Enfin, il n'y a guère que moi qui aurais pu me garder mieux qu'on ne le faisait...

— Alors, une fois votre projet arrêté... demanda Picard impatient d'être renseigné.

— Je l'ai mis à exécution... et voici comment :

J'avais remarqué que, le dimanche, le geôlier était pressé de s'en aller dès qu'il m'avait apporté la soupe du soir...

— Ah !...

— Oui ! Là-bas, ça se passait — j'ai su cela depuis — absolument comme à la Bastille...

— Quoi donc?

— Les officiers jouaient aux dés, pardienne !... Et les soldats les imitaient.

— Les geôliers aussi, apparemment?...

— Ça va sans dire... Pour lors, j'avais décidé de déguerpir un dimanche...

— Et vous vous y êtes pris?...

Rumignac lui regardant les narines :

— Prenez-vous du tabac, au fait?

Cette question posée à brûle-pourpoint trouva le valet indécis sur la réponse à faire.

A tout hasard, il évita de se déclarer formellement soit pour l'affirmative soit pour la négative.

— Cela dépend, fit-il simplement, je prise ou je ne prise pas... selon l'occasion.

— Eh bien, mon cher monsieur Picard, il faudra prendre l'habitude de priser, de façon à avoir sur vous une tabatière toujours pleine... Si je n'en avais pas usé de la sorte, je serais encore à pourrir dans la forteresse de ces scélérats d'Anglais...

— Je ne m'explique pas !...

— Parbleu ! où serait le mérite si tout le monde pouvait comprendre la chose! c'est alors que les guichetiers et les soldats se méfieraient!

— Et on ne peut pas se méfier avec votre... système?

— Pas le moins du monde, j'en donnerais ma tête à couper!

— Et moi, je donne ma langue au chat! ricana le valet.

— Primo, d'abord, fit le geôlier, figurez-vous que c'est vous qui êtes le prisonnier...

— Brr!... Brr! tremblota le valet; ça m'en donne la chair de poule... J'aimerais mieux être le geôlier...

— Ce n'est pas possible !

— Alors, va pour l'autre !

— Donc vous êtes en prison, dans la forteresse anglaise, et vous possédez une grande tabatière, bourrée jusqu'au couvercle...

— Bien !

— Depuis longtemps vous ruminez de vous évader.

— C'est ça !

— Vous n'attendez que le moment propice.

— Voilà ce qui est le plus difficile... savoir quel est le moment le plus propice...

— Puisque je vous ai dit que c'était le dimanche, il n'y a pas à s'y tromper...

— Ah ! fit Picard dont les yeux pétillèrent.

— Oui ; le dimanche chez nous, c'est le repos et le congé pour les officiers ; il n'en reste qu'un pour toute la compagnie.

— C'est bon à savoir, s'écria le valet oubliant son rôle.

Mais, s'apercevant qu'il avait commis une imprudence, il s'empressa d'ajouter :

— Croyez-vous que je me suis mis tout à fait dans la peau du bonhomme ?... Voilà que je me figurais être le prisonnier pour tout de bon... Voyons, monsieur Rumignac, continuez...

... Vous disiez donc que... le dimanche... en question.

— Le gouverneur avait tous les officiers à dîner, et ils ne se seraient pas dérangés pour un empire...

— Alors, le moment du dîner était le plus propice pour réaliser votre projet ?

— Oh ! oh !... comme vous êtes pressé !...

— C'est que c'est moi le prisonnier, fit en plaisantant le vieux domestique.

— Très bien, monsieur Picard, j'aime qu'on soit gai !... Eh bien, oui, c'est tout comme ici, il vaudrait mieux choisir l'heure du dîner du gouverneur, parce que c'est aussi le moment où le guichetier apporte la nourriture au prisonnier...

— Parfait !

— J'avais donc décidé que, ce dimanche-là, je risquerais le coup...

— Depuis longtemps j'écoutais pour voir si le geôlier n'arrivait pas...

— Bien... Continuez...

— J'avais l'oreille fine...

— Comme je l'aurai moi-même...

— Alors, au bout d'un moment, j'ai entendu mon homme...

— Je l'entends! fit Picard.

— Il s'arrête à la cellule qui précède la vôtre...

— Bon!... le cœur vous battait bien fort, n'est-ce pas?

— Je le laissais battre, mordieu!... J'avais bien autre chose à faire dans ce moment-là.

— C'est vrai.

— Je me préparais...

— Comment?...

— Tenez, prenez ma tabatière!... Non! au fait ce n'est pas nécessaire!... Figurez-vous seulement que — vous qui avez votre idée — vous ayez pris, au préalable, la précaution de vider le contenu de votre tabatière à même votre poche...

— Je l'ai vidée... c'est entendu!...

— Le geôlier arrivant...

— Je tremble!

— C'était pas le moment de trembler, nom d'une corne!... Je pris à poignée le tabac...

— J'en ai la main pleine...

— La clef grinçait dans la serrure et la porte s'ouvrit...

... Le geôlier paraît... il entre, et comme il a les deux mains occupées, car dans l'une il tient l'écuelle à soupe et le pain, dans l'autre le gobelet et la cuiller, je profite de cela...

— Ah! vous...

— Je lui lance une poignée de tabac dans les yeux!...

— Allez toujours, fit Picard.

— Il lâche tout et se roule par terre dans d'atroces douleurs... Je me jette alors sur lui...

— Et ensuite?

— Ensuite, comme il me fallait paralyser les mouvements du geôlier, ne pas lui laisser le temps de se reconnaître, et surtout l'empêcher de crier...

— C'est ça qui devait être le plus difficile?

— Allons donc, pour un novice, peut-être; mais comme j'étais un malin, j'avais à l'avance fabriqué un bâillon, et j'avais un mouchoir tout prêt...

— Comment?... vous avez fait tout cela?

— Parbleu! et bien plus fort que ça... En effet, comme le geôlier ouvrait la bouche pour crier, je lui flanque dans la gorge une nouvelle poignée de tabac, et tout à fait maître de lui, je lui fourre le bâillon dans la bouche, le mouchoir par-dessus, un bon nœud par derrière, et le voilà muet...

— Mais le geôlier avait les mains libres, dit Picard...

— Eh bien, naïf que vous êtes, est-ce qu'il ne s'en servait pas pour se frotter les yeux qui cuisaient sous le feu du tabac... Il croyait être aveugle, et il se fichait pas mal du prisonnier; ses yeux avant tout!...

— Admirable!... admirable!...

Picard ne pouvait contenir la satisfaction qu'il éprouvait.

— Le geôlier anglais était pris comme un criquet, par les abatis, et comme j'avais fait des bouts de corde avec mes draps, ma chemise, tout ce que j'avais pu trouver; — un prisonnier parvient toujours à fabriquer ce dont il a besoin.

— Bien, c'est entendu, vous aviez deux bouts de corde!...

— Je me mis à attacher les poignets du geôlier, solidement!...

— Puis, les jambes...

— Tout juste!... et lorsque je l'eus ficelé comme un saucisson, j'eus tout le temps de...

— Prendre le trousseau!

— Mais ce n'était pas tout d'avoir les clefs, mon bonhomme; pour sortir, il fallait autre chose...

— Quoi donc? demanda le valet anxieux.

— Un déguisement! Parbleu! sans cela, j'aurais été arrêté dès les premiers pas...

— Et réintégré dans la cellule...

— Incontestablement!... et c'est ce qu'il fallait éviter, l'ami, fit Rumignac avec un gros rire.

— Mais le déguisement, ça ne se fabrique pas comme cela.

— N'était-il pas tout trouvé?... Ne l'avais-je pas sous la main?

Picard s'était redressé, et interrogeait du regard...

— La défroque du geôlier, pardié! s'exclama Rumignac d'un ton triomphant, la défroque!...

— Si vous avez jamais à vous évader, mon ami Picard, il ne faudrait pas perdre votre temps aux balivernes... Il serait urgent de déshabiller votre homme en deux temps, trois mouvements...

— Pour cela, comme il ne pourrait se défendre, ce serait vite fait.

Donc pour en revenir à mon évasion... j'enfilai les habits de l'Anglais qui étouffait de rage et un peu aussi par le bâillon, je mis son bonnet et ses ripatons à gros clous...

— Et vous avez filé!...

— Oui!... en homme prudent, par exemple, sans me presser...

— Pour plus de précautions, j'avais refermé la porte...

— Et lorsque vous vous êtes trouvé dans le couloir?...

— Parbleu, j'ai filé le long des murs...

— Continuez, monsieur Rumignac, continuez, mon ami, jamais rien ne m'a autant intéressé que ce que vous me racontez en ce moment...

Le fait est que ce brave Picard avait dû se faire violence pour ne pas éclater de joie...

Mais il suivait avec la plus grande attention chaque indication nouvelle que lui donnait le geôlier...

Il repassait dans sa tête, comme pour les y incruster, tous les mots prononcés par Rumignac...

Il eût pu, dès ce moment, recommencer, et sans faire une faute, la répétition de la scène d'évasion qu'on avait détaillée pour la lui faire comprendre.

Il se voyait déjà, dans le couloir de la prison, refermant la porte, comme l'avait dit Rumignac, pour plus de précautions...

— Donc vous voici déguisé, costumé en geôlier, dit-il en s'adressant à son interlocuteur... vous parcourez le couloir, vous arrivez à la porte...

— Là se trouvaient les soldats.

— Bigre!...

— C'était le dimanche, mon ami; ils se tenaient dans la pièce qui leur sert de corps de garde; ils jouaient aux dés!...

— Mais la sentinelle qui devait être à la porte...

— Les regardait jouer!... Oh! mon Dieu, c'est la même chose partout, allez!... aussi bien à la Bastille qu'ailleurs...

— Alors le soldat n'a pas fait attention à vous?

— Puisque j'étais travesti en geôlier...

— Très juste; vous avez passé, devant lui, fier comme Artaban...

— Fier ou pas fier, peu importe pourvu que j'aie passé!...

— Enfin je vous vois dans le corridor qui conduit à la cour...

— C'est le moment de l'émotion!

— Nom d'une pipe, il ne fallait pas en avoir... car il y avait là les sentinelles de la cour qui se promenaient le fusil toujours chargé...

— Brr!... brr!... ne parlez pas de ça, monsieur Rumignac!

— Je marche droit à la poterne... je l'ouvre.

— Avec quelle clef? demanda vivement Picard s'oubliant.

— Avec celle-ci...

Et le geôlier choisissant une clef dans le trousseau la présenta à Picard...

— Bon, suis-je assez bête, voilà que je vous indique celle de notre poterne comme s'il s'agissait...

— De la Bastille!... c'est égal je ne suis pas fâché de la connaître... toujours en prévision du cas où nous serions enfermés à notre tour...

Picard regardait la clef avec la plus grande attention.

— Et maintenant, cher ami, vous voici aussi savant que moi!...

— C'est merveilleux... et c'est de cette façon habile que vous vous êtes évadé?

— Absolument...

Puis, changeant de ton :

— Mais tout ce bavardage m'a donné une soif du diable, nous allons en vider une...

— De derrière les fagots?...

— Il n'y a pas de fagots dans ma cave, soupira le geôlier!... C'est toujours le même vin, de la piquette d'Auxerre, à ce que dit ce voleur de cabaretier...

— Et vous ne détestez pas une fine bouteille? insinua le rusé valet...

— Oh! que nenni!

— Eh bien, mon camarade, je vous en apporterai une de chez...

Il approcha les lèvres de l'oreille de son interlocuteur, et ajouta :

— De chez monseigneur!...

— Le lieutenant de police?...

— Oui, Rumignac, j'ai la confiance absolue du maître...

— Et la clef de sa cave?

— Toutes les clefs, monsieur Rumignac...

— Heureux mortel!

— Monsieur de Linières? oui!... car jamais maître n'a été plus fidèlement servi que lui...

Picard avait retrouvé tout son calme. Après le moment de découragement qu'il avait eu, il se reprenait à se laisser de nouveau envahir par l'espérance.

A partir de l'instant où il posséda le secret du geôlier sur la façon de brûler la politesse au gouverneur de la Bastille, il retrouva tous ses moyens intellectuels. L'un des principaux était, comme on le sait, le don de la dissimulation et la faculté de jouer le rôle de bon apôtre, lorsqu'il le fallait.

Il continua donc, toujours sur le même ton hypocrite :

— Oui, Rumignac, mon ami, M. de Linières peut compter sur moi, sur mon dévouement et mon zèle, en toute circonstance...

— C'est bien, cela!

— C'est simplement juste, car depuis trente ans que je suis à son service, il m'a traité comme un membre de sa noble famille.

— En vérité !... Il n'a jamais eu de secrets pour moi !...

— Pas de secrets?

— Je sais tout ce qu'il fait, tout ce qu'il pense...

— C'est extraordinaire...

— Vous avez dit le mot... En outre, mon maître me demande quelquefois conseil, souvent même...

Rumignac ouvrait de grands yeux ébahis.

— Tenez, continua Picard, lorsqu'il s'est agi de faire enfermer le chevalier, cet excellent M. de Linières répugnait à cette idée... C'est moi qui l'ai décidé à agir avec rigueur...

... Je lui ai dit : « — Monseigneur, nous ne pouvons pas supporter plus longtemps que notre neveu compromette le nom et l'honneur de notre famille... Nous ne devons pas permettre que nos aïeux tressaillent de honte dans leurs sépultures!

« ... Ils voient, de là-haut, que le rejeton de toute cette illustre lignée se compromet avec une péronelle... Et il faut que vous fassiez respecter leur mémoire... Il le faut.

« ... Et profitant de l'effet que mon discours avait produit sur monseigneur, continua le valet, je lui conseillai de mettre, tout simplement, le chevalier à la Bastille... »

— Comment, c'est vous? hasarda le geôlier.

— Oh! il ne le voulait pas tout d'abord ce généreux gentilhomme, et j'ai été forcé, pour le décider, de faire pincer M. le chevalier en flagrant délit de tête-à-tête avec la coquette impudente...

... Et mon maître n'a plus hésité...

— Pauvre jeune homme !

— Je vous conseille de le plaindre !... Quant à moi je le laisserais...

— Mourir de faim?

— Oh! non! pas tout à fait... il faut même que nous trouvions moyen de le faire renoncer au jeûne qu'il s'impose... Il est le seul héritier de notre nom, après tout... un grand nom qu'il ne faut pas laisser éteindre... puis changeant de ton :

Vous dites donc, ajouta Picard, qu'il refuse de goûter à l'ordinaire de la Bastille?

— Et même à la cuisine de M. le gouverneur lui-même, qui a reçu l'ordre de traiter le prisonnier avec douceur.

— Eh bien... il me vient une idée...

— Qui forcera le chevalier à manger et à boire?

— Peut-être bien... ou du moins, qui l'y engagera avec quelque chance de succès.

— Si, dans notre excellent pâté, nous introduisions adroitement la jolie femme en question... (P. 711.)

— Et cette idée quelle est-elle?

— Voilà : si je vous apportais, pour ce maudit prisonnier, quelques bouteilles d'excellent vin de la cave de M. le lieutenant de police...

— Oh! impossible... Je ne pourrais les lui donner...

— C'est juste... le devoir avant tout... J'apporterai les bouteilles et vous les garderez pour vous.

— Pour moi... mais je ne dois pas...

— Non, je veux dire : vous les garderez... chez vous... en dépôt oui, c'est un simple dépôt que je ferai; ce vin sera ma propriété et non la vôtre... puis, chaque fois que je viendrai voir mon ami Rumignac, nous boirons ensemble une ou deux bouteilles de *mon* excellent vin...

— Ah! comme cela, je ne dis pas non...

— Quant au prisonnier, l'important c'est de le décider à manger... Il demandera ensuite à boire, sans qu'on le lui offre.

— Mais le moyen?...

— M'y voici... Je suis comme vous le pensez bien initié aux goûts du prisonnier. Je connais certain pâté de cailles et d'alouettes dont il raffole, j'en apporterai un et, avec l'autorisation de M. le lieutenant de police, bien entendu...

— Oh! avec cette autorisation-là nous pourrons tout...

— Vous donnerez ce pâté au prisonnier...

— C'est convenu...

— Il le refusera, naturellement, comme il refuse chaque jour ce que vous lui apportez...

— Eh bien alors?

— Alors, vous lui direz que cela vient de la part de...

— De M. Picard?...

— Gardez-vous en bien! Il me sait tout dévoué à mon excellent maître, M. de Linières, il me hait et il refuserait plus que jamais...

— C'est juste, mais en ce cas?

— Vous direz que ce pâté est envoyé...

— Par qui?...

— Par... laissez-moi le temps de réfléchir... Lorsque je vous apporterai notre vin... non, je veux dire mon... mon vin et le pâté du prisonnier, j'aurai trouvé, je l'espère, le moyen de le lui faire accepter, et à nous deux nous aurons l'honneur de conserver à une illustre famille son dernier rejeton.

— Et vous êtes bien sûr qu'en agissant ainsi...

— Je suis sûr que vous vous attirerez les bonnes grâces de M. le lieutenant de police.

— Ses bonnes grâces!

— Soyez-en persuadé, monseigneur qui a fait coffrer son neveu ne veut pas avoir l'air de faiblir... c'est pour cela qu'il me charge d'agir, moi son homme de confiance... il veut que le chevalier se soumette et non pas qu'il se laisse mourir de désespoir et de faim, et comme vous aurez aidé à l'accomplissement des désirs de M. le comte, je puis vous assurer, d'avance, de sa haute protection...

— La protection de M. le lieutenant de police... à moi... Rumignac !...

— Sa haute protection, mon cher, je vous la garantis.

Et, s'interrompant, persuadé que le dernier coup était porté, Picard se leva :

— Corne de bœuf, dit-il, déjà si tard ! J'oubliais que mon maître m'attend.

— Ah ! il vous attend ?

— Oui, pour que je lui rende compte de l'état de son neveu, et du résultat de ma démarche... Au revoir donc, Monsieur Rumignac... à ce soir...

— Ce soir ?..

— Si j'ai le temps je passerai par ici...

Puis, subitement inspiré :

— Je crois que monseigneur doit me charger d'un message pour votre gouverneur.

— En ce cas...

— J'apporterai les bouteilles... et... et le pâté !

— Mais avant huit heures, alors... parce qu'à huit heures et demie je reprends mon service et, à partir de ce moment, je ne suis plus un homme comme un autre...

— Vous devenez un cerbère, monsieur Rumignac.

— Il le faut bien !

— Donc à huit heures.

Les deux hommes se serrèrent la main avec toute la cordialité que provoquent de nombreuses libations.

Et Picard se retira, en sautillant sur les pointes, comme un homme enchanté de lui-même.

Rumignac, lui, achevait de vider consciencieusement la bouteille à large panse.

VI

Lorsque le vieux domestique eut tourné le coin de la rue Saint-Antoine, il ralentit le pas.

Ce n'était plus l'homme que nous venons de voir, tour à tour jovial, emporté, sérieux ou enjoué, selon les besoins de la conversation qu'il échangeait avec le geôlier de la Bastille.

Il était retombé dans l'état d'agitation qui l'avait poussé à venir faire cette pointe du côté de la forteresse où était enfermé Roger.

Non plus parce que le découragement l'accablait, car il était, au contraire, plein d'espoir, depuis que le hasard l'avait pour ainsi dire pris par la main pour le conduire, juste à point, sur le passage du geôlier.

Mais parce que tout ce qu'il avait appris, pendant cette conversation avec Rumignac, lui revenait à l'esprit, et qu'il y avait dans sa cervelle un tohu-bohu du diable.

Mettre de l'ordre dans ses idées, c'était pour le moment, demander l'impossible à ce brave homme tout émotionné.

Il marchait, tantôt la tête basse et comme écrasé par le poids de la lourde responsabilité qu'il allait assumer pour tenter de sauver le chevalier; tantôt le nez au vent, comme un gaillard résolu à risquer quelque coup hardi.

S'il avait, tout d'abord, ralenti le pas, c'est qu'il hésitait sur la direction qu'il allait prendre.

Il eût voulu pouvoir s'occuper, à la fois, de Roger et d'Henriette.

Qu'était-il arrivé après qu'il avait quitté la Salpêtrière?

Hélas! il ne pouvait en douter : Marest avait rigoureusement rempli les ordres reçus.

Et la malheureuse jeune fille, cet ange de candeur et d'innocence, roulait déjà dans les rues de Paris, sur l'infâme charrette des prostituées, suivie et huée par la foule affamée de ce genre de spectacle.

Et s'il parvenait à délivrer son maître, comment lui annoncerait-il la fatale nouvelle?

En aurait-il le courage?

Assurément le chevalier de Vaudrey jetterait feu et flamme contre le lieutenant de police qui avait condamné Henriette à cet exil infamant.

Il voudrait courir sus aux exempts qui emmenaient la jeune fille; mais pour que cette tentative devînt possible, il faudrait, d'abord que Picard eût mis son plan d'évasion à exécution, et qu'il eût réussi, tout juste à temps pour permettre au chevalier de se lancer à la poursuite du convoi des déportées!

Le pauvre Picard était pris entre ces deux alternatives également pressantes, ne sachant s'il retournerait à la Salpêtrière pour s'enquérir du sort de la jeune détenue, où s'il se rendrait, immédiatement, à l'hôtel de Linières, pour s'occuper de la délivrance de Roger.

C'est à ce dernier parti qu'il s'arrêta, lorsque ayant consulté sa montre, il s'aperçut qu'il n'avait devant lui que deux heures pour faire le nécessaire avant de retourner auprès de Rumignac.

Il prit donc le chemin le plus court, et en route il se disait :

— Mons Rumignac, j'ai pris bonne note de votre façon de traiter les geôliers avec lesquels vous pourriez avoir un jour des comptes à régler...

C'est casé dans la tête à Picard, et quand une chose est entrée dans cette tête-là, ça fermente, ça mûrit, ça fleurit et ça fructifie.

Et il répétait à voix basse, se parlant à lui-même :

— Le tabac à même la poche; c'est tout ce qu'il y a de plus facile à se procurer...

... Deux ou trois bonnes et fortes cordes, pas difficile non plus, mais ça tient de la place, il faudra aviser au moyen de les dissimuler à notre entrée à la Bastille.

... Quand au bâillon, je sais où me le procurer.

Arrivé à l'hôtel du lieutenant de police, Picard se rendit, directement, dans les combles où se trouvait sa mansarde, plus grande que celles des autres domestiques, et dont il avait fait une fort jolie chambre que n'eût pas dédaignée un bon bourgeois du Marais.

Tout haletant il se laissa aller sur un fauteuil, meuble retraité du cabinet du comte, qu'il avait fait réparer, dans lequel il venait s'étendre et jouir des instants de repos que lui laissait son jeune maître.

Et là, l'esprit en ébullition, il se mit à examiner avec soin le plan d'évasion qu'il avait conçu.

— Allons! fit-il tout à coup, je n'ai pas de temps à perdre, si je veux revoir, aujourd'hui, ce bon M. Rumignac qui raffole des bouteilles de derrière les fagots.

Et l'œil du vieux domestique alla fouiller dans le coin formé par un vieux bahut de chêne vermoulu.

— Nous allons descendre à la cave, continua-t-il, ne pouvant — malgré la gravité des circonstances — se départir de ce vieux fond de jovialité que nous lui connaissons.

Ce que Picard appelait sa cave était précisément ce coin, derrière le bahut, où il laissait vieillir quelques bouteilles *empruntées* au cellier de son maître.

Il y avait là une douzaine de fioles caparaçonnées de toile d'araignée, précieuse réserve pour les soirées d'hiver, alors que notre homme avait besoin, disait-il, de se rajeunir un peu le sang.

Picard alla prendre six de ces bouteilles qu'il plaça, devant lui, sur la petite table, qu'à l'imitation du comte de Linières il avait surchargée de vieilles paperasses de famille, faisant un singulier ménage avec des volumes dépareillés de romans de chevalerie.

— Les voici, dit-il en rangeant avec précaution les bouteilles, les voici ces demoiselles qui vont réjouir le cœur de M. Rumignac, m'aider à éteindre ses scrupules et à endormir la vigilance de ce terrible cerbère.

... Maintenant il faut décider M. le chevalier à se nourrir d'une façon substantielle et à prendre des forces afin qu'il soit en état d'accomplir notre projet d'évasion...

... Pour cela : écrivons-lui la lettre que mon ami Rumignac lui remettra sans s'en douter.

Et il se mit, aussitôt, à tracer les lignes suivantes :

« Monsieur le Chevalier, ne vous abandonnez pas au désespoir.

« L'heure de la délivrance est prochaine. Dimanche, vers la fin de la journée, j'accompagnerai dans votre prison le geôlier qui vous garde.

« C'est lui qui doit rester enfermé à votre place; mais je vous en supplie, mon cher maître, ne refusez plus la nourriture qui vous est offerte, car, pour le succès de mon plan, il vous faudra dépenser plus de force et d'énergie que n'en pourrait déployer à lui seul votre vieux serviteur.

« Et lorsque vous serez enfin rendu à la liberté, nous trouverons bien le moyen de délivrer, à son tour, Mlle Henriette. »

Picard ferma avec soin cette missive, la glissa dans sa poche et se rendit chez le pâtissier voisin.

C'était un brave et digne homme que ce pâtissier-rotisseur.

Il avait nom : Cyrille Balandier.

Picard, qui s'enorgueillissait d'être premier valet de chambre de M. le lieutenant de police se souciait peu de la société des autres serviteurs de l'hôtel...

De la *valetaille*, ainsi qu'il nommait ses camarades subalternes, et il prenait souvent ses repas chez Cyrille Balandier dont il était devenu l'un des meilleurs clients.

Aussi, dès qu'il parut, maître Balandier courut-il à sa rencontre...

— Que faut-il servir à monsieur Picard? demanda-t-il.

— Rien pour le moment. Je désire causer un instant avec vous, Balandier.

— Je suis aux ordres de monsieur Picard.

— Vous savez, Balandier, que j'ai une charmante nièce.

— Non, monsieur Picard, non, je ne le sais pas...

— Pardon, vous le savez puisque je viens de vous le dire.

— C'est juste. Je le sais.

— Vous savez que ma nièce Eulalie Vernouillet se marie prochainement.

— Non, monsieur Picard, je ne sais pas...

— Vous le savez, puisque...

— Puisque vous me le dites, c'est exact.

— Or, les accordailles auront lieu ce soir même et, à cette occasion, tous les membres de la famille et tous les amis se réunissent dans un banquet...

— J'y suis : ce banquet, c'est moi qui...

— Vous n'y êtes pas du tout.

— Ce banquet se composera d'une espèce de pique-nique où chacun des convives fournira son plat.

— Et monsieur Picard me fait l'honneur de me commander le sien.

— Cette fois, vous avez deviné juste, Cyrille Balandier.

— Je gage que vous vous êtes souvenu de mon pâté de cailles et d'alouettes.

— Vous y êtes tout à fait. Seulement, notez bien ceci : J'ai fait une gageure, une gageure très importante; j'ai parié... une forte somme, que mon plat sera, de tous ceux qu'on apportera, celui qui plaira le plus aux deux jeunes fiancés...

— Eh bien... il me semble que mon pâté d'alouettes et de cailles...

— Votre pâté a certainement de grandes chances; mais... ce ne sont que des chances et je veux une certitude. Car, enfin, si un autre convive apportait, ainsi que moi, un pâté d'alouettes et de cailles !...

— Le mien lui serait supérieur, dit orgueilleusement Balandier.

— Mais si c'était précisément l'un des vôtres qu'il apportât...

— Diable ! diable, dit Cyrille en se frottant le nez, les chances alors seraient égales...

— Et si, au lieu d'un pâté, notre homme s'avisait d'en apporter deux... trois... quatre !...

— Les chances seraient en sa faveur, dit Cyrille, et je ne vois aucun moyen...

— Et moi, j'en connais un... un moyen infaillible.

— Lequel ? monsieur Picard...

— Écoutez bien ceci...

— J'écoute.

— Je suis très attaché à ma jeune parente et j'ai en Beauce une jolie petite ferme à laquelle je suis également attaché.

— Une ferme, dit Cyrille, ouvrant de grands yeux ahuris, je ne comprends pas bien ce qu'il y a de commun entre votre ferme et...

— Et vos pâtés ?

— Non, monsieur Picard, non, je ne saisis pas du tout...

— Eh bien, écoutez encore...

Sortant alors de sa poche sa lettre destinée au chevalier de Vaudrey, Picard ajouta :

— Si, dans votre excellent pâté, nous introduisions adroitement la jolie ferme en question.

— Une ferme dans un pâté !... s'écria Cyrille encore plus ahuri...

— Si en un mot, dit Picard, le plat apporté par moi se composait, à la fois, du pâté et de la ferme, croyez-vous que les deux fiancés ne le préféreraient pas mille fois à tous les autres, croyez-vous enfin, que je ne gagnerais pas mon pari ?

— Vous gagneriez, certainement, monsieur Picard... seulement, peut-être commettez vous une erreur... Je comprendrais très bien le pâté dans la ferme... tandis que la ferme dans le pâté... non, non... je ne saisis pas du tout...

— Eh bien, mon bon ami, je vais m'expliquer plus clairement, et, cette fois, vous comprendrez à merveille.

Et, présentant à Cyrille la lettre destinée au chevalier, Picard ajouta d'un air triomphant :

— La ferme, la voici...

— Ça... c'est...

— C'est une donation que je fais à ma nièce, laquelle sera, après moi bien entendu, propriétaire de...

— N'achevez pas.... J'y suis... je devine votre pensée... Vous voulez cacher le papier... c'est-à-dire : votre donation dans le... Je devine à merveille... Le pâté inclus dans la ferme... c'est-à-dire... non ; la ferme renfermée dans le pâté... Oui, monsieur Picard, oui, votre plat vaudra deux cents fois tous les autres à lui seul et le pari est gagné...

— Sans aucun doute ; mais je voudrais... je voudrais que la surprise fût complète... Je voudrais enfin que ma donation n'apparût pas comme ça... tout de suite, dès que l'on décoiffera le pâté...

— Rien de plus facile, monsieur Picard ; nous envelopperons ce papier dans un morceau de parchemin imperméable et, au lieu de placer votre magnifique présent à la superficie de mon pâté, je me charge de l'insérer adroitement à la base... c'est l'affaire de quelques instants...

Et il fut fait ainsi que venait de l'imaginer le bon Cyrille Balandier.

L'heure étant venue, Picard prit un carrosse de place et, muni des six bouteilles de vin et du fameux pâté il se rendit chez son ami Rumignac.

Celui-ci l'attendait, lui, les bouteilles de vieux vin et le pâté...

On sait que pour détruire toute espèce de soupçon dans l'esprit du geôlier, l'ingénieux Picard lui avait persuadé que le chevalier n'éprouvait pour lui qu'une médiocre sympathie, parce qu'il le savait, avait insinué Picard, entièrement dévoué au lieutenant de police, son maître primitif.

Pour assurer le succès du plan qu'il avait formé, Picard avait besoin d'entretenir chez le geôlier la même confiance.

En un instant, il enleva la croûte supérieure. (P. 720.)

Aussi fit-il avec lui des libations assez réitérées, prélevées sur le précieux liquide que Rumignac devait garder... en dépôt. Et voyant le geôlier suffisamment égayé :

— Maintenant, dit Picard, il s'agit de faire accepter notre pâté par M. le chevalier.

— Et vous ne voulez pas que je lui dise que c'est de votre part...

— Il me considère comme son ennemi, vous dis-je; mais j'ai,

parmi les membres de ma famille, une personne... une jeune fille...

— Ah! le gaillard, dit Rumignac en pleine ébriété...

— Monsieur Rumignac, fit sévèrement Picard, je vous ai dit qu'il s'agissait d'une personne de ma famille... une descendante des Picard!...

— C'est juste, pardon, mille fois pardon, monsieur Picard, répondit humblement le geôlier.

— Cette jeune personne qui est... ma nièce, dit Picard, est aussi la sœur de lait du chevalier.

— Sa sœur!...

— De lait, oui, monsieur Rumignac, M. le chevalier a dans les veines, du sang des... c'est-à-dire, non, du lait des Picard et, en sa qualité de frère de lait, M. le chevalier de Vaudrey est fort attaché à ma nièce, il l'aime tendrement, ma nièce... et si vous lui persuadez que c'est elle qui le prie d'accepter et de consommer ce comestible, j'ai lieu de penser que nous réussirons...

— Je lui dirai alors...

— Vous lui direz que cet envoi lui est fait de la part de la personne qu'il aime le mieux au monde, de la part de sa sœur de lait, Mlle Henriette.

— Henriette...

— Mlle Henriette Gérard... ma nièce.

— C'est entendu, monsieur Picard, je me rends à l'instant même auprès du prisonnier. Nous nous reverrons prochainement, je l'espère.

— Ma foi, dit Picard avec une feinte indifférence, je ne sais trop... à moins que M. le lieutenant de police ne me charge de quelque missive à remettre personnellement à son neveu...

— Personnellement, dit Rumignac, ce n'est guère l'habitude...

— Vous croyez?

— D'ordinaire les lettres sont envoyées à M. le gouverneur de la Bastille qui les remet ou les fait remettre, s'il y a lieu, aux prisonniers.

— D'ordinaire, c'est possible; mais *d'ordinaire* ce ne sont pas des lieutenants généraux de police qui écrivent aux détenus...

— C'est vrai...

— Et si, comme il avait précisément l'intention de le faire... ce matin, M. le comte entendait correspondre directement avec son neveu...

— Il le pourrait sans aucun doute, il suffirait pour cela que la lettre portât le cachet de M. le lieutenant général de police...

— Ah!... il suffirait... du... du cachet... c'est bon à savoir se dit

Picard qui entendait pénétrer, à quelque prix que ce fût, dans la prison de son jeune maître. Et, tout haut il ajouta :

— Eh bien, mon cher Rumignac, je ferai part de votre observation à MONSEIGNEUR, et... si la fantaisie lui vient de nouveau d'écrire au chevalier... *nous* nous conformerons à votre désir.

Ces dernières paroles sur lesquelles Picard prit congé avaient été prononcées avec une légère teinte d'ironie.

Picard s'éloignait le cœur rempli de joie, car il ne doutait plus, maintenant, que Roger dût prendre connaissance du billet placé dans le pâté.

« — S'il n'a pas tout à fait perdu la tête, se disait le vieux domestique ; si l'amour ne lui a pas éteint complètement l'intelligence, il comprendra... et quand il aura lu, il verra que je n'ai pas cessé de m'occuper de lui et de cette autre chère créature... »

Le brave homme était remué jusqu'au fond du cœur chaque fois qu'il pensait à Henriette, à présent qu'il savait quel danger menaçait la malheureuse enfant.

Il reprit avec un long soupir :

« — Oui... il saura que je songe à sauver l'infortunée... et que, lui libre, nous serons deux à combattre les exempts, leur officiers, et jusqu'au tout puissant lieutenant de police... »

C'est sous cette impression nouvelle que Picard avait échangé avec son hôte une dernière poignée de main.

Une fois dans la rue, le grand air le frappant au visage vint à propos mettre un peu de calme dans son sang, et un peu d'ordre dans ses idées.

Il jeta un coup d'œil sur la forteresse, au moment de s'engager dans la rue Saint-Antoine.

Et levant les yeux au ciel :

— A la grâce de Dieu! murmura-t-il... de ce Dieu qui ne doit pas condamner les amours honnêtes parce que les couples n'appartiennent pas à la même catégorie sociale !...

Puis s'arrêtant court :

— Bon! voilà que je deviens révolutionnaire, à cette heure!... Je marche avec tous ces énergumènes de philosophes, qui,... que,... nom d'une corne de biche !... Ce n'est pas eux qui trouveraient mauvais que le gentilhomme de Vaudrey se soit entiché d'une adorable couturière!... allons, décidément ces coquins de philosophes ont du bon !...

C'est en monologuant de la sorte, que le serviteur en partie double se dirigea vers l'intérieur de Paris.

VII

Rumignac se félicitait d'avoir rencontré ce valet qui, il n'en pouvait douter, était si bien dans les petits papiers de son maître.

Il comptait désormais sur la protection de M. de Linières et il voyait en perspective tout un avenir de bonnes bouteilles de vin du cru que consommait M. le lieutenant de police à ses repas.

Sa vanité s'exaltait à l'idée de boire d'aussi bon vin qu'un des principaux personnages du royaume, et cela grâce à sa liaison avec cet homme précieux qui se nommait Picard.

— Sarpejeu! s'exclamait-il en contant la chose à sa femme, voilà une bonne connaissance à cultiver, et sans qu'il m'en coûte grand'chose.

... J'en serai quitte, ajoutait-il, pour passer de temps en temps quelque victuaille de luxe à mon prisonnier. La belle affaire, cela m'est aussi facile que de boire un verre de vin... de cet excellent vin, continuait-il en caressant les bouteilles que Mme Rumignac enfermait dans le buffet...

... D'autant plus facile, femme, que ce chevalier est tout bonnement un prisonnier pour rire, que son oncle a dû recommander d'une façon toute particulière, puisque le gouverneur lui-même le traite avec beaucoup d'égards, et que les officiers le considèrent comme un personnage auquel ils doivent le respect...

... Quant à moi, dans une heure, j'irai lui faire tenir cet excellent pâté et causer un instant avec lui dans cette chambre fort confortable, ma foi, qui lui sert de cachot...

Et notre homme se faisait à cette idée qu'il pourrait, plus tard, avoir recours à la protection de son prisonnier, car il ne doutait pas que celui-ci fût bientôt mis en liberté.

Mme Rumignac écoutait, trouvant que la fortune souriait à son mari, et que, par la suite, ils pourraient tous deux se retirer dans leur village et y vivre heureux avec les gros sous économisés joints à ce qu'ils espéraient obtenir de la générosité du chevalier de Vaudrey reconnaissant des attentions qu'on aurait eues pour lui...

— T'as raison, Rumignac, approuvait-elle, faut savoir être complaisant, lorsqu'il ne doit pas vous en arriver de l'ennui, et que cela peut vous profiter...

Une heure plus tard, Rumignac ouvrait discrètement le guichet de la cellule occupée par le chevalier de Vaudrey.

Il plongea son regard dans l'intérieur.

Roger, en ce moment, était assis, la tête penchée sur la poitrine, et tellement absorbé dans ses réflexions qu'il n'avait pas entendu venir dans le couloir, et que le guichet s'était ouvert sans qu'il eût perçu le moindre bruit.

Et le geôlier se dit à part soi :

— C'est-y Dieu possible d'être amoureux, au point de s'en rendre malheureux à en mourir !

Il pensait que Picard ne l'avait pas trompé en lui annonçant que le neveu du lieutenant de police était fou d'amour à en perdre la raison.

Ce qu'il voyait en ce moment le confirmait dans son opinion que, s'il persistait à ne pas manger, le prisonnier allait tomber sérieusement malade.

Puis il concluait mentalement :

— Je vais tout de même essayer de lui faire entendre raison; ce n'est pas dans mon rôle de geôlier, mais, franchement, ça me remue tout de même de voir ce jeune et beau garçon s'abandonner, comme il le fait, au désespoir...

Il avait du bon, au fond du cœur, ce geôlier, et trouvait que Picard n'était vraiment pas assez tendre.

C'est donc pour répondre à ce mouvement généreux qu'il interrompit la douloureuse rêverie du prisonnier, par ces mots prononcés à voix basse :

— J'ai l'honneur de saluer humblement Monsieur le chevalier.

Surpris, Roger leva la tête, et son regard triste rencontra le visage souriant de Rumignac.

Celui-ci continua :

— Monsieur le chevalier veut-il me faire l'honneur de me recevoir?

Le prisonnier regarda étonné l'homme qui lui parlait avec tant de respect.

Il se demanda ce que cette visite, qu'il n'avait pas l'habitude de recevoir, signifiait.

Rumignac, du reste, n'attendit pas la réponse.

La clef tourna dans la serrure, la porte s'ouvrit et il se présenta s'inclinant respectueusement.

Le geôlier portait à la fois une écuelle d'étain remplie de soupe et le fameux pâté.

Mais, sans l'offrir au chevalier, il la posa sur la table en disant :

— Je sais que Monsieur le chevalier n'aime pas beaucoup l'ordinaire de la forteresse... aussi, s'il ne dépendait que de moi, Monsieur le chevalier aurait ici une bonne table servie des mets dignes d'un gentilhomme... malheureusement je ne puis prendre sur moi de faire un menu de luxe pour Monsieur le chevalier...

— Et qui vous demande de vous occuper de moi? interrompit Roger en se redressant.

Rumignac demeura tout interloqué.

Il ne s'était pas attendu à pareille brusquerie, et déjà il voyait la protection du chevalier lui échapper pour l'avenir.

Cependant il compta un peu sur la vue du pâté pour modifier l'opinion du prisonnier.

Et doucement :

— Je demande pardon à Monsieur le chevalier, dit-il, de venir le déranger, mais j'avais... j'ai... promis... de lui donner... en cachette...

Roger n'en croyait pas ses oreilles. Quoi ! ce geôlier qui, jusqu'à ce moment, s'était montré observateur rigoureux du règlement de la prison, lui parlait avec ce respect, et lui annonçait qu'il avait... quelque chose à lui remettre,... et cela en cachette !

Il n'en fallait pas davantage pour exciter la curiosité.

Tout d'abord, Roger supposa qu'on lui apportait des nouvelles du dehors.

Il supposa que le valet sur le dévouement duquel il savait pouvoir compter avait trouvé le moyen de gagner le geôlier...

Cette idée ramena un rayon d'espérance sur son visage ; une légère rougeur envahit ses joues, et c'est d'une voix tremblante d'émotion, qu'il répondit :

— Vous avez quelque chose à me remettre, dites-vous ; j'ignore ce que cela peut être ; en tout cas... dépêchez-vous, je suis impatient d'apprendre si quelqu'un s'intéresse à moi...

Il avait fait un pas au-devant du geôlier qui s'était tenu respectueusement à distance.

Rumignac satisfait de ce changement s'empressa de répondre :

— Oh ! oui, on s'intéresse à vous... à vous et à l'estomac de Monsieur le chevalier !..

— Que voulez-vous dire ? fit Roger sévèrement, que parlez-vous de mon estomac?.. si vous vous êtes chargé de me faire parvenir quelques victuailles, vous pouvez les remporter, je n'en ai que faire !..

Le geôlier se trouva tout déconfit de cette réponse à laquelle il ne s'attendait pas.

Et c'est d'une main tremblante qu'il tira du panier la bouteille et le pâté, en balbutiant :

— Voilà ce qu'on m'a chargé d'apporter à Monsieur le chevalier et j'affirme à Monsieur le chevalier qu'il le trouvera excellent.

— Que m'importe? je suis résolu à vivre ici comme les autres prisonniers...

— Mais les autres prisonniers mangent... hasarda Rumignac avec intérêt.

— Et s'il ne me plaît pas d'en faire autant !

Le geôlier était littéralement pétrifié, tant il avait peu compté sur une semblable réception.

Le chevalier, lui tournant brusquement le dos, était allé s'asseoir sur le lit.

— Pardon, monsieur le chevalier, dit Rumignac se ravisant tout à coup... J'avais oublié de vous dire...

— Quoi?

— Cailles et alouettes, dit en souriant le geôlier d'un air insinuant, cailles et alouettes, monsieur le chevalier...

— Allez au diable avec vos alouettes et vos cailles...

Rumignac était abasourdi.

— Laissez-moi, je veux être seul, dit le chevalier...

Rumignac se retirait tout déconfit quand le chevalier, le rappelant, ajouta :

— Et emportez votre pâté...

Tout l'édifice de fortune et d'avenir que s'était bâti le geôlier s'écroulait en même temps que disparaissait à ses yeux l'espoir d'obtenir les bonnes grâces du lieutenant de police; le pauvre homme prit piteusement le pâté et se dirigea vers la porte en disant :

— Que monsieur le chevalier veuille bien m'excuser, j'avais cru que ceci... venant de la part...

— Que m'importe?... de quelque part que cela vienne, je n'en veux pas...

— Que dira la pauvre jeune fille...

— La... jeune fille?... De quelle jeune fille parlez-vous?...

— De Mlle Henriette, dit Rumignac en ouvrant la porte pour sortir.

— Henriette! s'écria le chevalier... vous avez dit Henriette?

— Henriette Gérard, oui, monsieur le chevalier; mais il paraît que l'on m'avait trompé et cette demoiselle qui est la nièce de M. Picard...

— La nièce de M. Picard!... dit le chevalier étonné.

— Est-ce qu'elle ne l'est pas?

— Si fait.

— Est-ce qu'elle n'est pas aussi votre sœur de lait?

— Ma sœur de lait, certainement, s'écria le jeune homme qui commençait à comprendre la ruse employée par son fidèle domestique et qui pressentait que le pâté renfermait quelque mystère... Ah! c'est ma sœur de lait qui m'envoie cela...

— Et qui vous supplie de le manger pour l'amour d'elle... Est-ce que monsieur le chevalier ne se laissera pas attendrir?

— Si fait, mon bon monsieur... comment vous appelez-vous, mon ami?

— Rumignac, pour vous servir, monsieur le chevalier.

— Eh bien, monsieur Rumignac, votre éloquence m'a vaincu, j'accepte le pâté et je promets d'y goûter.

— A merveille, s'écria Rumignac et, tout bas, il se dit :

— Décidément M. Picard ne m'a pas trompé et je crois qu'il sera content de moi.

A peine le geôlier s'était-il éloigné que le chevalier saisit le pâté et se mit en devoir de rechercher la correspondance que, bien certainement, Picard avait dû lui adresser.

En un instant il enleva la croûte supérieure et, n'ayant rien trouvé là, il fouilla plus avant.

Il aperçut enfin le billet sous son enveloppe de parchemin et le lut avidement.

— Il s'agit de ma liberté et du salut d'Henriette, s'écria-t-il, sois tranquille mon brave Picard, quelque puissant effort que tu attendes de moi, l'énergie et le courage ne me feront pas défaut.

Il lut et relut le billet.

Ivre de joie il répéta vingt fois :

— Nous te sauverons, ma bien-aimée...

Puis il pensa au fidèle serviteur qui lui donnait une si grande preuve de dévouement, au risque d'encourir la colère du comte de Linières...

Dans le premier moment d'exaltation, le chevalier passa du profond découragement à la plus vive espérance...

Il se voyait déjà libre et volant au secours d'Henriette...

Sans se demander par quel procédé Picard parviendrait à le délivrer et s'il ne rencontrerait pas, au dernier moment, d'insurmontables obstacles, il s'abandonna à la joie la plus vive.

Puis l'impatience s'empara de lui.

« — Dimanche! » se dit-il.

« — Pourquoi pas tout de suite? »

Il ne pouvait se rendre compte de la nécessité de ce délai que lui imposait Picard.

La pensée d'Henriette vint heureusement calmer son cerveau en ébullition.

LES DEUX ORPHELINES

— Attendez donc, mon enfant!... fit-il; attendez donc!... celle que vous pleurez, je crois l'avoir rencontrée... (P. 725.)

Il se représenta la jeune fille, rassurée par la visite que Picard lui avait faite et attendant avec patience qu'on la vînt délivrer de son horrible prison...

Il se la figura pleine de reconnaissance pour la sollicitude qu'on lui témoignait, pleine d'espérance en un avenir meilleur...

Il se persuada que la pauvre enfant savait, à cette heure, tout ce qu'il avait souffert, tout ce qu'il souffrait encore pour elle...

Et son âme s'épanouit à cette pensée, s'exaltant au souvenir de leur dernière entrevue, pendant laquelle Henriette avait laissé échapper de son cœur le secret qu'elle avait su garder jusque-là, et qui avait rendu Roger si heureux, si fou d'espoir et, en même temps, si résolu à surmonter toutes les difficultés, tous les obstacles qui se dressaient devant son amour.

Et pendant que le chevalier de Vaudrey rêvait ainsi d'avenir et de bonheur, Henriette Gérard subissait, à la Salpêtrière, la plus terrible épreuve qui pût lui être imposée.

VIII

Dès que l'agent de police Marest eut obtenu de sœur Geneviève l'autorisation d'aller donner acte de la sortie des prisonnières désignées pour la déportation, toutes les personnes présentes, religieuses, surveillantes, détenues, avaient entouré la pauvre Henriette qu'on avait fait asseoir sur un banc.

L'infortunée avait perdu connaissance; mais grâce aux soins qu'on lui prodiguait, elle ouvrit bientôt les yeux et jeta des regards effarés sur les personnes qui s'empressaient auprès d'elle.

Au premier rang se trouvaient le docteur et Marianne. Celle-ci, profondément émue, ne parvenait à exprimer sa douleur que par des exclamations et des soupirs.

Le docteur tenait une des mains d'Henriette, consultant le pouls :

— Ce ne sera rien, fit-il, rien de grave ; une simple syncope qui déjà est dissipée...

La jeune fille, en effet, agitait ses lèvres comme si elle eût été près de parler.

Marianne s'avança et s'agenouillant devant elle :

— Comment vous sentez-vous, à présent, mademoiselle? s'informa-t-elle à voix basse.

Henriette serra fiévreusement la main de la détenue, et, retrouvant le souvenir douloureux de ce qui venait d'avoir lieu peu d'instants auparavant :

— Ah! je comprends, maintenant, que l'on veuille mourir! dit-elle.

A cette allusion à la scène qui s'était passée, sur le Pont-Neuf, entre elle et les deux jeunes filles, Marianne releva la tête et ses regards brillèrent d'une lueur vive...

— Ne parlez pas ainsi!... fit-elle... Souvenez-vous des paroles que vous m'adressiez à moi-même...

A son tour, le docteur intervint. Et d'un ton paternel, il dit à l'éprouvée :

— Si vous avez une famille, pensez à elle!

Henriette avait peu à peu retrouvé assez de force pour se redresser...

Assise sur le banc, elle remercia doucement les détenues qui se retiraient discrètement emmenées par les surveillantes.

Elle adressa également des regards pleins de reconnaissance aux religieuses qui lui avaient prodigué des soins.

Puis, se tournant vers Marianne qui n'avait pas voulu la quitter, et vers le docteur qui, assis à côté d'elle, tenait toujours une de ses mains dans les siennes, elle leur dit d'une voix pleine de résignation :

— Oh! ce n'est pas pour moi que l'exil m'effraie... ce n'est pas ma propre infortune qui me désespère!

Marianne crut devoir expliquer au docteur :

— Elle a une sœur dont elle était le seul appui!..

— Ah!... pauvre enfant! murmura le médecin.

— Oui, une sœur aveugle!...

Henriette tressaillit et sa main trembla dans celle du docteur.

En ce moment elle se souvenait, avec horreur, des scènes qui avaient eu lieu entre elle et le lieutenant de police, lorsque ce magistrat avait ordonné qu'on la traînât à la Salpêtrière...

Elle se souvenait qu'à l'instant de l'arrivée du comte de Linières, elle avait été sur le point d'entraîner avec elle la comtesse, à la rencontre de Louise, de la pauvre aveugle qu'elle avait en vain cherchée pendant trois mois et que le hasard lui ramenait, à l'improviste.

Et se levant, elle s'écria en s'adressant au médecin :

— Je l'avais retrouvée, monsieur!... J'avais retrouvé cette sœur bien-aimée... lorsqu'ils m'ont arrêtée!...

... Oui, j'avais entendu sa voix, je l'avais reconnue!..

... Je la voyais, monsieur!... je la voyais!...

Henriette passa vivement la main sur ses yeux comme pour effacer le terrible souvenir.

Elle continua, haletante :

— Elle mendiait en chantant... couverte de haillons!...

... Ses beaux cheveux blonds flottaient en désordre sur ses épaules...

... Elle marchait brisée par la fatigue et traînée par une horrible femme qui la martyrise, sans doute, qui la torture...

... Et ils m'ont empêchée de courir vers elle...

... Et je ne sais plus où elle est !... Je l'ai perdue de nouveau !... Et pour toujours, cette fois !... pour toujours !...

Les sanglots qui l'étouffaient éclatèrent, noyant les derniers mots qu'elle avait prononcés.

Marianne s'était éloignée, appelée par une religieuse.

Ce fut le docteur qui essaya de consoler la jeune fille.

Le brave et digne homme cherchait, en outre, à rappeler ses souvenirs.

— Attendez donc... mon enfant,.. fit-il,.. attendez donc... celle que vous pleurez... Je crois l'avoir rencontrée ?

— Vous, monsieur !...

— Oui!... oui!... reprit le médecin, comme s'il se fût souvenu tout d'un coup... de beaux cheveux blonds, et de grands yeux bleus, n'est-ce pas ?

— Oui !... oui !... c'est cela... c'est cela même !... fit Henriette en relevant la tête.

Le docteur reprit :

— Et cette vieille femme qui l'accompagnait... l'appelait... attendez.

Il fouilla de nouveau dans sa mémoire et s'écria avec vivacité :

— Je me souviens !... je me souviens !... Elle l'appelait Louise !...

— Ah ! c'est elle !... c'est elle !... s'écria Henriette en appuyant fiévreusement ses mains sur le bras du docteur.

..: C'est ma sœur que... vous avez rencontrée !... ah !... vous aussi, vous l'avez vue !...

La détenue était, maintenant, au comble de l'anxiété, suspendue aux lèvres de l'excellent homme qui avait cherché à la consoler...

— Je connais même cette femme qui la conduisait, ajouta le médecin...

— Vous connaissez... cette femme ?

— Elle est venue vingt fois à mon hôpital...

Et d'un ton où perçait la répulsion que lui inspirait la vieille mendiante :

— C'est la Frochard ! dit-il.

Marianne revenait en ce moment.

Le nom de la Frochard frappa son oreille.

Elle leva vivement la tête comme si elle eût éprouvé un choc violent...

Qui donc parlait de la Frochard, et pourquoi était-il question de cette horrible femme ?

— Vous parlez de la Frochard... dit-elle, je la connais aussi, moi !

Puis, avec force, s'adressant à Henriette :

— C'est sa mère à lui !... Jacques !...

La détenue repentie porta vivement la main à son front brûlant.

— Oui ! reprit-elle ; vous le connaissez bien, lui... Jacques !... l'homme dont vous m'avez sauvée, puisque c'est à vos pieuses paroles, à vos exhortations que je dois d'avoir ouvert les yeux à l'horrible vérité...

... Oui, c'est vous qui m'avez fait comprendre que mon devoir commandait le repentir, et que je devais vivre pour expier...

Et ce jour-là votre sœur, que vous pleurez aujourd'hui, était auprès de vous... Elle aussi avait de bonnes et douces paroles pour moi...

— Malheureuse que je suis, poursuivit-elle, en vous retrouvant, je me suis laissée aller à ne vous parler que de moi-même.

... Dans mon trouble et dans ma stupéfaction de vous revoir ici, en ce lieu où l'on enferme les misérables comme moi, je ne songeais pas à vous demander ce qui s'était passé depuis notre séparation...

... Je négligeais de vous parler de cet autre ange qui m'avait exhortée au repentir, qui m'avait suppliée de consentir à vivre... pour expier...

... Mais ce nom de la Frochard me rappelle une chose horrible...

— Quoi donc ? firent en même temps Henriette et le docteur.

Marianne allait probablement raconter la scène qui s'était passée entre elle et les soldats qui l'emmenaient en prison, lorsqu'elle avait de loin reconnu Louise au bras de la Frochard, et qu'ayant soupçonné la vérité, elle avait voulu s'élancer au secours de l'aveugle qu'on entraînait ainsi ; mais elle craignit de faire éprouver à Henriette une nouvelle et violente émotion.

Elle se contenta de répondre :

— Eh bien ! nous savons où elle est votre sœur...

— Chez la Frochard, parbleu ! affirma le médecin.

— Au nom du ciel ! supplia Henriette, dites-moi où demeure cette femme !...

— Elle habite une masure dans la rue de Lourcine, sur les bords de la Bièvre ! dit Marianne.

Le docteur avait approuvé d'un signe affirmatif de la tête.

Haletante, Henriette avait écouté.

— C'est là qu'elle demeure ?... Vous en êtes bien sûre !... Alors je vais retrouver ma Louise !... Je pourrai bientôt...

Elle s'interrompit en jetant un cri de désespoir.

Elle se souvenait tout à coup de la terrible volonté du lieutenant de police :

— Ah !... je vais partir !... s'écria-t-elle en se tordant les bras. Je vais partir !

Et lorsqu'elle parlait ainsi son visage était inondé de larmes, ses lèvres étaient contractées sous l'effort des sanglots.

Marianne, d'une voix ferme, s'écria alors :

— Eh bien, non ! Mademoiselle, non ! il ne faut pas que vous partiez !

Le docteur la regardait, étonné :

— Que dit-elle ?

Quant à Henriette, vaincue par la douleur, elle avait baissé les yeux, en murmurant avec désespoir :

— Il ne faut pas que je parte !... Hélas ! n'y suis-je pas condamnée ?

La parole expira sur ses lèvres.

Le roulement d'une voiture avait interrompu la phrase.

Marianne et le docteur tournèrent les regards du côté de la grille d'entrée.

Un véhicule venait de s'y arrêter.

C'était une massive charrette attelée de vigoureux percherons.

Henriette avait tout vu.

— Regardez cette voiture, dit-elle d'une voix tremblante...

... C'est elle qui va m'emmener !

Les sanglots lui coupaient la voix.

Folle de douleur, elle joignit les mains ; et, les yeux levés au ciel, elle s'écria :

— Oh ! ma pauvre Louise !... ma pauvre Louise !

— Vous parliez de l'empêcher de partir ! dit tout bas le docteur à Marianne... Mais c'est impossible !... impossible !

— Silence ! fit celle-ci.

Le médecin regardait Marianne avec étonnement.

— C'est impossible !... c'est tout à fait impossible !... répétait-il à mi-voix.

Mais Marianne s'était rapprochée de lui, et tout bas, elle lui souffla ces mots :

— Docteur, ayez pitié d'elle...

— Parbleu !... j'ai le cœur bourrelé !... mais que puis-je faire ?

— Consentez à m'aider.

— Moi ?...

— Oui, docteur !

— Mais par quel moyen?...

Pendant que ce court dialogue s'échangeait, à quelques pas d'Henriette qui, vaincue par la douleur, s'était affaissée sur le banc, une scène des plus douloureuses avait lieu dans l'intérieur de la prison.

Marest, on s'en souvient, était allé opérer la levée d'écrou des détenues qu'il devait emmener avec lui dans une autre prison où les condamnées à l'exil attendaient le jour de leur départ pour le port d'embarquement.

Lorsque l'agent de police parut à l'entrée des ateliers, il y eut parmi toutes les prisonnières un moment de silence lugubre.

Chacune d'elles éprouva une émotion violente, en voyant Marest consulter la liste qu'il tenait à la main.

Qui sait si leur nom n'allait pas être prononcé.

L'angoisse faisait palpiter tous ces cœurs de réprouvées.

Marest, cependant, garda le silence, se contentant de consulter le livre d'écrou et d'apposer sa signature, en marge, en regard du nom porté sur sa liste.

Chaque fois que la plume grinçait sur le papier les regards se dirigeaient vers le policier, comme pour l'interroger.

Mais le visage de Marest demeurait impassible.

C'est pendant que cette formalité s'accomplissait que sœur Geneviève, ne pouvant supporter le spectacle de la douleur d'Henriette, était venue rejoindre l'agent.

La supérieure était d'une pâleur extrême.

Et comme toutes les mains se tendaient vers elle, comme tous les regards imploraient son intervention, la pieuse femme eut un geste pour recommander le calme à ces malheureuses que la loi frappait implacablement.

Puis, allant successivement vers chacune de celles dont le nom figurait, elle le savait, sur la liste d'exil, sœur Geneviève imposait ses mains sur le front de la condamnée, et la bénissait.

Alors la détenue savait ce que cela signifiait, et se préparait à suivre l'agent.

Parmi toutes ces misérables créatures, les unes acceptaient la chose avec calme.

Condamnées à perpétuité, peu leur importait d'avoir pour horizon la mer, d'une part, de l'autre les montagnes et les forêts, plutôt que les murs noircis de la Salpêtrière, la flèche de l'église ou la grille qui fermait la cour.

D'autres, moins endurcies dans le vice ou le crime, pleuraient silencieusement.

LES DEUX ORPHELINES

— Ah! docteur! dit-elle, mon premier mensonge!... (P. 734.)

Quelques-unes enfin, violemment émotionnées, se lamentaient, sanglotant et embrassant les mains de la digne supérieure qui leur prodiguait de touchantes consolations.

Mais le cœur de la religieuse était abreuvé d'amertumes à l'idée qu'il lui faudrait voir partir cette jeune fille, de l'innocence de laquelle elle ne doutait pas un instant.

Sœur Geneviève avait achevé cette tournée de charité aux bancs des affligées, et s'en revint, l'âme torturée, auprès de l'employé qui achevait d'apposer les signatures sur le registre.

Marest s'inclina devant la supérieure.

Cet homme endurci dans le service de la police, et qui n'avait pas l'habitude de se montrer tendre dans l'accomplissement de ses fonctions, éprouvait, ce jour-là, quelque hésitation dans la tâche qui lui était incombée.

Le moment approchait cependant où il devrait faire partir le troupeau, malgré les lamentations et les cris.

— Madame, dit-il à la supérieure, toutes les détenues que j'ai l'ordre d'emmener sont-elles présentes ici?

Sœur Geneviève ne répondit pas tout de suite.

Elle sembla regarder sur les bancs, comme pour compter, une à une, les prisonnières qu'on lui avait désignées.

Mais en réalité la sainte créature subissait le plus douloureux supplice qui pût tourmenter son âme si pleine de charité et de compassion.

Il lui fallut, cependant, répondre.

— Non, monsieur, fit-elle dans un long soupir, elles ne sont pas toutes là... Je vais prévenir celle...

Elle s'interrompit, les larmes lui venaient aux yeux.

Marest, lui-même, ne pouvait se défendre d'une certaine émotion.

Toutefois, l'heure avançait et il manifesta l'intention d'en finir au plus tôt avec cette besogne qu'il sentait être d'un spectacle si pénible pour tout le personnel de la Salpêtrière, à commencer par sœur Geneviève.

— Madame la supérieure voudrait-elle m'autoriser, demanda-t-il, à faire mettre en rang toutes les détenues qui doivent me suivre.

La religieuse inclina la tête en signe d'assentiment.

Mais elle ne put soutenir plus longtemps la vue de ces malheureuses qui se lamentaient.

Enfin, lorsque sœur Geneviève eut dépassé le seuil, se dirigeant vers la cour, Marest fit un signe et les plus endurcies parmi les futures exilées enjambèrent les bancs et vinrent, bruyamment, se placer deux par deux devant l'agent de police.

Celui-ci avait repris sa façon d'être habituelle, et il commandait avec autorité à toute cette cohue de condamnées, vagabondes, voleuses ou filles de débauche.

Lorsque la bande fut en rang, Marest se plaça à leur tête et les conduisit ainsi dans la cour, les dirigeant vers la porte de sortie.

A quelque distance de la grille, il commanda la halte.

Alors les détenues se placèrent sur une seule ligne.

L'agent allait procéder à l'appel, dernière formalité avant le départ des prisonnières.

Il s'agissait de faire reconnaître chacune d'elles par la supérieure, et de s'assurer par cette formalité, que c'était bien la détenue désignée sur la liste, qu'il emmenait.

Tous les assistants attendaient, avec des impressions diverses, ce qui allait se passer.

Sœur Geneviève, très troublée et le visage portant la trace des souffrances de l'âme, priait tout bas.

Ses regards se fixaient, à la dérobée, sur Henriette qui, demeurée sur le banc avec Marianne et le docteur, était toute tremblante et semblait près de s'évanouir de nouveau.

Que se passait-il en ce moment, dans le cœur de Marianne?

Quel combat intérieur se livrait en elle, pour qu'elle parût consulter anxieusement des yeux le médecin.

Cette malheureuse qui venait d'obtenir sa grâce s'apitoyait-elle simplement sur le sort de la détenue pour laquelle il n'y avait rien à espérer?

Non! une pensée sublime était venue à cette voleuse repentie, à l'ancienne victime d'une passion coupable, à celle qui s'était donnée à Jacques Frochard.

Marianne avait dit à la jeune fille qui se désespérait : « Non, mademoiselle, non, il ne faut pas que vous partiez !... » Et elle réfléchissait au moyen d'empêcher qu'Henriette fût emmenée.

Elle avait, maintenant, à peine une minute pour se décider et mettre à exécution son projet.

Une minute, pendant laquelle son regard alla chercher sur le visage désespéré d'Henriette le courage d'accomplir ce que lui dictait son cœur...

Une minute, pendant laquelle elle s'approcha du docteur dont elle pressa doucement la main, comme pour lui demander de l'aider au moment suprême...

Une minute, pendant laquelle la repentie se rappela que c'était à cette pauvre créature si éprouvée elle-même aujourd'hui, qu'elle devait sa réhabilitation devant Dieu et devant les hommes. . . . .
. . . .

L'agent Marest s'était approché des détenues en rang et avait prononcé ces mots, au milieu d'un profond silence :

— Il reste encore une prisonnière à emmener : Henriette Gérard!

Marianne s'avança.

Et, se plaçant devant l'homme de police :

— C'est moi, dit-elle.

Henriette avait entendu.

Elle étouffa un cri et voulut venir protester contre l'acte de dévouement sublime dont elle allait bénéficier.

Le docteur la retint par le bras, en lui murmurant à l'oreille :

— Taisez-vous!... Ne vous perdez pas.

Au surplus, Marianne, qui avait aperçu le mouvement fait par Henriette pour intervenir, demandait à Marest de l'autoriser à faire ses adieux aux détenues et aux surveillantes groupées au fond de la cour.

— Permettez-moi, monsieur, supplia-t-elle en indiquant Henriette, de dire un dernier adieu...

Elle fut interrompue par la jeune fille qui, en dépit de ce que lui avait dit le médecin, refusait d'accepter le sacrifice de Marianne.

— Non! dit-elle tout bas, ce que vous voulez faire est impossible...
... Je ne veux pas... je ne veux pas consentir!

Mais Marianne lui répondit d'une voix calme :

— Ce n'est pas vous que je sauve, murmura-t-elle. C'est moi-même.

— Vous?

— Si je reste en France, à ma sortie de cette maison... je reverrai Jacques, et... cette fois, je serai perdue sans retour...

... Vous, au contraire, ajouta-t-elle, vous reverrez votre sœur et vous serez sauvées toutes les deux!...

— Louise!

Le nom de l'aveugle prononcé en ce moment produisit l'effet qu'avait espéré Marianne.

Celle-ci profita de l'émotion de la jeune fille pour lui glisser dans la main la lettre de grâce que le docteur lui avait précédemment remise.

— Prenez ceci! fit-elle.

Et comme Henriette hésitait encore, le docteur insista à son tour :

— Prenez, c'est votre ordre de sortie...

— C'est le salut de Louise, de... Louise qui vous attend! prononça Marianne en embrassant avec effusion celle pour le salut de qui elle faisait le sacrifice de sa liberté.

Toute cette scène n'avait duré que quelques instants...

Il se fit aussitôt un certain mouvement dans l'assistance.

C'était sœur Geneviève qui se dirigeait vers les détenues qui allaient partir...

Le docteur comprit qu'elle allait venir à Henriette pour exhorter la malheureuse au courage et à la résignation...

— Sœur Geneviève! fit-il en regardant Marianne comme pour lui dire que le sacrifice qu'elle avait voulu s'imposer ne s'accomplirait pas.

En effet, Marest était allé à la supérieure pour lui dire :

— Madame, veuillez vérifier cette liste avec moi, afin de déclarer et de signer ensuite que ce sont bien là toutes les détenues désignées pour l'exil.

— Tout est perdu! dit le docteur à Marianne qui, les yeux baissés, serrait convulsivement la main d'Henriette...

Et la jeune fille, suffoquée par l'émotion, trouva pour répondre cette phrase qui témoignait de sa résignation :

— Le ciel ne l'a pas voulu!...

La supérieure prit place à côté de l'agent...

Et l'appel commença :

— Françoise Morand!...

Sœur Geneviève regardant la détenue qu'on nommait :

— Oui!... c'est elle!

— Jeanne Raymond!

— Oui!...

Marest appela successivement les noms des autres détenues.

Puis se tournant vers Marianne :

— Henriette Gérard!

Sans hésitation, Marianne s'avança.

Et levant des yeux suppliants sur la supérieure :

— Me voici, ma mère! dit-elle d'une voix tremblante.

— Vous?

Sœur Geneviève allait protester.

Le docteur s'élance et lui montrant Henriette, implore du regard...

La religieuse troublée, émue, dirige alternativement ses yeux effarés sur Marianne qui, les mains jointes, attend le verdict qui sera prononcé, et sur Henriette, demeurée immobile et comme pétrifiée, n'osant prononcer une parole... tenant les yeux levés au ciel...

Marest attend toujours la réponse...

Alors Marianne tente un dernier effort :

— Ma mère, ma mère, ayez pitié!... s'écrie-t-elle en se prosternant devant la supérieure... Bénissez-moi, ma mère, car ce départ purifie une coupable...

Et plus bas :

— Et il sauve une innocente!...

L'agent intervint :

— Eh bien, ma sœur?...

C'était l'arrêt d'Henriette qu'il s'agissait de prononcer...

La sainte femme qui n'avait jamais forfait à la vérité pendant sa longue carrière, celle qui considérait le mensonge comme un crime, sœur Geneviève étendit ses mains sur le front de Marianne...

Et d'une voix ferme, les yeux au ciel, elle répondit à l'agent :

— Oui !... c'est bien... Henriette Gérard !...

Un double cri s'échappa de la poitrine des deux détenues dont l'une prenait la place de l'autre pour l'exil et l'infamie....

Mais déjà sœur Geneviève avait relevé Marianne et lui ouvrait ses bras...

Elle pleurait, et son âme s'élevait vers Dieu pour lui demander pardon du pieux mensonge qu'elle venait de faire...

Marianne dut s'arracher à son étreinte, pour suivre l'agent.

La malheureuse alla prendre sa place dans le rang des déportées...

La grille s'ouvrit et toutes ces exilées disparurent deux à deux...

Alors sœur Geneviève regarda le médecin qui soutenait Henriette.

Et, les yeux pleins de larmes :

— Ah ! docteur ! dit-elle, mon premier mensonge !...

— Il vous sera compté là-haut, ma sœur, comme une œuvre de charité.

. . . .

Lorsque Marianne eut disparu et que la grille se fut refermée sur ces infortunées qui ne devaient jamais revoir leur patrie, il se fit un mouvement parmi les gens qui avaient assisté à cette lamentable scène...

Religieuses, surveillantes et détenues, s'inclinèrent respectueusement en passant devant la supérieure.

Alors le docteur prit Henriette par la main, et la présentant à sœur Geneviève :

— Vous avez sauvé une innocente, dit-il, à mon tour de sauver une pauvre victime !... Et j'espère que le ciel m'aidera, comme il vous a donné la force d'accomplir l'œuvre de réparation qui vous élèverait encore à mes yeux, si je n'avais pour vous toute l'admiration possible !

Henriette s'était agenouillée :

— Ma mère, fit-elle, je prierai !... je prierai toute ma vie pour vous qui avez voulu que ma sœur me fût rendue, pour vous qui avez eu pitié des deux orphelines !...

. . . .

En sortant du cabinet de travail du lieutenant de police, où il venait de rendre compte à M. de Linières de la façon dont ses ordres avaient été exécutés, Marest se trouva nez à nez avec Picard.

A sa vue le vieux domestique se composa un visage à l'expression indifférente, et lui demanda :

— Quelle bonne nouvelle m'annoncerez-vous, monsieur Marest? mon maître est-il un peu moins irrité?

— Il a tout lieu d'être satisfait, je suppose?... car le voilà débarrassé...

— De quoi?

— De quelqu'un qui le gênait apparemment, puisque...

Et s'interrompant :

— Au fait, vous ne savez rien; vous n'y étiez pas...

— Où ça?

— A l'affaire du faubourg Saint-Honoré...

— Je sais, je sais, ricana Picard en haussant les épaules, on a arrêté... une fille...

— Fille tant que vous voudrez, mais, de ma vie, je n'avais encore assisté à pareille scène.

— Des pleurs... des cris... parbleu!... c'est toujours la même rengaine!... On connaît ça!...

— Pas du tout... pas du tout... vieux sceptique que vous êtes... C'étaient de vraies larmes et des cris de véritable désespoir...

... Je vous avouerai que moi et mes hommes nous étions remués, mais il fallait obéir... et, ma foi...

— Vous avez entraîné la demoiselle!... Une jolie fille.

— Pour cela, je ne saurais vous le dire, car je n'ai jamais pu apercevoir même le plus petit bout de son visage qu'elle cachait dans ses mains...

— Ah!

— Et puis, ce n'est pas moi qui l'ai conduite à la Salpêtrière; une fois l'arrestation opérée, l'officier et les exempts s'en sont chargés...

... Par exemple! ça n'a pas été la même chose aujourd'hui...

— Comment ça?

— Parce que c'est votre serviteur qui vient de la parquer dans la charrette des femmes qu'on expédie à la Louisiane...

— Vous?... C'est vous qui avez!...

Picard avait failli oublier son rôle d'indifférent...

Il reprit aussitôt, en se faisant violence pour dominer son trouble :

— On va donc embarquer la cargaison...

— Pardié, de la bonne vermine de moins pour Paris et la France...

Le valet refréna une furieuse envie de sauter à la gorge de cet agent qui parlait, en pareils termes, d'Henriette.

— Oui, continua Marest, je suis allé lever l'écrou d'une douzaine de gaillardes qui feront très bien dans le paysage de la Louisiane.

— Douze! dites-vous?...

— Et parmi ces donzelles se trouvait la pleurnicheuse du faubourg Saint-Honoré...

— Henr...

— Henriette Gérard!... Vous alliez la nommer.

— Et, balbutia le domestique, vous veniez... de...

— Je viens, en effet, d'annoncer à monseigneur que la prisonnière a quitté la Salpêtrière... et que dans deux ou trois jours, elle voguera vers la pleine mer...

— Ah!... elle voguera... vous croyez!... fit Picard d'un air singulier.

— Ce n'est ni vous, ni moi, mon camarade, qui pourrions empêcher cela...

— On a vu des choses plus extraordinaires, fit-il en s'efforçant de rire.

— En tout cas, ce que je puis vous affirmer c'est que la demoiselle sera bien traitée là-bas.

— Comment savez-vous ça?

— Parbleu, parce que monseigneur s'intéresse à elle...

— Au point de l'exiler...

— Elle ne lui est pas indifférente, puisqu'il la recommande...

— Il la recommande... à qui?

— Au gouverneur de la Louisiane, mon cher.

— Vous voulez rire.

— Voici la preuve.

Et Marest montra à son interlocuteur un large pli cacheté de rouge et scellé aux armes du lieutenant de police.

— Cette lettre...

— Est adressée, comme vous voyez, mon cher Picard...

— « Au gouverneur de la Louisiane », lut le domestique.

— Et je sais ce qu'il y a dedans...

— Ça c'est autre chose...

— J'ai d'excellents yeux, mons Picard, et qui voient de très loin... C'est ainsi que j'ai pu lire.

— Quoi... vous avez lu cette lettre?...

— C'est-à-dire que j'ai jeté un coup d'œil dessus, pendant que monseigneur écrivait...

— Et vous savez...

LES DEUX ORPHELINES 737

Ce fut pour cet excellent Picard comme une veillée des armes. (P. 744.)

— Vous êtes trop curieux, Monsieur Picard.
— Autant que vous, pardieu.
— Eh bien, sachez que la demoiselle Henriette Gérard est recommandée d'une façon toute spéciale à la bienveillance du gouverneur...
— Recommandée à la bienveillance... voyez-vous ça!
— Elle sera — c'est le désir de monseigneur le lieutenant de police, traitée, là-bas, tout autrement que le commun des exilées.

... Qui sait même si elle ne s'y mariera pas?...

— S'y marier?... Elle?...

Pour la seconde fois, depuis cet entretien, Picard perdait patience et, un peu plus, allait dire son fait à l'agent.

Marest se mit à rire :

— Mais oui!... fit-il, il paraît que celles qui se conduisent bien obtiennent l'autorisation de se conjoindre à de charmants gredins, à de jolis voleurs ou à des criminels qui ne répugnent pas à la fleur d'oranger de ces virginales déportées...

... Ça fait souche d'adorables petits scélérats qui, plus tard, ressembleront à père et mère.

Picard n'en voulut pas écouter davantage.

Il quitta Marest dans l'antichambre, avec l'intention de se rendre auprès du comte de Linières.

Mais quel prétexte prendrait-il pour pénétrer dans le cabinet sans y être appelé?

Picard s'était donc planté tout contre la porte, lorsque celle-ci s'ouvrit pour livrer passage au lieutenant de police.

— Toi ici? fit le magistrat.

— Oui, monseigneur!... J'attendais en prévision du cas où monseigneur aurait besoin de mes services.

M. de Linières était soucieux.

— Viens, dit-il après réflexion, en ouvrant au valet la porte du cabinet de travail.

... J'ai reçu de fâcheux rapports à propos du chevalier, commença-t-il, M. de Vaudrey, paraît-il, s'abandonne au désespoir au point, dit-on, de refuser toute nourriture.

— Bah! c'est qu'il n'a pas faim, dit Picard avec un cynisme affecté.

— Je ne voudrais pas que le chevalier... que mon neveu poussât les choses à l'extrême... d'ailleurs le séjour de la Bastille doit lui paraître...

— Agréable peut-être?

— Moins dur qu'il n'aurait pu l'être, si je n'avais recommandé au gouverneur de traiter son prisonnier avec égard.

— Ah! monseigneur a fait cela ?

— Oui!... répondit sèchement M. de Linières, j'espérais que touché de ma générosité...

— Magnanimité, monseigneur!...

— Roger reviendrait à de meilleurs sentiments...

— Il y reviendra, monsieur le Comte.

— Puisse-t-il en être ainsi.

— Espérez-le, monseigneur!...

— J'ai chargé le gentilhomme qui commande la forteresse de conseiller à Roger de faire amende honorable...

— Et...

— Le gouverneur l'a mandé auprès de lui...

— Il y est allé sans doute?...

— Le chevalier a décliné l'invitation...

— C'est extraordinaire...

— C'est surtout dangereux pour lui!... Aussi vais-je essayer une dernière fois...

Le vieux serviteur prit un air embarrassé... Il ouvrit la bouche comme s'il eût voulu donner un avis, puis il se retenait au moment de parler...

Le comte de Linières s'en aperçut.

— Que penses-tu, fit-il, que tu n'oses te risquer à dire?

— Oh! je ne me permettrais pas de donner un conseil à mon maître.

— Je t'y autorise... Parle!

— Si monseigneur voulait écrire...

— Écrire au chevalier, moi?...

— D'un oncle à un neveu, ça se peut... insinua le rusé domestique.

— Oui, lorsque le neveu ne s'est pas mis en révolte ouverte contre le chef de la famille.

— C'est juste!...

— Lorsqu'il n'a pas résisté à tous les conseils, aux... prières même...

— Monseigneur a raison...

— C'est indigne...

— Épouvantable...

— Et je ne voudrais pas...

— Avoir l'air de...

Se reprenant, avec un emportement comique :

— Non!... monsieur le comte, non, vous ne pouvez pas donner cette dernière preuve de votre grandeur d'âme; vous devriez laisser le plus longtemps possible le coupable ronger son frein au fond de sa prison... à moins que vous ne preniez en considération le profond chagrin qu'en éprouve Mme la comtesse... car elle est malade... sérieusement malade...

M. de Linières avait eu une crispation des lèvres dont Picard ne voulut pas s'apercevoir.

Il continua toujours sur le même ton :

— Et, dans ce cas, monsieur le comte, il est certain qu'une lettre de vous aurait sur ce malheureux jeune homme une influence mille fois plus salutaire que...

— Soit, dit M. de Linières, j'écrirai cette lettre.

— Et, si Monseigneur le permet, je me chargerai de la porter moi-même.

— Toi ?...

— Je pourrai peut-être ajouter certaines choses que ne contiendra pas le billet de monsieur le comte et qui, j'ose le croire, décideront monsieur le chevalier à *tout* faire pour sortir de prison.

— C'est bien, dit le comte, j'accepte ta proposition.

Picard eut un tressaillement de joie...

— Je vais réfléchir à ce qu'il convient d'écrire.

— Je serai aux ordres de monsieur le comte quand... il jugera convenable et utile de m'envoyer à la Bastille... pas comme prisonnier, fit-il en souriant, comme... négociateur.

— Soit !... Je te préviendrai lorsqu'il sera temps de partir.

Et d'un geste bienveillant, le lieutenant de police congédia le vieux serviteur, estimant que celui-ci réussirait peut-être à faire entendre raison à son obstiné parent.

Lorsque Picard eut refermé la porte, le comte de Linières laissa éclater sa colère.

— Oui, la comtesse est souffrante, se dit-il, mais pourquoi sa faiblesse pour Roger l'a-t-elle entraînée loin de ses devoirs, à quel sentiment a-t-elle obéi en se rendant auprès de cette fille que j'ai envoyée rejoindre ses pareilles à la Salpêtrière...

... Oui, reprit-il mentalement, la comtesse est malade, et, depuis elle s'est renfermée dans le silence, un silence qui m'exaspère, qui fait naître en moi mille pensée irritantes, mille poignants soupçons.

Et je n'ai pu lui arracher son secret !... Au moment où je croyais qu'il allait lui échapper dans un cri, ce cri qu'elle a poussé lorsque je la pressais de questions, — elle a perdu connaissance !... Et rien n'a pu lui faire rompre ce silence obstiné !...

M. de Linières était arrivé progressivement au comble de l'exaspération.

Debout, les lèvres frémissantes, il regardait la porte qui donnait sur le couloir conduisant à la chambre à coucher de la comtesse...

A ce moment on frappa discrètement à cette porte.

— Entrez ! commanda M. de Linières.

C'était la camériste de la comtesse qui venait annoncer que le docteur était auprès de la malade.

IX

Depuis qu'il avait appris de l'agent Marest le départ d'Henriette, Picard avait jugé inutile de retourner à la Salpêtrière.

Tout son temps et toute sa préoccupation étaient sollicités par le chevalier.

A présent plus que jamais il reconnaissait l'importance qu'il y avait à ce que l'évasion de Roger ne pût échouer; et il se félicitait d'avoir suggéré au comte la pensée de lui confier la lettre qu'il devait remettre au prisonnier, et qui lui permettrait de pénétrer à la Bastille.

Depuis la veille, il avait attendu sans quitter l'hôtel que le comte le fît appeler dans son cabinet pour lui remettre cette lettre. Mais en vain s'était-il consumé, pendant des heures entières, dans une impatience fiévreuse, M. de Linières ne lui avait pas donné signe de vie.

Le délai qu'il s'était fixé allait expirer bientôt; on était déjà au samedi matin.

— Que faire? pensa Picard.

Le comte aurait-il changé d'idée après mûre réflexion?

Remettrait-il simplement à plus tard de tenter une épreuve décisive sur les résistances de son neveu?

Dans l'un et l'autre cas, Picard devait être fixé au plus tôt, afin de prendre, de son côté, une détermination.

M. de Linières n'avait pas abandonné l'idée que lui avait suggérée son fidèle valet.

La lettre était écrite; mais une aggravation survenue, depuis vingt-quatre heures, dans l'état de la comtesse, avait absorbé tous ses moments, et lui faisait négliger toute autre occupation.

En effet, le docteur, à la suite de la dernière consultation, n'avait pas dissimulé ses inquiétudes.

Ami des familles de Linières et de Vaudrey, comme il l'était depuis si longtemps, il avait toujours eu son franc parler.

— Il faut, avait-il dit au comte, il faut pour que l'état maladif de la comtesse ait pris tout à coup de si grandes proportions, il faut, dis-je, que la chère dame ait subi une émotion violente.

M. de Linières avait gardé le silence.

Puis, le docteur avait prescrit que le plus grand silence fût observé dans la chambre de la comtesse, qu'on ne tolérât auprès d'elle que les personnes qui lui étaient sympathiques, et qu'en aucun cas on ne lui permît de quitter le lit, avant qu'il l'ait autorisé.

Toutes ces recommandations trouvèrent M. de Linières plus inquiet que jamais, et aussi plus exaspéré contre le chevalier qu'il accusait d'avoir provoqué cette grave maladie.

Aussi eut-il grand'peine à ne pas laisser éclater son ressentiment contre Roger, lorsqu'au moment de se retirer, le docteur revint sur ses pas pour lui dire :

— Hé mais, je n'ai pas aperçu ici, une seule fois, M. le chevalier de Vaudrey... Je sais cependant combien est grande l'affection filiale qu'il porte à la comtesse...

... Je regrette même cette abstention de la part de votre neveu, car j'ai la conviction que notre malade le verrait avec plaisir...

M. de Linières continua à dissimuler.

Il prétendit ignorer si le chevalier se rendrait à l'invitation qu'il se proposait de lui adresser.

C'est sur cette réponse ambiguë que le docteur avait pris congé du lieutenant de police, non sans avoir paternellement renouvelé ses recommandations.

M. de Linières avait alors songé à la lettre écrite depuis la veille et qui était restée dans un tiroir de son bureau.

Il entra dans son cabinet et fit appeler Picard.

Lorsque l'huissier vint le chercher dans sa chambre, Picard était plongé dans de profondes réflexions.

Aux petits coups secs frappés contre la boiserie de la porte, il sursauta.

Puis allant ouvrir, il introduisit l'huissier.

— Que me voulez-vous ? lui demanda-t-il vivement.

— Ordre de Monseigneur le lieutenant de police, répondit celui-ci d'un ton d'autorité comique.

— Mon maître me mande ?

— A l'instant.

— Que ne le disiez-vous plus tôt... Je me serais déjà rendu auprès de lui.

L'huissier sortit d'un pas mesuré.

Picard, sans s'inquiéter de son guide, avait descendu quatre à quatre les marches de l'escalier.

Il arriva tout haletant à la porte du cabinet.

Autorisé à entrer, il se présenta devant le bureau où se tenait le comte.

— Picard, dit M. de Linières, voici la lettre qu'il s'agit de faire tenir à mon neveu.

— Je la remettrai moi-même à M. le chevalier...

— Seulement tu prendras pour cela l'agrément du Gouverneur, une simple formalité...

— Oui, Monseigneur!... Faut-il partir tout de suite?

— Il est trop tard aujourd'hui...

— Alors demain?

— C'est cela même!...

Le domestique était devenu ponceau tant la joie le suffoquait...

Le comte mit cette menace de congestion sur le compte de l'émotion qu'éprouvait le valet à se charger de faire entendre raison à Roger.

Il lui dit donc :

— Calme-toi, j'ai tout lieu de croire que plusieurs des raisons que je fais valoir dans cette lettre amèneront le chevalier de Vaudrey à capitulation!... J'espère un bon résultat de la mission que je te confie.

Picard était sorti radieux du cabinet du lieutenant de police.

Il n'avait plus qu'à attendre le moment de travailler à la délivrance de son maître, et tout semblait, jusque-là, marcher à souhait.

Pour réussir il ne lui fallait plus, pensait-il, qu'agir avec autant d'audace et de résolution qu'en avait autrefois déployé le geôlier Rumignac.

Et maintenant qu'il était décidé à risquer ce coup décisif, l'impatience le gagnait.

Comme le soldat qui sait la bataille imminente, il avait hâte de commencer le feu.

Son service auprès du comte terminé, il avait regagné sa chambre et s'y était enfermé à double tour. Précaution utile du reste pour la besogne qu'il allait faire.

Ce n'était pas tout, en effet, que d'avoir bien son plan dans la tête, de savoir comment il procéderait pour arriver à son but; il lui fallait, en outre, posséder les accessoires indispensables pour la scène à jouer.

Et il récapitula mentalement :

Une tabatière!... Il en avait une magnifique et pleine d'excellent tabac qu'il conservait précieusement.

Il la sacrifierait volontiers, dût-il se passer de priser pendant le restant de ses jours.

Donc, il ouvrit le tiroir de sa commode et trouva l'objet bien enveloppé et placé dans un coffret en satin fané, où il conservait quelques reliques du temps de sa jeunesse amoureuse.

Deux bouts de corde! Pour cela, il n'avait que l'embarras du choix.

Néanmoins, comme il fallait quelque chose de résistant, sans être par trop volumineux, il voulut choisir, entre des cordons de rideaux hors de service dont il avait tout un paquet, et la vulgaire corde de chanvre dont il ferait l'acquisition.

Les deux présentaient des inconvénients, et Picard s'arrêta à l'idée de foulards en soie joints bout à bout, comme réunissant les conditions voulues. Il pouvait effectivement dissimuler quatre grands foulards dans les deux poches de côté de sa livrée.

Un bâillon ! — C'était l'accessoire indispensable, et celui-là ne se trouverait pas tout fait.

Comment le confectionner ! Certes, mons Picard, en temps ordinaire, n'avait jamais touché à une aiguille, pas même pour recoudre un bouton.

Quant à charger de l'opération quelqu'un de plus adroit, il n'y fallait pas songer. La plus élémentaire prudence l'obligeait à y passer la nuit au besoin, mais à fabriquer lui-même le bâillon nécessaire.

Il s'y mit et, pendant plus d'une heure, taillant, rognant, cousant, défaisant, rajustant, il parvint à fabriquer quelque chose qui tenait le milieu entre une balle à jouer et une pelote à épingles.

Et rien n'était plus comique que sa façon de prendre mesure sur sa propre bouche, pour ne pas faire un bâillon qui n'eût pu entrer dans la bouche de celui auquel il le destinait.

Mais en dépit de tout le mal qu'il s'était donné, le brave homme se félicitait d'avoir passé une partie de sa nuit pour le service de son jeune maître.

Il ne pensait guère à aller se mettre au lit. Ses accessoires prêts, il demeura dans son fauteuil, ruminant dans sa tête un foule d'idées, pour se confirmer dans cette opinion que, le lendemain, à pareille heure, son cher chevalier et lui galoperaient sur la route de Normandie, à la poursuite de la charrette des déportées.

Et le petit jour filtrant à travers les rideaux le surprit, toujours assis et rêvassant.

Ce fut pour cet excellent Picard comme une veillée des armes.

Il s'étira comme un homme qui aurait fourni toute une nuit de sommeil non troublé, et se mit à la fenêtre pour emplir d'air frais ses poumons resserrés par l'émotion.

C'est qu'il commençait à éprouver cet état nerveux qui chez nous, créatures impressionnables, précède en général l'accomplissement d'actes de bravoure ou d'audace, longuement prémédités.

Agité, fiévreux, il consultait sa montre, trouvant que, ce jour-là, le soleil était bien long à se lever.

Dans son impatience, il allait et venait dans sa chambre, comptant ses pas. Puis il revenait s'accouder à la croisée, le regard embrassant le pano-

— Nous allons le ficeler comme il faut, mon maître, fit Picard. (P. 751.)

rama du vieux Paris, et dominant les toits, les tours crénelées de la Bastille se dégageant peu à peu des brumes du matin.

C'était dimanche, — ce fameux dimanche tant attendu.

Les cloches sonnaient l'office, et les rues se peuplaient, des fidèles matineux se rendant aux églises.

D'ordinaire le vieux sceptique se gaussait des dévots qui vont user, selon son expression, leurs genoux sur de sacrées dalles. Mais ce jour-là, peu s'en fallait qu'il ne se rendît, lui aussi, devant l'autel, pour demander au ciel de faire réussir son entreprise.

Enfin, l'heure attendue sonna. Picard enfouit dans une de ses poches les foulards noués deux par deux, mit dans l'autre le bâillon ainsi que le mouchoir de grosse cotonnade qui devait le maintenir entre les lèvres de celui auquel on le destinait.

Puis il s'occupa de vider dans les goussets de son gilet le contenu de la tabatière, opération qui provoqua chez lui un certain nombre d'éternuements, qui lui parurent de bon augure.

Il était prêt. La lettre du comte à la main, il quitta sa chambre.

Moins d'une heure plus tard, il se trouvait, après maints tours et détours, posté à l'entrée de la rue Saint-Antoine, les regards inquiets fixés sur la forteresse.

Tout à coup, comme il se morfondait à attendre, une idée traversa son esprit et vint y jeter le trouble.

Il avait cru n'avoir plus qu'à marcher de l'avant, et voilà qu'une difficulté surgissait qu'il n'avait pas prévue et qui pouvait tout faire manquer au dernier moment.

Il s'était bien muni de tous les accessoires que l'on sait, il avait été chargé, par le lieutenant de police, son maître, de cette lettre qui devait lui donner accès dans la prison. Mais, une fois le plan exécuté jusque-là, comment ferait-il sortir le chevalier?

Le premier gardien venu reconnaîtrait le prisonnier au passage, et tout l'échafaudage si laborieusement élevé s'écroulait comme un château de cartes.

Il n'avait pas songé à cela et, dans son enthousiasme pour le procédé de Rumignac, il s'était embarqué avec une légèreté déplorable, dans une expédition que le moindre détail négligé pouvait faire avorter.

— Misérable que je suis, pensa l'infortuné Picard, c'est moi qui aurai tout compromis par ma stupide confiance... Tout est à recommencer, au moment même où il faudrait se mettre à la besogne.

Et le malheureux continuait à s'invectiver, se creusant la cervelle à chercher une combinaison pour parer à l'inconvénient qui surgissait à l'improviste.

Les idées les plus saugrenues lui venaient à l'esprit et le laissaient ensuite plus embarrassé que jamais.

Enfin, après avoir longuement réfléchi et repoussé bien des combinaisons comme impraticables, il s'arrêta à cette conviction que le chevalier de Vaudrey ne pourrait s'enfuir de la Bastille qu'au moyen d'un déguisement. Et, pour rendre son maître tout à fait méconnaissable, voici la singulière combinaison qu'il imagina : à quelque distance du lieu où il se trouvait, c'est-à-dire à une centaine de pas, dans la rue Saint-Antoine, il avisa une boutique d'apothicaire.

Il y pénétra, en se tenant la mâchoire, comme s'il eût été atteint d'une rage de dents.

L'apothicaire, naturellement, voulut profiter de la circonstance pour vendre à ce client matinal sa drogue, et le plus cher possible.

La chose lui fut d'autant plus facile que Picard ne songeait guère à marchander.

— Vite, monsieur l'apothicaire, dit-il en simulant une violente douleur, donnez-moi ce que vous voudrez ; mais surtout appliquez-moi, je vous prie, sur la joue, une bonne ouate et une bande de toile de coton, car je crains beaucoup les fluxions...

L'apothicaire ne se fit pas prier. Il empaqueta une fiole de son élixir, la mit dans la poche de son client d'occasion, puis procéda à la confection d'une planche de ouate et d'une bande dont il entortilla consciencieusement le visage de Picard.

— Bon !... bon !... c'est très bien, fit celui-ci ; et je vous suis très reconnaissant, monsieur l'apothicaire.

Il paya sans marchander, et sortit de la boutique.

Il était absolument méconnaissable, ayant surtout pris la précaution de se mettre, au moyen de son foulard, une mentonnière qui lui couvrait le visage jusqu'au nez.

Maintenant, comme rien ne l'empêchait de tenter l'aventure, il se dirigea résolument vers la forteresse.

Arrivé devant la sentinelle, il montra la lettre du lieutenant de police.

Immédiatement, on lui livra passage.

Une fois dans la cour principale, il marcha vers le corps de garde, en homme qui connaît les êtres, et s'adressant à l'officier de service :

— Je suis Picard, lui dit-il, le premier valet de chambre de monseigneur le lieutenant de police qui m'a fait l'honneur de me charger de cette missive pour son neveu, M. le chevalier de Vaudrey.

Du corps de garde, il passa dans le couloir principal où se tenaient les guichetiers de service.

Rumignac l'aperçut. Il le reconnut à son allure et à son costume noir bien plutôt qu'à son visage...

Et s'approchant avec familiarité :

— Comme vous voilà empaqueté, monsieur Picard !

— Ah ! ces maudites dents ! répondit le domestique en portant la main à sa joue.

— Vous avez une fluxion, à ce que je vois !

— Une maîtresse fluxion, monsieur Rumignac...

— Vous auriez mieux fait de garder la chambre, en ce cas...

— Impossible, M. Rumignac... le devoir avant tout.

— Ça, c'est juste.

— Mon maître, monseigneur le lieutenant de police, n'a confiance qu'en moi pour certaines missions...

— Ah ! vous venez en mission... auprès du gouverneur ?

— Pas précisément ! Je suis chargé de remettre cette lettre à votre prisonnier.

— M. le chevalier de Vaudrey ?

— Oui !...

— Alors je vais m'en charger, si vous le voulez bien...

— Non pas; monseigneur m'a bien recommandé de la remettre en mains propres à son gredin de neveu...

— En ce cas, Monsieur Picard, je vais faire prévenir son excellence le gouverneur.

Et le geôlier se dirigea vers la pièce où se tenait l'officier de service.

Picard ne put se défendre d'un léger tressaillement.

Mais il se remit bientôt sachant que le comte de Linières avait recommandé tout spécialement Roger à la bienveillance du gouverneur.

Aussi se trouva-t-il tout à fait rassuré, lorsque Rumignac revenant lui dit :

— Ce n'est là qu'une question de forme... notre consigne avant tout !... Il s'agirait de Monseigneur, lui-même, que nous ne pourrions pas agir autrement.

Le valet s'inclina pour se donner une contenance.

Depuis qu'il se trouvait en face du geôlier, son émotion ne cessait d'augmenter.

Il y voyait trouble comme si un nuage eût passé sur ses yeux; ses oreilles tintaient, et le sang lui montait au visage, il se sentait rouge comme un pivoine.

Heureusement que la ouate, le bandeau et le foulard lui permettaient de dissimuler son visage tout bouleversé.

Un incident faillit tout compromettre, en provoquant chez le domestique du comte un insurmontable tremblement nerveux.

En effet, la cloche de la chapelle sonnait la messe.

Les soldats quittèrent précipitamment le corps de garde pour venir faire la haie sur le passage du gouverneur qui se rendait à l'église.

Le tambour battit aux champs.

Et le gouverneur suivi des officiers passa, à quelques mètres seulement de Picard.

Celui-ci avait fait un mouvement pour se cacher derrière les guichetiers.

C'était une imprudence qui n'eut heureusement pas de suites fâcheuses, car Rumignac profita de la circonstance pour plaisanter son ami, en lui disant :

— Vous avez encore de la coquetterie, vous ! ça vous chiffonnerait que son excellence vous ait vu avec votre tête ainsi emmitouflée, mon camarade ?

Rassuré, le valet poussa un petit gémissement de douleur admirablement feint.

Les soldats rompaient les rangs.

Du seuil du corps de garde, l'officier de service fit un signe au geôlier d'approcher.

Rumignac, au bout d'un instant, revenait dire à Picard :

— Voilà qui va bien, mon camarade, vous pouvez me suivre... Je vais vous ouvrir la cellule de votre prisonnier...

— Vous pouvez croire qu'il m'en coûte, soupira le vieux serviteur, pour répondre quelque chose.

— Bah !... c'est un prisonnier pour rire celui-là... Et je vous garantis qu'il boit et mange bien maintenant...

— Ah ! que m'annoncez-vous là ?

— La vérité, pardie !

— Vous ne sauriez vous imaginer quel plaisir vous me faites en me parlant ainsi !

On approchait.

— Voici la cellule, fit Rumignac, en montrant un numéro sur la porte.

Puis il souffla à l'oreille de son compagnon :

— Voulez-vous voir ce que fait le prisonnier en ce moment ?

— Oui ! répondit Picard.

— Je vais tout doucement ouvrir le guichet ; placez-vous là à côté de moi, et quand je vous tirerai par le bras vous regarderez...

... Par exemple, ajouta-t-il, il faut marcher à pas de loup, pour ne pas donner l'éveil à notre homme.

Le brave serviteur était ému plus que nous ne pouvons le dire.

Dans quelques instants il allait commettre un acte qui pourrait lui coûter la liberté à lui aussi. Et malgré la perspective de ce danger, il lui tardait de prouver à son maître combien il lui était dévoué.

Il étouffa donc le bruit de ses pas, ainsi que le lui avait recommandé le geôlier.

Tout doucement, les deux hommes arrivèrent devant la porte.

Picard retenait son haleine.

Le guichet s'ouvrit sans bruit.

Rumignac tira son compagnon par le bras, le plaçant ainsi juste en face du guichet.

Picard étouffa un soupir.

Il voyait Roger, assis, tournant presque le dos à la porte.

Les coudes appuyés sur la table et la tête dans les mains, il paraissait plongé dans de tristes réflexions, car ses doigts crispés fourrageaient par instants sa chevelure.

« Il m'attend ! » pensa Picard.

Et comme pour donner raison à la perspicacité du valet, le chevalier leva la tête comme s'il eût écouté...

A ce moment son regard se dirigea vers le guichet...

Il vit les yeux de Picard briller au travers du grillage.

Son premier mouvement fut de s'élancer. Puis après réflexion il reprit sa place sur l'escabeau.

Mais sa physionomie, naguère encore si triste, s'éclaira subitement, et prit une expression de virilité qui ranima la confiance de Picard.

Le chevalier lui avait fait signe qu'il était prêt à l'aider vigoureusement.

Ces deux hommes s'étaient compris.

Désormais le rusé valet pouvait agir.

De lui-même il éloigna son visage du guichet, en disant au geôlier :

— Nous pouvons entrer.

Rumignac tenait déjà la clef toute prête...

Il introduisit dans la serrure dont le pêne cria deux fois...

La lourde porte roula sur ses gonds.

Au bruit, comme s'il eût été surpris, le chevalier s'était retourné.

En apercevant Picard, il se leva.

Mais un signe imperceptible du valet le retint à sa place.

Il attendit que le geôlier eût refermé la porte.

Puis, d'un ton hautain qui contrastait avec le regard affectueux qu'il adressa au valet :

— Que me veut-on? demanda-t-il.

Rumignac riait sous cape de l'air embarrassé de son ami Picard. Et il se disait à part soi : « Eh ! là, mon bonhomme, tu fais le brave et fendant quand nous sommes seuls; mais m'est avis que tu files doux lorsque tu te trouves devant M. le chevalier. »

Le fait est que le vieux serviteur tenait la lettre dans sa main, comme s'il n'eût osé la présenter.

Si bien que Rumignac crut devoir venir à son secours en disant, d'un ton emphatique :

— Son Excellence le gouverneur a bien voulu autoriser le valet de monseigneur le lieutenant de police à vous remettre en mains propres une lettre... Seulement je crois que M. Picard est un peu malade aujourd'hui, d'une rage de dents, ce qui paralyse sans doute ses facultés... Et si monsieur le chevalier le permet c'est moi qui vais avoir l'honneur de lui remettre la missive de monseigneur.

Et joignant le geste à la parole, il avançait déjà la main pour saisir le pli...

Mais, au moment où il allait l'atteindre, prompt comme l'éclair Picard s'éloigna d'un pas, plongea sa main dans son gousset et envoya une poignée de tabac en plein dans les yeux du geôlier...

Rumignac tomba à la renverse dans les bras du chevalier accouru pour aider Picard, tandis que celui-ci envoyait dans la figure du geôlier une seconde poignée de la poudre, en murmurant entre ses dents :

— Tu aimes le tabac à la rose, mon bonhomme, et bien en voici ; en voici encore !...

Le malheureux Rumignac n'avait pu pousser un cri.

Les mains portées au yeux il étouffait de souffrance et de colère.

Picard saisit le moment où sa victime ouvrait la bouche, pour lui enfoncer le bâillon entre les dents...

Et, tandis que le chevalier lui attachait le mouchoir, le valet, surexcité par ce premier succès, s'écriait :

— Ah ! ton procédé est bon, excellent, merveilleux, mon cher Rumignac, et tu vois que j'ai bien retenu tout ce que tu m'as dit.

Puis il s'interrompit pour dire à Roger :

— Serrez fort, monsieur le chevalier, faites quatre nœuds plutôt qu'un, il ne faut rien économiser aujourd'hui !

Le geôlier se tordait dans un accès de rage furieuse, et la douleur qu'il éprouvait aux yeux devait le mettre au supplice.

Faisant un effort désespéré, il avait réussi à se placer sur son séant.

Il luttait comme un diable contre ses deux agresseurs.

Ce que voyant Picard dit à son maître :

— Fouillez dans les poches de mon habit ; monsieur le chevalier y trouvera des foulards...

Roger avait fait ce qu'on lui disait.

— Nous allons le ficeler comme il faut, mon maître, fit Picard en se servant des foulards avec une célérité et une habileté qu'on ne lui eût certainement pas soupçonnées.

Il avait fait signe au chevalier de retirer la veste du geôlier, pendant qu'il maintenait celui-ci.

— Je vais t'aider, mon bon Picard, répondit le gentilhomme en enlevant le vêtement qu'on lui désignait, et à mon tour je te recommande de ne pas épargner les nœuds.

Cette fois le valet était absolument satisfait de lui-même, car, à chaque nouveau nœud qu'il serrait de toutes ses forces sur les poignets, il interpellait sa victime :

— Tes leçons ont du bon, mon vieux Rumignac.

... Quel dommage que je sois obligé d'en faire l'expérience sur toi-même! Mais, sois tranquille, tu n'en mourras pas! Est-ce bien comme ça que tu as arrangé le geôlier anglais?...

Et s'adressant à Roger :

— Serrez fort les jambes, monsieur le chevalier!

Puis à Rumignac :

— Tu vois, mon vieux, tout y est, le tabac, le bâillon, les cordes...

Puis se levant :

— Et te voilà en notre pouvoir. C'est à ton tour d'être le prisonnier de mon maître.... Mais nous serons cléments, et avant de te quitter, mon brave Rumignac, nous te ferons un cadeau soigné... tu verras cela.

Roger enthousiasmé de la façon dont son valet avait combiné et exécuté l'opération, saisit les deux mains de Picard, et les étreignant dans les siennes :

— Viens, mon ami, s'écria-t-il, viens, et une fois libre, je te témoignerai toute ma reconnaissance!...

Mais Picard l'interrompit aussitôt, en lui disant à voix basse :

— Oh! monsieur le chevalier, pas si vite, pas si vite, vous allez tout compromettre!

Et comme Roger fronçait les sourcils :

— Ayez confiance jusqu'au bout, je vous jure qu'il ne dépendra pas de moi que nous ne sortions promptement d'ici.

— En douterais-tu, par hasard?

— Tant que je ne serai pas au fin fond de la rue Saint-Antoine, je ne me trouverai pas en sûreté.

Roger était devenu pâle.

— Au fait, demanda-t-il, comment allons-nous sortir de la Bastille?

— Vous allez le voir, mon excellent maître... Et tout d'abord, ajouta-t-il en enlevant le foulard, le bandeau et la ouate qui lui couvraient le visage, je n'ai plus ni fluxion, ni mal aux dents...

— Fuyez!... lui dit le vieux serviteur. Fuyez! au nom de Mlle Henriette!... (P. 760.)

Il avait posé les différents objets sur la table et revenant vers Roger:
— Monsieur le chevalier, dit-il, il faut nous dépêcher...
— A quoi faire?
— A déshabiller cet homme!
Puis s'apercevant d'un mouvement d'hésitation chez son maître:
— Monsieur le chevalier voudra bien me pardonner de lui imposer une si désagréable besogne; mais nous n'avons pas le choix des moyens...

Déjà Roger s'était baissé vers Rumignac et se mettait bravement en devoir de le dévêtir.

Pendant ce temps Picard lui disait :

— Tirez la culotte ; moi, je me charge des souliers !

En moins de trois minutes le malheureux geôlier n'avait pour tout vêtement que sa chemise et son caleçon.

Et tout en le déshabillant, Picard lui disait joyeusement :

— Eh bien, mon cher Rumignac, ai-je bien profité de tes leçons ? Tu es, j'en conviens, un excellent professeur ; mais je ne crois pas être un trop mauvais élève...

Picard s'excitait ainsi à parler, pour se donner du courage, car, intérieurement, bien qu'il n'en voulût rien laisser paraître, il n'était que médiocrement rassuré.

Il réfléchissait qu'il pouvait, en franchissant le seuil de la cellule, tomber sur une ronde de guichetiers, et tout son sang ne faisait qu'un tour, ainsi qu'il le disait souvent.

Il se gardait bien, cependant, de faire part de ses appréhensions au chevalier ; d'autant plus que Roger énervé, fiévreux, pouvait tout compromettre, soit par un accès de colère, soit par trop d'empressement à vouloir quitter la cellule.

Déjà, il avait répété à plusieurs reprises :

« — Voyons, Picard, dépêchons-nous ! »

Force fut donc au vieux serviteur de répliquer :

— Je comprends toute l'impatience qui vous agite, monsieur le chevalier, mais nous ne sommes pas au bout de nos peines, et mon maître voudra bien, maintenant, se déshabiller à son tour.

— Pour quoi faire ?

— Pour changer de costume...

— Avec qui ?...

Et il indiquait du doigt la défroque du geôlier.

— Non pas !... non pas ! fit Picard, je me suis réservé tout cela... Monsieur le chevalier voudra bien endosser mon habit.

Tout en parlant, Picard avait remplacé l'habit de Roger par le sien.

— Et la culotte aussi, monsieur le chevalier, il faut accepter ma livrée tout entière, afin de n'être pas reconnu dès les premiers pas que vous risqueriez devant ces gredins de guichetiers.

En un rien de temps Picard eut opéré le déguisement de son maître, comme eût pu le faire le costumier le plus habile.

— Rien n'y manque, dit-il en récapitulant : les souliers à boucles d'argent, bas noirs, culotte idem, gilet idem, idem l'habit.

Puis, arrachant sa perruque :

— Jusqu'à ceci, mon maître respecté, qu'il faut que vous placiez sur votre jeune tête.

Sans répondre, le chevalier prit la perruque et la posa sur sa tête, en faisant disparaître ses cheveux dessous, de façon à ce que pas un seul ne dépassât.

De son côté le valet avait endossé le costume du geôlier.

Ainsi déguisé, il passa à sa ceinture le trousseau de clefs qu'il avait enlevé à Rumignac dès le premier moment de la lutte, se coiffa du bonnet en peau de lapin du geôlier, et pour imiter Rumignac et mieux déguiser son visage, il baissa les oreillettes du bonnet et se les attacha sous le menton, ainsi que le faisait souvent Rumignac.

Certes, il eût fallu le regarder de bien près pour découvrir la supercherie.

Il n'en était pas de même du chevalier dont le visage était entièrement découvert.

Mais Picard avait tout prévu.

— Monsieur le chevalier, c'est vous qui, maintenant, allez avoir mal aux dents à votre tour, ce qui obligera votre fidèle serviteur de vous empaqueter la figure avec cette ouate et ce foulard...

Avant que Picard eût terminé la phrase, Roger s'était emparé des objets désignés, et se les appliquait lui-même sur le visage, pendant que le valet épinglait la bande et nouait le mouchoir.

Lorsque cette mascarade fut achevée :

— Il ne nous reste plus, déclara le vieux domestique, qu'à nous précautionner contre une surprise.

— Qu'entends-tu par là ?

— Qu'un gardien peut, en passant devant cette porte, avoir la fantaisie de jeter un coup d'œil par ce guichet, et alors...

— C'est juste, il faudrait faire disparaître cet homme.

— Rien de plus facile, comme vous allez voir, monsieur le chevalier.

Et saisissant le geôlier par les pieds :

— Prenez-le par la tête, dit-il à Roger.

Soulevé de la sorte, Rumignac fut transporté sur le lit du prisonnier, enfoui sous les couvertures qu'on lui releva jusqu'au milieu du visage, lui laissant tout juste le nez libre pour qu'il pût respirer.

Rien n'avait été négligé, et tout ce travail n'avait pas exigé une vingtaine de minutes.

Picard monta sur la table qu'il avait approchée de la lucarne et plongea ses regards le plus loin qu'il put.

La cour était déserte. Il vit la poterne par où ils allaient sortir, si rien ne survenait en route.

Et cherchant dans le trousseau la clef que l'infortuné Rumignac lui avait indiquée, on s'en souvient, il la tint toute prête dans sa main.

En ce moment un bruit de pas se fit entendre distinctement sur les dalles du corridor.

Quelqu'un approchait qui, probablement, allait passer devant la cellule.

— Pourvu qu'il ne lui prenne pas fantaisie d'ouvrir le guichet! murmura Picard à l'oreille de son maître.

Sans répondre, le chevalier saisit la main de son vieux serviteur, tous deux se regardèrent, comme s'ils allaient essuyer le feu ensemble.

Tout à coup le sang se glaça dans les veines de Picard.

L'homme qui marchait dans le corridor venait de s'arrêter devant la cellule.

X

Le chevalier de Vaudrey avait éprouvé une sensation de vertige.

Aidé par le vieux serviteur de sa famille, il avait espéré une évasion qui lui permettrait de voler au secours de son Henriette bien-aimée.

Après le sombre désespoir de ses journées interminables et de ses mortelles nuits de prisonnier, il avait vu luire un rayon d'espérance.

Mais cette lueur s'évanouissait subitement.

Encore une seconde, et cette porte allait s'ouvrir; la tentative serait découverte.

Et les rigueurs recommençaient pour lui, avec cette aggravation qu'on le surveillerait jour et nuit.

Et que pourrait-il ensuite?

Est-ce qu'on s'évadait de la Bastille?

Cette idée provoqua chez Roger cet affolement qui, s'emparant des prisonniers, les pousse à ne pas reculer même devant un crime, s'il doit aider à leur évasion.

Si, en ce moment, un guichetier ayant ouvert la porte se fût présenté, dans un accès de surexcitation cérébrale, le chevalier de Vaudrey n'eût probablement pas hésité à lui sauter à la gorge.

Et le placide Picard, lui-même, eût imité son exemple.

Il y eut donc, entre ces deux hommes, un moment de silence, pendant lequel ils échangèrent des regards affirmant une même résolution.

Par bonheur, après avoir frôlé la porte, l'homme passa.

Un soupir de soulagement s'exhala des poitrines contractées de Roger et de Picard.

Ils écoutèrent toutefois, redoutant quelque retour offensif, mais le bruit de pas se faisait de plus en plus sourd et de plus en plus faible, jusqu'à ce qu'il se fut complètement perdu dans le lointain.

Il avait semblé au valet que l'individu qui s'était ainsi éloigné avait monté les escaliers conduisant à l'étage supérieur, au lieu de descendre.

C'était un bon indice.

Le danger eût été de se trouver nez à nez avec lui, à l'étage inférieur.

Décidément, se dit Picard, la Providence est avec nous.

Alors, résolument, il chercha, dans le trousseau, la clef qui ouvrait la porte de la cellule.

Sans hésiter, il fit jouer le pêne.

La porte massive s'ouvrit, sans bruit.

Roger avait fait un mouvement pour s'élancer, Picard le retint par le bras.

Avançant la tête, comme font les chats craintifs, il lança de rapides coups d'œil aux deux extrémités du corridor.

Personne nulle part.

Il écouta.

Pas le moindre bruit, provenant ni de l'étage supérieur, ni du corridor d'en bas.

Picard, d'une main tremblante, toucha le bras du chevalier.

Ce fut le signal.

Les deux fugitifs se risquèrent dans le corridor.

Ils marchèrent d'abord lentement, puis, avec plus d'assurance, n'ayant que quelques pas à faire pour atteindre l'escalier tournant.

Là, on pouvait être surpris.

Il suffisait pour cela qu'un gardien eût la fantaisie, ainsi que cela arrivait quelquefois, de s'arrêter sur les marches, pour regarder, par l'une des meurtrières percées dans le mur, ce qui se passait au dehors.

C'était à peu près les distractions permises à ces prisonniers volontaires qui, pour un mince salaire, consentaient à s'enfermer ainsi dans une forteresse.

Picard eut peur, au moment de mettre le pied sur la première marche.

Mais déjà le chevalier l'avait précédé et descendait.

Force fut au valet de suivre.

Au surplus, il commençait à s'habituer à son déguisement.

Il s'étudiait à imiter les allures et la démarche du geôlier dont il avait pris le costume.

On atteignit l'étage inférieur, sans avoir rencontré personne.

Mais là, des bruits de voix se firent entendre, provenant du corps de garde.

Le chevalier s'était arrêté, hésitant.

Picard s'en aperçut.

— Allons, du courage, mon ami, dit-il assez haut en contrefaisant l'organe de Rumignac et en imitant le mieux possible son accent gascon, ça ne sera rien, avec un peu de sommeil par là-dessus, vous serez guéri.

Et passant familièrement son bras sous celui du chevalier, il fit mine de l'aider à marcher.

Mais il fallait maintenant passer devant la sentinelle qui se trouvait à l'entrée du corps de garde.

C'était le plus grand danger qu'ils eussent encore couru, depuis le moment où ils avaient entrepris l'exécution du plan d'évasion.

Il pouvait se faire, en effet, que la sentinelle s'approchât dans l'intention d'échanger quelques mots avec le geôlier.

D'autre part, Rumignac n'avait-il pas coutume de parler au chef de poste avant de faire sortir les visiteurs?

Mais il n'y avait pas à hésiter.

Le faux geôlier entraîna son compagnon.

Les voix entendues étaient celles des soldats qui profitaient de l'absence des officiers pour jouer aux dés.

Fort heureusement, la sentinelle avait le dos tourné. Ce pauvre diable, ne pouvant participer à la partie, prenait du plaisir à voir jouer ses camarades.

Picard entraîna, sans s'arrêter, le chevalier qui, les mains sur son visage, simulait une souffrance intolérable.

Le valet et son compagnon étaient arrivés dans une sorte de vestibule où se tenaient d'ordinaire des gardiens de service.

Mais, le dimanche, comme on le sait, la consigne était moins sévèrement observée et la plupart de ces hommes écoutaient la messe, à la porte de l'église.

Jusque-là, tout avait bien marché. Il ne s'agissait plus pour le chevalier de Vaudrey que de traverser une petite cour couverte qui reliait l'imposante masse principale de la forteresse au bâtiment servant d'entrée et qui s'ouvrait sur la cour principale séparée du fossé par le pont-levis.

Tout à coup, Picard fut assailli par une insurmontable émotion.

Une de ces paniques qui s'emparent des plus braves au moment de l'action décisive faillit paralyser ses jambes et l'obliger à rester sur place.

Il s'était figuré que la sentinelle qui se promenait sur la plate-forme du mur d'enceinte venait de s'arrêter juste en face de lui et qu'elle semblait le dévisager.

Terreur folle assurément car le brave militaire, fort ennuyé sans doute de cette faction, se reposait en ce moment de son interminable et peu divertissante promenade à cent pieds au-dessus du sol.

C'était maintenant le chevalier qui poussait de l'avant.

Voyant l'hésitation de celui qui devait lui servir de guide, il lui avait adressé un regard où se lisait une si énergique volonté, que Picard fit un effort sur lui-même pour surmonter la peur et la défaillance qui venaient de l'assaillir.

— A la volonté du bon Dieu ! murmura-t-il à l'oreille de Roger.

Il franchit la distance qui le séparait du greffe d'un pas plus assuré.

Il n'y avait plus qu'à traverser la cour d'honneur et à s'orienter rapidement pour gagner la poterne.

Les deux fugitifs aspirèrent à longs traits l'air qui s'engouffrait par la porte ouvrant sur la cour.

Une sentinelle faisait faction devant cette porte...

Disons à la louange de Picard que son courage lui était revenu, et que, désormais, il pouvait commander à ses nerfs.

C'est donc avec assurance qu'il prit un pas d'avance sur son compagnon, afin d'indiquer au chevalier par où il fallait passer.

Rumignac n'eût certainement pas fait autre chose.

D'un coup d'œil, Picard avait aperçu la poterne. Il bifurqua donc légèrement à gauche, disant à Roger :

— Il n'y a pas un chat dans la cour !...

— Dépêchons ! répondit à voix basse le chevalier.

Picard, ainsi que nous l'avons dit, connaissait la clef de la poterne, grâce au bavardage du geôlier.

Il l'avait tenue dans la main, au moment où il avait, en compagnie du prisonnier, quitté la cellule.

Il n'eut pas de peine à la retrouver dans le trousseau...

Ceci fait, il prit hardiment les devants.

Roger n'y tenait plus ; sa poitrine haletait.

Très ému, Picard cherchait à assurer sa main qui tremblait en présentant la clef à la serrure...

A ce moment il se fit un certain mouvement dans la cour. Les gardiens qui s'étaient, jusque-là, tenus à la porte de l'église retournaient à leur poste.

L'un d'eux se détacha, prenant la direction de la poterne.

Picard et son maître tressaillirent.

Le gardien arrivait incontestablement sur eux...

C'en était fait.

En moins d'une minute il pourrait les aborder et s'emparer du prisonnier.

Les yeux de Picard cherchèrent ceux de Roger avec une expression de terrible angoisse...

Ici, plus de lutte possible, car le gardien pouvait, au moindre signal, être secouru de toute part.

— Ouvre! commanda le chevalier d'un ton qui ne souffrait pas la réplique...

— Perdus!... perdus!... murmura le valet dont le visage était devenu livide...

— Qu'importe ce qui arrivera!... Ouvre, te dis-je!

Picard obéit.

La poterne allait livrer passage au fugitif...

— Sors et referme derrière toi!... dit le chevalier en s'élançant au dehors...

Mais à ce moment la voix du gardien cria :

— Rumignac!... Hé, Rumignac!

Que faire?

Ne pas répondre, c'était se perdre.

Répondre, c'était risquer d'être découvert.

Et déjà le chevalier avait dépassé la poterne.

— Fuyez! lui dit le vieux serviteur... Fuyez! au nom de Mlle Henriette!.. Laissez-moi me sortir d'ici comme je pourrai...

Et il se tourna pour répondre au gardien.

Mais, à sa grande surprise, celui-ci s'était arrêté à moitié de la cour et lui criait :

— Ne te dérange pas, Rumignac!... Je te conterai ça tout à l'heure!...

D'un bond le faux geôlier était sorti de la cour; il tira vivement la porte derrière lui, et donna deux tours à la serrure...

Et rejoignant le chevalier qui était déjà à quelques pas!

— Libres, lui dit-il, nous voici libres!...

— Ne perdons pas une minute! fit le chevalier en doublant le pas.

— Non, s'écria Picard, rien n'est plus imprudent, dans notre situation, que de courir... Évitons d'éveiller l'attention des passants!

... Sans compter que, peut-être à l'heure qu'il est, votre évasion a déjà mis sur pied tout le monde, à la Bastille, et que le gouverneur aura mis ses gens à nos trousses...

Picard, en parlant ainsi, était en proie à une violente agitation.

www.ingramcontent.com/pod-product-compliance
Lightning Source LLC
Chambersburg PA
CBHW060901300426
44112CB00011B/1298